한국사
능력검정시험

400제

1 · 2 · 3급
심화

기출문제집

SD에듀
㈜시대고시기획

한국사능력검정시험 알아보기

 ## 한국사능력검정시험 개요

학교 교육에서 한국사의 위상은 날로 추락하고 있는데, 주변 국가들은 역사 교과서를 왜곡하고 심지어 역사 전쟁을 도발하고 있습니다. 한국사의 위상을 바르게 확립하는 것이 무엇보다 시급한 실정입니다. 이러한 현실에서 우리 역사에 관한 패러다임의 혁신과 한국사 교육의 위상을 강화하기 위하여 국사편찬위원회에서는 한국사능력검정시험을 마련하였습니다. 국사편찬위원회는 우리 역사에 대한 관심을 제고하고, 한국사 전반에 걸쳐 역사적 사고력을 평가하는 다양한 유형의 문항을 개발하고 있습니다. 이를 통해 한국사 교육의 올바른 방향을 제시하고, 자발적 역사 학습을 통해 고차원적 사고력과 문제해결 능력을 배양하고자 합니다.

 ## 한국사능력검정시험 목적

1 우리 역사에 대한 관심을 확산 · 심화시키는 계기를 마련함	**2** 균형 잡힌 역사의식을 갖도록 함
3 역사 교육의 올바른 방향을 제시함	**4** 고차원적 사고력과 문제해결 능력을 육성함

 ## 한국사능력검정시험 출제 유형

✔ **역사 지식의 이해**

역사 탐구에 필요한 기본적인 지식, 즉 역사적 사실 · 개념 원리 등의 이해 정도를 묻는 영역입니다.

✔ **연대기의 파악**

역사의 연속성과 변화 및 발전을 이해하고 있는지를 묻는 영역입니다. 역사 사건이나 상황을 시대순으로 정확하게 이해하고 인과관계를 파악할 수 있는가를 묻습니다.

✔ **역사 상황 및 쟁점의 인식**

제시된 자료에서 해결해야 할 구체적 역사 상황과 핵심적인 논쟁점, 주장 등을 찾을 수 있는가를 묻는 영역입니다. 문헌자료, 도표, 사진 등의 형태로 주어진 자료에서 해결해야 할 과제를 포착하거나 변별해내는 능력이 있는지를 측정합니다.

✔ **역사 자료의 분석 및 해석**

자료에 나타난 정보를 해석하여 그 의미를 파악할 수 있는가를 묻는 영역입니다. 정보의 분석을 바탕으로 자료의 시대적 배경과 사회적 의미를 해석할 수 있는가를 측정합니다.

✔ **역사 탐구의 설계 및 수행**

제시된 문제의 성격과 목적을 고려하여 절차와 방법에 따라 역사 탐구를 설계하고 수행할 수 있는 능력이 있는가를 묻는 영역입니다.

✔ **결론의 도출 및 평가**

주어진 자료의 타당성을 판별하고, 여러 자료를 종합하여 결론을 도출할 수 있는가를 묻는 영역입니다.

한국사능력검정시험 종류 및 인증 등급

시험 종류	심화	기본
인증 등급	1급(80점 이상)	4급(80점 이상)
	2급(70~79점)	5급(70~79점)
	3급(60~69점)	6급(60~69점)
문항 수	50문항(5지 택1형)	50문항(4지 택1형)
시험 시간	80분	70분

※ 배점: 100점 만점(문항별 1~3점 차등 배점)

한국사능력검정시험 평가 내용

시험 종류	평가 내용
심화	**한국사 심화과정**으로서 한국사에 대한 체계적인 이해를 바탕으로 한국사의 주요 사건과 개념을 종합적으로 이해하고, 역사 자료를 분석·해석하는 능력, 한국사의 흐름 속에서 시대적 상황 및 쟁점을 파악하는 능력을 평가
기본	**한국사 기본과정**으로서 기초적인 역사 상식을 바탕으로 한국사의 필수 지식과 기본적인 흐름을 이해하는 능력을 평가

※ 시험 관련 정보와 자세한 사항은 국사편찬위원회 한국사능력검정시험 홈페이지(www.historyexam.go.kr)에서 확인하시기 바랍니다.

한국사능력검정시험 활용 및 특전

✓ 3급 이상 합격자에 한해 교원임용시험 응시자격 부여
✓ 2급 이상 합격자에 한해 인사혁신처 시행 5급 국가공무원 공개경쟁채용시험 및 외교관 후보자 선발시험 응시자격 부여
✓ 2급 이상 합격자에 한해 인사혁신처 시행 지역인재 7급 수습직원 선발시험 추천 자격요건 부여
✓ 공무원 경력경쟁채용시험에 가산점 부여
✓ 군무원 공개경쟁채용시험에서 한국사 과목을 한국사능력검정시험으로 대체
✓ 국가·지방공무원 7급 공개경쟁채용시험에서 한국사 과목을 한국사능력검정시험으로 대체
✓ 국비 유학생, 해외파견 공무원, 이공계 전문연구요원(병역) 선발 시 한국사 시험을 한국사능력검정시험(3급 이상 합격)으로 대체
✓ 2022년부터 경찰 공개경쟁채용시험에서 한국사 과목을 한국사능력검정시험으로 대체
✓ 일부 대학의 수시모집 및 육군·해군·공군·국군간호사관학교 입시 가산점 부여
✓ 일부 공기업 및 민간기업의 직원 채용이나 승진 시 반영

※ 인증서 유효 기간은 인증서를 요구하는 각 기관에서 별도로 정함

기출문제는 키워드가 반복된다!

기출문제의 긴 지문과 사료가 자칫 어려워 보일 수 있지만,
반복 출제되는 핵심 키워드를 확실하게 익혀 둔다면 쉽게 정답을 찾을 수 있습니다.

여러 나라의 성장

61회 2번

02 (가) 나라에 대한 설명으로 옳은 것은? [1점]

① 신성 지역인 소도가 존재하였다.
② 연의 장수 진개의 공격을 받았다.
③ 혼인 풍습으로 민며느리제가 있었다.
④ 여러 가(加)들이 별도로 사출도를 주관하였다.
⑤ 특산물로 단궁, 과하마, 반어피가 유명하였다.

60회 2번

02 밑줄 그은 '이 나라'에 대한 설명으로 옳은 것은? [2점]

① 신성 구역인 소도를 두었다.
② 읍락 간의 경계를 중시하는 책화가 있었다.
③ 여러 가(加)들이 각각 사출도를 주관하였다.
④ 정사암 회의에서 국가의 중대사를 결정하였다.
⑤ 사회 질서를 유지하기 위해 범금 8조를 만들었다.

54회 2번

02 다음 자료에 해당하는 나라에 대한 설명으로 옳은 것은? [2점]

대군장이 없고 관직으로는 후·읍군·삼로가 있다. …… 해마다 10월이면 하늘에 제사를 지내는데, 밤낮으로 술 마시고 노래 부르며 춤추니 이를 무천이라 한다. …… 낙랑의 단궁이 그 지방에서 산출되고 무늬 있는 표범이 많다, 과하마가 있으며 바다에서는 반어가 난다.

— 『후한서』 —

① 신성 지역인 소도가 존재하였다.
② 혼인 풍습으로 민며느리제가 있었다.
③ 읍락 간의 경계를 중시하는 책화가 있었다.
④ 제가 회의에서 나라의 중대사를 결정하였다.
⑤ 여러 가(加)들이 별도로 사출도를 주관하였다.

현대 정부의 통일 정책

63회 50번

50 다음 선언을 발표한 정부의 통일 노력으로 옳은 것은? [3점]

나는 오늘 온 겨레의 염원인 조국의 평화적 통일을 실현해 나가기 위한 새 공화국의 정책을 밝히려 합니다. 우리 민족이 남북 분단의 고통을 겪어 온 지 벌써 사반세기가 가까워 옵니다. …… 민족자존과 통일 번영의 새 시대를 열어나갈 것임을 약속하면서 다음과 같은 정책을 추진해 나갈 것을 내외에 선언합니다.

셋째, 남북 간 교역의 문호를 개방하고 남북 간 교역을 민족 내부 교역으로 간주한다.

여섯째, 한반도의 평화를 정착시킬 여건을 조성하기 위하여 북한이 미국, 일본 등 우리 우방과의 관계를 개선하는 데 협조할 용의가 있으며 또한 우리는 소련, 중국을 비롯한 사회주의 국가들과의 관계 개선을 추구합니다.

① 남북 조절 위원회를 구성하였다.
② 개성 공업 지구 건설에 합의하였다.
③ 10·4 남북 정상 선언을 발표하였다.
④ 남북한이 국제 연합(UN)에 동시 가입하였다.
⑤ 남북 이산가족 고향 방문을 최초로 실현하였다.

61회 50번

50 다음 뉴스가 보도된 정부 시기의 통일 노력으로 옳은 것은? [2점]

① 남북 조절 위원회를 구성하였다.
② 남북한이 유엔에 동시 가입하였다.
③ 6·15 남북 공동 선언을 채택하였다.
④ 한반도 비핵화 공동 선언을 발표하였다.
⑤ 남북 이산가족의 교환 방문을 최초로 실현하였다.

59회 50번

50 다음 연설이 있었던 정부의 통일 노력으로 옳은 것은? [2점]

저는 지난 6월 13일 역사적인 평양 방문을 이룩했습니다. 평양을 방문할 때 저는 참으로 만감이 교차하였습니다. 분단된 조국의 땅을 처음으로 가게 된 감회도 컸고, 또 과연 이 회담에서 성공을 거둘 수 있을지 많은 염려도 갖고 북한을 방문했던 것입니다. …… 지난 6월의 평양 회담 이후 우리 한국은 두 가지를 당면 목표로 추진하고 있습니다. 첫째는 남북 간의 긴장을 완화시키는 것입니다. …… 두 번째 당면 목표는 50년 간의 단절과 불신과 적대로부터, 다시 교류와 신뢰와 동족애를 회복하는 것입니다.

— 『○○○ 대통령 스웨덴 의회 연설』 —

① 남북 조절 위원회를 구성하였다.
② 남북한이 유엔에 동시 가입하였다.
③ 판문점에서 남북 정상 회담을 개최하였다.
④ 남북한 교류 협력을 위한 개성 공단 조성에 합의하였다.
⑤ 남북 이산가족 고향 방문단의 교환 방문을 최초로 실현하였다.

 PASSCODE PLUS TIP! 출제되는 선택지는 따로 있다!

문제의 주제별로 키워드가 같은 선택지가 거의 비슷하게 반복 출제되고 있네요!

02
PASSCODE

기출문제는 비슷한 유형이 반복된다!

기출문제 8회분을 풀다 보면 반복되는 문제 유형이 눈에 보이기 시작합니다.
주제별로 자주 출제되는 유형을 파악하여 합격에 빠르게 다가가 보세요!

삼국의 통일 과정 및 부흥 운동

62회 6번

06 (가), (나) 사이의 시기에 있었던 사실로 옳은 것은? [3점]

(가) 왕은 당과 신라 군사들이 이미 백강과 탄현을 지났다는 소식을 듣고 장군 계백을 시켜 결사대 5천 명을 거느리고 황산으로 가서 신라 군사와 싸우게 하였다. 네 번 싸워서 모두 이겼으나 군사가 적고 힘이 모자라서 마침내 패하고 계백이 사망하였다.

(나) 검모잠이 국가를 부흥하려고 하여 당을 배반하고 왕의 외손 안승을 세워 왕으로 삼았다. 당 고종이 대장군 고간을 보내 동도독 행군총관으로 삼고 병력을 내어 그들을 토벌하게 하니 안승이 검모잠을 죽이고 신라로 달아났다.

① 당이 안동 도호부를 요동으로 옮겼다.
② 성왕이 관산성 전투에서 전사하였다.
③ 신라군이 기벌포에서 당군을 격파하였다.
④ 김춘추가 당과의 군사 동맹을 성사시켰다.
⑤ 복신과 도침이 부여풍을 왕으로 추대하였다.

61회 7번

07 (가), (나) 사이의 시기에 있었던 사실로 옳은 것은? [3점]

(가) 고구려의 대신 연정토가 12성과 3,500여 명의 백성을 거느리고 [신라에] 항복해 왔다. 왕이 연정토와 그를 따르는 관리 24명에게 의복·물품·식량·집을 주었다.

(나) 이근행이 군사 20만 명을 이끌고 매소성에 주둔하였다. 신라 군사가 공격하여 달아나게 하고 말 3만여 필을 얻었는데, 남겨 놓은 병장기의 수도 그 정도 되었다.

① 을불이 대야성을 공격하여 함락하였다.
② 문무왕이 안승을 보덕왕으로 채봉하였다.
③ 김춘추가 당과의 군사 동맹을 성사시켰다.
④ 연개소문이 정변을 일으켜 권력을 장악하였다.
⑤ 부여풍이 왜군과 함께 백강에서 당군에 맞서 싸웠다.

59회 3번

03 (가), (나) 사이의 시기에 있었던 사실로 옳은 것은? [2점]

(가) 대야성에서 패하였을 때 도독인 품석의 아내도 죽었는데, 바로 춘추의 딸이다. [김춘추가] 말하기를, "신이 고구려에 사신으로 가서 군사를 청하여 백제에 원수를 갚고자 합니다."라고 하자 왕이 허락하였다.

(나) 복신은 일찍이 군사를 거느렸는데, 이때 승려 도침과 함께 주류성에 근거하여 반란을 일으키고, 왜국에 있던 왕자 부여풍을 맞이하여 왕으로 세웠다.

① 당이 안동 도호부를 설치하였다.
② 나당 연합군이 사비성을 함락하였다.
③ 신라가 매소성 전투에서 승리하였다.
④ 고구려가 신라에 침입한 왜를 격퇴하였다.
⑤ 백제와 왜의 연합군이 백강 전투에서 패배하였다.

문화유산

63회 15번

15 (가)에 들어갈 문화유산으로 옳은 것은? [1점]

△△ 시대 문화유산 사진전
우리 학교 역사 동아리에서 △△ 시대의 대표적인 문화유산을 소개하는 사진전을 개최합니다. 학생 여러분의 많은 관람 바랍니다.

■ 일시: 2023년 ○○월 ○○일 ■ 장소: 본관 2층 동아리실

① 금동 대향로
② 호우총 청동 그릇
③ 청자 상감 모란문 표주박모양 주전자
④ 이불병좌상
⑤ 인왕제색도

58회 16번

16 다음 기획전에 전시될 문화유산으로 적절한 것은? [1점]

흙으로 빚은 푸른 보물
이번 기획전에서는 고려 시대 귀족 문화를 보여주는 비색의 순청자와 음각한 부분에 백토나 흑토를 채워 화려하게 장식한 상감 청자가 전시됩니다. 관심 있는 분들의 많은 관람 바랍니다.

■ 기간: 2022년 ○○월 ○○일 ~ ○○월 ○○일
■ 장소: ○○박물관

① ② ③
④ ⑤

56회 33번

33 다음 기사에 보도된 문화유산으로 옳은 것은? [2점]

□□신문
제△△호   2020년 ○○월 ○○일

국민의 품에 안긴 조선 후기 명화

추사 김정희의 대표작이 소장자의 뜻에 따라 ○○박물관에 기증되었다. 그동안 기탁 형태로 관리되었으나 온전히 국가에 귀속된 것이다. 이 작품은 김정희가 제주도 유배 중일 때 제자의 의리를 변함없이 지킨 제자 이상적에게 그려준 것으로, 시서화(詩書畵)의 일치를 추구하였던 조선 시대 문인화의 진수를 보여준다.

① ②
③ ④
⑤

📎 **PASSCODE PLUS TIP! 출제되는 유형은 따로 있다!**

개별 사건의 전개 과정을 묻는 문제나 제시문에서 설명하는 문화유산을 사진과 함께 찾아야 하는 문제가 출제되고 있네요!

이 책의 구성과 특징

합격을 위한 기출문제 8회분!

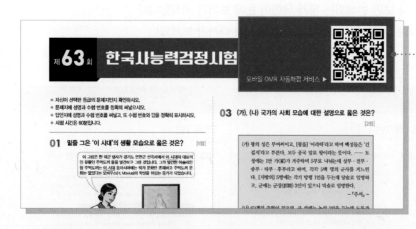

▶ 기출문제 풀이가 끝났다면,
모바일 OMR 자동채점 서비스를 통해
편리하게 채점하세요!

체계적인 4단계 기출 분석!

▶ QR 코드를 통해 회차별 기출 해설 강의를
무료로 확인하세요!

STEP 1

빠르게 **정답을 확인**하세요.

STEP 2

최근 1년간 시행된 **시험의 평균 합격률**과
비교하여 이번 **시험의 난이도**를 확인하
세요.

STEP 3

시대별 출제율과 내가 **가장 많이 틀린
시대를 파악**하고, 취약한 시대만 집중적
으로 복습하세요.

STEP 4

본격적인 학습에 앞서 **출제 주제를 한눈에
확인**하세요.

나 홀로 학습이 가능한 상세한 해설!

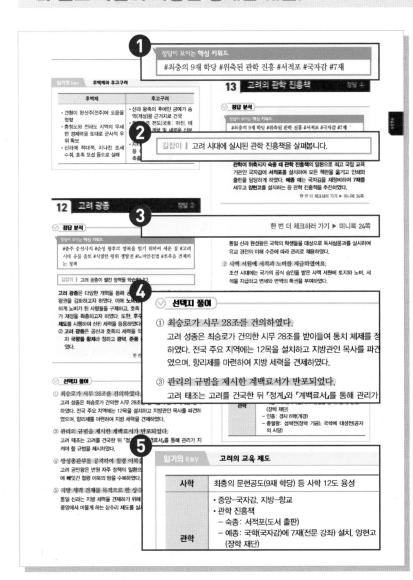

❶ 정답이 보이는 핵심 키워드

정답을 유추할 수 있는 문제 속 핵심 키워드를 한 번에 정리!

❷ 길잡이

학습 방향을 알려 주는 길잡이를 통해 효율적인 학습 가능!

❸ 한 번 더 체크하러 가기

자주 나오는 주제는 미니북에서 한 번 더 체크!

❹ 선택지 풀이

오답 선택지도 다음 시험의 정답 선택지로 출제될 수 있다는 사실!
반복 출제되는 기출 선택지까지 꼼꼼하게 공부하기!

❺ 암기의 key

자주 출제되는 주제를 하나로 모아 암기하기!

특별 제공

❶ 무료 기출 해설 강의

[수강 경로]
❶ 유튜브 SD에듀 채널
❷ SD에듀(www.sdedu.co.kr)

❷ 별책 부록: PASSCODE 빅데이터 50가지 테마 미니북

❶ 시대순으로 사건을 정리한 시대편
❷ 빈출되는 인물만 모은 인물편
❸ 꼭 나오는 핵심 주제와 선택지를 미리 볼 수 있는 주제편

❸ 학습 자료: 시대별 연표 PDF

[PDF 다운로드 경로]
❶ 상단 QR코드 스캔
❷ sdedu.co.kr ➡ 학습 자료실
　➡ 도서 업데이트 게시판
　➡ 'PASSCODE 한국사' 검색 후 다운로드

이 책의 차례

PASSCODE

한국사능력검정시험 기출문제집

기출문제

● 자신이 선택한 등급의 문제지인지 확인하시오.
● 문제지에 성명과 수험 번호를 정확히 써넣으시오.
● 답안지에 성명과 수험 번호를 써넣고, 또 수험 번호와 답을 정확히 표시하시오.
● 시험 시간은 80분입니다.

01 밑줄 그은 '이 시대'의 생활 모습으로 옳은 것은? [1점]

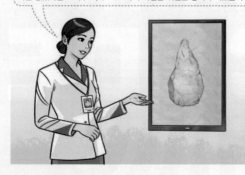

이 그림은 한 미군 병사가 경기도 연천군 전곡리에서 이 시대의 대표적인 유물인 주먹도끼 등을 발견하고 그린 것입니다. 그가 발견한 아슐리안형 주먹도끼는 이 시대 동아시아에는 찍개 문화만 존재하고 주먹도끼 문화는 없었다는 모비우스(H. Movius)의 학설을 뒤집는 증거가 되었습니다.

① 소를 이용하여 깊이갈이를 하였다.
② 빗살무늬 토기에 식량을 저장하였다.
③ 지배층의 무덤으로 고인돌을 만들었다.
④ 거푸집을 사용하여 세형동검을 제작하였다.
⑤ 주로 동굴이나 강가의 막집에서 거주하였다.

02 밑줄 그은 '이 나라'에 대한 탐구 활동으로 가장 적절한 것은? [2점]

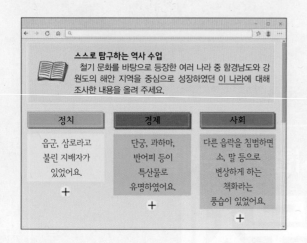

스스로 탐구하는 역사 수업
철기 문화를 바탕으로 등장한 여러 나라 중 함경남도와 강원도의 해안 지역을 중심으로 성장하였던 이 나라에 대해 조사한 내용을 올려 주세요.

정치	경제	사회
읍군, 삼로라고 불린 지배자가 있었어요.	단궁, 과하마, 반어피 등이 특산물로 유명하였어요.	다른 읍락을 침범하면 소, 말 등으로 변상하게 하는 책화라는 풍습이 있었어요.
＋	＋	＋

① 신성 지역인 소도의 역할을 알아본다.
② 포상 8국의 난 진압 과정을 찾아본다.
③ 삼국유사에 실린 김알지 신화를 분석한다.
④ 무천이라는 제천 행사를 개최한 이유를 파악한다.
⑤ 마가, 우가, 저가, 구가 등이 다스렸던 지역을 조사한다.

03 (가), (나) 국가의 사회 모습에 대한 설명으로 옳은 것은? [2점]

(가) 왕의 성은 부여씨이고, [왕을] '어라하'라고 하며 백성들은 '건길지'라고 부른다. 모두 중국 말로 왕이라는 뜻이다. …… 도성에는 1만 가(家)가 거주하며 5부로 나뉘는데 상부 · 전부 · 중부 · 하부 · 후부라고 하며, 각각 5백 명의 군사를 거느린다. [지방의] 5방에는 각기 방령 1인을 두는데 달솔로 임명하고, 군에는 군장(郡將) 3인이 있으니 덕솔로 임명한다.
– 『주서』 –

(나) 60개의 주현이 있으며, 큰 성에는 녹살 1인을 두는데 도독과 비슷하다. 나머지 성에는 처려근지를 두는데 도사라고도 하며, 자사와 비슷하다. …… [수도는] 5부로 나뉘어 있다.
– 『신당서』 –

① (가) – 사회 질서를 유지하기 위해 범금 8조를 두었다.
② (가) – 거란도, 일본도 등을 통해 주변 국가와 교류하였다.
③ (나) – 태학과 경당을 두어 인재를 양성하였다.
④ (나) – 정사암 회의에서 국가 중대사를 논의하였다.
⑤ (가), (나) – 골품에 따라 관등 승진에 제한이 있었다.

04 다음 상황이 나타난 시기를 연표에서 옳게 고른 것은? [2점]

[당의] 고종이 소정방을 신구도대총관(神丘道大摠管)으로 삼아 군사를 이끌고 바다를 건너 신라와 함께 백제를 정벌하도록 하였다. 계백은 장군이 되어 죽음을 각오한 군사 5천 명을 뽑아 이들을 막고자 하였다. …… 황산의 벌판에 이르러 세 개의 군영을 설치하였다. 신라군을 만나 전투를 시작하려고 하자, [계백은] 여러 사람 앞에서 맹세하며 "지난날 구천(句踐)은 5천 명으로 오(吳)의 70만 무리를 격파하였다. 오늘 마땅히 힘써 싸워 승리함으로써 나라의 은혜에 보답하자."라고 하였다. 드디어 격렬히 싸우니, 일당천(一當千)이 아닌 자가 없었다.
– 『삼국사기』 –

612	642	660	668	676	698
	(가)	(나)	(다)	(라)	(마)
살수 대첩	대야성 전투	사비성 함락	안동도호부 설치	기벌포 전투	발해 건국

① (가) ② (나) ③ (다) ④ (라) ⑤ (마)

05 (가) 국가의 경제 상황으로 옳은 것은? [1점]

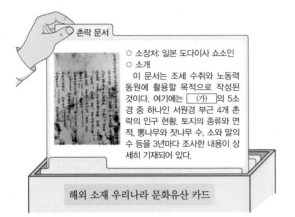

촌락 문서

○ 소장처: 일본 도다이사 쇼소인
○ 소개
　이 문서는 조세 수취와 노동력 동원에 활용할 목적으로 작성된 것이다. 여기에는 　(가)　의 5소경 중 하나인 서원경 부근 4개 촌락의 인구 현황, 토지의 종류와 면적, 뽕나무와 잣나무 수, 소와 말의 수 등을 3년마다 조사한 내용이 상세히 기재되어 있다.

해외 소재 우리나라 문화유산 카드

① 낙랑군과 왜에 철을 수출하였다.
② 집집마다 부경이라는 창고가 있었다.
③ 활구라고 불리는 은병이 유통되었다.
④ 특산품으로 솔빈부의 말이 유명하였다.
⑤ 울산항, 당항성이 무역항으로 번성하였다.

06 (가)에 들어갈 내용으로 가장 적절한 것은? [2점]

〈다큐멘터리 기획안〉

○○○, 새로운 시대를 바라다

◆ 기획 의도
　6두품 출신 학자인 ○○○의 생애를 다룬 다큐멘터리를 제작하여 혼란한 당시 상황과 그의 활동을 살펴본다.
◆ 구성
　1부 당에 유학하여 빈공과에 급제하다
　2부 격황소서를 써서 세상에 이름을 떨치다
　3부 　　　　(가)　　　　
　4부 관직에서 물러나 해인사에 은거하다

① 화왕계를 지어 국왕에게 조언하다
② 외교 문서인 청방인문표를 작성하다
③ 진성 여왕에게 시무책 10여 조를 올리다
④ 청해진을 중심으로 해상 무역을 전개하다
⑤ 인도와 중앙아시아를 순례하고 왕오천축국전을 남기다

07 밑줄 그은 '왕'의 업적으로 옳은 것은? [2점]

○ 담당 관청에 명하여 월성의 동쪽에 새 궁궐을 짓게 하였는데, 그곳에서 황룡이 나타났다. 왕이 이것을 기이하게 여기고는 [계획을] 바꾸어 사찰을 짓고, '황룡'이라는 이름을 내려 주었다.

○ [거칠부가] 왕의 명령을 받들어 여러 문사(文士)를 모아 국사를 편찬하였다.

– 『삼국사기』 –

① 이사부를 보내 우산국을 복속시켰다.
② 예성강 이북에 패강진을 설치하였다.
③ 관료전을 지급하고 녹읍을 폐지하였다.
④ 국가적인 조직으로 화랑도를 개편하였다.
⑤ 이차돈의 순교를 계기로 불교를 공인하였다.

08 (가) 왕에 대한 설명으로 옳은 것은? [3점]

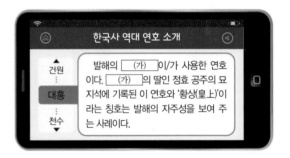

한국사 역대 연호 소개

건원
⋮
대흥
⋮
천수

발해의 　(가)　이/가 사용한 연호이다. 　(가)　의 딸인 정효 공주의 묘지석에 기록된 이 연호와 '황상(皇上)'이라는 칭호는 발해의 자주성을 보여 주는 사례이다.

① 북연의 왕을 신하로 봉하였다.
② 지린성 동모산에서 나라를 세웠다.
③ 신라에 군대를 파견하여 왜를 격퇴하였다.
④ 수도를 상경 용천부로 옮겨 체제를 정비하였다.
⑤ 5경 15부 62주의 지방 행정 조직을 확립하였다.

09 다음 상황 이후에 있었던 사실로 옳은 것은? [2점]

청교역(靑郊驛) 서리 3인이 최충헌 부자를 죽일 것을 모의하면서, 거짓 공첩(公牒)을 만들어 여러 사원의 승려들을 불러 모았다. 공첩을 받은 귀법사 승려는 그 공첩을 가져온 사람을 잡아서 최충헌에게 고해바쳤다. [최충헌은] 즉시 영은관에 교정별감을 둔 후 성문을 폐쇄하고 대대적으로 그 무리를 색출하였다.

① 김부식이 묘청의 난을 진압하였다.
② 원종과 애노가 사벌주에서 봉기하였다.
③ 이자겸이 금의 사대 요구를 수용하였다.
④ 정중부 등이 정변을 일으켜 권력을 차지하였다.
⑤ 최우가 인사 행정 담당 기구로 정방을 설치하였다.

10 밑줄 그은 '이 탑'으로 옳은 것은? [2점]

유물로 보는 한국사

[해설]
　경주 불국사에 있는 이 탑의 해체 보수 과정에서 발견된 금동제 사리외함이다. 2층 탑신부에 봉안되어 있던 이 유물 안에는 은제 사리 내·외합과 무구 정광대다라니경 등이 함께 놓여 있었다. 이를 통해 당시의 뛰어난 공예 기술 및 사리장엄 방식과 특징을 알 수 있다.

①
②
③
④
⑤

11 (가) 인물에 대한 설명으로 옳은 것은? [2점]

완산주를 도읍으로 삼아 나라를 세운 (가) 에 대해 말해 볼까요?

신라의 금성을 습격하여 경애왕을 죽게 하였어요.

금산사에 유폐되었다가 탈출하여 고려에 귀부하였어요.

① 공산 전투에서 전사하였다.
② 금마저에 미륵사를 창건하였다.
③ 후당과 오월에 사신을 파견하였다.
④ 김흠돌 등 진골 세력을 숙청하였다.
⑤ 국호를 마진으로 바꾸고 철원으로 천도하였다.

12 (가) 왕의 재위 시기에 있었던 사실로 옳은 것은? [2점]

❖ 우리 고장의 유적 ❖

충주 숭선사지

유적 발굴 현장

　숭선사는 (가) 이/가 어머니인 신명 순성 왕후의 명복을 빌기 위하여 세운 절로, 현재 그 터만 남아 있다. 이곳에서는 '숭선사(崇善寺)'라는 명문이 새겨진 기와 등 다양한 고려 시대 유물이 출토되었다.
　(가) 은/는 치열한 왕위 쟁탈전 속에서 외가인 충주 유씨 세력 등 여러 호족의 도움으로 왕위에 올랐다. 하지만 즉위 이후 노비안검법 등 호족을 견제하는 정책을 펼쳤다.

① 최승로가 시무 28조를 건의하였다.
② 광덕, 준풍 등의 연호가 사용되었다.
③ 관리의 규범을 제시한 계백료서가 반포되었다.
④ 쌍성총관부를 공격하여 철령 이북을 수복하였다.
⑤ 지방 세력 견제를 목적으로 한 상수리 제도가 실시되었다.

13 (가)에 들어갈 내용으로 옳은 것은? [1점]

한국사 교실

　최충의 9재 학당을 비롯한 사학이 융성하였던 시기에 위축된 관학을 진흥하기 위해 정부가 추진한 정책을 대화창에 올려 주세요.

ON 대화창

서적포를 두어 출판을 담당하게 하였어요.

국자감에 전문 강좌인 7재를 개설하였어요.

(가)

보내기

① 독서삼품과를 통해 인재를 등용하였어요.
② 사액 서원에 서적과 노비를 지급하였어요.
③ 중등 교육 기관으로 4부 학당을 설립하였어요.
④ 양현고를 설치하여 장학 기금을 마련하였어요.
⑤ 초계문신제를 시행하여 문신을 재교육하였어요.

14 (가) 국가에 대한 고려의 대응으로 옳은 것은? [2점]

> ○ [(가)]의 임금이 개경으로 침입하여 궁궐을 불사르고 퇴각하였다. …… 양규는 [(가)]의 군대를 무로대에서 습격하여 2,000여 급을 베고, 포로가 되었던 남녀 3,000여 명을 되찾았다. 다시 이수에서 전투를 벌이고 추격하여 석령까지 가서 2,500여 급을 베고, 포로가 되었던 1,000여 명을 되찾았다.
>
> ○ [(가)]의 병사들이 귀주를 지나가자 강감찬 등이 동쪽 교외에서 전투를 벌였다. …… 적병이 북쪽으로 달아나자 아군이 그 뒤를 좇아가서 공격하였는데, 석천을 건너 반령에 이르기까지 시신이 들에 가득하였다.

① 강화도로 도읍을 옮겨 항전하였다.
② 광군을 조직하여 침입에 대비하였다.
③ 박위를 파견하여 근거지를 토벌하였다.
④ 압록강 상류 지역을 개척하여 4군을 설치하였다.
⑤ 신기군, 신보군, 항마군으로 구성된 별무반을 편성하였다.

15 (가)에 들어갈 문화유산으로 옳은 것은? [1점]

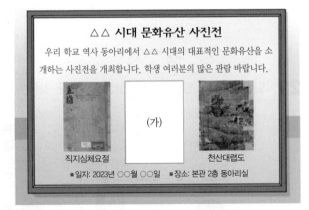

△△ 시대 문화유산 사진전

우리 학교 역사 동아리에서 △△ 시대의 대표적인 문화유산을 소개하는 사진전을 개최합니다. 학생 여러분의 많은 관람 바랍니다.

직지심체요절　　(가)　　천산대렵도

■ 일자: 2023년 ○○월 ○○일　■ 장소: 본관 2층 동아리실

①  금동 대향로
② 호우총 청동 그릇
③ 청자 상감 모란문 표주박모양 주전자
④ 이불병좌상
⑤ 인왕제색도

16 (가) 인물에 대한 설명으로 옳은 것은? [2점]

> 한국사 인물 탐구 Q&A
>
> | 고대 | 고려 | 조선 | 근대 | 현대 |
>
> 불교계 개혁에 앞장선 [(가)]
>
> Q. 그는 어떤 인물인가요?
> A. 8세에 승려가 되어 25세에 승과에 급제하였습니다. 선종의 승려였으며 교종을 포용하였으며, 당시 불교계의 문제점을 비판하며 개혁에 앞장섰습니다. 시호는 '불일보조국사'입니다.
>
> Q. 불교계 개혁을 위해 어떤 노력을 하였나요?
> A. 전라남도 순천에 있는 송광사에서 신앙 결사 운동을 펼치며 승려 본연의 모습으로 돌아가 수행에 힘쓸 것을 주창하였습니다.

① 참선을 강조하고 돈오점수를 주장하였다.
② 불교 교단 통합을 위해 해동 천태종을 개창하였다.
③ 선문염송집을 편찬하고 유불 일치설을 제창하였다.
④ 승려들의 전기를 정리하여 해동고승전을 편찬하였다.
⑤ 보현십원가를 지어 불교 교리를 대중에게 전파하였다.

17 (가)~(다)를 일어난 순서대로 옳게 나열한 것은? [2점]

> (가) 우왕이 요동을 공격하는 일을 최영과 은밀하게 의논하였다. …… 마침내 8도의 군사를 징발하고 최영이 동교에서 군사를 사열하였다.
>
> (나) 대군이 압록강을 건너서 위화도에 머물렀다. …… 이성계가 회군한다는 소식을 듣고 앞다투어 모여든 사람이 천여 명이나 되었다.
>
> (다) 도평의사사에서 글을 올려 과전을 지급하는 법을 정할 것을 청하니, 그 의견을 따랐다. …… 경기는 사방의 근본이므로 마땅히 과전을 설치하여 사대부를 우대하여야 한다. 무릇 수도에 거주하며 왕실을 지키는 자는 현직, 산직(散職)을 불문하고 각각 과(科)에 따라 받게 한다.

① (가) - (나) - (다)
② (가) - (다) - (나)
③ (나) - (가) - (다)
④ (나) - (다) - (가)
⑤ (다) - (나) - (가)

18 다음 상황이 나타난 시기의 경제 모습으로 옳은 것은?[2점]

> 도병마사가 아뢰기를, "안서도호부에서 바친 철은 예전에는 무기용으로 충당하였습니다. 근래에 흥왕사를 창건하면서 또다시 철을 더 바치라고 명령하셨으니 백성들이 고통을 감당하지 못하고 있습니다. 청컨대 염주, 해주, 안주 세 곳에서 2년 동안 바치는 철을 흥왕사 창건에 쓰게 하여 수고로운 폐단을 풀어 주십시오." 라고 하니, 이를 따랐다.

① 관리에게 전지와 시지를 지급하였다.
② 시장을 감독하기 위해 동시전을 설치하였다.
③ 허적의 제안에 따라 상평통보를 발행하였다.
④ 일본과의 교역 규모를 규정한 계해약조를 체결하였다.
⑤ 상권 수호를 목적으로 황국 중앙 총상회를 조직하였다.

19 (가) 왕에 대한 설명으로 옳은 것은? [2점]

>  이것은 『어전준천제명첩』에 담긴 어제사언시(御製四言詩)로, (가) 이/가 홍봉한 등 청계천 준설 공사에 공이 있는 신하들의 노고를 치하하며 지은 것이다.
>
> 청계천 준설을 추진한 (가) 은/는 탕평, 균역 등도 자신의 치적으로 거론한 글을 남겼다.

① 나선 정벌에 조총 부대를 파견하였다.
② 경기도에 한해서 대동법을 실시하였다.
③ 삼수병으로 구성된 훈련도감을 창설하였다.
④ 통치 제도를 정비하고자 속대전을 편찬하였다.
⑤ 한양을 기준으로 한 역산서인 칠정산을 만들었다.

20 다음 상황이 나타난 시기를 연표에서 옳게 고른 것은?[2점]

> 왕이 전지하기를, "김종직은 보잘것없는 시골의 미천한 선비였는데, 선왕께서 발탁하여 경연에 두었으니 은혜와 총애가 더없이 컸다고 하겠다. 그런데 지금 그의 제자 김일손이 사초에 부도덕한 말로써 선왕 대의 일을 거짓으로 기록하고, 또 스승인 김종직의 조의제문을 싣고서 그 글을 찬양하였으니, 형명(刑名)을 의논하여 아뢰어라."라고 하였다.

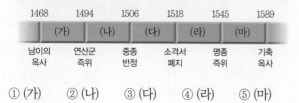

	1468	1494	1506	1518	1545	1589
	(가)	(나)	(다)	(라)	(마)	
	남이의 옥사	연산군 즉위	중종 반정	소격서 폐지	명종 즉위	기축 옥사

① (가) ② (나) ③ (다) ④ (라) ⑤ (마)

21 (가) 왕의 재위 시기에 있었던 사실로 옳은 것은? [2점]

> ### □□ 신문
> 제△△호　　　　　　　　○○○○년 ○○월 ○○일
>
> #### 원각사 창건 당시 작성된 계문(契文) 공개
>
> 원각사의 낙성을 축하하는 경찬회 때 (가) 이/가 조정 신하와 백성에게 수륙재 참여를 권하는 내용이 담긴 원각사 계문이 공개되었다. 조선의 임금과 왕실이 불교 행사를 직접 후원하였다는 기록이 희소하기에 의미가 있다.
> 한명회, 권람 등의 조력으로 김종서, 황보인 등을 제거하고 왕위에 오른 (가) 은/는 간경도감을 설치하여 불경을 한글로 번역, 간행하고 원각사를 창건하는 등 불교를 후원하였다.

① 주자소에서 계미자를 주조하였다.
② 국가의 의례를 정비한 국조오례의를 완성하였다.
③ 삼남 지방의 농법을 소개한 농사직설을 편찬하였다.
④ 현직 관리에게만 수조지를 지급하는 직전법을 시행하였다.
⑤ 우리나라와 중국의 의서를 망라한 동의보감을 간행하였다.

22 밑줄 그은 '이 인물'에 대한 설명으로 옳은 것은? [3점]

① 명에 대한 의리를 내세운 기축봉사를 올렸다.
② 청으로부터 시헌력을 도입하자고 건의하였다.
③ 양반의 허례와 무능을 풍자한 양반전을 저술하였다.
④ 예학을 조선의 현실에 맞게 정리한 가례집람을 지었다.
⑤ 군주가 수양해야 할 덕목과 지식을 담은 성학집요를 집필하였다.

23 (가), (나) 사이의 시기에 있었던 사실로 옳은 것은? [3점]

> (가) 처음에 심의겸이 외척으로 권세를 부리니 당시 명망 있는 사람들이 섬겨 따랐다. 그런데 김효원이 전랑(銓郎)이 되어 그들을 배척하자 심의겸의 무리가 그를 미워하니, 점차 사림이 나뉘어 동인과 서인이라는 말이 나오게 되었다.
>
> (나) 기해년에 왕이 승하하자 재신 송시열이 사종(四種)의 설을 인용하여 "대행 대왕은 왕대비에게 서자가 된다. 왕통을 이었으나 장자가 아닌 경우이니 기년복(朞年服)*을 입어야 마땅하다."라고 하였다. 이에 대해 허목 등 신하들은 전거를 들어 다투기를, "대행 대왕은 왕대비에게 서자가 아니라 장자가 된 둘째이니, 삼년복을 입어야 한다."라고 하였다.
>
> *기년복(朞年服): 1년 동안 입는 상복

① 인조반정으로 북인 세력이 몰락하였다.
② 목호룡의 고변으로 옥사가 발생하였다.
③ 양재역 벽서 사건으로 이언적 등이 화를 입었다.
④ 인현 왕후가 폐위되고 남인이 권력을 차지하였다.
⑤ 이인좌를 중심으로 소론 세력 등이 난을 일으켰다.

24 (가) 국가에 대한 조선의 정책으로 옳은 것은? [2점]

> **〈답사 보고서〉**
>
> ◆ 주제: 남한산성에서 삼학사의 충절을 만나다
> ◆ 날짜: 2023년 ○○월 ○○일
> ◆ 내용: 현절사(顯節祠)는 삼학사(홍익한, 윤집, 오달제)의 충절을 기려 남한산성에 세운 사당이다. 그들은 [(가)]의 침입으로 발생한 전쟁에서 화의를 반대하며 결사 항전을 주장하였다. 항복 이후 그들은 [(가)](으)로 압송되어 처형되었다. 그들과 함께 척화를 주장하였던 김상헌, 정온도 추가로 이곳에 모셔졌다.
> ◆ 사진

① 만권당을 세워 학문 교류를 장려하였다.
② 어영청을 강화하는 등 북벌을 추진하였다.
③ 화통도감을 설치하여 군사력을 증강하였다.
④ 사신 접대를 위해 한성에 동평관을 설치하였다.
⑤ 포로 송환을 목적으로 유정을 회답 겸 쇄환사로 파견하였다.

25 밑줄 그은 '이 시기'의 경제 상황으로 옳은 것은? [1점]

> **시(詩)로 만나는 한국사**
>
> 이현과 종루 그리고 칠패는
> 도성의 3대 시장이라네
> 온갖 장인들이 살고 일하니
> 사람들이 많아서 어깨를 부딪히네
> 온갖 재화가 이익을 좇아
> 수레가 끊임없네
> 봉성의 털모자, 연경의 비단실
> 함경도의 삼베, 한산의 모시
> 쌀, 콩, 벼, 기장, 조, 피, 보리
> ⋯⋯
>
> [해설] 이것은 한양의 모습을 그린 「성시전도」를 보고 박제가가 지은 시의 일부이다. 시의 내용을 통해 이 시기 생동감 있는 시장의 모습을 엿볼 수 있다.

① 백성에게 정전이 지급되었다.
② 서경에 관영 상점이 설치되었다.
③ 금속 화폐인 건원중보가 주조되었다.
④ 벽란도가 국제 무역항으로 번성하였다.
⑤ 인삼, 담배 등이 상품 작물로 재배되었다.

26 (가) 기구에 대한 설명으로 옳은 것은? [1점]

> 오늘에 와서는 큰일이건 작은 일이건 중요한 것으로 취급되지 않는 것이 없어, 의정부는 한갓 헛이름만 지니고 6조는 모두 그 직임을 상실하였습니다. 명칭은 '변방의 방비를 담당하는 것'이라고 하면서 과거 시험에 대한 판하(判下)*나 비빈 간택 등의 일까지도 모두 [(가)]을/를 경유하여 나옵니다. 명분이 바르지 못하고 말이 이치에 맞지 않음이 이보다 심할 수가 없습니다. 신의 어리석은 소견으로는 [(가)]을/를 고쳐 정당(政堂)으로 칭하는 것이 상책이라 생각합니다.
>
> *판하(判下): 안건을 임금이 허가하는 것

① 사헌부, 사간원과 함께 3사로 불렸다.
② 서얼 출신 학자들이 검서관에 등용되었다.
③ 흥선 대원군이 집권한 시기에 혁파되었다.
④ 서울과 수원에 설치되어 국왕의 호위를 맡았다.
⑤ 대사성을 수장으로 좨주, 직강 등의 관직을 두었다.

27 (가) 인물에 대한 설명으로 옳은 것은? [2점]

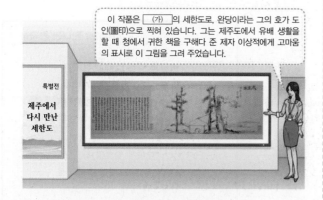

이 작품은 (가) 의 세한도로, 완당이라는 그의 호가 도인(圖印)으로 찍혀 있습니다. 그는 제주도에서 유배 생활을 할 때 청에서 귀한 책을 구해다 준 제자 이상적에게 고마움의 표시로 이 그림을 그려 주었습니다.

특별전

제주에서 다시 만난 세한도

① 남북국이라는 용어를 처음 사용하였다.
② 기기도설을 참고하여 거중기를 설계하였다.
③ 북한산비가 진흥왕 순수비임을 고증하였다.
④ 양명학을 연구하여 강화학파를 형성하였다.
⑤ 안평 대군의 꿈을 소재로 몽유도원도를 그렸다.

28 (가), (나) 사이의 시기에 있었던 사실로 옳은 것은? [3점]

(가) 전라도 관찰사 정민시가 [진산의] 죄인 윤지충과 권상연에 대한 조사 결과를 아뢰었다. "…… 근래에 그들은 평소 살아 계신 부모나 조부모처럼 섬겨야 할 신주를 태워 없애면서도 이마에 진땀 하나 흘리지 않았으니 정말 흉악한 일입니다. 제사를 폐지한 일은 오히려 부차적입니다."

(나) 의금부에서 아뢰었다. "얼마 전 죄인 남종삼은 명백한 근거도 없이 러시아에 변란이 있을 것이고, 프랑스와 조약을 맺을 계책이 있다는 요망한 말로 여러 사람을 현혹하였습니다. 감히 나라를 팔아먹고자 몰래 외적을 끌어들일 음모를 꾸몄으니, 즉시 참형에 처해야 합니다. …… [베르뇌를 비롯한] 서양인 4명을 군영에 넘겨 효수하여 본보기로 삼도록 하였습니다."

① 대종교 계열의 중광단이 결성되었다.
② 한용운이 조선불교유신론을 저술하였다.
③ 보은에서 교조 신원을 요구하는 집회가 열렸다.
④ 이수광이 지봉유설에서 천주실의를 소개하였다.
⑤ 황사영이 외국 군대의 출병을 요청하는 백서를 작성하였다.

29 (가) 인물에 대한 설명으로 옳은 것은? [2점]

개화사상의 선구자

박지원의 손자이며, 진주에서 농민 봉기가 일어나자 안핵사로 파견되었다. 자신의 사랑방에서 양반 자제들에게 세계 정세를 전하였으며, 청에 다녀온 경험을 바탕으로 문호 개방을 주장하는 등 개화 사상 형성에 선구적인 역할을 하였다.

(가)

① 조선 중립화론을 건의하였다.
② 베델과 함께 대한매일신보를 창간하였다.
③ 대동강에 침입한 제너럴 셔먼호를 격침하였다.
④ 서양의 과학 기술을 정리한 지구전요를 저술하였다.
⑤ 강화도 조약 체결의 전말을 기록한 심행일기를 남겼다.

30 밑줄 그은 '이 사건'에 대한 설명으로 옳은 것은? [2점]

이번 시간에는 근대 국가 수립을 위해 김옥균 등이 일으켰던 이 사건에 대한 의견을 들어 보고자 합니다.

그들이 개혁안에서 내세운 인민 평등권 확립 등은 이후의 근대적 개혁에 영향을 주었습니다.

하지만 일부 급진 개화파를 중심으로 개혁을 추진하였고, 청과의 사대 관계 청산을 주장하면서도 일본의 힘에 의존하였다는 한계가 있습니다.

① 보국안민, 제폭구민을 기치로 내걸었다.
② 한성 조약이 체결되는 결과를 가져왔다.
③ 개혁 추진을 위해 교정청을 설치하였다.
④ 구식 군인에 대한 차별 대우가 발단이 되었다.
⑤ 민영익 등이 보빙사로 파견되는 계기가 되었다.

31 (가) 운동에 대한 설명으로 옳은 것은? [1점]

국가보훈처는 광복 73주년을 맞아 독립 유공자를 발굴하여 포상하기로 하였습니다. 이번 포상에는 ⌐(가)¬의 1주년에 만세 운동을 전개하다가 체포되어 옥고를 치른 배화 여학교 학생 여섯 명이 포함되었습니다. 이들은 일제 강점기 최대 민족 운동인 ⌐(가)¬의 영향을 받아 수립된 대한민국 임시 정부의 활동 소식을 접하면서 민족의식을 키웠다고 합니다.

김경화 등 6명의 독립운동가, 독립운동 유공 인정

① 김광제 등의 발의로 본격화되었다.
② 순종의 인산일을 기회로 삼아 추진되었다.
③ 제암리 학살 등 일제의 가혹한 탄압을 받았다.
④ 신간회에서 진상 조사단을 파견하여 지원하였다.
⑤ 성진회와 각 학교 독서회에 의해 전국적으로 확산하였다.

32 밑줄 그은 '개혁'의 내용으로 옳은 것은? [3점]

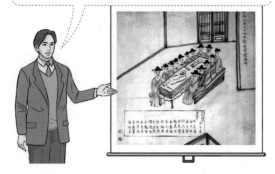

이 그림은 군국기무처에서 회의하는 모습입니다. 그림의 아래쪽에는 총재 김홍집 등 회의에 참여한 관리들의 이름이 적혀 있습니다. 군국기무처는 개혁을 추진하면서 수개월 동안 200여 건의 안건을 의결하였습니다.

① 원수부를 두었다.
② 재판소를 설치하였다.
③ 은본위제를 도입하였다.
④ 태양력을 공식 채택하였다.
⑤ 5군영을 2영으로 통합하였다.

33 (가)에 들어갈 내용으로 가장 적절한 것은? [2점]

한국사 동영상 제작 계획안

○○○○, 공론의 장을 열다

△학년 △반 △모둠

■ 제작 의도
　지식인뿐 아니라 농민, 상인, 노동자 등 다양한 계층이 참여한 집회 등을 통해 공론의 장을 마련한 ○○○○의 활동을 살펴본다.

■ 장면별 구성 내용
#1. 독립문 건설을 위해 성금을 모으다
#2. 러시아의 절영도 조차 요구를 규탄하는 집회를 열다
#3. ⌐ (가) ¬
#4. 황국 협회의 습격으로 사망한 구두 수선공의 장례를 치르다

① 평양에 대성 학교를 설립하다
② 고종 강제 퇴위 반대 운동을 주도하다
③ 집강소를 중심으로 폐정 개혁안을 실천하다
④ 관민 공동회를 개최하여 헌의 6조를 결의하다
⑤ 개혁의 기본 방향을 제시한 홍범 14조를 반포하다

34 다음 기사를 활용한 탐구 활동으로 가장 적절한 것은? [3점]

해외 언론 보도로 본 민족 운동

THE CALL

Shot Down by Korean Conspirators, Diplomat Stevens Is at Point of Death

오늘 나는 스티븐스를 쏘았다. 그는 대한 제국의 외교 고문에 임명되어 후한 대접을 받고 있음에도 일본의 이익을 위해 한국인에게 온갖 잔인한 일을 자행하였다. …… 나는 어떤 처벌에도 불만이 없으며, 조국의 자유를 위한 투쟁에 도움이 된다면 영광스럽게 죽을 것이다.

① 제1차 한일 협약의 내용을 알아본다.
② 삼국 간섭이 발생한 원인을 분석한다.
③ 일제가 조작한 105인 사건의 영향을 파악한다.
④ 영국이 거문도를 불법 점령한 과정을 조사한다.
⑤ 고종이 러시아 공사관으로 피신한 이유를 찾아본다.

35 (가) 인물의 활동으로 옳은 것은? [2점]

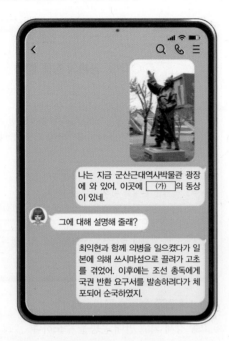

나는 지금 군산근대역사박물관 광장에 와 있어. 이곳에 (가) 의 동상이 있네.

그에 대해 설명해 줄래?

최익현과 함께 의병을 일으켰다가 일본에 의해 쓰시마섬으로 끌려가 고초를 겪었어. 이후에는 조선 총독에게 국권 반환 요구서를 발송하려다가 체포되어 순국하였지.

① 명동 성당 앞에서 이완용을 습격하였다.
② 고종의 밀지를 받아 독립 의군부를 조직하였다.
③ 국권 침탈 과정을 정리한 한국통사를 저술하였다.
④ 13도 창의군의 총대장으로 서울 진공 작전을 지휘하였다.
⑤ 논설 단연보국채를 써서 국채 보상 운동에 적극 참여하였다.

36 (가) 부대에 대한 설명으로 옳은 것은? [2점]

주제: (가) 의 무장 독립 투쟁

국민부 산하 군사 조직으로 편성되었다가 이후 여러 부대를 통합하며 재편되었습니다.

총사령에 양세봉, 참모장에 김학규가 임명되어 부대를 이끌었습니다.

만주 사변 이후 중국 의용군과 함께 남만주 일대에서 항일 투쟁을 벌였습니다.

① 간도 참변 이후 자유시로 이동하였다.
② 영릉가 전투에서 일본군과 싸워 크게 승리하였다.
③ 조선 독립 동맹 산하의 군사 조직으로 개편되었다.
④ 영국군의 요청으로 인도·미얀마 전선에 투입되었다.
⑤ 중국 국민당 정부의 지원을 받아 우한에서 창설되었다.

37 (가) 운동에 대한 설명으로 옳은 것은? [1점]

이것은 (가) 을/를 주도한 단체의 제7회 전국대회 포스터입니다. '모히 래 자유평등의 기치하에로'라는 문구가 있으며, '경성 천도교 기념관'에서 개최된다고 알리고 있습니다. 진주에서 시작된 (가) 은/는 '공평은 사회의 근본이요, 애정은 인류의 본량(本良)'이라는 구호 아래 전개되었습니다.

① 통감부의 탄압으로 중단되었다.
② 중국의 5·4 운동에 영향을 주었다.
③ 대한 자강회가 결성되는 배경이 되었다.
④ 백정에 대한 사회적 차별 철폐를 주장하였다.
⑤ 여성 교육의 중요성을 강조한 여권통문을 발표하였다.

38 밑줄 그은 '이 시기'에 볼 수 있는 모습으로 적절한 것은? [1점]

이 사진은 조선 물산 공진회가 열렸던 당시 일장기가 내걸린 근정전의 모습을 보여 줍니다. 조선 총독부는 토지 조사 사업이 진행되던 이 시기에 식민 통치를 미화하고, 그 성과를 선전하기 위해 이 행사를 개최하였습니다. 공진회장 조성 과정에서 경복궁의 많은 건물이 헐렸습니다.

① 황국 신민 서사를 암송하는 학생
② 경성 제국 대학에서 강의하는 교수
③ 조선인에게 태형을 집행하는 헌병 경찰
④ 원산 총파업에 연대 지원금을 보내는 외국 노동자
⑤ 나운규가 감독한 아리랑의 첫 상영을 준비하는 단성사 직원

39 다음 검색창에 들어갈 단체에 대한 설명으로 옳은 것은?

[2점]

① 한글 신문인 제국신문을 간행하였다.
② 태극 서관을 설립하여 서적을 보급하였다.
③ 파리 강화 회의에 독립 청원서를 제출하였다.
④ 한글 맞춤법 통일안과 표준어 사정안을 제정하였다.
⑤ 국문 연구소를 두어 한글을 체계적으로 연구하였다.

40 (가), (나) 인물에 대한 설명으로 옳은 것을 〈보기〉에서 고른 것은?

[2점]

▶ 보기 ◀

ㄱ. (가) – 상하이에서 한인 애국단을 조직하였다.
ㄴ. (가) – 조선 혁명 간부 학교를 세워 독립군을 양성하였다.
ㄷ. (나) – 조선 건국 준비 위원회의 활동을 주도하였다.
ㄹ. (나) – 미국에서 귀국하여 독립 촉성 중앙 협의회를 이끌었다.

① ㄱ, ㄴ ② ㄱ, ㄷ ③ ㄴ, ㄷ ④ ㄴ, ㄹ ⑤ ㄷ, ㄹ

41 밑줄 그은 '국회'에 대한 설명으로 옳지 않은 것은? [3점]

① 반민족 행위 처벌법을 제정하였다.
② 의원들의 선거로 대통령을 선출하였다.
③ 민의원과 참의원의 양원제로 운영되었다.
④ 일부 지역의 국회의원이 선출되지 못한 채 출범하였다.
⑤ 일제가 남긴 재산 처리를 위한 귀속 재산 처리법을 만들었다.

42 (가) 전쟁 중에 볼 수 있는 모습으로 적절하지 않은 것은?

[2점]

① 국민 방위군에 소집되는 청년
② 원조 물자 배급을 기다리는 시민
③ 지가 증권을 싼값에 매각하는 지주
④ 거제도 포로수용소에서 석방되는 반공 포로
⑤ 제2차 미소 공동 위원회 개최 소식을 보도하는 기자

43 (가) 정부 시기에 있었던 사실로 옳은 것은? [2점]

[국가 기념일에 담긴 역사 이야기]

2 · 28 민주 운동 기념일
- 학생들, 불의에 저항하여 일어서다 -

경북도청으로 향하는 학생 시위대의 모습

2월 28일 일요일은 민주당 부통령 후보 장면의 대구 유세가 있는 날이었다. (가) 정부는 이 유세장에 학생들이 가지 못하도록 2월 28일에도 등교할 것을 대구 시내 고등학교에 지시하였다. 각 학교가 내세운 등교의 명분은 시험, 단체 영화 관람, 토끼 사냥 등이었다. 이에 분노한 학생들은 "학원의 자유를 보장하라!" 등의 구호를 외치며 시위에 나섰다. 이날의 시위는 3 · 15 의거 등 이후 전개된 민주화 운동에 영향을 주었다. 이 시위의 역사적 의의가 인정되어 2018년에 국가 기념일로 지정되었다.

① 프로 야구가 6개 구단으로 출범하였다.
② YH 무역 노동자들이 야당 당사에서 농성하였다.
③ 사회 정화를 명분으로 삼청 교육대가 설치되었다.
④ 인민 혁명당 재건위 사건으로 관련자가 탄압받았다.
⑤ 평화 통일론을 주장한 진보당의 조봉암이 구속되었다.

44 (가), (나) 헌법이 제정된 시기 사이에 있었던 사실로 옳은 것은? [3점]

(가)	(나)
제1조 ① 대한민국은 민주 공화국이다. ② 대한민국의 주권은 국민에게 있고, 모든 권력은 국민으로부터 나온다. 제64조 ① 대통령은 국민의 보통 · 평등 · 직접 · 비밀 선거에 의하여 선출한다. 제69조 ① 대통령의 임기는 4년으로 한다. ③ 대통령의 계속 재임은 3기에 한한다.	제1조 ① 대한민국은 민주 공화국이다. ② 대한민국의 주권은 국민에게 있고, 국민은 그 대표자나 국민 투표에 의하여 주권을 행사한다. 제39조 ① 대통령은 통일 주체 국민 회의에서 토론 없이 무기명 투표로 선거한다. 제47조 대통령의 임기는 6년으로 한다. 제59조 ① 대통령은 국회를 해산할 수 있다.

① 지방 자치제가 전면 시행되었다.
② 여수 · 순천 10 · 19 사건이 일어났다.
③ 일부 군인들이 5 · 16 군사 정변을 일으켰다.
④ 서울과 평양에서 7 · 4 남북 공동 성명이 발표되었다.
⑤ 한일 국교 정상화에 반대하는 6 · 3 시위가 전개되었다.

45 다음 뉴스의 사건이 있었던 정부 시기의 사실로 옳은 것은? [3점]

오늘 오후 2시경 서울 평화시장에서 있었던 노동자들의 시위 도중 재단사 전태일 씨가 분신하는 사건이 발생하였습니다. 전 씨는 "근로 기준법을 지켜라!", "우리는 기계가 아니다!"라고 절규하며 열악한 노동 환경 개선을 요구하였습니다.

① 함평 고구마 피해 보상 운동이 전개되었다.
② 저유가 · 저금리 · 저달러의 3저 호황이 있었다.
③ 미국과의 자유 무역 협정(FTA)이 체결되었다.
④ 경제 협력 개발 기구(OECD)의 회원국이 되었다.
⑤ 최저 임금 결정을 위한 최저 임금 위원회가 설치되었다.

46 (가)에 해당하는 문화유산으로 옳은 것은? [2점]

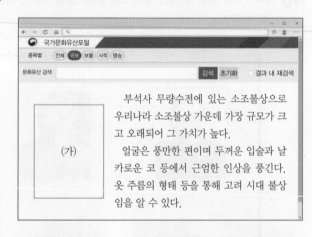

(가)

부석사 무량수전에 있는 소조불상으로 우리나라 소조불상 가운데 가장 규모가 크고 오래되어 그 가치가 높다.
얼굴은 풍만한 편이며 두꺼운 입술과 날카로운 코 등에서 근엄한 인상을 풍긴다. 옷 주름의 형태 등을 통해 고려 시대 불상임을 알 수 있다.

①  ② ③

④  ⑤

[47~48] 다음 자료를 읽고 물음에 답하시오.

(가) 살리타이가 처인성을 공격하였다. 적을 피해 성에 와 있던 한 승려가 살리타이를 쏘아 죽였다. 국가에서 그 전공을 칭찬하여 상장군 벼슬을 주었다. 승려가 전공을 다른 사람에게 돌리며 말하기를, "전투할 때 나는 활과 화살이 없었으니, 어찌 감히 공 없이 무거운 상을 받겠습니까."라고 하고, 굳게 사양하며 받지 않았다.

(나) [우리 부대가] 대군(大軍)과 연합하여 평양을 포위하였다. 보장왕이 먼저 연남산 등을 보내 영공에게 항복을 청하였다. 이에 영공은 보장왕과 왕자 복남·덕남 및 대신 등 20여만 명을 끌고 본국으로 돌아갔다. 각간 김인문과 대아찬 조주는 영공을 따라 돌아갔다.

(다) 비국(備局)에서 아뢰기를, "적병이 두 차례나 용골산성을 공격해 왔지만 정봉수는 홀로 고립된 성을 지키면서 충성과 용맹을 더욱 떨쳤습니다. …… 죽음을 두려워하지 않는 용사를 더 모집하여 육로로 혹은 배편으로 달려가서 기세(氣勢)를 돕게 하소서. 용골산성이 비록 포위에서 풀렸으나 이 일은 그만둘 수 없을 듯합니다."라고 하니, 왕이 따랐다.

(라) 부사 송상현은 왜적이 바다를 건넜다는 소식을 듣고 지역 주민과 군사 그리고 이웃 고을의 군사를 모두 불러 모아 성에 들어가 지켰다. …… 성이 포위당하자 상현이 성의 남문에 올라가 전투를 독려하였으나 한나절 만에 성이 함락되었다. 상현은 갑옷 위에 조복(朝服)*을 입고 의자에 앉아 움직이지 않았다. …… 적이 모여들어 생포하려고 하자 상현이 발로 걷어차면서 항거하다가 마침내 해를 입었다.

*조복(朝服): 관원이 조정에 나아가 하례할 때 입던 예복

47 (가)~(라) 전투를 일어난 순서대로 옳게 나열한 것은?

[2점]

① (가) – (나) – (다) – (라)
② (가) – (나) – (라) – (다)
③ (나) – (가) – (라) – (다)
④ (나) – (다) – (가) – (라)
⑤ (다) – (라) – (나) – (가)

48 (라) 전투가 벌어진 지역에서 있었던 사실로 옳은 것은?

[2점]

① 내상이 무역 활동을 전개하였다.
② 안승이 왕으로 봉해진 보덕국이 세워졌다.
③ 지역 차별에 반발하여 홍경래가 봉기하였다.
④ 만적을 비롯한 노비들이 신분 해방을 도모하였다.
⑤ 지주 문재철의 횡포에 맞서 소작 쟁의가 일어났다.

49 (가) 민주화 운동에 대한 설명으로 옳은 것은?

[1점]

> 박종철 군 고문살인 은폐조작과 호헌 조치를 규탄하는 국민대회 당시의 모습이야. 정부의 원천 봉쇄 방침에도 각 지역에서 열렸어.

> 이 대회를 주최한 민주 헌법 쟁취 국민 운동 본부는 4·13 호헌 조치가 무효라고 선언하였지. 이후 민주화를 요구하는 시민들의 시위가 전국 각지에서 더욱 거세졌어.

(가) 사진전

호헌철폐 독재타도 민주쟁취

① 허정 과도 정부가 구성되는 계기가 되었다.
② 5년 단임의 대통령 직선제 개헌을 이끌어냈다.
③ 야당 총재의 국회의원직 제명으로 촉발되었다.
④ 관련 기록물이 세계 기록 유산으로 등재되었다.
⑤ 이승만이 대통령에서 물러나는 결과를 가져왔다.

50 다음 선언을 발표한 정부의 통일 노력으로 옳은 것은? [3점]

나는 오늘 온 겨레의 염원인 조국의 평화적 통일을 실현해 나가기 위한 새 공화국의 정책을 밝히려 합니다. 우리 민족이 남북 분단의 고통을 겪어온 지 반세기가 가까워 옵니다. …… 민족자존과 통일 번영의 새 시대를 열어나갈 것임을 약속하면서 다음과 같은 정책을 추진해 나갈 것을 내외에 선언합니다.

……

셋째, 남북 간 교역의 문호를 개방하고 남북 간 교역을 민족 내부 교역으로 간주한다.

……

여섯째, 한반도의 평화를 정착시킬 여건을 조성하기 위하여 북한이 미국, 일본 등 우리 우방과의 관계를 개선하는 데 협조할 용의가 있으며 또한 우리는 소련, 중국을 비롯한 사회주의 국가들과의 관계 개선을 추구한다.

① 남북 조절 위원회를 구성하였다.
② 개성 공업 지구 건설에 합의하였다.
③ 10·4 남북 정상 선언을 발표하였다.
④ 남북한이 국제 연합(UN)에 동시 가입하였다.
⑤ 남북 이산가족 고향 방문을 최초로 실현하였다.

● 자신이 선택한 등급의 문제지인지 확인하시오.
● 문제지에 성명과 수험 번호를 정확히 써넣으시오.
● 답안지에 성명과 수험 번호를 써넣고, 또 수험 번호와 답을 정확히 표시하시오.
● 시험 시간은 80분입니다.

01 (가) 시대의 생활 모습으로 옳은 것은? [1점]

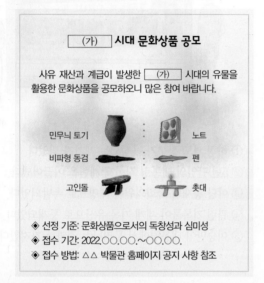

(가) 시대 문화상품 공모

사유 재산과 계급이 발생한 **(가)** 시대의 유물을
활용한 문화상품을 공모하오니 많은 참여 바랍니다.

민무늬 토기 : 노트
비파형 동검 : 펜
고인돌 : 촛대

◆ 선정 기준: 문화상품으로서의 독창성과 심미성
◆ 접수 기간: 2022.○○.○○.~○○.○○.
◆ 접수 방법: △△ 박물관 홈페이지 공지 사항 참조

① 반달 돌칼로 벼를 수확하였다.
② 주로 동굴이나 막집에서 거주하였다.
③ 소를 이용한 깊이갈이가 일반화되었다.
④ 호미, 쇠스랑 등의 철제 농기구를 제작하였다.
⑤ 가락바퀴와 뼈바늘을 이용하여 옷을 만들기 시작하였다.

02 (가)에 들어갈 내용으로 옳은 것은? [2점]

지도에 표시된 쑹화강 유역을 중심으로 성장한 이 나라는 평원과 구릉, 넓은
못이 많았습니다. 농업과 목축을 생업으로 하며 12월에 영고라는 제천 행사를
열었습니다. 이 나라에 대해 알고 있는 내용을 대화창에 올려 주세요.

ON 대화창

명마, 적옥, 담비 가죽
등이 생산되었어요.

형이 죽으면 형수를 아
내로 삼는다는 기록도
있어요.

(가)

① 정사암에 모여 재상을 선출하였어요.
② 여러 가(加)가 별도로 사출도를 다스렸어요.
③ 읍락 간의 경계를 중시하는 책화가 있었어요.
④ 사회 질서를 유지하기 위해 범금 8조를 두었어요.
⑤ 제사장인 천군과 신성 지역인 소도가 존재하였어요.

03 (가) 나라에 대한 설명으로 옳은 것은? [2점]

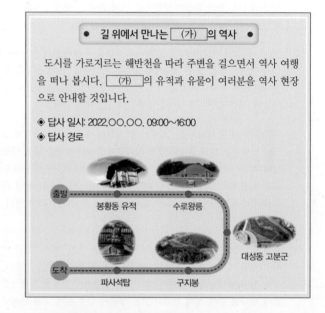

● 길 위에서 만나는 **(가)** 의 역사 ●

도시를 가로지르는 해반천을 따라 주변을 걸으면서 역사 여행
을 떠나 봅시다. **(가)** 의 유적과 유물이 여러분을 역사 현장
으로 안내할 것입니다.

◆ 답사 일시: 2022.○○.○○. 09:00~16:00
◆ 답사 경로

출발 — 봉황동 유적 — 수로왕릉
도착 — 파사석탑 — 구지봉 — 대성동 고분군

① 덩이쇠를 화폐처럼 사용하였다.
② 한 무제의 공격으로 멸망하였다.
③ 혼인 풍속으로 민며느리제가 있었다.
④ 골품에 따라 관등 승진에 제한이 있었다.
⑤ 빈민을 구제하기 위해 진대법을 시행하였다.

04 밑줄 그은 '왕'에 대한 설명으로 옳은 것은? [2점]

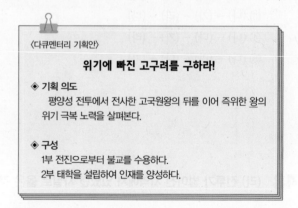

〈다큐멘터리 기획안〉

위기에 빠진 고구려를 구하라!

◆ 기획 의도
평양성 전투에서 전사한 고국원왕의 뒤를 이어 즉위한 왕의
위기 극복 노력을 살펴본다.

◆ 구성
1부 전진으로부터 불교를 수용하다.
2부 태학을 설립하여 인재를 양성하다.

① 평양으로 수도를 옮겼다.
② 병부와 상대등을 설치하였다.
③ 22담로에 왕족을 파견하였다.
④ 고흥에게 서기를 편찬하게 하였다.
⑤ 율령을 반포하여 통치 체제를 정비하였다.

05 밑줄 그은 '이 탑'으로 옳은 것은? [3점]

◆ 유물 이야기 ◆

금제 사리봉영기가 남긴 고대사의 수수께끼

2009년 이 탑의 해체 수리 중에 사리장엄구와 금제 사리봉영기가 발견되었다. 사리봉영기에는 "우리 백제 왕후께서는 좌평 사택적덕의 따님으로 …… 가람을 세우시고 기해년 정월 29일에 사리를 받들어 맞이하셨다."라는 명문이 있어 큰 주목을 받았다. 이 탑을 세운 주체가 삼국유사에 나오는 선화 공주가 아니라 백제 귀족의 딸로 밝혀져 서동 왕자와 선화 공주 설화의 진위 여부에 대한 논란이 일어나기도 하였다.

① ② ③

④ ⑤

---

06 (가), (나) 사이의 시기에 있었던 사실로 옳은 것은? [3점]

(가) 왕은 당과 신라 군사들이 이미 백강과 탄현을 지났다는 소식을 듣고 장군 계백을 시켜 결사대 5천 명을 거느리고 황산으로 가서 신라 군사와 싸우게 하였다. 네 번 싸워서 모두 이겼으나 군사가 적고 힘이 모자라서 마침내 패하고 계백이 사망하였다.

(나) 검모잠이 국가를 부흥하려고 하여 당을 배반하고 왕의 외손 안승을 세워 왕으로 삼았다. 당 고종이 대장군 고간을 보내 동주도 행군총관으로 삼고 병력을 내어 그들을 토벌하게 하니 안승이 검모잠을 죽이고 신라로 달아났다.

① 당이 안동 도호부를 요동으로 옮겼다.
② 성왕이 관산성 전투에서 전사하였다.
③ 신라군이 기벌포에서 당군을 격파하였다.
④ 김춘추가 당과의 군사 동맹을 성사시켰다.
⑤ 복신과 도침이 부여풍을 왕으로 추대하였다.

---

07 (가) 국가에 대한 설명으로 옳은 것은? [1점]

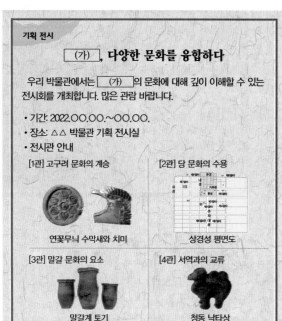

① 후당과 오월에 사신을 파견하였다.
② 주자감을 설치하여 인재를 양성하였다.
③ 9서당과 10정의 군사 조직을 운영하였다.
④ 화백 회의에서 국가의 중대사를 논의하였다.
⑤ 내신좌평, 위사좌평 등 6좌평의 관제를 마련하였다.

---

08 (가)에 들어갈 내용으로 옳은 것은? [2점]

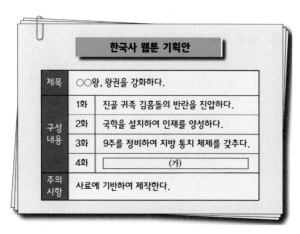

① 관료전을 지급하고 녹읍을 폐지하다.
② 마립간이라는 칭호를 처음 사용하다.
③ 이사부를 보내 우산국을 복속시키다.
④ 화랑도를 국가적 조직으로 개편하다.
⑤ 이차돈의 순교를 계기로 불교를 공인하다.

09 밑줄 그은 '이 인물'에 대한 설명으로 옳은 것은? [2점]

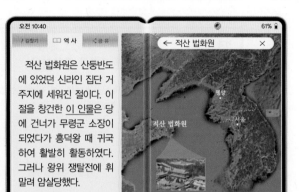

오전 10:40 ☆ 61% 🔋
길찾기 📖 역사 공유
← 적산 법화원 ✕

적산 법화원은 산동반도에 있었던 신라인 집단 거주지에 세워진 절이다. 이 절을 창건한 이 인물은 당에 건너가 무령군 소장이 되었다가 흥덕왕 때 귀국하여 활발히 활동하였다. 그러나 왕위 쟁탈전에 휘말려 암살당했다.

평양
적산 법화원 서울

① 구법 순례기인 왕오천축국전을 지었다.
② 진성 여왕에게 시무책 10여 조를 올렸다.
③ 청해진을 중심으로 해상 무역을 전개하였다.
④ 9산 선문 중 하나인 가지산문을 개창하였다.
⑤ 한자의 음과 훈을 차용한 이두를 체계적으로 정리하였다.

10 밑줄 그은 '왕'의 정책으로 옳은 것은? [2점]

왕이 천덕전에 거둥하여 백관을 모아놓고 말하기를, "내가 신라와 굳게 동맹을 맺은 것은 두 나라가 같이 우호를 유지하고 각자의 사직(社稷)을 보전하기 위해서였다. 지금 신라왕이 굳이 신하로 있겠다고 요청하고 그대들도 그것이 옳다고 하니, 나의 마음이 매우 부끄러우나 여러 사람의 뜻을 거스르기가 어렵다." 라고 하였다. 이에 신라왕이 뜰에서 예를 올리니 여러 신하가 하례하여 함성이 궁궐을 진동하였다. …… 신라국을 없애 경주라 하고, 그 지역을 김부의 식읍으로 하사하였다.

① 빈민 구제 기관인 흑창을 설치하였다.
② 12목을 설치하고 지방관을 파견하였다.
③ 국자감에 7재라는 전문 강좌를 운영하였다.
④ 광덕, 준풍 등의 독자적 연호를 사용하였다.
⑤ 전시과 제도를 마련하여 관리에게 토지를 지급하였다.

11 (가)에 대한 역대 왕조의 대응으로 옳은 것은? [2점]

함길도 도절제사 김종서에게 전지하기를, "동북 지역의 경계는 공험진(公嶮鎭)으로 삼았다는 말이 전하여 온 지가 오래다. 그러나 정확하게 어느 곳에 있는지 알지 못한다. …… 고려사에 이르기를, '윤관이 공험진에 비를 세워 경계를 삼았다.'고 하였다. 지금 듣건대 선춘점(先春岾)에 윤관이 세운 비가 있다 하는데, 공험진이 선춘점의 어느 쪽에 있는가. 그 비문을 사람을 시켜 찾아볼 수 있겠는가. …… 윤관이 [(가)]을/를 쫓고 9성을 설치하였는데, 그 성이 지금 어느 성이며, 공험진의 어느 쪽에 있는가. 거리는 얼마나 되는가. 듣고 본 것을 아울러 써서 아뢰라."라고 하였다.

① 신라 문무왕 때 청방인문표를 보내어 인질의 석방을 요구하였다.
② 고려 우왕 때 나세, 심덕부 등이 진포에서 크게 물리쳤다.
③ 고려 창왕 때 박위를 파견하여 근거지를 토벌하였다.
④ 조선 태종 때 경성과 경원에 무역소를 설치하여 회유하였다.
⑤ 조선 광해군 때 기유약조를 체결하여 무역을 재개하였다.

12 (가) 국가의 경제 상황으로 옳은 것은? [2점]

이것은 양산 통도사 국장생 석표입니다. 통도사의 경계를 표시하기 위해 세운 석표 중 하나로 '상서호부(尙書戶部)의 승인으로 세웠다'는 내용이 새겨져 있습니다. 국사·왕사 제도를 두어 불교를 장려했던 [(가)] 시대에 국가와 사찰의 관계를 파악할 수 있는 문화유산입니다.

① 삼한통보, 해동통보 등이 발행되었다.
② 특산품으로 솔빈부의 말이 유명하였다.
③ 만상이 대청 무역으로 부를 축적하였다.
④ 시장을 감독하는 관청인 동시전이 설치되었다.
⑤ 광산을 전문적으로 경영하는 덕대가 등장하였다.

13 (가) 국가의 문화유산으로 옳은 것을 〈보기〉에서 고른 것은?

[2점]

미(美)·색(色)
벨기에 소장 우리 문화유산 특별전

초대의 글
우리 박물관에서는 국내에 들여와 보존 처리를 마친 벨기에 왕립 예술역사박물관 소장 [(가)]의 공예품 8점을 공개하는 특별전을 개최합니다.
이번 전시에서는 [(가)]의 대표적 문화유산인 상감청자 6점을 비롯하여 청동 정병, 금동 침통 등을 자세히 감상할 수 있도록 전시 공간을 연출하였으니 많은 관심 바랍니다.

■ 기간: 2022.○○.○○.~○○.○○.
■ 장소: △△ 박물관 기획 전시실

» **보기**

ㄱ.
ㄴ.
ㄷ.
ㄹ.

① ㄱ, ㄴ   ② ㄱ, ㄷ   ③ ㄴ, ㄷ
④ ㄴ, ㄹ   ⑤ ㄷ, ㄹ

14 (가) 시기에 있었던 사실로 옳은 것은?

[2점]

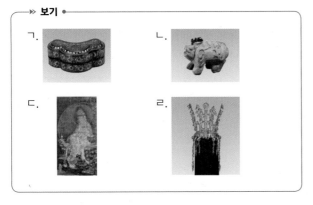

누가 거란 진영에 가서 담판을 벌여 군대를 물러가게 하겠는가?

신, 서희가 폐하의 분부를 받들겠습니다.

양규가 적을 무로대와 이수 등지에서 크게 무찌르고 포로를 되찾았다고 합니다.

성종 → (가) → 현종

① 묘청이 서경에서 난을 일으켰다.
② 이자겸이 척준경에 의해 축출되었다.
③ 강조가 정변을 일으켜 국왕을 폐위하였다.
④ 김윤후가 처인성에서 살리타를 사살하였다.
⑤ 다인철소의 주민들이 충주에서 항전하였다.

15 다음 상황이 나타난 시기의 사회 모습으로 옳은 것은? [1점]

제국 대장 공주가 일찍이 잣과 인삼을 [원의] 강남 지역으로 보내 많은 이익을 얻었다. 나중에는 환관을 각지에 파견하여 잣과 인삼을 구하게 하였다. 비록 나오지 않는 땅이라 하더라도 강제로 거두니 백성들이 매우 괴로워하였다.

① 원종과 애노가 사벌주에서 봉기하였다.
② 대각국사 의천이 해동 천태종을 개창하였다.
③ 지배층을 중심으로 변발과 호복이 유행하였다.
④ 기근에 대비하기 위해 구황촬요가 간행되었다.
⑤ 국난 극복을 기원하며 초조대장경이 조판되었다.

16 다음 사건의 배경으로 가장 적절한 것은?

[2점]

조위총이 동·북 양계(兩界)의 여러 성에 격문을 돌려 군사를 불러 모아 말하기를, "소문에 따르면 개경의 중방(重房)에서 '북계의 여러 성은 거칠고 사나운 무리를 많이 거느리고 있으니 토벌해야 한다.'고 논의하고 이미 많은 병력을 동원했다고 하니 어찌 가만히 앉아서 스스로 죽을 수 있겠는가? 각자 군사와 말을 규합하여 빨리 서경으로 달려와야 한다."라고 하였다.

① 노비 만적이 반란을 모의하였다.
② 정중부, 이의방 등이 정변을 일으켰다.
③ 신돈이 전민변정도감의 판사가 되었다.
④ 망이, 망소이 등이 명학소에서 봉기하였다.
⑤ 최충헌이 교정도감을 설치하여 국정을 총괄하였다.

17 (가) 군사 조직에 대한 설명으로 옳은 것은?

[1점]

처음에 최우가 나라 안에 도적이 많음을 근심하여 용사들을 모아 매일 밤 순행하면서 포악한 짓들을 금하였는데, 이로 인하여 이름을 야별초(夜別抄)라고 하였다. 도적들이 여러 도에서도 일어났으므로 별초를 나누어 보내 이들을 잡게 하였다. 그 군사가 매우 많아 마침내 나누어 좌우로 삼았다. 또 우리나라 사람으로서 몽골로부터 도망쳐 돌아온 자들을 한 부대로 삼아 신의군(神義軍)이라고 불렀는데, 이들이 [(가)]이/가 되었다.

① 광군사의 통제를 받았다.
② 정미 7조약에 의해 해산되었다.
③ 4군 6진을 개척해 영토를 확장하였다.
④ 개경 환도 결정에 반발하여 항쟁하였다.
⑤ 유사시에 향토 방위를 담당하는 예비군이었다.

18 밑줄 그은 '그'에 대한 설명으로 옳은 것은? [3점]

초상화로 보는 한국사

이 그림은 고려 말 삼은(三隱) 중 한 사람인 목은(牧隱)의 초상화이다. 이곡(李穀)의 아들인 그는 고려와 원의 과거에 합격했으며, 문하시중 등의 관직을 역임하였다. 고려 후기 성리학의 보급에 노력한 대표적 인물로 평가된다. 이 초상화는 당시의 관복을 충실하게 표현하여 보물로 지정되었다.

① 역옹패설과 사략을 저술하였다.
② 왕명에 의해 삼국사기를 편찬하였다.
③ 문헌공도를 설립하여 유학 교육에 힘썼다.
④ 불교 개혁을 주장하며 수선사 결사를 제창하였다.
⑤ 성균관의 대사성이 되어 정몽주 등을 학관으로 천거하였다.

19 (가) 왕의 재위 시기에 있었던 사실로 옳은 것은? [2점]

오전 10:50

문화유산이 전하는 이야기 – 광통교

한국사 채널　　　　　　　　조회수 221,203

청계천이 복원되면서 광통교도 옛 모습을 되찾았어요. 이 광통교에는 능에 썼던 석물들이 있어요. 두 차례 왕자의 난으로 즉위한 ┌(가)┐이/가 태조의 계비인 신덕 왕후의 능을 이장하고, 이전 능에 있던 병풍석과 난간석 등 석물 일부를 다리 제작에 사용하게 한 것이에요.

① 최무선의 건의로 화통도감이 설치되었다.
② 조선의 기본 법전인 경국대전이 완성되었다.
③ 국방 문제를 논의하기 위한 비변사가 설치되었다.
④ 세계 지도인 혼일강리역대국도지도가 제작되었다.
⑤ 한양을 기준으로 한 역법서인 칠정산이 간행되었다.

20 밑줄 그은 '이 기구'에 대한 설명으로 옳은 것은? [2점]

이 책은 1870년에 편찬된 은대조례입니다. 서문에서 흥선 대원군은 은대라고 불린 이 기구의 업무 처리 규정을 일목요연하게 정리하였으니 앞으로 승지들의 사무에 나침반이 될 것이라고 밝혔습니다.

① 왕명의 출납을 관장하였다.
② 사간원, 사헌부와 함께 3사로 불렸다.
③ 천문 연구, 기상 관측 등의 일을 맡았다.
④ 실록을 보관하고 관리하는 업무를 담당하였다.
⑤ 국왕 직속 사법 기구로 강상죄, 반역죄 등을 처결하였다.

21 다음 검색창에 들어갈 인물의 활동으로 옳은 것은? [3점]

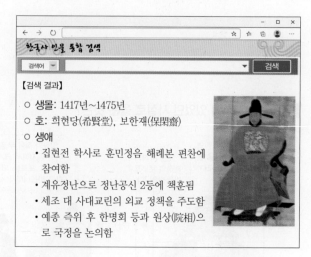

한국사 인물 통합 검색

검색어 ▼ [　　　　　　　　] [검색]

【검색 결과】

○ 생몰: 1417년~1475년
○ 호: 희현당(希賢堂), 보한재(保閒齋)
○ 생애
  • 집현전 학사로 훈민정음 해례본 편찬에 참여함
  • 계유정난으로 정난공신 2등에 책훈됨
  • 세조 대 사대교린의 외교 정책을 주도함
  • 예종 즉위 후 한명회 등과 원상(院相)으로 국정을 논의함

① 기해예송에서 기년설을 주장하였다.
② 반정 공신의 위훈 삭제를 건의하였다.
③ 향촌의 풍속 교화를 위해 예안 향약을 시행하였다.
④ 최초로 100리 척을 사용한 동국지도를 제작하였다.
⑤ 일본의 정치, 사회, 지리 등을 정리한 해동제국기를 저술하였다.

22 (가) 왕이 추진한 정책으로 옳은 것은? [3점]

□□ 신문

제△△호　　　　　　　○○○○년 ○○월 ○○일

관현맹(管絃盲) 공연, 경복궁에서 재현

조선 시대 관현맹의 공연을 재현하는 행사가 경복궁 수정전에서 개최되었다. 관현맹은 궁중 잔치에서 연주한 시각장애인 악사인데, 박연의 상소를 계기로 (가) 때 관직과 곡식을 받게 되었다. 이번 공연에서는 (가) 이/가 작곡한 여민락(與民樂)을 시작으로 여러 곡이 연주되었다.

① 창덕궁에 신문고를 처음 설치하였다.
② 삼수병으로 구성된 훈련도감을 창설하였다.
③ 붕당 정치의 폐단을 경계하고자 탕평비를 세웠다.
④ 통치 체제를 정비하기 위해 대전통편을 간행하였다.
⑤ 유교 윤리의 보급을 위해 삼강행실도를 편찬하였다.

23 다음 상인이 등장한 배경으로 가장 적절한 것은? [1점]

우리 역사 속
직업의 세계

나의 직업은
무엇일까요?

(앞면)

■직업 소개
선혜청 등에서 공가(貢價)를 받아 필요한 물품을 마련하여 궁궐과 관청에 납품하는 상인

■요구 능력
물품을 대량으로 구입하여 기일에 맞춰 조달할 수 있는 능력

정답 ○ ○

(뒷면)

① 관수 관급제가 시행되었다.
② 금속 화폐인 건원중보가 주조되었다.
③ 근대적 상회사인 대동 상회가 설립되었다.
④ 공납의 폐단을 시정하기 위해 대동법이 실시되었다.
⑤ 육의전을 제외한 시전 상인의 금난전권이 폐지되었다.

24 밑줄 그은 '이 성곽'에 대한 설명으로 옳지 않은 것은? [2점]

이 성곽은 한성부 도심의 경계를 표시하고 외부의 침입을 방어하기 위해 축조되었습니다. 총 둘레는 약 18km로 4대문과 4소문 및 암문, 수문, 여장, 옹성 등의 시설을 갖추고 있습니다.

① 개국 초기 정도전 등이 설계하였다.
② 도성조축도감이 축조를 관장하였다.
③ 후금의 침입에 맞서 정봉수가 항전한 곳이다.
④ 조선 시대 축성 기술의 변화 과정이 잘 나타나 있다.
⑤ 일제 강점기 도시 정비 계획을 구실로 크게 훼손되었다.

25 다음 전투 이후에 전개된 사실로 옳은 것은? [2점]

권율이 정병 4천 명을 뽑아 행주산 위에 진을 치고는 책(柵)을 설치하여 방비하였다. …… 적은 올려다보고 공격하는 처지가 되어 탄환도 맞히지 못하는데 반해 호남의 씩씩한 군사들은 모두 활쏘기를 잘하여 쏘는 대로 적중시켰다. …… 적이 결국 패해 후퇴하였다.

－『선조수정실록』－

① 최영이 홍산에서 대승을 거두었다.
② 이순신이 한산도 대첩에서 승리하였다.
③ 휴전 회담의 결렬로 정유재란이 시작되었다.
④ 이종무가 왜구의 근거지인 쓰시마를 정벌하였다.
⑤ 신립이 탄금대에서 배수의 진을 치고 왜군에 항전하였다.

26 밑줄 그은 '임금'의 재위 기간에 있었던 사실로 옳은 것은? [3점]

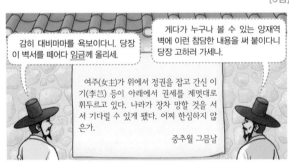

감히 대비마마를 욕보이다니. 당장 이 벽서를 떼다가 임금께 올리세.

게다가 누구나 볼 수 있는 양재역 벽에 이런 참담한 내용을 써 붙이다니 당장 고하러 가세나.

여주(女主)가 위에서 정권을 잡고 간신 이기(李芑) 등이 아래에서 권세를 제멋대로 휘두르고 있다. 나라가 장차 망할 것을 서서 기다릴 수 있게 됐다. 어찌 한심하지 않은가.

중추월 그믐날

① 사림이 동인과 서인으로 나뉘었다.
② 외척 간의 대립으로 을사사화가 일어났다.
③ 서인이 반정을 일으켜 정권을 장악하였다.
④ 김종직 등 사림이 중앙 정계에 진출하기 시작하였다.
⑤ 폐비 윤씨 사사 사건의 전말이 알려져 김굉필 등이 처형되었다.

27 (가) 문화유산에 대한 설명으로 옳은 것을 〈보기〉에서 고른 것은? [2점]

정조가 정치적 이상을 담아 축조한 (가) 안의 모습이 참 예쁘네!

정조가 행차할 때 머물렀던 행궁과 장용영 군사를 지휘했던 서장대도 보여.

보기

ㄱ. 고종이 아관파천 이후 환궁한 곳이다.
ㄴ. 포루, 공심돈 등 방어 시설을 갖추었다.
ㄷ. 당백전을 발행하여 건설 비용에 충당하였다.
ㄹ. 정약용이 고안한 거중기 등을 이용하여 축조되었다.

① ㄱ, ㄴ ② ㄱ, ㄷ ③ ㄴ, ㄷ ④ ㄴ, ㄹ ⑤ ㄷ, ㄹ

28 (가), (나)를 쓴 인물의 공통점으로 옳은 것은? [2점]

(가) 실옹이 웃으며 말하기를, "…… 대저 땅덩이는 하루 동안에 한 바퀴를 도는데, 땅 둘레는 9만 리이고 하루는 12시이다. 9만 리 넓은 둘레를 12시간에 도니 번개나 포탄보다도 더 빠른 셈이다."라고 하였다.

(나) 허생이 말하기를, "우리 조선은 배가 외국과 통하지 못하고, 수레가 국내에 두루 다니지 못하는 까닭에 온갖 물건이 나라 안에서 생산되어 소비되곤 하지 않나. …… 어떤 물건 하나를 슬그머니 독점한다면, 그 물건은 한 곳에 갇혀서 유통되지 못하니 이는 백성을 못살게 하는 방법이야."라고 하였다.

① 갑술환국으로 정계에서 축출되었다.
② 양명학을 연구하여 강화 학파를 형성하였다.
③ 서얼 출신으로 규장각 검서관에 기용되었다.
④ 연행사의 일원으로 청에 다녀와 연행록을 남겼다.
⑤ 농민 생활의 안정을 위하여 화폐 사용을 반대하였다.

29 밑줄 그은 '시기'에 볼 수 있는 모습으로 옳지 않은 것은? [1점]

이 그림은 책과 함께 도자기, 문방구 등이 놓인 책가를 그린 책가도입니다. 책가도가 유행한 시기에는 다양한 주제의 민화가 왕실과 사대부뿐만 아니라 서민들에게도 인기를 끌었습니다.

① 판소리를 구경하는 농민
② 탈춤 공연을 벌이는 광대
③ 장시에서 물품을 파는 보부상
④ 한글 소설을 읽어 주는 전기수
⑤ 벽란도에서 인삼을 사는 송의 상인

30 밑줄 그은 '이 사건'이 일어난 시기를 연표에서 옳게 고른 것은? [2점]

오전 11:00

○○○님이 강화도에 있습니다.
23시간 전 · 인천광역시 ·

이곳은 강화도 광성보 끝자락 용두돈대. 광성보는 이 사건 당시 침입한 미군에 맞서 어재연 장군의 지휘 아래 조선군이 결사 항전한 곳임.

👍 △△△님 외 28명   댓글 5개

(가)	(나)	(다)	(라)	(마)	
홍경래의 난	고종 즉위	제너럴 셔먼호 사건	오페르트 도굴 사건	척화비 건립	강화도 조약

① (가) ② (나) ③ (다) ④ (라) ⑤ (마)

31 밑줄 그은 '개혁'에 해당하는 내용으로 옳은 것은? [2점]

삽화로 보는 한국사

[해설]

이 그림은 프랑스 일간지에 실린 삽화로 파리 만국 박람회장에 설치된 한국관의 모습을 담고 있습니다. 경복궁 근정전을 재현한 한국관은 당시 언론의 관심을 끌었습니다. 황제로 즉위한 뒤 개혁을 추진하던 고종은 만국 박람회 참가를 통해 대한 제국을 세계에 소개하고, 서구의 산업과 기술을 받아들이고자 하였습니다.

① 건양이라는 연호를 사용하였다.
② 신식 군대인 별기군을 창설하였다.
③ 관립 의학교와 광제원을 설립하였다.
④ 박문국을 설치하여 한성순보를 발간하였다.
⑤ 한일 관계 사료집을 편찬하고 독립 공채를 발행하였다.

32 (가)에 들어갈 내용으로 옳은 것은? [2점]

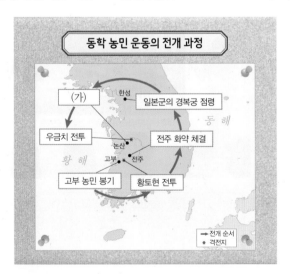

동학 농민 운동의 전개 과정

① 교정청 설치
② 전봉준 체포
③ 13도 창의군 결성
④ 안핵사 이용태 파견
⑤ 남접과 북접의 연합

33 밑줄 그은 '조약'의 영향으로 가장 적절한 것은? [2점]

청의 알선으로 서양과 맺은 최초의 조약이 체결된 장소에 새로운 표석이 설치되었습니다. 기존 한글 안내판에 영어와 중국어 안내문을 추가한 이번 표석 설치는 개항기 대외 관계와 관련한 중요한 장소를 외국인에게도 널리 알리는 기회가 될 것으로 보입니다.

영어, 중국어 안내문을 추가한 표석 설치

① 부산, 원산, 인천 항구가 개항되었다.
② 김홍집이 국내에 조선책략을 소개하였다.
③ 민영익을 대표로 한 보빙사가 파견되었다.
④ 일본 군함 운요호가 영종도를 공격하였다.
⑤ 개화 정책을 총괄하는 통리기무아문이 설치되었다.

34 교사의 질문에 대한 학생의 답변으로 옳은 것은? [2점]

이것은 대한매일신보에 태극 서관이 게재한 서적 할인 광고입니다. 태극 서관은 신지식 보급과 민족의식 고취를 위해 이 단체가 운영한 기관입니다. 인재 양성을 위해 대성 학교도 설립한 이 단체에 대해 말해 볼까요?

① 민립 대학 설립 운동을 전개하였어요.
② 러시아의 절영도 조차 요구를 저지하였어요.
③ 파리 강화 회의에 독립 청원서를 제출하였어요.
④ 안창호, 양기탁 등이 비밀 결사로 조직하였어요.
⑤ 국문 연구소를 세워 한글의 문자 체계를 정리하였어요.

35 다음 인물의 활동으로 옳은 것은? [3점]

나는 23세 때 육영 공원의 교사로 조선에 와서 학생들을 가르쳤소. 고종의 특사가 되어 만국 평화 회의가 열린 헤이그를 방문하였고, 대한 제국 멸망사를 출간하기도 했소. 나는 한국인의 권리와 자유를 위해 싸워왔으며 한국인에 대한 사랑은 내 인생의 가장 소중한 가치라오. 나는 웨스트민스터 사원보다 한국 땅에 묻히기를 염원하오.

① 화폐 정리 사업을 주도하였다.
② 한글로 된 교재인 사민필지를 집필하였다.
③ 여성 교육 기관인 이화 학당을 설립하였다.
④ 친일 인사 스티븐스를 샌프란시스코에서 사살하였다.
⑤ 논설 단연보국채를 써서 국채 보상 운동에 적극 참여하였다.

36 (가) 단체의 활동으로 옳은 것은? [2점]

아들아, 제중원 의학교 1회 졸업생이 된 것을 축하한다. 백정의 아들로 태어나 차별을 극복하고 의사가 된다니 정말 자랑스럽구나.

10년 전 (가) 이/가 주관한 관민 공동회 개회식에서 당당하게 충군 애국의 뜻을 밝히신 아버지의 연설에 감명을 받아 열심히 공부할 수 있었습니다.

① 일제의 황무지 개간권 요구를 저지하였다.
② 중추원 개편을 통한 의회 설립을 추진하였다.
③ 농촌 계몽을 위한 브나로드 운동을 전개하였다.
④ 외교 활동을 펼치기 위해 구미 위원부를 설치하였다.
⑤ 여성의 평등한 권리를 주장하는 여권통문을 발표하였다.

37 (가), (나) 사이의 시기에 있었던 사실로 옳은 것은? [2점]

(가) 조선 사회 운동 단체인 정우회는 며칠 전 선언서를 발표하였다. 선언서에서 민족주의 세력과 과도기적 동맹자적 관계를 구축해야 한다고 밝히고 타협과 항쟁을 분리시켜 사회 운동 본래의 사명을 잊지 말자는 것을 말하였다.

(나) 조선 민족 운동의 중추 기관이 되려는 사명을 띠고 창립되었던 신간회가 비로소 첫 번째 전체 대회를 개최하였다. 그러나 간신히 열리는 전체 대회에서 해소 문제 토의를 최대 의제로 하게 된 것은 조선의 현 상황이 아니고서는 보기 어려운 기현상이다.

① 광주 학생 항일 운동이 일어났다.
② 임병찬이 독립 의군부를 조직하였다.
③ 독립군이 봉오동에서 큰 승리를 거두었다.
④ 도쿄 유학생들이 2 · 8 독립 선언서를 발표하였다.
⑤ 조선 민족 전선 연맹 산하에 조선 의용대가 창설되었다.

38 밑줄 그은 '이곳'에 해당하는 지역을 지도에서 옳게 고른 것은? [1점]

박용만은 1905년 국외로 떠난 이후 네브라스카주에서 대학을 다니며 독립군 양성 기관인 한인 소년병 학교를 창설하고, 국민개병설을 집필했습니다. 그후 이곳으로 건너와 대조선 국민군단을 조직하여 독립 전쟁을 준비했습니다.

대조선 국민군단이 사용한 건물과 군복을 입은 박용만

① (가)　　② (나)　　③ (다)　　④ (라)　　⑤ (마)

39 (가), (나) 인물에 대한 설명으로 옳은 것은? [3점]

국외 독립 전쟁을 이끈 독립운동가

(가)

(나)

- 생몰: 1896년~1934년
- 대한 통의부 의군으로 활동
- 조선 혁명군 총사령관으로 항일 투쟁 전개
- 일제의 밀정에 의해 사망
- 1962년 건국훈장 독립장 추서

- 생몰: 1888년~1957년
- 신흥 무관 학교 교성 대장으로 독립군 양성
- 한국 독립군 총사령관으로 항일 투쟁 전개
- 한국광복군 총사령관에 취임
- 1962년 건국훈장 대통령장 추서

① (가) – 조선 혁명 간부 학교를 설립하였다.
② (가) – 대한 광복회를 조직하여 친일파를 처단하였다.
③ (나) – 대전자령 전투에서 일본군에 대승을 거두었다.
④ (나) – 중광단을 중심으로 북로 군정서를 조직하였다.
⑤ (가), (나) – 황푸 군관 학교에 입학하여 군사 훈련을 받았다.

40 밑줄 그은 '시기'의 일제 정책으로 옳은 것은? [1점]

부평 공원 내에 있는 이 동상은 일제의 무기 공장인 조병창 등에 강제 동원된 노동자의 모습을 형상화한 작품입니다. 중일 전쟁 이후 침략 전쟁을 확대하던 시기에 일제는 한국인을 탄광, 군수 공장 등으로 끌고 가 열악한 환경에서 혹사시켰습니다.

① 치안 유지법을 공포하였다.
② 토지 조사령을 제정하였다.
③ 헌병 경찰 제도를 실시하였다.
④ 식량 배급 및 미곡 공출제를 시행하였다.
⑤ 보통학교의 수업 연한을 4년으로 정하였다.

41 (가) 정부에 대한 설명으로 옳은 것은? [2점]

이것은 (가) 요인들의 가족이 중심이 되어 조직한 한국 혁명 여성 동맹의 창립 기념 사진입니다. 이 단체는 충칭에서 대일 선전 성명서를 발표한 (가) 의 독립운동을 지원하고 교육 활동 등에 주력하였습니다.

① 좌우 합작 7원칙을 발표하였다.
② 한인 자치 기관인 경학사를 조직하였다.
③ 조선 혁명 선언을 활동 지침으로 삼았다.
④ 한글 맞춤법 통일안과 표준어를 제정하였다.
⑤ 삼균주의를 기초로 한 건국 강령을 선포하였다.

42 (가) 사건에 대한 설명으로 옳은 것은? [2점]

기념관에 있는 이 비석은 왜 아무 글자도 새겨져 있지 않은 걸까?

(가) 의 역사적 평가가 아직 마무리되지 못했음을 상징하는 거래. 제주도에서 일어난 (가) 은/는 남한만의 단독 선거를 반대하는 무장대와 이를 진압하는 토벌대 간의 무력 충돌이 있었고, 그 뒤 진압 과정에서 수많은 사람이 희생된 사건이야.

① 유신 헌법의 철폐를 요구하였다.
② 통일 주체 국민 회의가 설치되는 결과를 가져왔다.
③ 희생자들의 명예 회복을 위한 특별법이 제정되었다.
④ 4·13 호헌 철폐와 독재 타도 등의 구호를 내세웠다.
⑤ 귀속 재산 처리를 위한 신한 공사 설립의 계기가 되었다.

43 (가) 전쟁 중 있었던 사실로 옳은 것은? [1점]

> 국민 보도 연맹 사건은 우리 현대사의 커다란 비극입니다. 좌
> 우 대립의 혼란 속에서 수많은 사람들이 국민 보도 연맹에 가입
> 되었고, [(가)]의 와중에 영문도 모른 채 끌려 가 죽임을 당
> 했습니다. 그리고 그 유가족들은 연좌제의 굴레에서 고통받으며
> 억울하다는 말 한마디 못한 채 수십 년을 지내야만 했습니다. 저
> 는 대통령으로서 국가를 대표해서 당시 국가 권력이 저지른 불
> 법 행위에 대해 진심으로 사과드립니다.
> ― 「울산 국민 보도 연맹 사건 희생자 추모식에 보내는 편지」 ―

① 6·3 시위가 발생하였다.
② 애치슨 선언이 발표되었다.
③ 브라운 각서가 체결되었다.
④ 부마 민주 항쟁이 일어났다.
⑤ 인천 상륙 작전이 전개되었다.

44 밑줄 그은 '개헌안'이 발표된 이후의 사실로 옳은 것은? [3점]

이번에 여야 합의로 내각
책임제 개헌안이 통과되었군.

이 개헌안에 따라 허정 과도
정부가 총선을 실시하면 정국
에 많은 변화가 있을 것 같네.

① 반민족 행위 처벌법이 제정되었다.
② 제2차 미소 공동 위원회가 결렬되었다.
③ 국회가 민의원과 참의원의 양원제로 운영되었다.
④ 평화 통일론을 주장한 진보당의 조봉암이 구속되었다.
⑤ 유상 매수, 유상 분배 원칙의 농지 개혁법이 제정되었다.

45 다음 정부 시기에 볼 수 있는 모습으로 가장 적절한 것은? [2점]

실감 콘텐츠로 만나는 ○○○ 정부
포항 제철소 착공식   제1차 석유 파동으로 멈춰 선 버스   100억 불 수출 달성

① 최저 임금법 제정으로 최저 임금을 심의하는 위원
② 금융 실명제에 따라 신분증 제시를 요구하는 은행원
③ 한·칠레 자유 무역 협정(FTA)의 비준을 보도하는 기자
④ 전국 민주 노동조합 총연맹 창립 대회에 참가하는 노동자
⑤ 정부의 도시 정책에 반발해 시위를 하는 광주 대단지 이
주민

46 (가) 민주화 운동에 대한 설명으로 옳은 것은? [1점]

> 이 곡은 [(가)] 기념식에서 제창하는 노래입니다. [(가)] 당시 계엄군에 맞
> 서 시민군으로 활동하다 희생된 윤상원과 광주에서 야학을 운영하다 사망한 박기
> 순의 영혼 결혼식에 헌정된 노래입니다. 여러 나라에서 민주화를 염원하는 사람들
> 이 이 곡을 함께 부르고 있습니다.

임을 위한 행진곡

외국인 친구와 함께 하는 온라인 협동 수업

① 시위 도중 대학생 이한열이 희생되었다.
② 경무대로 향하던 시위대가 경찰의 총격을 받았다.
③ 박종철 고문 치사 사건의 진상 규명을 요구하였다.
④ 신군부의 비상계엄 확대와 무력 진압에 저항하였다.
⑤ 3·1 민주 구국 선언을 통해 긴급 조치 철폐 등을 주장하
였다.

47 (가), (나) 사이의 시기에 있었던 사실로 옳은 것은? [2점]

> (가) 2. 남과 북은 나라의 통일을 위한 남측의 연합제 안과 북측의 낮은 단계의 연방제 안이 서로 공통성이 있다고 인정하고, 앞으로 이 방향에서 통일을 지향시켜 나가기로 하였다.
> – 「6·15 남북 공동 선언」 –
>
> (나) 4. 남과 북은 현 정전 체제를 종식시키고 항구적인 평화 체제를 구축해 나가야 한다는 데 인식을 같이하고 직접 관련된 3자 또는 4자 정상들이 한반도 지역에서 만나 종전을 선언하는 문제를 추진하기 위해 협력해 나가기로 하였다.
> – 「10·4 남북 정상 선언」 –

① 남북 조절 위원회가 구성되었다.
② 7·4 남북 공동 성명이 발표되었다.
③ 개성 공업 지구 건설이 착공되었다.
④ 남북한 비핵화 공동 선언이 채택되었다.
⑤ 남북 이산가족 고향 방문단의 교환 방문이 최초로 성사되었다.

48 (가) 문화유산에 대한 설명으로 옳은 것을 〈보기〉에서 고른 것은? [2점]

> 저는 지금 파리에서 열린 한지 공예 특별전에 나와 있습니다. 이 작품은 영조와 정순 왕후의 혼례식 행렬을 1,100여 점의 닥종이 인형으로 재현한 것입니다. 조선 시대 왕실이나 국가의 큰 행사가 있을 때 일체의 관련 사실을 글과 그림으로 기록한 책인 [(가)]을/를 바탕으로 제작되었습니다.

→ **보기** ←
ㄱ. 사초와 시정기를 바탕으로 편찬되었다.
ㄴ. 연대순으로 기록하는 편년체로 구성되었다.
ㄷ. 왕의 열람을 위한 어람용이 따로 제작되었다.
ㄹ. 병인양요 당시 일부가 프랑스군에게 약탈되었다.

① ㄱ, ㄴ ② ㄱ, ㄷ ③ ㄴ, ㄷ ④ ㄴ, ㄹ ⑤ ㄷ, ㄹ

[49~50] 다음 자료를 읽고 물음에 답하시오.

> (가) 처음으로 독서삼품을 정하여 관리를 선발하였다. 춘추좌씨전, 예기, 문선을 읽고 그 뜻에 능통하면서 아울러 논어와 효경에 밝은 자를 상품(上品)으로, 곡례와 논어, 효경을 읽은 자를 중품(中品)으로, 곡례와 효경을 읽은 자를 하품(下品)으로 하였다.
>
> (나) 쌍기가 의견을 올리니 처음으로 ㉠ 이 제도를 마련하여 시행하였다. 시·부·송 및 시무책으로 시험하여 진사를 뽑았으며, 겸하여 명경업·의업·복업 등도 뽑았다.
>
> (다) 조광조가 아뢰기를, "중앙에서는 홍문관·육경·대간, 지방에서는 감사와 수령이 천거한 사람들을 대궐에 모아 시험을 치르면 많은 인재를 얻을 수 있을 것입니다. ㉡ 이 제도는 한(漢)에서 시행한 현량방정과의 뜻을 이은 것입니다."라고 하였다.
>
> (라) 제4조 의정부 및 각 부 판임관을 임명할 시에는 각기 관하 학도 및 외국 유학생 졸업자 중에서 시험을 거쳐 해당 주무 장관이 전권으로 임명한다. 단, 졸업자가 없을 시에는 문필과 산술이 있고 시무에 통달한 자로 시험을 거쳐서 임명한다.

49 (가)~(라)를 활용한 탐구 활동으로 적절한 것을 〈보기〉에서 고른 것은? [2점]

→ **보기** ←
ㄱ. (가) – 최승로의 시무 28조를 받아들여 달라진 제도를 살펴본다.
ㄴ. (나) – 광종이 왕권 강화를 위해 추진한 정책에 대해 알아본다.
ㄷ. (다) – 중종 때 사림파 언관들이 제기한 주장을 조사해 본다.
ㄹ. (라) – 임술 농민 봉기를 수습하기 위한 정부의 대책을 파악한다.

① ㄱ, ㄴ ② ㄱ, ㄷ ③ ㄴ, ㄷ ④ ㄴ, ㄹ ⑤ ㄷ, ㄹ

50 밑줄 그은 ㉠, ㉡에 대한 설명으로 옳은 것은? [3점]

① ㉠ – 역분전이 제정되는 결과를 가져왔다.
② ㉠ – 지공거와 합격자 사이에 좌주와 문생 관계가 형성되었다.
③ ㉡ – 제술과, 명경과, 잡과, 승과로 구성되었다.
④ ㉡ – 성균관에서 보는 관시, 한성부에서 보는 한성시, 각 지방에서 보는 향시로 나뉘었다.
⑤ ㉠, ㉡ – 홍범 14조 반포를 계기로 시행되었다.

● 자신이 선택한 등급의 문제지인지 확인하시오.
● 문제지에 성명과 수험 번호를 정확히 써넣으시오.
● 답안지에 성명과 수험 번호를 써넣고, 또 수험 번호와 답을 정확히 표시하시오.
● 시험 시간은 80분입니다.

---

01 (가) 시대의 생활 모습으로 옳은 것은? [1점]

강원도 양양군 오산리에서 (가) 시대 마을 유적이 발굴되었습니다. 약 8천 년 전에 형성된 집터에서는 (가) 시대를 대표하는 유물인 빗살무늬 토기와 덧무늬 토기를 비롯하여 이음낚시, 그물추 등이 출토되었습니다.

① 주로 동굴이나 막집에 거주하였다.
② 고인돌, 돌널무덤 등을 축조하였다.
③ 명도전을 이용하여 중국과 교역하였다.
④ 농경과 목축을 통하여 식량을 생산하였다.
⑤ 비파형 동검과 거친무늬 거울 등을 제작하였다.

02 (가) 나라에 대한 설명으로 옳은 것은? [1점]

〈한국사 발표 대회〉
여러 나라의 성장: (가)

5월과 10월에 제천 행사를 지냈습니다.

신지, 읍차 등으로 불리는 지배자가 있었습니다.

목지국, 사로국, 구야국 등 여러 소국으로 이루어졌습니다.

① 신성 지역인 소도가 존재하였다.
② 연의 장수 진개의 공격을 받았다.
③ 혼인 풍습으로 민며느리제가 있었다.
④ 여러 가(加)들이 별도로 사출도를 주관하였다.
⑤ 특산물로 단궁, 과하마, 반어피가 유명하였다.

---

03 다음 자료에 해당하는 국가에 대한 설명으로 옳은 것은? [2점]

○ 벼슬은 16품계가 있다. 좌평은 5명으로 1품, 달솔은 30명으로 2품, 은솔은 3품, 덕솔은 4품, 한솔은 5품, 나솔은 6품이다. 6품 이상은 관(冠)을 은으로 만든 꽃으로 장식하였다.

○ 그 나라의 지방에는 5방이 있다. 중방은 고사성, 동방은 득안성, 남방은 구지하성, 서방은 도선성, 북방은 웅진성이라 한다.

— 『주서』 —

① 골품에 따라 관등 승진에 제한을 두었다.
② 제가 회의에서 국가 중대사를 결정하였다.
③ 지방 장관으로 욕살, 처려근지 등이 있었다.
④ 위화부, 영객부 등의 중앙 관서를 설치하였다.
⑤ 왕족인 부여씨와 8성 귀족이 지배층을 이루었다.

04 다음 검색창에 들어갈 왕에 대한 설명으로 옳은 것은? [2점]

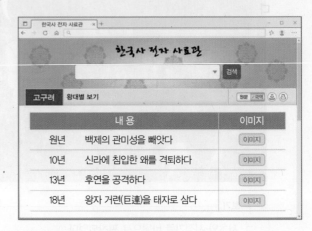

한국사 전자 사료관

[검색]

고구려	왕대별 보기	원문 국역

	내용	이미지
원년	백제의 관미성을 빼앗다	이미지
10년	신라에 침입한 왜를 격퇴하다	이미지
13년	후연을 공격하다	이미지
18년	왕자 거련(巨連)을 태자로 삼다	이미지

① 영락이라는 연호를 사용하였다.
② 태학을 설립하여 인재를 양성하였다.
③ 낙랑군을 축출하여 영토를 확장하였다.
④ 을파소를 등용하고 진대법을 시행하였다.
⑤ 당의 침입에 대비하여 천리장성을 축조하였다.

05 (가) 인물의 활동으로 옳은 것은? [1점]

이곳은 [(가)]의 생애와 활동을 주제로 한 전시실입니다. 그는 금강삼매경론, 대승기신론소 등을 저술하여 불교 교리 연구에 힘썼으며, 무애가를 짓고 정토 신앙을 전파하여 불교 대중화에 앞장섰습니다.

① 일심 사상과 화쟁 사상을 주장하였다.
② 구법 순례기인 왕오천축국전을 남겼다.
③ 황룡사 구층 목탑의 건립을 건의하였다.
④ 왕명으로 수에 군사를 청하는 걸사표를 지었다.
⑤ 승려들의 전기를 정리한 해동고승전을 편찬하였다.

06 다음 상황이 나타난 배경으로 옳은 것은? [3점]

연흥 2년에 여경[개로왕]이 처음으로 사신을 보내 표를 올렸다. "신의 나라는 고구려와 함께 부여에서 나왔으므로 우호가 돈독하였는데, 고구려의 선조인 쇠[고국원왕]가 우호를 가벼이 깨트리고 직접 군사를 지휘하여 우리의 국경을 짓밟았습니다. 신의 선조인 수[근구수왕]는 군대를 정비하고 공격하여 쇠의 머리를 베어 높이 매다니, 이후 감히 남쪽을 엿보지 못하였습니다. 그런데 고구려가 점점 강성해져 침략하고 위협하니 원한이 쌓였고 전쟁의 참화가 30여 년 이어졌습니다. …… 속히 장수를 보내 구원하여 주십시오."

– 『위서』 –

① 을지문덕이 살수에서 승리하였다.
② 동성왕이 나제 동맹을 강화하였다.
③ 성왕이 관산성 전투에서 전사하였다.
④ 계백의 결사대가 황산벌에서 패배하였다.
⑤ 장수왕이 평양으로 천도하고 남진을 추진하였다.

07 (가), (나) 사이의 시기에 있었던 사실로 옳은 것은? [3점]

(가) 고구려의 대신 연정토가 12성과 3,500여 명의 백성을 거느리고 [신라에] 항복해 왔다. 왕이 연정토와 그를 따르는 관리 24명에게 의복·물품·식량·집을 주었다.

(나) 이근행이 군사 20만 명을 이끌고 매소성에 주둔하였다. 신라 군사가 공격하여 달아나게 하고 말 3만여 필을 얻었는데, 남겨 놓은 병장기의 수도 그 정도 되었다.

① 윤충이 대야성을 공격하여 함락하였다.
② 문무왕이 안승을 보덕왕으로 책봉하였다.
③ 김춘추가 당과의 군사 동맹을 성사시켰다.
④ 연개소문이 정변을 일으켜 권력을 장악하였다.
⑤ 부여풍이 왜군과 함께 백강에서 당군에 맞서 싸웠다.

08 다음 가상 대화 이후에 있었던 사실로 옳은 것은? [2점]

며칠 전에 웅천주 도독 김헌창이 난을 일으켜 나라 이름을 장안이라 하고 연호를 경운으로 정했다더군.

그의 아버지가 왕이 되지 못한 것에 불만을 품은 모양이야.

① 거칠부가 국사를 편찬하였다.
② 이사부가 우산국을 정복하였다.
③ 관료전이 지급되고 녹읍이 폐지되었다.
④ 원종과 애노가 사벌주에서 봉기하였다.
⑤ 이차돈의 순교를 계기로 불교가 공인되었다.

09 밑줄 그은 '왕'의 정책으로 옳은 것은? [1점]

저는 지금 신숭겸 장군의 충정을 기리는 대구 표충단에 나와 있습니다. 그는 공산 전투 당시 위기에 빠진 왕을 구하기 위해 싸우다가 이곳에서 전사했다고 합니다.

① 빈민 구제를 위해 흑창을 설치하였다.
② 12목에 지방관을 처음으로 파견하였다.
③ 외침에 대비하여 개경에 나성을 축조하였다.
④ 관학 진흥을 목적으로 양현고를 운영하였다.
⑤ 쌍기의 건의를 수용하여 과거제를 시행하였다.

10 다음 시나리오에 등장하는 왕의 업적으로 옳은 것은? [2점]

> #36. 궁궐 안
> 왕이 분노에 찬 표정으로 대문예에게 말하고 있다.
>
> 왕: 흑수 말갈이 몰래 당에 조공하였으니, 이는 당과 공모하여 앞뒤로 우리를 치려는 것이다. 군대를 이끌고 가서 흑수 말갈을 정벌하라.
>
> 대문예: 당에 조공하였다 하여 그들을 바로 공격한다면 이는 당에 맞서는 것입니다. 하루아침에 당과 원수를 지면 멸망을 자초할 수 있습니다.

① 장문휴를 보내 등주를 공격하였다.
② 9서당 10정의 군사 조직을 갖추었다.
③ 사비로 천도하고 국호를 남부여로 고쳤다.
④ 지방관을 감찰하고자 외사정을 파견하였다.
⑤ 고구려 유민을 모아 동모산에서 나라를 세웠다.

11 (가)에 들어갈 인물에 대한 설명으로 옳은 것은? [2점]

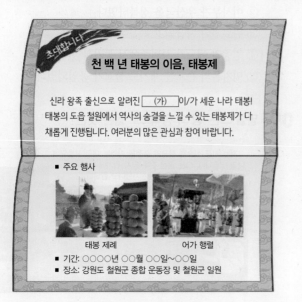

초대합니다

천 백 년 태봉의 이음, 태봉제

신라 왕족 출신으로 알려진 ___(가)___ 이/가 세운 나라 태봉! 태봉의 도읍 철원에서 역사의 숨결을 느낄 수 있는 태봉제가 다채롭게 진행됩니다. 여러분의 많은 관심과 참여 바랍니다.

■ 주요 행사

태봉 제례 / 어가 행렬
■ 기간: ○○○○년 ○○월 ○○일~○○일
■ 장소: 강원도 철원군 종합 운동장 및 철원군 일원

① 발해를 멸망시킨 거란을 적대시하였다.
② 미륵불을 자처하며 왕권을 강화하였다.
③ 신라를 공격하여 경애왕을 죽게 하였다.
④ 노비안검법을 시행하여 재정을 확충하였다.
⑤ 청해진을 설치하여 해상 무역을 장악하였다.

12 밑줄 그은 '이 사건'이 일어난 시기를 연표에서 옳게 고른 것은? [2점]

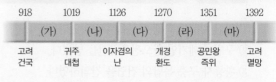

> **문학으로 만나는 한국사**
>
> 비 개인 긴 언덕에는 풀빛이 푸른데
> 남포에서 님 보내며 슬픈 노래 부르네
> 대동강 물은 그 언제 다할 것인가
> 이별의 눈물 해마다 푸른 물결에 더하는 것을
>
> 이 시의 제목은 '송인(送人)'으로, 고려 시대의 문인 정지상이 서경을 배경으로 지은 작품이다. 서경 출신인 그는 묘청 등과 함께 수도를 서경으로 옮길 것을 주장하였다. 이로 인해 개경 세력과 정치적으로 대립하던 중 이 사건이 일어나자 김부식에 의해 죽임을 당하였다.

918	1019	1126	1270	1351	1392
(가)	(나)	(다)	(라)	(마)	
고려 건국	귀주 대첩	이자겸의 난	개경 환도	공민왕 즉위	고려 멸망

① (가) ② (나) ③ (다) ④ (라) ⑤ (마)

13 (가), (나) 사이의 시기에 있었던 사실로 옳은 것은? [2점]

> (가) 최충헌 형제가 왕을 협박하여 창락궁에 유폐하고 태자 왕숙은 강화도로 유배 보냈다.
>
> (나) 유경이 최의를 죽인 뒤, 왕에게 아뢰어 정방을 편전 옆에 두어 인사권을 장악하고, 국가의 주요 사무를 모두 결정하였다.

① 강조가 정변을 일으켜 김치양을 제거하였다.
② 배중손이 이끄는 삼별초가 진도에서 항전하였다.
③ 만적이 개경에서 노비를 모아 반란을 모의하였다.
④ 조위총이 군사를 일으켜 정중부 등의 제거를 도모하였다.
⑤ 김보당이 의종 복위를 주장하며 동계에서 군사를 일으켰다.

14 밑줄 그은 '이 시기'에 볼 수 있는 모습으로 옳은 것은? [1점]

> 이것은 수령 옹주 묘지명입니다. 왕족인 왕온의 부인이었던 그녀는 남편을 일찍 잃고 3남 1녀를 홀로 키웠으나, 딸이 공녀로 원에 끌려가자 그 슬픔으로 병을 얻어 세상을 떠났습니다. 수령 옹주가 살았던 이 시기에는 많은 여성이 공녀로 끌려갔습니다.

① 농사직설을 편찬하는 학자
② 초조대장경을 조판하는 장인
③ 정동행성에서 회의하는 관리
④ 삼강행실도를 읽고 있는 양반
⑤ 백운동 서원에서 공부하는 유생

15 (가)~(라) 승려에 대한 설명으로 옳은 것은? [3점]

○ (가) 은/는 화엄 사상의 요지를 정리한 「화엄일승법계도」를 저술하였다. 또한 부석사를 비롯한 여러 사원을 건립하였고, 현세의 고난에서 구제받고자 하는 관음 신앙을 강조하였다.

○ (나) 은/는 귀법사의 주지로서, 왕명에 따라 민중을 교화하고 불법을 널리 펴기 위해 노력하였다. 또한 향가인 「보현십원가」 11수를 지어 화엄 사상을 대중에게 전파하였다.

○ (다) 은/는 문종의 아들로 태어나 11세에 출가하였다. 31세에 송으로 건너가 고승들과 불법을 토론하고 불교 서적을 수집하여 귀국하였다. 국청사를 중심으로 천태종을 창시하였으며, 교선 통합을 사상적으로 뒷받침하기 위해 교관겸수를 제창하였다.

○ (라) 은/는 12세에 출가하였다. 수행상의 제약을 넘어서기 위해서는 천태의 교리에 의지해야 한다는 깨달음을 얻었다. 법화 신앙을 바탕으로 강진 만덕사에서 백련 결사를 결성하였다.

① (가) - 심성의 도야를 강조한 유불 일치설을 주장하였다.
② (나) - 정혜쌍수와 돈오점수를 수행 방법으로 제시하였다.
③ (다) - 불교 경전에 대한 주석서를 모아 교장을 편찬하였다.
④ (라) - 9산 선문 중 하나인 가지산문을 개창하였다.
⑤ (가)~(라) - 승과에 합격하고 왕사에 임명되었다.

16 (가) 국가의 경제 상황으로 옳은 것은? [1점]

이 작품은 이규보가 예성강 하구의 정경을 묘사한 시입니다. 이곳에 있던 벽란도는 (가) 의 국제 무역항으로 송과 아라비아 상인들이 왕래할 정도로 번성했습니다.

조수가 들고나니
오고 가는 배의 꼬리가 이어졌구나
아침에 이 누각 밑을 떠나면
한낮이 되지 않아
돛대는 남만(南蠻)에 이르도다
사람들은 배를 보고
물 위의 역마라고 하지만
바람처럼 달리는 준마도
이보다 빠르지는 못하리

① 송상이 전국 각지에 송방을 두었다.
② 활구라고 불리는 은병을 주조하였다.
③ 동시전을 설치하여 시장을 감독하였다.
④ 담배, 면화, 생강 등 상품 작물을 널리 재배하였다.
⑤ 일본과 교역을 위해 부산포, 염포, 제포를 개항하였다.

17 (가)에 대한 고려의 대응으로 옳은 것은? [2점]

김윤후가 충주산성 방호별감이 되었는데 (가) 의 군대가 쳐들어 와 충주성을 70여 일간 포위하였다. 군량이 거의 바닥나자 김윤후가 군사들에게 "만약 힘내 싸운다면 귀천을 가리지 않고 모두 관작을 내리겠다."라고 하였다. 마침에 관노비의 문서를 불태우고 노획한 소와 말을 나누어 주었다. 사람들이 모두 죽음을 무릅쓰고 싸우니 적의 기세가 꺾여 남쪽으로 침략하는 것을 막을 수 있었다.

① 윤관을 보내 동북 9성을 축조하였다.
② 박위로 하여금 쓰시마섬을 정벌하게 하였다.
③ 서희가 외교 담판을 통해 강동 6주를 획득하였다.
④ 최우가 강화도로 수도를 옮겨 장기 항전에 대비하였다.
⑤ 최영이 철령위 설치에 반발하여 요동 정벌을 추진하였다.

18 밑줄 그은 '문화유산'으로 옳지 않은 것은? [3점]

이것은 고려 시대에 만들어진 나전 합입니다. 고려에 온 송의 사신 서긍이 솜씨가 세밀하여 귀하다고 평가할 정도로 고려의 나전 칠기 기술은 매우 뛰어났습니다. 이 나전 합을 비롯해 고려 시대에는 다양한 문화유산이 만들어졌습니다.

나전 국화 넝쿨무늬 합

①
청동 은입사
포류수금문 정병

②
부석사
소조여래 좌상

③
청자 상감운학문
매병

④
월정사
팔각 구층 석탑

⑤
법주사
팔상전

19 (가)에 들어갈 내용으로 가장 적절한 것은? [2점]

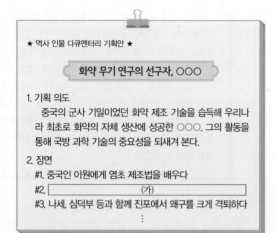

★ 역사 인물 다큐멘터리 기획안 ★

화약 무기 연구의 선구자, ○○○

1. 기획 의도
   중국의 군사 기밀이었던 화약 제조 기술을 습득해 우리나라 최초로 화약의 자체 생산에 성공한 ○○○. 그의 활동을 통해 국방 과학 기술의 중요성을 되새겨 본다.

2. 장면
   #1. 중국인 이원에게 염초 제조법을 배우다
   #2. _____(가)_____
   #3. 나세, 심덕부 등과 함께 진포에서 왜구를 크게 격퇴하다
   ⋮

① 신기전과 화차를 개발하다
② 화통도감의 설치를 건의하다
③ 불랑기포를 활용하여 평양성을 탈환하다
④ 조총 부대를 이끌고 나선 정벌에 참여하다
⑤ 발화 장치를 활용한 비격진천뢰를 발명하다

20 다음 대화에 등장하는 왕의 재위 시기에 있었던 사실로 옳은 것은? [2점]

전하께서 명하신 대로 장악원에 소장된 의궤와 악보를 새로이 교감하여 악학궤범을 완성하였습니다.

예조 판서 성현을 비롯하여 편찬에 공을 세운 이들에게 차등을 두어 상을 내리도록 하라.

① 주자소가 설치되어 계미자가 주조되었다.
② 전통 한의학을 집대성한 동의보감이 완성되었다.
③ 통치 체제를 정비하기 위해 속대전이 간행되었다.
④ 한양을 기준으로 역법을 정리한 칠정산이 제작되었다.
⑤ 전국의 지리, 풍속 등이 수록된 동국여지승람이 편찬되었다.

21 (가), (나) 사이의 시기에 있었던 사실로 옳은 것은? [3점]

(가) 윤필상, 유순 등이 폐비(廢妃) 윤씨의 시호를 의논하며 "시호와 휘호를 함께 의논하겠습니까?"라고 아뢰니, "시호만 정하는 것이 합당하겠다."라고 하였다. …… 승정원에 전교하기를 "폐비할 때 의논에 참여한 재상, 궁궐에서 나갈 때 시위한 재상, 사약을 내릴 때 나가 참여한 재상 등을 승정원 일기에서 조사하여 아뢰라."라고 하였다.

(나) 의정부에 하교하기를 "조광조 등이 서로 결탁하여, 자신들에게 붙는 자는 천거하고 자신들과 뜻이 다른 자는 배척해서 …… 후진을 유인하여 궤격(詭激)*이 버릇되게 하고, 일을 의논할 때에도 조금만 이의를 세우면 반드시 극심한 말로 배척하여 꺾어서 따르게 하였다. …… 조광조·김정 등을 원방(遠方)에 안치하라."라고 하였다.

*궤격(詭激): 언행이 정상을 벗어나고 격렬함

① 성삼문 등이 단종의 복위를 꾀하였다.
② 외척 간의 대립으로 윤임이 제거되었다.
③ 이괄이 난을 일으켜 한양을 점령하였다.
④ 성희안 일파가 반정을 통해 연산군을 몰아내었다.
⑤ 조의제문이 발단이 되어 김일손 등이 화를 입었다.

22 (가) 기구에 대한 설명으로 옳은 것은? [2점]

역사 용어 해설

_____(가)_____

1. 개요

   조선 시대에 언론 활동, 풍속 교정, 백관에 대한 규찰과 탄핵 등을 관장하던 기구이다. 대사헌, 집의, 장령, 감찰 등의 직제로 구성되어 있다.

2. 관련 사료

   건국 초기에 고려의 제도에 따라 설치하였다. …… 『경국대전』에는 "정사를 논평하고, 백관을 규찰하고, 풍속을 바로잡고, 억울함을 풀어주고, 허위를 금지하는 등의 일을 관장한다."라고 하였다.

   ─『순암집』─

① 업무 일지인 내각일력을 작성하였다.
② 고려의 삼사와 같은 기능을 수행하였다.
③ 은대(銀臺), 후원(喉院)이라고도 불리었다.
④ 임진왜란을 거치면서 국정 전반을 총괄하였다.
⑤ 5품 이하의 관리 임명에 대한 서경권을 행사하였다.

23 (가)~(다)를 일어난 순서대로 옳게 나열한 것은? [3점]

(가) 임금이 궐내에 있던 기름 먹인 장막을 허적이 벌써 가져갔음을 듣고 노하여 이르기를, "궐내에서 쓰는 것을 마음대로 가져가는 것은 한명회도 못하던 짓이다."라고 하였다. …… 임금이 허적의 당파가 많아 기세가 당당하다는 말을 듣고 그들을 제거하고자 결심하였다.

(나) 비망기를 내려, "국운이 안정되어 왕비가 복위하였으니, 백성에게 두 임금이 없는 것은 고금을 통한 의리이다. 장씨의 왕후 지위를 거두고 옛 작호인 희빈을 내려 주되, 세자가 조석으로 문안하는 예는 폐하지 않도록 하라."라고 하였다.

(다) 임금이 말하기를, "송시열은 산림의 영수로서 나라의 형세가 험난한 때에 감히 원자(元子)의 명호를 정한 것이 너무 이르다고 하였으니, 삭탈 관작하고 성문 밖으로 내쳐라. 반드시 송시열을 구하려는 자가 있겠지만, 그런 자는 비록 대신이라 하더라도 용서하지 않을 것이다."라고 하였다.

① (가) – (나) – (다) ② (가) – (다) – (나)
③ (나) – (가) – (다) ④ (나) – (다) – (가)
⑤ (다) – (나) – (가)

24 밑줄 그은 '전란' 중에 있었던 사실로 옳은 것은? [2점]

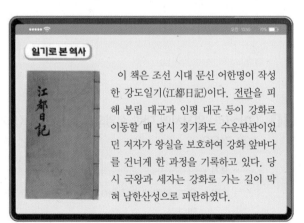

일기로 본 역사

江都日記

이 책은 조선 시대 문신 어한명이 작성한 강도일기(江都日記)이다. 전란을 피해 봉림 대군과 인평 대군 등이 강화로 이동할 때 당시 경기좌도 수운판관이었던 저자가 왕실을 보호하여 강화 앞바다를 건너게 한 과정을 기록하고 있다. 당시 국왕과 세자는 강화로 가는 길이 막혀 남한산성으로 피란하였다.

① 정문부가 길주에서 의병을 이끌었다.
② 강홍립이 사르후 전투에 참전하였다.
③ 김시민이 진주성에서 적군을 크게 물리쳤다.
④ 임경업이 백마산성에서 적의 침입에 대비하였다.
⑤ 최윤덕이 올라산성에서 이만주 부대를 정벌하였다.

25 다음 기사에 나타난 시기의 경제 상황으로 옳은 것은?[2점]

역사 신문

제△△호　　　　　　　○○○○년 ○○월 ○○일

거상(巨商) 임상옥, 북경에서 인삼 무역으로 큰 수익

연행사의 수행원으로 북경에 간 만상(灣商) 임상옥이 인삼 무역으로 큰 수익을 거두었다. 북경 상인들이 불매 동맹을 통해 인삼을 헐값에 사려 하자, 그는 가져간 인삼 보따리를 태우는 기지를 발휘해 북경 상인에게 인삼을 높은 가격에 매각하여 막대한 이익을 얻은 것이다.

① 삼한통보, 해동통보가 발행되었다.
② 솔빈부의 말이 특산물로 수출되었다.
③ 초량 왜관을 통해 일본과 교역하였다.
④ 당항성, 영암이 국제 무역항으로 번성하였다.
⑤ 경시서의 관리들이 수도의 시전을 감독하였다.

26 (가) 왕이 추진한 정책으로 옳은 것은? [1점]

서호천을 따라 (가) 의 자취를 느끼다

우리 역사 동아리에서는 (가) 와/과 관련된 유적을 돌아보는 답사 프로그램을 마련하였습니다.

왕이 수원 화성 및 장용영 운영을 위해 조성한 둔전의 수리 시설

왕이 현륭원* 식목관에 내탕금을 내려 소나무 등을 심도록 한 곳
*현륭원: 왕의 생부인 사도세자의 무덤

왕의 효심을 기리기 위해 아들 순조가 건립한 비

■ 일시: 2022년 10월 22일 10시
■ 출발 장소: 서호 공원

① 경기도에 한하여 대동법을 시행하였다.
② 군역 부담을 줄이기 위해 균역법을 제정하였다.
③ 육의전을 제외한 시전 상인의 금난전권을 폐지하였다.
④ 제한된 규모의 무역을 허용한 계해약조를 체결하였다.
⑤ 현직 관리에게만 수조권을 지급하는 직전법을 실시하였다.

27 다음 자료에 나타난 사건에 대한 설명으로 옳은 것은? [2점]

> 진주 안핵사 박규수에게 하교하기를, "얼마 전에 있었던 진주의 일은 전에 없던 변괴였다. 관원은 백성을 달래지 못하였고, 백성은 패악한 습관을 버리지 못하였다. 누가 그 허물을 책임져야 하겠는가. 신중을 기하여 혹시 한 사람이라도 억울하게 처벌 받는 일이 없게 하라. 그리고 포리(逋吏)*를 법에 따라 처벌할 경우 죄인을 심리하여 처단할 방법을 상세히 구별하라."라고 하였다.
>
> *포리(逋吏): 관아의 물건을 사사로이 써버린 아전

① 홍경래, 우군칙 등이 주도하였다.
② 남접과 북접이 연합하여 전개되었다.
③ 삼정이정청이 설치되는 계기가 되었다.
④ 우정총국 개국 축하연을 이용하여 일어났다.
⑤ 윤원형 일파가 정국을 주도한 시기에 발생하였다.

28 (가) 인물의 작품으로 옳은 것은? [2점]

> 이 작품은 단원 [(가)]이/가 그린 추성부도(秋聲賦圖)로, 인생의 허망함과 쓸쓸함을 묘사한 글인 추성부를 그림으로 표현했습니다. 죽음을 앞둔 노년에 자신의 심정을 나타낸 것으로 보입니다. 도화서 화원 출신인 그는 풍속화, 산수화, 인물화 등 다양한 분야에서 뛰어난 작품을 남겼습니다.

①
②
③
④
⑤

[29~30] 다음 자료를 읽고 물음에 답하시오.

(가) 우리 해동의 삼국도 역사가 오래되었으니 마땅히 책을 써야 합니다. 그러므로 폐하께서 이 늙은 신하에게 편찬하도록 하셨습니다. 폐하께서 이르시기를, "삼국은 중국과 통교하였으므로 『후한서』나 『신당서』에 모두 삼국의 열전이 있지만, 상세히 실리지 않았다. 우리의 옛 기록은 빠진 사실이 많아 후세에 교훈을 주기 어렵다. 그러므로 뛰어난 역사서를 완성하여 물려주고 싶다."라고 하셨습니다.

(나) 삼가 삼국 이후의 여러 역사서를 모으고 중국의 역사서에서 가려내어 연도에 따라 사실을 기록하였습니다. 범례는 『자치통감』에 의거하였고, 『자치통감강목』의 취지에 따라 번잡한 것은 줄이고 요령만 남겨두도록 힘썼습니다. 삼국이 서로 대치한 때는 삼국기라고 하였고, 신라가 통합한 시대는 신라기라고 하였으며, 고려 시대는 고려기라 하였고, 삼한 이전은 외기라고 하였습니다.

(다) 옛 성인은 예악으로 나라를 일으켰고 인의로 가르침을 폈으니 괴력난신은 말하지 않았다. 그러나 제왕이 일어날 때는 반드시 보통 사람과 다른 점이 있었고, 그러한 후에야 제왕의 지위를 얻고 대업을 이루었다. …… 그러므로 삼국의 시조가 모두 신이한 데서 나왔다고 해서 무엇이 괴이하다고 하겠는가. 이것이 책 머리편에 기이편이 실린 까닭이다.

(라) 옛날에 고씨가 북쪽에 살면서 고구려라 하였고, 부여씨가 서남쪽에 살면서 백제라 하였으며, 박·석·김씨가 동남쪽에 살면서 신라라고 하였으니, 이것이 삼국이다. 그러니 마땅히 삼국사가 있어야 할 것이다. …… 부여씨가 망하고 고씨가 망하니 김씨가 그 남쪽 땅을 차지하고 대씨가 그 북쪽 땅을 차지하여 발해라 하였다. 이것을 남북국이라 한다. 그러니 마땅히 남북국사가 있어야 한다.

29 (가)~(라) 역사서를 편찬한 순서대로 옳게 나열한 것은? [3점]

① (가) – (나) – (다) – (라) ② (가) – (다) – (나) – (라)
③ (나) – (가) – (라) – (다) ④ (나) – (다) – (가) – (라)
⑤ (다) – (라) – (나) – (가)

30 (가)~(라) 역사서에 대한 설명으로 옳은 것을 <보기>에서 고른 것은? [2점]

> **》 보기 〈**
>
> ㄱ. (가) – 유교 사관에 입각하여 기전체 형식으로 저술하였다.
> ㄴ. (나) – 사초와 시정기를 바탕으로 실록청에서 편찬하였다.
> ㄷ. (다) – 불교사를 중심으로 민간 설화 등을 수록하였다.
> ㄹ. (라) – 고조선부터 고려까지의 역사를 편년체로 정리하였다.

① ㄱ, ㄴ ② ㄱ, ㄷ ③ ㄴ, ㄷ ④ ㄴ, ㄹ ⑤ ㄷ, ㄹ

31 (가) 사건 이후에 전개된 사실로 옳은 것은? [2점]

이곳은 어재연 장군과 그의 군사를 기리기 위해 조성된 충장사입니다. 어재연 장군의 부대는 (가) 때 광성보에서 로저스 제독이 이끄는 미군에 맞서 결사 항전하였지만 끝내 함락을 막지 못하였습니다.

① 종로와 전국 각지에 척화비가 세워졌다.
② 평양 관민이 제너럴 셔먼호를 불태웠다.
③ 한성근 부대가 문수산성에서 항전하였다.
④ 신유박해로 많은 천주교도가 처형되었다.
⑤ 오페르트가 남연군 묘 도굴을 시도하였다.

32 (가), (나) 조약 체결 사이의 시기에 있었던 사실로 옳은 것은? [3점]

(가) 제1관   조선국은 자주 국가로서 일본국과 평등한 권리를 보유한다. ……
제10관 일본국 인민이 조선국 지정의 각 항구에 머무르는 동안 죄를 범한 것이 조선국 인민에게 관계되는 사건은 모두 일본국 관원이 심리하여 판결한다. ……

(나) 제1관   앞으로 대조선국 군주와 대미국 대통령 및 그 인민은 각각 모두 영원히 화평하고 우애 있게 지낸다. ……
제5관   …… 미국 상인과 상선이 조선에 와서 무역을 할 때 입출항하는 화물은 모두 세금을 바쳐야 하며, 세금을 거두는 권한은 조선이 자주적으로 행사한다. ……

① 공사 노비법이 혁파되었다.
② 통리기무아문이 설치되었다.
③ 한성 전기 회사가 설립되었다.
④ 건양이라는 독자적인 연호가 채택되었다.
⑤ 지방 행정 구역이 8도에서 23부로 개편되었다.

33 다음 자료에 나타난 사건에 대한 설명으로 옳은 것은? [2점]

발신: 조선 주재 공사 하나부사 요시모토(花房義質)
수신: 외무경 이노우에 가오루(井上馨)

이달 23일 오후 5시 성난 군중 수백 명이 갑자기 공사관을 습격하여 돌을 던지고 총을 쏘며 방화함. 전력으로 방어한 지 7시간이 지났지만 원병이 오지 않았음. 한쪽을 돌파하여 왕궁으로 가려해도 성문이 열리지 않았음. …… 성난 군중이 왕궁 및 민태호와 민겸호의 집도 습격했다고 들었음. …… 교관 호리모토 외 8명의 생사는 알 수 없음.

① 전주 화약이 체결되는 계기가 되었다.
② 입헌 군주제 수립을 목표로 전개되었다.
③ 김기수가 수신사로 파견되는 결과를 가져왔다.
④ 구식 군인에 대한 차별 대우가 발단이 되어 일어났다.
⑤ 3일 만에 실패로 끝나 주동자들이 해외로 망명하였다.

34 (가) 인물에 대한 설명으로 옳은 것은? [2점]

국어 연구에 앞장선 (가) 에 대해 알려 주세요.

호는 한힌샘으로, 독립신문사의 교보원으로 활동하였습니다. 큰 보자기에 책을 넣고 다니며 학생들에게 국어를 가르쳐 '주보따리'라는 별명을 얻었습니다.

① 국문 연구소의 연구위원으로 활동하였다.
② 조선어 학회 사건으로 구속되어 옥고를 치렀다.
③ 국권 피탈 과정을 정리한 한국통사를 집필하였다.
④ 세계지리 교과서인 사민필지를 한글로 저술하였다.
⑤ 여유당전서를 간행하고 조선학 운동을 전개하였다.

35 다음 자료에 나타난 민족 운동에 대한 설명으로 옳은 것은? [2점]

> 우리나라가 채무를 지고 우리 백성이 채노(債奴)*가 된 것이 여러 해가 되었습니다. …… 대황제 폐하께서 진 외채가 1,300만 원이지만 채무를 청산할 방법이 없어 밤낮으로 걱정하시니, 백성된 자로서 있는 힘을 다하여 보상하려고 해도 겨를이 없습니다. …… 우리 동포는 빨리 단체를 결성하여 열성적으로 의연금을 내어 채무를 상환하고 채노에서 벗어나, 머리는 대한의 하늘을 이고, 발은 대한의 땅을 밟도록 해 주시기를 눈물을 머금고 간절히 요구합니다.
>
> *채노(債奴): 빚을 갚지 못해 노비가 된 사람

① 일제가 치안 유지법을 적용하여 탄압하였다.
② 백정에 대한 사회적 차별 철폐를 요구하였다.
③ 독립문 건립을 위한 모금 활동을 전개하였다.
④ 자작회, 토산 애용 부인회 등의 단체가 활동하였다.
⑤ 대한매일신보 등 당시 언론이 적극적으로 참여하였다.

36 밑줄 그은 '이 단체'에 대한 설명으로 옳은 것은? [2점]

이 편지는 비밀 결사인 이 단체의 재무를 총괄한 전덕기가 안창호에게 보낸 것이다. 105인 사건으로 이 단체의 주요 회원인 양기탁, 이승훈 등이 형을 선고받은 사실과 대성 학교가 재정적으로 어려움을 겪고 있는 상황 등을 전하고 있다.

① 정우회 선언의 영향으로 결성되었다.
② 조선 혁명 선언을 활동 지침으로 삼았다.
③ 일제의 황무지 개간권 요구를 저지하였다.
④ 중추원 개편을 통해 의회 설립을 추진하였다.
⑤ 계몽 서적의 보급을 위해 태극 서관을 운영하였다.

37 밑줄 그은 '시기'에 볼 수 있는 모습으로 옳은 것은? [1점]

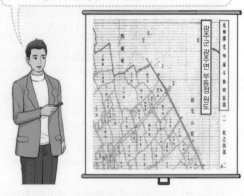

이것은 일제가 임시 토지 조사국을 설치하고 토지 조사 사업을 진행하던 시기에 작성한 지적 원도의 일부입니다. 토지를 측량해 그 위치와 경계 및 지번 등을 표시하였습니다.

① 경성 제국 대학에서 공부하는 학생
② 근우회의 창립 기사를 작성하는 기자
③ 보빙사 일행으로 미국에 파견되는 관리
④ 조선인에게 태형을 집행하는 헌병 경찰
⑤ 거문도를 불법 점령하고 있는 영국 해군

38 (가) 단체에 대한 설명으로 옳은 것은? [2점]

□□ 신문

제△△호   2022년 ○○월 ○○일

박상진 의사 유물, 국가등록문화재 등록

군자금 모집과 친일파 처단 등의 활동을 전개한 (가) 의 총사령 박상진 의사의 유물이 국가등록문화재로 등록되었다. 이 유물은 친일 부호 처단 사건으로 체포된 박상진의 옥중 상황과 (가) 의 비밀 연락 거점이었던 상덕태상회의 규모 등을 보여준다는 점에서 귀중한 가치를 지니고 있다.

옥중 편지 및 상덕태상회 청구서

① 고종 강제 퇴위 반대 운동을 전개하였다.
② 공화정체의 국민 국가 수립을 목표로 삼았다.
③ 파리 강화 회의에 독립 청원서를 제출하였다.
④ 미군과 연합하여 국내 진공 작전을 계획하였다.
⑤ 만민 공동회를 개최하여 민권 신장을 추구하였다.

39 (가) 운동에 대한 설명으로 옳은 것은? [1점]

서울 앨버트 테일러 가옥 (딜쿠샤)

'딜쿠샤'가 복원되어 전시관으로 개관합니다. 많은 관람 부탁드립니다.

■ 주소: 서울시 종로구 사직로 2길 17
■ 개관일: 2021년 ○○월 ○○일

⊙ 소개

'기쁜 마음의 궁전'을 뜻하는 딜쿠샤는 미국인 앨버트 W. 테일러가 지은 벽돌집으로, 테일러와 그의 가족이 미국으로 추방되기 전까지 거주한 곳이다. 미국 연합통신(AP)의 임시 특파원으로 활동한 테일러는 세브란스 병원에서 독립 선언서를 발견하고 외신을 통해 전 세계에 알렸으며, [(가)] 당시 일제가 자행한 제암리 학살 사건 등을 취재해 보도하였다.

① 신간회에서 진상 조사단을 파견하여 지원하였다.
② 순종의 인산일을 기회로 만세 운동을 전개하였다.
③ 일제가 이른바 문화 통치를 실시하는 배경이 되었다.
④ 한국인 학생과 일본인 학생 간의 충돌에서 비롯되었다.
⑤ 시위를 준비하는 과정에서 사회주의자들이 대거 검거되었다.

40 (가)에 대한 설명으로 옳은 것을 〈보기〉에서 고른 것은? [2점]

저는 이동녕으로 이곳 충남 천안에서 태어났습니다. 저는 임시 의정원 초대 의장으로 삼권 분립에 기초한 [(가)]의 헌법 제정에 기여하였습니다. 또한 국무총리와 주석 등을 역임하였고, [(가)]이/가 상하이를 떠나 이동하는 과정을 함께하며 독립운동에 전념하였습니다.

≫ 보기
ㄱ. 만세보를 발행하여 민중 계몽에 힘썼다.
ㄴ. 신흥 강습소를 세워 독립군을 양성하였다.
ㄷ. 구미 위원부를 조직하여 외교 활동을 전개하였다.
ㄹ. 이륭양행에 교통국을 설치하여 국내와 연락을 취하였다.

① ㄱ, ㄴ   ② ㄱ, ㄷ   ③ ㄴ, ㄷ
④ ㄴ, ㄹ   ⑤ ㄷ, ㄹ

41 밑줄 그은 '시기'에 있었던 사실로 옳은 것은? [2점]

○○ 박물관 사이버 전시실

이 포스터는 일제가 미국과 영국 등 연합국을 상대로 한 전쟁을 벌였던 시기에 만들어졌다. 전쟁에 필요한 쌀을 강제로 공출하기 위한 홍보용으로 제작되었다.

쌀 공출 선전 포스터

① 메가타의 주도로 화폐 정리 사업이 실시되었다.
② 만주 군벌과 일제 사이에 미쓰야 협정이 체결되었다.
③ 여자 정신 근로령으로 한국인 여성이 강제 동원되었다.
④ 지주 문재철의 횡포에 맞서 암태도 소작 쟁의가 전개되었다.
⑤ 회사 설립 시 총독의 허가를 받도록 하는 회사령이 공포되었다.

42 (가)~(마)에 들어갈 내용으로 옳은 것은? [2점]

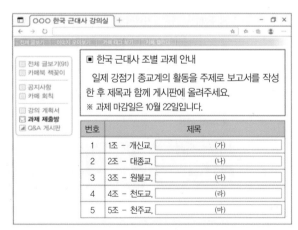

○○○ 한국 근대사 강의실

■ 한국 근대사 조별 과제 안내

일제 강점기 종교계의 활동을 주제로 보고서를 작성한 후 제목과 함께 게시판에 올려주세요.
※ 과제 마감일은 10월 22일입니다.

번호		제목
1	1조 – 개신교,	(가)
2	2조 – 대종교,	(나)
3	3조 – 원불교,	(다)
4	4조 – 천도교,	(라)
5	5조 – 천주교,	(마)

① (가) – 단군 숭배 사상을 통해 민족의식을 높이다
② (나) – 의민단을 조직하여 무장 투쟁을 전개하다
③ (다) – 간척 사업을 진행하고 새생활 운동을 펼치다
④ (라) – 배재 학당을 세워 신학문 보급에 기여하다
⑤ (마) – 어린이날을 제정하고 소년 운동을 추진하다

43 (가) 부대에 대한 설명으로 옳은 것은? [3점]

> ### 조선 민족 혁명당 창립 제8주년 기념 선언
>
> 우리는 중국의 난징에서 5개 당을 통합하여 전체 민족을 대표하는 유일한 정당인 조선 민족 혁명당을 창립하였다. …… 아울러 중국과 한국의 연합 항일 진영을 건립하여야 했다. …… 이 때문에 우리는 1938년 (가) 을/를 조직하고 조선의 혁명 청년들을 단결시켜 장제스 위원장의 영도 아래 직접 중국의 항전에 참가하였고, 각 전쟁터에서 찬란한 전투 성과를 만들어냈다. …… 지난해 가을 (가) 와/과 한국 광복군의 통합 편성을 기반으로 전 민족의 통일을 성공적으로 구현하였다.

① 자유시 참변으로 큰 타격을 입었다.
② 대전자령 전투에서 일본군을 격퇴하였다.
③ 동북 항일 연군으로 개편되어 유격전을 펼쳤다.
④ 김원봉, 윤세주 등이 중국 관내(關內)에서 창설하였다.
⑤ 홍범도 부대와 연합하여 청산리에서 일본군과 교전하였다.

44 (가) 지역에서 있었던 민족 운동으로 옳은 것은? [2점]

> ### 해외 독립운동 유적 조사 보고서
>
> ■ 주제: (가) 지역에 서린 항일 독립 정신을 찾아서
>
> ■ 조사 내용
>   1. 김약연의 명동 학교 설립과 교육 활동
>   2. 이상설이 세운 민족 교육의 요람, 서전서숙
>   3. 윤동주와 송몽규의 민족의식이 싹튼 용정촌
>
> ■ 유적 사진

명동 학교　　서전서숙 기념비　　용정촌 윤동주 생가

① 권업회가 설립되어 권업신문을 발간하였다.
② 이봉창이 일왕의 행렬에 폭탄을 투척하였다.
③ 박용만의 주도로 대조선 국민 군단이 창설되었다.
④ 북로 군정서가 조직되어 독립 전쟁을 전개하였다.
⑤ 유학생들이 중심이 되어 2·8 독립 선언서를 발표하였다.

45 밑줄 그은 '군정청'이 있었던 시기의 사실로 옳은 것은? [2점]

> ### □□ 신문
> 제△△호　　　　　　　○○○○년 ○○월 ○○일
>
> **서윤복 선수 환영회, 중앙청 광장에서 개최**
>
>
> 중앙청 광장에 모인 환영 인파
>
> 제51회 보스턴 세계 마라톤 대회에서 세계 신기록을 세우며 우승한 서윤복 선수의 환영회가 중앙청 광장에서 열렸다. 하지 중장, 헬믹 준장 등 <u>군정청</u>의 주요 인사와 김규식, 여운형, 안재홍 등 정계 인사를 비롯한 수많은 군중이 참석하여, 우리 민족의 의기를 세계에 과시한 서윤복 선수의 우승을 함께 기뻐하였다.

① 한미 상호 방위 조약이 체결되었다.
② 제1차 경제 개발 5개년 계획이 추진되었다.
③ 반민족 행위 특별 조사 위원회가 설치되었다.
④ 신한 공사가 설립되어 귀속 재산을 관리하였다.
⑤ 국가 보안법 개정안을 통과시킨 보안법 파동이 일어났다.

46 (가) 전쟁 중에 있었던 사실로 옳지 <u>않은</u> 것은? [1점]

> 1/3 대성동 마을은 경기도 파주시에 있으며, 군사 분계선 남쪽 비무장 지대에 위치한 민간인 마을입니다.
>
> 2/3 (가) 의 정전 협정 체결 직후 비무장 지대에 남북이 민간인 마을을 하나씩만 남긴다는 후속 합의에 따라 마을로 조성되었습니다.
>
> 3/3 '자유의 마을'로 불리는 대성동 마을은 유엔군 사령부의 관할 지역으로, 외부인은 허락 없이 들어가지 못합니다.

① 애치슨 선언이 발표되었다.
② 부산이 임시 수도로 정해졌다.
③ 흥남 철수 작전이 전개되었다.
④ 인천 상륙 작전 이후 서울을 수복하였다.
⑤ 국회에서 국민 방위군 사건이 폭로되었다.

47 다음 대화에 나타난 사건 이후의 사실로 옳은 것은? [3점]

당시 정부와 여당인 민주 공화당이 3선 개헌을 추진하자 학생들이 반대 시위를 벌이는 모습이네요.

야당인 신민당과 재야 세력도 3선 개헌 반대 범국민 투쟁 위원회를 결성해서 이를 막아내려 했지요.

현대사 사진전

① 내각 책임제 형태의 정부가 출범하였다.
② 정부에 비판적이던 경향신문이 폐간되었다.
③ 최고 통치 기구인 국가 재건 최고 회의가 구성되었다.
④ 평화 통일론을 주장한 진보당의 조봉암과 간부들이 구속되었다.
⑤ 국회 해산, 헌법의 일부 효력 정지를 담은 10월 유신이 선포되었다.

48 다음 자료에 나타난 민주화 운동에 대한 설명으로 옳은 것은? [2점]

전국의 언론인 여러분!

지금 광주에서는 젊은 대학생들과 시민들이 피를 흘리며 싸우고 있습니다. 대학생들의 평화적 시위를 질서 유지, 진압이라는 명목 아래 저 잔인한 공수 부대를 투입하여 시민과 학생을 무차별 살육하였고 더군다나 발포 명령까지 내렸던 것입니다. …… 그러나 일부 언론은 순수한 광주 시민의 의거를 불순배의 선동이니, 폭도의 소행이니, 난동이니 하여 몰아부치고만 있습니다. …… 이번 광주 의거를 몇십 년 뒤의 '사건 비화'나 '남기고 싶은 이야기'들로 만들기 않기 위해, 사실 그대로 보도하여 주시기를 수많은 사망자의 피맺힌 원혼과 광주 시민의 이름으로 간절히, 간절히 촉구하는 바입니다.

① 허정 과도 정부가 출범하는 계기가 되었다.
② 굴욕적인 한일 국교 정상화에 반대하였다.
③ 호헌 철폐, 독재 타도 등의 구호를 외쳤다.
④ 3 · 15 부정 선거에 항의하며 시위가 시작되었다.
⑤ 관련 기록물이 유네스코 세계 기록 유산으로 등재되었다.

49 다음 연설이 있었던 정부 시기의 경제 상황으로 옳은 것은? [2점]

오늘 우리나라는 OECD 회원국이 되게 되었습니다. …… 한국은 수많은 어려움이 있었음에도 시장 경제 체제의 장점을 살리는 경제 개발 전략을 추진해 왔습니다. 이를 통해 폐허 속에서 한 세대 만에 세계 10위권의 경제 규모를 가진 나라로 성장하였습니다.

① 처음으로 수출액 100억 달러가 달성되었다.
② 대통령 긴급 명령으로 금융 실명제가 실시되었다.
③ 개성 공단 건설을 통해 남북 간 경제 교류가 이루어졌다.
④ 한국과 미국 사이에 자유 무역 협정(FTA)이 체결되었다.
⑤ 경제적 취약 계층을 위한 국민 기초 생활 보장법이 시행되었다.

50 다음 뉴스가 보도된 정부 시기의 통일 노력으로 옳은 것은? [2점]

정주영의 소 떼 방북을 계기로 남북한의 교류와 협력이 본격화되면서 금강산 관광 사업이 시작되었습니다. 이 사업은 남북 교류 활성화에 크게 기여할 것으로 보입니다.

금강산 관광객 실은 크루즈, 동해항에서 첫 출항

① 남북 조절 위원회를 구성하였다.
② 남북한이 유엔에 동시 가입하였다.
③ 6 · 15 남북 공동 선언을 채택하였다.
④ 한반도 비핵화 공동 선언을 발표하였다.
⑤ 남북 이산가족의 교환 방문을 최초로 실현하였다.

● 자신이 선택한 등급의 문제지인지 확인하시오.
● 문제지에 성명과 수험 번호를 정확히 써넣으시오.
● 답안지에 성명과 수험 번호를 써넣고, 또 수험 번호와 답을 정확히 표시하시오.
● 시험 시간은 80분입니다.

01 (가) 시대의 생활 모습으로 옳은 것은? [1점]

> 이곳은 유네스코 세계유산으로 등재된 화순 고인돌 유적입니다. 여기에는 계급이 발생한 (가) 시대의 고인돌이 밀집되어 있고, 인근에서는 덮개돌을 캐낸 채석장이 발견되어 고인돌의 축조 과정을 살펴볼 수 있습니다.

① 소를 이용하여 깊이갈이를 하였다.
② 주로 동굴이나 바위 그늘에서 살았다.
③ 반달 돌칼을 사용하여 곡물을 수확하였다.
④ 빗살무늬 토기를 제작하여 식량을 저장하였다.
⑤ 주먹도끼, 찍개 등 뗀석기를 만들기 시작하였다.

02 밑줄 그은 '이 나라'에 대한 설명으로 옳은 것은? [2점]

> 이것은 쑹화강 유역에 위치했던 이 나라의 유물로 고대인의 얼굴을 추정해 볼 수 있는 귀중한 자료입니다. 이 나라에는 영고라는 제천 행사와 형사취수제라는 풍속이 있었다고 전해집니다.

금동 얼굴 모양 장식

① 신성 구역인 소도를 두었다.
② 읍락 간의 경계를 중시하는 책화가 있었다.
③ 여러 가(加)들이 각각 사출도를 주관하였다.
④ 정사암 회의에서 국가의 중대사를 결정하였다.
⑤ 사회 질서를 유지하기 위해 범금 8조를 만들었다.

03 (가) 나라에 대한 설명으로 옳은 것은? [2점]

> 🏛 국가문화유산포털
> 종목별 전체 국보 보물 사적 명승
> 문화유산 검색 김해 양동리 고분군 검색 초기화 결과 내 검색
>
> 수로왕이 건국했다고 전해지는 (가) 의 유적이다. 발굴 조사 결과 널무덤, 독무덤 등 600여 기의 유구와 토기, 청동기, 철기 등 5,200여 점에 이르는 유물이 출토되었다.
>
> ▲ 고분군 발굴 전경

① 법흥왕 때 신라에 복속되었다.
② 유학 교육 기관으로 주자감을 두었다.
③ 지방에 22담로를 두어 왕족을 파견하였다.
④ 화백 회의에서 국가의 중대사를 논의하였다.
⑤ 단궁, 과하마, 반어피 등의 특산물이 있었다.

04 다음 상황 이후에 전개된 사실로 옳은 것은? [3점]

> 소정방이 백제를 평정하자 흑치상지는 휘하의 무리를 이끌고 항복하였다. 소정방이 연로한 왕을 가두고 병사를 풀어 가혹하게 약탈하자, 이를 두려워한 흑치상지는 추장 10여 인과 함께 도망하여 임존산을 거점으로 반란을 일으켰다. 열흘 만에 휘하에 3만여 명이 모였으며 곧 200여 성을 되찾았다. 소정방이 병사를 이끌고 흑치상지를 공격하였지만 이기지 못하였다.
> − 『삼국사기』 −

① 을지문덕이 살수에서 승리하였다.
② 안승이 보덕국의 왕으로 임명되었다.
③ 관구검의 공격으로 환도성이 함락되었다.
④ 의자왕이 윤충을 보내 대야성을 함락시켰다.
⑤ 계백이 이끄는 결사대가 신라군에 맞서 싸웠다.

05 다음 검색창에 들어갈 왕에 대한 설명으로 옳은 것은? [2점]

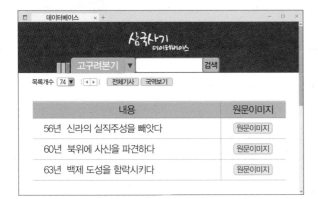

① 도읍을 국내성에서 평양으로 옮겼다.
② 낙랑군을 몰아내고 영토를 확장하였다.
③ 을파소의 건의로 진대법을 실시하였다.
④ 영락이라는 독자적 연호를 사용하였다.
⑤ 전진의 순도를 통해 불교를 수용하였다.

07 밑줄 그은 '이 승려'의 활동으로 옳은 것은? [2점]

① 무애가를 지어 불교 대중화에 기여하였다.
② 화랑도의 규범으로 세속 5계를 제시하였다.
③ 구법 순례기인 왕오천축국전을 저술하였다.
④ 승려들의 전기를 담은 해동고승전을 집필하였다.
⑤ 화엄일승법계도를 지어 화엄 사상을 정리하였다.

06 (가) 국가에 대한 설명으로 옳은 것은? [1점]

① 중정대를 두어 관리를 감찰하였다.
② 군사 조직으로 9서당 10정을 편성하였다.
③ 내신 좌평 등 6좌평의 관제를 정비하였다.
④ 상수리 제도를 시행하여 지방 세력을 견제하였다.
⑤ 왕족인 부여씨와 8성의 귀족이 지배층을 이루었다.

08 밑줄 그은 '이 왕'의 업적으로 옳은 것은? [2점]

① 거칠부에게 국사를 편찬하게 하였다.
② 이사부를 보내 우산국을 복속하였다.
③ 건원이라는 독자적 연호를 사용하였다.
④ 관료전을 지급하고 녹읍을 폐지하였다.
⑤ 관리 선발을 위해 독서삼품과를 실시하였다.

09 (가) 인물에 대한 설명으로 옳은 것은? [2점]

> 이 사진은 [(가)]이/가 세운 태봉의 철원 도성 터에서 촬영된 석등입니다. 일제 강점기에 보물로 지정되기도 했으나 지금은 비무장지대 안에 있어 존재를 확인하기 어렵습니다. 관련 연구의 진전을 위해서는 남북한의 협력이 필요합니다.

① 금마저에 미륵사를 창건하였다.
② 후당과 오월에 사신을 파견하였다.
③ 일리천 전투에서 신검의 군대를 격퇴하였다.
④ 폐정 개혁을 목표로 정치도감을 설치하였다.
⑤ 광평성을 비롯한 각종 정치 기구를 마련하였다.

10 (가)에 들어갈 불상으로 옳은 것은? [2점]

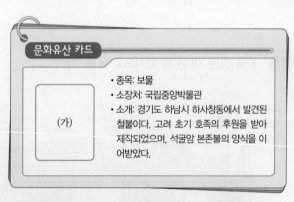

문화유산 카드

(가)

- 종목: 보물
- 소장처: 국립중앙박물관
- 소개: 경기도 하남시 하사창동에서 발견된 철불이다. 고려 초기 호족의 후원을 받아 제작되었으며, 석굴암 본존불의 양식을 이어받았다.

①  ②   ③

④   ⑤

11 (가)~(다)를 일어난 순서대로 옳게 나열한 것은? [2점]

(가) 백관을 소집하여 금을 섬기는 문제에 대한 가부를 의논하게 하니 모두 불가하다고 하였다. 이자겸, 척준경만이 "사신을 보내 먼저 예를 갖추어 찾아가는 것이 옳습니다."라고 하니 왕이 이 말을 따랐다.

(나) 나세·심덕부·최무선 등이 왜구를 진포에서 공격해 승리를 거두고 포로 334명을 구출하였으며, 김사혁은 패잔병을 임천까지 추격해 46명을 죽였다.

(다) 몽골군이 쳐들어와 충주성을 70여 일간 포위하니 비축한 군량이 거의 바닥났다. 김윤후가 괴로워하는 군사들을 북돋우며, "만약 힘을 다해 싸운다면 귀천을 가리지 않고 모두 관작을 제수할 것이니 불신하지 말라."라고 하였다.

① (가) - (나) - (다) ② (가) - (다) - (나)
③ (나) - (가) - (다) ④ (나) - (다) - (가)
⑤ (다) - (가) - (나)

12 ㉠~㉤ 기구에 대한 설명으로 옳은 것은? [2점]

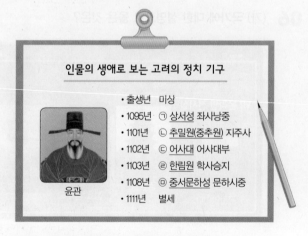

인물의 생애로 보는 고려의 정치 기구

윤관

- 출생년 미상
- 1095년 ㉠ 상서성 좌사낭중
- 1101년 ㉡ 추밀원(중추원) 지주사
- 1102년 ㉢ 어사대 어사대부
- 1103년 ㉣ 한림원 학사승지
- 1108년 ㉤ 중서문하성 문하시중
- 1111년 별세

① ㉠ - 학술 기관으로 경연을 관장하였다.
② ㉡ - 실록을 보관하고 관리하는 업무를 맡았다.
③ ㉢ - 관리의 비리를 감찰하고 풍기를 단속하였다.
④ ㉣ - 수도의 치안과 행정을 주관하였다.
⑤ ㉤ - 화폐와 곡식의 출납에 대한 회계를 담당하였다.

13 밑줄 그은 '시기'의 경제 상황으로 옳은 것은? [1점]

이달의 책

원의 간섭을 받던 시기에 이암이 우리나라에 소개했다고 전해지는 농서입니다. 원에서 편찬된 이 책은 경간(耕墾)·파종 등 10문(門)으로 구성되어 있으며, 화북 지방의 농법을 수록하고 있습니다. 특히 누에, 면화, 저마의 생산을 장려하고 있어 주목할 만합니다.

① 모내기법이 전국적으로 확산되었다.
② 초량 왜관을 통해 일본과 무역하였다.
③ 감자, 고구마 등의 작물이 재배되었다.
④ 광산을 전문적으로 경영하는 덕대가 활동하였다.
⑤ 경시서의 관리들이 시전의 상행위를 감독하였다.

14 (가) 시기에 있었던 사실로 옳은 것은? [3점]

 이주정이 김치양과 결탁한 것 같소. 그를 서북면 도순검부사로 보내고 강조를 개경으로 불러짐을 호위하게 하시오.

 귀주에서 외적을 크게 무찌른 강감찬과 장수들을 맞이할 연회를 준비하라.

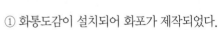

(가)

① 화통도감이 설치되어 화포가 제작되었다.
② 신돈이 전민변정도감의 설치를 건의하였다.
③ 거란이 침입하여 왕이 나주까지 피난하였다.
④ 노비안검법의 실시로 국가 재정이 확충되었다.
⑤ 신기군, 신보군, 항마군 등으로 구성된 별무반이 조직되었다.

15 다음 상황 이후에 전개된 사실로 옳은 것은? [2점]

백관이 최우의 집에 나아가 정년도목(政年都目)을 올리니, 최우가 청사에 앉아 받았다. 6품 이하는 당하(堂下)에서 두 번 절하고 땅에 엎드려 감히 고개를 들지 못하였다. 이때부터 최우는 정방을 자기 집에 두고 백관의 인사 행정을 처리하였다.
– 『고려사절요』 –

① 삼별초가 용장성에서 항전하였다.
② 정중부 등이 김보당의 반란을 진압하였다.
③ 빈민 구제를 위한 흑창을 처음 설치하였다.
④ 공주 명학소에서 망이·망소이가 봉기하였다.
⑤ 최충헌이 교정별감이 되어 국정을 총괄하였다.

16 (가), (나)에 해당하는 토지 제도에 대한 설명으로 옳은 것은? [3점]

(가) 문종 30년 양반 전시과를 다시 개정하였다. 제1과는 전지 100결, 시지 50결(중서령·상서령·문하시중) …… 제18과는 전지 17결(한인·잡류)로 한다.

(나) 공양왕 3년 도평의사사에서 글을 올려 과전의 지급에 관한 법 제정을 건의하니 왕이 허락하였다. …… 1품부터 9품의 산직까지 나누어 18과로 하였다.

① (가) – 조준 등의 건의로 제정되었다.
② (가) – 관등과 인품을 기준으로 수조권을 주었다.
③ (나) – 개국 공신에게 역분전을 지급하였다.
④ (나) – 지급 대상 토지를 원칙적으로 경기 지역에 한정하였다.
⑤ (가), (나) – 수조권 외에 노동력을 징발할 수 있는 권한을 주었다.

17 (가)에 들어갈 내용으로 옳은 것은? [1점]

〈고려 시대 유학자〉

유학자	주요 활동
최승로	(가)
최충	9재 학당을 설립하여 유학 교육에 힘씀
김부식	유교 사관에 입각하여 삼국사기를 편찬함
안향	고려에 처음으로 성리학을 도입함
이제현	만권당에서 원의 학자들과 교류함

① 불씨잡변을 지어 불교를 비판함
② 인재 등용을 위해 현량과 실시를 제안함
③ 시무 28조를 올려 국가 운영 방안을 제시함
④ 지부복궐척화의소를 올려 왜양일체론을 주장함
⑤ 해주 향약을 시행하여 향촌 교화를 위해 노력함

18 (가), (나) 사이의 시기에 있었던 사실로 옳은 것은? [2점]

(가) 용진현 출신 조휘와 정주 출신 탁청이 화주 이북 지방을 몽골에 넘겨주었다. 몽골은 화주에 쌍성총관부를 설치하고 조휘를 총관으로, 탁청을 천호(千戶)로 임명하였다.

(나) 동북면 병마사 유인우가 쌍성을 함락시키자 총관 조소생, 천호 탁도경이 도망치니 화주, 등주, 정주 등이 수복되었다.

① 최윤덕이 4군을 개척하였다.
② 일본 원정을 위해 정동행성이 설치되었다.
③ 몽골 사신 저고여가 귀국길에 피살되었다.
④ 철령위 설치 문제로 요동 정벌이 추진되었다.
⑤ 서희가 외교 담판으로 강동 6주를 획득하였다.

19 (가) 궁궐에 대한 설명으로 옳은 것은? [2점]

대왕대비가 전교하였다. "[(가)]은/는 우리 왕조에서 수도를 세울 때 맨 처음 지은 정궁이다. …… 그러나 불행하게도 전란에 의해 불타버린 후 미처 다시 짓지 못하여 오랫동안 뜻있는 선비들의 개탄을 자아내었다. …… 이 궁궐을 다시 지어 중흥의 큰 업적을 이루려면 여러 대신과 함께 의논해보지 않을 수 없다."
– 『고종실록』 –

① 근정전을 정전으로 하였다.
② 일제에 의해 동물원 등이 설치되었다.
③ 후원에 왕실 도서관인 규장각이 있었다.
④ 도성 내 서쪽에 있어 서궐이라고 불렸다.
⑤ 인목 대비가 광해군에 의해 유폐된 장소이다.

20 밑줄 그은 '전하'의 재위 기간에 있었던 사실로 옳은 것은? [2점]

세종 대왕께서는 집현전 유신(儒臣)들에게 명하여 오례의를 상세히 정하게 하셨다. …… 예종 대왕과 우리 주상 전하께서 선왕의 뜻을 이어 이 방대한 책을 완성하게 하셨다. …… 예(禮)를 기술한 것은 3,300가지나 되지만, 그 요점은 길례·흉례·군례·빈례·가례 다섯 가지일 뿐이다.

① 국가의 기본 법전인 경국대전이 완성되었다.
② 성삼문 등이 상왕의 복위를 꾀하다가 처형되었다.
③ 육의전을 제외한 시전 상인의 금난전권이 폐지되었다.
④ 반정 공신의 위훈 삭제를 주장한 조광조가 사사되었다.
⑤ 이조 전랑 임명을 둘러싸고 김효원과 심의겸이 대립하였다.

21 (가) 기구에 대한 설명으로 옳은 것은? [2점]

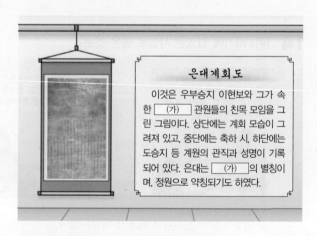

은대계회도

이것은 우부승지 이현보와 그가 속한 [(가)] 관원들의 친목 모임을 그린 그림이다. 상단에는 계회 모습이 그려져 있고, 중단에는 축하 시, 하단에는 도승지 등 계원의 관직과 성명이 기록되어 있다. 은대는 [(가)]의 별칭이며, 정원으로 약칭되기도 하였다.

① 사간원, 홍문관과 함께 삼사로 불렸다.
② 외국으로 가는 사신의 통역을 전담하였다.
③ 천문, 지리, 기후 등에 관한 사무를 맡았다.
④ 왕명 출납을 담당하는 왕의 비서 기관이었다.
⑤ 국왕 직속 사법 기구로 반역죄 등을 처결하였다.

22 (가)~(마)에 대한 설명으로 옳지 <u>않은</u> 것은?　[2점]

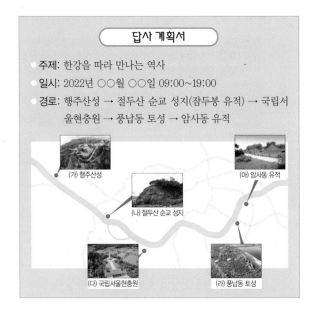

답사 계획서

● 주제: 한강을 따라 만나는 역사
● 일시: 2022년 ○○월 ○○일 09:00~19:00
● 경로: 행주산성 → 절두산 순교 성지(잠두봉 유적) → 국립서
　　　울현충원 → 풍납동 토성 → 암사동 유적

(가) 행주산성　(나) 절두산 순교 성지　(마) 암사동 유적
(다) 국립서울현충원　(라) 풍납동 토성

① (가) – 정봉수가 후금군을 맞아 큰 성과를 거둔 곳이다.
② (나) – 병인박해 때 많은 천주교 신자가 처형된 장소이다.
③ (다) – 6·25 전쟁 이후 조성된 국군 묘지에서 시작되었다.
④ (라) – 판축 기법을 활용하여 성벽을 쌓은 백제 토성이다.
⑤ (마) – 갈돌과 갈판 등이 출토된 신석기 시대 유적이다.

23 (가) 인물에 대한 설명으로 옳은 것은?　[3점]

성학십도에 담긴 경(敬) 사상

(가) 특별전

〈연보〉

• 1501년 경상도 예안현 출생
• 1534년 문과 급제
• 1552년 성균관 대사성에 임명
• 1561년 도산 서당 설립 및 제자 양성
• 1570년 별세

제1태극도　제2서명도　제3소학도

① 기대승과 사단칠정 논쟁을 전개하였다.
② 일본에 다녀와서 해동제국기를 편찬하였다.
③ 양명학을 연구하여 강화 학파를 형성하였다.
④ 기축봉사를 올려 명에 대한 의리를 내세웠다.
⑤ 무오사화의 발단이 된 조의제문을 작성하였다.

24 다음 검색창에 들어갈 인물의 활동으로 옳은 것은?　[2점]

한국사 강의

인물 ⬍ [　　　　　　　] 검색

검색 결과 3건

▶ 마진으로 죽을 뻔한 아이, 마과회통을 편찬하다
– 조선 시대 홍역과 천연두 치료법

▶ 강진 유배지에서 편지를 보내다
– 가족에 대한 각별한 사랑

▶ 목민심서를 저술하여 목민관의 자세를 논하다
– 지방관의 청렴과 근검, 애민 정신

① 지봉유설에서 천주실의를 조선에 소개하였다.
② 의산문답에서 중국 중심의 세계관을 비판하였다.
③ 양반전을 지어 양반의 허례와 무능을 풍자하였다.
④ 경세유표를 집필하여 국가 제도의 개혁 방향을 제시하였다.
⑤ 금석과안록에서 북한산비가 진흥왕 순수비임을 고증하였다.

25 다음 전쟁 중 있었던 사실로 옳은 것은?　[2점]

적군은 세 길로 나누어 곧장 한양으로 향했는데, 산을 넘고 물을 건너 마치 사람이 없는 곳에 들어가듯 했다고 한다. 조정에서 지킬 수 있다고 믿은 신립과 이일 두 장수가 병권을 받고 내려와 방어했지만 중도에 패하여 조령의 험지를 잃고, 적이 중원으로 들어갔다. 이로 인해 임금의 수레가 서쪽으로 몽진하고 도성을 지키지 못하니, 불쌍한 백성들은 모두 흉적의 칼날에 죽어가고 노모와 처자식은 이리저리 흩어져 생사를 알지 못해 밤낮으로 통곡할 뿐이었다.

– 『쇄미록』 –

① 김상용이 강화도에서 순절하였다.
② 임경업이 백마산성에서 항전하였다.
③ 최영이 홍산 전투에서 크게 승리하였다.
④ 곽재우가 의병장이 되어 의령 등에서 활약하였다.
⑤ 신류가 조총 부대를 이끌고 흑룡강에서 전투를 벌였다.

26 다음 지역에 대한 탐구 활동으로 옳은 것은? [2점]

○○시 문화유산 홍보 채널
구독자 526명

구독

홈 동영상 재생목록 커뮤니티 채널 정보 >

업로드한 동영상 ∨ ≡ 정렬 기준

동고산성에서 찾아보는
후백제의 흔적
조회수 212회

6·25 전쟁 중 소실된
전라 감영 복원
조회수 721회

순교지에 세워진 전동
성당
조회수 1,209회

① 장용영의 외영이 설치된 위치를 파악한다.
② 홍경래가 난을 일으켜 점령한 지역을 알아본다.
③ 인조가 피신하여 청군과 항전을 벌인 곳을 찾아본다.
④ 태조의 어진을 모신 경기전이 건립된 장소를 조사한다.
⑤ 유계춘이 백낙신의 수탈에 맞서 봉기한 지역을 검색한다.

27 (가)~(라) 교육기관에 대한 설명으로 옳은 것만을 <보기>에서 고른 것은? [3점]

(가) 학생의 재학 연한은 9년으로 하되 우둔하여 깨우치지 못하는 자는 퇴학시키고, 재주와 기량은 있으나 아직 미숙한 자는 9년이 넘더라도 재학을 허락하였다. 관등이 대나마, 나마에 이르면 졸업하였다.

(나) 7재를 두었는데, 주역을 공부하는 여택재, 상서를 공부하는 대빙재, 모시(毛詩)를 공부하는 경덕재, 주례를 공부하는 구인재, 대례(戴禮)를 공부하는 복응재, 춘추를 공부하는 양정재, 무학을 공부하는 강예재이다.

(다) 입학생은 생원·진사인 상재생과 유학(幼學) 중에서 선발된 기재생으로 구분되었다. 이들은 동재와 서재에 기숙하면서 공부하였으며, 아침·저녁 식당에 들어가 서명하면 원점 1점을 얻었다. 원점 300점을 얻으면 관시(館試)에 응시할 수 있었다.

(라) 좌원과 우원을 두었는데, 좌원에는 젊은 현직 관리를, 우원에는 관직에 나아가지 않은 명문가 자제들을 입학시켰다. 외국인 3명을 교사로 초빙하였으며, 학생들은 졸업할 때까지 공원(公院)에서 학습에 전념하도록 하였다.

▶ 보기 ◀

ㄱ. (가) - 신문왕이 인재 양성을 위해 설치하였다.
ㄴ. (나) - 전국의 부·목·군·현에 하나씩 설립되었다.
ㄷ. (다) - 공자 등 성현을 기리는 석전대제를 거행하였다.
ㄹ. (라) - 교육 입국 조서 반포를 계기로 세워졌다.

① ㄱ, ㄴ ② ㄱ, ㄷ ③ ㄴ, ㄷ ④ ㄴ, ㄹ ⑤ ㄷ, ㄹ

28 다음 상황이 나타난 시기에 볼 수 있는 모습으로 적절하지 않은 것은? [1점]

○ 집집마다 인삼을 심어서 돈을 물 쓰듯이 한다고 하는데, 재산을 만드는 방법으로는 이보다 나은 것이 없다고 한다.

○ 어제 울타리 밖의 몇 되지기 밭에 담배를 파종하였다.

○ 금년에는 목화가 풍년이 들었는데, 어제는 시장에서 25근에 100전이었다고 한다.

- 『노상추일기』 -

① 한글 소설을 읽어주는 전기수
② 시사를 조직하여 활동하는 역관
③ 주전도감에서 해동통보를 만드는 장인
④ 왕조 교체를 예언한 정감록을 읽는 양반
⑤ 한강을 무대로 상업에 종사하는 경강상인

29 (가) 시기에 있었던 사실로 옳은 것은? [3점]

목호룡의 고변으로 조정이 떠들썩하다는군.

왕세제와 노론이 곤경에 처할지도 모르겠네.

(가)

대신들의 뜻을 헤아려 세자의 지위를 회복하고 시호를 사도라 하라.

① 이괄이 반란을 일으켜 도성을 장악하였다.
② 자의 대비의 복상 문제로 예송이 전개되었다.
③ 왕위 계승을 둘러싸고 왕자의 난이 발생하였다.
④ 이인좌를 중심으로 소론 세력 등이 난을 일으켰다.
⑤ 희빈 장씨 소생의 원자 책봉 문제로 환국이 발생하였다.

30 다음 사건이 일어난 이후의 사실로 옳은 것은? [2점]

우정국 총판 홍영식이 우정국의 개국 축하연을 열면서 각국의 공사도 초청했다. …… 8시를 알리는 종이 울리자 담장 밖에서 불길이 치솟았다. …… 우영사 민영익이 불을 끄려고 먼저 일어나서 문밖으로 나왔는데, 자객 다섯 명이 잠복하고 있다가 칼을 휘두르며 습격했다. 민영익이 중상을 입고 되돌아와서 대청 위에 쓰러졌다.

- 『대한계년사』 -

① 김기수가 일본에 수신사로 파견되었다.
② 평양 관민이 제너럴 셔먼호를 불태웠다.
③ 일본 군함 운요호가 영종도를 공격하였다.
④ 박규수가 삼정이정청의 설치를 건의하였다.
⑤ 청과 일본 사이에 톈진 조약이 체결되었다.

31 밑줄 그은 '이 사건'에 대한 설명으로 옳은 것은? [1점]

> **사료로 보는 한국사**
>
> 매우 가난하게 보이는 강화도에서 각하에게 보내드릴 만한 것은 아무것도 없습니다. 그러나 조선 임금이 소유하고 있지만 거처하지 않는 저택의 도서관에는 매우 중요한 서적이 많이 소장되어 있습니다. 세심하게 공들여 꾸며진 340권을 수집하였으며 기회가 되는 대로 프랑스로 보내겠습니다.
>
> – G. 로즈 –
>
> [해설] 로즈 제독이 해군성 장관에게 보낸 서신의 일부이다. 프랑스군이 강화도를 침략한 <u>이 사건</u> 당시 외규장각 도서 등이 약탈되는 상황이 기록되어 있다.

① 청군의 개입으로 종결되었다.
② 제물포 조약의 체결로 이어졌다.
③ 오페르트 도굴 사건이 계기가 되었다.
④ 양헌수 부대가 정족산성에서 적군을 물리쳤다.
⑤ 영국 함대가 거문도를 점령하는 배경이 되었다.

33 다음 자료에 나타난 사업에 대한 설명으로 옳은 것은? [1점]

> 한국에서 유통되는 백동화에 대한 처분안을 들어보면,
> 갑(甲) 구 백동화는 1개당 신화폐 2전 5리의 비율로 교환한다.
> 을(乙) 부정한 구 백동화는 1개당 신화폐 1전의 비율로 매수한다. 매수를 바라지 않는 것은 정부가 그것을 절단하여 소유자에게 환부한다.
> 병(丙) 형체와 품질이 화폐라고 인정하기 어려운 것은 정부가 매수하지 않는다.
> ⋮
> 이른바 폐제(幣制) 개혁은 통화를 금절(禁絶)하여 소의 뿔을 바로잡으려다가 소를 죽이는 결과를 가져왔습니다.
>
> – 「한국 폐제 개혁에 관한 진정서」 –

① 독립 협회가 반대 운동을 전개하였다.
② 재정 고문 메가타의 주도로 시행되었다.
③ 동양 척식 주식회사가 중심이 되어 실시하였다.
④ 은본위제가 본격적으로 실시되는 배경이 되었다.
⑤ 함경도 관찰사 조병식이 방곡령을 선포하는 계기가 되었다.

32 (가) 시기에 있었던 사실로 옳지 않은 것은? [2점]

> 고종은 이곳 환구단에서 황제 즉위식을 거행하고, 경운궁에서 국호를 (가) (으)로 선포했습니다. 환구단은 일제에 의해 헐려버렸고 지금은 황궁우가 외로이 남아 있습니다.

① 대한국 국제를 반포하였다.
② 황제 직속의 원수부를 설치하였다.
③ 이범윤을 간도 관리사로 파견하였다.
④ 지계아문을 설립하여 지계를 발급하였다.
⑤ 통역관 양성을 목적으로 동문학을 설립하였다.

34 다음 가상 뉴스에서 보도하는 사건이 일어난 시기를 연표에서 옳게 고른 것은? [2점]

> 군대 해산에 대한 반발이 거세지고 있습니다. 오늘 시위대 대대장 박승환이 자결한 데 이어 시위대 부대원들이 해산을 거부하고 무장 봉기해 일본군과 남대문 일대에서 치열한 총격전을 벌이고 있습니다.
>
> 뉴스속보 **군대 해산에 맞서 시위대 봉기**

1882	1894	1896	1904	1905	1910
(가)	(나)	(다)	(라)	(마)	
임오군란	갑오개혁	아관파천	러일 전쟁 발발	을사늑약	국권 피탈

① (가)　② (나)　③ (다)　④ (라)　⑤ (마)

35 밑줄 그은 '나'의 활동으로 옳은 것은? [2점]

나는 일제 침략에 맞서 민족의식을 고취하기 위해, 국난을 극복한 영웅의 전기인 이순신전과 을지문덕전을 집필하였습니다. 또 조선상고사에서는 역사를 아(我)와 비아(非我)의 투쟁으로 정의하였습니다.

① 여유당전서를 간행하고 조선학 운동을 주도하였다.
② 유교의 개혁을 주장하는 유교 구신론을 제창하였다.
③ 조선사 편수회에 들어가 조선사 편찬에 참여하였다.
④ 조선사회경제사에서 식민 사학의 정체성론을 반박하였다.
⑤ 민중의 직접 혁명을 주장한 조선 혁명 선언을 작성하였다.

36 다음 기사가 보도된 이후의 사실로 옳은 것은? [2점]

역사 신문

제△△호 ○○○○년 ○○월 ○○일

전차 운행 중 사망 사고 발생

오늘 종로 거리를 달리던 전차에 다섯 살 난 아이가 치여 죽는 사고가 발생하였다. 이를 목격한 사람들이 격노하여 전차를 부수었고, 이어 달려오던 전차까지 전복시켜 파괴하고 기름을 뿌려 불태웠다. 동대문에서 성대한 개통식을 열고 전차를 운행한 지 한 달도 되지 않아 참혹한 사건이 발생한 것이다.

① 미국에 보빙사를 파견하였다.
② 베델이 대한매일신보를 창간하였다.
③ 이만손 등이 영남 만인소를 올렸다.
④ 신식 군대인 별기군(교련병대)이 창설되었다.
⑤ 통리기무아문을 설치하여 개혁을 추진하였다.

37 밑줄 그은 '이 시기'에 시행된 일제의 정책으로 옳은 것은? [1점]

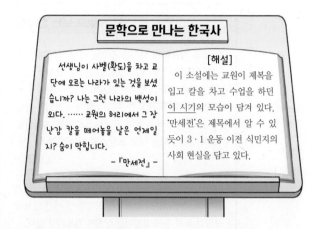

문학으로 만나는 한국사

선생님이 사벨(환도)을 차고 교단에 오르는 나라가 있는 것을 보셨습니까? 나는 그런 나라의 백성이외다. …… 교원의 허리에서 그 장난감 칼을 떼어놓을 날은 언제일지? 숨이 막힙니다.

－ 『만세전』 －

[해설]
이 소설에는 교원이 제복을 입고 칼을 차고 수업을 하던 이 시기의 모습이 담겨 있다. '만세전'은 제목에서 알 수 있듯이 3·1 운동 이전 식민지의 사회 현실을 담고 있다.

① 애국반을 조직하였다.
② 회사령을 시행하였다.
③ 치안 유지법을 제정하였다.
④ 미곡 공출제를 실시하였다.
⑤ 국가 총동원법을 공포하였다.

38 (가) 민족 운동에 대한 설명으로 옳은 것은? [2점]

이것은 경성 방직 주식회사의 광목 신문 광고야. '우리가 만든 것 우리가 쓰자.'라는 문구가 인상적이야.

그래. 이 광고는 민족 기업을 육성해 경제적 자립을 이루려는 (가) 중에 등장했지.

① 통감부의 탄압으로 중단되었다.
② 국채 보상 기성회를 중심으로 전개되었다.
③ 자작회, 토산 애용 부인회 등이 활동하였다.
④ 한성 은행, 대한 천일 은행 등이 설립되는 계기가 되었다.
⑤ 일본, 프랑스 등지의 노동 단체로부터 격려 전문을 받았다.

39 (가) 부대에 대한 설명으로 옳은 것은? [3점]

> ─── 〈 이달의 독립운동가 〉 ───
>
> ## 호가장 전투에서 순국한 열사들
>
> 중국 우한(武漢)에서 창설된 한인 무장 부대의 일부는 화북으로 이동하여 1941년 7월 타이항산에서 (가) 을/를 결성하였다. (가) 의 무장선전대로 활동하던 손일봉, 최철호, 박철동, 이정순은 호가장 전투에서 다른 대원들이 포위망을 벗어날 때까지 일본군과 싸우다 장렬히 순국하였다. 정부는 이들의 공훈을 기려 1993년 애국장을 추서하였다.
>
>
> 손일봉 1912~1941   최철호 1915~1941   박철동 1915~1941   이정순 1918~1941

① 봉오동 전투에서 일본군을 격파하였다.
② 총사령 양세봉의 지휘 아래 활동하였다.
③ 미군과 연계하여 국내 진공 작전을 계획하였다.
④ 조선 독립 동맹 산하의 군사 조직으로 개편되었다.
⑤ 간도 참변 이후 조직을 정비하고 자유시로 이동하였다.

---

40 (가) 단체에 대한 설명으로 옳은 것은? [2점]

> 이것은 (가) 소속 최흥식이 관동군 사령관 등을 처단하기 위해 만주에서 활동하던 중 김구에게 보낸 편지라고 하는데, 어떤 역사적 가치가 있나요?

> 김구가 일제의 요인들을 제거하기 위해 만든 (가) 이/가 다양한 의거를 시도하였음을 보여주는 중요한 문서입니다. 그 가치를 인정받아 국가 등록문화재로 지정되었습니다.

① 중일 전쟁 발발 이후에 조직되었다.
② 조선 혁명 간부 학교를 설립하였다.
③ 이봉창, 윤봉길 등이 단원으로 활동하였다.
④ 대전자령 전투에서 일본군을 상대로 승리하였다.
⑤ 일제가 조작한 105인 사건으로 조직이 해체되었다.

---

41 (가), (나) 사이의 시기에 있었던 사실로 옳은 것은? [2점]

> **(가)**
> □□ 일보
> 제△△호   ○○○○년 ○○월 ○○일
> **하지 중장, 특별 성명 발표**
> 오늘 오전 조선 주둔 미군 최고 사령관 하지 중장은 미·소 공동 위원회 무기 휴회에 관한 중대 성명서를 발표하였다. 이는 덕수궁 석조전에서의 역사적인 개막 이후 49일 만의 일이다.

> **(나)**
> □□ 일보
> 제△△호   ○○○○년 ○○월 ○○일
> **제2차 미·소 공동 위원회 개막**
> 미·소 공동 위원회는 제1차 회의가 무기 휴회된 지 만 1년 16일 만인 오늘 오후 2시 정각에 시내 덕수궁 석조전에서 고대하던 제2차 회의의 역사적 막을 열었다.

① 여수·순천 10·19 사건이 일어났다.
② 모스크바 3국 외상 회의가 개최되었다.
③ 반민족 행위 특별 조사 위원회가 출범하였다.
④ 좌우 합작 위원회가 좌우 합작 7원칙을 발표하였다.
⑤ 유엔 총회에서 인구 비례에 의한 남북 총선거가 의결되었다.

---

42 다음 사건이 일어난 시기를 연표에서 옳게 고른 것은? [2점]

> 이날 본회의는 하오 8시 정각에 개의되어 전원 위원회의 '발췌 조항 전원 합의' 보고를 접수한 후 김종순 의원의 각 조항 설명이 있은 다음, 질의도 대체 토의도 아무것도 없이 …… 표결은 기립 표결로 작정하여 재석 166인 중 163표로써 실로 역사적인 결정을 보았다. 표결이 끝나자 신익희 임시 의장은 정중 침통한 태도로써 "본 헌법 개정안은 헌법 제98조 제3항에 의하여 결정된 것을 선포한다."고 최후의 봉을 힘있게 3타 하였으며 그 음성은 몹시도 떨렸다.

1948	1953	1959	1964	1976	1987
(가)	(나)	(다)	(라)	(마)	
5·10 총선거	정전 협정 체결	경향신문 폐간	6·3 시위	3·1민주 구국 선언	6·29 민주화 선언

① (가)   ② (나)   ③ (다)   ④ (라)   ⑤ (마)

43 (가) 민주화 운동에 대한 설명으로 옳은 것은? [2점]

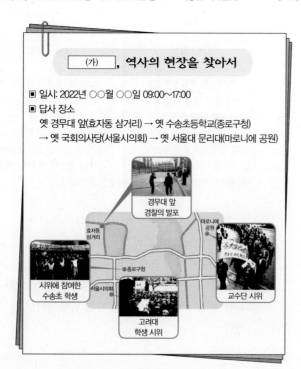

(가) , 역사의 현장을 찾아서

▣ 일시: 2022년 ○○월 ○○일 09:00~17:00
▣ 답사 장소
  옛 경무대 앞(효자동 삼거리) → 옛 수송초등학교(종로구청)
  → 옛 국회의사당(서울시의회) → 옛 서울대 문리대(마로니에 공원)

① 장면 내각이 출범하는 배경이 되었다.
② 유신 체제가 붕괴되는 결과를 가져왔다.
③ 한일 국교 정상화에 반대하여 일어났다.
④ 신군부의 비상계엄 확대가 원인이 되었다.
⑤ 호헌 철폐와 독재 타도 등의 구호를 내세웠다.

44 밑줄 그은 '현행 헌법'에 대한 설명으로 옳은 것은? [3점]

오늘의 헌법은 그 개정의 발의권이 사실상 대통령에게만 속해 있는 것이다. 이에 우리 국민은 이와 같이 헌법 개정 발의권으로부터의 소외를 극복하고 우리들의 천부의 권리를 제시하는 방법으로 대통령에게 현행 헌법의 개정을 요구하는 100만인 청원 운동을 전개하는 바이다.

장준하

① 내각 책임제를 채택하였다.
② 대통령의 연임을 3회로 제한하였다.
③ 대통령에게 국회 해산권을 부여하였다.
④ 대통령의 임기를 7년 단임제로 정하였다.
⑤ 국회를 참의원과 민의원의 양원제로 규정하였다.

45 (가) 정부 시기의 경제 상황으로 옳은 것은? [1점]

(가) 정부 발행
우표 모음첩

포항 종합 제철 준공

경부 고속 도로 준공

100억 달러 수출 달성

① 한미 자유 무역 협정(FTA)이 체결되었다.
② 저유가·저금리·저달러의 3저 호황이 있었다.
③ 원조 물자를 가공하는 삼백 산업이 발달하였다.
④ 대통령 긴급 명령으로 금융 실명제가 실시되었다.
⑤ 농촌의 근대화를 표방한 새마을 운동이 전개되었다.

46 (가)~(마)에 대한 설명으로 옳지 않은 것은? [3점]

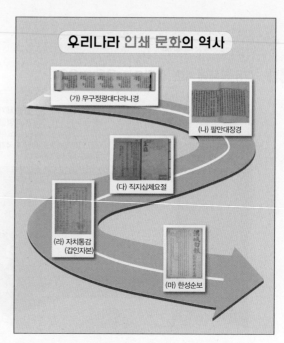

우리나라 인쇄 문화의 역사

(가) 무구정광대다라니경
(나) 팔만대장경
(다) 직지심체요절
(라) 자치통감(갑인자본)
(마) 한성순보

① (가) - 주자소를 설치하여 인쇄하였다.
② (나) - 대장도감에서 판각한 목판으로 찍었다.
③ (다) - 청주 흥덕사에서 금속 활자로 간행하였다.
④ (라) - 이천, 장영실 등이 제작한 활자로 인쇄하였다.
⑤ (마) - 납으로 만든 활자를 사용해 박문국에서 발행하였다.

47 밑줄 그은 '이 정부' 시기에 있었던 사실로 옳지 <u>않은</u> 것은?

[2점]

천주교 정의 구현 전국 사제단과 민주 언론 운동 협의회가 <u>이 정부</u>에서 각 언론사에 하달한 보도 지침 자료를 공개하는 기자회견 장면입니다. 이후 이 사건의 관련자들은 남영동 치안본부 대공분실로 연행되었으며, 국가보안법 위반 등의 죄목으로 기소되어 고초를 겪었습니다.

① 서울 올림픽이 개최되었다.
② 야간 통행 금지가 해제되었다.
③ 박종철 고문 치사 사건이 발생하였다.
④ 프로 야구가 6개 구단으로 출범하였다.
⑤ 남북 이산가족 고향 방문이 최초로 이루어졌다.

48 다음 뉴스가 보도된 정부 시기에 있었던 사실로 옳은 것은?

[3점]

대통령은 오늘 남북 고위급 회담 타결 상황을 보고받고, 내일 북한 대표단을 접견하기로 했습니다. 청와대 고위 관계자는 남북 사이의 화해와 불가침 및 교류 협력에 관한 합의서 채택에 완전히 합의한 것은 남북 관계에 큰 전환을 이룬 것이라고 평가했습니다.

대통령, 내일 북한 대표단 접견

① 제2차 남북 정상 회담이 개최되었다.
② 경제 협력 개발 기구(OECD)에 가입하였다.
③ 남북 조절 위원회가 설치되어 통일 방안이 논의되었다.
④ 북방 외교를 추진하여 중국 등 사회주의 국가들과 수교하였다.
⑤ 남북한의 교류 협력을 위한 개성 공업 지구 건설에 합의하였다.

49 (가)~(마)에 들어갈 내용으로 옳지 <u>않은</u> 것은?

[2점]

우리 역사 속의 여성들

<차례>

- 선덕 여왕, 우리나라 최초의 여왕 ·········· 3
  - _____(가)_____
- 이빙허각, 살림을 학문화한 실학자 ·········· 9
  - _____(나)_____
- 김만덕, 제주의 거상이자 자선가 ·········· 15
  - _____(다)_____
- 남자현, 의열 투쟁을 전개한 독립운동가 ·········· 21
  - _____(라)_____
- 강주룡, 일제 강점기의 노동 운동가 ·········· 27
  - _____(마)_____

① (가) – 첨성대와 황룡사 구층 목탑을 세우다
② (나) – 가정 생활의 지혜를 담은 규합총서를 저술하다
③ (다) – 재산을 기부하여 흉년에 굶주린 백성들을 구제하다
④ (라) – 한국 광복군의 기관지 광복을 발행하다
⑤ (마) – 임금 삭감에 저항하여 을밀대 지붕에서 농성하다

50 밑줄 그은 '이날'에 해당하는 세시 풍속으로 옳은 것은?

[1점]

이곳은 남원 광한루원의 오작교입니다. 조선 시대 남원 부사 장의국이 헤어져 있던 견우와 직녀가 오작교에서 만난다는 전설을 형상화하여 만들었습니다. 음력 7월 7일인 <u>이날</u>에는 여인들이 별을 보며 바느질 솜씨가 좋아지기를 비는 풍속이 있었습니다.

① 단오　② 칠석　③ 백중　④ 동지　⑤ 한식

● 자신이 선택한 등급의 문제지인지 확인하시오.
● 문제지에 성명과 수험 번호를 정확히 써넣으시오.
● 답안지에 성명과 수험 번호를 써넣고, 또 수험 번호와 답을 정확히 표시하시오.
● 시험 시간은 80분입니다.

---

01 밑줄 그은 '이 시대'의 생활 모습으로 옳은 것은? [1점]

충청북도 청주시 오송읍에서 주먹도끼, 찍개 등 이 시대의 대표적 유물인 뗀석기가 다수 발굴되었습니다. 이번 발굴로 청주시 일대에 이 시대의 유적이 다수 분포되어 있음을 알 수 있습니다.

청주시 오송읍에서 뗀석기 다수 발굴

① 철제 무기로 정복 활동을 벌였다.
② 주로 동굴이나 막집에서 거주하였다.
③ 명도전을 이용하여 중국과 교역하였다.
④ 반달 돌칼을 사용하여 벼를 수확하였다.
⑤ 빗살무늬 토기를 제작하여 식량을 저장하였다.

---

02 (가) 나라에 대한 설명으로 옳은 것은? [2점]

모시는 글

우리 역사상 최초의 국가 인 (가) 을/를 건국한 단군왕검의 이야기가 뮤지 컬로 탄생하였습니다.

- 순서 -

1막 환웅이 신단수에 내려오다
2막 웅녀, 환웅과 혼인하다
3막 단군왕검이 나라를 세우다

● 일시: 2022년 ○○월 ○○일
　　　　오후 3시 / 오후 7시
● 장소: △△아트홀

① 무천이라는 제천 행사를 열었다.
② 신성 지역인 소도가 존재하였다.
③ 남의 물건을 훔쳤을 때는 12배로 갚게 하였다.
④ 왕 아래 상가, 대로, 패자 등의 관직이 있었다.
⑤ 전국 7웅 중 하나인 연과 대립할 만큼 강성하였다.

---

03 (가), (나) 사이의 시기에 있었던 사실로 옳은 것은? [2점]

(가) 대야성에서 패하였을 때 도독인 품석의 아내도 죽었는데, 바로 춘추의 딸이었다. [김춘추가] 말하기를, "신이 고구려 에 사신으로 가서 군사를 청하여 백제에 원수를 갚고자 합 니다."라고 하자 왕이 허락하였다.

(나) 복신은 일찍이 군사를 거느렸는데, 이때 승려 도침과 함께 주류성에 근거하여 반란을 일으키고, 왜국에 있던 왕자 부 여풍을 맞이하여 왕으로 세웠다.

① 당이 안동 도호부를 설치하였다.
② 나당 연합군이 사비성을 함락하였다.
③ 신라가 매소성 전투에서 승리하였다.
④ 고구려가 신라에 침입한 왜를 격퇴하였다.
⑤ 백제와 왜의 연합군이 백강 전투에서 패배하였다.

---

04 (가) 인물에 대한 설명으로 옳은 것은? [2점]

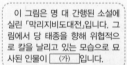

이 그림은 명 대 간행된 소설에 실린 「막리지비도대전」입니다. 그 림에서 당 태종을 향해 위협적으 로 칼을 날리고 있는 모습으로 묘 사된 인물이 (가) 입니다.

(가) 은/는 영류왕을 시해하고 대 막리지가 되어 권력을 장악한 뒤, 당의 침략을 격퇴하였습니다. 이 그림을 통 해 당시 중국인들이 그를 어떤 존재로 인식하고 있는지 엿볼 수 있습니다.

① 천리장성 축조를 감독하였다.
② 살수에서 수의 군대를 막아냈다.
③ 등주를 선제공격하여 당군을 격파하였다.
④ 황산벌에서 계백이 이끄는 군대를 물리쳤다.
⑤ 안승을 왕으로 추대하고 부흥 운동을 전개하였다.

---

05 밑줄 그은 '왕'의 활동으로 옳은 것은? [2점]

> <u>왕</u> 31년 7월에 신라가 동북쪽 변경을 빼앗아 신주(新州)를 설치하였다. …… [이듬해] 7월에 <u>왕</u>이 신라를 습격하려고 몸소 보병과 기병 50명을 거느리고 밤에 구천(狗川)에 이르렀다. 신라의 복병이 일어나 더불어 싸웠으나 [적의] 병사들에게 살해되었다.
>
> — 『삼국사기』 —

① 익산에 미륵사를 창건하였다.
② 평양성 전투에서 고국원왕을 전사시켰다.
③ 사비로 천도하고 국호를 남부여로 고쳤다.
④ 북위에 사신을 보내 고구려 공격을 요청하였다.
⑤ 동진에서 온 마라난타를 통해 불교를 수용하였다.

06 (가) 국가의 문화유산으로 옳은 것은? [1점]

메타버스 '서라벌' 오픈!
(가) 의 수도 경주의 문화유산을
아바타로 생생하게 체험해 보세요.

이벤트1 첨성대에서 별자리 찾아보기
이벤트2 포석정에서 인증샷 찍기

① ② ③ ④ ⑤

07 (가) 왕의 업적으로 옳은 것은? [3점]

답사 계획서

- **주제:** (가) 의 자취를 따라서
- **개관:** 삼국 통일의 위업을 달성한 (가) 의 발자취를 찾아가는 일정입니다.
- **일시:** 2022년 6월 ○○일 09:00~17:00
- **주요 답사지 소개**

월성(반월성)	동궁과 월지
왕이 거처한 궁성	왕이 건설한 별궁

감은사지	대왕암
왕을 기리기 위해 아들 신문왕이 완성한 사찰의 터	왕의 수중릉으로 알려진 곳

① 국가적인 조직으로 화랑도를 개편하였다.
② 지방관을 감찰하고자 외사정을 파견하였다.
③ 이차돈의 순교를 계기로 불교를 공인하였다.
④ 인재 등용을 위해 독서삼품과를 실시하였다.
⑤ 자장의 건의로 황룡사 구층 목탑을 건립하였다.

08 다음 자료에 나타난 시기의 경제 상황으로 옳은 것은? [2점]

> 장보고가 귀국 후 왕을 알현하여, "온 중국이 우리나라 사람을 노비로 삼고 있습니다. 바라옵건대 청해에 진을 설치하여 해적이 사람을 중국으로 잡아가는 것을 막으십시오."라고 아뢰었다. 왕이 장보고에게 군사 1만 명을 주어서 지키게 하였다.

① 은병이 화폐로 제작되었다.
② 낙랑과 왜에 철을 수출하였다.
③ 집집마다 부경이라는 창고가 있었다.
④ 덕대가 광산을 전문적으로 경영하였다.
⑤ 울산을 통해 아라비아 상인들이 왕래하였다.

09 (가) 국가에 대한 설명으로 옳은 것은? [2점]

이곳은 해동성국이라 불렸던 (가) 의 온돌 유적으로 함경남도 신포시 오매리에서 발견되었습니다. 이 유적에는 열기가 지나가는 통로인 고래의 숫자를 늘려서 난방의 효율을 높였다는 사실을 확인할 수 있습니다. 이는 (가) 이/가 고구려의 온돌 양식을 계승하여 발전시켰다는 사실을 잘 보여 줍니다.

① 9서당과 10정을 설치하였다.
② 광평성 등의 정치 기구를 마련하였다.
③ 교육 기관으로 주자감을 설립하였다.
④ 욕살, 처려근지 등의 지방관을 두었다.
⑤ 지방에 22담로를 두어 왕족을 파견하였다.

10 (가)~(라)를 일어난 순서대로 옳게 나열한 것은? [3점]

(가) 처음으로 직관(職官)과 산관(散官) 각 품의 전시과를 제정하였다. …… 과등(科等)에 미치지 못한 자는 모두 전지 15결을 지급하였다.

(나) 역분전을 제정하였는데, 통일할 때의 조신(朝臣)이나 군사들은 관계(官階)를 따지지 않고 그 사람의 성품과 행동의 선악과 공로의 크고 작음을 보고 차등 있게 지급하였다.

(다) 쌍기가 의견을 올리니 처음으로 과거를 시행하였다. 시(詩)·부(賦)·송(頌) 및 시무책으로 시험하여 진사를 뽑았으며, 겸하여 명경업·의업·복업 등도 뽑았다.

(라) 왕이 말하기를, "비록 내 몸은 궁궐에 있지만 마음은 언제나 백성에게 치우쳐 있다. …… 이에 지방 수령들의 공(功)에 의지해 백성들의 소망에 부합하고자 12목 제도를 시행한다."라고 하였다.

① (가) - (나) - (다) - (라) ② (가) - (나) - (라) - (다)
③ (나) - (가) - (라) - (다) ④ (나) - (다) - (가) - (라)
⑤ (다) - (라) - (나) - (가)

11 다음 대화에 등장하는 왕이 추진한 정책으로 옳은 것은? [3점]

신이 싸움에서 진 이유는 적들은 기병인데 우리는 보병이라 대적할 수가 없었기 때문입니다. 새로운 부대의 창설이 필요합니다.

그렇다면 그대의 의견대로 별무반을 창설하여 여진과 맞서도록 하라.

① 천수라는 독자적 연호를 사용하였다.
② 관학을 진흥하고자 양현고를 설치하였다.
③ 주전도감을 설치하여 해동통보를 발행하였다.
④ 호족 세력을 견제하기 위해 노비안검법을 실시하였다.
⑤ 국자감을 성균관으로 개칭하고 유학 교육을 장려하였다.

12 (가), (나) 사이의 시기에 있었던 사실로 옳은 것은? [2점]

(가) 이자겸과 척준경이 왕을 위협하여 남궁(南宮)으로 거처를 옮기게 하고 안보린, 최탁 등 17인을 죽였다. 이 외에도 죽인 군사가 헤아릴 수 없을 정도였다.

(나) 이의방과 이고가 정중부를 따라가 몰래 말하기를, "오늘날 문신들은 득의양양하여 술을 취하도록 마시고 음식을 배불리 먹는데, 무신들은 모두 굶주리고 고달프니 이것을 어찌 참을 수 있습니까."라고 하였다.

① 김부식이 묘청의 반란을 진압하였다.
② 강조가 정변을 일으켜 김치양을 제거하였다.
③ 망이·망소이가 공주 명학소에서 봉기하였다.
④ 서희가 외교 담판을 벌여 강동 6주를 확보하였다.
⑤ 최충헌이 봉사 10조를 올려 시정 개혁을 건의하였다.

13 밑줄 그은 '왕'의 재위 시기에 있었던 사실로 옳은 것은? [1점]

얼마 전에 왕께서 기철과 그 일당들을 반역죄로 숙청하셨다고 하네.

나도 들었네. 정동행성 이문소도 철폐하였다고 하더군.

① 경기에 한하여 과전법이 실시되었다.
② 정지가 관음포에서 승리를 거두었다.
③ 국정 총괄 기구로 교정도감이 설치되었다.
④ 신돈을 중심으로 전민변정 사업이 추진되었다.
⑤ 만권당이 설립되어 원과 고려의 학자가 교유하였다.

14 (가)에 대한 고려의 대응으로 옳은 것은? [2점]

현종 2년에 ㅤ(가)ㅤ의 군주가 크게 군사를 일으켜 정벌하러 오자 왕이 남쪽으로 피란하였는데, ㅤ(가)ㅤ 군대는 여전히 송악성에 주둔하고 물러가지 않았습니다. 이에 현종이 여러 신하와 함께 더할 수 없는 큰 바람을 담아 대장경판을 새겨서 완성할 것을 맹세한 뒤에야 적의 군대가 스스로 물러갔습니다.

– 『동국이상국집』 –

① 처인성에서 살리타를 사살하였다.
② 박위를 파견하여 근거지를 토벌하였다.
③ 개경을 방어하기 위해 나성을 축조하였다.
④ 삼수병으로 구성된 훈련도감을 설치하였다.
⑤ 강화도로 도읍을 옮겨 장기 항전을 준비하였다.

15 (가)에 들어갈 사진 자료로 적절한 것은? [2점]

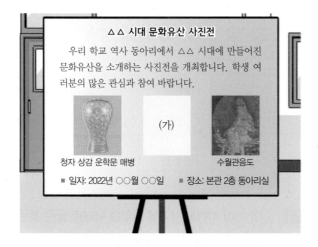

△△ 시대 문화유산 사진전
우리 학교 역사 동아리에서 △△ 시대에 만들어진 문화유산을 소개하는 사진전을 개최합니다. 학생 여러분의 많은 관심과 참여 바랍니다.

청자 상감 운학문 매병   (가)   수월관음도

■ 일자: 2022년 ○○월 ○○일   ■ 장소: 본관 2층 동아리실

①

금동 연가 7년명 여래 입상

②

서산 용현리 마애여래 삼존상

③

경주 분황사 모전 석탑

④

영주 부석사 무량수전

⑤

보은 법주사 팔상전

16 (가) 기구에 대한 설명으로 옳은 것은? [2점]

고려의 독자적 정치 기구인 ㅤ(가)ㅤ에 대해 말해 보자.

중서문하성의 재신과 중추원의 추밀이 참여했어.

고려 후기에 도평의사사로 개편되었어.

① 역사서 편찬과 보관을 주관하였다.
② 주로 국방과 군사 문제를 논의하였다.
③ 화폐, 곡식의 출납과 회계를 담당하였다.
④ 좌사정, 우사정의 이원적인 체제로 운영되었다.
⑤ 최우에 의해 설치되어 인사 행정을 처리하였다.

17 다음 자료에 나타난 시기의 사회 모습으로 옳은 것은? [2점]

인후는 …… 처음 이름은 훌랄대였다. 제국공주의 겁령구였는데, 겁령구는 중국 말로 사적으로 소속된 사람이다. 제국공주를 따라 와서 중랑장에 임명되었다. 왕이 그를 장군으로 임명하고 싶어 이름을 바꾸라고 명령하자, 훌랄대가 대장군 인공수에게 말하기를 "내가 당신과 친한 사이이니 그대의 성을 빌리면 어떻겠소?"라고 하고, 드디어 성명을 바꾸어 인후라고 하였다. [인후는] 장순룡 및 차신과 더 좋은 저택을 짓기 위해 경쟁했는데, 사치스러움과 분수에 넘치는 것이 극에 달하였다.

① 최충이 9재 학당을 설립하였다.
② 빈민 구제를 위해 흑창이 설치되었다.
③ 대각국사 의천이 천태종을 개창하였다.
④ 만적이 개경에서 신분 해방을 도모하였다.
⑤ 지배층을 중심으로 변발과 호복이 유행하였다.

18 밑줄 그은 '역사서'에 대한 설명으로 옳은 것은? [1점]

이곳은 경상북도 군위군에 위치한 인각사로 승려 일연이 마지막 여생을 보낸 곳입니다. 그는 불교사를 중심으로 민간 설화 등을 수록한 역사서를 저술하였습니다.

① 편년체 형식으로 기술되었다.
② 고조선의 건국 이야기가 서술되었다.
③ 남북국이라는 용어가 처음 사용되었다.
④ 왕명에 의해 고승들의 전기가 기록되었다.
⑤ 고구려 시조의 일대기가 서사시로 표현되었다.

20 밑줄 그은 '이 사건' 이후의 사실로 옳은 것은? [2점]

이 작품은 두만강 유역의 여진을 정벌하고 6진을 개척한 김종서가 지은 시조로, 장수로서의 호방한 기개를 보여 주고 있습니다. 그는 수양대군, 한명회 등이 주도한 이 사건으로 죽임을 당하였습니다.

삭풍은 나모 긋틱 불고 명월은 눈 속에 춘티
만리변성에 일장검 집고 서서
긴 푸람 큰 흔 소릭에 거칠 거시 업세라

① 최영에 의해 이인임 일파가 축출되었다.
② 최무선의 건의로 화통도감이 설치되었다.
③ 정도전 등이 요동 정벌 계획을 추진하였다.
④ 성삼문 등이 상왕의 복위를 꾀하다가 처형되었다.
⑤ 이종무가 왜구의 근거지인 쓰시마섬을 정벌하였다.

19 밑줄 그은 '임금'의 재위 시기에 있었던 사실로 옳은 것은? [2점]

얼마 전에 임금께서 원통하고 억울한 일을 당한 백성들을 위해 신문고를 설치하라고 명하셨다더군.

뿐만 아니라 문하부를 없애고 의정부를 설치하면서 문하부 낭사를 사간원으로 독립시키셨다네.

① 명의 신종을 제사하는 대보단이 설치되었다.
② 백과사전류 의서인 의방유취가 편찬되었다.
③ 왕권 강화를 위해 6조 직계제가 실시되었다.
④ 조선의 기본 법전인 경국대전이 반포되었다.
⑤ 역대 문물제도를 정리한 동국문헌비고가 간행되었다.

21 (가), (나) 사이의 시기에 있었던 사실로 옳은 것은? [3점]

(가) 유자광이 김종직의 조의제문을 구절마다 풀이해서 아뢰기를, "감히 이와 같은 부도한 말을 했으니, 청컨대 법에 의하여 죄를 다스리시옵소서. 이 문집 및 판본을 다 불태워버리고 간행한 사람까지 아울러 죄를 다스리시기를 청합니다."라고 하였다.

(나) 박원종 등이 궐문 밖에 진군하여 대비(大妃)에게 아뢰기를, "지금 임금이 도리를 잃어 정치가 혼란하고, 민생은 도탄에 빠지고, 종사는 위태롭습니다. 진성대군은 대소 신민의 촉망을 받은 지 이미 오래이므로, 이제 추대하고자 하오니 감히 대비의 분부를 여쭙니다."라고 하였다.

① 서인이 반정을 일으켜 정권을 장악하였다.
② 위훈 삭제를 주장한 조광조 일파가 제거되었다.
③ 이인좌를 중심으로 한 일부 소론 세력이 난을 일으켰다.
④ 폐비 윤씨 사사 사건을 빌미로 김굉필 등이 처형되었다.
⑤ 희빈 장씨 소생의 원자 책봉 문제로 환국이 발생하였다.

22 다음 기사에 나타난 시기의 경제 상황으로 옳은 것은? [1점]

역사 신문

제△△호 　　　　　　　　○○○○년 ○○월 ○○일

초량으로 왜관 이전 결정

　오늘 왕이 두모포 왜관의 초량 이전을 윤허하였다. 두모포 왜관은 일본과 국교가 재개되면서 새로 지은 왜관으로 기유약조 이후 일본과의 제한된 교역이 이루어진 곳이다. 그러나 두모포 왜관이 협소하다며 이전을 요구하는 왜인들의 잦은 요청이 있어 마침내 오늘 초량으로 이전을 결정하였다.

① 금속 화폐인 건원중보가 주조되었다.
② 솔빈부의 말이 특산물로 수출되었다.
③ 담배, 고추 등 상품 작물이 재배되었다.
④ 당항성, 영암이 국제 무역항으로 번성하였다.
⑤ 수도의 시전을 감독하기 위해 경시서가 설치되었다.

23 (가) 국가에 대한 조선의 정책으로 옳은 것은? [2점]

　이 비석은 (가) 의 요청으로 나선 정벌에 참여했던 총병관 신유를 기리기 위한 신도비입니다. 이 비에는 그의 조총 부대가 흑룡강 일대에서 러시아군과의 전투를 승리로 이끌었다는 사실이 기록되어 있습니다.

① 어영청을 중심으로 북벌을 추진하였다.
② 한성에 동평관을 두어 무역을 허용하였다.
③ 조약 체결에 대한 답례로 보빙사를 보냈다.
④ 공녀를 보내기 위해 결혼도감을 설치하였다.
⑤ 포로 송환을 위해 회답 겸 쇄환사를 파견하였다.

24 (가) 왕이 추진한 정책으로 옳은 것은? [2점]

궁궐 속 역사 이야기

만천명월주인옹 자서

　이것은 창덕궁 후원의 존덕정 현판에 새겨져 있는 글이다. (가) 이/가 지은 것으로 군주를 모든 하천에 비치는 달에 비유하여 국왕 중심의 정국 운영을 강조하는 내용이 담겨 있다. 그는 초계문신제를 실시하여 자신의 정책을 뒷받침하는 인재를 양성하고자 하였다.

① 친위 부대로 장용영을 설치하였다.
② 경기도에 한해서 대동법을 실시하였다.
③ 한양을 기준으로 한 역법서인 칠정산을 만들었다.
④ 통치 체제를 정비하기 위해 대전회통을 편찬하였다.
⑤ 직전법을 제정하여 현직 관리에게만 수조권을 지급하였다.

25 밑줄 그은 '이 시기'의 문화에 대한 설명으로 옳은 것은? [1점]

　춘향전 등 한글 소설이 유행했던 이 시기에 대해 이야기해 볼까요?

　소설책을 빌려주는 세책가가 성행하였어요.

　저잣거리에서 한글 소설을 읽어주는 전기수가 인기를 끌었어요.

① 원각사지 십층 석탑이 건립되었다.
② 인왕제색도 등 진경산수화가 그려졌다.
③ 주자소가 설치되어 계미자가 주조되었다.
④ 표면에 백토를 바른 분청사기가 유행하였다.
⑤ 청주 흥덕사에서 직지심체요절이 간행되었다.

26 (가) 기구에 대한 설명으로 옳은 것은? [2점]

> ### 역사 용어 해설
>
> ### (가)
>
> **1. 개요**
>
> 중종 때 삼포왜란을 계기로 설치되었다. 을묘왜변을 겪으면서 상설 기구화되었고, 양 난을 거치며 국정을 총괄하는 기구로 발전하였다.
>
> **2. 관련 사료**
>
> 중외(中外)의 군국 기무를 모두 관장한다. …… 도제조는 현임과 전임 의정(議政)이 겸하고, 제조는 정원에 제한이 없으며 임금에게 보고하여 임명한다. 이·호·예·병·형조 판서, 양국 대장, 양도 유수, 대제학은 당연히 겸직한다.
>
> – 『속대전』 –

① 업무 일지인 내각일력을 작성하였다.
② 사헌부, 사간원과 함께 3사로 불렸다.
③ 소속 관원을 은대 학사라고도 칭하였다.
④ 흥선 대원군이 집권한 시기에 혁파되었다.
⑤ 국왕 직속 사법 기구로 중죄인을 다스렸다.

27 (가) 인물에 대한 설명으로 옳은 것은? [2점]

> (가) 은/는 널리 배워 시를 잘 짓고 전고(典故)에도 밝았다. …… 발해고를 지어서 인물과 군현, 왕실 계보의 연혁 등을 상세하게 잘 엮어서 두루 모아놓으니 기뻐할 만하다. 그런데 그의 말에 왕씨가 고구려의 옛 강역을 회복하지 못하였음을 탄식한 부분이 있다. 왕씨가 옛 강역을 회복하지 못하니 계림과 낙랑의 옛터가 마침내 어두워져 스스로 천하와 단절되었다는 것이다.

① 규장각의 검서관으로 활동하였다.
② 양명학을 연구해 강화 학파를 형성하였다.
③ 의산문답에서 중국 중심의 세계관을 비판하였다.
④ 북한산비가 진흥왕 순수비임을 처음으로 밝혔다.
⑤ 체질에 따라 치료를 달리하는 사상 의학을 확립하였다.

28 다음 대화에 나타난 사건에 대한 설명으로 옳은 것은? [1점]

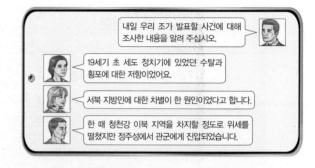

> 내일 우리 조가 발표할 사건에 대해 조사한 내용을 알려 주십시오.
>
> 19세기 초 세도 정치기에 있었던 수탈과 횡포에 대한 저항이었어요.
>
> 서북 지방민에 대한 차별이 한 원인이었다고 합니다.
>
> 한 때 청천강 이북 지역을 차지할 정도로 위세를 떨쳤지만 정주성에서 관군에게 진압되었습니다.

① 홍경래, 우군칙 등이 주도하였다.
② 청군이 파병되는 결과를 가져왔다.
③ 제물포 조약이 체결되는 배경이 되었다.
④ 보국안민, 제폭구민을 기치로 내걸었다.
⑤ 박규수가 안핵사로 파견되는 계기가 되었다.

29 (가)~(라) 사건에 대한 설명으로 옳은 것을 <보기>에서 고른 것은? [3점]

> (가) 나라 안의 모든 주군(州郡)에서 공물과 부세를 보내지 않아 창고가 비고 재정이 궁핍해졌다. 왕이 관리를 보내 독촉하니 곳곳에서 도적이 벌떼처럼 일으났다. 이때 원종, 애노 등이 사벌주를 근거지로 반란을 일으켰다.
>
> (나) 남쪽에서 적(賊)들이 봉기하였다. 가장 심한 자들은 운문을 거점으로 한 김사미와 초전을 거점으로 한 효심이었다. 이들은 유랑민을 불러 모아 주현(州縣)을 습격하여 노략질하였다.
>
> (다) 임술년 2월 19일, 진주 백성 수만 명이 머리에 흰 수건을 두르고 손에는 나무 몽둥이를 들고 무리를 지어 진주 읍내에 모여 서리들의 가옥 수십 호를 불사르고 부수니, 그 움직임이 심상치 않았다.
>
> (라) 군수 조병갑은 탐학이 심하여 군민들이 그 주구에 시달려왔다. 그러던 중 조병갑이 다시 만석보 보수를 빙자하여 백성을 강제 노역시키고 불법적인 징세를 자행하였기에 군민들이 더욱 한을 품게 되었다. …… 전봉준은 백성을 이끌고 일어나 관아를 습격하고 관청에서 쌓은 보를 허물어 버렸다.

> **보기**
>
> ㄱ. (가) – 삼정이정청이 설치되는 계기가 되었다.
> ㄴ. (나) – 무신 집권기 지배층의 수탈에 대한 저항이었다.
> ㄷ. (다) – 윤원형 일파가 정국을 주도한 시기에 발생하였다.
> ㄹ. (라) – 주모자가 드러나지 않기 위해 사발통문을 작성하였다.

① ㄱ, ㄴ   ② ㄱ, ㄷ   ③ ㄴ, ㄷ
④ ㄴ, ㄹ   ⑤ ㄷ, ㄹ

30 다음 상황이 나타난 시기를 연표에서 옳게 고른 것은? [2점]

> 북경 주재 프랑스 공사가 청에 보내온 문서에 의하면, "조선에서 프랑스 주교 2명 및 선교사 9명과 조선의 많은 천주교 신자가 처형되었다. 이에 제독에게 요청하여 며칠 안으로 군대를 일으키도록 할 것이다."라고 되어 있습니다.

1863	1868	1871	1875	1882	1886
(가)	(나)	(다)	(라)	(마)	
고종 즉위	오페르트 도굴 사건	신미 양요	운요호 사건	조미 수호 통상 조약	조프 수호 통상 조약

① (가)　② (나)　③ (다)　④ (라)　⑤ (마)

31 다음 검색창에 들어갈 조약에 대한 설명으로 옳은 것은?
[1점]

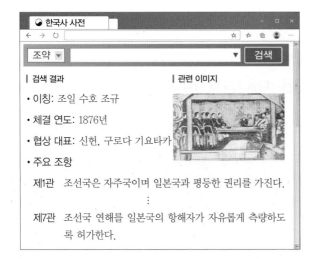

🔍 한국사 사전

[조약 ▼] [　　　　　　　　　　▼] [검색]

| 검색 결과 | 관련 이미지 |

• 이칭: 조일 수호 조규
• 체결 연도: 1876년
• 협상 대표: 신헌, 구로다 기요타카
• 주요 조항

　第1관　조선국은 자주국이며 일본국과 평등한 권리를 가진다.
　　　　　⋮
　第7관　조선국 연해를 일본국의 항해자가 자유롭게 측량하도록 허가한다.

① 최혜국 대우를 최초로 규정하였다.
② 통감부가 설치되는 계기가 되었다.
③ 천주교 포교 허용의 근거가 되었다.
④ 일본 경비병의 공사관 주둔을 명시하였다.
⑤ 부산 외 2곳에 개항장이 설치되는 결과를 가져왔다.

32 다음 상황 이후에 전개된 사실로 옳은 것은? [2점]

> 17일에 홍 참판이 우정총국에서 개국 연회를 열었다. 그동안에 [담장 밖에서] 화재가 발생했다. 민 참판은 양해를 구한 뒤 화재 진압을 돕기 위해 밖으로 나갔다. 바깥에는 연회에 참석한 일본 공사를 호위하기 위해 온 일본 병사들이 두 줄로 늘어서 있었고, 그는 그들을 지나쳤다. 민 참판은 양쪽에서 공격을 받았고, …… 몸 여러 군데에 자상을 입었다.
> ― 『조지 클레이튼 포크의 일기』 ―

① 신식 군대인 별기군이 폐지되었다.
② 김기수를 수신사로 일본에 파견하였다.
③ 이항로와 기정진이 척화주전론을 주장하였다.
④ 왕비가 궁궐을 빠져 나와 장호원으로 피신하였다.
⑤ 개화당 정부가 수립되고 개혁 정강이 발표되었다.

33 밑줄 그은 '개혁'의 내용으로 옳은 것은? [2점]

김홍집과 박영효를 중심으로 구성된 내각에서 여러 개혁을 추진했다더군.

수령의 권한을 축소시키고 재판소를 설치했다고 들었네.

① 원수부를 설치하였다.
② 기기창을 설립하였다.
③ 공사 노비법을 혁파하였다.
④ 태양력을 공식 채택하였다.
⑤ 한성 사범 학교 관제를 반포하였다.

34 밑줄 그은 '그'의 활동으로 옳은 것은? [2점]

저는 지금 전라남도 보성군에 와 있습니다. 이 기념관은 오기호 등과 함께 대종교를 창시하고 일생을 독립운동에 바친 그를 기리기 위해 조성되었습니다. 이곳에는 그의 호를 딴 홍암사라는 사당이 있습니다.

① 5적 처단을 위해 자신회를 조직하였다.
② 명동 성당 앞에서 이완용을 습격하였다.
③ 하얼빈에서 이토 히로부미를 사살하였다.
④ 타이완에서 일본 육군 대장을 저격하였다.
⑤ 동양 척식 주식회사에 폭탄을 투척하였다.

35 (가) 단체에 대한 설명으로 옳은 것은? [2점]

이것은 고종이 임병찬에게 내린 밀지의 일부입니다. 그는 이 밀지를 받고 복벽주의를 내건 (가) 을/를 조직하였습니다.

애통하다! 일본 오랑캐가 배신하고 합병하니 종사가 폐허가 되고 국민은 노예가 되었다. …… 짐이 믿는 것은 너희들이니, 너희들은 힘써 광복하라.

① 일본 도쿄에서 독립 선언서를 발표하였다.
② 일제가 제정한 치안 유지법으로 탄압받았다.
③ 서간도에 신흥 강습소를 세워 독립군을 양성하였다.
④ 독립운동 자금을 모으기 위해 독립 공채를 발행하였다.
⑤ 조선 총독에게 제출하기 위해 국권 반환 요구서를 작성하였다.

36 다음 상황이 나타나게 된 배경으로 가장 적절한 것은? [2점]

경신년 시월에 일본 토벌대들이 전 만주를 휩쓸어 애국지사들은 물론이고 농민들도 무조건 잡아다 학살하였다. …… 독립군의 성과가 컸기 때문에 그에 대한 보복으로 일본군이 대학살을 감행한 것이었다. 이것이 이른바 경신참변이다. 그래서 애국지사들은 가족들을 두고 단신으로 길림성 오상현, 흑룡강성 영안현 등으로 흩어졌다.
– 『아직도 내 귀엔 서간도 바람소리가』 –

① 조선 의용대가 호가장 전투에서 활약하였다.
② 대한 독립군 등이 봉오동에서 일본군을 격파하였다.
③ 조선 혁명군이 영릉가에서 일본군에 승리를 거두었다.
④ 한국 독립군이 대전자령 전투에서 일본군을 격퇴하였다.
⑤ 대한민국 임시 정부가 직할 부대로 참의부를 결성하였다.

37 밑줄 그은 '이 시기'에 볼 수 있는 모습으로 적절한 것은? [2점]

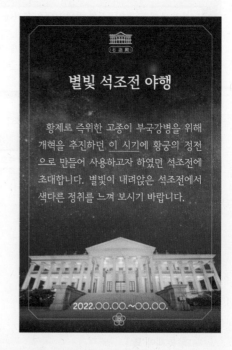

별빛 석조전 야행

황제로 즉위한 고종이 부국강병을 위해 개혁을 추진하던 이 시기에 황궁의 정전으로 만들어 사용하고자 하였던 석조전에 초대합니다. 별빛이 내려앉은 석조전에서 색다른 정취를 느껴 보시기 바랍니다.

2022.00.00.~00.00.

① 영선사 일행으로 청에 가는 생도
② 육영 공원에서 영어를 공부하는 학생
③ 거문도를 불법 점령하고 있는 영국 해군
④ 양전 사업을 실시하고 지계를 발급하는 관리
⑤ 보은 집회에서 교조 신원을 주장하는 동학교도

38 다음 자료에 나타난 상황 이후의 사실로 옳은 것은? [3점]

오늘 신문에 강화(講和) 조약 전문이 공개되었다. 러시아는 일본이 조선에서 갖고 있는 막대한 정치적·군사적·경제적 이익을 인정하고, 일본이 조선의 내정을 지도·보호 및 감리(監理)하는 데 필요하다고 여기는 어떠한 조치도 방해하거나 간섭하지 않을 것을 약속하였다. …… 러시아는 전쟁으로 교훈을 얻었다. 일본은 전쟁으로 영예를 얻었다. 조선은 전쟁으로 최악의 것을 얻었다.
– 『윤치호 일기』 –

① 메가타가 재정 고문으로 부임하였다.
② 고종이 러시아 공사관으로 거처를 옮겼다.
③ 베델과 양기탁이 대한매일신보를 창간하였다.
④ 관민 공동회가 개최되어 헌의 6조를 결의하였다.
⑤ 민종식이 이끄는 의병 부대가 홍주성을 점령하였다.

39 (가) 종교에 대한 설명으로 옳은 것은? [1점]

이곳은 동학에서 시작된 종교인 (가) 소속의 방정환, 김기전 등이 인내천 사상을 바탕으로 1922년 '어린이의 날'을 선포한 장소입니다. 그들은 어린이들과 함께 이곳에서 출발하여 거리 행진을 하며 선전문을 배포한 뒤 어린이날 제정 축하 기념회를 열었습니다.

① 만세보를 발행하여 민중 계몽에 힘썼다.
② 중광단을 조직하여 무장 투쟁을 전개하였다.
③ 배재 학당을 세워 신학문 보급에 기여하였다.
④ 박중빈을 중심으로 새생활 운동을 추진하였다.
⑤ 일제의 통제에 맞서 사찰령 폐지 운동을 주도하였다.

40 (가) 인물에 대한 설명으로 옳은 것은? [3점]

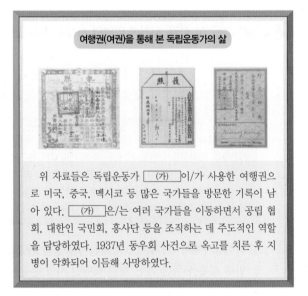

여행권(여권)을 통해 본 독립운동가의 삶

위 자료들은 독립운동가 (가) 이/가 사용한 여행권으로 미국, 중국, 멕시코 등 많은 국가들을 방문한 기록이 남아 있다. (가) 은/는 여러 국가들을 이동하면서 공립 협회, 대한인 국민회, 흥사단 등을 조직하는 데 주도적인 역할을 담당하였다. 1937년 동우회 사건으로 옥고를 치른 후 지병이 악화되어 이듬해 사망하였다.

① 일본의 침략 과정을 담은 한국통사를 저술하였다.
② 조선학 운동을 주도하여 여유당전서를 간행하였다.
③ 백산 상회를 설립하여 독립운동 자금을 마련하였다.
④ 친일 인사 스티븐스를 샌프란시스코에서 사살하였다.
⑤ 대한민국 임시 정부에서 내무총장 겸 국무총리 대리로 취임하였다.

41 밑줄 그은 '시기'에 시행된 일제의 정책으로 옳은 것은? [2점]

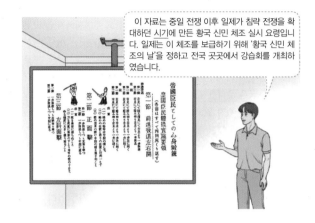

이 자료는 중일 전쟁 이후 일제가 침략 전쟁을 확대하던 시기에 만든 황국 신민 체조 실시 요령입니다. 일제는 이 체조를 보급하기 위해 '황국 신민 체조의 날'을 정하고 전국 곳곳에서 강습회를 개최하였습니다.

① 회사령을 제정하였다.
② 미쓰야 협정을 체결하였다.
③ 경성 제국 대학을 설립하였다.
④ 토지 조사 사업을 실시하였다.
⑤ 조선 사상범 예방 구금령을 공포하였다.

42 (가) 지역에 대한 탐구 활동으로 가장 적절한 것은? [1점]

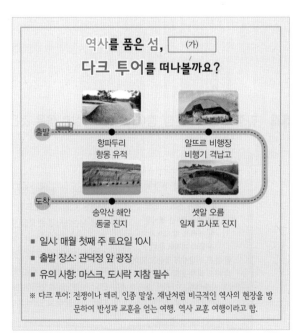

역사를 품은 섬, (가)
다크 투어를 떠나볼까요?

출발 — 항파두리 항몽 유적 · 알뜨르 비행장 비행기 격납고
도착 — 송악산 해안 동굴 진지 · 셋알 오름 일제 고사포 진지

- 일시: 매월 첫째 주 토요일 10시
- 출발 장소: 관덕정 앞 광장
- 유의 사항: 마스크, 도시락 지참 필수

※ 다크 투어: 전쟁이나 테러, 인종 말살, 재난처럼 비극적인 역사의 현장을 방문하여 반성과 교훈을 얻는 여행. 역사 교훈 여행이라고 함.

① 정약전이 자산어보를 저술한 곳을 알아본다.
② 프랑스군이 외규장각 도서를 약탈한 장소를 살펴본다.
③ 지주 문재철에 맞서 소작 쟁의가 일어난 곳을 찾아본다.
④ 4·3 사건으로 많은 주민이 희생된 주요 장소를 조사한다.
⑤ 러시아가 저탄소 설치를 위해 조차를 요구한 곳을 검색한다.

43 (가) 부대에 대한 설명으로 옳은 것은? [2점]

인도 전선에서 (가) 이/가 활동에 나선 이래, 각 대원은 민족의 영광을 위해 빗발치는 탄환도 두려워하지 않고 온갖 고초를 겪으며 영국군의 작전에 협조하였다. (가) 은/는 적을 향한 육성 선전, 방송, 전단 살포, 포로 신문, 정찰, 포로 훈련 등 여러 부분에서 상당한 성과를 거두었다. 그 결과 영국군 당국은 우리를 깊이 신임하고 있으며, 한국 독립에 대해서도 동정을 아끼지 않고 있다. 충칭에 거주하고 있는 한국 청년 동지들이 인도에서의 공작에 다수 참여하기를 희망한다.

— 「독립신문」 —

① 청산리에서 일본군에 맞서 대승을 거두었다.
② 미군과 연계하여 국내 진공 작전을 계획하였다.
③ 쌍성보 전투에서 한중 연합 작전을 전개하였다.
④ 중국 의용군과 연합하여 흥경성에서 승리하였다.
⑤ 동북 항일 연군으로 개편되어 유격전을 펼쳤다.

44 밑줄 그은 '이 전쟁' 중에 있었던 사실로 옳은 것은? [3점]

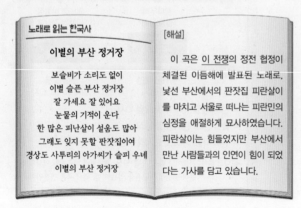

노래로 읽는 한국사

이별의 부산 정거장

보슬비가 소리도 없이
이별 슬픈 부산 정거장
잘 가세요 잘 있어요
눈물의 기적이 운다
한 많은 피난살이 설움도 많아
그래도 잊지 못할 판잣집이여
경상도 사투리의 아가씨가 슬피 우네
이별의 부산 정거장

[해설]

이 곡은 이 전쟁의 정전 협정이 체결된 이듬해에 발표된 노래로, 낯선 부산에서의 판잣집 피란살이를 마치고 서울로 떠나는 피란민의 심정을 애절하게 묘사하였습니다. 피란살이는 힘들었지만 부산에서 만난 사람들과의 인연이 힘이 되었다는 가사를 담고 있습니다.

① 한미 상호 방위 조약이 체결되었다.
② 반민족 행위 특별 조사 위원회가 해체되었다.
③ 통일 주체 국민 회의에서 대통령이 선출되었다.
④ 비상 계엄이 선포된 가운데 발췌 개헌안이 통과되었다.
⑤ 국가보안법 개정안을 통과시킨 이른바 보안법 파동이 일어났다.

45 밑줄 그은 '이 사건'이 일어난 시기를 연표에서 옳게 고른 것은? [3점]

1. 이 사건은 검찰이 아무런 증거도 없이 공소 사실도 특정하지 못한 채 조봉암 등 진보당 간부들에 대해 국가 변란 혐의로 기소를 하였고 ……

 ⋮

5. 이 사건은 정권에 위협이 되는 야당 정치인을 제거하려는 의도에서 표적 수사에 나서 극형인 사형에 처한 것으로 민주국가에서 있어서는 안 될 비인도적, 반인권적 인권 유린이자 정치 탄압 사건이다.

6. 국가는 …… 피해자와 유가족에게 총체적으로 사과하고 화해를 이루는 등 적절한 조치를 취하여야 하며, 명예를 회복시키기 위해 형사소송법이 정한 바에 따라 재심 등 상응한 조치를 취하는 것이 필요하다.

— 「진실 · 화해를 위한 과거사 정리 위원회 조사보고서」 —

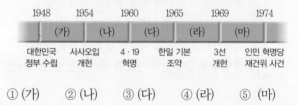

1948	1954	1960	1965	1969	1974
	(가)	(나)	(다)	(라)	(마)
대한민국 정부 수립	사사오입 개헌	4 · 19 혁명	한일 기본 조약	3선 개헌	인민 혁명당 재건위 사건

① (가)　② (나)　③ (다)　④ (라)　⑤ (마)

46 밑줄 그은 '이 정권' 시기에 있었던 사실로 옳지 않은 것은? [2점]

양심 선언문

들으라! 우리는 유신 헌법의 잔인한 폭력성을, 합법을 가장한 유신 헌법의 모든 부조리와 악을 고발한다. 우리는 유신 헌법의 비민주적 허위성을 고발한다. …… 우리 대한 학도는 민족과 역사 앞에 분연히 선언한다. 이 정권이 끝날 때까지 후퇴치 못하고 이 민족을 끝까지 못살게 군다면 자유와 평등과 정의를 뜨겁게 외치는 이 땅의 모든 시민의 준엄한 피의 심판을 면치 못하리라.

① 신민당사에서 YH 무역 노동자들이 농성을 하였다.
② 민주 회복을 위한 개헌 청원 백만인 서명 운동이 전개되었다.
③ 호헌 철폐, 독재 타도를 내세운 6 · 10 국민 대회가 개최되었다.
④ 야당 총재의 국회의원직 제명을 계기로 민주 항쟁이 일어났다.
⑤ 긴급 조치 철폐를 요구하는 3 · 1 민주 구국 선언이 발표되었다.

47 ㉠~㉤에 대한 탐구 활동으로 적절하지 <u>않은</u> 것은? [2점]

> 🔍역사 돋보기 **조선이 만난 이방인**
>
> 조선 전기에는 외부 세계와의 관계가 중국과 일본을 중심으로 류큐 등의 아시아 국가에 주로 국한되어 있었다. ㉠조선인의 외부에 대한 인식은 이들 국가에 집중되어 있었고, 조선은 중국을 비롯한 주변 국가 이외의 세계에서는 낯선 존재였다.
>
> 조선 후기에 들어 지리 지식의 확대와 더불어 조선인의 외부 세계에 대한 인식이 점차 넓어져 갔다. 조선과 서양인의 만남은 크게 네 가지로 나누어 볼 수 있다. 첫째, 중국과 일본을 오가던 ㉡서양 선박이 난파하여 조선에 표착한 경우이다. 둘째, 크리스트교 선교를 목적으로 ㉢선교사가 직접 조선에 파견되는 경우이다. 셋째, 서양인이 ㉣조선의 해안 측량을 목적으로 해안을 탐사하는 과정에서 접촉한 경우이다. 넷째, 조선과의 ㉤교역을 목적으로 서양의 상선이 접근하는 경우이다.

① ㉠ – 해동제국기의 작성 목적을 파악한다.
② ㉡ – 하멜표류기의 내용을 분석한다.
③ ㉢ – 프랑스 파리 외방 선교회의 활동을 알아본다.
④ ㉣ – 혼일강리역대국도지도가 제작된 과정을 조사한다.
⑤ ㉤ – 제너럴 셔먼호 사건 관련 자료를 찾아본다.

48 교사의 질문에 대한 학생의 답변으로 옳은 것은? [2점]

> 이것은 1872년에 제작된 우리 고장의 지방도입니다. 임진왜란 때 신립 장군이 왜군과 맞서 싸우다 투신한 장소인 탄금대와 임경업 장군의 충절을 기리기 위해 세운 충렬사 등이 표시되어 있습니다. 우리 고장에서 있었던 사실을 말해 볼까요?

탄금대
충렬사

① 인조가 이괄의 난으로 피란했어요.
② 견훤이 후백제의 도읍으로 삼았어요.
③ 김윤후와 함께 관노들이 몽골군에 항전했어요.
④ 강주룡이 을밀대 지붕에서 고공농성을 벌였어요.
⑤ 박재혁이 경찰서에서 폭탄을 터뜨리는 의거를 일으켰어요.

49 다음 뉴스가 보도된 정부 시기에 있었던 사실로 옳은 것은? [3점]

> 오늘 헌법 재판소는 헌정 사상 초유의 대통령 탄핵 소추 심판 청구에 대해 기각을 결정하였습니다. 국회가 제기한 탄핵 사유는 대통령을 파면시킬 만한 '중대한 직무상 위배'라고 보기 어렵다는 판단입니다.

대통령, 63일 만에 직무 복귀

① 서울 올림픽 대회가 개최되었다.
② 국가 인권 위원회가 설립되었다.
③ 전국 민주 노동조합 총연맹이 창립되었다.
④ 중국과 자유 무역 협정(FTA)이 체결되었다.
⑤ 친일 반민족 행위 진상 규명 위원회가 출범하였다.

50 다음 연설이 있었던 정부의 통일 노력으로 옳은 것은? [2점]

> 저는 지난 6월 13일 역사적인 평양 방문을 이룩했습니다. 평양을 방문할 때 저는 참으로 만감이 교차하였습니다. 분단된 조국의 땅을 처음으로 가게 된 감회도 컸고, 또 과연 이 회담에서 성공을 거둘 수 있을지 많은 염려도 갖고 북한을 방문했던 것입니다. …… 지난 6월의 평양 회담 이후 우리 한국은 두 가지를 당면 목표로 추진하고 있습니다. 첫째는 남북 간의 긴장을 완화시키는 것입니다. …… 두 번째 당면 목표는 50년 간의 단절과 불신과 적대로부터, 다시 교류와 신뢰와 동족애를 회복하는 것입니다.
> - 「○○○ 대통령 스웨덴 의회 연설」 -

① 남북 조절 위원회를 구성하였다.
② 남북한이 유엔에 동시 가입하였다.
③ 판문점에서 남북 정상 회담을 개최하였다.
④ 남북한 교류 협력을 위한 개성 공단 조성에 합의하였다.
⑤ 남북 이산가족 고향 방문단의 교환 방문을 최초로 실현하였다.

● 자신이 선택한 등급의 문제지인지 확인하시오.
● 문제지에 성명과 수험 번호를 정확히 써넣으시오.
● 답안지에 성명과 수험 번호를 써넣고, 또 수험 번호와 답을 정확히 표시하시오.
● 시험 시간은 80분입니다.

01 (가) 시대의 생활 모습으로 옳은 것은? [1점]

> 부산 동삼동 유적에서 출토된 빗살무늬 토기는 농경과 정착 생활이 시작된 (가) 시대의 대표적 유물 중 하나입니다. 이 유적에서는 곡물 등을 가공하는 데 사용한 갈돌과 갈판도 출토되었습니다.

① 가락바퀴를 이용하여 실을 뽑았다.
② 주로 동굴이나 막집에서 거주하였다.
③ 명도전, 반량전 등의 화폐가 유통되었다.
④ 거푸집을 이용하여 세형 동검을 만들었다.
⑤ 쟁기, 쇠스랑 등의 철제 농기구를 사용하였다.

02 (가) 나라에 대한 설명으로 옳은 것은? [2점]

> ○ 좌장군은 (가) 의 패수 서쪽에 있는 군사를 쳤으나 이를 격파해서 나가지는 못했다. …… 누선장군도 가서 합세하여 왕검성의 남쪽에 주둔했지만, 우거왕이 성을 굳게 지키므로 몇 달이 되어도 함락시킬 수 없었다.
> ○ 마침내 한 무제는 동쪽으로는 (가) 을/를 정벌하고 현도군과 낙랑군을 설치했으며, 서쪽으로는 대완과 36국 등을 병합하여 흉노 좌우의 후원 세력을 꺾었다.

① 동맹이라는 제천 행사를 열었다.
② 신지, 읍차라 불린 지배자가 있었다.
③ 도둑질한 자에게 12배로 배상하게 하였다.
④ 읍락 간의 경계를 중시하는 책화가 있었다.
⑤ 왕 아래 상, 대부, 장군 등의 관직을 두었다.

03 다음 상황이 전개된 배경으로 옳은 것은? [2점]

> 자네 들었는가? 백제의 동성왕이 사신을 보내 혼인을 청하셨다더군.

> 들었네. 우리 마립간께서 이벌찬 비지의 딸을 보내신다고 하네.

① 법흥왕이 금관가야를 병합하였다.
② 장수왕이 한성을 공격하여 함락시켰다.
③ 김유신이 비담과 염종의 반란을 진압하였다.
④ 영양왕이 온달을 보내 아단성을 공격하였다.
⑤ 김춘추가 당으로 건너가 군사 동맹을 성사시켰다.

04 (가) 나라에 대한 탐구 활동으로 가장 적절한 것은? [3점]

> 진흥왕이 이찬 이사부에게 명령하여 (가) 을/를 공격하게 하였다. 이때 사다함은 나이가 15~16세였는데 종군하기를 청하였다. …… (가) 사람들이 뜻하지 않은 병사들의 습격에 놀라 막아내지 못하였고, 대군이 승세를 타서 마침내 멸망시켰다.

① 안동 도호부가 설치된 경위를 찾아본다.
② 22담로에 왕족이 파견된 목적을 알아본다.
③ 중앙 관제가 3성 6부로 정비된 계기를 파악한다.
④ 최고 지배자의 호칭인 이사금의 의미를 검색한다.
⑤ 고령 지역이 연맹의 중심지로 성장하는 과정을 조사한다.

05 밑줄 그은 '전투'가 벌어진 시기를 연표에서 옳게 고른 것은?

[2점]

이곳은 높은 성벽과 치를 갖춘 백암성이야.

당의 황제가 직접 대군을 이끌고 침입하여 이곳에서 전투가 벌어졌지.

병력의 열세와 내부의 분열로 함락되었지만, 그 뒤에는 안시성이 버티고 있었어.

554	589	612	642	668	698
	(가)	(나)	(다)	(라)	(마)
관산성 전투	수의 중국 통일	살수 대첩	보장왕 즉위	고구려 멸망	발해 건국

① (가)   ② (나)   ③ (다)   ④ (라)   ⑤ (마)

06 (가), (나) 사이의 시기에 있었던 사실로 옳은 것은? [3점]

(가) 백제의 남은 적군이 사비성으로 진입하여 항복해 살아남은 사람들을 붙잡아 가려고 하였으므로, 유수(留守) 유인원이 당과 신라 사람들을 보내 이를 쳐서 쫓아냈다. …… 당 황제가 좌위중랑장 왕문도를 웅진도독으로 삼았다.

(나) 손인사, 유인원과 신라왕 김법민은 육군을 거느려 나아가고, 유인궤와 별수(別帥) 두상과 부여융은 수군과 군량을 실은 배를 거느리고 백강으로 가서 육군과 합세하여 주류성으로 갔다. 백강 어귀에서 왜국 군사를 만나 …… 그들의 배 4백 척을 불살랐다.

① 사찬 시득이 기벌포에서 당군을 격파하였다.
② 의자왕이 윤충을 보내 대야성을 함락시켰다.
③ 복신과 도침이 부여풍을 왕으로 추대하였다.
④ 계백이 이끄는 군대가 황산벌에서 항전하였다.
⑤ 안승이 신라에 의해 보덕국왕으로 책봉되었다.

07 밑줄 그은 '시기' 신라의 경제 모습으로 옳은 것은? [2점]

이것은 일본의 귀족들이 신라에서 들어온 물품을 매입하고자 그 수량과 가격을 기록하여 일본 정부에 제출한 '매신라물해(買新羅物解)'라는 문서입니다. 통일을 이루고 9주 5소경을 설치한 이후의 시기에 일본과 교역하던 모습을 알 수 있습니다.

① 벽란도가 국제 무역항으로 번성하였다.
② 조세 수취를 위해 촌락 문서를 작성하였다.
③ 철이 많이 생산되어 낙랑군 등에 수출하였다.
④ 농업 생산력 증대를 위해 우경을 처음으로 시작하였다.
⑤ 수도에 도시부(都市部)라는 관청을 설치하여 시장을 관리하였다.

08 (가) 국가에 대한 설명으로 옳은 것은? [1점]

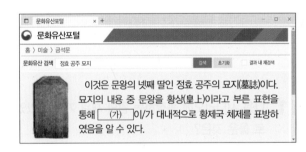

문화유산포털

홈 〉 미술 〉 금석문

문화유산 검색   정효 공주 묘지   검색   초기화   결과 내 재검색

이것은 문왕의 넷째 딸인 정효 공주의 묘지(墓誌)이다. 묘지의 내용 중 문왕을 황상(皇上)이라고 부른 표현을 통해 [(가)] 이/가 대내적으로 황제국 체제를 표방하였음을 알 수 있다.

① 기인 제도를 실시하였다.
② 정사암 회의를 개최하였다.
③ 최고 행정 관서로 집사부를 두었다.
④ 주자감을 설치하여 인재를 양성하였다.
⑤ 광덕, 준풍 등의 독자적인 연호를 사용하였다.

09 다음 상황 이후에 전개된 사실로 옳은 것은? [2점]

왕이 구원을 요청하자, 태조는 장수에게 명하여 정예 병사 1만 명을 보내 구원하게 하였다. 견훤은 구원병이 아직 도착하지 않은 것을 알고, 겨울 11월에 갑자기 왕경(王京)에 침입하였다. 왕은 비빈, 종실 친척들과 포석정에 가서 연희를 즐기느라 적병이 이르는 것도 깨닫지 못하였다. - 『삼국사기』 -

① 김흠돌이 반란을 도모하였다.
② 장문휴가 당의 등주를 공격하였다.
③ 궁예가 국호를 태봉으로 바꾸었다.
④ 원종과 애노가 사벌주에서 반란을 일으켰다.
⑤ 경순왕 김부가 경주의 사심관으로 임명되었다.

10 밑줄 그은 '이 시기'에 있었던 사실로 옳은 것은? [3점]

여기는 범일대사가 창건한 굴산사가 있던 곳이야. 거대한 당간지주는 이 절의 규모와 위상을 잘 보여주지.

굴산사는 가지산문 개창 이후 선종 불교가 유행하던 이 시기에 창건되었어.

① 원광이 세속 5계를 제시하였다.
② 김대문이 화랑세기를 저술하였다.
③ 김대성이 불국사 조성을 주도하였다.
④ 최치원이 진성여왕에게 시무책을 올렸다.
⑤ 자장의 건의로 황룡사 구층 목탑이 건립되었다.

11 다음 시나리오에 등장하는 왕의 재위 기간에 있었던 사실로 옳은 것은? [2점]

#11. 궁궐 안

과거 급제자 명단을 보며 말한다.

왕: 몇 해 전 교육을 장려하기 위해 지방에 각각 경학 박사 1명과 의학박사 1명을 보냈는데, 결과가 어떠하오?

신하: 송승연, 전보인 등 박사들이 성성스레 가르쳐 성과가 있는 듯 하옵니다.

왕: 12목을 설치하고, 지방민에게도 학문을 권장하는 과인의 뜻에 부합하였소. 고생한 송승연에게 국자박사를 제수하고, 전보인에게 공복과 쌀을 하사하시오.

신하: 분부를 따르겠나이다.

① 쌍기의 건의로 과거제를 실시하였다.
② 관학 진흥을 위해 양현고를 설치하였다.
③ 국자감을 성균관으로 개칭하고 유학 교육을 강화하였다.
④ 최승로의 시무 28조를 받아들여 통치 체제를 정비하였다.
⑤ 정계와 계백료서를 지어 관리가 지켜야 할 규범을 제시하였다.

12 다음 상황이 나타난 시기의 사회 시책으로 옳은 것은? [2점]

○ 왕이 명하였다. "도성 안의 백성들이 역질에 걸렸으니 구제도감을 설치하여 치료하고, 시신과 유골은 거두어 비바람에 드러나지 않게 매장하라."

○ 중서성에서 아뢰었다. "지난해 관내 서도의 주현에 흉년이 들어 백성이 굶주리고 있습니다. 사창과 공해(公廨)의 곡식을 내어 경작을 원조하고, 가난하여 스스로 살아갈 수 없는 자는 의창을 열어 진휼하십시오."

① 유랑민을 구휼하는 활인서를 두었다.
② 백성들에게 곡식을 빌려주는 진대법을 실시하였다.
③ 국산 약재와 치료법을 소개한 향약집성방을 편찬하였다.
④ 기근에 대비하기 위해 구황촬요를 간행하여 보급하였다.
⑤ 기금을 모아 그 이자로 빈민을 구제하는 제위보를 운영하였다.

13 (가)의 침입에 대한 고려의 대응으로 옳은 것은? [2점]

병마사 박서는 김중온에게 성의 동서쪽을, 김경손에게는 성의 남쪽을 지키게 하였다. (가) 의 대군이 남문에 이르자 김경손은 12명의 용맹한 군사와 여러 성의 별초를 거느리고 성 밖으로 나가려고 하였다. …… 우별초가 모두 땅에 엎드리고 응하지 않자 김경손은 그들을 성으로 돌려보내고 12명의 군사와 함께 나아가 싸웠다.
－『고려사』－

① 김종서를 보내 6진을 개척하였다.
② 서희를 보내 소손녕과 외교 담판을 벌였다.
③ 별무반을 조직하고 동북 9성을 축조하였다.
④ 강화도로 도읍을 옮겨 장기 항전을 준비하였다.
⑤ 화통도감을 설치하여 화약과 화포를 제작하였다.

14 다음 대화가 이루어진 시기의 경제 상황으로 옳은 것은? [1점]

몇 해 전 주전도감을 설치하고 화폐를 유통시켜 나라의 부강과 백성의 편익을 꾀하였으나, 널리 활용되지 못하고 있사옵니다.

주현에 명령하여 주식점(酒食店)을 열고 백성에게 화폐를 활용한 음식을 사 먹을 수 있게 하여 그 이로움을 알게 하라.

① 활구라고 불리는 은병이 유통되었다.
② 특산품으로 솔빈부의 말이 유명하였다.
③ 송상이 전국 각지에 송방을 설치하였다.
④ 청해진을 설치하여 해상 무역을 전개하였다.
⑤ 시장을 감독하는 관청인 동시전이 설치되었다.

15 다음 검색창에 들어갈 역사 자료에 대한 설명으로 옳은 것은? [2점]

▶ 시대: 고려 후기
▶ 소개:
  건국 영웅의 일대기를 서술한 장편 서사시로 동국이상국집에 실려 있다. 왕 탄생 이전의 역사, 출생과 건국, 유리왕의 즉위 과정과 저자 이규보의 감상이 적혀 있다.
▶ 원문:

① 고구려 계승 의식이 반영되었다.
② 남북국이라는 용어가 처음 사용되었다.
③ 사초, 시정기 등을 바탕으로 편찬하였다.
④ 단군의 고조선 건국 이야기를 수록하였다.
⑤ 현존하는 우리나라 최고(最古)의 역사서이다.

16 다음 기획전에 전시될 문화유산으로 적절한 것은? [1점]

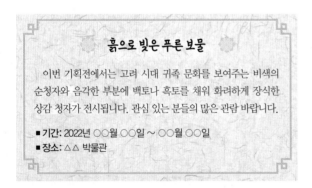

흙으로 빚은 푸른 보물

이번 기획전에서는 고려 시대 귀족 문화를 보여주는 비색의 순청자와 음각한 부분에 백토나 흑토를 채워 화려하게 장식한 상감 청자가 전시됩니다. 관심 있는 분들의 많은 관람 바랍니다.

■ 기간: 2022년 ○○월 ○○일 ~ ○○월 ○○일
■ 장소: △△ 박물관

① ②  ③

④ ⑤

17 (가) 시기에 있었던 사실로 옳은 것은? [2점]

① 집현전을 계승한 홍문관이 설치되었다.
② 조준 등의 건의로 과전법이 제정되었다.
③ 국가의 기본 법전인 경국대전이 완성되었다.
④ 연분9등법을 시행하여 수취 체제가 정비되었다.
⑤ 음악 이론 등을 집대성한 악학궤범이 간행되었다.

18 (가)에 대한 조선의 정책으로 옳은 것은? [2점]

이달의 인물

우리 외교를 빛낸 인물, 이예

• 생몰: 1373년~1445년
• 경력: 통신부사, 첨지중추원사, 동지중추원사

울산의 아전 출신으로 호는 학파(鶴坡), 시호는 충숙(忠肅)이다. 수십 차례 [(가)] 에 파견되어 외교 문제를 해결하려고 노력하였다. 특히 조선과 [(가)] 사이에 세견선의 입항 규모를 정한 계해약조 체결에 기여하였다.

① 하정사, 성절사 등을 파견하였다.
② 경성, 경원에 무역소를 설치하였다.
③ 광군을 조직하여 침입에 대비하였다.
④ 부산포, 제포, 염포의 삼포를 개항하였다.
⑤ 사절 왕래를 위하여 북평관을 개설하였다.

19 밑줄 그은 '전하'의 재위 기간에 있었던 사실로 옳은 것은?

[3점]

> 우리 주상 전하께서는 오방의 풍토가 같지 아니하여 곡식을 심고 가꾸는 데 각기 적당한 방법이 있다고 하셨다. 이에 여러 도의 감사에게 명하기를, 주현의 나이든 농부들을 방문하여 농사지은 경험을 아뢰게 하시고 또 신(臣) 정초에게 그 까닭을 덧붙이게 하셨다. 중복된 것을 버리고, 요약한 것만 뽑아 한 편의 책으로 만들고 제목을 농사직설이라고 하였다.

① 예학을 정리한 가례집람이 저술되었다.
② 국가의 의례를 정비한 국조오례의가 완성되었다.
③ 아동용 윤리 · 역사 교재인 동몽선습이 간행되었다.
④ 효자, 충신 등의 사례를 제시한 삼강행실도가 편찬되었다.
⑤ 군주가 수양해야 할 덕목을 제시한 성학집요가 집필되었다.

20 (가) 기구에 대한 설명으로 옳은 것은?

[1점]

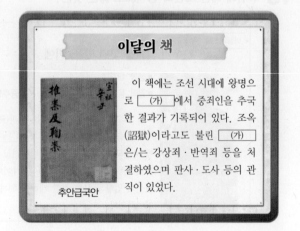

이달의 책

이 책에는 조선 시대에 왕명으로 (가) 에서 중죄인을 추국한 결과가 기록되어 있다. 조옥 (詔獄)이라고도 불린 (가) 은/는 강상죄 · 반역죄 등을 처결하였으며 판사 · 도사 등의 관직이 있었다.

추안급국안

① 국왕 직속의 특별 사법 기구였다.
② 사림의 건의로 중종 때 폐지되었다.
③ 사헌부, 사간원과 함께 삼사로 불리었다.
④ 5품 이하의 관원에 대한 서경권을 행사하였다.
⑤ 서얼 출신의 학자들이 검서관으로 기용되었다.

21 밑줄 그은 '이 부대'에 대한 설명으로 옳은 것은?

[2점]

> 전시된 그림은 이 부대의 분영인 북일영과 활터의 풍경을 묘사한 김홍도의 작품입니다. 임진왜란 중 유성룡의 건의로 편성된 이 부대는 직업 군인의 성격을 띤 상비군이었습니다.

북일영도

① 용호군과 함께 2군으로 불렸다.
② 진도에서 용장성을 쌓고 항전하였다.
③ 국경 지역인 북계와 동계에 배치되었다.
④ 포수, 살수, 사수의 삼수병으로 편제되었다.
⑤ 국왕의 친위 부대로 수원 화성에 외영을 두었다.

22 (가), (나) 사이의 시기에 있었던 사실로 옳은 것은?

[3점]

> (가) 왕에게 이괄 부자가 역적의 우두머리라고 고해바친 자가 있었다. 하지만 왕은 "반역은 아닐 것이다."라고 하면서도, 이괄의 아들인 이전을 잡아오라고 명하였다. 이에 이괄은 군영에 있던 장수들을 위협하여 난을 일으켰다.
>
> (나) 최명길을 보내 오랑캐에게 강화를 청하면서 그들의 진격을 늦추도록 하였다. 왕이 수구문(水溝門)을 통해 남한산성으로 향했다. 변란이 창졸 간에 일어났기에 도보로 따르는 신하도 있었고 성안 백성의 통곡 소리가 하늘을 뒤흔들었다. 초경을 지나 왕의 가마가 남한산성에 도착하였다.

① 정봉수가 용골산성에서 항전하였다.
② 이순신이 명량에서 대승을 거두었다.
③ 권율이 행주산성에서 적군을 격퇴하였다.
④ 서인 세력이 폐모살제를 이유로 반정을 일으켰다.
⑤ 정여립 모반 사건을 계기로 기축옥사가 발생하였다.

23 (가) 국가에 대한 조선의 대외 정책으로 옳은 것은? [2점]

오늘 알아볼 지도에 대해 말씀해 주세요.

이 지도는 의주에서 연경에 이르는 경로를 표시한 것입니다. 조선 사신들은 이 경로를 따라 ___(가)___ 을/를 왕래하였는데, 이 사행에 참여한 만상은 국제 무역으로 많은 돈을 벌기도 하였습니다.

입연정도도(入燕程途圖)

① 박위를 파견하여 근거지를 토벌하였다.
② 백두산정계비를 세워 국경을 정하였다.
③ 한성에 동평관을 두어 무역을 허용하였다.
④ 쌍성총관부를 공격하여 철령 이북의 영토를 되찾았다.
⑤ 포로 송환을 위하여 유정을 회답 겸 쇄환사로 파견하였다.

24 밑줄 그은 '이 왕'의 업적으로 옳은 것은? [2점]

이것은 정민교의 서사시 '군정탄(軍丁歎)'입니다. 이 작품에 표현된 황구첨정 등의 폐단을 해결하고자 이 왕은 균역청을 설치하고 양역 제도를 개선하였습니다.

남편은 세상을 떴으나
뱃속에 아기가 있었지요
:
포대기로 싼 갓난아기
장정으로 군적에 올려
문이 닳도록 찾아와
군포를 바치라고 독촉하니
:

① 수도 방위를 위하여 금위영을 창설하였다.
② 속대전을 편찬하여 통치 제도를 정비하였다.
③ 삼군부를 부활시켜 군국 기무를 전담하게 하였다.
④ 초계문신제를 실시하여 젊은 문신들을 재교육하였다.
⑤ 전세를 1결당 4~6두로 고정하는 영정법을 제정하였다.

25 (가)에 들어갈 내용으로 옳은 것은? [2점]

조선 시대 직역(職役)을 맞히는 문제. 이제 마지막 힌트가 공개됩니다.

한국사 퀴즈

1단계 힌트	단안(壇案)이라는 명부에 등록되었다.
2단계 힌트	연조귀감에 연혁이 수록되었다.
3단계 힌트	지방 행정 실무를 담당하였다.
4단계 힌트	(가)

① 상피제의 적용을 받았다.
② 잡과를 통해 선발되었다.
③ 감사 또는 방백이라 불렸다.
④ 이방, 호방 등 6방에 소속되었다.
⑤ 공음전을 경제적 기반으로 삼았다.

26 (가) 종교에 대한 설명으로 옳은 것은? [1점]

□□ 신문

제△△호　　　　　　　○○○○년 ○○월 ○○일

해미순교성지, 국제성지로 지정

해미순교성지가 전 세계에 30여 곳밖에 없는 국제성지 가운데 하나로 지정되었다. 병인박해 당시 ___(가)___ 신자들이 죽임을 당한 이곳은 한국 근대사에서 중요한 종교적 의미를 지닌 지역이다. 이번 지정을 계기로 남연군 묘 등 여러 역사 유적이 있는 내포 문화권은 더욱 관심을 끌 것으로 기대된다.

① 미륵불이 세상을 구원한다고 예언하였다.
② 동경대전과 용담유사를 경전으로 삼았다.
③ 박중빈을 중심으로 새생활 운동을 전개하였다.
④ 단군 숭배 사상을 통해 민족의식을 고취하였다.
⑤ 청을 다녀온 사신들에 의하여 서학으로 소개되었다.

27 (가) 인물의 활동으로 옳은 것은? [2점]

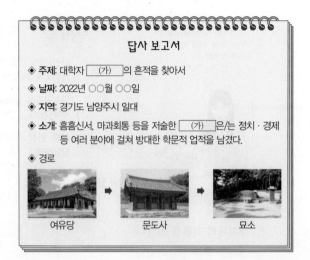

답사 보고서

◆ 주제: 대학자 (가) 의 흔적을 찾아서
◆ 날짜: 2022년 ○○월 ○○일
◆ 지역: 경기도 남양주시 일대
◆ 소개: 흠흠신서, 마과회통 등을 저술한 (가) 은/는 정치·경제 등 여러 분야에 걸쳐 방대한 학문적 업적을 남겼다.
◆ 경로

여유당 → 문도사 → 묘소

① 성호사설에서 한전론을 주장하였다.
② 양반전에서 양반의 허례와 무능을 지적하였다.
③ 의산문답에서 중국 중심의 세계관을 비판하였다.
④ 북학의에서 절약보다 적절한 소비를 권장하였다.
⑤ 경세유표에서 국가 제도의 개혁 방향을 제시하였다.

29 (가)에 들어갈 내용으로 가장 적절한 것은? [2점]

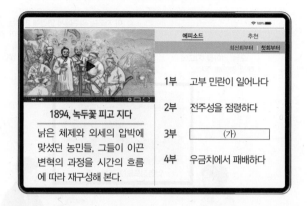

1894, 녹두꽃 피고 지다

낡은 체제와 외세의 압박에 맞섰던 농민들, 그들이 이끈 변혁의 과정을 시간의 흐름에 따라 재구성해 본다.

1부	고부 민란이 일어나다
2부	전주성을 점령하다
3부	(가)
4부	우금치에서 패배하다

① 남북접이 논산에 집결하다
② 황토현 전투에서 승리하다
③ 백산에 모여 4대 강령을 선포하다
④ 최시형이 동학의 2대 교주가 되다
⑤ 교조 신원을 요구하는 삼례 집회가 열리다

28 밑줄 그은 '시기'에 있었던 사실로 옳은 것은? [2점]

창녕의 관산 서원 터에서 매주(埋主) 시설이 발견되었습니다. 이 시설은 서원에 모셔져 있던 신주를 옹기에 넣고 기와로 둘러싼 뒤 묻은 것입니다. 이번 발굴로 만동묘 철거 이후 서원을 철폐하던 시기에 신주를 어떻게 처리했는지 알 수 있게 되었습니다.

서원 철폐 관련 매주 시설 첫 발견

① 나선 정벌에 조총 부대가 동원되었다.
② 박규수의 건의로 삼정이정청이 설치되었다.
③ 지역 차별에 반발하여 홍경래가 봉기하였다.
④ 제너럴 셔먼호 사건을 구실로 미군이 침입하였다.
⑤ 시전 상인의 특권을 축소하는 신해통공이 단행되었다.

30 다음 상황 이후의 사실로 옳은 것은? [3점]

전화 설비 가설 및 운영권을 가진 한성 전기 회사가 설립되더니 새로운 직업이 생기는군.

새로운 문물이 계속 들어오니 앞으로 더 많은 변화가 나타나겠군.

〈모집 공고〉

전화를 연결해 주는 교환수를 모집합니다.

■ 모집 인원: □□명
■ 지원 자격: 목소리가 분명하고 신체가 튼튼한 자

광무 6년 ○○월 ○○일

① 알렌의 건의로 광혜원이 세워졌다.
② 박문국에서 한성순보가 발행되었다.
③ 무기 제조 공장인 기기창이 설립되었다.
④ 서울과 부산을 연결하는 경부선이 개통되었다.
⑤ 우편 사무를 관장하는 우정총국이 처음 설치되었다.

31 다음 상황이 전개된 배경으로 옳은 것은? [2점]

> 박승환은 병대(兵隊)에 대한 해산 소식을 듣고 통곡하며 부하들에게 말하기를, "이제 국가가 망하였는데도 일본인 하나를 죽이지 못하였으니 죽어도 그 죄를 씻지 못할 것이다. 나는 차마 제군들이 병대를 떠나도록 놓아둘 수 없다. 차라리 내가 죽고 말겠다."라고 하면서 결국 자결하였다.

① 정미 7조약이 체결되었다.
② 일제가 105인 사건을 조작하였다.
③ 초대 총독으로 데라우치가 부임하였다.
④ 기유각서가 일제의 강압에 의해 조인되었다.
⑤ 일진회가 한일 합방을 촉구하는 성명을 발표하였다.

32 밑줄 그은 '이 개혁'의 내용으로 옳은 것은? [2점]

고종 32년(1895)
11월 16일

< 고종 32년
(1895)
11월 15일

> 고종 33년
(1896)
1월 1일

고종실록에 1895년 12월의 기록이 없어. 1895년 11월 16일 다음 날이 1896년 1월 1일이야. 어떻게 된 거지?

그건 당시 추진된 <u>이 개혁</u>으로 태양력이 도입되었기 때문이야.

① 지계아문을 설립하였다.
② 대한국 국제를 반포하였다.
③ 건양이라는 연호를 제정하였다.
④ 개혁 추진 기구로 교정청을 설치하였다.
⑤ 군제를 개편하여 5군영을 2영으로 통합하였다.

33 밑줄 그은 '이곳'에서 있었던 민족 운동으로 옳은 것은? [2점]

우리 가족의 역사

옆 사진은 우리 할머니의 젊을 때 모습이에요. 할머니는 19살 때 사진만 보고 할아버지랑 결혼하기로 한 뒤 당시 포와(布哇)라고 불리던 <u>이곳</u>으로 가셨대요.

갤릭호

할아버지는 이미 1903년에 갤릭호를 타고 <u>이곳</u>으로 가서서 사탕수수 농장에서 일하고 계셨어요. 두 분은 고된 환경에서도 열심히 일해 호놀룰루에 터전을 잡으셨고 지금도 많은 친척이 살고 있어요.

① 대종교 계열의 중광단이 결성되었다.
② 권업회가 조직되어 권업신문을 창간하였다.
③ 사회주의 계열의 한인 사회당이 조직되었다.
④ 독립군 양성을 위한 신흥 무관 학교가 설립되었다.
⑤ 대조선 국민 군단이 조직되어 무장 투쟁을 준비하였다.

34 다음 기사가 나오게 된 배경으로 적절한 것은? [1점]

아무리 그럴듯하게 내세워도 이러한 통치 방식은 결국 우리 조선인을 기만하는 거야.

> 총독의 임용 범위를 확장하고, 지방 자치 제도를 실시한다. …… 이로써 관민이 서로 협력 일치하여 조선에서 문화적 정치의 기초를 확립한다.

① 3 · 1 운동이 전국적으로 전개되었다.
② 조선 사상범 예방 구금령이 시행되었다.
③ 브나로드 운동이 동아일보를 중심으로 추진되었다.
④ 조선 노동 총동맹과 조선 농민 총동맹이 설립되었다.
⑤ 내선일체를 강조한 황국 신민 서사의 암송이 강요되었다.

35 (가)~(다)를 작성된 순서대로 옳게 나열한 것은? [3점]

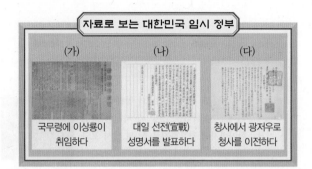

자료로 보는 대한민국 임시 정부

(가)	(나)	(다)
국무령에 이상룡이 취임하다	대일 선전(宣戰) 성명서를 발표하다	청사에서 광저우로 청사를 이전하다

① (가) – (나) – (다)
② (가) – (다) – (나)
③ (나) – (가) – (다)
④ (나) – (다) – (가)
⑤ (다) – (가) – (나)

36 (가) 단체에 대한 설명으로 옳은 것은? [1점]

검사: 폭탄을 구해 숨겨 놓은 이유가 무엇인가?
곽재기: 재작년 3월 이후로 조선 독립을 평화적으로 요청했지만 아무 소용없었다. 그래서 우리는 상하이로 가서 육혈포와 폭탄을 구해 피로써 독립을 이루려고 하였다.
이성우: 폭탄으로 고위 관리를 죽이고 중요 건물을 파괴하여 독립을 쟁취하려고 하였다. 이것이 중국 지린성에서 김원봉과 함께 [(가)]을/를 조직한 이유이다.

– 1921년 6월 7일 밀양 폭탄 사건 공판 기록 –

① 조선 혁명 선언을 활동 지침으로 삼았다.
② 일제의 황무지 개간권 요구를 저지하였다.
③ 복벽주의를 내세우며 의병 전쟁을 준비하였다.
④ 삼균주의를 기초로 하는 건국 강령을 발표하였다.
⑤ 단원인 이봉창이 일왕의 행렬에 폭탄을 투척하였다.

37 밑줄 그은 '시기'에 시행된 일제의 정책으로 옳은 것은? [2점]

□□ 신문

제△△호   ○○○○년 ○○월 ○○일

나가사키에 원폭 희생자 위령비 세워져

재일본 대한민국 민단 주도로 나가사키에 위령비가 세워졌다. 국민 징용령이 공포된 이후의 시기에 노동자 등으로 끌려갔다가 원폭으로 희생된 한국인을 추모하는 이 비의 건립은 강제 동원과 전쟁의 참상을 기억하려는 노력의 일환으로 평가된다.

① 애국반을 조직하여 한국인의 생활을 통제하였다.
② 강압적 통치를 목적으로 헌병 경찰 제도를 실시하였다.
③ 사회주의자를 탄압하기 위한 치안 유지법을 제정하였다.
④ 회사 설립 시 총독의 허가를 받도록 하는 회사령을 공포하였다.
⑤ 근대적 토지 소유권 확립을 명분으로 토지 조사 사업을 시행하였다.

38 (가)에 대한 설명으로 옳은 것은? [2점]

이 부부의 활동에 대해 말씀해 주시겠습니까?

두 사람은 지청천을 총사령관으로 하여 충칭에서 창립된 [(가)]에서 첩보 담당 및 주석 비서로 활동하였습니다. 특히 오희영은 부모, 동생이 모두 독립운동가이기도 합니다.

오희영 신송식

① 영릉가 전투에서 일본군에게 승리하였다.
② 중국 팔로군에 편제되어 항일 전선에 참여하였다.
③ 국내 정진군을 편성하여 국내 진공 작전을 추진하였다.
④ 중국 관내(關內)에서 결성된 최초의 한인 무장 부대이다.
⑤ 간도 참변 이후 밀산에서 집결하여 자유시로 이동하였다.

39 다음 자료의 상황이 나타나게 된 배경으로 적절한 것은?

[2점]

우리는 조국 흥망의 관두(關頭)*에서 이 위기를 극복하기 위해 오직 민족 자결 원칙에 의하여 조국의 남북통일과 민주 독립을 촉진해야겠다. 우리 민족자주연맹 중앙집행위원회는 김구 선생과 김규식 박사의 제안에 의하여 실현되는 남북 정치 협상을 전적으로 지지하며, 아울러 그 성공을 위하여 적극적으로 협력할 것을 결의한다.
*관두: 가장 중요한 지점

① 허정 과도 정부에서 헌법이 개정되었다.
② 통일 주체 국민 회의에서 대통령이 선출되었다.
③ 유엔 소총회에서 남한만의 단독 총선거가 결의되었다.
④ 유상 매수, 유상 분배 원칙의 농지 개혁법이 제정되었다.
⑤ 국가 보안법 개정안을 통과시킨 보안법 파동이 일어났다.

40 (가), (나) 사이의 시기에 있었던 사실로 옳은 것은? [3점]

(가) 군사적 안전 보장의 입장에서 볼 때 태평양 지역의 정세 및 이 지역에 대한 미국의 정책은 어떤 것인가. 태평양 지역 방위선은 알류샨 열도에서 일본을 거쳐 오키나와, 필리핀 군도로 이어진다.

(나) 상호적 합의에 의하여 미합중국의 육군, 해군과 공군을 대한민국의 영토 내와 그 부분에 배치하는 권리를 대한민국은 허락해 주고 미합중국은 수락한다.

① 좌우 합작 위원회가 출범하였다.
② 여수 순천 10 · 19 사건이 일어났다.
③ 미국 의회에서 트루먼 독트린이 발표되었다.
④ 베트남 파병에 관한 브라운 각서가 체결되었다.
⑤ 거제도 포로 수용소에 있던 반공 포로가 석방되었다.

41 밑줄 그은 '선거' 이후의 사실로 옳은 것은? [3점]

이번 선거에 자유당, 민주당 후보 등 여러 명이 출마했군.

여당은 현 대통령의 3선을, 야당은 정권 교체를 주장하고 있군.

① 국회에서 국민 방위군 사건이 폭로되었다.
② 평화 통일론을 내세우던 진보당이 해체되었다.
③ 경찰이 반민족 행위 특별 조사 위원회를 습격하였다.
④ 조선 건국 준비 위원회 지부가 인민 위원회로 개편되었다.
⑤ 초대 대통령에 한해 중임 제한을 폐지하는 개헌안이 통과되었다.

42 밑줄 그은 '집회'가 열린 시기를 연표에서 옳게 고른 것은?

[2점]

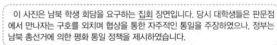

이 사진은 남북 학생 회담을 요구하는 집회 장면입니다. 당시 대학생들은 판문점에서 만나자는 구호를 외치며 협상을 통한 자주적인 통일을 주장하였으나, 정부는 남북 총선거에 의한 평화 통일 정책을 제시하였습니다.

1948	1952	1960	1964	1972	1979
(가)	(나)	(다)	(라)	(마)	
대한민국 정부 수립	발췌 개헌	4 · 19 혁명	6 · 3 시위	10월 유신	부마 민주 항쟁

① (가) ② (나) ③ (다) ④ (라) ⑤ (마)

43 다음 명령을 실행한 정부의 경제 정책으로 옳은 것은? [2점]

> 이것은 경제 관련 긴급 명령을 발표하는 사진입니다. 경부 고속 도로 개통 등으로 경제 발전에 힘쓰던 당시 정부는 사채에 허덕이는 기업을 구제하기 위해 사채 신고를 독려하고 그 상환을 동결시켜 주었습니다. 이로써 기업의 재무 구조가 개선되었으나 정경 유착이 심해지는 계기가 되기도 하였습니다.

① 제3차 경제 개발 5개년 계획을 추진하였다.

② 미국과 자유 무역 협정(FTA)을 체결하였다.

③ 귀속 재산 처리를 위해 신한 공사를 설립하였다.

④ 최저 임금 결정을 위한 최저 임금 위원회를 설치하였다.

⑤ 금융 거래의 투명성을 확보하고자 금융 실명제를 실시하였다.

44 (가) 민주화 운동에 대한 설명으로 옳은 것은? [1점]

(가) 의 현장을 찾아서

일시: 매주 토요일, 10:00
참가 대상: 시민 누구나

명동 성당
박종철 고문 은폐 조작
발표 장소

출발

향린 교회
민주 헌법 쟁취 국민운동 본부
발기인 대회 개최지

성공회 성당
6·10 국민 대회가 시작된 곳

도착

① 신군부의 비상계엄 확대가 원인이 되어 일어났다.

② 관련 기록물이 유네스코 세계 기록 유산으로 등재되었다.

③ 3·15 부정 선거에 항의하며 시위대가 경무대로 행진하였다.

④ 3·1 민주 구국 선언을 통해 긴급 조치 철폐 등을 요구하였다.

⑤ 호헌 철폐와 독재 타도 등의 구호를 내세운 시위가 확산되었다.

45 다음 뉴스가 보도된 시기 정부의 통일 노력으로 옳은 것은? [2점]

> 오늘 대통령은 경의선 복원 사업의 일환으로 건설된 도라산역을 미국의 부시 대통령과 함께 방문하였습니다. 정부는 이 역의 준공으로 우리나라가 유라시아와 태평양을 연결하는 물류의 중심지로 도약할 수 있을 것이라고 밝혔습니다.

한·미 정상, 도라산역 방문

① 민족 자존과 통일 번영을 위한 7·7 선언을 발표하였다.

② 최초의 이산가족 고향 방문과 예술 공연단 교환을 실현하였다.

③ 남북 정상 회담을 개최하고 6·15 남북 공동 선언을 채택하였다.

④ 7·4 남북 공동 성명을 실천하기 위한 남북 조절 위원회를 구성하였다.

⑤ 남북 사이의 화해와 불가침 및 교류·협력에 관한 합의서를 교환하였다.

46 ㉠~㉤에 대한 학생들의 의견으로 적절하지 않은 것은? [2점]

> **🔍역사 돋보기 역사 속 왕의 호칭**
>
> 왕이 세상을 떠난 뒤 그 이름을 높여 부르는 호칭을 묘호라고 한다. 원칙적으로 나라를 세운 왕은 '조'를, 그 나머지는 '종'을 붙였다.
> 우리나라 역사에서 처음으로 묘호를 쓴 왕은 신라의 ㉠태종 무열왕이다. 고려 시대는 ㉡태조만 조의 묘호가 붙여졌지만, 조선 시대에는 다양한 이유로 ㉢정조처럼 조를 붙인 왕이 여럿 있었다.
> 그러나 고려 후기에는 ㉣충렬왕처럼 조, 종을 붙이지 못한 왕들이 있었으며, 조선 시대에는 연산군, ㉤광해군처럼 묘호를 받지 못하고 군으로 격하되어 불린 경우도 있었다.

① 갑: ㉠ - 백제를 멸망시키고 통일의 기초를 마련했어요.

② 을: ㉡ - 고려 건국의 위업을 이루었어요.

③ 병: ㉢ - 탕평책 등 여러 개혁으로 통치 체제를 재정비했어요.

④ 정: ㉣ - 원 황실의 부마가 되었어요.

⑤ 무: ㉤ - 중종반정으로 폐위되었어요.

47 (가) 신분에 대한 설명으로 옳은 것은? [2점]

나는 방호별감 김윤후입니다. 몽골군의 침입에 맞서 충주산성을 방어할 때 (가) 의 신분 문서를 불태워 그들의 사기를 높였습니다.

나는 군국기무처의 총재 김홍집입니다. 신분 차별 폐지에 대한 요구를 수용하여 (가) 에 관한 법을 폐지하였습니다.

① 신라에서 승진에 제한을 받았으며, 득난이라고도 불렸다.
② 고려 시대에 향, 부곡, 소에 거주하였으며, 과중한 세금을 부담하였다.
③ 조선 시대에 봉수, 역졸의 업무를 주로 담당하였다.
④ 조선 후기에 통청 운동으로 청요직 진출을 시도하였다.
⑤ 조선 순조 때 궁방과 중앙 관서에 소속된 6만여 명이 해방되었다.

48 다음 세시 풍속에 대한 탐구 활동으로 가장 적절한 것은? [2점]

이달의 세시 풍속
푸른 새잎을 밟는 날, 답청절(踏靑節)

강남 갔던 제비가 돌아온다는 중삼일(重三日)은 본격적인 봄의 시작을 알리는 날이다. 이날에는 들에 나가 푸른 새잎을 밟는 풍습이 있어 답청절이라고 부른다. 답청의 풍습은 신윤복의 〈연소답청(年少踏靑)〉에 잘 나타나 있다.

◆ 날짜: 음력 3월 3일
◆ 음식: 화전, 쑥떡
◆ 풍속: 노랑나비 날리기, 활쏘기

① 칠석날의 전설을 검색한다.
② 한식날의 의미를 파악한다.
③ 삼진날의 유래를 알아본다.
④ 동짓날에 먹는 음식을 조사한다.
⑤ 단오날에 즐기는 민속놀이를 찾아본다.

49 다음 지역에서 있었던 사실로 옳은 것은? [3점]

답사 보고서

◆ 주제: 우리 고장의 역사
◆ 날짜: 2022년 ○○월 ○○일
◆ 개관
　금성산과 영산강을 끼고 있는 우리 고장은 삼한 시대부터 마한의 주요 지역 가운데 하나로 발전하였고, 후삼국 시대에는 격전지였으며, 임진왜란과 일제 강점기에는 항일의 의기가 드높았던 지역이다. '전라도'라는 이름은 전주와 우리 고장의 앞 글자를 딴 것이다.
◆ 목차
　1. 마한 세력의 성장, 반남면 고분군
　2. □□목(牧)의 관아 부속 건물
　3. 광주 학생 항일 운동의 도화선, □□역

① 인조가 피신하여 청군과 항전하였다.
② 유생 출신 유인석이 의병을 일으켰다.
③ 정문부가 왜군에 맞서 북관대첩을 이끌었다.
④ 김광제 등을 중심으로 국채 보상 운동이 시작되었다.
⑤ 왕건이 후백제를 배후에서 견제하기 위해 차지하였다.

50 (가) 섬에 대한 설명으로 옳지 않은 것은? [1점]

1946년 1월에 작성된 연합국 최고 사령부 문서에는 제주도, 울릉도, (가) 이/가 우리 영토로 표시되어 있습니다. (가) 은/는 우리나라 동쪽 끝에 있는 섬입니다.

① 안용복이 일본에 건너가 우리 영토임을 주장하였다.
② 영국군이 러시아를 견제하기 위해 불법 점령하였다.
③ 러일 전쟁 때 일본이 불법으로 자국 영토로 편입하였다.
④ 대한 제국이 칙령을 통해 울릉 군수가 관할하도록 하였다.
⑤ 1877년 태정관 문서에 일본과는 무관한 지역임이 명시되었다.

- 자신이 선택한 등급의 문제지인지 확인하시오.
- 문제지에 성명과 수험 번호를 정확히 써넣으시오.
- 답안지에 성명과 수험 번호를 써넣고, 또 수험 번호와 답을 정확히 표시하시오.
- 시험 시간은 80분입니다.

01 (가) 시대의 생활 모습으로 옳은 것은? [1점]

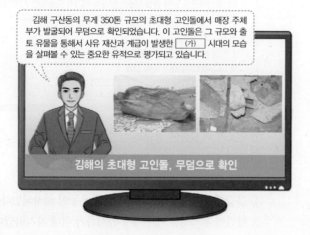

김해 구산동의 무게 350톤 규모의 초대형 고인돌에서 매장 주체부가 발굴되어 무덤으로 확인되었습니다. 이 고인돌은 그 규모와 출토 유물을 통해서 사유 재산과 계급이 발생한 (가) 시대의 모습을 살펴볼 수 있는 중요한 유적으로 평가되고 있습니다.

김해의 초대형 고인돌, 무덤으로 확인

① 소를 이용한 깊이갈이가 일반화되었다.
② 주로 동굴이나 강가의 막집에서 살았다.
③ 반달 돌칼을 사용하여 곡식을 수확하였다.
④ 실을 뽑기 위해 가락바퀴를 처음 사용하였다.
⑤ 주먹도끼, 찍개 등의 뗀석기를 만들기 시작하였다.

02 밑줄 그은 '이 나라'에 대한 설명으로 옳은 것은? [1점]

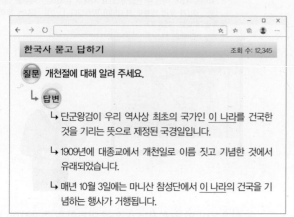

한국사 묻고 답하기 　조회 수: 12,345

질문 개천절에 대해 알려 주세요.

↳ 답변

↳ 단군왕검이 우리 역사상 최초의 국가인 이 나라를 건국한 것을 기리는 뜻으로 제정된 국경일입니다.

↳ 1909년에 대종교에서 개천일로 이름 짓고 기념한 것에서 유래되었습니다.

↳ 매년 10월 3일에는 마니산 참성단에서 이 나라의 건국을 기념하는 행사가 거행됩니다.

① 백제와 연합하여 금성을 공격하였다.
② 마립간이라는 왕의 칭호를 사용하였다.
③ 빈민을 구제하기 위해 진대법을 실시하였다.
④ 목지국을 압도하고 지역의 맹주로 발돋움하였다.
⑤ 살인, 절도 등의 죄를 다스리는 범금 8조가 있었다.

03 (가), (나) 나라에 대한 설명으로 옳은 것은? [2점]

(가) 그 나라에는 왕이 있고, 벼슬로는 상가·대로·패자·고추가·주부·우태·승·사자·조의·선인이 있으며, 신분의 높고 낮음에 따라 각각 등급을 두었다. …… 10월에 지내는 제천 행사는 국중대회로 이름하여 동맹이라 한다.
　　　　　　　　　　　　　　　　　　　－ 『삼국지』 동이전 －

(나) 그 나라의 풍속은 산천을 중요시하여 산과 내마다 각기 구분이 있어 함부로 들어가지 않는다. …… 해마다 10월이면 하늘에 제사를 지내는데, 주야로 술을 마시고 노래를 부르며 춤추니 이를 무천이라 한다. 또 호랑이를 신으로 여겨 제사를 지낸다.
　　　　　　　　　　　　　　　　　　　－ 『삼국지』 동이전 －

① (가) – 낙랑과 왜에 철을 수출하였다.
② (가) – 서옥제라는 혼인 풍습이 있었다.
③ (나) – 연의 장수 진개의 공격을 받았다.
④ (나) – 가(加)들이 별도로 사출도를 다스렸다.
⑤ (가), (나) – 골품에 따라 관등 승진에 제한이 있었다.

04 밑줄 그은 '이 불상'으로 옳은 것은? [3점]

삼산관을 쓰고 깊은 생각에 빠져 있는 모습의 이 불상을 가상 박물관에서 볼 수 있다니 너무 신기하다.

나도 그래. 다음 전시실에는 이 불상과 재료만 다를 뿐 모습이 매우 닮은 일본 교토 고류사의 불상이 있다고 해. 그것도 보러 가자.

① ② ③ ④ ⑤

05 (가) 왕의 업적으로 옳은 것은? [2점]

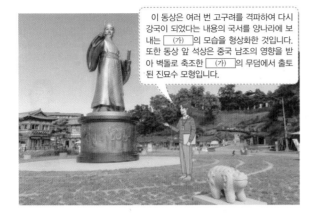

> 이 동상은 여러 번 고구려를 격파하여 다시 강국이 되었다는 내용의 국서를 양나라에 보내는 (가) 의 모습을 형상화한 것입니다. 또한 동상 앞 석상은 중국 남조의 영향을 받아 벽돌로 축조한 (가) 의 무덤에서 출토된 진묘수 모형입니다.

① 익산에 미륵사를 창건하였다.
② 사비로 천도하고 국호를 남부여로 고쳤다.
③ 지방에 22담로를 두어 왕족을 파견하였다.
④ 평양성을 공격하여 고국원왕을 전사시켰다.
⑤ 동진에서 온 마라난타를 통해 불교를 수용하였다.

06 (가) 인물에 대한 설명으로 옳은 것은? [3점]

오전 10:50 100%

대한민국 방방곡곡 - 함양 상림

史 한국사 채널   조회 수 220,212

이번에 소개할 곳은 함양 상림입니다. 이 숲은 당에서 귀국한 (가) 이/가 천령군(현 함양군) 태수로 부임하였을 때 홍수 피해를 막기 위해 조성하였다고 합니다. 백성들의 삶을 직접 살펴본 (가) 은/는 개혁 방안을 담은 시무책 10여 조를 진성 여왕에게 올렸습니다.

① 유식의 교의를 담은 해심밀경소를 저술하였다.
② 외교 문서 작성에 능하여 청방인문표를 작성하였다.
③ 한자의 음훈을 빌려 우리말을 표기한 이두를 정리하였다.
④ 신라 말의 사회상을 보여주는 해인사 묘길상탑기를 남겼다.
⑤ 종파 간의 사상적 대립을 해소하기 위해 십문화쟁론을 지었다.

07 (가)~(다)를 일어난 순서대로 옳게 나열한 것은? [3점]

> (가) 백제의 장군 윤충이 군사를 거느리고 대야성을 공격하여 함락하였다. 이때 도독인 이찬 품석과 사지(舍知) 죽죽, 용석 등이 죽었다.
>
> (나) 신라와 당의 군사들이 의자왕의 도성을 에워싸기 위하여 소부리 벌판으로 나아갔다. 소정방이 꺼리는 바가 있어 전진하지 않자 김유신이 그를 달래서 두 나라의 군사가 용감하게 네 길로 일제히 떨쳐 일어났다.
>
> (다) 흑치상지가 도망하여 흩어진 무리들을 모으니, 열흘 사이에 따르는 자가 3만여 명이었다. …… 흑치상지가 별부장 사타상여를 데리고 험준한 곳에 웅거하여 복신과 호응하였다.

① (가) - (나) - (다)
② (가) - (다) - (나)
③ (나) - (가) - (다)
④ (나) - (다) - (가)
⑤ (다) - (나) - (가)

08 다음 정책을 실시한 왕의 재위 시기에 있었던 사실로 옳은 것은? [2점]

> ○ 완산주를 다시 설치하고 용원을 총관으로 삼았다. 거열주를 나누어 청주(菁州)를 두니 처음으로 9주가 되었다. 대아찬 복세를 총관으로 삼았다.
>
> ○ 서원소경을 설치하고 아찬 원태를 사신(仕臣)으로 삼았다. 남원소경을 설치하고 여러 주와 군의 주민들을 옮겨 그곳에 나누어 살게 하였다.

① 금관가야가 멸망하였다.
② 이사부가 우산국을 복속하였다.
③ 조세를 관장하는 품주가 설치되었다.
④ 관료전이 지급되고 녹읍이 폐지되었다.
⑤ 인재 등용을 위한 독서삼품과가 실시되었다.

09 다음 제도를 운영한 국가에 대한 설명으로 옳은 것은? [2점]

> [그 나라의] 관제에는 선조성이 있는데, 좌상·좌평상사·시중·좌상시·간의가 소속되어 있다. 중대성에는 우상·우평장사·내사·조고사인이 소속되어 있다. 정당성에는 대내상 1명을 좌·우상의 위에 두었고, 좌·우사정 각 1명을 좌·우평장사의 아래에 배치하였다.
>
> － 『신당서』 －

① 교육 기관으로 주자감을 두었다.
② 신라에 침입한 왜구를 격퇴하였다.
③ 9서당 10정의 군사 조직을 갖추었다.
④ 개국, 태창이라는 연호를 사용하였다.
⑤ 왕족인 부여씨와 8성의 귀족이 지배층을 이루었다.

10 (가) 인물에 대한 설명으로 옳은 것은? [2점]

① 공산 전투에서 고려군을 크게 무찔렀다.
② 귀순한 김순식에게 왕씨 성을 하사하였다.
③ 폐정 개혁을 목표로 정치도감을 설치하였다.
④ 청해진을 근거지로 해상 무역을 전개하였다.
⑤ 광평성을 설치하고 광치나, 서사 등의 관원을 두었다.

11 다음 자료의 상황이 나타난 시기를 연표에서 옳게 고른 것은? [2점]

> 행영병마별감 승선 최홍정과 병마사 이부상서 문관이 여진 추장 거위이 등에게 타일러 말하기를, "너희가 9성의 반환을 요청했으니 마땅히 이전에 했던 약속처럼 하늘에 대해 맹세하라."라고 하였다. 추장 등은 함주 성문의 밖에 단을 설치하고 하늘에 맹세하기를, "지금 이후 대대손손 악한 마음을 품지 않고 해마다 조공을 바칠 것입니다. 이 맹세에 변함이 있으면 우리 나라[蕃土]는 멸망할 것입니다."라고 하였다. 맹세를 마치고 물러갔다. 최홍정 등은 길주부터 시작하여 차례로 9성의 전투 장비와 군량을 내지(內地)로 들여왔다.
>
> – 『고려사』 –

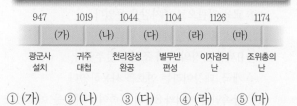

	947		1019		1044		1104		1126		1174
		(가)		(나)		(다)		(라)		(마)		
	광군사 설치		귀주 대첩		천리장성 완공		별무반 편성		이자겸의 난		조위총의 난	

① (가)　② (나)　③ (다)　④ (라)　⑤ (마)

12 밑줄 그은 '이 왕'의 재위 시기에 있었던 사실로 옳은 것은? [2점]

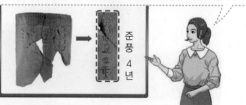

> 안성 망이산성에서 '준풍 4년(峻豊四年)'이라는 글씨가 새겨진 기와가 발견되었습니다. 준풍이라는 연호를 사용하였던 이 왕은 백관의 공복을 정하고 개경을 황도로 명명하는 등 국왕 중심의 통치 체제 확립을 도모하였습니다.

① 12목에 지방관이 파견되었다.
② 쌍기의 건의로 과거제가 시행되었다.
③ 대장도감에서 팔만대장경이 간행되었다.
④ 안우, 이방실 등이 홍건적을 격파하였다.
⑤ 신돈이 전민변정도감의 책임자가 되었다.

13 다음 상황이 나타난 시기에 볼 수 있는 모습으로 가장 적절한 것은? [1점]

> 왕이 명을 내리기를, "양계와 5도의 진병법석(鎭兵法席)*에 사용되는 비용은 모두 백성들에게서 나오는 것이다. 이것은 부처를 속이고 하늘을 속이는 것이니 무슨 복이 있겠는가?"라고 하였다. 이에 중사(中使)를 파견하여 내고(內庫)의 은병 300개를 내어서 여러 도에 나누어 주었다.
>
> *진병법석: 병화(兵禍)를 물리치기 위해 거행한 불교 의식

① 백동화를 주조하는 전환국의 기술자
② 신해통공 시행 소식에 기뻐하는 난전 상인
③ 불법인 상행위를 감독하는 경시서의 관리
④ 담배, 인삼 등의 상품 작물을 재배하는 농민
⑤ 물주로부터 자금을 조달받아 광산을 운영하는 덕대

14 다음 자료에 나타난 상황 이후에 전개된 사실로 옳은 것은? [2점]

> 지원(至元) 7년, 원종이 강화에서 송경(松京)으로 환도할 적에 장군 홍문계 등이 나라를 그르친 권신 임유무를 죽이고 왕이 정권을 되찾을 수 있도록 하였다. 권신의 가병, 신의군 등의 부대가 승화후(承化侯)를 옹립하고 반역을 도모하면서, 미처 강화를 떠나지 못한 신료와 군사들을 강제로 이끌고 남쪽으로 항해하여 가니 배의 행렬이 길게 이어졌다.

① 김윤후가 처인성에서 몽골군을 격퇴하였다.
② 묘청이 칭제 건원과 금국 정벌을 주장하였다.
③ 김방경의 군대가 탐라에서 삼별초를 진압하였다.
④ 최충헌이 봉사 10조를 올려 시정 개혁을 건의하였다.
⑤ 경대승이 정중부 등을 제거하고 권력을 장악하였다.

15 다음 대화에 해당하는 문화유산으로 옳은 것은? [3점]

우리나라에 현존하는 가장 오래된 목조 건축물에 대해 이야기해 보자.

공민왕 때 지붕을 크게 수리했다는 상량문의 기록을 통해 건축 연대를 추정할 수 있지.

공포가 기둥 위에만 있는 주심포 양식의 건물로, 지붕의 형태는 맞배지붕이야.

①
안동 봉정사 극락전

②
보은 법주사 팔상전

③
구례 화엄사 각황전

④
예산 수덕사 대웅전

⑤
영주 부석사 무량수전

16 밑줄 그은 '방안'에 해당하는 내용으로 옳은 것은? [2점]

역사 신문

제△△호　　　　　　　　○○○○년 ○○월 ○○일

정부, 관학 진흥에 힘쓰다

최충이 세운 문헌공도를 비롯한 사학 12도에 학생이 몰려들어 사학이 크게 융성하고 있다. 이러한 상황에서 국자감 운영에 어려움을 겪게 되자, 정부는 제술업, 명경업 등에 새로 응시하려는 사람은 국자감에 300일 이상 출석해야 한다는 규정을 만드는 등 관학을 진흥하기 위한 <u>방안</u>을 마련하고 있다.

① 양현고를 두어 장학 기금을 마련하였다.
② 서원을 세워 후진 양성과 선현 제향에 힘썼다.
③ 초계문신제를 시행하여 문신들을 재교육하였다.
④ 만권당을 설립하여 원의 학자들과 교류하게 하였다.
⑤ 경당을 설치하여 청소년에게 글과 활쏘기를 가르쳤다.

17 (가) 인물에 대한 설명으로 옳은 것은? [2점]

이것은 마천목을 좌명공신에 봉한다는 녹권입니다. 마천목은 제2차 왕자의 난 당시 회안공 이방간과의 치열한 전투에서 (가) 이/가 승리할 수 있도록 앞장섰습니다. 이후 왕위에 오른 (가) 은/는 마천목을 3등 공신으로 책봉하였습니다.

① 과전을 혁파하고 직전을 설치하였다.
② 최무선의 건의로 화통도감을 두었다.
③ 어영청을 중심으로 북벌을 추진하였다.
④ 왕권 강화를 위해 6조 직계제를 실시하였다.
⑤ 궁중 음악을 집대성한 악학궤범을 편찬하였다.

18 (가) 사건에 대한 설명으로 옳은 것은? [2점]

김종직의 자는 계온이고 호는 점필재이며, 김숙자의 아들로 선산 사람이다. …… 효행이 있고 문장이 고결하여 당시 유학자의 으뜸으로 추앙받는데, 후학들에게 학문을 장려하여 많은 사람이 학문을 성취하였다. 후학 중에 김굉필과 정여창 같은 이는 도학으로 명성이 있었고, 김일손, 유호인 등은 문장으로 이름을 알렸으며 그 밖에도 명성을 얻은 이가 매우 많았다. 연산군 때 유자광, 이극돈 등이 주도한 (가) 이/가 일어났을 당시 김종직은 이미 세상을 떠났지만, 화가 그의 무덤까지 미치어 부관참시를 당하였다.

① 계유정난의 배경이 되었다.
② 조의제문이 발단이 되어 일어났다.
③ 반정 공신의 위훈 삭제를 주장하였다.
④ 윤임 일파가 제거되는 결과를 가져왔다.
⑤ 동인이 남인과 북인으로 나뉘는 계기가 되었다.

19 (가) 기구에 대한 설명으로 옳은 것은? [2점]

> ○ 각 지역 출신 가운데 서울에 살며 벼슬하는 자들의 모임을 경재소라고 합니다. 경재소에서는 고향에 사는 유력자 중에서 강직하고 명석한 자들을 선택하여 [(가)]에 두고 향리의 범법 행위를 규찰하고 풍속을 유지하였습니다.
>
> ○ [(가)]을/를 설치하고 향임을 둔 것은 맡은 바를 중히 여긴 것이다. 수령은 임기가 정해져 있어 늘 바뀌니, 백성의 일에 뜻을 둔다 하여도 먼 곳까지 상세히 살필 겨를이 없다. 그러므로 각 지역에서 충성스럽고 부지런한 사람을 뽑아 그 지역의 기강을 맡도록 하여 수령의 눈과 귀로 삼았다.

① 주세붕이 처음 설립하였다.
② 좌수와 별감을 선발하여 운영하였다.
③ 중앙에서 교수와 훈도를 파견하였다.
④ 대성전을 세워 성현에 제사를 지냈다.
⑤ 흥선 대원군에 의해 대부분 철폐되었다.

20 (가)에 해당하는 문화유산으로 옳은 것은? [2점]

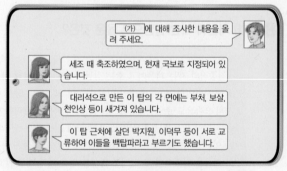

> [(가)]에 대해 조사한 내용을 올려 주세요.
>
> 세조 때 축조하였으며, 현재 국보로 지정되어 있습니다.
>
> 대리석으로 만든 이 탑의 각 면에는 부처, 보살, 천인상 등이 새겨져 있습니다.
>
> 이 탑 근처에 살던 박지원, 이덕무 등이 서로 교류하여 이들을 백탑파라고 부르기도 했습니다.

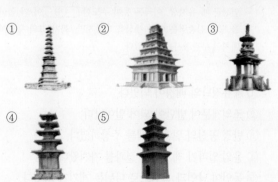

21 밑줄 그은 '이 전쟁' 중에 있었던 사실로 옳은 것은? [2점]

> 이 비각에는 홍명구 충렬비와 유림 대첩비가 나란히 세워져 있습니다. 홍명구와 유림은 이 전쟁 당시 남한산성에 피란해 있던 국왕을 구하기 위해 근왕병을 이끌고 김화에서 적을 크게 물리쳤습니다.

① 훈련도감이 설치되었다.
② 외규장각 도서가 약탈되었다.
③ 곽재우가 의령에서 의병을 일으켰다.
④ 강홍립이 이끄는 부대가 참전하였다.
⑤ 김준룡이 광교산 전투에서 승리하였다.

22 (가), (나) 사이의 시기에 있었던 사실로 옳은 것은? [3점]

> (가) 임금이 전교하기를, "내 생각에는 허적이 혹시 허견의 모반 사실을 알지 못했는가 하였는데, 문안(文案)을 보니 준기를 산속 정자에 숨긴 사실이 지금 비로소 드러났으니, 알고서도 엄호한 정황이 분명하여 감출 수가 없었다. 그저께 허적에게 사약을 내려 죽인 것도 이 때문이다."라고 하였다.
>
> (나) 임금이 명하기를, "국운이 평안하고 태평함을 회복하여 중전이 복위하였으니, 백성에게 두 임금이 없는 것은 고금을 통하는 도리이다. 장씨에게 내렸던 왕후의 지위를 거두고, 옛 작호인 희빈을 내려 주도록 하라. 다만 세자가 조석으로 문안하는 것은 폐하지 말라."라고 하였다.

① 양재역 벽서 사건이 발생하였다.
② 송시열이 관작을 삭탈당하고 유배되었다.
③ 자의 대비 복상 문제로 예송이 전개되었다.
④ 정여립 모반 사건으로 기축옥사가 일어났다.
⑤ 붕당의 폐해를 막기 위해 탕평비가 세워졌다.

23 밑줄 그은 '이 법'의 영향으로 가장 적절한 것은? [1점]

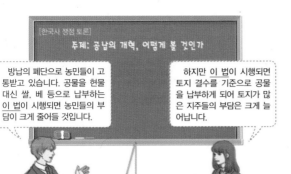

① 관청에 물품을 조달하는 공인이 등장하였다.
② 어염세, 선박세 등이 국가 재정으로 귀속되었다.
③ 전세를 풍흉에 따라 9등급으로 차등 과세하였다.
④ 양반에게도 군포를 징수하는 호포제가 시행되었다.
⑤ 재정을 보충하기 위해 지주에게 결작이 부과되었다.

24 (가), (나) 왕에 대한 설명으로 옳은 것은? [2점]

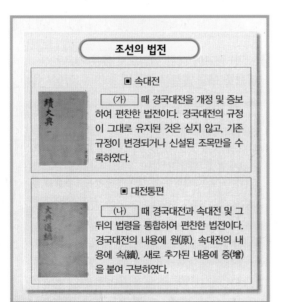

① (가) – 청과의 국경을 정한 백두산정계비를 세웠다.
② (가) – 왕실의 위엄을 높이기 위해 경복궁을 중건하였다.
③ (나) – 이종무를 파견하여 대마도를 정벌하였다.
④ (나) – 국왕의 친위 부대인 장용영을 설치하였다.
⑤ (가), (나) – 나선 정벌에 조총 부대를 파견하였다.

25 (가) 인물에 대한 설명으로 옳은 것은? [2점]

① 이벽 등과 교류하며 천주교를 받아들였다.
② 북한산비가 진흥왕 순수비임을 고증하였다.
③ 동호문답에서 수취 제도의 개혁 등을 제안하였다.
④ 가례집람을 지어 예학을 조선의 현실에 맞게 정리하였다.
⑤ 곽우록에서 토지 매매를 제한하는 한전론을 주장하였다.

26 다음 그림이 그려진 시기의 문화에 대한 설명으로 옳지 않은 것은? [1점]

이 그림은 김득신이 대장간의 모습을 묘사한 풍속화이다. 한 명이 화덕에서 달궈진 쇳덩어리를 방울집게로 집어 모루 위에 올려놓자 두 명이 쇠망치로 두드리는 모습, 도리에 매어 놓은 그네에 상체를 기대고 어깨너머로 구경하는 아이의 모습 등이 생동감 있게 표현되어 있다.

① 중인들이 시사(詩社)를 조직하였다.
② 양반의 위선을 풍자한 탈춤이 공연되었다.
③ 춘향가, 흥보가 등의 판소리가 유행하였다.
④ 금속 활자본인 직지심체요절이 간행되었다.
⑤ 홍길동전, 박씨전 등의 한글 소설이 널리 읽혔다.

27 (가) 인물에 대한 설명으로 옳은 것은? [3점]

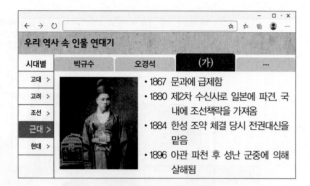

우리 역사 속 인물 연대기

| 시대별 | 박규수 | 오경석 | (가) | ... |

고대 >
고려 >
조선 >
근대 >
현대 >

• 1867 문과에 급제함
• 1880 제2차 수신사로 일본에 파견, 국
  내에 조선책략을 가져옴
• 1884 한성 조약 체결 당시 전권대신을
  맡음
• 1896 아관 파천 후 성난 군중에 의해
  살해됨

① 총리대신으로 갑오개혁을 주도하였다.
② 베델과 함께 대한매일신보를 창간하였다.
③ 서양의 과학 기술을 정리한 지구전요를 저술하였다.
④ 강화도 조약 체결의 전말을 기록한 심행일기를 남겼다.
⑤ 유학생과 기술자들을 이끄는 영선사로 청에 파견되었다.

28 밑줄 그은 '변란'에 대한 정부의 대책으로 옳은 것은? [1점]

> 경상 감사 이돈영이 진주의 백성들이 변란을 일으켜 경상 우
> 병사 백낙신을 협박하고 인명을 살상하였다고 보고하니, 왕이
> 하교하였다. "난민들의 행동이 극에 달했으니, 만약 평시에 백
> 성들을 잘 위로하고 달랬다면 어찌 이런 일이 있었겠는가. 대신
> 들은 의논하여 조처할 방안을 마련하도록 하라."

① 군 통수권 장악을 위해 원수부를 두었다.
② 각 궁방과 중앙 관서의 공노비를 해방하였다.
③ 개혁의 방향을 제시한 홍범 14조를 반포하였다.
④ 재정 문제를 해결하기 위해 당백전을 발행하였다.
⑤ 삼정의 문란을 시정하고자 삼정이정청을 설치하였다.

29 교사의 질문에 대한 학생의 답변으로 옳은 것은? [2점]

제14관
…… 미국과 그 상인이 종래 누리
지 않았거나 이 조약에 없는 것 또한
미국 관민이 일제 균점하는 것을 승
인한다.

> 자료는 이 조약 중
> 최혜국 대우를 규정한 조항의
> 일부입니다. 조선이 서양 국가와
> 최초로 체결한 이 조약에 대해
> 말해 볼까요?

① 병인양요 발생의 배경이 되었어요.
② 갑신정변의 영향으로 체결되었어요.
③ 통감부가 설치되는 결과를 가져왔어요.
④ 거중 조정에 대한 내용이 포함되었어요.
⑤ 메가타가 재정 고문으로 부임하는 계기가 되었어요.

30 (가) 종교에 대한 설명으로 옳은 것은? [2점]

> 외무부 장관께
>
> 몇 달 전부터 서울에서는 [(가)] 교도들에 대한 이
> 야기밖에 없습니다. …… 사흘 전 이들의 대표 21명이
> 궁궐 문 앞에 모여 엎드려 절하고 상소를 올렸으나 국
> 왕은 상소 접수를 거부하였습니다. 교도들은 처형된
> 교조 최제우를 복권하고 [(가)] 을/를 인정해 줄 것
> 을 정부에 청원하였습니다. …… 그러나 이는 조선 국
> 왕이 들어줄 수 없는 사안들이었습니다.
>
> 조선 주재 프랑스 공사 H. 프랑댕

① 정혜쌍수와 돈오점수를 주장하였다.
② 포접제를 활용하여 교세를 확장하였다.
③ 박중빈을 중심으로 새생활 운동을 추진하였다.
④ 중광단을 조직하여 항일 무장 투쟁을 전개하였다.
⑤ 제사와 신주를 모시는 문제로 정부의 탄압을 받았다.

31 (가) 단체에 대한 설명으로 옳은 것은? [2점]

서울시는 고가도로 건설을 위해 독립문 이전을 결정하였습니다. 독립문은 서재필 등이 중심이 되어 창립한 [(가)] 이/가 왕실과 국민의 성금을 모아 세웠습니다. 중국 사신을 맞이하던 영은문 자리 부근에 있는 독립문은 이번 결정으로 원래 자리에서 약 70미터 떨어진 공터로 이전할 예정입니다.

독립문 이전 결정

① 만세보를 발행하여 민중 계몽에 앞장섰다.
② 고종의 강제 퇴위 반대 운동을 전개하였다.
③ 여성 권리 선언문인 여권통문을 공표하였다.
④ 독립운동 자금 마련을 위해 독립 공채를 발행하였다.
⑤ 만민 공동회를 열어 열강의 이권 침탈을 저지하였다.

32 (가)에 해당하는 지역을 지도에서 옳게 찾은 것은? [1점]

탐구 활동 계획서

○학년 ○반 이름 ○○○

1. 주제: [(가)] 지역을 중심으로 본 조선의 대외 관계

2. 탐구 방법: 문헌 조사, 인터넷 검색 등

3. 탐구 내용
   가. 대일 무역의 거점, 초량 왜관
   나. 개항 이후 설정된 조계의 기능
   다. 관세 문제로 일어난 두모포 수세 사건

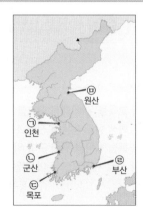

① ㉠ ② ㉡ ③ ㉢ ④ ㉣ ⑤ ㉤

33 (가)~(다) 학생이 발표한 내용을 일어난 순서대로 옳게 나열한 것은? [2점]

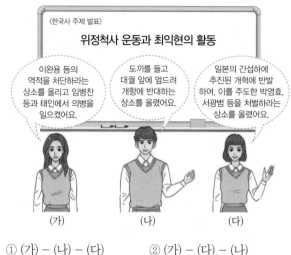

① (가) – (나) – (다)　　② (가) – (다) – (나)
③ (나) – (가) – (다)　　④ (나) – (다) – (가)
⑤ (다) – (나) – (가)

34 다음 자료를 활용한 탐구 활동으로 가장 적절한 것은? [2점]

이달 20일, 함경도 관찰사로부터 보고를 받았는데, 그 내용은 다음과 같았습니다.
"큰 수해를 당하여 조만간 여러 곡식의 피해가 클 듯한데, 콩 등은 더욱 심하여 모두 흉작이 될 것이라고 고하고 있으니, 궁핍하여 식량난을 겪을 것이 장차 불을 보듯 훤합니다. 도내 (道內)의 쌀과 콩 등의 곡물에 대해서는 내년 가을걷이할 때까지를 기한으로 삼아 잠정적으로 유출을 금지하여 백성들의 식량 사정을 넉넉하게 하는 것이 마땅할까 합니다. 바라건대 통촉하시어 유출 금지 시행 1개월 전까지 일본 공사에게 알리시어, 일본의 상민들이 일체 준수하게 해주십시오."

① 화폐 정리 사업의 결과를 분석한다.
② 산미 증식 계획의 실상을 조사한다.
③ 조일 통상 장정 체결의 영향을 살펴본다.
④ 토지 조사 사업의 추진 과정을 파악한다.
⑤ 양지아문과 지계아문을 설치한 목적을 알아본다.

[35~36] 다음 자료를 읽고 물음에 답하시오.

(가) 제6도 심통성정도(心統性情圖) 중에서 하도(下圖)는 이(理)와 기(氣)를 합하여 말한 것이니, …… 예를 들면 사단(四端)의 정은 이가 발하고 기가 따르니, 본래 순선(純善)하여 악이 없으나, 반드시 이의 발함이 온전하게 이루어지기 전에 기에 가려진 연후에야 선하지 않게 됩니다. 칠정(七情)은 기가 발하고 이가 그것에 타는 것이니, 역시 선하지 않음이 없으나, 만약 기가 발하는 것이 절도에 맞지 않으면 그 이를 멸하게 되어 악이 됩니다.

(나) 유·불·도 삼교(三敎)는 각자 업(業)으로 삼아 수행하는 바가 있으니, 섞어서 하나로 할 수는 없습니다. 부처의 가르침을 행하는 것은 수신(修身)의 근본이요, 유교의 가르침을 행하는 것은 나라를 다스리는 근원이니, 수신은 다음 생을 위한 바탕이 되고, 나라를 다스리는 것은 곧 오늘날에 힘쓸 일입니다. 오늘날은 지극히 가깝고 다음 생은 지극히 먼 것인데, 가까운 것을 버리고 먼 것을 구한다면 이는 잘못된 것이 아니겠습니까.

(다) 저 불씨(佛氏)는 사람이 사악한지 정의로운지 올바른지 그른지는 가리지 않고 말하기를, "우리 부처에게 오는 자는 화를 면하고 복을 얻을 수 있다."라고 한다. 이것은 비록 열 가지의 큰 죄악을 지은 사람일지라도 부처에게 귀의하면 화를 면하게 되고, 아무리 도가 높은 선비일지라도 부처에게 귀의하지 않으면 화를 면할 수 없다는 말이다. 가령 그 말이 거짓이 아니라 할지라도 모두 사사로운 마음에서 나온 것이요, 올바른 도리가 아니므로 징계해야 할 것이다.

(라) 유교계에 3대 문제가 있는지라. 그 문제에 관해 개량하고 구신(求新)하지 않으면 우리 유교는 결코 흥왕할 수 없으리라. …… 소위 3대 문제는 무엇인가. 하나는 유교파의 정신이 오로지 제왕 측에 있고 인민 사회에 보급할 정신이 부족한 것이다. 하나는 열국을 돌아다니면서 천하를 바꾸려는 주의를 따르지 않고, "내가 학생을 구하는 것이 아니라, 학생이 나를 찾아야 한다."라는 주의를 고수한 것이다. 하나는 우리 한국의 유가는 간단하고 절실한 가르침을 요구하지 않고 지리하고 한만(汗漫)한 공부만 해 온 것이다.

35 (가)~(라)를 작성된 순서대로 옳게 나열한 것은? [2점]

① (가) – (나) – (다) – (라)
② (가) – (나) – (라) – (다)
③ (나) – (가) – (라) – (다)
④ (나) – (다) – (가) – (라)
⑤ (다) – (라) – (나) – (가)

36 (가)~(라)를 작성한 인물에 대해 탐구한 내용으로 적절한 것을 〈보기〉에서 고른 것은? [3점]

≫ 보기 ●

ㄱ. (가) – 자유롭고 독창적으로 경서를 해석해 사서(四書)에 대한 주자의 해석을 반박하고, 노장사상 등을 도입해 유학의 실리적 측면을 강화하려고 하였다.

ㄴ. (나) – 예기(禮記) 중 월령(月令)에 근거하여 불교 행사를 줄이고 정사를 행하도록 촉구하며 불교적 관행에 젖은 군주를 유교적 규범을 실천하는 군주로 변화시키고자 하였다.

ㄷ. (다) – 기대승과의 논쟁을 통해 성리학의 이해를 심화하였으며, 그의 사상은 제자에 의해 일본으로 전해져 일본 유학의 발전에 영향을 주었다.

ㄹ. (라) – 양명학을 통해서 기존의 유학을 개선하려 하였고, 실학의 실천 정신을 받아들여 구국 운동을 실행하는 데 관심을 기울였다.

① ㄱ, ㄴ   ② ㄱ, ㄷ   ③ ㄴ, ㄷ   ④ ㄴ, ㄹ   ⑤ ㄷ, ㄹ

37 (가)의 활동으로 옳은 것을 〈보기〉에서 고른 것은? [2점]

△△ 박물관 스탬프 투어

[제4관] 국외 독립운동의 전개

이 전시관은 국권 피탈 이후 국외에서 전개된 독립운동을 주제로 구성되어 있습니다. 특히 3·1 운동의 영향으로 수립된 [(가)]의 활동에 대한 자료가 전시되어 있습니다. 자료를 잘 살펴보고 스탬프를 찍어 보세요.

제4관 이번에 찍은 스탬프는?

상하이에서 [(가)]의 수립 초기에 청사로 사용한 건물 모양입니다. 이 청사에서는 임시 의정원의 회의가 개최되기도 하였습니다.

≫ 보기 ●

ㄱ. 민족 교육을 위해 대성 학교를 설립하였다.

ㄴ. 광주 학생 항일 운동에 진상 조사단을 파견하였다.

ㄷ. 외교 독립 활동을 위해 구미 위원부를 설치하였다.

ㄹ. 임시 사료 편찬회를 두어 한일 관계 사료집을 간행하였다.

① ㄱ, ㄴ   ② ㄱ, ㄷ   ③ ㄴ, ㄷ   ④ ㄴ, ㄹ   ⑤ ㄷ, ㄹ

38 밑줄 그은 '특사'가 파견된 배경으로 가장 적절한 것은?

[1점]

전보 제○○○호

발신인: 하야시 외무대신(도쿄)
수신인: 이토 통감(한성)

　헤이그에서 발행된 평화회의보는 한국 전 부총리 대신 이상설 외 2명이 평화회의에 특사로 파견되었다고 보도함. 기사에는 우선 그 한국인이 평화회의 위원으로 한국 황제가 파견한 자라는 것이 기재되었고, 이어서 일본이 한국 황제의 뜻을 배반하고, 병력으로 한국의 법규 관례를 유린하고 동시에 한국의 외교권을 탈취한 점, 그 결과 자신들이 한국 황제가 파견한 위원임에도 불구하고 평화회의에 참여할 수 없음이 유감이라는 점 등이 실렸음.

① 임오군란이 일어났다.
② 집강소가 설치되었다.
③ 을사늑약이 체결되었다.
④ 조선 태형령이 제정되었다.
⑤ 대한 제국의 군대가 해산되었다.

39 밑줄 그은 ⊙ 시기에 볼 수 있는 모습으로 가장 적절한 것은?

[3점]

이 자료는 ⊙ 우리나라 최초의 전차가 개통된 해에 한성 전기 회사가 신문에 낸 안전 주의 사항입니다. 낯선 교통 수단인 전차의 운행으로 사고가 날 것을 우려하여 이러한 안내를 하였지만, 전차에 어린이가 치이는 등의 사고가 일어나 사회 문제가 되기도 하였습니다.

*연거: 전차

① 북학의를 저술하는 학자
② 대한국 국제를 반포하는 황제
③ 거문도를 불법 점령하는 영국군
④ 집현전에서 학문을 연구하는 관리
⑤ 제너럴 셔먼호를 불태우는 평양 관민

40 다음 자료를 활용한 탐구 주제로 가장 적절한 것은? [1점]

송수만 등 체포 경위 보고

　송수만은 보안회라는 것을 설립하여 그 회장이 됨. 종로 백목전 도가에서 날마다 회원을 모집하여 집회·논의하고 있는 자임. 오늘 정부와 순사 두 사람이 출장하여 송수만에게 공사관으로 동행하기를 요구하였음. …… 이때 회원과 인민들 약 200명 정도가 떠들썩하게 모여들어 송수만의 동행을 막음.

① 시전 상인의 상권 수호 운동
② 급진 개화파의 정치 개혁 운동
③ 백정들의 사회적 차별 철폐 운동
④ 농촌 계몽을 위한 브나로드 운동
⑤ 일본의 황무지 개간권 요구에 대한 반대 운동

41 (가), (나) 발표 사이의 시기에 있었던 사실로 옳은 것은?

[2점]

(가) 제1조 조선에 있어 조선인의 교육은 본령에 의한다.
　　제9조 보통학교의 수업 연한은 4년으로 한다. 단, 지방 실정에 따라 1년을 단축할 수 있다.

(나) 제2조 총장은 조선 총독의 감독을 받아 경성 제국 대학 일반 사무를 담당하며 소속 직원을 통독(統督)한다.
　　제4조 경성 제국 대학에 예과를 둔다.

① 육영 공원이 설립되었다.
② 국문 연구소가 설치되었다.
③ 교육 입국 조서가 반포되었다.
④ 국민 교육 헌장이 발표되었다.
⑤ 조선 민립 대학 기성회가 창립되었다.

42 다음 자료에 나타난 사건의 영향으로 적절한 것은? [2점]

판결문

피고인: 이선호 외 10명
주　문: 피고인들을 각 징역 1년에 처한다.
이　유
　피고인들은 이왕(李王) 전하 국장 의식을 거행할 즈음, 이를 봉송하기 위하여 지방에서 다수 조선인이 경성부로 모이는 기회를 이용하여 조선 독립운동을 선동하는 불온 문서를 비밀리에 인쇄하여 국장 당일 군중 가운데 살포하여 조선 독립 만세를 소리 높여 외쳐 조선 독립의 희망을 달성하고자 기도하였다.

① 13도 창의군이 서울 진공 작전을 전개하였다.
② 복벽주의를 내세운 독립 의군부가 조직되었다.
③ 김광제 등의 발의로 국채 보상 운동이 일어났다.
④ 통상 수교 거부 의지를 담은 척화비가 건립되었다.
⑤ 민족 유일당 운동의 일환으로 신간회가 창립되었다.

43 (가) 군사 조직에 대한 설명으로 옳은 것은? [2점]

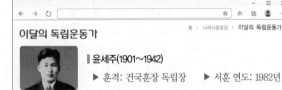

이달의 독립운동가

윤세주(1901~1942)

▶ 훈격: 건국훈장 독립장 ▶ 서훈 연도: 1982년

공훈록(요약)

경남 밀양 출생. 1919년 11월 만주에서 김원봉과 함께 의열단을 조직하였다. 국내에 들어온 그는 의열 투쟁을 계획하다 체포되어 수년간 옥고를 치렀다. 이후 중국 관내에서 결성된 최초의 한인 무장 조직인 (가) 의 주요 간부로 활약하였다. 1942년 타이항산에서 전사하였다.

① 홍범도가 총사령관으로 활약하였다.
② 영릉가 전투에서 일본군을 격퇴하였다.
③ 대원 일부가 한국 광복군에 합류하였다.
④ 도쿄에서 2·8 독립 선언을 계획하였다.
⑤ 상하이에서 대동단결 선언을 발표하였다.

45 밑줄 그은 '이 시기'에 있었던 사실로 옳은 것을 <보기>에서 고른 것은? [2점]

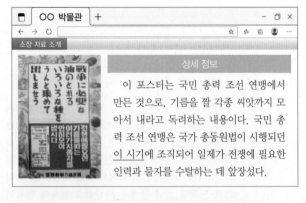

OO 박물관

소장 자료 소개

상세 정보

이 포스터는 국민 총력 조선 연맹에서 만든 것으로, 기름을 짤 각종 씨앗까지 모아서 내라고 독려하는 내용이다. 국민 총력 조선 연맹은 국가 총동원법이 시행되던 이 시기에 조직되어 일제가 전쟁에 필요한 인력과 물자를 수탈하는 데 앞장섰다.

보기

ㄱ. 미곡 공출제가 시행되었다.
ㄴ. 황국 신민 서사의 암송이 강요되었다.
ㄷ. 회사 설립을 허가제로 하는 회사령이 실시되었다.
ㄹ. 유상 매수, 유상 분배를 규정한 농지 개혁법이 제정되었다.

① ㄱ, ㄴ ② ㄱ, ㄷ ③ ㄴ, ㄷ ④ ㄴ, ㄹ ⑤ ㄷ, ㄹ

44 (가) 인물의 활동으로 옳은 것은? [3점]

도시샤 대학에 있는 이 시비는 민족 문학가인 (가) 을/를 기리기 위해 세워졌습니다. 비석에는 '죽는 날까지 하늘을 우러러'로 시작되는 그의 작품인 서시가 새겨져 있습니다. 북간도 출신인 그는 일본 유학 중 치안 유지법 위반 혐의로 체포되어 옥중에서 순국하였습니다.

① 조선상고사를 저술하였다.
② 소설 상록수를 신문에 연재하였다.
③ 저항시 광야, 절정 등을 발표하였다.
④ 영화 아리랑의 제작과 감독을 맡았다.
⑤ 별 헤는 밤, 참회록 등의 시를 남겼다.

46 (가), (나) 사이의 시기에 있었던 사실로 옳은 것은? [2점]

(가) 본관(本官)은 본관에게 부여된 태평양 미국 육군 최고 지휘관의 권한을 가지고 조선 북위 38도 이남의 지역과 주민에 대하여 군정을 설립함. 따라서 점령에 관한 조건을 다음과 같이 포고함.

제1조 조선 북위 38도 이남의 지역과 동 주민에 대한 모든 행정권은 당분간 본관의 권한하에서 시행함.

(나) 대한민국 임시 정부는 28일 김구와 김규식의 명의로 '4개국 원수에게 보내는 결의문'을 채택하고, 각계 대표 70여 명으로 신탁 통치 반대 국민 총동원 위원회를 결성하였다. 여기서 강력한 반대 투쟁을 결의하고 김구·김규식 등 9인을 위원회의 '장정위원'으로 선정하였다.

① 카이로 선언이 발표되었다.
② 조선 건국 동맹이 결성되었다.
③ 모스크바 삼국 외상 회의가 개최되었다.
④ 좌우 합작 위원회에서 좌우 합작 7원칙을 합의하였다.
⑤ 유엔 총회에서 인구 비례에 따른 남북한 총선거를 결의하였다.

47 (가) 지역에 대한 설명으로 옳은 것은? [3점]

노래로 읽는 한국사

황성 옛터(荒城옛터)

황성 옛터에 밤이 되니
월색만 고요해
폐허의 설운 회포를
말하여 주노나
아 외로운 저 나그네
홀로 잠 못 이뤄
구슬픈 벌레 소리에
말없이 눈물져요

[해설]
이 곡은 전수린이 고향인 (가) 에 들렀다가 옛 궁터인 만월대를 보고 작곡한 노래로, 일제에 국권을 빼앗긴 설움을 대변하여 장안의 화제가 되었다.
이 곡의 배경인 (가) 의 만월대에서는 2007년부터 남북 공동 발굴이 이루어져 금속 활자를 비롯하여 기와 및 도자기 등 다양한 유물이 출토되었다.

① 조선 형평사 창립총회가 개최된 곳이다.
② 동학 농민군과 정부 사이에 화약이 체결된 곳이다.
③ 서희가 소손녕과의 외교 담판을 통해 확보한 곳이다.
④ 장수왕 때 국내성에서 천도하여 도읍으로 삼은 곳이다.
⑤ 유엔군과 공산군 사이의 첫 번째 정전 회담이 열린 곳이다.

48 (가) 민주화 운동에 대한 설명으로 옳은 것은? [1점]

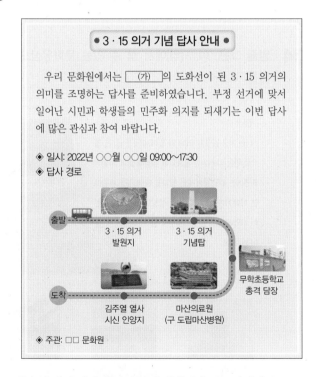

● 3·15 의거 기념 답사 안내 ●

우리 문화원에서는 (가) 의 도화선이 된 3·15 의거의 의미를 조명하는 답사를 준비하였습니다. 부정 선거에 맞서 일어난 시민과 학생들의 민주화 의지를 되새기는 이번 답사에 많은 관심과 참여 바랍니다.

◆ 일시: 2022년 ○○월 ○○일 09:00~17:30
◆ 답사 경로

출발 → 3·15 의거 발원지 → 3·15 의거 기념탑 → 무학초등학교 총격 담장
도착 ← 김주열 열사 시신 인양지 ← 마산의료원 (구 도립마산병원)

◆ 주관: □□ 문화원

① 3선 개헌 반대 범국민 투쟁 위원회가 주도하였다.
② 이승만이 대통령직에서 물러나는 결과를 가져왔다.
③ 신군부의 비상계엄 확대와 무력 진압에 저항하였다.
④ 관련 기록물이 유네스코 세계 기록 유산으로 등재되었다.
⑤ 4·13 호헌 조치에 반발하며 호헌 철폐 등의 구호를 내세웠다.

49 다음 판결이 있었던 정부 시기의 사실로 옳은 것은? [2점]

○ 김○○ 씨가 모 다방에서 동석한 사람들에게 "정부가 물가 조정한다고 하면서 물가가 오르기만 하니 정부가 국민을 기만하는 것이 아니냐.", "중앙정보부에서 모 대학교수를 잡아 조사를 하다 죽이고서는 자살하였다고 거짓 발표하였다." 등의 발언을 하여 유언비어를 유포했다는 이유로 징역 5년을 선고받았다.

○ 사상계 전 대표 장준하, 백범 사상 연구소 소장 백기완이 함석헌, 계훈제 등과 개헌 청원 100만인 서명 운동에 대해 논의하고 긴급조치를 비판하였다는 이유로 각각 징역 및 자격 정지 15년, 12년을 선고받았다.

① 한일 월드컵 축구 대회가 개최되었다.
② 농촌 근대화를 표방하는 새마을 운동이 추진되었다.
③ 외환 위기 극복을 위한 금 모으기 운동이 전개되었다.
④ 금융 거래 투명성을 실현하고자 금융 실명제가 시행되었다.
⑤ 한미 자유 무역 협정(FTA) 체결에 반대하는 시위가 벌어졌다.

50 (가) 정부의 통일 노력으로 옳은 것은? [2점]

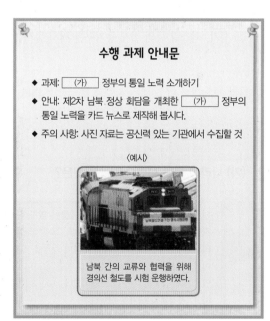

수행 과제 안내문

◆ 과제: (가) 정부의 통일 노력 소개하기
◆ 안내: 제2차 남북 정상 회담을 개최한 (가) 정부의 통일 노력을 카드 뉴스로 제작해 봅시다.
◆ 주의 사항: 사진 자료는 공신력 있는 기관에서 수집할 것

〈예시〉

남북 간의 교류와 협력을 위해 경의선 철도를 시험 운행하였다.

① 남북 기본 합의서를 채택하였다.
② 남북한이 유엔에 동시 가입하였다.
③ 10·4 남북 공동 선언을 발표하였다.
④ 남북 조절 위원회를 운영하기로 합의하였다.
⑤ 남북 이산가족 고향 방문단의 교환 방문을 최초로 성사하였다.

● 자신이 선택한 등급의 문제지인지 확인하시오.
● 문제지에 성명과 수험 번호를 정확히 써넣으시오.
● 답안지에 성명과 수험 번호를 써넣고, 또 수험 번호와 답을 정확히 표시하시오.
● 시험 시간은 80분입니다.

01 (가) 시대의 생활 모습으로 옳은 것은? [1점]

이것은 제주 고산리 유적에서 발굴된 이른 민무늬 토기입니다. 이 토기의 출토로 우리나라의 (가) 시대가 기원전 8000년경부터 시작되었음을 알게 되었습니다. 고산리 유적에서는 화살촉, 갈돌, 갈판 등의 석기도 나왔습니다.

이른 민무늬 토기

① 고인돌, 돌널무덤 등을 만들었다.
② 거푸집을 이용하여 청동검을 제작하였다.
③ 농경과 목축을 시작하여 식량을 생산하였다.
④ 주로 동굴에 살면서 사냥과 채집 생활을 하였다.
⑤ 쟁기, 쇠스랑 등의 철제 농기구를 써서 농사를 지었다.

02 (가) 나라에 대한 설명으로 옳은 것은? [2점]

(가) 왕 해부루가 늙도록 아들이 없자 산천에 제사 지내어 대를 이을 자식을 구하였다. 그가 탄 말이 곤연에 이르러 큰 돌을 보더니 마주 대하며 눈물을 흘렸다. 왕이 이를 괴상히 여겨 사람을 시켜 그 돌을 옮기니 어린아이가 있었는데 금색의 개구리 모양이었다. …… 이름을 금와라 하고, 장성하자 태자로 삼았다.

－ 『삼국사기』 －

① 혼인 풍습으로 서옥제가 있었다.
② 12월에 영고라는 제천 행사를 열었다.
③ 정사암에 모여 국가의 중대사를 논의하였다.
④ 철이 많이 생산되어 낙랑과 왜에 수출하였다.
⑤ 특산물로 단궁, 과하마, 반어피가 유명하였다.

03 (가) 왕의 업적으로 옳은 것은? [2점]

① 도읍을 국내성에서 평양으로 옮겼다.
② 태학을 설립하여 인재를 양성하였다.
③ 서안평을 공격하여 영토를 확장하였다.
④ 연가라는 독자적인 연호를 사용하였다.
⑤ 신라에 군대를 파견하여 왜를 격퇴하였다.

04 밑줄 그은 '이 지역'에서 볼 수 있는 문화유산으로 옳지 않은 것은? [2점]

안녕!
나는 지금 왕흥사 터에 와 있어. 이곳은 금, 은, 동으로 만든 사리기가 출토되어 유명해졌대. 사리기 표면에는 위덕왕이 죽은 왕자를 위해 절을 세웠다는 이야기가 새겨져 있어. 성왕이 도읍으로 정한 이 지역에는 다른 문화유산도 많아. 다음에 꼭 같이 와보자!

2021년 10월

왕흥사지 사리기

①
정림사지 오층 석탑

②
능산리 고분군

③
관촉사 석조 미륵보살 입상

④
관북리 유적

⑤
부소산성

05 (가), (나) 사이의 시기에 있었던 사실로 옳은 것은? [3점]

> (가) 왕은 당과 신라 군사들이 이미 백강과 탄현을 지났다는 소식을 듣고 장군 계백에게 결사대 5천 명을 거느리고 황산으로 가서 신라 군사와 싸우게 하였다. 계백은 4번 싸워서 모두 이겼으나 군사가 적고 힘이 모자라서 마침내 패하였다.
>
> (나) 사찬 시득이 수군을 거느리고 소부리주 기벌포에서 설인귀와 싸웠는데 연이어 패배하였다. 그러나 이후 크고 작은 22번의 싸움에서 승리하여 4천여 명을 죽였다.

① 김흠돌이 반란을 꾀하다 처형되었다.
② 의자왕이 신라를 공격하여 대야성을 함락시켰다.
③ 을지문덕이 살수에서 수의 군대를 크게 물리쳤다.
④ 대조영이 고구려 유민을 이끌고 동모산에서 건국하였다.
⑤ 검모잠이 안승을 왕으로 추대하고 부흥 운동을 전개하였다.

06 다음 특별전에 전시될 자료로 적절하지 <u>않은</u> 것은? [1점]

> 우리 선조들은 하늘의 움직임이 세상의 이치와 연결된다고 생각해 천문 현상을 면밀히 관측하였습니다. 덕흥리 고분의 별자리 벽화는 이러한 측면을 잘 보여줍니다.

①
거중기

②
금동 천문도

③
혼천의

④
칠정산 내편

⑤
천상열차분야지도

07 (가), (나) 인물에 대한 설명으로 옳은 것은? [2점]

① (가) – 법화 신앙을 바탕으로 백련 결사를 이끌었다.
② (가) – 화엄일승법계도를 지어 화엄 사상을 정리하였다.
③ (나) – 불교 교단을 통합하기 위해 천태종을 개창하였다.
④ (나) – 인도와 중앙아시아를 여행하고 왕오천축국전을 저술하였다.
⑤ (가), (나) – 심성 도야를 강조한 유불 일치설을 주장하였다.

08 지도와 같이 행정 구역을 정비한 국가에 대한 설명으로 옳은 것을 〈보기〉에서 고른 것은? [3점]

> **보기**
>
> ㄱ. 9서당 10정의 군사 조직을 운영하였다.
> ㄴ. 욕살, 처려근지 등을 지방관으로 파견하였다.
> ㄷ. 상수리 제도를 실시하여 지방 세력을 견제하였다.
> ㄹ. 북계에 병마사를 파견하여 적의 침입에 대비하였다.

① ㄱ, ㄴ ② ㄱ, ㄷ ③ ㄴ, ㄷ ④ ㄴ, ㄹ ⑤ ㄷ, ㄹ

09 (가) 국가에 대한 설명으로 옳은 것은? [2점]

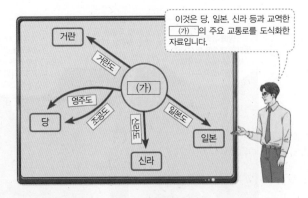

이것은 당, 일본, 신라 등과 교역한 (가) 의 주요 교통로를 도식화한 자료입니다.

① 평양을 서경으로 삼아 중시하였다.
② 후연을 격파하고 백제를 공격하였다.
③ 지방에 22담로를 두어 왕족을 파견하였다.
④ 완도에 청해진을 설치해 해상 무역을 장악하였다.
⑤ 고구려와 당의 양식이 혼합된 벽돌무덤을 만들었다.

10 교사의 질문에 대한 학생의 답변으로 옳은 것은? [1점]

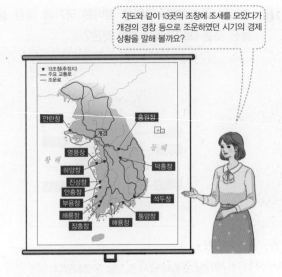

지도와 같이 13곳의 조창에 조세를 모았다가 개경의 경창 등으로 조운하였던 시기의 경제 상황을 말해 볼까요?

① 관료전을 지급하고 녹읍을 폐지하였어요.
② 덕대가 광산을 전문적으로 경영하였어요.
③ 고구마, 감자 등의 구황 작물을 재배하였어요.
④ 일본과의 무역을 허용하고 계해약조를 체결하였어요.
⑤ 예성강 하구의 벽란도가 국제 무역항으로 번성하였어요.

11 다음 지역에 대한 탐구 활동으로 가장 적절한 것은? [2점]

① 대몽 항쟁기에 조성된 왕릉을 조사한다.
② 김만덕의 빈민 구제 활동에 대해 알아본다.
③ 정약전이 자산어보를 저술한 곳을 검색한다.
④ 지증왕이 이사부를 보내 복속한 지역과 부속 도서를 찾아본다.
⑤ 러시아의 남하를 견제하기 위하여 영국군이 점령한 장소를 살펴본다.

12 (가) 국가에 대한 설명으로 옳은 것은? [2점]

네! 궁예가 세운 (가) 의 도성 터를 현장 조사하고 왔습니다. 화면과 같이 도성 터는 비무장지대에 있어 현재는 발굴 조사가 어려운 상황입니다. 앞으로 이곳에 대한 남북 공동 연구가 이뤄진다면 한반도 평화와 화합의 상징이 될 것으로 기대합니다.

얼마 전 강원도 철원에 다녀오셨지요?

① 각간 대공이 반란을 일으켰다.
② 광평성 등의 정치 기구를 두었다.
③ 후당과 오월에 사신을 파견하였다.
④ 고창 전투에서 후백제군과 싸워 승리하였다.
⑤ 5경 15부 62주의 지방 행정 제도를 갖추었다.

13 (가)~(라)를 일어난 순서대로 옳게 나열한 것은? [3점]

> (가) 양규가 무로대에서 거란군을 습격하여 2천여 명을 죽이고, 포로가 되었던 남녀 3천여 명을 되찾았다.
>
> (나) 거란이 장차 침입하려 하므로 군사 30만 명을 선발하여 광군이라 부르고 광군사를 설치하였다.
>
> (다) 왕이 소손녕의 봉산군 공격 소식을 듣고 서희를 보내 화의를 요청하니 소손녕이 침공을 중지하였다.
>
> (라) 강감찬 등이 귀주에서 거란군을 맞아 싸웠다. 고려군이 맹렬하게 공격하니 거란군이 북으로 도망쳤다.

① (가) – (나) – (다) – (라) ② (가) – (나) – (라) – (다)
③ (나) – (가) – (라) – (다) ④ (나) – (다) – (가) – (라)
⑤ (다) – (라) – (나) – (가)

14 다음 사건이 전개된 시기의 사회 모습으로 옳은 것은? [2점]

> **사건 일지**
>
> 2월 10일 망이 등이 다시 반란을 일으켜 가야사를 습격함.
> 3월 11일 망이 등이 홍경원에 불을 지르고 승려 10여 명을 죽임.
> 6월 23일 망이가 사람을 보내 항복을 청함.
> 7월 20일 망이·망소이 등을 체포하여 청주 감옥에 가둠.

① 서얼이 통청 운동을 전개하였다.
② 원종과 애노가 사벌주에서 봉기하였다.
③ 적장자 위주의 상속 제도가 확립되었다.
④ 읍락 간의 경계를 중시하는 책화가 있었다.
⑤ 특수 행정 구역인 소의 주민들이 차별을 받았다.

15 다음 교서를 내린 왕의 정책으로 옳은 것은? [3점]

> 우리 태조께서 흑창을 두어 가난한 백성에게 진대(賑貸)하게 하셨다. 지금 백성들이 점차 늘어나고 있는데 저축한 바는 늘어나지 않았으니, 미(米) 1만 석을 더하고 이름을 의창(義倉)으로 고친다. 또한 모든 주와 부에도 각각 의창을 설치하도록 하라.

① 한양을 남경으로 승격시켰다.
② 국자감에 서적포를 설치하였다.
③ 12목을 설치하고 지방관을 파견하였다.
④ 인사 행정을 담당하던 정방을 폐지하였다.
⑤ 개경에 귀법사를 세우고 균여를 주지로 삼았다.

16 다음 구성안의 소재가 된 탑으로 옳은 것은? [1점]

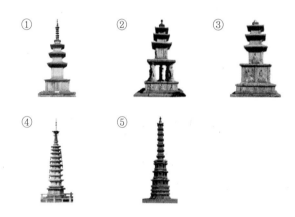

> **○○ 박물관 실감 콘텐츠 구성안**
>
> | 제목 | 오늘, 탑을 만나다 |
> |---|---|
> | 기획 의도 | 증강 현실(AR) 기술을 활용하여 우리 문화유산을 실감나게 체험하는 기회 제공 |
> | 대상 유물 특징 | • 원의 영향을 받아 대리석으로 만든 석탑
• 원각사지 십층 석탑에 영향을 주었음 |
> | 체험 내용 | • 탑을 쌓으며 각 층의 구조 파악하기
• 기단부에 조각된 서유기 이야기를 퀴즈로 풀기 |

① ② ③ ④ ⑤

17 밑줄 그은 '나'에 대한 설명으로 옳은 것은? [2점]

> 그리운 벗에게
>
> 연경에 도착해 이제야 소식을 전하네. 예전에 충선왕이 원의 화가를 불러 그리게 한 <u>나</u>의 초상을 기억하는가? 잃어버렸던 그 그림을 오늘 찾았다네. 그림을 보니 만권당에서 원의 학자들과 함께 공부하던 <u>나</u>의 젊은 시절이 생각난다네. 혼탁한 세상 편치만은 않지만 곧 개경에서 볼 수 있기를 바라네.
>
> 영원한 벗, 익재

① 역사서인 사략을 저술하였다.
② 불씨잡변을 지어 불교를 비판하였다.
③ 9재 학당을 세워 유학 교육에 힘썼다.
④ 봉사 10조를 올려 시정 개혁을 건의하였다.
⑤ 예안 향약을 시행하여 향촌 교화를 위해 노력하였다.

18 (가) 인물의 활동으로 옳은 것은? [2점]

1380년 삼도 도순찰사 (가) 이/가 이끄는 고려군이 전라도 황산에서 왜구를 크게 격퇴하였습니다.

1/3

조선 선조 때 이를 기념하여 대첩비를 세웠지만 일제 강점기 일본인들이 파괴하여 파편만 남게 되었습니다.

2/3

그러나 탁본이 남아 있어 적장 아지발도를 죽인 (가) 의 활약상을 상세히 확인할 수 있습니다.

3/3

① 북방에 4군과 6진을 설치하였다.
② 의종 복위를 도모하여 군사를 일으켰다.
③ 위화도에서 회군하여 정권을 장악하였다.
④ 여진을 정벌한 후 동북 9성을 축조하였다.
⑤ 좌·우별초와 신의군으로 삼별초를 조직하였다.

19 다음 대화가 이루어진 시기에 볼 수 있는 모습으로 가장 적절한 것은? [2점]

며칠 전 전하께서 과전을 혁파하고 직전을 설치하라는 명을 내리셨다고 하네.

이제 현직 관원들만 수조권을 지급받게 되겠군.

① 왕에게 직계하는 이조 판서
② 임꺽정 무리를 토벌하는 관군
③ 동몽선습을 공부하는 서당 학생
④ 동의보감을 요청하는 중국 사신
⑤ 시장에 팔기 위해 담배를 재배하는 농민

20 (가) 왕의 재위 기간에 있었던 사실로 옳은 것은? [2점]

이곳은 창경궁의 정문인 홍화문입니다. 창경궁은 (가) 이/가 정희 왕후 등 세 분의 대비를 모시기 위해 수강궁을 수리하여 조성한 궁궐입니다. (가) 은/는 경국대전 완성 등 많은 업적을 남겼습니다.

① 탕평비가 건립되었다.
② 상평통보가 주조되었다.
③ 악학궤범이 간행되었다.
④ 훈련도감이 설치되었다.
⑤ 초계문신제가 시행되었다.

21 다음 주장이 공통으로 제기된 시기를 연표에서 옳게 고른 것은? [3점]

○ 중앙에서는 홍문관·육경·대간, 지방에서는 감사와 수령이 천거한 사람들을 한 곳에 모아 시험을 치르면 많은 인재를 얻을 수 있을 것입니다. 이는 한(漢)에서 시행한 현량과의 뜻을 이은 것입니다.

○ 정국공신은 이미 10년이 지난 일이지만 허위가 많았습니다. 공신 기록을 유자광이 홀로 맡아서 이렇게까지 외람되었습니다. 지금 고치지 않으면 개정할 수 없을 것입니다.

	1494		1504		1545		1567		1623		1659
		(가)		(나)		(다)		(라)		(마)	
	연산군 즉위		갑자 사화		을사 사화		선조 즉위		인조 반정		기해 예송

① (가)   ② (나)   ③ (다)   ④ (라)   ⑤ (마)

22 (가) 기구에 대한 설명으로 옳은 것은? [2점]

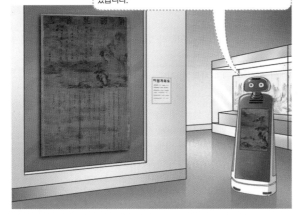

이 그림은 중종 때 그려진 미원계회도(薇垣契會圖)입니다. '미원'은 (가) 의 별칭으로 간쟁과 논박을 담당한 관청이었습니다. 소나무 아래에는 계회를 하고 있는 모습이 보이고, 하단에는 참석자들의 관직, 성명, 본관 등이 기록되어 있습니다.

① 왕명의 출납을 관장하였다.
② 수도의 행정과 치안을 담당하였다.
③ 사헌부, 홍문관과 함께 3사로 불렸다.
④ 실록을 보관하고 관리하는 업무를 맡았다.
⑤ 반역죄, 강상죄 등을 범한 중죄인을 다스렸다.

23 밑줄 그은 '이 전란' 이후에 있었던 사실로 옳은 것은?

[2점]

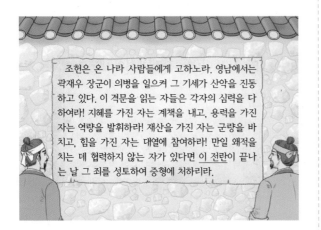

조헌은 온 나라 사람들에게 고하노라. 영남에서는 곽재우 장군이 의병을 일으켜 그 기세가 산악을 진동하고 있다. 이 격문을 읽는 자들은 각자의 심력을 다하여라! 지혜를 가진 자는 계책을 내고, 용력을 가진 자는 역량을 발휘하라! 재산을 가진 자는 군량을 바치고, 힘을 가진 자는 대열에 참여하라! 만일 왜적을 치는 데 협력하지 않는 자가 있다면 이 전란이 끝나는 날 그 죄를 성토하여 중형에 처하리라.

① 유정이 회답 겸 쇄환사로 일본에 파견되었다.
② 나세, 심덕부 등이 진포에서 왜구를 격퇴하였다.
③ 신숙주가 일본에 다녀와 해동제국기를 저술하였다.
④ 조선 정부의 통제에 반발하여 삼포왜란이 일어났다.
⑤ 외침에 대비하기 위해 임시 기구로 비변사가 설치되었다.

24 (가) 왕이 재위한 시기의 경제 모습으로 옳은 것은? [2점]

이곳은 수원 화성 성역과 연계하여 축조된 축만제입니다. (가) 은/는 축만제 등의 수리 시설 축조와 둔전 경영을 통해 수원 화성의 수리, 장용영의 유지, 백성의 진휼을 위한 재원을 마련하였습니다.

① 금속 화폐인 건원중보가 주조되었다.
② 시장을 감독하는 동시전이 설치되었다.
③ 울산항, 당항성이 무역항으로 번성하였다.
④ 군역의 부담을 줄이기 위해 균역법이 제정되었다.
⑤ 육의전을 제외한 시전 상인의 금난전권이 폐지되었다.

25 (가) 교육 기관에 대한 설명으로 옳은 것은? [1점]

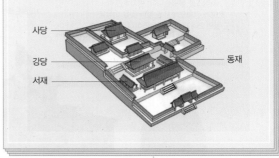

조사 보고서

1. 주제: 조선의 교육 기관 (가) 을/를 찾아서
2. 개관
   중종 38년(1543) 풍기 군수 주세붕이 처음 건립하였다. 국왕으로부터 현판과 토지, 노비 등을 받기도 하였다. 흥선 대원군에 의해 정리되어 47곳이 남았는데, 이 중 대표적인 9곳이 유네스코 세계 유산으로 등재되었다.
3. 주요 건물 배치도

사당 / 강당 / 서재 / 동재

① 전국의 모든 군현에 하나씩 설치되었다.
② 선현의 제사와 유학 교육을 담당하였다.
③ 전문 강좌인 7재가 설치되어 운영되었다.
④ 중앙에서 교수나 훈도를 교관으로 파견하였다.
⑤ 소과에 합격한 생원, 진사에게 입학 자격이 부여되었다.

26 (가)~(마)에 들어갈 내용으로 옳은 것은? [3점]

<온라인 한국사 교양 강좌>

인물로 보는
조선 후기 사회 개혁론

우리 학회에서는 조선 후기 학자들의 다양한 개혁론을
이해하는 교양 강좌를 마련하였습니다. 많은 분들의 관심
과 참여 바랍니다.

■ 강좌 안내 ■

제1강 이익, [(가)]

제2강 홍대용, [(나)]

제3강 박지원, [(다)]

제4강 박제가, [(라)]

제5강 정약용, [(마)]

• 기간: 2021년 ○○월 ○○일~○○월 ○○일
  매주 화요일 16:00
• 방식: 화상 회의 플랫폼 활용
• 주최: ◇◇ 학회

① (가) – 의산문답에서 중국 중심의 세계관을 비판하다
② (나) – 목민심서에서 지방 행정의 개혁안을 제시하다
③ (다) – 열하일기에서 수레와 선박의 필요성을 강조하다
④ (라) – 성호사설에서 사회 폐단을 여섯 가지 좀으로 규정
하다
⑤ (마) – 북학의에서 절약보다 적절한 소비를 권장하다

27 (가) 국가에 대한 조선의 정책으로 옳은 것은? [2점]

모화관에 도착한 [(가)]
사신을 접대할 수 없다며 김만균이
사직소를 올렸습니다. 병자호란 때
조모가 강화도에서 순절한 것을 이유로
들었으나 나랏일이 먼저이니 사직을
허락해서는 안 됩니다.

그리하도록 하라.

① 정동행성 이문소를 폐지하였다.
② 별무반을 편성하여 침입에 대비하였다.
③ 정기적으로 연행사를 보내 교류하였다.
④ 한성에 동평관을 설치하여 무역을 허용하였다.
⑤ 통신사를 파견하여 조선의 문물을 전파하였다.

28 (가) 사건에 대한 설명으로 옳은 것은? [1점]

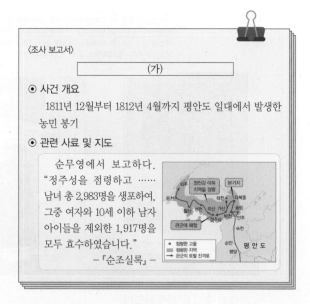

<조사 보고서>

[(가)]

◉ 사건 개요
  1811년 12월부터 1812년 4월까지 평안도 일대에서 발생한
  농민 봉기

◉ 관련 사료 및 지도

순무영에서 보고하다.
"정주성을 점령하고 ……
남녀 총 2,983명을 생포하여,
그중 여자와 10세 이하 남자
아이들을 제외한 1,917명을
모두 효수하였습니다."
– 『순조실록』 –

① 청의 군대에 의해 진압되었다.
② 척왜양창의를 기치로 내걸었다.
③ 선혜청과 일본 공사관을 공격하였다.
④ 사건 수습을 위해 박규수가 안핵사로 파견되었다.
⑤ 세도 정치기의 수탈과 지역 차별에 반발하여 일어났다.

29 다음 사건 이후 추진된 개혁의 내용으로 옳은 것은? [2점]

일본군의 엄호 속에 사복 차림의 일본인들이 건청궁으로 침입
하였다. 그들은 왕과 왕후의 처소로 달려가 몇몇은 왕과 왕태자
의 측근들을 붙잡았고, 다른 자들은 왕후의 침실로 향하였다.
폭도들이 달려들자 궁내부 대신은 왕후를 보호하기 위해 두 팔
을 벌려 앞을 가로막아 섰다. …… 의녀가 나서서 손수건으로
죽은 왕후의 얼굴을 덮어 주었다.

① 과거제를 폐지하였다.
② 태양력을 시행하였다.
③ 육영 공원을 설립하였다.
④ 공사 노비법을 혁파하였다.
⑤ 통리기무아문을 설치하였다.

30 다음 사건이 일어난 배경으로 옳은 것은? [2점]

> 양헌수가 은밀히 정족산 전등사로 가서 주둔하였다. ……
> 산 위에서 매복하고 있다가 한꺼번에 북을 치고 나팔을 불며
> 좌우에서 총을 쏘았다. 적장이 총에 맞아 말에서 떨어지고
> 서양인 10여 명이 죽었다. 달아나는 서양인들을 좇아가니 그
> 들은 동료의 시체를 옆에 끼고 급히 본진으로 도망갔다.

① 종로와 전국 각지에 척화비가 세워졌다.
② 오페르트가 남연군 묘 도굴을 시도하였다.
③ 위안스카이가 이끄는 군대가 조선에 상륙하였다.
④ 병인박해로 천주교 선교사와 신자들이 처형되었다.
⑤ 김홍집이 가지고 온 조선책략이 국내에 유포되었다.

31 다음 자료에 나타난 상황 이후 전개된 사실로 옳은 것은?
[2점]

> 김옥균이 일본 공사 다케조에게 국왕의 호위를 위해 일본군이
> 필요하다고 요청하였다. 그는 호위를 요청하는 국왕의 친서가 있
> 으면 투입하겠다고 약속하였다. 친서는 박영효가 전달하기로 합
> 의하였다. 다케조에는 조선에 주둔한 청군 1천 명이 공격해 들어
> 와도 일본군 1개 중대면 막을 수 있다고 장담하였다.

① 신식 군대인 별기군이 창설되었다.
② 김기수가 수신사로 일본에 파견되었다.
③ 일본 군함 운요호가 영종도를 공격하였다.
④ 이만손이 주도하여 영남 만인소를 올렸다.
⑤ 우정총국 개국 축하연에서 정변이 일어났다.

32 (가) 시기에 전개된 동학 농민군의 활동으로 옳은 것은?
[2점]

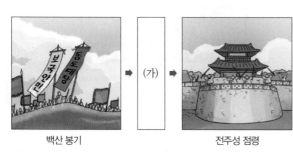

백산 봉기 → (가) → 전주성 점령

① 황토현에서 관군에 승리하였다.
② 남접과 북접이 논산에서 연합하였다.
③ 우금치에서 일본군과 관군에 맞서 싸웠다.
④ 집강소를 중심으로 폐정 개혁안을 실천하였다.
⑤ 조병갑의 탐학에 저항하여 고부 관아를 습격하였다.

33 다음 기사에 보도된 문화유산으로 옳은 것은? [2점]

> **□□신문**
> 제△△호　　　　　　　　2020년 ○○월 ○○일
>
> **국민의 품에 안긴 조선 후기 명화**
>
> 추사 김정희의 대표작이 소장자의 뜻에 따라 ○○박물관에 기증
> 되었다. 그동안 기탁 형태로 관리되었으나 온전히 국가에 귀속된
> 것이다. 이 작품은 김정희가 제주도 유배 중일 때 사제의 의리를
> 변함없이 지킨 제자 이상적에게 그려준 것으로, 시서화(詩書畵)의
> 일치를 추구하였던 조선 시대 문인화의 진수를 보여준다.

①
②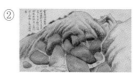
③
④
⑤

34 (가)에 들어갈 세시 풍속으로 옳은 것은? [1점]

(가)에 대해 검색해 줘.

검색 결과입니다.

1. 개관
　음력 5월 5일로 수릿날이라고도
한다. 1년 중 양기가 가장 왕성한 날
이라 여겼다. 무더위를 잘 견디라는
의미로 왕이 이날 신하들에게 부채
를 선물하였다는 기록이 있다.

2. 관련 풍습
· 씨름, 그네뛰기
· 수리취떡 만들어 먹기
· 창포물에 머리 감기

① 한식　　　　② 백중　　　　③ 추석
④ 단오　　　　⑤ 정월 대보름

35 (가)에 해당하는 신문으로 옳은 것은? [1점]

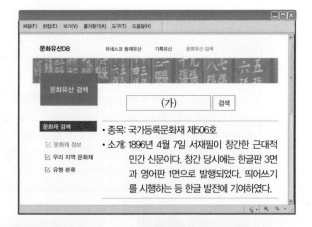

• 종목: 국가등록문화재 제506호
• 소개: 1896년 4월 7일 서재필이 창간한 근대적 민간 신문이다. 창간 당시에는 한글판 3면과 영어판 1면으로 발행되었다. 띄어쓰기를 시행하는 등 한글 발전에 기여하였다.

①
해조신문

②
제국신문

③
한성순보

④
독립신문

⑤
황성신문

36 다음 대화 이후에 전개된 사실로 옳은 것은? [2점]

며칠 전 폐하께서 환구단에 나아가 황제로 즉위하셨다는 소식 들었는가?

들었네. 어제는 국호를 대한으로 선포하셨다고 하더군.

① 전환국이 설치되었다.
② 혜상공국이 설립되었다.
③ 보빙사가 미국에 파견되었다.
④ 조청 상민 수륙 무역 장정이 체결되었다.
⑤ 양전 사업이 실시되어 지계가 발급되었다.

37 (가) 인물에 대한 설명으로 옳은 것은? [2점]

이곳은 최근 다시 개관한 하얼빈의 (가) 기념관입니다. (가) 동상 위의 시계는 9시 30분에 멈춰 있습니다. 이토 히로부미를 저격한 바로 그 시각입니다.

① 동양 평화론을 저술하였다.
② 친일 인사인 스티븐스를 사살하였다.
③ 5적 처단을 위해 자신회를 조직하였다.
④ 명동 성당 앞에서 이완용을 습격하였다.
⑤ 동양 척식 주식회사에 폭탄을 투척하였다.

38 (가) 단체에 대한 설명으로 옳은 것을 〈보기〉에서 고른 것은? [3점]

이것은 평양에 있던 대성 학교의 교직원과 학생들을 촬영한 사진입니다. 이 학교는 안창호, 양기탁 등이 조직한 (가) 이/가 설립하였습니다.

→ 보기 •
ㄱ. 태극 서관을 운영하였다.
ㄴ. 105인 사건으로 와해되었다.
ㄷ. 이륭양행에 교통국을 설치하였다.
ㄹ. 입헌 군주제 수립을 목표로 하였다.

① ㄱ, ㄴ ② ㄱ, ㄷ ③ ㄴ, ㄷ ④ ㄴ, ㄹ ⑤ ㄷ, ㄹ

39 (가) 민족 운동에 대한 설명으로 옳은 것은? [1점]

답사 계획서

◈ 주제: (가), 그날을 걷다
◈ 답사 개관: 이번 답사는 고종의 인산일을 계기로 시작된 독립 만세 운동의 현장을 걷는 일정입니다.
◈ 일정 및 경로: 2021년 10월 ○○일 09:00~12:00

중앙고등학교 숙직실 — 출발
보성사 터
태화관 터
탑골 공원
도착 종로 경찰서 터

① 통감부의 방해와 탄압으로 중단되었다.
② 러시아의 절영도 조차 요구를 저지하였다.
③ 민족 대표 33인 명의의 독립 선언서가 발표되었다.
④ 대한매일신보의 후원을 받아 전국으로 확산되었다.
⑤ 한국인 학생과 일본인 학생 간의 충돌에서 비롯되었다.

40 (가)~(다) 학생이 발표한 내용을 일어난 순서대로 옳게 나열한 것은? [3점]

<1920년대 만주 지역의 독립운동>

(가) 참의부, 정의부, 신민부 등 3부가 성립되었습니다.

(나) 대한 독립군 등이 봉오동으로 일본군을 유인하여 크게 무찔렀습니다.

(다) 북로 군정서 등이 청산리 일대에서 일본군에 대승을 거두었습니다.

① (가) – (나) – (다)
② (가) – (다) – (나)
③ (나) – (가) – (다)
④ (나) – (다) – (가)
⑤ (다) – (나) – (가)

41 (가) 인물에 대한 설명으로 옳은 것은? [2점]

이곳 심우장은 (가) 이/가 조선 총독부를 마주하지 않겠다며 북향으로 지었다고 합니다. 님의 침묵 등을 지은 (가) 은/는 일제의 탄압에도 굴하지 않다가 광복 직전 이곳에서 돌아가셨습니다.

① 우리말 큰사전 편찬 사업을 추진하였다.
② 유교 개혁을 주장하는 유교 구신론을 제창하였다.
③ 월간지 유심을 발간하여 불교 개혁 운동에 힘썼다.
④ 진단 학회를 설립하여 실증주의 사학을 발전시켰다.
⑤ 독사신론을 저술하여 민족주의 사학의 기반을 마련하였다.

42 밑줄 그은 '시기'에 볼 수 있는 모습으로 옳은 것은? [2점]

사진 속 만삭의 임산부가 바로 저입니다. 일제는 중일 전쟁 이후 침략 전쟁을 확대하던 시기에 많은 여성을 전쟁터로 끌고 가 일본군 '위안부'로 삼았습니다. 저는 가까스로 연합군에 의해 구출되었지만 그곳에서 죽임을 당한 여성도 참 많았지요.

특집 다큐멘터리
고(故) 박영심 할머니 생전 인터뷰

① 태형을 집행하는 헌병 경찰
② 원산 총파업에 동참하는 노동자
③ 회사령을 공포하는 총독부 관리
④ 신사 참배에 강제 동원되는 학생
⑤ 암태도 소작 쟁의에 참여하는 농민

43 (가) 단체에 대한 설명으로 옳은 것은? [2점]

【이달의 독립운동가】

민족 독립과 여성 해방을 꿈꾼

박차정(朴次貞)
(1910~1944)

부산 동래 출신. 1927년 신간회의 자매단체로 결성된 [(가)]의 중앙 집행 위원으로 활동하였다. 광주 학생 항일 운동에 동조하여 서울에서 시위를 주도 하였다가 불구속으로 나온 후 중국으로 망명하였다. 1938년 조선 의용대의 부녀 복무 단장이 되어 남편 김원봉과 함께 무장 투쟁을 활발히 전개하였다. 이듬해 쿤룬산 전투에서 부상을 당해 후유증으로 순국하였다.

① 상하이에서 대동 단결 선언을 발표하였다.
② 일제의 황무지 개간권 요구를 저지하였다.
③ 여성 교육을 위해 배화 학당을 설립하였다.
④ 조선 여성의 단결과 지위 향상을 목표로 하였다.
⑤ 어린이 등의 잡지를 발간하여 소년 운동을 주도하였다.

44 (가)에 들어갈 내용으로 옳은 것은? [3점]

저는 지금 전로 한족회 중앙 총회가 개최된 건물 앞에 나와 있습니다. 이 단체는 이 지역에 거주하는 한인들의 대표자 회의였습니다. 이 지역에서 전개된 민족 운동에 대해 올려주세요.

ON 대화창

대한 국민 의회를 결성하였어요.

대한 광복군 정부를 세웠어요.

(가)

글쓰기

▶ : 국외 민족 운동의 발자취를 찾아서 심받음 등

① 독립군 양성을 위해 신흥 강습소를 세웠어요.
② 권업회를 조직하여 권업신문을 발행하였어요.
③ 숭무 학교를 설립하여 무장 투쟁을 준비하였어요.
④ 한인 비행 학교를 세워 독립군 비행사를 육성하였어요.
⑤ 대일 항전을 준비하기 위해 조선 독립 동맹을 결성하였어요.

45 (가) 단체의 활동으로 옳은 것은? [2점]

접견 기록

■ 날짜 및 장소
　1943년 7월 26일. 중국 군사 위원회 접견실
■ 참석 인물
　• [(가)] : 주석 김구, 외무부장 조소앙 등
　• 중국: 위원장 장제스 등
■ 주요 내용
　• 장제스: 한국의 완전한 독립을 실현하는 과정은 쉽지 않을 것입니다. 그러나 한국 혁명 동지들이 진심으로 단결하고 협조하여 함께 노력한다면 광복의 뜻을 이룰 수 있을 것입니다.
　• 김구·조소앙: 우리의 독립 주장이 이루어질 수 있도록 귀국이 지지해 주기를 희망합니다.

① 좌우 합작 7원칙을 발표하였다.
② 개벽, 신여성 등의 잡지를 간행하였다.
③ 조선 혁명 선언을 활동 지침으로 삼았다.
④ 한글 맞춤법 통일안과 표준어를 제정하였다.
⑤ 삼균주의를 기초로 하는 건국 강령을 선포하였다.

46 다음 뉴스가 보도된 정부 시기의 사실로 옳은 것은? [2점]

오늘 대전에서는 향토 예비군 창설식이 열렸습니다. 1월 21일 북한 무장 공비의 청와대 습격 시도 사건을 계기로 자주적 방위 태세를 강화하기 위한 조치입니다.

향토 예비군 창설

① 양성 평등의 실현을 위해 호주제를 폐지하였다.
② 교육의 지표를 제시한 국민 교육 헌장을 선포하였다.
③ 사회 통합을 위한 다문화 가족 지원법을 시행하였다.
④ 공직자 윤리법을 개정하여 재산 등록을 의무화하였다.
⑤ 언론의 통폐합이 단행되고 언론 기본법을 제정하였다.

47 (가)에 들어갈 내용으로 옳은 것은? [2점]

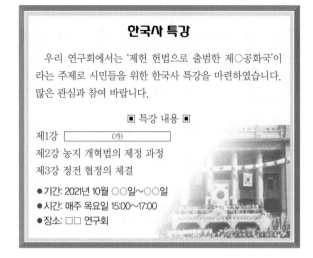

한국사 특강

우리 연구회에서는 '제헌 헌법으로 출범한 제○공화국'이라는 주제로 시민들을 위한 한국사 특강을 마련하였습니다. 많은 관심과 참여 바랍니다.

■ 특강 내용 ■

제1강   (가)

제2강 농지 개혁법의 제정 과정

제3강 정전 협정의 체결

● 기간: 2021년 10월 ○○일~○○일
● 시간: 매주 목요일 15:00~17:00
● 장소: □□ 연구회

① 삼청 교육대의 설치
② 새마을 운동의 추진
③ 한일 기본 조약의 비준
④ 지방 자치제의 전면 실시
⑤ 반민족 행위 처벌법의 제정

48 (가), (나) 헌법이 제정된 시기 사이에 있었던 사실로 옳은 것은? [3점]

(가) 제39조 ① 대통령은 대통령 선거인단에서 무기명 투표로 선거한다.
제40조 ① 대통령 선거인단은 국민의 보통·평등·직접·비밀 선거에 의하여 선출된 대통령 선거인으로 구성한다.
제45조 대통령의 임기는 7년으로 하며, 중임할 수 없다.

(나) 제67조 ① 대통령은 국민의 보통·평등·직접·비밀 선거에 의하여 선출한다.
② 제1항의 선거에 있어서 최고 득표자가 2인 이상인 때에는 국회의 재적 의원 과반수가 출석한 공개 회의에서 다수표를 얻은 자를 당선자로 한다.
제70조 대통령의 임기는 5년으로 하며, 중임할 수 없다.

① 국가 재건 최고 회의를 기반으로 군정이 실시되었다.
② 조봉암이 혁신 세력을 규합하여 진보당을 창당하였다.
③ 3·15 부정 선거에 항의하는 시위가 전국으로 확산되었다.
④ 유신 체제에 저항하여 부산, 마산 등지에서 시위가 일어났다.
⑤ 호헌 철폐, 독재 타도를 요구하는 6·10 국민 대회가 개최되었다.

49 다음 담화문을 발표한 정부 시기의 경제 상황으로 옳은 것은? [1점]

헌법 제76조 제1항의 규정에 의거하여 「금융실명거래 및 비밀보장에 관한 대통령 긴급재정경제명령」을 반포합니다. …… 금융 실명제 없이는 건강한 민주주의도, 활력이 넘치는 자본주의도 꽃피울 수가 없습니다. 정치와 경제의 선진화를 이룩할 수가 없습니다. 금융 실명제는 '신한국'의 건설을 위해서 그 어느 것보다도 중요한 제도 개혁입니다.

① 경부 고속 도로를 준공하였다.
② 제1차 경제 개발 5개년 계획이 추진되었다.
③ 경제 협력 개발 기구(OECD)에 가입하였다.
④ 미국과 자유 무역 협정(FTA)을 체결하였다.
⑤ 귀속 재산 처리를 위해 신한 공사가 설립되었다.

50 다음 연설이 있었던 정부 시기의 통일 노력으로 옳은 것은? [2점]

나는 3년 전 이 자리에서 서울 올림픽의 감명을 전했습니다. …… 며칠 전 남북한이 다른 의석으로 유엔에 가입한 것은 가슴 아픈 일이지만 통일을 위해 거쳐야 할 중간 단계입니다. 남북한의 두 의석이 하나로 되는 데는 오랜 시간이 걸리지 않을 것으로 믿습니다.

① 남북 정상 회담을 처음으로 개최하였다.
② 한반도 비핵화 공동 선언을 채택하였다.
③ 개성 공단 조성 사업을 추진하기로 하였다.
④ 남북 조절 위원회를 운영하기로 합의하였다.
⑤ 남북 간 이산가족 상봉을 최초로 실현하였다.

MEMO

심화 한국사능력검정시험 답안지

성 명 : _____

〈수험생이 지켜야 할 일〉

1. 수험번호란에는 아라비아숫자로 기재하고 해당란에 "●"와 같이 완전하게 표기하여야 합니다.

2. ① 답란에는 반드시 컴퓨터용 사인펜을 사용하여 표기해야 합니다.

   ② 답란은 "●"와 같이 완전하게 표기하여야 하며, 바르지 못한 표기를 하였을 경우에는 불이익을 받을 수 있습니다.
   (잘못된 표기 예시 ⊙ ① ⊗ ◑ ◉)

3. 답안지에는 낙서를 하거나 불필요한 표기를 하였을 경우 불이익을 받을 수 있으므로 답안지를 최대한 깨끗한 상태로 제출하여야 합니다.

수 험 번 호

⓪	⓪	⓪	⓪	⓪	⓪	⓪	⓪	⓪	⓪
①	①	①	①	①	①	①	①	①	①
②	②	②	②	②	②	②	②	②	②
③	③	③	③	③	③	③	③	③	③
④	④	④	④	④	④	④	④	④	④
⑤	⑤	⑤	⑤	⑤	⑤	⑤	⑤	⑤	⑤
⑥	⑥	⑥	⑥	⑥	⑥	⑥	⑥	⑥	⑥
⑦	⑦	⑦	⑦	⑦	⑦	⑦	⑦	⑦	⑦
⑧	⑧	⑧	⑧	⑧	⑧	⑧	⑧	⑧	⑧
⑨	⑨	⑨	⑨	⑨	⑨	⑨	⑨	⑨	⑨

감독관 확인란
※ 수험생은 표기하지 말 것

결시자 확인	컴퓨터용 사인펜을 사용하여 수험번호란과 아래란을 표기
	○
감독관 확인	성명, 수험번호 표기가 정확한지 확인 후 아래란에 서명 또는 날인
	(인)

선 택 형 답 란

1	① ② ③ ④ ⑤	21	① ② ③ ④ ⑤	41	① ② ③ ④ ⑤
2	① ② ③ ④ ⑤	22	① ② ③ ④ ⑤	42	① ② ③ ④ ⑤
3	① ② ③ ④ ⑤	23	① ② ③ ④ ⑤	43	① ② ③ ④ ⑤
4	① ② ③ ④ ⑤	24	① ② ③ ④ ⑤	44	① ② ③ ④ ⑤
5	① ② ③ ④ ⑤	25	① ② ③ ④ ⑤	45	① ② ③ ④ ⑤
6	① ② ③ ④ ⑤	26	① ② ③ ④ ⑤	46	① ② ③ ④ ⑤
7	① ② ③ ④ ⑤	27	① ② ③ ④ ⑤	47	① ② ③ ④ ⑤
8	① ② ③ ④ ⑤	28	① ② ③ ④ ⑤	48	① ② ③ ④ ⑤
9	① ② ③ ④ ⑤	29	① ② ③ ④ ⑤	49	① ② ③ ④ ⑤
10	① ② ③ ④ ⑤	30	① ② ③ ④ ⑤	50	① ② ③ ④ ⑤
11	① ② ③ ④ ⑤	31	① ② ③ ④ ⑤		
12	① ② ③ ④ ⑤	32	① ② ③ ④ ⑤		
13	① ② ③ ④ ⑤	33	① ② ③ ④ ⑤		
14	① ② ③ ④ ⑤	34	① ② ③ ④ ⑤		
15	① ② ③ ④ ⑤	35	① ② ③ ④ ⑤		
16	① ② ③ ④ ⑤	36	① ② ③ ④ ⑤		
17	① ② ③ ④ ⑤	37	① ② ③ ④ ⑤		
18	① ② ③ ④ ⑤	38	① ② ③ ④ ⑤		
19	① ② ③ ④ ⑤	39	① ② ③ ④ ⑤		
20	① ② ③ ④ ⑤	40	① ② ③ ④ ⑤		

심화 한국사능력검정시험 답안지

성 명 :

수 험 번 호

⓪	⓪	⓪	⓪	⓪	⓪	⓪	⓪	⓪
①	①	①	①	①	①	①	①	①
②	②	②	②	②	②	②	②	②
③	③	③	③	③	③	③	③	③
④	④	④	④	④	④	④	④	④
⑤	⑤	⑤	⑤	⑤	⑤	⑤	⑤	⑤
⑥	⑥	⑥	⑥	⑥	⑥	⑥	⑥	⑥
⑦	⑦	⑦	⑦	⑦	⑦	⑦	⑦	⑦
⑧	⑧	⑧	⑧	⑧	⑧	⑧	⑧	⑧
⑨	⑨	⑨	⑨	⑨	⑨	⑨	⑨	⑨

감독관 확인란
※ 수험생은 표기하지 말 것

결시자확인	컴퓨터용 사인펜을 사용하여 수험번호란과 아래란을 표기
	○
감독관확인	성명, 수험번호 표기가 정확한지 확인 후 아래란에 서명 또는 날인
	(인)

선 택 형 답 란

1	① ② ③ ④ ⑤	21	① ② ③ ④ ⑤	41	① ② ③ ④ ⑤
2	① ② ③ ④ ⑤	22	① ② ③ ④ ⑤	42	① ② ③ ④ ⑤
3	① ② ③ ④ ⑤	23	① ② ③ ④ ⑤	43	① ② ③ ④ ⑤
4	① ② ③ ④ ⑤	24	① ② ③ ④ ⑤	44	① ② ③ ④ ⑤
5	① ② ③ ④ ⑤	25	① ② ③ ④ ⑤	45	① ② ③ ④ ⑤
6	① ② ③ ④ ⑤	26	① ② ③ ④ ⑤	46	① ② ③ ④ ⑤
7	① ② ③ ④ ⑤	27	① ② ③ ④ ⑤	47	① ② ③ ④ ⑤
8	① ② ③ ④ ⑤	28	① ② ③ ④ ⑤	48	① ② ③ ④ ⑤
9	① ② ③ ④ ⑤	29	① ② ③ ④ ⑤	49	① ② ③ ④ ⑤
10	① ② ③ ④ ⑤	30	① ② ③ ④ ⑤	50	① ② ③ ④ ⑤
11	① ② ③ ④ ⑤	31	① ② ③ ④ ⑤		
12	① ② ③ ④ ⑤	32	① ② ③ ④ ⑤		
13	① ② ③ ④ ⑤	33	① ② ③ ④ ⑤		
14	① ② ③ ④ ⑤	34	① ② ③ ④ ⑤		
15	① ② ③ ④ ⑤	35	① ② ③ ④ ⑤		
16	① ② ③ ④ ⑤	36	① ② ③ ④ ⑤		
17	① ② ③ ④ ⑤	37	① ② ③ ④ ⑤		
18	① ② ③ ④ ⑤	38	① ② ③ ④ ⑤		
19	① ② ③ ④ ⑤	39	① ② ③ ④ ⑤		
20	① ② ③ ④ ⑤	40	① ② ③ ④ ⑤		

한국사능력검정시험 답안지

심화

성 명: _____

수 험 번 호

⓪	⓪	⓪	⓪	⓪	⓪	⓪	⓪	⓪	⓪
①	①	①	①	①	①	①	①	①	①
②	②	②	②	②	②	②	②	②	②
③	③	③	③	③	③	③	③	③	③
④	④	④	④	④	④	④	④	④	④
⑤	⑤	⑤	⑤	⑤	⑤	⑤	⑤	⑤	⑤
⑥	⑥	⑥	⑥	⑥	⑥	⑥	⑥	⑥	⑥
⑦	⑦	⑦	⑦	⑦	⑦	⑦	⑦	⑦	⑦
⑧	⑧	⑧	⑧	⑧	⑧	⑧	⑧	⑧	⑧
⑨	⑨	⑨	⑨	⑨	⑨	⑨	⑨	⑨	⑨

선 택 형 답 란

1	① ② ③ ④ ⑤	21	① ② ③ ④ ⑤	41	① ② ③ ④ ⑤
2	① ② ③ ④ ⑤	22	① ② ③ ④ ⑤	42	① ② ③ ④ ⑤
3	① ② ③ ④ ⑤	23	① ② ③ ④ ⑤	43	① ② ③ ④ ⑤
4	① ② ③ ④ ⑤	24	① ② ③ ④ ⑤	44	① ② ③ ④ ⑤
5	① ② ③ ④ ⑤	25	① ② ③ ④ ⑤	45	① ② ③ ④ ⑤
6	① ② ③ ④ ⑤	26	① ② ③ ④ ⑤	46	① ② ③ ④ ⑤
7	① ② ③ ④ ⑤	27	① ② ③ ④ ⑤	47	① ② ③ ④ ⑤
8	① ② ③ ④ ⑤	28	① ② ③ ④ ⑤	48	① ② ③ ④ ⑤
9	① ② ③ ④ ⑤	29	① ② ③ ④ ⑤	49	① ② ③ ④ ⑤
10	① ② ③ ④ ⑤	30	① ② ③ ④ ⑤	50	① ② ③ ④ ⑤
11	① ② ③ ④ ⑤	31	① ② ③ ④ ⑤		
12	① ② ③ ④ ⑤	32	① ② ③ ④ ⑤		
13	① ② ③ ④ ⑤	33	① ② ③ ④ ⑤		
14	① ② ③ ④ ⑤	34	① ② ③ ④ ⑤		
15	① ② ③ ④ ⑤	35	① ② ③ ④ ⑤		
16	① ② ③ ④ ⑤	36	① ② ③ ④ ⑤		
17	① ② ③ ④ ⑤	37	① ② ③ ④ ⑤		
18	① ② ③ ④ ⑤	38	① ② ③ ④ ⑤		
19	① ② ③ ④ ⑤	39	① ② ③ ④ ⑤		
20	① ② ③ ④ ⑤	40	① ② ③ ④ ⑤		

심화 한국사능력검정시험 답안지

성 명: _____

수 험 번 호

⓪	⓪	⓪	⓪	⓪	⓪	⓪	⓪	⓪	⓪
①	①	①	①	①	①	①	①	①	①
②	②	②	②	②	②	②	②	②	②
③	③	③	③	③	③	③	③	③	③
④	④	④	④	④	④	④	④	④	④
⑤	⑤	⑤	⑤	⑤	⑤	⑤	⑤	⑤	⑤
⑥	⑥	⑥	⑥	⑥	⑥	⑥	⑥	⑥	⑥
⑦	⑦	⑦	⑦	⑦	⑦	⑦	⑦	⑦	⑦
⑧	⑧	⑧	⑧	⑧	⑧	⑧	⑧	⑧	⑧
⑨	⑨	⑨	⑨	⑨	⑨	⑨	⑨	⑨	⑨

선 택 형 답 란

1	① ② ③ ④ ⑤	21	① ② ③ ④ ⑤	41	① ② ③ ④ ⑤
2	① ② ③ ④ ⑤	22	① ② ③ ④ ⑤	42	① ② ③ ④ ⑤
3	① ② ③ ④ ⑤	23	① ② ③ ④ ⑤	43	① ② ③ ④ ⑤
4	① ② ③ ④ ⑤	24	① ② ③ ④ ⑤	44	① ② ③ ④ ⑤
5	① ② ③ ④ ⑤	25	① ② ③ ④ ⑤	45	① ② ③ ④ ⑤
6	① ② ③ ④ ⑤	26	① ② ③ ④ ⑤	46	① ② ③ ④ ⑤
7	① ② ③ ④ ⑤	27	① ② ③ ④ ⑤	47	① ② ③ ④ ⑤
8	① ② ③ ④ ⑤	28	① ② ③ ④ ⑤	48	① ② ③ ④ ⑤
9	① ② ③ ④ ⑤	29	① ② ③ ④ ⑤	49	① ② ③ ④ ⑤
10	① ② ③ ④ ⑤	30	① ② ③ ④ ⑤	50	① ② ③ ④ ⑤
11	① ② ③ ④ ⑤	31	① ② ③ ④ ⑤		
12	① ② ③ ④ ⑤	32	① ② ③ ④ ⑤		
13	① ② ③ ④ ⑤	33	① ② ③ ④ ⑤		
14	① ② ③ ④ ⑤	34	① ② ③ ④ ⑤		
15	① ② ③ ④ ⑤	35	① ② ③ ④ ⑤		
16	① ② ③ ④ ⑤	36	① ② ③ ④ ⑤		
17	① ② ③ ④ ⑤	37	① ② ③ ④ ⑤		
18	① ② ③ ④ ⑤	38	① ② ③ ④ ⑤		
19	① ② ③ ④ ⑤	39	① ② ③ ④ ⑤		
20	① ② ③ ④ ⑤	40	① ② ③ ④ ⑤		

심화 한국사능력검정시험 답안지

성 명 :

수 험 번 호

⓪	⓪	⓪	⓪	⓪	⓪	⓪	⓪	⓪	⓪
①	①	①	①	①	①	①	①	①	①
②	②	②	②	②	②	②	②	②	②
③	③	③	③	③	③	③	③	③	③
④	④	④	④	④	④	④	④	④	④
⑤	⑤	⑤	⑤	⑤	⑤	⑤	⑤	⑤	⑤
⑥	⑥	⑥	⑥	⑥	⑥	⑥	⑥	⑥	⑥
⑦	⑦	⑦	⑦	⑦	⑦	⑦	⑦	⑦	⑦
⑧	⑧	⑧	⑧	⑧	⑧	⑧	⑧	⑧	⑧
⑨	⑨	⑨	⑨	⑨	⑨	⑨	⑨	⑨	⑨

선 택 형 답 란

1	① ② ③ ④ ⑤	21	① ② ③ ④ ⑤	41	① ② ③ ④ ⑤
2	① ② ③ ④ ⑤	22	① ② ③ ④ ⑤	42	① ② ③ ④ ⑤
3	① ② ③ ④ ⑤	23	① ② ③ ④ ⑤	43	① ② ③ ④ ⑤
4	① ② ③ ④ ⑤	24	① ② ③ ④ ⑤	44	① ② ③ ④ ⑤
5	① ② ③ ④ ⑤	25	① ② ③ ④ ⑤	45	① ② ③ ④ ⑤
6	① ② ③ ④ ⑤	26	① ② ③ ④ ⑤	46	① ② ③ ④ ⑤
7	① ② ③ ④ ⑤	27	① ② ③ ④ ⑤	47	① ② ③ ④ ⑤
8	① ② ③ ④ ⑤	28	① ② ③ ④ ⑤	48	① ② ③ ④ ⑤
9	① ② ③ ④ ⑤	29	① ② ③ ④ ⑤	49	① ② ③ ④ ⑤
10	① ② ③ ④ ⑤	30	① ② ③ ④ ⑤	50	① ② ③ ④ ⑤
11	① ② ③ ④ ⑤	31	① ② ③ ④ ⑤		
12	① ② ③ ④ ⑤	32	① ② ③ ④ ⑤		
13	① ② ③ ④ ⑤	33	① ② ③ ④ ⑤		
14	① ② ③ ④ ⑤	34	① ② ③ ④ ⑤		
15	① ② ③ ④ ⑤	35	① ② ③ ④ ⑤		
16	① ② ③ ④ ⑤	36	① ② ③ ④ ⑤		
17	① ② ③ ④ ⑤	37	① ② ③ ④ ⑤		
18	① ② ③ ④ ⑤	38	① ② ③ ④ ⑤		
19	① ② ③ ④ ⑤	39	① ② ③ ④ ⑤		
20	① ② ③ ④ ⑤	40	① ② ③ ④ ⑤		

심화 한국사능력검정시험 답안지

성 명: _____

수 험 번 호

⓪	⓪	⓪	⓪	⓪	⓪	⓪	⓪	⓪	⓪
①	①	①	①	①	①	①	①	①	①
②	②	②	②	②	②	②	②	②	②
③	③	③	③	③	③	③	③	③	③
④	④	④	④	④	④	④	④	④	④
⑤	⑤	⑤	⑤	⑤	⑤	⑤	⑤	⑤	⑤
⑥	⑥	⑥	⑥	⑥	⑥	⑥	⑥	⑥	⑥
⑦	⑦	⑦	⑦	⑦	⑦	⑦	⑦	⑦	⑦
⑧	⑧	⑧	⑧	⑧	⑧	⑧	⑧	⑧	⑧
⑨	⑨	⑨	⑨	⑨	⑨	⑨	⑨	⑨	⑨

선 택 형 답 란

1	①	②	③	④	⑤	21	①	②	③	④	⑤	41	①	②	③	④	⑤
2	①	②	③	④	⑤	22	①	②	③	④	⑤	42	①	②	③	④	⑤
3	①	②	③	④	⑤	23	①	②	③	④	⑤	43	①	②	③	④	⑤
4	①	②	③	④	⑤	24	①	②	③	④	⑤	44	①	②	③	④	⑤
5	①	②	③	④	⑤	25	①	②	③	④	⑤	45	①	②	③	④	⑤
6	①	②	③	④	⑤	26	①	②	③	④	⑤	46	①	②	③	④	⑤
7	①	②	③	④	⑤	27	①	②	③	④	⑤	47	①	②	③	④	⑤
8	①	②	③	④	⑤	28	①	②	③	④	⑤	48	①	②	③	④	⑤
9	①	②	③	④	⑤	29	①	②	③	④	⑤	49	①	②	③	④	⑤
10	①	②	③	④	⑤	30	①	②	③	④	⑤	50	①	②	③	④	⑤
11	①	②	③	④	⑤	31	①	②	③	④	⑤						
12	①	②	③	④	⑤	32	①	②	③	④	⑤						
13	①	②	③	④	⑤	33	①	②	③	④	⑤						
14	①	②	③	④	⑤	34	①	②	③	④	⑤						
15	①	②	③	④	⑤	35	①	②	③	④	⑤						
16	①	②	③	④	⑤	36	①	②	③	④	⑤						
17	①	②	③	④	⑤	37	①	②	③	④	⑤						
18	①	②	③	④	⑤	38	①	②	③	④	⑤						
19	①	②	③	④	⑤	39	①	②	③	④	⑤						
20	①	②	③	④	⑤	40	①	②	③	④	⑤						

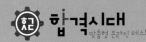

한국사
능력검정시험
400제

1·2·3급
심화

기출문제집

문제편

📖 **기본서가 필요 없는 상세한 해설**

회차별 모바일 OMR 자동채점 서비스
별책 부록: PASSCODE 빅데이터 50가지 테마 미니북
학습 자료: 시대별 연표 PDF

💻 **무료 동영상 강의**

✔ 유튜브 SD에듀 채널 ✔ SD에듀 www.sdedu.co.kr

기업별 맞춤 학습 "기업별 NCS" 시리즈

공기업 취업의 기초부터 합격까지! 취업의 문을 여는 *Hidden Key!*

기업별 기출문제 "기출이 답이다" 시리즈

역대 기출문제와 주요 공기업 기출문제를 한 권에! 합격을 위한 *One Way!*

시험 직전 마무리 "봉투모의고사" 시리즈

실제 시험과 동일하게 마무리! 합격을 향한 *Last Spurt!*

Contents

PASSCODE

한국사능력검정시험 기출문제집

정답 및 해설

한능검의 PASSCODE는 기출문제!
역잘알 시대고시와 함께 출제 경향 완벽 분석, 단번에 합격!

○ STEP 1 정답 확인 문제 p.002

01	02	03	04	05	06	07	08	09	10	11	12	13	14	15	16	17	18	19	20	21	22	23	24	25
⑤	④	③	②	⑤	③	④	④	①	①	③	②	④	②	③	①	①	①	④	②	④	⑤	①	②	⑤

26	27	28	29	30	31	32	33	34	35	36	37	38	39	40	41	42	43	44	45	46	47	48	49	50
③	③	⑤	②	③	③	②	②	④	①	②	②	④	③	④	②	★	⑤	④	①	⑤	③	①	②	⑤

★: 국사편찬위원회의 문항이의 심사 결과
42번 ④번 문항 오류로 응시자 전원 정답 처리

○ STEP 2 난이도 확인

제63회 합격률	**53.9%**	최근 1년 평균 합격률	**49.2%**

○ STEP 3 시대별 분석

시대	선사	고대	고려	조선 전기	조선 후기	근대	일제 강점기	현대	복합사
틀린 개수/ 문항 수	/ 2	/ 7	/ 9	/ 4	/ 6	/ 5	/ 7	/ 7	/ 3
출제비율	4%	14%	18%	8%	12%	10%	14%	14%	6%

○ STEP 4 문제별 주제 분석

01	선사	구석기 시대	26	조선 후기	비변사
02	선사	동예	27	조선 후기	추사 김정희
03	고대	백제, 고구려	28	조선 후기	천주교
04	고대	황산벌 전투	29	근대	박규수
05	고대	통일 신라의 경제 상황	30	근대	갑신정변
06	고대	최치원	31	일제 강점기	3 · 1 운동
07	고대	신라 진흥왕의 업적	32	근대	제1차 갑오개혁
08	고대	발해 문왕	33	근대	독립 협회
09	고려	최충헌의 교정도감	34	근대	제1차 한일 협약
10	고대	불국사 삼층 석탑	35	일제 강점기	임병찬
11	고려	견훤	36	일제 강점기	조선 혁명군
12	고려	고려 광종	37	일제 강점기	1920년대 형평 운동
13	고려	고려의 관학 진흥책	38	일제 강점기	무단 통치기
14	고려	거란의 침입과 고려의 대응	39	일제 강점기	조선어 학회
15	고려	고려의 문화유산	40	일제 강점기	김구, 여운형
16	고려	지눌	41	현대	제헌 국회
17	조선 전기	조선 건국 과정	42	현대	6 · 25 전쟁
18	고려	고려의 경제 상황	43	현대	2 · 28 민주화 운동
19	조선 후기	조선 영조	44	현대	제3선 개헌, 유신 헌법
20	조선 전기	무오사화	45	현대	박정희 정부
21	조선 전기	조선 세조	46	고려	부석사 소조여래 좌상
22	조선 전기	율곡 이이	47	복합사	시대별 대외 전투
23	복합사	붕당 정치	48	복합사	지역사 – 부산
24	조선 후기	북벌론	49	현대	6월 민주 항쟁
25	조선 후기	조선 후기 경제 상황	50	현대	노태우 정부의 통일 노력

01 구석기 시대   정답 ⑤

✔ 정답 분석

정답이 보이는 핵심 키워드

#미군 병사 #경기도 연천군 전곡리 #아슐리안형 주먹도끼 #모비우스(H. Movius)의 학설을 뒤집는 증거

길잡이 ┃ 구석기 시대의 생활 모습을 알아봅니다.

연천 전곡리 유적은 대표적인 **구석기 시대**의 유적지이다. 구석기 시대에는 주먹도끼, 슴베찌르개, 찍개 등의 뗀석기를 사용하였으며, 연천 전곡리에서 **동아시아 최초**로 구석기 시대의 전형인 **아슐리안형 주먹도끼가 출토**되어 동아시아에는 찍개 문화만 존재하였다는 기존의 학설을 뒤집었다.

⑤ **구석기 시대**에는 동굴이나 강가에 **막집**을 짓고 거주하며 계절에 따라 **이동 생활**을 하였다.

한 번 더 체크하러 가기 ▶ 미니북 4쪽

✔ 선택지 풀이

① 소를 이용하여 깊이갈이를 하였다.

   신라 지증왕 때 소를 이용한 우경이 시행되면서 깊이갈이가 가능해져 농업 생산량이 증대되었고, 고려 시대에 이르러 일반화되었다.

② 빗살무늬 토기에 식량을 저장하였다.

   신석기 시대에는 빗살무늬 토기를 이용하여 음식을 조리하거나 저장하였다.

③ 지배층의 무덤으로 고인돌을 만들었다.

   청동기 시대에는 정치권력과 경제력을 가진 군장이 등장하였으며, 족장의 무덤인 고인돌을 통해 당시 지배층의 권력을 짐작할 수 있다.

④ 거푸집을 사용하여 세형동검을 제작하였다.

   후기 청동기 시대와 초기 철기 시대에는 거푸집을 이용하여 세형 동검을 제작하였다.

02 동예   정답 ④

✔ 정답 분석

정답이 보이는 핵심 키워드

#철기 문화를 바탕으로 등장 #함경남도와 강원도의 해안 지역 #읍군, 삼로 #단궁, 과하마, 반어피 #책화

길잡이 ┃ 철기 문화를 바탕으로 등장한 동예에 대해 살펴봅니다.

동예는 철기 문화를 바탕으로 **함경남도와 강원도의 해안 지역**에 등장한 국가로, **읍군**이나 **삼로**라는 군장들이 부족을 다스렸다. 특산물로는 **단궁, 과하마, 반어피** 등이 유명하였으며, 읍락 간의 영역을 중요시하여 다른 부족의 경계를 침범하는 경우 노비와 소, 말로 변상하게 하는 **책화 제도**가 있었다.

④ **동예**는 매년 **10월**에 **무천**이라는 제천 행사를 열었다.

한 번 더 체크하러 가기 ▶ 미니북 21쪽

✔ 선택지 풀이

① 신성 지역인 소도의 역할을 알아본다.

   삼한의 천군은 제사를 주관하는 신성 지역인 소도를 다스렸다. 이곳에는 군장의 세력이 미치지 못하여 죄인이 도망쳐 와도 잡아가지 못하였다.

② 포상 8국의 난 진압 과정을 찾아본다.

   3세기 초 경남 해안 지역의 8개 소국이 난을 일으켜 가야를 공격하였다. 이에 가야는 신라에 도움을 요청하여 이들을 물리쳤다.

③ 삼국유사에 실린 김알지 신화를 분석한다.

   『삼국유사』에는 신라 경주 김씨의 시조인 김알지가 울고 있는 닭 옆에 있던 금빛 궤짝에서 발견되었다는 신화가 전해진다. 이에 따라 아이가 처음 발견된 장소는 계림(鷄林)이라 이름 지어졌다.

⑤ 마가, 우가, 저가, 구가 등이 다스렸던 지역을 조사한다.

   부여에는 왕 아래 가축의 이름을 딴 마가, 우가, 저가, 구가의 가(加)들이 있었다. 이들은 행정 구역인 사출도를 다스렸으며, 왕이 통치하는 중앙과 합쳐 5부를 구성하였다.

03 백제, 고구려   정답 ③

✔ 정답 분석

정답이 보이는 핵심 키워드

#왕의 성은 부여씨 #5부 #5방 #달솔 #덕솔 #60개의 주현 #녹살 #처려근지 #수도는 5부로 나뉨

길잡이 ┃ 백제와 고구려의 사회 모습을 학습합니다.

(가) **백제**는 **고이왕** 때 **수도를 5부로** 나누어 통치하였으며, 6좌평제와 16관등제를 정비하여 중앙 집권 국가의 기틀을 마련하였다. **성왕** 때 이를 대대적으로 정비하여 통치 조직을 완비하였으며, **방(方)**이라는 최상위 행정 단위를 만들고 전국을 동, 서, 남, 북, 중의 **5방**으로 나누어 통치하였다.

(나) **고구려**는 지방을 대성, 중성, 소성 3단계로 나누어 통치하였으며, 대성에는 **욕살**을, 중성에는 **처려근지**를 장관으로 두었다.

③ **고구려 소수림왕**은 국가 교육 기관인 **태학**을 설립하여 인재를 양성하였으며, **장수왕**은 지방에 **경당**을 설립하여 평민 자제들에게 글과 활쏘기 등을 가르쳤다.

한 번 더 체크하러 가기 ▶ 미니북 6쪽

✔ 선택지 풀이

① 사회 질서를 유지하기 위해 범금 8조를 두었다.

   고조선은 사회 질서를 유지하기 위해 8개 조항으로 이루어진 범금 8조를 만들었으나 현재는 3개의 조항만 전해진다.

② 거란도, 일본도 등을 통해 주변 국가와 교류하였다.

발해는 신라도, 거란도, 영주도, 일본도 등 상인과 사신이 이동하는 교통로들을 통해 신라, 당, 일본 등 주변 국가와 교류하였다.

④ 정사암 회의에서 국가 중대사를 논의하였다.

백제의 귀족들은 정사암이라는 바위에서 회의를 통해 재상을 선출하고 국가의 중대사를 논의 · 결정하였다.

⑤ 골품에 따라 관등 승진에 제한이 있었다.

신라는 골품제라는 특수한 신분 제도를 운영하여 골품에 따라 관등 승진에 제한을 두었다.

04 황산벌 전투 정답 ②

정답 분석

> **정답이 보이는 핵심 키워드**
> #소정방 #신라와 함께 백제를 정벌 #계백 #황산의 벌판

> **길잡이** | 삼국 통일 과정 중 황산벌 전투가 일어난 시기를 파악합니다.

② 백제 의자왕은 윤충에게 1만의 병력을 주어 신라의 **대야성**을 비롯한 40여 개의 성을 함락시켰다(642). 이 과정에서 신라 도독 김품석이 전사하자 신라 김춘추는 고구려에 동맹을 청하여 백제를 공격하려 하였으나 실패하였다. 이에 **김춘추**는 당으로 건너가 당태종으로부터 군사적 지원을 약속받는 데에 성공하여 **나당 동맹**을 성사시키고 **나당 연합군을 결성**하였다(648). **백제 계백의 결사대**는 당의 장수 **소정방**과 김유신이 이끄는 나당 연합군에 맞서 **항전**하였으나 패배하였다. 결국 **수도 사비가 함락**되고 의자왕과 태자 융이 당으로 송치되면서 **백제는 멸망**하였다(660).

한 번 더 체크하러 가기 ▶ 미니북 25쪽

05 통일 신라의 경제 상황 정답 ⑤

정답 분석

> **정답이 보이는 핵심 키워드**
> #일본 도다이사 쇼소인 #조세 수취와 노동력 동원에 활용할 목적으로 작성 #5소경 중 하나인 서원경 부근 4개 촌락 #3년마다 조사

> **길잡이** | 민정 문서를 통해 당시 통일 신라의 경제 상황을 살펴봅니다.

민정 문서는 통일 신라 시대 촌락에 대해 기록한 문서로, 755년경 **서원경** 인근 4개 마을에 대한 **인구, 토지, 마전, 가축** 등을 조사한 내용이 담겨 있다. 촌주는 **3년**마다 이를 작성하였으며, **당시의 경제 생활**을 세밀하게 파악할 수 있는 중요한 자료이다.

⑤ **통일 신라** 때는 한강 하류의 **당항성**을 중심으로 당의 산둥반도와 이어지는 **해상 무역**이 활발하게 이루어졌고, **울산항**을 통해 서역 등과 **국제 무역**을 전개하였다.

선택지 풀이

① 낙랑군과 왜에 철을 수출하였다.

금관가야는 철이 풍부하고 해상 교통이 발전하여 낙랑과 왜의 규슈 지방을 연결하는 중계 무역이 번성하였다.

② 집집마다 부경이라는 창고가 있었다.

고구려는 집집마다 부경이라는 작은 창고를 만들어 곡식, 찬거리, 소금 등을 저장하였다.

③ 활구라고 불리는 은병이 유통되었다.

고려 숙종 때 해동통보, 삼한통보, 해동중보 등의 동전과 활구(은병)를 발행 · 유통하였다.

④ 특산품으로 솔빈부의 말이 유명하였다.

발해는 목축과 수렵이 발달하였는데 특히 지방 행정 구역 중 솔빈부의 말이 유명하여 주변 국가에 특산품으로 수출하였다.

06 최치원 정답 ③

정답 분석

> **정답이 보이는 핵심 키워드**
> #6두품 출신 학자 #당의 빈공과에 급제 #격황소서 #해인사에 은거

> **길잡이** | 최치원의 활동을 통해 당시 통일 신라의 상황을 알아봅니다.

최치원은 통일 신라 말 **6두품 출신 유학자**로, 당의 빈공과에 합격하여 관리 생활을 하였다. 최치원은 당에 있을 때의 작품을 간추린 문집인 『계원필경』을 헌강왕에게 바쳤다. 이 중 제11권 첫머리에 수록된 **'격황소서'**는 당에서 황소의 난이 발생하였을 때 황소에게 항복을 권유하기 위한 격문을 대필한 것으로, 문체와 형식이 뛰어나 후세의 한학자들에게 많은 영향을 끼쳤다.

③ **최치원**은 신라 정부의 개혁을 위해 **진성 여왕**에게 **시무책 10여 조**를 올렸으나 받아들여지지 않았다.

한 번 더 체크하러 가기 ▶ 미니북 7, 22쪽

선택지 풀이

① 화왕계를 지어 국왕에게 조언하다

통일 신라 6두품 출신 설총은 신문왕에게 화왕계(花王戒)를 지어 올려 조언하였다.

② 외교 문서인 청방인문표를 작성하다

신라 무열왕 때의 유학자 강수는 당에 억류되어 있던 무열왕의 아들 김인문을 석방해 줄 것을 청한 「청방인문표」를 작성하여 풀려나도록 하였다.

④ 청해진을 중심으로 해상 무역을 전개하다

통일 신라 장보고는 완도에 청해진을 설치하여 해적들을 소탕하고 해상 무역권을 장악하면서 당, 신라, 일본을 잇는 국제 무역을 주도하였다.

⑤ 인도와 중앙아시아를 순례하고 왕오천축국전을 남기다

신라의 승려 혜초는 인도와 중앙아시아 지역을 답사한 뒤 『왕오천축국전』을 지었다.

07 신라 진흥왕의 업적
정답 ④

✓ 정답 분석

> **정답이 보이는 핵심 키워드**
>
> #황룡 #사찰을 지음 #거칠부 #국사를 편찬

> **길잡이 |** 신라 진흥왕의 업적을 학습합니다.

신라 진흥왕은 **거칠부**에게 역사서인 『**국사**』를 편찬하게 하였다(545). 또한, 궁성인 월성 동쪽에 황룡이 나타나자 이를 기이하게 여겨 궁궐 대신 절인 **황룡사**를 지었다고 전해진다(569). 이후 황룡사는 경주에 있던 7개의 주요 사찰 중 하나가 되어 신라의 역대 왕들은 나라에 큰 일이 있을 때마다 이곳에서 불법 강론회를 열었다.

④ **진흥왕**은 **화랑도**를 국가적인 조직으로 정비하였고, 이들은 진평왕 때 **원광**이 지은 **세속 5계**를 생활 규범으로 삼아 명산대천을 찾아다니며 수련을 하였다.

한 번 더 체크하러 가기 ▶ 미니북 6쪽

✓ 선택지 풀이

① 이사부를 보내 우산국을 복속시켰다.

신라 지증왕 때 이사부는 왕의 명령으로 우산국(울릉도)과 우산도(독도)를 정복하고 실직주의 군주가 되었다.

② 예성강 이북에 패강진을 설치하였다.

통일 신라 선덕왕 때 예성강 이북에 군사적 특수 구역인 패강진을 설치하였다.

③ 관료전을 지급하고 녹읍을 폐지하였다.

통일 신라 신문왕은 귀족 세력을 약화시키기 위해 관료전을 지급하고 녹읍을 폐지하였다.

⑤ 이차돈의 순교를 계기로 불교를 공인하였다.

신라 법흥왕은 이차돈의 순교를 계기로 불교를 국교로 공인하였다.

08 발해 문왕
정답 ④

✓ 정답 분석

> **정답이 보이는 핵심 키워드**
>
> #대흥 #정효 공주의 묘지석 #황상(皇上) #발해의 자주성

> **길잡이 |** 발해 문왕에 대해 알아봅니다.

대흥이라는 연호를 사용한 **발해 문왕**은 선대인 무왕과 다르게 당과 친선 관계를 맺고 당의 문물을 받아들였다. 또한, 당의 관제를 모방하여 중앙 관제를 3성 6부로 정비하고 독자적인 중앙 통치 기구를 만들어 **자주적으로 운용**하였다. 중국 지린성에 위치한 발해 문왕의 넷째 딸 **정효 공주의 묘**에서 묘지(墓誌)가 함께 발견되었는데, 이 묘지의 비문에 문왕을 **황상(皇上)**이라 표현한 부분을 통해 발해가 **황제국 체제를 표방**하였음을 알 수 있다.

④ **발해**는 8세기 중반 **문왕** 때 확대된 영토를 효과적으로 다스리고자 중경 현덕부에서 **상경 용천부로 천도**하여 통치 체제를 정비하였다.

한 번 더 체크하러 가기 ▶ 미니북 7쪽

✓ 선택지 풀이

① 북연의 왕을 신하로 봉하였다.

고구려 장수왕은 북위의 공격으로 북연이 위기에 처하자 북위군보다 한발 앞서 북연의 도읍인 화룡성을 차지하고, 북연의 왕 풍홍을 신하로 책봉하였다.

② 지린성 동모산에서 나라를 세웠다.

고구려 출신 대조영이 유민들을 이끌고 지린성 동모산에서 발해를 건국하였다.

③ 신라에 군대를 파견하여 왜를 격퇴하였다.

고구려 광개토 대왕은 신라의 원군 요청을 받고 군대를 보내 신라에 침입한 왜를 격퇴하였다.

⑤ 5경 15부 62주의 지방 행정 조직을 확립하였다.

발해는 선왕 때 영토를 크게 확장하여 지방 행정 체제를 5경 15부 62주로 정비하였다.

09 최충헌의 교정도감
정답 ⑤

✓ 정답 분석

> **정답이 보이는 핵심 키워드**
>
> #최충헌 부자를 죽일 것을 모의 #거짓 공첩(公牒) #귀법사 승려들 #교정별감

> **길잡이 |** 최충헌이 교정도감을 설치한 이후 일어난 사실을 파악합니다.

고려 무신 정권 시기 청교역의 역리 세 명이 공첩을 위조하여 난을 일으키려 하자 이를 알게 된 **최충헌**이 사건을 조사하고 처리하는 과정에서 **교정별감을 설치**하였다. 이후 교정별감은 국정을 총괄하는 중심 기구인 **교정도감**이 되었고(1209), 최충헌은 이를 통해 **인사 및 재정 등을 장악**하였다.

⑤ **무신 정권 시기 최충헌의 뒤를 이어 집권한 최우**는 자신의 집에 **정방**을 설치하고 인사 행정을 담당하는 기관으로 삼아 **인사권을 완전히 장악**하였다(1225).

한 번 더 체크하러 가기 ▶ 미니북 8쪽

선택지 풀이

① 김부식이 묘청의 난을 진압하였다.

고려 인종 때 묘청은 서경 천도와 칭제 건원, 금 정벌 등을 주장하였으나 받아들여지지 않자 서경에서 반란을 일으켰고(1135), 김부식의 관군에 의해 진압되었다(1136).

② 원종과 애노가 사벌주에서 봉기하였다.

통일 신라 말 진성 여왕 때 원종과 애노가 사벌주에서 중앙 정권의 무분별한 조세 징수에 반발하여 농민 봉기를 일으켰다(889).

③ 이자겸이 금의 사대 요구를 수용하였다.

12세기에 여진은 세력을 확장하여 만주 지역을 장악하고 금을 건국하여 고려에 군신 관계를 요구하였다. 고려 인종 때 실권자였던 문벌 귀족 이자겸은 금과의 무력 충돌을 피하고자 그 요구를 받아들였다(1126).

④ 정중부 등이 정변을 일으켜 권력을 차지하였다.

고려 의종이 무신들을 천대하고 향락에 빠져 실정을 일삼자 무신들의 불만이 쌓여갔다. 그러던 중 보현원에서 수박희를 하다가 대장군 이소응이 문신 한뢰에게 뺨을 맞는 사건이 발생하였고, 이를 계기로 분노가 폭발한 무신들이 정변을 일으켰다. 정중부와 이의방을 중심으로 조정을 장악한 무신들은 의종을 폐위하여 거제도로 추방한 뒤 명종을 즉위시켰다(1170).

---

10 불국사 삼층 석탑 정답 ①

정답 분석

정답이 보이는 핵심 키워드

#경주 불국사에 있는 탑 #탑의 해체 보수 과정에서 발견 #금동제 사리 외함 #무구정광대다라니경

길잡이 무구정광대다라니경이 발견된 불국사 삼층 석탑을 사진과 함께 알아봅니다.

① 불국사 삼층 석탑은 통일 신라 경덕왕 때 김대성이 불국사를 창건하면서 조성한 탑으로 추측된다(751). 8세기경 유행한 **통일 신라 삼층 석탑의 전형적인 양식**이 나타나며, **국보 제21호**로 지정되어 있다. 이 탑의 **해체 보수 과정**에서 세계 최고(最古)의 목판 인쇄물인 **무구정광대다라니경**이 발견되었다.

한 번 더 체크하러 가기 ▶ 미니북 46쪽

선택지 풀이

② 부여 정림사지 오층 석탑

백제 - 국보 제9호

③ 익산 미륵사지 석탑

백제 - 국보 제11호

④ 구례 화엄사 사사자 삼층 석탑

신라 - 국보 제35호

⑤ 평창 월정사 팔각 구층 석탑

고려 전기 - 국보 제48-1호

---

11 견훤 정답 ③

정답 분석

정답이 보이는 핵심 키워드

#완산주를 도읍 #신라의 금성 습격 #경애왕을 죽게 함 #금산사에 유폐 #고려에 귀부

길잡이 후백제를 건국한 견훤에 대해 알아봅니다.

통일 신라 말 상주의 군인 출신인 **견훤**은 세력을 키워 **완산주(현재 전주)에 도읍**을 정하고 **후백제를 건국**하였다(900). 이후 신라의 금성을 급습하고 공산 전투에서 고려에 승리를 거두며 세력을 발전시켰다(927). 그러나 견훤이 넷째 아들인 금강을 후계자로 삼으려 하자 맏아들 신검이 금강을 죽이고 견훤을 금산사에 유폐시켰다. 이에 견훤은 탈출하여 **고려 왕건에게 투항**하였고(935), **후백제는 고려의 공격으로 멸망**하였다(936).

③ 견훤은 후백제를 건국한 뒤 **중국의 후당과 오월**에 사신을 파견하여 **외교 관계**를 맺었다.

한 번 더 체크하러 가기 ▶ 미니북 22쪽

선택지 풀이

① 공산 전투에서 전사하였다.

견훤의 후백제군이 신라의 금성을 급습하자 고려가 군사를 보내 신라를 도왔으나 공산 전투에서 패배하였다. 이때 신숭겸은 후백제군에 포위된 태조 왕건을 구출하고 전사하였다.

② 금마저에 미륵사를 창건하였다.

백제 무왕은 금마저(전북 익산)에 미륵사를 창건하였다.

④ 김흠돌 등 진골 세력을 숙청하였다.

통일 신라 신문왕의 장인이었던 김흠돌이 반란을 도모하다 발각되어 처형당하였다. 이를 계기로 신문왕은 귀족 세력을 숙청하고 왕권을 강화하였다.

⑤ 국호를 마진으로 바꾸고 철원으로 천도하였다.

신라 왕족 출신 궁예는 후고구려 건국 후 국호를 마진으로 바꾸고 중앙 조직을 정비하였으며, 영토를 확장하여 철원으로 도읍을 옮겼다. 이후 국호를 다시 태봉으로 변경하였다.

암기의 key **후백제와 후고구려**

후백제	후고구려
• 견훤이 완산주(전주)에 도읍을 정함 • 충청도와 전라도 지역의 우세한 경제력을 토대로 군사적 우위 확보 • 신라에 적대적, 지나친 조세 수취, 호족 포섭 등으로 실패	• 신라 왕족의 후예인 궁예가 송악(개성)을 근거로 건국 • 철원으로 천도(국호: 마진, 태봉), 관제 개혁 및 새로운 신분 제도 모색 • 지나친 조세 수취, 미륵 신앙을 이용한 전제 정치로 궁예 축출

---

13 고려의 관학 진흥책 정답 ④

✓ 정답 분석

정답이 보이는 **핵심 키워드**

#최충의 9재 학당 #위축된 관학 진흥 #서적포 #국자감 #7재

길잡이 | 고려 시대에 실시된 관학 진흥책을 살펴봅니다.

④ **고려 중기 최충의 문헌공도**를 대표로 하는 **사학 12도**의 발전으로 **관학이 위축**되자 **숙종** 때 **관학 진흥책**의 일환으로 최고 국립 교육 기관인 국자감에 **서적포**를 설치하여 모든 책판을 옮기고 인쇄와 출판을 담당하게 하였다. **예종** 때는 국자감을 재정비하여 **7재**를 세우고 **양현고**를 설치하는 등 관학 진흥책을 추진하였다.

한 번 더 체크하러 가기 ▶ 미니북 24쪽

---

12 고려 광종 정답 ②

✓ 정답 분석

정답이 보이는 **핵심 키워드**

#충주 숭선사지 #순성 왕후의 명복을 빌기 위하여 세운 절 #고려 시대 유물 출토 #치열한 왕위 쟁탈전 #노비안검법 #호족을 견제하는 정책

길잡이 | 고려 광종이 펼친 정책을 학습합니다.

고려 광종은 다양한 개혁을 통해 공신과 호족의 세력을 약화시키고 왕권을 강화하고자 하였다. 이에 **노비안검법**을 실시하여(956) 억울하게 노비가 된 사람들을 구제하고, 호족 세력을 견제하는 동시에 국가 재정을 확충하고자 하였다. 또한, 후주 출신 **쌍기**의 건의로 **과거 제도**를 시행하여 신진 세력을 등용하였다(958).
② **고려 광종**은 공신과 호족의 세력을 약화시키고 왕권을 강화하고자 **국왕을 황제**라 칭하고 **광덕, 준풍** 등의 독자적 연호를 사용하였다.

한 번 더 체크하러 가기 ▶ 미니북 8쪽

✓ 선택지 풀이

① 독서삼품과를 통해 인재를 등용하였어요.
통일 신라 원성왕은 국학의 학생들을 대상으로 독서삼품과를 실시하여 유교 경전의 이해 수준에 따라 관리로 채용하였다.

② 사액 서원에 서적과 노비를 지급하였어요.
조선 시대에는 국가의 공식 승인을 받은 사액 서원에 토지와 노비, 서적을 지급하고 면세와 면역의 특권을 부여하였다.

③ 중등 교육 기관으로 4부 학당을 설립하였어요.
조선은 수도 한양에 중등 교육 기관으로 4부 학당을 설립하였다.

⑤ 초계문신제를 시행하여 문신을 재교육하였어요.
조선 후기 정조는 새롭게 관직에 오른 자 또는 기존 관리들 중 능력 있는 관리들을 규장각에서 재교육시키는 초계문신제를 시행하였다.

암기의 key **고려의 교육 제도**

사학	최충의 문헌공도(9재 학당) 등 사학 12도 융성
관학	• 중앙-국자감, 지방-향교 • 관학 진흥책 - 숙종: 서적포(도서 출판) - 예종: 국학(국자감)에 7재(전문 강좌) 설치, 양현고(장학 재단) - 인종: 경사 6학(개경) - 충렬왕: 섬학전(장학 기금), 국학에 대성전(공자의 사당)

✓ 선택지 풀이

① 최승로가 시무 28조를 건의하였다.
고려 성종은 최승로가 건의한 시무 28조를 받아들여 통치 체제를 정비하였다. 전국 주요 지역에는 12목을 설치하고 지방관인 목사를 파견하였으며, 향리제를 마련하여 지방 세력을 견제하였다.

③ 관리의 규범을 제시한 계백료서가 반포되었다.
고려 태조는 고려를 건국한 뒤 『정계』와 『계백료서』를 통해 관리가 지켜야 할 규범을 제시하였다.

④ 쌍성총관부를 공격하여 철령 이북을 수복하였다.
고려 공민왕은 반원 자주 정책의 일환으로 쌍성총관부를 공격하여 원에 빼앗긴 철령 이북의 땅을 수복하였다.

⑤ 지방 세력 견제를 목적으로 한 상수리 제도가 실시되었다.
통일 신라는 지방 세력을 견제하기 위해 지방 호족의 자제 1명을 뽑아 중앙에서 머물게 하는 상수리 제도를 실시하였다.

14 거란의 침입과 고려의 대응 정답 ②

정답 분석

정답이 보이는 핵심 키워드
#양규 #무로대 #이수 #귀주 #강감찬

길잡이 | 거란의 침입에 대한 고려의 대응을 알아봅니다.

- **거란의 2차 침입**(1010): 거란은 강조의 정변을 구실로 고려를 침입하여 흥화진을 공격하였다. 이때 고려 장수 **양규**는 **무로대**에서 거란을 기습 공격하여 포로로 잡힌 백성을 되찾았다.
- **거란의 3차 침입**(1018): 거란의 소배압이 이끄는 10만 대군이 다시 고려를 침입하였으나 **강감찬**이 이에 맞서 **귀주**에서 대승을 거두었다(귀주 대첩, 1019).
- ② **고려 정종** 때 최광윤의 의견을 받아들여 **거란의 침입에 대비**하기 위한 군사 조직으로 **광군**을 조직하고, 광군사를 설치하여 이를 관장하였다.

한 번 더 체크하러 가기 ▶ 미니북 23쪽

선택지 풀이

① 강화도로 도읍을 옮겨 항전하였다.
　고려 최씨 무신 정권 시기 최우는 몽골의 침입에 대항하기 위해 강화도로 천도하고 장기 항쟁을 준비하였다.

③ 박위를 파견하여 근거지를 토벌하였다.
　고려 말 창왕 때 박위를 파견하여 왜구의 본거지인 쓰시마섬을 정벌하였다.

④ 압록강 상류 지역을 개척하여 4군을 설치하였다.
　조선 세종 때 여진을 몰아낸 뒤 최윤덕이 압록강 상류 지역에 4군을 설치하였다.

⑤ 신기군, 신보군, 항마군으로 구성된 별무반을 편성하였다.
　고려 숙종 때 부족을 통일한 여진이 고려의 국경을 자주 침입하자 윤관이 왕에게 건의하여 신기군, 신보군, 항마군으로 구성된 별무반을 조직하였다.

암기의 key	거란의 고려 침입
원인	• 고구려 계승의식에 의한 친송 · 북진 정책 • 만부교 사건, 강조의 정변
전개	• 1차 침입(993): 서희의 외교 담판(vs 소손녕), 강동 6주 획득 • 2차 침입(1010): 양규의 활약 • 3차 침입(1018): 강감찬의 귀주 대첩(1019)
결과	• 고려 · 송 · 거란의 세력 균형 유지 • 개경에 나성 축조, 강감찬의 건의로 천리장성 축조(압록강~동해안 도련포)

15 고려의 문화유산 정답 ③

정답 분석

정답이 보이는 핵심 키워드
#직지심체요절 #천산대렵도

길잡이 | 고려의 문화유산을 사진과 함께 학습합니다.

- **『직지심체요절』**: 고려 시대 청주 흥덕사에서 간행한 『**직지심체요절**』은 **현존하는 세계 최고(最古)의 금속 활자본**으로 공인받고 있으며, 현재 프랑스 국립 도서관에 소장되어 있다.
- **『천산대렵도』**: 고려 공민왕이 천산에서의 수렵 장면을 묘사하여 그린 그림이다. 현재 국립중앙박물관에 소장되어 있다.
- ③ **청자 상감 모란문 표주박모양 주전자**는 12세기 중반에 만들어진 **고려 시대** 청자 주전자이다.

선택지 풀이

① 금동대향로
　백제 - 부여 능산리 고분군 절터에서 출토

② 호우총 청동 그릇
　고구려 - 경주 호우총 출토

④ 이불 병좌상
　발해 - 중국 지린성에서 출토

⑤ 인왕제색도
　조선 후기 - 겸재 정선의 진경산수화

16 지눌 정답 ①

정답 분석

정답이 보이는 핵심 키워드
#선종의 승려 #교종을 포용 #불일보조국사 #전라남도 순천 송광사
#결사 운동 #수행에 힘쓸 것을 주창

길잡이 | 고려 시대 승려 지눌에 대해 살펴봅니다.

① **고려의 승려 지눌**은 불교의 타락을 비판하며 정혜사에서 승려의 기본인 독경, 수행, 노동에 힘쓸 것을 주장하는 **정혜 결사 운동**(수선사 결사운동)을 전개하였다. 정혜사는 이후 수선사로 개칭되었으며, 고려 말 **송광사**로 바뀌었다. 지눌은 **정혜쌍수**를 사상적 바탕으로 **철저한 수행을 강조**하였으며, 내가 곧 부처라는 깨달음을 위한 노력과 함께 꾸준한 수행으로 깨달음을 확인하는 **돈오점수**를 강조하였다.

한 번 더 체크하러 가기 ▶ 미니북 19쪽

선택지 풀이

② 불교 교단 통합을 위해 해동 천태종을 개창하였다.

　고려 문종의 넷째 아들로 승려가 된 의천은 송에서 유학하고 돌아와 개경(개성) 흥왕사에서 교종과 선종의 불교 통합 운동을 전개하였으며, 국청사를 중심으로 해동 천태종을 개창하였다.

③ 선문염송집을 편찬하고 유불 일치설을 제창하였다.

　고려의 승려 혜심은 역대 선사들의 어록을 모은 공안집인 『선문염송집』을 편찬하고, 유불 일치설을 주장하여 성리학을 수용할 수 있는 사상적 토대를 마련하였다.

④ 승려들의 전기를 정리하여 해동고승전을 편찬하였다.

　고려 승려 각훈은 왕명을 받아 『해동고승전』을 편찬하여 삼국 시대 이래 승려들의 전기를 기록하였는데, 현재는 일부만 남아있다.

⑤ 보현십원가를 지어 불교 교리를 대중에게 전파하였다.

　고려 승려 균여는 어려운 불교의 교리를 설파하기 위해 사람들이 따라 부르기 쉬운 노래를 이용하여 「보현십원가」라는 향가를 만들었다.

암기의 key	고려의 대표적 승려
의천	• 교단 통합 운동: 해동 천태종 창시 • 교관겸수 · 내외겸전 주장: 이론 연마와 실천 강조
지눌	• 수선사 결사 운동(송광사): 독경과 선 수행, 노동에 힘쓰자는 운동 • 돈오점수 · 정혜쌍수 제창: 참선(선종)과 지혜(교종)를 함께 수행
요세	백련 결사 제창: 자신의 행동을 진정으로 참회하는 법화 신앙 강조
혜심	유불 일치설 주장: 심성의 도야를 강조하여 장차 성리학 수용의 사상적 토대 마련
균여	• 화엄종, 화엄사상 정비 • 향가 「보현십원가」 저술

---

17 조선 건국 과정　　　정답 ①

정답 분석

정답이 보이는 핵심 키워드

#우왕 #요동을 공격 #최영 #압록강 #위화도 #이성계가 회군 #과전을 지급 #경기 #현직, 산직(散職)을 불문 #과(科)에 따라 받음

길잡이 ┃ 조선의 건국 과정을 파악합니다.

(가) **고려 우왕** 때 **명**이 원의 쌍성총관부가 있던 철령 이북의 땅에 철령위를 설치하겠다며 반환을 요구하자 이에 반발한 고려는 **최영**을 중심으로 **요동 정벌을 추진**하였다(1388).

(나) **고려 우왕** 때 최영을 중심으로 요동 정벌이 추진되자 **이성계**는 4불가론을 제시하며 반대하였으나 왕명에 의해 출병하게 되었다. 이후 의주 부근의 **위화도에서 개경으로 회군**하여 최영을 제거하고 우왕을 폐위하며 정권을 장악하였다(1388).

(다) **고려 말 공양왕** 때 신진 사대부의 건의로 토지 개혁법인 **과전법이 시행**되었다(1391). 이는 원칙적으로 현직과 산직을 불문하고 **경기 지역에 한정하여 토지를 지급**하였다.

한 번 더 체크하러 가기 ▶ 미니북 8쪽

---

18 고려의 경제 상황　　　정답 ①

정답 분석

정답이 보이는 핵심 키워드

#도병마사 #흥왕사 창건

길잡이 ┃ 흥왕사가 창건되었던 고려 시대의 경제 상황을 살펴봅니다.

① **흥왕사**는 **고려 문종** 때 개경에 조성된 사찰이다. 이후 송에서 유학하고 돌아와 승려가 된 문종의 넷째 아들 **의천**이 개경(개성) 흥왕사에서 교종과 선종의 불교 통합 운동을 전개하였다. 이 시기 **경정 전시과**가 시행되어 **현직 관리**에게만 **전지와 시지를 지급**하였다.

한 번 더 체크하러 가기 ▶ 미니북 43쪽

선택지 풀이

② 시장을 감독하기 위해 동시전을 설치하였다.

　신라 지증왕은 경주에 시장을 설치하고 이를 감독하기 위한 기구인 동시전을 설치하였다.

③ 허적의 제안에 따라 상평통보를 발행하였다.

　조선 숙종 때 허적의 제안으로 상평통보를 주조하고 법화로 유통하였다.

④ 일본과의 교역 규모를 규정한 계해약조를 체결하였다.

　조선 세종 때 왜의 요구를 받아들여 남해안의 부산포, 제포, 염포를 개방하였고, 제한적 무역을 허용하는 계해약조를 체결하였다.

⑤ 상권 수호를 목적으로 황국 중앙 총상회를 조직하였다.

　조청 상민 수륙 무역 장정이 체결되어 외국 상인들로 인해 어려움에 처한 서울 도성의 시전 상인들은 황국 중앙 총상회를 조직하여 상권 수호 운동을 전개하였다(1898).

19 조선 영조
정답 ④

정답 분석

정답이 보이는 핵심 키워드

#『어전준천제명첩』 #청계천 준설 공사 #탕평 #균역

길잡이 조선 영조가 펼친 정책을 살펴봅니다.

조선 영조는 당시 수도에 잦은 홍수로 피해가 막심하자 이를 해결하기 위해 도성 안에 하수도 역할을 할 **인공 개천(현재 청계천)을 준설**하도록 하였고, 상설 기구로 **준천사**를 신설하여 개천의 관리를 책임지게 하였다(1760). 이후 청계천 준설을 성공적으로 완공한 것을 기념하여 일종의 기록 화첩인 『**어전준천제명첩**』을 제작하였다.

④ **조선 영조**는 국가 운영에 대한 법을 새로 규정하기 위해 『경국대전』을 바탕으로 새롭게 변화된 법전 조항을 담아 『**속대전**』을 편찬하였다.

한 번 더 체크하러 가기 ▶ 미니북 10쪽

선택지 풀이

① 나선 정벌에 조총 부대를 파견하였다.

조선 효종 때 러시아가 만주 지역까지 침략해오자 청은 조선에 원병을 요청하였고, 조선에서는 두 차례에 걸쳐 조총 부대를 출병시켜 나선 정벌을 단행하였다.

② 경기도에 한해서 대동법을 실시하였다.

조선 광해군 때 방납의 폐단을 해결하고자 공납을 전세화하여 쌀이나 베, 동전 등으로 납부하게 한 대동법을 경기도에 한해서 시행하였다.

③ 삼수병으로 구성된 훈련도감을 창설하였다.

임진왜란 중 유성룡이 선조에게 건의하여 포수, 사수, 살수의 삼수병으로 편제된 훈련도감을 설치하였다.

⑤ 한양을 기준으로 한 역산서인 칠정산을 만들었다.

조선 세종 때 중국의 수시력과 아라비아의 회회력을 참고로 내편(內篇)과 외편(外篇)으로 이루어진 역법서 『칠정산』을 편찬하였다. 이때 최초로 한양을 기준으로 천체 운동을 계산하였다.

20 무오사화
정답 ②

정답 분석

정답이 보이는 핵심 키워드

#김종직 #제자 김일손 #조의제문

길잡이 무오사화가 일어난 시기를 파악합니다.

② **조선 전기** 영남 사림파의 영수 **김종직**은 문하에 정여창, 김굉필, 김일손 등 많은 제자들을 길러냈다. 그중 **김일손**은 스승 **김종직**이 **작성한 조의제문을 사초에 기록**하였는데, 사림 세력과 대립 관계였던 유자광, 이극돈 등의 훈구 세력과 연산군이 이를 문제 삼으면서 **무오사화가 발생**하였다(1498).

한 번 더 체크하러 가기 ▶ 미니북 42쪽

암기의 key 　조선의 사화

무오사화 **(1498)**	• 배경: 김일손이 스승 김종직의 조의제문을 사초에 기록한 사건 • 훈구파(유자광, 이극돈)와 사림파(김일손)의 대립
갑자사화 **(1504)**	• 배경: 폐비 윤씨 사사 사건 • 무오사화 때 피해를 면한 사림과 일부 훈구 세력까지 피해
기묘사화 **(1519)**	• 배경: 조광조의 개혁 정치 • 위훈 삭제로 인한 훈구 공신 세력의 반발 → 주초위왕 사건으로 조광조 축출
을사사화 **(1545)**	• 배경: 인종의 외척 윤임(대윤)과 명종의 외척 윤원형(소윤) 간 대립 심화 • 명종 즉위, 문정 왕후 수렴청정 → 집권한 소윤이 대윤 공격

21 조선 세조
정답 ④

정답 분석

정답이 보이는 핵심 키워드

#원각사 창건 #계문(契文) #임금과 왕실이 불교 행사를 직접 후원 #한명회, 권람 #간경도감 #불경을 한글로 번역, 간행

길잡이 조선 세조의 불교 정책을 알아봅니다.

조선 세조는 1465년 **원각사**를 창건하고, 망령들을 위로하는 의례인 **수륙재**에 신하들과 백성들이 함께 참여할 것을 권고하는 **계문**을 작성하였다.

④ **세조**는 과전 세습화가 초래하였던 토지 부족 등의 폐단을 바로잡기 위해 **과전법을 혁파**하고 현직 관리에게만 수조권을 지급하는 **직전법을 실시**하였다.

한 번 더 체크하러 가기 ▶ 미니북 9쪽

선택지 풀이

① 주자소에서 계미자를 주조하였다.

조선 태종 때 주자소를 설치하고 계미자를 주조하여 조선의 금속 활자 인쇄술이 한층 더 발전하였다.

② 국가의 의례를 정비한 국조오례의를 완성하였다.

조선 성종 때 예악 정비 사업의 일환으로 오례(五禮)의 예법과 절차 등을 그림과 함께 정리하여 『국조오례의』를 편찬하였다.

③ 삼남 지방의 농법을 소개한 농사직설을 편찬하였다.

조선 세종은 정초, 변효문 등을 시켜 우리 풍토에 맞는 농서인 『농사직설』을 간행하였다.

⑤ 우리나라와 중국의 의서를 망라한 동의보감을 간행하였다.

조선 선조의 명으로 허준이 집필하기 시작한 『동의보감』은 우리나라와 중국 의서의 각종 의학 지식과 치료법을 집대성한 의서로 광해군 때 완성되었다.

---

22 율곡 이이 정답 ⑤

✓ 정답 분석

정답이 보이는 **핵심 키워드**

#해주향약 #동호문답 #개혁 방안 제시 #격몽요결

길잡이 | 조선 중기 성리학자 율곡 이이에 대해 알아봅니다.

⑤ **조선 중기의 성리학자 율곡 이이**는 군주가 수양해야 할 덕목을 정리한 『**성학집요**』를 저술하여 선조에게 바쳤으며, 왕도 정치의 이상을 문답식으로 저술한 『**동호문답**』을 통해 다양한 개혁 방안을 제시하였다. 은퇴한 뒤에는 해주에서 우리나라의 지방 행정 조직 실정에 맞는 향약인 **해주 향약**을 만들기도 하였으며, 처음 글을 배우는 아동의 입문 교재로 『**격몽요결**』을 편찬하였다.

한 번 더 체크하러 가기 ▶ 미니북 14쪽

✓ 선택지 풀이

① 명에 대한 의리를 내세운 기축봉사를 올렸다.

송시열은 노론의 영수로, 명에 대한 의리를 지키고 청에게 당한 수모를 갚자는 북벌론을 주장하며 효종에게 「기축봉사」를 올려 북벌 계획의 핵심 인물이 되었다.

② 청으로부터 시헌력을 도입하자고 건의하였다.

조선 인조 때 김육은 청으로부터 태음력에 태양력의 원리를 적용하여 24절기의 시각과 하루의 시각을 정밀하게 계산하여 만든 역법인 시헌력의 도입을 건의하였다.

③ 양반의 허례와 무능을 풍자한 양반전을 저술하였다.

박지원은 「양반전」, 「허생전」, 「호질」 등을 통해 양반의 허례와 무능을 풍자하고 비판하였다.

④ 예학을 조선의 현실에 맞게 정리한 가례집람을 지었다.

조선 중기의 예학파 유학자 김장생은 『주자가례』의 본문을 기본으로 하여 조선의 현실에 맞는 예학을 정리한 『가례집람』을 저술하였다.

---

23 붕당 정치 정답 ①

✓ 정답 분석

정답이 보이는 **핵심 키워드**

#심의겸 #김효원 #전랑(銓郞) #사림 #동인과 서인 #기해년 #왕이 승하 #송시열 #왕대비 #장자가 아닌 경우 #기년복(朞年服) #허목 #장자가 된 둘째 #삼년복

길잡이 | 조선 시대 붕당 정치의 전개 과정을 파악합니다.

(가) **조선 선조** 때 **사림 세력**은 이조 전랑 임명권을 놓고 **김효원**을 중심으로 한 **동인**과 심의겸을 중심으로 한 **서인**으로 분화되었고, 이를 계기로 붕당 정치가 시작되었다(1575).

(나) **조선 현종** 때 효종의 국상 당시 **자의 대비의 복상 문제**를 놓고 효종의 왕위 계승에 대한 정통성과 관련하여 서인과 남인 사이에 **예송 논쟁이 발생**하였다(기해예송). **서인**은 효종이 둘째 아들이므로 자의 대비의 복상 기간을 1년으로 해야 한다고 **주장**하였고, **남인**은 효종을 장자로 대우하여 3년 복상을 주장하였으나 **서인 세력이 승리**하였다(1659).

① **서인 세력**은 광해군의 중립 외교 정책과 영창대군 사사 사건, 인목 대비 유폐 문제를 빌미로 **인조반정**을 일으켰다. 이에 광해군이 폐위되고 인조가 왕위에 올랐으며, **북인 세력**인 이이첨, 정인홍 등은 **처형**되었다(1623).

한 번 더 체크하러 가기 ▶ 미니북 42, 48쪽

✓ 선택지 풀이

② 목호룡의 고변으로 옥사가 발생하였다.

조선 경종 때 노론과 소론이 갈등하는 과정에서 김일경의 상소와 목호룡의 고변으로 노론이 축출되는 신임사화가 발생하였다(1721~1722).

③ 양재역 벽서 사건으로 이언적 등이 화를 입었다.

명종 때 문정 왕후의 수렴청정을 비판한 양재역 벽서 사건으로 정미사화가 발생하였다(1547). 이때 이언적, 권벌 등이 유배되는 등 많은 사림 세력들이 화를 입었다.

④ 인현 왕후가 폐위되고 남인이 권력을 차지하였다.

조선 숙종 때 희빈 장씨의 소생에 대한 원자 책봉 문제로 기사환국이 발생하여 서인이 물러나고 남인이 집권하였다. 이때 서인 세력의 영수인 송시열이 사사되고 중전이었던 인현 왕후가 폐위되었다(1689).

⑤ 이인좌를 중심으로 소론 세력 등이 난을 일으켰다.

조선 영조 때 이인좌, 정희량 등 정권에서 소외된 소론 세력이 남인 일부와 연합하여 경종의 죽음과 영조의 정통성에 대해 의문을 제기하면서 반란을 일으켰으나 진압되었다(1728).

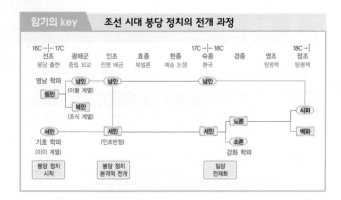

암기의 key 조선 시대 붕당 정치의 전개 과정

24 북벌론 정답 ②

정답 분석

정답이 보이는 핵심 키워드

#남한산성 #삼학사 #현절사(顯節祠) #화의를 반대하며 결사 항전 주장 #척화 #김상헌, 정온

길잡이 ┃ 병자호란을 일으킨 청나라에 대한 조선의 정책을 학습합니다.

후금이 국호를 청으로 고치고 조선에 군신 관계를 강요하자 조선에서는 척화론과 주화론이 첨예하게 대립하였고, 결국 조선이 사대 요청을 거부하여 병자호란이 일어났다(1637). 남한산성으로 피란하였던 인조는 강화도로 보낸 왕족과 신하들이 인질로 잡히자 삼전도에서 굴욕적인 항복을 하였다.
② 병자호란 이후 청에 볼모로 갔던 봉림 대군이 효종으로 즉위하면서 어영청을 중심으로 북벌을 추진하였다.

한 번 더 체크하러 가기 ▶ 미니북 10, 32쪽

선택지 풀이

① 만권당을 세워 학문 교류를 장려하였다.
고려 충선왕은 왕위를 물려준 뒤 원의 연경에 만권당을 세우고 고려에서 이제현 등의 성리학자들을 데려와 원의 학자들과 교류하게 하였다.

③ 화통도감을 설치하여 군사력을 증강하였다.
고려 우왕 때 최무선은 화통도감 설치를 건의하여 화약과 화포를 제작하였다. 이후 왜구가 고려를 침입하자 최무선은 나세, 심덕부 등과 함께 진포 대첩에서 왜구를 격퇴하였다.

④ 사신 접대를 위해 한성에 동평관을 설치하였다.
조선 태종 때 한성의 남산 북쪽에 일본 사신이 머무는 숙소인 동평관을 두어 일본과 외교 및 무역을 실시하였다.

⑤ 포로 송환을 목적으로 유정을 회답 겸 쇄환사로 파견하였다.
조선 선조는 임진왜란 이후 단절되었던 일본과의 관계를 회복하기 위해 승려 유정 등을 회답 겸 쇄환사로 파견하였고, 이들은 전쟁 중 잡혀간 포로 3,000여 명을 데리고 귀국하였다.

25 조선 후기 경제 상황 정답 ⑤

정답 분석

정답이 보이는 핵심 키워드

#이현, 종루, 칠패 #3대 시장 #연경 #「성시전도」 #박제가

길잡이 ┃ 조선 후기 경제 상황을 알아봅니다.

조선 후기에 상품 화폐 경제가 발달하고, 정조 때 금난전권이 폐지되면서 풍부한 자본력을 바탕으로 한 사상들이 도성에서 적극적인 상행위를 하게 되었다. 이에 따라 이현(동대문 안), 칠패(남대문 밖), 종루(사대문 안)가 새로운 시장(난전)으로 번창하였다.
⑤ 조선 후기에는 대동법의 시행으로 국가에서 필요한 물품을 공인이 직접 조달하게 되었다. 공인은 각 지방의 객주와 거래함으로써 상품 화폐 경제의 발달을 촉진시켰다. 또한, 인삼, 담배, 면화 등 상품 작물의 재배가 활발해지고, 전국 각지에서 발달한 사상은 풍부한 자본을 바탕으로 상권을 장악하였다.

한 번 더 체크하러 가기 ▶ 미니북 24쪽

선택지 풀이

① 백성에게 정전이 지급되었다.
통일 신라 성덕왕 때 백성에게 정전을 지급하였다.

② 서경에 관영 상점이 설치되었다.
고려 시대에 개경, 서경 등의 대도시에는 서적점, 주점, 다점 등의 관영 상점이 설치되었다.

③ 금속 화폐인 건원중보가 주조되었다.
고려 시대에는 상업 활동이 활발해지면서 화폐를 주조하였고, 성종 때 우리나라 최초의 주화인 건원중보가 발행되었다.

④ 벽란도가 국제 무역항으로 번성하였다.
고려 시대 예성강 하구에 위치한 벽란도는 국제 무역항으로 번성하였으며, 이곳을 통해 송 · 아라비아 상인들과 교역을 전개하였다.

26 비변사 정답 ③

정답 분석

정답이 보이는 핵심 키워드

#의정부는 한갓 헛이름 #6조는 모두 직임을 상실 #변방의 방비를 담당하는 것

길잡이 ┃ 조선 시대 비변사에 대해 살펴봅니다.

조선 중종 때 삼포왜란이 일어나자 외적의 침입에 대비하기 위한 임시 기구로 비변사를 처음 설치하였고, 명종 때 을묘왜변을 계기로 상설 기구화되었다. 임진왜란을 거치면서 조직과 기능이 확대되어 중앙 기구로 자리 잡았고, 의정부를 대신하여 국정 전반을 총괄하는 실질적인 최고의 관청으로 성장하였다.

③ 고종 즉위 이후 정치적 실권을 잡은 **흥선 대원군**은 **비변사를 폐지**하고 **의정부의 권한을 강화**하였다.

한 번 더 체크하러 가기 ▶ 미니북 33쪽

✅ 선택지 풀이

① 사헌부, 사간원과 함께 3사로 불렸다.
　홍문관은 조선 성종 때 집현전을 계승하여 설치되었으며, 대표적인 언론 기관인 사헌부, 사간원과 함께 3사를 구성하였다.

② 서얼 출신 학자들이 검서관에 등용되었다.
　조선 정조 때 창덕궁 후원에 지은 왕실 도서관인 규장각은 별도 서고에서 서적들을 보관하였다. 또한, 새로운 정책을 개발하는 연구 기관의 기능을 하였으며, 서얼 출신 학자들이 검서관으로 등용되었다.

④ 서울과 수원에 설치되어 국왕의 호위를 맡았다.
　조선 정조는 왕권을 뒷받침하는 군사적 기반을 갖추기 위해 국왕 친위 부대인 장용영을 설치하였으며, 서울 도성에는 내영, 수원 화성에는 외영을 두었다.

⑤ 대사성을 수장으로 좨주, 직강 등의 관직을 두었다.
　성균관은 조선 시대 최고의 국립 교육 기관으로, 정3품의 당상관직인 대사성을 중심으로 아래에 좨주, 사성, 직강 등의 관직을 두었다.

---

27 추사 김정희　　　　정답 ③

✅ 정답 분석

> **정답이 보이는 핵심 키워드**
> #세한도 #완당 #제주도에서 유배 생활 #제자 이상적

> **길잡이** | 조선 후기에 활동한 추사 김정희에 대해 학습합니다.

조선 후기의 문신이자 실학자 **추사 김정희**는 문인화의 대가이기도 하였다. 제주도에서 유배 생활을 하던 중 **제자 이상적**이 북경에서 귀한 책들을 구해다 주자 답례로 그의 인품을 소나무와 잣나무에 비유한 「세한도」를 그려주었다. 이는 조선 후기 문인화의 특징을 잘 살린 시서화(그림에 시적 요소를 넣은 작품)로 인정받아 국보 제180호로 지정되었다.
③ **조선 후기 김정희**는 금석학 연구를 통해 저술한 『**금석과안록**』에서 **북한산비가 진흥왕 순수비임**을 밝혀냈다.

한 번 더 체크하러 가기 ▶ 미니북 16쪽

✅ 선택지 풀이

① 남북국이라는 용어를 처음 사용하였다.
　조선 정조 때 서얼 출신 유득공이 저술한 『발해고』에서는 발해를 우리의 역사로 인식하고 최초로 '남북국'이라는 용어를 사용하였다.

② 기기도설을 참고하여 거중기를 설계하였다.
　정약용은 수원 화성 축조 시에 『기기도설』을 참고한 거중기를 제작하여 공사 기간과 비용을 줄이는 데 기여하였다.

④ 양명학을 연구하여 강화 학파를 형성하였다.
　조선 후기 정제두는 지행합일을 중요시하는 양명학을 체계적으로 연구하였고, 강화도에서 후진 양성에 힘을 기울여 강화 학파를 형성하였다.

⑤ 안평 대군의 꿈을 소재로 몽유도원도를 그렸다.
　조선 전기 안견은 안평 대군의 꿈을 소재로 한 「몽유도원도」를 그렸다.

---

28 천주교　　　　정답 ⑤

✅ 정답 분석

> **정답이 보이는 핵심 키워드**
> #윤지충 #신주를 태워 없앰 #제사를 폐지 #의금부 #남종삼 #프랑스와 조약을 맺을 계책 #베르뇌

> **길잡이** | 조선 후기 천주교의 흐름을 파악합니다.

(가) **신해박해**(1791): **정조** 때 진산의 양반 **윤지충**이 신주를 모시는 대신 천주교 의식으로 모친상을 치르자 강상죄를 저지른 죄인으로 비난을 받았다(진산 사건). 이때 같은 천주교인이었던 **권상연**이 그를 옹호하고 나서면서 사건이 조정에까지 알려졌고, 유학을 신봉하여야 할 사림 세력이 사학(邪學)을 신봉하였다는 죄명으로 두 사람 모두 처형되었다.
(나) **병인박해**(1866): **흥선 대원군**은 천주교를 통해 프랑스와 조약을 체결하고 러시아의 남하 정책을 견제하려 하였으나 국내외에서 천주교에 대한 반발이 생겨나자 **프랑스 선교사들을 처형**하는 **병인박해**가 발생하였다. 이때 조선 교구장이었던 **프랑스인 신부 베르뇌 주교**는 대원군으로부터 선교 철폐와 출국을 요구받았으나 거부하여 처형되었다.
⑤ **순조** 때 천주교를 대대적으로 탄압한 **신유박해**가 발생하자(1801), 천주교 신자 **황사영**이 베이징에 있는 주교에게 천주교 박해를 멈추기 위해 조선으로 군대를 보내 달라는 내용의 **청원서를 보내려다 발각**되었다.

한 번 더 체크하러 가기 ▶ 미니북 10, 33쪽

✅ 선택지 풀이

① 대종교 계열의 중광단이 결성되었다.
　북간도로 이주한 한인들이 대종교를 중심으로 중광단을 조직하여 항일 투쟁을 전개하였다(1911).

② 한용운이 조선불교유신론을 저술하였다.
　한용운은 『조선불교유신론』을 저술하여 조선의 근대적인 불교 개혁론을 주장하였다(1913).

③ 보은에서 교조 신원을 요구하는 집회가 열렸다.
　동학교도들은 억울하게 처형된 교주 최제우에 대한 교조 신원과 동학 탄압 금지 등을 요구하며 충청도 보은에서 집회를 개최하였다(1893).

④ 이수광이 지봉유설에서 천주실의를 소개하였다.
　이수광은 백과사전식 서적인 『지봉유설』을 편찬하면서 이에 천주 교리서인 『천주실의』를 언급하여 조선에 소개하였다(1614).

암기의 key 조선 후기 천주교 박해

신해박해 (1791)	진산 사건: 천주교 의식으로 모친상을 치름, 신주 소각 → 윤지충, 권상연 처형
신유박해 (1801)	• 본격적인 천주교 탄압: 노론 벽파가 남인 시파 제거 • 주문모(중국인 신부), 이승훈, 정약종 처형 • 정약용, 정약전 유배 • 황사영 백서 사건: 천주교 탄압
기해박해 (1839)	• 벽파인 풍양 조씨가 시파인 안동 김씨 공격 • 프랑스 선교사 3명 처형
병오박해 (1846)	최초의 한국인 신부 김대건 순교
병인박해 (1866)	• 배경: 흥선 대원군이 러시아 견제를 위해 프랑스와 접촉 → 실패, 천주교 반대 여론 확산 → 천주교 신자, 프랑스 신부 처형 • 결과: 로즈 제독이 이끄는 프랑스 군함이 강화도 침공(병인양요, 1866)

29 박규수 정답 ③

정답 분석

정답이 보이는 핵심 키워드

#박지원의 손자 #진주 농민 봉기에 안핵사로 파견 #청에 다녀온 경험으로 문호 개방 주장 #개화 사상 형성에 선구적 역할

길잡이 ▮ 조선 후기에 활동한 박규수에 대해 알아봅니다.

조선 철종 때 삼정의 문란과 경상 우병사 백낙신의 가혹한 수탈에 견디다 못한 **진주** 지역의 농민들이 **임술 농민 봉기**를 일으켰다. 이에 **안핵사로 파견된 박규수**는 삼정이정청을 설치하여 삼정의 문란을 해결하고자 하였다(1862). 두 번에 걸쳐 **청**에 사신(1861, 1872)으로 다녀온 이후로는 **흥선 대원군**에게 **문호 개방**을 건의하기도 하였으나 받아들여지지 않았다. 관직에서 물러난 이후 김옥균, 박영효, 유길준, 김윤식 등에게 실학 사상을 전파하는 등 **개화 사상 형성에 선구적인 역할**을 하였다.
③ **흥선 대원군** 때 미국의 상선 **제너럴 셔먼호**가 평양 대동강까지 들어와 교역을 요구하자 당시 평양감사였던 **박규수**는 공격 명령을 내리고 백성들과 함께 제너럴 셔먼호를 불태웠다(1866).

한 번 더 체크하러 가기 ▶ 미니북 33, 36쪽

선택지 풀이

① 조선 중립화론을 건의하였다.
유길준은 영국이 러시아의 남하를 저지하기 위해 거문도를 점령하는 등 한반도에 대한 열강들의 침략 야욕으로 인해 국제 분쟁의 조짐이 보이자 조선 중립화론을 주장하였다.

② 베델과 함께 대한매일신보를 창간하였다.
대한 제국 때 양기탁은 영국인 베델과 함께 대한매일신보를 창간하여 항일 민족 운동을 적극적으로 지원하였다.

④ 서양의 과학 기술을 정리한 지구전요를 저술하였다.
조선 철종 때 실학자 최한기는 세계 지리와 서양의 각종 과학 기술 분야를 정리한 『지구전요』를 저술하였다.

⑤ 강화도 조약 체결의 전말을 기록한 심행일기를 남겼다.
조선 고종 때 전권대관 신헌은 조선측 대표로서 일본 전권대신 구로다 등과 함께 강화도 조약 체결을 주도하였다. 이후 조약 체결의 전말과 양측 대표들의 협상 과정 등을 기록한 『심행일기』를 남겼다.

30 갑신정변 정답 ②

정답 분석

정답이 보이는 핵심 키워드

#근대 국가 수립 #김옥균 등이 일으킨 사건 #인민 평등권 확립 #일부 급진 개화파 중심의 개혁 추진 #일본의 힘에 의존

길잡이 ▮ 김옥균 등의 급진 개화파가 일으킨 갑신정변을 학습합니다.

임오군란 이후 청의 내정 간섭이 심화되자 **급진 개화파**는 근대화 추진과 민씨 세력 제거를 위해 일본의 군사적 지원을 받아 **우정총국 개국 축하연** 자리에서 **갑신정변**을 일으켰다(1884). 이후 개화당 정부를 수립하고 **14개조 개혁 정강**을 발표하여 입헌 군주제, 청과의 사대 관계 폐지, 능력에 따른 인재 등용 등의 개혁을 추진하였다. 그러나 **청군의 개입**과 일본의 군사 지원이 약속대로 이행되지 않아 **3일 만에 실패**하고, 김옥균, 박영효 등은 일본으로 망명하였다.
② **조선**은 **일본**이 갑신정변 때 사망한 일본인에 대한 배상과 일본 공사관 신축 부지 및 비용을 요구하여 **한성 조약**을 체결하였다(1884).

한 번 더 체크하러 가기 ▶ 미니북 37쪽

선택지 풀이

① 보국안민, 제폭구민을 기치로 내걸었다.
동학 농민군은 '보국안민, 제폭구민'을 기치로 내걸고 백산에서 4대 강령을 발표하며 봉기하였다. 이후 황토현 전투와 황룡촌 전투에서 관군에 승리하며 전주성을 점령하고 전라도 일대를 장악하였다.

③ 개혁 추진을 위해 교정청을 설치하였다.
동학 농민군과 전주 화약을 체결한 후 조선 정부에서는 교정청을 설치하여 자주적인 내정 개혁을 시도하였다.

④ 구식 군인에 대한 차별 대우가 발단이 되었다.
고종 때 신식 군대인 별기군과 차별 대우를 받던 구식 군대가 선혜청을 습격하면서 임오군란이 발생하였다.

⑤ 민영익 등이 보빙사로 파견되는 계기가 되었다.
조미 수호 통상 조약이 체결된 후 조선 주재 미국 공사가 파견되자 조선 정부는 답례로 미국에 보빙사를 파견하였다.

31 3·1 운동
정답 ③

정답 분석

정답이 보이는 핵심 키워드

#만세 운동 #배화 여학교 학생 여섯 명 #일제 강점기 최대 민족 운동 #대한민국 임시 정부 수립에 영향

> **길잡이** ┃ 일제 강점기 최대 민족 운동인 3·1 운동에 대해 살펴봅니다.

3·1 운동은 **고종의 인산일**을 계기로 일어난 **전국적인 민족 운동**으로, 민족 대표 33인이 독립 선언서를 발표하고 국내외에 독립을 선언하였다(1919). **국내외 독립운동가들**은 3·1 운동을 계기로 민족의 주체성을 확인하고 조직적인 독립운동을 전개하기 위해 중국 상하이에 모여 **대한민국 임시 정부를 수립**하였다.

③ **일제**는 3·1 운동이 일어났던 **수원(화성) 제암리**에서 **주민들을 학살**하고 교회당과 민가를 방화하는 만행을 저질렀다.

한 번 더 체크하러 가기 ▶ 미니북 26쪽

선택지 풀이

① 김광제 등의 발의로 본격화되었다.

국채 보상 운동은 김광제, 서상돈 등의 제안으로 대구에서 시작되었다. 이후 서울에서 조직된 국채 보상 기성회를 중심으로 전국적으로 확산되어 일본에서 도입한 차관 1,300만 원을 갚아 주권을 회복하려 하였다.

② 순종의 인산일을 기회로 삼아 추진되었다.

조선 공산당을 중심으로 한 사회주의 세력과 천도교를 중심으로 한 민족주의 세력이 연대하여 순종의 인산일을 기회로 삼아 6·10 만세 운동을 준비하였다(1926).

④ 신간회에서 진상 조사단을 파견하여 지원하였다.
⑤ 성진회와 각 학교 독서회에 의해 전국적으로 확산하였다.

일제 강점기에 한국인 학생과 일본인 학생 간의 충돌 사건을 계기로 조선인 학생에 대한 차별과 식민지 교육에 저항한 광주 학생 항일 운동이 발생하였다(1929). 이후 일제의 식민지 차별 교육에 반발하여 광주에서 조직된 항일 학생 비밀결사인 성진회와 각 학교 독서회를 중심으로 전국 각지에 확산되었다. 이에 당시 신간회 중앙 본부는 진상 조사단을 파견하여 지원하기도 하였다.

32 제1차 갑오개혁
정답 ③

정답 분석

정답이 보이는 핵심 키워드

#군국기무처 #총재 김홍집 #개혁을 추진

> **길잡이** ┃ 김홍집을 중심으로 국군기무처를 통해 시행된 제1차 갑오개혁을 학습합니다.

③ **김홍집**을 중심으로 한 **군국기무처**를 통해 **제1차 갑오개혁**이 실시되었다(1894). 이에 따라 탁지아문이 재정 사무를 관장하게 하고 **은 본위 화폐 제도**와 조세 금납제를 시행하였다. 또한, 공사 노비법이 혁파되어 신분제가 법적으로 폐지되었다.

한 번 더 체크하러 가기 ▶ 미니북 50쪽

선택지 풀이

① 원수부를 두었다.

대한 제국 선포 이후 고종은 광무개혁을 실시하고 황제 직속의 원수부를 설치하여 대원수로서 군대를 통솔하고자 하였다.

② 재판소를 설치하였다.

제2차 갑오개혁 때 홍범 14조를 반포하고, 중앙 행정 기구인 의정부와 80아문을 각각 내각과 7부로, 지방 행정 구역을 8도에서 23부로 개편하였다. 또한, 재판소를 설치하여 사법권을 행정권에서 분리하였다.

④ 태양력을 공식 채택하였다.

을미사변 이후 을미개혁이 추진되어 건양 연호와 태양력을 사용하게 되었고 단발령이 시행되었다.

⑤ 5군영을 2영으로 통합하였다.

조선 고종이 강화도 조약 체결 이후 근대적인 개혁을 위해 설치한 통리기무아문은 기존 5군영을 무위영과 장어영의 2영으로 개편하고, 신식 군대인 별기군을 창설하였다.

암기의 key — 갑오개혁의 주요 내용

제1차 갑오개혁	제2차 갑오개혁
• 개국 기원 사용, 과거제 폐지, 6조를 80아문으로 개편 • 재정 일원화, 은 본위제, 도량형 통일, 조세 금납제 • 공사 노비법 혁파, 고문·연좌제 폐지, 조혼 금지, 과부 재가 허용	• 8도를 23부로 개편, 재판소 설치(사법권 독립) • 교육 입국 조서 반포 • 한성 사범 학교 관제 공포

33 독립 협회
정답 ④

정답 분석

정답이 보이는 핵심 키워드

#다양한 계층이 참여한 집회 #공론의 장 #독립문 건립 #러시아의 절영도 조차 요구 규탄 #황국 협회의 습격

> **길잡이** ┃ 독립 협회의 활동을 알아봅니다.

갑신정변 이후 미국에서 돌아온 **서재필**은 남궁억, 이상재, 윤치호 등과 함께 **독립 협회를 창립**하였다(1896). 중추원 개편을 통한 의회 설립과 근대적 입헌 군주제 실현을 목표로 활동하였으며, 모금 활동을 전개하여 청의 사신을 맞던 영은문을 헐고 그 자리 부근에 **독립문을 건립**하였다(1897). 만민 공동회와 관민 공동회를 개최하여 국권·민권 신장 운동을 전개하였다. 또한, **러시아**가 함대의 연료 보급을 위한 저탄소 저장소 설치를 위해 **절영도(영도) 조차를 요구**하자 **이권 수호 운동을 전개**하여 이를 저지하였다. 그러나 독립 협회에 대항하여 조직된 어용 단체인 **황국 협회**의 방해와 고종의 해산 명령으로 3년 만에 해산되었다.

④ 독립 협회가 관민 공동회를 개최하고 중추원 개편을 통한 의회 설립 방안이 담겨 있는 **헌의 6조**를 건의하여 고종이 이를 채택하였다(1898).

한 번 더 체크하러 가기 ▶ 미니북 49쪽

◎ 선택지 풀이

① 평양에 대성 학교를 설립하다

안창호와 양기탁 등이 1907년 결성한 비밀 결사 단체 신민회는 민족의 실력 양성을 위해 평양 대성 학교와 정주 오산 학교를 세워 민족 교육을 실시하였다.

② 고종 강제 퇴위 반대 운동을 주도하다

대한 자강회는 교육과 산업 활동을 바탕으로 한 국권 회복을 목표로 활동하였고, 고종의 강제 퇴위 반대 운동을 전개하다가 일제의 탄압으로 해산되었다.

③ 집강소를 중심으로 폐정 개혁안을 실천하다

동학 농민 운동 당시 농민군은 황토현 전투에서 관군에 승리하고 전주성을 점령하여 전라도 일대를 장악하였다. 이후 정부와 전주 화약을 맺어 자치 개혁 기구인 집강소를 설치하고 폐정 개혁을 실시하였다.

⑤ 개혁의 기본 방향을 제시한 홍범 14조를 반포하다

김홍집 내각은 제2차 갑오개혁 때 홍범 14조를 반포하였다(1895). 이를 통해 근대적 개혁의 기본 방향을 제시하고 청에 대한 자주독립을 공고히 하였다

---

34 제1차 한일 협약   정답 ①

◎ 정답 분석

> **정답이 보이는 핵심 키워드**
> #스티븐스를 쏨 #대한 제국의 외교 고문 #한국인에게 잔인한 일을 자행

> 길잡이 ┃ 장인환과 전명운이 스티븐스를 저격하게 된 이유인 제1차 한일 협약을 알아봅니다.

① 제1차 **한일 협약**(1904)을 통해 **스티븐스**는 외교 고문으로, 메가타는 재정 고문으로 임명되어 대한 제국의 내정에 간섭하였다. 이후 1908년 스티븐스는 **샌프란시스코**에서 '일본의 한국 지배는 한국에 유익하다'는 제목의 친일 성명서를 발표하였다. 이에 분개한 **장인환과 전명운**은 스티븐스를 **저격하여 사살**하였다.

한 번 더 체크하러 가기 ▶ 미니북 11쪽

◎ 선택지 풀이

② 삼국 간섭이 발생한 원인을 분석한다.

청일 전쟁에서 승리한 일본은 청과 시모노세키 조약을 체결하여 요동반도와 타이완을 장악하였으나, 러시아, 독일, 프랑스의 삼국 간섭으로 요동반도를 반환하게 되었다(1895).

③ 일제가 조작한 105인 사건의 영향을 파악한다.

신민회는 조선 총독부가 데라우치 총독 암살 미수 사건을 조작하여 많은 민족 운동가들을 체포한 105인 사건으로 인해 와해되었다(1911).

④ 영국이 거문도를 불법 점령한 과정을 조사한다.

조선 고종 때 영국은 조선에 대한 러시아의 세력 확장을 저지하기 위해 거문도를 불법으로 점령하였다(1885).

⑤ 고종이 러시아 공사관으로 피신한 이유를 찾아본다.

삼국 간섭 이후 일본의 세력이 위축되면서 민씨 세력이 러시아를 통해 일본을 견제하려 하자, 일본은 자객을 보내 경복궁을 습격하여 을미사변을 일으켰다(1895). 이에 신변의 위협을 느낀 고종은 러시아 공사관으로 피신하였다(아관 파천, 1896).

---

35 임병찬   정답 ②

◎ 정답 분석

> **정답이 보이는 핵심 키워드**
> #군산 #최익현과 함께 의병을 일으킴 #국권 반환 요구서 발송하려다 체포

> 길잡이 ┃ 독립 의군부를 조직한 임병찬의 활동에 대해 살펴봅니다.

② **임병찬**은 을사늑약 체결 후 1906년 전라도에서 **최익현**과 함께 **의병을 일으켜 항전**하다 **대마도에 유배**되었다. 유배에서 풀려난 후 재기를 모색하던 중 **고종의 밀명**을 받아 **독립 의군부**를 조직하였다. 이후 조선 총독부에 **국권 반환 요구서**를 보내고, 복벽주의를 내세워 의병 전쟁을 준비하였다.

한 번 더 체크하러 가기 ▶ 미니북 40쪽

◎ 선택지 풀이

① 명동 성당 앞에서 이완용을 습격하였다.

이재명은 명동 성당 앞에서 을사오적 중 한 명인 이완용을 습격하여 중상을 입혔다.

③ 국권 침탈 과정을 정리한 한국통사를 저술하였다.

박은식은 독립을 위해 국혼(國魂)을 강조하였으며, 고종 즉위 다음해부터 국권 피탈 직후까지의 역사를 기록한 『한국통사』를 저술하였다.

④ 13도 창의군의 총대장으로 서울 진공 작전을 지휘하였다.

한일 신협약으로 대한 제국 군대가 해산되자 이에 반발하여 정미의병이 전국적으로 전개되었고, 해산 군인들이 의병 활동에 가담하며 의병 부대가 조직화되었다. 이후 이인영을 총대장으로 한 13도 창의군이 결성되어 서울 진공 작전을 전개하였다.

⑤ 논설 단연보국채를 써서 국채 보상 운동에 적극 참여하였다.

황성신문은 논설 단연보국채를 실어 국민들이 스스로 국채 보상 운동에 동참할 것을 호소하였다.

---

36 조선 혁명군 · 정답 ②

✓ 정답 분석

정답이 보이는 핵심 키워드

#국민부 산하 군사 조직 #총사령에 양세봉 #중국 의용군과 함께 남만주에서 항일 투쟁

길잡이 | 조선 혁명군의 활동을 학습합니다.

② **양세봉**은 **남만주** 지역에서 **조선 혁명군을 조직**하였다. 1931년 **일본이 만주사변**을 일으켜 만주를 점령하고 독립군 기지를 공격하자 조선 혁명군은 **중국 의용군과 연합 작전**을 전개하여 치열한 접전 끝에 **영릉가 전투**에서 일본군에 승리하였다.

한 번 더 체크하러 가기 ▶ 미니북 28쪽

✓ 선택지 풀이

① 간도 참변 이후 자유시로 이동하였다.

대한 독립 군단은 간도 참변으로 인해 러시아 자유시로 근거지를 옮겼으나 군 지휘권을 둘러싼 분쟁에 휘말려 자유시 참변을 겪으면서 세력이 약화되었다.

③ 조선 독립 동맹 산하의 군사 조직으로 개편되었다.

조선 의용대 화북 지대는 조선 의용군으로 개편되어 조선 독립 동맹 소속 군대로 활동하였다. 이후 중국 공산당 팔로군에 편제되어 항일 전선에 참여하였다.

④ 영국군의 요청으로 인도 · 미얀마 전선에 투입되었다.

한국 광복군은 충칭에서 대한민국 임시 정부의 직할 부대로 창설되었다. 이후 영국군의 요청으로 인도 · 미얀마 전선에 파견되었으며, 미군과 협조하여 국내 진공 작전을 추진하였다.

⑤ 중국 국민당 정부의 지원을 받아 우한에서 창설되었다.

조선 의용대는 김원봉이 주도하여 중국 국민당의 지원을 받아 중국 관내에서 결성된 최초의 한인 무장 부대로, 중일 전쟁 발발 이후 우한에서 창설되었다.

---

37 1920년대 형평 운동 · 정답 ④

✓ 정답 분석

정답이 보이는 핵심 키워드

#모히라! 자유평등의 기치하에로 #경성 천도교 기념관 #진주 #공평은 사회의 근본이요, 애정은 인류의 본량(本良)

길잡이 | 1920년대 형평 운동에 대해 알아봅니다.

④ **갑오개혁 이후** 공사 노비법이 혁파되어 **법적으로는 신분제가 폐지**되었으나 일제 강점기 때 백정에 대한 사회적 차별은 더욱 심해졌다. 백정들은 이러한 차별을 철폐하기 위해 **진주**에서 **조선 형평사 창립 대회**를 개최하고 **형평 운동**을 전개하였다(1923).

✓ 선택지 풀이

① 통감부의 탄압으로 중단되었다.

김광제, 서상돈 등은 대구에서 국채 보상 운동을 전개하여 일본에서 도입한 차관 1,300만 원을 갚아 주권을 회복하고자 하였으나(1907) 통감부의 방해로 실패하였다.

② 중국의 5 · 4 운동에 영향을 주었다.

3 · 1 운동은 고종의 인산일을 계기로 일어난 전국적인 민족 운동으로 중국의 5 · 4 운동에 영향을 주었다(1919).

③ 대한 자강회가 결성되는 배경이 되었다.

을사늑약(1905)을 계기로 결성된 대한 자강회는 교육과 산업 활동을 바탕으로 한 국권 회복을 목표로 활동하였고, 고종의 강제 퇴위 반대 운동을 전개하다가 일제의 탄압으로 해산되었다(1907).

⑤ 여성 교육의 중요성을 강조한 여권통문을 발표하였다.

서울 북촌의 양반 여성들이 모여 한국 최초의 여성 인권 선언서인 여권통문을 발표하였다(1898). 이를 통해 여성이 정치에 참여할 권리, 남성과 평등하게 직업을 가질 권리, 교육을 받을 권리 등을 주장하였으며, 이후 현실적인 여성 교육을 실현하기 위해 최초의 근대적 여성 단체인 찬양회를 조직하기도 하였다.

---

38 무단 통치기 · 정답 ③

✓ 정답 분석

정답이 보이는 핵심 키워드

#조선 물산 공진회 #토지 조사 사업

길잡이 | 일제의 무단 통치 시기에 일어난 사건을 파악합니다.

일제 강점기 무단 통치기에 **조선 총독부**는 토지 조사국을 설치하고 토지 조사령을 발표하여 일정 기간 내 토지를 신고하도록 하는 **토지 조사 사업**을 실시하였다(1912). 이에 따라 신고하지 않은 토지는 총독부에서 몰수하여 일본인에게 헐값으로 불하하였다. 1915년에는 일본이 조선을 근대화시킨다는 명분으로 **경복궁**에서 최초의 공식 박람회인 **조선 물산 공진회**를 개최하였다. 조선 총독부는 이를 빌미로 경복궁의 근정전 및 주요 전각 몇 군데를 제외한 대다수의 건물들을 헐어내고 그 자리에 조선 총독부 신청사를 세웠다.

③ 일제는 1910년대 무단 통치기에 **조선 태형령**을 실시하여 헌병 경찰들을 곳곳에 배치하고 조선인들에게 태형을 통한 형벌을 가하도록 하였다(1912).

한 번 더 체크하러 가기 ▶ 미니북 12쪽

◇ 선택지 풀이

① 황국 신민 서사를 암송하는 학생

1930년대 일제는 우리 민족의 정체성을 말살하기 위해 황국 신민화 정책을 시행하여 내선일체의 구호를 내세우고 황국 신민 서사 암송(1937)과 창씨개명(1939), 신사 참배 등을 강요하였다.

② 경성 제국 대학에서 강의하는 교수

일제는 조선 민립 대학 설립 운동을 저지하고 여론을 무마하기 위해 경성 제국 대학을 설립하였다(1924).

④ 원산 총파업에 연대 지원금을 보내는 외국 노동자

영국인이 경영하는 회사에서 일본인 감독이 조선인 노동자를 구타하는 사건이 발생하자 원산의 전 노동자가 파업을 단행하여 원산 총파업 사건이 발생하였다(1929). 이들은 일본, 프랑스 등지의 노동 단체로부터 격려 전문을 받기도 하였다.

⑤ 나운규가 감독한 아리랑의 첫 상영을 준비하는 단성사 직원

일제 강점기의 영화인 나운규는 단성사에서 영화 「아리랑」을 개봉하였고(1926), 이를 계기로 한국 영화가 비약적으로 발전하였다.

암기의 key	일제 강점기 식민 통치 정책 변화	
구분 / 시기	통치 내용	경제 침탈
무단 통치 (1910년대)	• 조선 총독부 설치 • 헌병 경찰제 • 조선 태형령	• 토지 조사 사업 • 회사령 실시(허가제)
기만적 문화 통치 (1920년대)	• 3·1 운동 이후 통치 체제 변화 • 보통 경찰제 • 치안 유지법: 독립운동가 탄압	• 산미 증식 계획: 일본 본토로 식량 반출 • 회사령 폐지: 신고제 전환 → 일본 자본 유입
민족 말살 통치 (1930년대 이후)	• 황국 신민화 정책(황국 신민 서사 암송, 신사 참배·창씨 개명 강요) • 조선어·역사 과목 폐지	• 일제의 대륙 침략을 위한 한반도 병참 기지화 정책 • 국가 총동원령: 조선에서 인적·물적 자원 수탈

---

39 조선어 학회
정답 ④

◇ 정답 분석

정답이 보이는 핵심 키워드

#시골말, 놀이말, 속담 수집 #최현배, 이극로, 이극로 #사전 편찬 활동 #치안 유지법 #조선말 큰사전 편찬 사업

길잡이 ┃ 조선어 학회의 활동을 학습합니다.

④ **조선어 학회**는 **한글 맞춤법 통일안**과 **외국어 표기법 통일안**을 제정하고 우리말의 체계화를 위해 노력하였으며, 우리나라 최초의 국어학 학술지인 『한글』을 발행하였다. 이후 『**조선말 큰사전(우리말 큰사전)**』의 편찬을 시작하였으나 **일제**는 조선어 학회를 독립운동 단체로 간주하여 관련 인사를 체포한 후 **학회를 강제 해산**시켰고(조선어 학회 사건, 1942), 이때 **이극로, 최현배** 등이 구속되어 옥고를 치렀다. 이로 인해 중단되었던 『조선말 큰사전』의 편찬은 해방 이후 완성되었다.

한 번 더 체크하러 가기 ▶ 미니북 12쪽

◇ 선택지 풀이

① 한글 신문인 제국신문을 간행하였다.

제국신문은 민중 계몽과 자주독립 의식을 고취하기 위해 이종일이 한글로 간행한 신문으로, 주로 서민층과 부녀자들을 대상으로 하였다.

② 태극 서관을 설립하여 서적을 보급하였다.

신민회 조직에 참여한 이승훈은 평양에서 계몽 서적이나 유인물을 출판·보급하고자 태극 서관을 설립하여 민족 기업을 육성하였다.

③ 파리 강화 회의에 독립 청원서를 제출하였다.

대한민국 임시 정부의 모체인 신한 청년당은 파리 강화 회의에 김규식을 파견하여 독립 청원서를 제출하는 등 외교 활동을 전개하였다.

⑤ 국문 연구소를 두어 한글을 체계적으로 연구하였다.

학부대신 이재곤의 건의로 학부 안에 설립된 국문 연구소는 지석영과 주시경을 중심으로 한글의 정리와 국어의 이해 체계 확립에 힘썼다.

---

40 김구, 여운형
정답 ②

◇ 정답 분석

정답이 보이는 핵심 키워드

#백범 #대한민국 임시 정부 주석 #남북 협상 참여 #몽양 #신한 청년당 결성 #좌우 합작 위원회 조직

길잡이 ┃ 김구와 여운형의 활동을 살펴봅니다.

(가) **김구**는 대한민국 임시 정부의 곤경을 타개하고 침체된 독립운동의 새로운 활로를 모색하기 위해 **상하이**에서 **한인 애국단**을 결성하여 적극적인 투쟁 활동을 전개하였다(1931). 단원으로는 이봉창, 윤봉길 등이 활동하였다. **해방 이후**에는 남한만의 단독 선

거에 반대하여 김규식과 함께 평양으로 가 김일성과 **남북 협상**을 전개하기도 하였다(1948).

(나) **여운형**은 김규식과 **상하이**에서 **신한 청년당**을 결성하여 독립운동을 전개하였고, 1919년에는 조선 독립을 알리기 위해 파리 강화 회의에 대표를 파견하였다. 또한, 상하이 임시 정부 초대 내각의 외무부 차장을 역임하기도 하였으며, **광복 이후**에는 **조선 건국 준비 위원회**를 결성하였다(1945).

한 번 더 체크하러 가기 ▶ 미니북 18쪽

◈ 선택지 풀이

ㄴ. 조선 혁명 간부 학교를 세워 독립군을 양성하였다.
김원봉은 난징에서 의열단 지도부와 함께 조선 혁명 간부 학교를 설립하여 무장 항일 투쟁을 위한 군사력을 강화하였다.

ㄹ. 미국에서 귀국하여 독립 촉성 중앙 협의회를 이끌었다.
이승만과 민족주의 정당을 중심으로 각 정당과 단체들이 자주독립 촉진을 목표로 하는 독립 촉성 중앙 협의회를 결성하였다.

---

41 제헌 국회 　　　정답 ③

◈ 정답 분석

> 정답이 보이는 **핵심 키워드**
>
> #우리나라 최초로 실시된 총선거 #보통·직접·평등·비밀 선거 원칙 #국회 의원의 임기는 2년

> 길잡이 | 5·10 총선거를 통해 구성된 제헌 국회에 대해 학습합니다.

③ 발췌 개헌과 허정 과도 정부의 제3차 개헌에서는 국회를 참의원과 민의원으로 구성하는 양원제를 채택하였다. 이를 바탕으로 내각 책임제와 양원제가 적용된 장면 내각이 출범하였다(1960).

한 번 더 체크하러 가기 ▶ 미니북 29쪽

◈ 선택지 풀이

① 반민족 행위 처벌법을 제정하였다.
② 의원들의 선거로 대통령을 선출하였다.
④ 일부 지역의 국회의원이 선출되지 못한 채 출범하였다.
⑤ 일제가 남긴 재산 처리를 위한 귀속 재산 처리법을 만들었다.
북한이 유엔 한국 임시 위원단의 입북을 거부하여 유엔 총회의 결정에 따라 남한에서만 우리나라 최초의 보통 선거인 5·10 총선거가 실시되었다. 이 당시 남한만의 단독 정부 수립에 반대한 남로당 제주도당의 무장 봉기와 이에 대한 미군정 및 경찰 토벌대의 강경 진압이 원인이 되어 발생한 4·3 사건으로 인해 제주도는 선거에서 제외되었다. 5·10 총선거를 통해 구성된 제헌 국회는 제헌 헌법을 제정하였으며, 이를 바탕으로 이승만이 국회에서 대통령으로 선출되어 제1공화국이 출범하였다(1948). 이후 일제의 잔재를 청산하고 민족정기를 바로 잡기 위해 반민족 행위 처벌법을 제정하였고, 이에 따라 반민족 행위 특

별 조사 위원회가 구성되어 활동하였다. 또한, 농지 개혁법을 제정하여 유상 매수, 유상 분배를 원칙으로 농지 개혁을 실시하였다.

---

42 6·25 전쟁

◈ 정답 분석

> 정답이 보이는 **핵심 키워드**
>
> #메러디스 빅토리호 #흥남 철수 #피난민을 구출

> 길잡이 | 6·25 전쟁 중에 일어난 사건을 파악합니다.

1950년 북한의 남침으로 6·25 전쟁이 시작되어 서울이 점령당하였고, 이승만 정부는 전쟁에 제대로 대응하지 못한 채 후퇴하다가 부산을 임시 수도로 정하였다. 유엔군 파병 이후 국군은 낙동강을 사이에 두고 공산군과 치열한 공방전 끝에 인천 상륙 작전의 성공으로 전세가 역전되어 압록강까지 진격하였다. 그러나 **중공군의 개입**으로 전세가 불리해진 국군과 유엔군은 후퇴하는 과정에서 **함경남도 흥남에 집결**하였고 **흥남 철수** 작전을 전개하여 10만여 명에 달하는 피란민을 구출하였다. 이후 1·4 후퇴로 인해 서울이 재함락되었다가 재탈환하는 등 전쟁이 교착 상태에 빠지자 유엔군과 공산군은 판문점에서 정전 협정을 체결하였다(1953).

※ 국사편찬위원회의 문항이의 심사 결과 ④번 문항 오류로 응시자 전원 정답 처리

한 번 더 체크하러 가기 ▶ 미니북 29쪽

◈ 선택지 풀이

① 국민 방위군에 소집되는 청년
6·25 전쟁 당시 중공군의 투입으로 많은 병력이 필요해지자 한국 정부는 국민 방위군을 설치하여 만 17세 이상 40세 미만의 남자들을 소집하였다.

② 원조 물자 배급을 기다리는 시민
6·25 전쟁 당시 유엔은 전쟁 참전국과 세계보건기구, 적십자사 등 다양한 단체들이 참여한 한국 민간 구호 계획을 통해 전쟁 중 긴급 구호를 실시하였으며, 이를 통해 피란민들에게 식료품, 의류, 의약품 등 다양한 구호물자가 제공되었다.

③ 지가 증권을 싼값에 매각하는 지주
제헌 국회는 농지 개혁법을 제정하여(1949) 유상 매수, 유상 분배를 원칙으로 농지 개혁을 실시하였다(1950). 이에 따라 지주에게 지가 증권을 발급하였다.

④ 거제도 포로수용소에서 석방되는 반공 포로
6·25 전쟁 당시 이승만 정부는 유엔군의 휴전 협상 진행에 반대하여 전국 8개 포로수용소(부산 거제리, 부산 가야리, 광주, 논산, 마산, 영천, 부평, 대구)의 반공 포로를 석방하였다.

⑤ 제2차 미소 공동 위원회 개최 소식을 보도하는 기자
모스크바 3국 외상 회의의 결정에 따라 임시 정부 수립을 위해 서울 덕수궁 석조전에서 제1차, 제2차 미소 공동 위원회가 개최되었다(1946, 1947).

43 2·28 민주화 운동   정답 ⑤

✓ 정답 분석

정답이 보이는 핵심 키워드

#2·28 민주 운동 #경북도청 #학생 시위대 #장면의 대구 유세
#3·15 의거 등 민주화 운동에 영향 #2018년에 국가 기념일로 지정

길잡이 | 2·28 민주화 운동이 일어난 이승만 정부 시기에 있었던 사건을 알아봅니다.

이승만 정권과 **자유당**이 3·15 정부통령 선거 당선을 위해 **부당한 선거 운동**을 벌이자, 이에 항거한 **대구 학생들**이 2·28 민주 운동을 주도하였다(1960).
⑤ **이승만 정권 시기 조봉암**은 제3대 대통령 선거에 출마하였으나 낙선하였다. 이후 진보당을 창당하고 평화 통일론을 주장하다가 국가 변란, 간첩죄 혐의로 체포되어 **사형**에 처해졌으며 **진보당은 해체되었다**(진보당 사건, 1958).

✓ 선택지 풀이

① 프로 야구가 6개 구단으로 출범하였다.
전두환 정부 때 프로 야구가 정식으로 출범하였다(1982).

② YH 무역 노동자들이 야당 당사에서 농성하였다.
YH 무역 노동자들의 폐업 항의 농성이 신민당사 앞에서 일어나자 박정희 정부는 야당 총재 김영삼을 국회의원직에서 제명하였다. 이로 인해 김영삼의 정치적 근거지인 부산, 마산에서 유신 정권에 반대하는 부마 민주 항쟁이 전개되었다(1979).

③ 사회 정화를 명분으로 삼청 교육대가 설치되었다.
전두환 신군부는 국가보위비상대책위원회를 조직하고 전국 각지의 군부대 내에 삼청 교육대를 설치하여 사회 정화라는 명분하에 가혹 행위와 인권 유린을 자행하였다(1980).

④ 인민 혁명당 재건위 사건으로 관련자가 탄압받았다.
박정희 정부가 유신 헌법을 통해 장기 집권을 시도하자 전국적으로 유신 반대 투쟁이 일어났다. 이에 중앙정보부는 투쟁을 주도하던 민청학련 배후에 북한의 지령을 받고 국가 변란을 기도한 '인혁당 재건위'가 있다고 조작·발표하면서 관련자 천여 명을 체포하였고, 그중 도예종 등 8명의 사형을 집행하였다(인민 혁명당 재건위 사건, 1974).

44 제3선 개헌, 유신 헌법   정답 ④

✓ 정답 분석

정답이 보이는 핵심 키워드

#대통령은 국민의 선거에 의하여 선출 #대통령 임기는 4년 #대통령 계속 재임은 3기에 한함 #대통령은 통일 주체 국민 회의에서 투표로 선거 #대통령 임기는 6년 #대통령은 국회를 해산할 수 있음

길잡이 | 제3선 개헌과 유신 헌법 제정 사이에 있었던 사실을 파악합니다.

(가) **제3선 개헌**(1969): 1967년에 재당선된 **박정희**는 **대통령의 3선 연임**을 허용하는 **3선 개헌안**을 발표하고 민주 공화당 소속 의원만 모인 국회에서 변칙적으로 통과시켰다. 이에 따라 박정희는 1971년 치러진 제7대 대통령 선거에 출마하여 김대중 후보를 누르고 선출되었다(제6차 개헌).
(나) **유신 헌법**(1972): 3선에 성공한 **박정희**는 장기 집권을 위해 **유신 헌법**을 선포하여 대통령에게 국회의원 1/3 추천 임명권, **국회 해산권**, 헌법 효력을 정지시킬 수 있는 긴급 조치권 등 강력한 권한을 부여하였다(제7차 개헌).
④ **박정희 정부 시기** 서울과 평양에서 **7·4 남북 공동 성명**을 발표하고, **남북 조절 위원회**를 설치하였다(1972).

한 번 더 체크하러 가기 ▶ 미니북 13쪽

✓ 선택지 풀이

① 지방 자치제가 전면 시행되었다.
김영삼 정부는 지방 자치 단체장까지 선거로 직접 뽑으면서 지방 자치제를 전면 실시하였다(1995).

② 여수·순천 10·19 사건이 일어났다.
전남 여수에 주둔하던 국방 경비대 제14연대 소속의 일부 군인들이 남한 단독 정부 수립에 반대하여 일어난 제주 4·3 사건의 진압을 거부하며 여수와 순천 지역 일대를 장악하였다(1948).

③ 일부 군인들이 5·16 군사 정변을 일으켰다.
5·16 군사 정변으로 정권을 장악한 박정희 군부 세력은 반공을 국시로 내건 혁명 공약을 발표하고 계엄을 선포하였다(1961).

⑤ 한일 국교 정상화에 반대하는 6·3 시위가 전개되었다.
박정희 정부가 한일 회담 진행 과정에서 추진한 한일 국교 정상화의 협정 내용이 공개되자 학생과 야당을 주축으로 굴욕적 대일 외교에 반대하는 6·3 시위가 전개되었다(1964).

45 박정희 정부   정답 ①

✓ 정답 분석

정답이 보이는 핵심 키워드

#평화시장 #노동자들의 시위 #전태일 #근로 기준법을 지켜라! #열악한 노동 환경 개선 요구

길잡이 | 전태일의 분신 사건이 일어난 박정희 정부에 대해 학습합니다.

박정희 정부 때 서울 청계천 평화시장의 노동자였던 **전태일**은 저임금과 열악한 노동 환경을 사회에 알리기 위해 **근로 기준법 준수를 요구**하며 분신하였다(1970).

① **함평 고구마 피해 보상 운동**은 1976년 11월부터 1978년 5월까지 계속된 고구마 보상 문제 사건이다. 농협이 전남 함평 농민들에게 고구마를 전량 구입하겠다고 약속한 후 이를 지키지 않자, 이에 고구마를 썩히거나 헐값으로 출하하는 등 큰 손해를 입은 농민들이 **천주교 단체**를 중심으로 **규탄 대회**를 열었다.

✅ 선택지 풀이

② 저유가 · 저금리 · 저달러의 3저 호황이 있었다.
전두환 정부 때 저금리, 저유가, 저달러의 3저 호황으로 물가가 안정되고 수출이 증가하여 높은 경제 성장률을 기록하였다.

③ 미국과의 자유 무역 협정(FTA)이 체결되었다.
노무현 정부 때 한미 자유 무역 협정(FTA)이 체결되었다.

④ 경제 협력 개발 기구(OECD)의 회원국이 되었다.
김영삼 정부 때 국제 경제의 세계화와 개방 경제 체제 확산에 따른 대응을 위해 경제 협력 개발 기구(OECD)에 가입하였다.

⑤ 최저 임금 결정을 위한 최저 임금 위원회가 설치되었다.
전두환 정부 때 최저 임금법을 제정하고, 최저 임금 심의 위원회를 설치하였다. 이후 김대중 정부 때 최저 임금법이 개정되면서 최저 임금 위원회로 명칭이 변경되었다.

46 부석사 소조여래 좌상   정답 ⑤

✅ 정답 분석

> **정답이 보이는 핵심 키워드**
> #부석사 무량수전 #소조불상 #가장 규모가 크고 오래됨 #고려 시대 불상

> 길잡이 ┃ 고려 시대 불상인 부석사 소조여래 좌상을 사진과 함께 학습합니다.

⑤ **부석사 소조여래 좌상**은 영주 부석사 무량수전에 모시고 있는 **소조 불상**으로, **국보 제45호**로 지정되었다. 우리나라 소조 불상 가운데 **가장 크고 오래된** 작품이며, **고려 초기**에 만들어진 것으로 추정된다.

한 번 더 체크하러 가기 ▶ 미니북 44쪽

✅ 선택지 풀이

① 경주 석굴암 본존불
통일 신라 - 국보 제24호

② 금동 관음보살 좌상
고려 후기

③ 하남 하사창동 철조 석가여래 좌상
고려 - 보물 제332호

④ 금동 미륵보살 반가사유상
삼국 시대 - 국보 제83호

47 시대별 대외 전투   정답 ③

✅ 정답 분석

> **정답이 보이는 핵심 키워드**
> #살리타이 #처인성 #승려 #보장왕 #각간 김인문 #용골산성 #정봉수 #부사 송상현 #왜적

> 길잡이 ┃ 시대별 대외 전투를 파악합니다.

(나) **연개소문**은 정변을 통해 영류왕을 몰아내고 **보장왕**을 왕위에 세운 뒤 스스로 대막리지가 되어 정권을 장악하였다(642). 이후 **연개소문이 죽은 뒤** 그의 아들들 사이에 내분이 발생하여 **세력이 약해진 고구려**는 나당 연합군의 공격으로 **평양성이 함락**되면서 결국 **멸망**하였다(668).

(가) **고려 몽골의 2차 침입** 때 **승장 김윤후**가 이끄는 민병과 승군이 **처인성**에서 몽골군에 대항하여 적장 **살리타이를 사살**하고 승리를 거두었다(1232).

(라) **조선 선조** 때 왜군이 침입하여 **임진왜란**이 발발하였다. 곧장 **부산진성**을 함락시킨 왜군은 **동래성**을 침공하였다. **동래부사 송상현**은 왜적에 맞서 싸웠으나 패배하여 동래성이 함락되고 송상현은 전사하였다(동래성 전투, 1592.4.15.).

(다) **조선 인조** 때 **정묘호란**이 발발하자 후금에 맞서 **정봉수**와 이립이 **용골산성**에서 의병을 이끌며 항전하였다(1627).

한 번 더 체크하러 가기 ▶ 미니북 23, 25, 32쪽

48 지역사 - 부산   정답 ①

✅ 정답 분석

> **정답이 보이는 핵심 키워드**
> #부사 송상현 #왜적이 바다를 건넘 #한나절 만에 성이 함락

> 길잡이 ┃ 임진왜란 때 동래부사 송상현이 항전한 부산에서 일어난 사건을 살펴봅니다.

① **조선 후기**에는 임진왜란 이후 왜와 단절되었던 국교가 재개되면서 **동래(부산)**에 **초량 왜관**이 설치되었고(1678), **내상**은 왜관을 통해 **일본 상인과의 무역을 주도**하였다.

한 번 더 체크하러 가기 ▶ 미니북 52쪽

✅ 선택지 풀이

② 안승이 왕으로 봉해진 보덕국이 세워졌다.
신라 문무왕은 당 세력을 몰아내기 위해 안승을 보덕국왕으로 임명하고 금마저(익산)에 땅을 주어 고구려 부흥 운동을 지원하였다.

③ 지역 차별에 반발하여 홍경래가 봉기하였다.

조선 순조 때 세도 정치로 인한 삼정의 문란과 서북 지역 차별 대우에 불만을 품은 평안도 지방 사람들이 몰락 양반 출신 홍경래를 중심으로 봉기를 일으켰다.

④ 만적을 비롯한 노비들이 신분 해방을 도모하였다.

최씨 무신 정권기에 최충헌의 사노비인 만적이 개경(개성)에서 노비들을 규합하여 신분 차별에 항거하는 반란을 도모하였으나 사전에 발각되어 실패하였다.

⑤ 지주 문재철의 횡포에 맞서 소작 쟁의가 일어났다.

전남 신안군 암태도에서는 한국인 지주 문재철의 횡포와 이를 비호하는 일본 경찰에 맞서 일제 강점기 최대 규모의 암태도 소작 쟁의가 발생하였다.

49 6월 민주 항쟁　　　정답 ②

⊘ 정답 분석

> **정답이 보이는 핵심 키워드**
> #박종철 군 고문살인 은폐조작 #호헌 조치 규탄 #4 · 13 호헌 조치 무효 선언

> 길잡이 ┃ 6월 민주 항쟁에 대해 알아봅니다.

전두환 정부 때 **박종철 고문치사 사건**과 **4 · 13 호헌 조치**에 반발하여 대통령 직선제 개헌과 민주 헌법 제정을 요구하는 **6월 민주 항쟁**이 전개되었다. 시위가 전국적으로 확산되면서 **호헌 철폐**와 **독재 타도**를 요구하는 **6 · 10 국민 대회**가 개최되었다. **② 6월 민주 항쟁**의 결과 정부는 6 · 29 민주화 선언을 발표하여 **5년 단임의 대통령 직선제**를 골자로 하는 개헌을 단행하였다.

한 번 더 체크하러 가기 ▶ 미니북 30쪽

⊘ 선택지 풀이

① 허정 과도 정부가 구성되는 계기가 되었다.
⑤ 이승만이 대통령에서 물러나는 결과를 가져왔다.

4 · 19 혁명의 결과로 이승만이 대통령직에서 하야하고 내각 책임제를 기본으로 하는 허정 과도 정부가 성립되었다.

③ 야당 총재의 국회의원직 제명으로 촉발되었다.

YH 무역 노동자들이 회사의 일방적인 폐업 공고에 항의하여 신민당사에서 농성을 일으키자 박정희 정부는 신민당 총재 김영삼을 국회의원직에서 제명하였다. 이로 인해 김영삼의 정치적 근거지인 부산, 마산에서 유신 정권에 반대하는 부마 민주 항쟁이 전개되었다.

④ 관련 기록물이 세계 기록 유산으로 등재되었다.

전두환을 비롯한 신군부 세력의 12 · 12 쿠데타에 저항하여 '서울의 봄'이라는 대규모 민주화 운동이 일어나자 신군부는 비상계엄 조치를 전국적으로 확대하였다. 비상계엄 해제와 신군부 퇴진, 김대중 석방 등을 요구하는 광주 시민들의 항거가 이어지자 신군부는 공수 부대를 동원한 무력 진압을 강행하였고, 학생과 시민들이 자발적으로 시민군을 조직하여 이에 대항하면서 5 · 18 민주화 운동이 격화되었다. 2011년에 5 · 18 민주화 운동 관련 기록물이 유네스코 세계 기록 유산으로 등재되었다.

50 노태우 정부의 통일 노력　　　정답 ④

⊘ 정답 분석

> **정답이 보이는 핵심 키워드**
> #남북 간 교역의 문호를 개방 #남북 간 교역을 민족 내부 교역으로 간주 #소련, 중국을 비롯한 사회주의 국가들과의 관계 개선

> 길잡이 ┃ 노태우 정부의 통일 노력을 학습합니다.

④ **노태우 정부** 때 남북한 화해 및 불가침, 교류 · 협력 등에 관한 공동 합의서인 **남북 기본 합의서**를 채택하였으며, 적극적인 **북방 외교 정책**을 추진하여 **남북한의 유엔 동시 가입**이 이루어졌다. 또한, 소련 · 중국 등의 **사회주의 국가들과 외교 관계를 수립**하고, 핵전쟁 위협을 제거하고 평화 통일에 유리한 조건을 조성하기 위한 **한반도 비핵화 공동 선언**을 채택하였다.

한 번 더 체크하러 가기 ▶ 미니북 20쪽

⊘ 선택지 풀이

① 남북 조절 위원회를 구성하였다.

박정희 정부 시기 서울과 평양에서 7 · 4 남북 공동 성명을 발표하고, 남북 조절 위원회를 구성하였다.

② 개성 공업 지구 건설에 합의하였다.

김대중 정부 시기 평양에서 최초의 남북 정상 회담이 이루어져 개성 공단 건설 운영에 관한 합의서를 체결하였고, 노무현 정부에 이르러서 비로소 개성 공단 착공식이 진행되었다

③ 10 · 4 남북 정상 선언을 발표하였다.

노무현 정부는 제2차 남북 정상 회담을 진행하여 10 · 4 남북 공동 선언을 발표하였다.

⑤ 남북 이산가족 고향 방문을 최초로 실현하였다.

전두환 정부 시기에 분단 이후 최초로 이산가족 고향 방문단 및 예술 공연단이 서울과 평양을 동시에 방문하였다.

한능검의 PASSCODE는 기출문제!
역잘알 시대고시와 함께 출제 경향 완벽 분석, 단번에 합격!

○ STEP 1 정답 확인   문제 p.014

01	02	03	04	05	06	07	08	09	10	11	12	13	14	15	16	17	18	19	20	21	22	23	24	25
①	②	①	⑤	③	⑤	②	①	③	①	④	①	②	③	③	②	④	⑤	④	①	⑤	⑤	④	③	③

26	27	28	29	30	31	32	33	34	35	36	37	38	39	40	41	42	43	44	45	46	47	48	49	50
②	④	④	⑤	④	③	⑤	③	④	④	②	②	①	④	③	④	⑤	③	⑤	④	③	⑤	③	③	②

○ STEP 2 난이도 확인

제62회 합격률	**41.2%**	최근 1년 평균 합격률	**51.1%**

○ STEP 3 시대별 분석

시대	선사	고대	고려	조선 전기	조선 후기	근대	일제 강점기	현대	복합사
틀린 개수/ 문항 수	/ 2	/ 7	/ 8	/ 6	/ 4	/ 7	/ 5	/ 6	/ 5
출제비율	4%	14%	16%	12%	8%	14%	10%	12%	10%

○ STEP 4 문제별 주제 분석

01	선사	청동기 시대	26	조선 전기	양재역 벽서 사건
02	선사	부여	27	조선 후기	수원 화성
03	고대	금관가야	28	조선 후기	홍대용, 박지원
04	고대	고구려 소수림왕	29	조선 후기	조선 후기 서민 문화
05	고대	익산 미륵사지 석탑	30	근대	신미양요
06	고대	삼국 통일 과정	31	근대	광무개혁
07	고대	발해	32	근대	동학 농민 운동의 전개 과정
08	고대	신라 신문왕의 정책	33	근대	조미 수호 통상 조약
09	고대	장보고	34	근대	신민회
10	고려	태조 왕건의 정책	35	근대	헐버트
11	복합사	시대별 여진에 대한 대응	36	근대	독립 협회
12	고려	고려의 경제 상황	37	일제 강점기	1920년대 민족 유일당 운동
13	고려	고려의 문화유산	38	일제 강점기	박용만
14	고려	거란의 침입과 고려의 대응	39	일제 강점기	양세봉, 지청천
15	고려	원 간섭기	40	일제 강점기	민족 말살 통치기
16	고려	조위총의 난	41	일제 강점기	대한민국 임시 정부
17	고려	삼별초	42	현대	제주 4 · 3 사건
18	고려	이색	43	현대	국민 보도 연맹 사건
19	조선 전기	조선 태종의 업적	44	현대	제3차 개헌
20	조선 전기	승정원	45	현대	박정희 정부
21	조선 전기	신숙주	46	현대	5 · 18 민주화 운동
22	조선 전기	조선 세종의 정책	47	현대	정부별 통일 노력
23	조선 후기	대동법	48	복합사	조선왕조의궤
24	복합사	한양 도성	49	복합사	시대별 관리 등용 제도
25	조선 전기	행주대첩	50	복합사	고려 과거제, 조선 현량과

01 청동기 시대   정답 ①

✔ 정답 분석

> **정답이 보이는 핵심 키워드**
>
> #사유 재산 #계급이 발생 #민무늬 토기 #비파형 동검 #고인돌

> **길잡이** ┃ 청동기 시대의 생활 모습을 알아봅니다.

청동기 시대에는 **사유 재산**이 발생하고, 정치권력과 경제력을 가진 지배자인 **군장**이 등장하였다. 이들의 무덤인 **고인돌**의 규모를 통해 당시 지배층의 권력을 짐작할 수 있다. 청동기 시대의 대표적인 유물로는 **민무늬 토기**와 **비파형 동검**, 거친무늬 거울 등이 있다.
① **청동기 시대**에는 조, 보리, 콩 등의 밭농사와 함께 **벼농사**도 짓기 시작하였으며 **반달 돌칼**을 이용하여 곡식을 수확하였다.

한 번 더 체크하러 가기 ▶ 미니북 4쪽

✔ 선택지 풀이

② 주로 동굴이나 막집에서 거주하였다.
구석기 시대에는 동굴이나 강가에 막집을 짓고 거주하며 인근에서 사냥과 채집을 하였고, 계절에 따라 이동 생활을 하였다.

③ 소를 이용한 깊이갈이가 일반화되었다.
신라 지증왕 때 소를 이용한 우경이 시행되면서 깊이갈이가 가능해져 농업 생산량이 증대되었고, 고려 시대에 이르러 일반화되었다.

④ 호미, 쇠스랑 등의 철제 농기구를 제작하였다.
철기 시대 이후 호미, 쇠스랑, 쟁기 등의 철제 농기구가 널리 사용되면서 농업 생산량이 늘어났다.

⑤ 가락바퀴와 뼈바늘을 이용하여 옷을 만들기 시작하였다.
신석기 시대에는 가락바퀴로 실을 뽑아 뼈바늘로 옷을 지어 입기도 하였다.

02 부여   정답 ②

✔ 정답 분석

> **정답이 보이는 핵심 키워드**
>
> #쑹화강 유역 #평원과 구릉 #농업과 목축 #12월에 영고라는 제천 행사 #명마, 적옥, 담비 가죽 #형이 죽으면 형수를 아내로 삼음

> **길잡이** ┃ 부여의 생활 모습에 대해 학습합니다.

② **부여**는 **쑹화강 유역**에 위치하였던 연맹 왕국으로, 왕 아래 가축의 이름을 딴 마가, 우가, 저가, 구가의 **가(加)**들이 있었다. 이들은 행정 구역인 **사출도**를 다스렸으며, 왕이 통치하는 중앙과 합쳐 5부를 구성하였다. 명마, 적옥, 담비 가죽 등이 특산물로 생산되었고, 풍습으로는 1책 12법, 형사취수제 등이 있었다. 또한, 매년 12월에 **영고**라는 제천 행사를 열었다.

한 번 더 체크하러 가기 ▶ 미니북 21쪽

✔ 선택지 풀이

① 정사암에 모여 재상을 선출하였어요.
백제의 귀족들은 정사암이라는 바위에서 회의를 통해 재상을 선출하고 국가의 중대사를 결정하였다.

③ 읍락 간의 경계를 중시하는 책화가 있었어요.
동예는 각 부족의 영역을 중요시하여 다른 부족의 영역을 침범하는 경우 노비와 소, 말로 변상하게 하는 책화 제도를 두었다.

④ 사회 질서를 유지하기 위해 범금 8조를 두었어요.
고조선은 사회 질서를 유지하기 위해 8개 조항으로 이루어진 범금 8조를 만들었으나 현재는 3개의 조항만 전해진다.

⑤ 제사장인 천군과 신성 지역인 소도가 존재하였어요.
삼한은 제정 분리 사회였으며, 소도라는 신성 지역을 따로 두어 제사장인 천군이 이곳을 관리하도록 하였다.

03 금관가야   정답 ①

✔ 정답 분석

> **정답이 보이는 핵심 키워드**
>
> #해반천 #봉황동 유적 #수로왕릉 #대성동 고분군 #구지봉 #파사 석탑

> **길잡이** ┃ 금관가야에 대해 살펴봅니다.

① **김수로왕**이 건국한 김해 지역의 **금관가야**는 전기 가야 연맹을 주도하였다. 철이 풍부하고 해상 교통이 발전하여 낙랑과 왜의 규슈 지방을 연결하는 중계 무역이 번성하였고, **덩이쇠**를 주조하여 **화폐**처럼 사용하였다. 후기에는 고구려 광개토 대왕의 진출로 쇠퇴하기 시작하였고, 5세기 이후 고령 지역의 대가야가 후기 가야 연맹을 주도하게 되었다.

✔ 선택지 풀이

② 한 무제의 공격으로 멸망하였다.
고조선은 위만의 손자인 우거왕 때 한 무제의 침공으로 왕검성이 함락되면서 멸망하였다.

③ 혼인 풍속으로 민며느리제가 있었다.
옥저에는 혼인 풍습으로 여자가 어렸을 때 혼인할 남자의 집에서 생활하다가 성인이 된 후에 혼인하는 민며느리제가 있었다.

④ 골품에 따라 관등 승진에 제한이 있었다.
신라는 골품제라는 특수한 신분 제도를 운영하여 골품에 따라 관등 승진에 제한을 두었다.

⑤ 빈민을 구제하기 위해 진대법을 시행하였다.
고구려 고국천왕은 국상 을파소의 건의에 따라 빈민을 구제하기 위해 먹을거리가 부족한 봄에 곡식을 빌려주고 겨울에 갚게 하는 진대법을 시행하였다.

04 고구려 소수림왕   정답 ⑤

✓ 정답 분석

정답이 보이는 핵심 키워드

#고구려 #평양성 전투에서 고국원왕이 전사 #위기 극복 노력 #전진으로부터 불교 수용 #태학 설립

길잡이 ┃ 고구려 소수림왕의 정책을 알아봅니다.

⑤ **고구려 소수림왕**은 **중국 전진으로부터 불교를 수용**하고 이를 통해 왕실의 권위를 높이고자 하였으며, **율령을 반포**하여 국가 조직을 정비하였다. 또한, 국가 교육 기관인 **태학을 설립**하여 인재를 양성하였다.

한 번 더 체크하러 가기 ▶ 미니북 6쪽

✓ 선택지 풀이

① 평양으로 수도를 옮겼다.
　고구려 장수왕은 도읍을 국내성에서 평양으로 옮기며 남진 정책을 추진하였다.

② 병부와 상대등을 설치하였다.
　신라 법흥왕은 상대등과 병부를 설치하고 관등을 정비하여 중앙 집권적 국가 체제를 갖추었다.

③ 22담로에 왕족을 파견하였다.
　백제 무령왕은 지방에 22담로를 설치하고 왕족을 파견하여 지방 통제를 강화하였다.

④ 고흥에게 서기를 편찬하게 하였다.
　백제 근초고왕은 고흥에게 역사서인 『서기』를 편찬하게 하였다.

05 익산 미륵사지 석탑   정답 ③

✓ 정답 분석

정답이 보이는 핵심 키워드

#금제 사리봉영기 #탑의 해체 수리 중에 발견 #사리장엄구 #백제 귀족의 딸

길잡이 ┃ 백제 익산 미륵사지 석탑을 사진과 함께 학습합니다.

③ **백제 무왕** 때 건립된 **익산 미륵사지 석탑**은 현존하는 삼국 시대의 석탑 중 가장 크며, 국보 제11호로 지정되어 있다. 석탑 해체 복원 과정 중 1층 첫 번째 심주석에서 **금제 사리봉영(안)기가 발견**되어 석탑의 건립 연도가 명확하게 밝혀졌다.

한 번 더 체크하러 가기 ▶ 미니북 46쪽

✓ 선택지 풀이

① 경주 분황사 모전 석탑
　신라 - 국보 제30호

② 경주 정혜사지 십삼층 석탑
　통일 신라 - 국보 제40호

④ 영광탑
　발해

⑤ 경주 감은사지 삼층 석탑
　통일 신라 - 국보 제112호

06 삼국 통일 과정   정답 ⑤

✓ 정답 분석

정답이 보이는 핵심 키워드

#당과 신라 군사들 #백강 #탄현 #장군 계백 #황산 #검모잠 #당을 배반 #국가를 부흥 #왕의 외손 안승 #신라로 달아남

길잡이 ┃ 삼국 통일 과정 중 황산벌 전투와 고구려 부흥 운동 사이에 일어난 사건을 파악합니다.

(가) 황산벌 전투: 신라는 당과 동맹을 맺고 **나당 연합군**을 결성하여 백제를 공격하였다. 이후 **황산벌**(충남 논산)에서 김유신이 이끄는 **나당 연합군**에 맞서 **계백의 결사대가 항전**하였으나 패배하면서 결국 **백제는 멸망**하게 되었다(660).

(나) 고구려 부흥 운동: 나당 연합군에 의해 **평양성이 함락**되어 **고구려가 멸망**하자 **검모잠**, 고연무 등이 보장왕의 서자 **안승**을 왕으로 추대하고(670), 한성(황해도 재령)과 오골성을 근거지로 **고구려 부흥 운동**을 전개하였다. 그러나 내분으로 인해 **안승이 검모잠을 죽인 뒤** 고구려 유민을 이끌고 **신라로 망명**하였다. 이에 신라 문무왕은 안승을 보덕국의 왕으로 임명하고 금마저(전북 익산) 땅을 주어 당에 맞서도록 하였다(674).

⑤ 백제가 멸망한 이후 **복신과 도침** 등이 **왕자 풍**을 왕으로 추대하고, **백제 부흥 운동**을 주도하였다. 이들은 왜에 군사 지원을 요청하였고, 백제와 왜의 연합군은 나당 연합군에 맞서 백강에서 전투를 벌였지만 결국 패하였다(663).

한 번 더 체크하러 가기 ▶ 미니북 25쪽

✓ 선택지 풀이

① 당이 안동 도호부를 요동으로 옮겼다.
③ 신라군이 기벌포에서 당군을 격파하였다.
　나당 연합군에 의해 평양성이 함락된 이후 당은 고구려의 옛 땅을 다스리기 위해 평양에 안동 도호부를 설치하였다(668). 이후 당은 신라와의 매소성 전투(675), 기벌포 전투(676)에서 패배하면서 안동 도호부를 요동으로 옮겼다(676).

② 성왕이 관산성 전투에서 전사하였다.

백제 성왕은 신라 진흥왕이 나제 동맹을 깨고 백제가 차지한 지역을 점령하자 이에 분노하여 신라를 공격하였으나 관산성 전투에서 전사하였다(554).

④ 김춘추가 당과의 군사 동맹을 성사시켰다.

신라 김춘추는 고구려와의 동맹에 실패하자 당으로 건너가 당 태종으로부터 군사적 지원을 약속받는 데에 성공하여 나당 동맹을 성사시키고 나당 연합군을 결성하였다(648).

암기의 key ㅣ 백제와 고구려의 부흥 운동

구분	백제 부흥 운동	고구려 부흥 운동
중심 인물	왕족 복신·승려 도침(주류성), 흑치상지(임존성)	검모잠(한성), 고연무(오골성)
전개 과정	• 왜의 지원 • 백강 전투에서 당에 패배(663)	• 신라의 지원 • 당 세력을 몰아내기 위해 왕자 안승을 고구려 왕으로 추대(670) → 보덕국왕으로 추대(674)
실패 요인	지원 세력인 왜의 패배, 지도층 사이의 내분	지도층의 내분, 당·신라의 회유 → 고구려 유민들이 이주하여 발해 건국(698)

07 발해 정답 ②

◎ 정답 분석

정답이 보이는 핵심 키워드

#고구려 문화 계승 #연꽃무늬 수막새와 치미 #당 문화의 수용 #상경성 #말갈 문화 #서역과의 교류 #청동 낙타상

길잡이 ㅣ 고구려 문화를 계승하고 당 문화를 수용하여 발전한 발해에 대해 학습합니다.

발해는 대조영이 고구려 유민을 이끌고 **동모산 기슭에 건국**한 국가로, **연꽃무늬 수막새와 치미** 등을 통해 **고구려의 문화를 계승**하였음을 알 수 있다. **중앙 관제**는 당의 영향으로 **3성 6부제로 구성**하였으나 관청의 명칭과 실제 운영에는 **독자적인 방식**을 적용하였다. 또한, 신라도, 거란도, 영주도, 일본도 등 상인과 사신들이 이동하는 교통로들을 통해 **주변 국가와 교류**하였다.
② **발해**는 당의 **국자감 제도**를 받아들여 중앙에 최고 교육 기관인 **주자감을 설치**하였다. 이곳에서는 왕족과 귀족을 대상으로 유교 교육을 실시하여 인재를 양성하였다.

한 번 더 체크하러 가기 ▶ 미니북 7쪽

◎ 선택지 풀이

① 후당과 오월에 사신을 파견하였다.

견훤은 완산주(현재 전주)에 도읍을 정하고 후백제를 건국한 뒤 중국의 후당과 오월에 사신을 파견하여 외교 관계를 맺었다.

③ 9서당과 10정의 군사 조직을 운영하였다.

통일 신라 신문왕은 중앙군을 9서당, 지방군을 10정으로 편성하여 군사 조직을 정비하였다.

④ 화백 회의에서 국가의 중대사를 논의하였다.

신라는 귀족 합의체인 화백 회의를 만장일치제로 운영하여 국가의 중대사를 결정하였다.

⑤ 내신좌평, 위사좌평 등 6좌평의 관제를 마련하였다.

백제 고이왕은 6좌평제와 16관등제를 정비하여 중앙 집권 국가의 기틀을 마련하였다.

08 신라 신문왕의 정책 정답 ①

◎ 정답 분석

정답이 보이는 핵심 키워드

#왕권 강화 #진골 귀족 김흠돌의 반란 진압 #국학을 설치 #9주를 정비

길잡이 ㅣ 신라 신문왕의 왕권 강화 정책을 알아봅니다.

① **통일 신라 신문왕**은 장인이었던 **김흠돌이 반란을 도모**하다 발각되자 그를 처형하고, 이를 계기로 **귀족 세력을 숙청**하여 **왕권을 강화**하였다. 이후 **국학을 설치**하여 인재를 양성하였으며, **관료전을 지급**하고 **녹읍을 폐지**하였다. 또한, 확대된 영토를 효율적으로 통치하기 위해 전국을 9개의 구역으로 나누어 **9주를 설치**하였다.

한 번 더 체크하러 가기 ▶ 미니북 7쪽

◎ 선택지 풀이

② 마립간이라는 칭호를 처음 사용하다.

신라는 왕(王)이라는 한자식 칭호를 쓰기 전 임금을 '거서간 → 차차웅 → 이사금 → 마립간'의 순서로 칭하였다. 그중 '가장 높은 우두머리'라는 뜻을 지닌 마립간은 제17대 내물왕부터 제22대 지증왕까지 사용되었다.

③ 이사부를 보내 우산국을 복속시키다.

신라 지증왕 때 이사부는 왕의 명령으로 우산국(울릉도)과 우산도(독도)를 정복하고 실직주의 군주가 되었다.

④ 화랑도를 국가적 조직으로 개편하다.

신라 진흥왕은 화랑도를 국가적 조직으로 개편하였다.

⑤ 이차돈의 순교를 계기로 불교를 공인하다.

신라 법흥왕은 이차돈의 순교를 계기로 불교를 국교로 공인하였다.

09 장보고 정답 ③

✅ 정답 분석

#적산 법화원 #산둥반도에 있었던 신라인 집단 거주지 #무령군 소장 #흥덕왕 때 귀국 #왕위 쟁탈전에 휘말려 암살당함

길잡이 | 통일 신라 말에 활동한 장보고에 대해 살펴봅니다.

③ **통일 신라** 때 **장보고**는 당으로 건너가 서주의 무령군에 입대해 지방의 반란군을 토벌하는 등의 공을 세워 당의 장수가 되었다. **흥덕왕** 때 귀국한 장보고는 완도에 **청해진을 설치**하여 해적들을 소탕하고 **해상 무역권을 장악**하면서 당, 신라, 일본을 잇는 국제 무역을 주도하였다. 이후 자신의 도움으로 왕위에 오른 신무왕의 아들 문성왕이 장보고의 딸을 왕비로 삼겠다고 한 약속을 철회하자 이에 분노하여 반란을 일으켰고, 불안을 느낀 왕실과 귀족들은 장보고의 부하 염장을 포섭하여 장보고를 살해하였다.

한 번 더 체크하러 가기 ▶ 미니북 22쪽

✅ 선택지 풀이

① 구법 순례기인 왕오천축국전을 지었다.
통일 신라 때 혜초는 인도와 중앙아시아를 순례하고 『왕오천축국전』을 저술하였다.

② 진성 여왕에게 시무책 10여 조를 올렸다.
최치원은 통일 신라 말 6두품 출신 유학자로, 당의 빈공과에 합격하여 관리 생활을 하였다. 이후 신라로 돌아와 신라 정부의 개혁을 위해 진성 여왕에게 시무책 10여 조를 올렸으나 받아들여지지 않았다.

④ 9산 선문 중 하나인 가지산문을 개창하였다.
통일 신라 말 지방 호족 세력의 지원을 바탕으로 선종 불교가 성행하였다. 9세기 중반에는 특정 사찰을 중심으로 한 선종 집단인 9산 선문이 형성되었고, 그중 하나로 당에서 귀국한 승려 체징이 전남 가지산의 보림사에서 국사 도의를 종조로 삼아 가지산문을 개창하였다.

⑤ 한자의 음과 훈을 차용한 이두를 체계적으로 정리하였다.
설총은 강수, 최치원과 함께 통일 신라의 3대 문장가로 꼽히는 인물로, 한자의 음과 훈으로 우리말을 표기하는 이두를 정리하였다.

10 태조 왕건의 정책 정답 ①

✅ 정답 분석

#신라왕이 신하로 있겠다고 요청함 #신라국을 없애 경주라 함 #경주를 김부의 식읍으로 하사함

길잡이 | 고려 태조 왕건의 정책을 학습합니다.

고려 태조 때 **신라 경순왕 김부**가 **스스로 고려에 투항**하면서 **신라가 멸망**하였다(935). 태조는 김부에게 **경주를 식읍으로 하사**하고, 김부를 **경주의 사심관**으로 임명하였다.

① **고려 태조**는 조세 제도를 합리적으로 조정하여 세율을 1/10로 경감하였으며, 빈민을 구제하고 민생을 안정시키기 위해 **흑창**을 설치하였다.

한 번 더 체크하러 가기 ▶ 미니북 8쪽

✅ 선택지 풀이

② 12목을 설치하고 지방관을 파견하였다.
고려 성종은 최승로의 시무 28조를 받아들여 12목을 설치하고 지방관을 파견하였다.

③ 국자감에 7재라는 전문 강좌를 운영하였다.
고려 중기 최충의 문헌공도를 대표로 하는 사학 12도의 발전으로 관학이 위축되자 예종이 국자감을 재정비하여 7재를 세우고 양현고를 설치하는 등 관학 진흥책을 추진하였다.

④ 광덕, 준풍 등의 독자적 연호를 사용하였다.
고려 광종은 공신과 호족의 세력을 약화시키고 왕권을 강화하고자 국왕을 황제라 칭하고 광덕, 준풍 등의 독자적 연호를 사용하였다.

⑤ 전시과 제도를 마련하여 관리에게 토지를 지급하였다.
고려 경종 때 전시과를 처음 시행하여 관직 복무와 직역의 대가로 토지를 나눠 주었다. 관리부터 군인, 한인까지 인품과 총 18등급으로 나눈 관등에 따라 곡물을 수취할 수 있는 전지와 땔감을 얻을 수 있는 시지를 주었고, 수급자들은 지급된 토지에 대해 수조권만 가졌다.

11 시대별 여진에 대한 대응 정답 ④

✅ 정답 분석

#함길도 도절제사 김종서 #동북 지역 #공험진(公嶮鎭) #윤관 #9성 설치

길잡이 | 여진에 대한 시대별 대응을 파악합니다.

고려 숙종 때 부족을 통일한 **여진**이 고려의 국경을 자주 침입하자 **윤관**이 왕에게 건의하여 신기군, 신보군, 항마군으로 구성된 **별무반을 조직**하였다(1104). 이후 **예종** 때 윤관은 별무반을 이끌고 여진을 물리친 뒤 **동북 9성을 설치**하였다(1107).

④ **조선 태종** 때 여진에 대한 회유책으로 **경성과 경원에 무역소**를 두어 국경 무역을 할 수 있도록 하였다(1406).

✅ 선택지 풀이

① 신라 문무왕 때 청방인문표를 보내어 인질의 석방을 요구하였다.
신라 문무왕 때 강수는 당에 억류되어 있던 무열왕의 아들 김인문을 석방해 줄 것을 청한 「청방인문표」를 작성하여 풀려나도록 하였다.

② 고려 우왕 때 나세, 심덕부 등이 진포에서 크게 물리쳤다.

고려 우왕 때 왜구가 침입하자 나세, 심덕부 등은 최무선이 설계한 병선과 화통·화포를 갖추고 진포 대첩에서 왜구를 격퇴하였다.

③ 고려 창왕 때 박위를 파견하여 근거지를 토벌하였다.

고려 말 창왕 때 박위를 파견하여 왜구의 본거지인 쓰시마섬을 정벌하였다.

⑤ 조선 광해군 때 기유약조를 체결하여 무역을 재개하였다.

조선 광해군 즉위 직후 기유약조를 체결하여 일본과의 국교를 재개하였다.

12 고려의 경제 상황 정답 ①

✓ 정답 분석

정답이 보이는 핵심 키워드

#양산 통도사 국장생 석표 #국사·왕사 제도 #불교를 장려

길잡이 Ⅰ 고려의 경제 상황을 살펴봅니다.

양산 통도사 국장생 석표는 고려 선종 때 제작된 것으로, 통도사를 중심으로 절의 경계를 나타내기 위해 사방 12곳에 세워놓은 장생표 중 하나이다. '국장생'은 나라의 명에 의해 건립된 장생이라는 의미이며, 거친 석면에 '상서호부(尚書戶部)의 승인으로 세웠다'는 내용이 새겨져 있다. **고려 시대에는 왕사와 국사 제도**를 두었으며 이를 통해 **불교의 위상이 높았음**을 알 수 있다.

① **고려 숙종** 때 승려 의천의 건의에 따라 화폐 주조를 담당하는 주전도감을 설치하고 **삼한통보, 해동통보**, 해동중보 등의 동전과 활구(은병)를 발행·유통하였다.

한 번 더 체크하러 가기 ▶ 미니북 24쪽

✓ 선택지 풀이

② 특산품으로 솔빈부의 말이 유명하였다.

발해는 목축과 수렵이 발달하였는데 특히 지방 행정 구역 중 솔빈부의 말이 유명하여 주변 국가에 특산품으로 수출하였다.

③ 만상이 대청 무역으로 부를 축적하였다.

조선 후기 상업의 발달로 등장한 사상이 전국 각지에서 활발한 상업 활동을 전개하였다. 그중 개성의 송상과 의주의 만상은 대청 무역을 통해 부를 축적하였다.

④ 시장을 감독하는 관청인 동시전이 설치되었다.

신라 지증왕은 경주에 시장을 설치하고 이를 감독하기 위한 기구인 동시전을 설치하였다.

⑤ 광산을 전문적으로 경영하는 덕대가 등장하였다.

조선 후기에는 광산 개발이 활성화되어 물주로부터 자금을 받아 전문적으로 광산을 경영하는 덕대가 등장하였다.

13 고려의 문화유산 정답 ②

✓ 정답 분석

정답이 보이는 핵심 키워드

#상감청자 #청동 정병 #금동 침통

길잡이 Ⅰ 고려의 문화유산을 사진과 함께 알아봅니다.

고려 시대에는 그릇 표면에 무늬를 파내고 백토와 자토(붉은 흙)를 메워 유약을 발라 구워내는 **상감 기법**으로 만들어진 **상감청자**가 유행하였다.

ㄱ. **고려 나전 국화 넝쿨무늬 합**은 자개를 무늬대로 잘라 목심이나 칠면에 박아 넣거나 붙이는 나전 기법으로 만들어진 유물이다. 화장용 상자의 일부로 추정되며, 당시 **고려 나전 칠기 기법**이 고스란히 반영된 유물로 평가된다. 일본에서 발견된 이 합은 문화재청의 노력으로 2020년 국내로 환수되었다.

ㄷ. 「**수월관음도**」는 고려 후기에 제작된 불화로, 『화엄경(華嚴經)』「입법계품(入法界品)」에 나오는 **관음보살의 거처와 형상을 묘사한** 그림이다.

✓ 선택지 풀이

ㄴ. 무령왕릉 석수

백제 – 국보 제162호

ㄹ. 황남대총 북분 금관

신라 – 국보 제191호

14 거란의 침입과 고려의 대응 정답 ③

✓ 정답 분석

정답이 보이는 핵심 키워드

#거란 #서희 #성종 #양규 #무로대 #이수 #현종

길잡이 Ⅰ 거란의 침입에 대한 고려의 대응을 학습합니다.

• **거란의 1차 침입(993): 고려 성종** 때 **거란**이 **침략**하여 고려가 차지하고 있는 옛 고구려 땅을 내놓고 송과 교류를 끊을 것을 요구하였으나 **서희**가 소손녕과의 **외교 담판**을 통해 이를 해결하고 **강동 6주**를 획득하였다.

• **거란의 2차 침입(1010): 거란**은 강조의 정변을 구실로 고려를 침입하여 흥화진을 공격하였다. 이때 고려 장수 **양규**는 **무로대**에서 거란을 기습 공격하여 포로로 잡힌 백성을 되찾았다.

③ **고려 목종** 때 **강조**는 천추태후와 그의 정부 김치양으로 인한 국가의 혼란을 바로잡기 위해 **정변**을 일으켜 **목종을 폐위**시키고 현종을 즉위시켰다(1009).

한 번 더 체크하러 가기 ▶ 미니북 23쪽

선택지 풀이

① **묘청이 서경에서 난을 일으켰다.**

고려 인종 때 묘청과 정지상을 중심으로 한 서경 세력은 서경 천도와 칭제 건원, 금 정벌을 주장하였는데 받아들여지지 않자 서경에서 반란을 일으켰다(1135).

② **이자겸이 척준경에 의해 축출되었다.**

고려 인종 때 이자겸이 척준경과 함께 난을 일으켰다(1126). 이에 인종은 척준경을 회유하여 이자겸을 축출하고 난을 진압하였다.

④ **김윤후가 처인성에서 살리타를 사살하였다.**

몽골의 2차 침입 때 승장 김윤후가 이끄는 민병과 승군이 처인성에서 몽골군에 대항하여 적장 살리타를 사살하고 승리를 거두었다(1232).

⑤ **다인철소의 주민들이 충주에서 항전하였다.**

고려 충주 다인철소의 주민들은 몽골의 침략에 맞서 항전하였다(1254).

암기의 key   고려 후기의 정치적 격변

원의 내정 간섭	
• 일본 원정에 동원	• 영토 상실
• 관제 격하	• 내정 간섭
• 경제 수탈	• 풍속 변화

↓

공민왕의 개혁 정책	
• 친원 세력 숙청	• 관제 복구
• 정동행성 이문소 폐지	• 쌍성총관부 수복
• 요동 지방 공략	• 몽골풍 금지
• 정방 폐지	• 전민변정도감 설치

---

15 원 간섭기   정답 ③

정답 분석

정답이 보이는 핵심 키워드

#제국 대장 공주 #잣과 인삼 #원의 강남 지역으로 보냄

길잡이 ┃ 고려 원 간섭기의 사회 모습을 학습합니다.

③ **고려 원 간섭기**에는 **지배층**을 중심으로 몽골의 풍습인 **변발**과 **호복** 등이 유행하였다. 또한, 고려 세자가 왕위를 계승할 때까지 원에 머무는 것이 상례였으며, 고려의 세자는 원 공주와 혼인하여 원 황제의 부마가 되었다. 이에 충렬왕은 **제국 대장 공주**와 혼인한 후 스스로 변발과 호복을 입고 고려로 귀국하였다. 이 시기에 원은 **공녀**라 하여 고려의 처녀들을 뽑아가고, 금, 은, 베를 비롯한 **잣, 인삼, 약재** 등의 **특산물을 징발**하여 농민들의 고통을 가중시켰다.

선택지 풀이

① **원종과 애노가 사벌주에서 봉기하였다.**

통일 신라 말 진성 여왕 때 원종과 애노가 사벌주에서 중앙 정권의 무분별한 조세 징수에 반발하여 농민 봉기를 일으켰다.

② **대각국사 의천이 해동 천태종을 개창하였다.**

고려의 승려 의천은 교종과 선종의 불교 통합 운동을 전개하였으며, 국청사를 창건하고 해동 천태종을 개창하였다.

④ **기근에 대비하기 위해 구황촬요가 간행되었다.**

조선 명종 때 흉년으로 기근이 극심해지자 이로 인해 발생한 각종 문제를 해결하기 위해 대비하는 방법을 정리한 『구황촬요』를 간행하였다.

⑤ **국난 극복을 기원하며 초조대장경이 조판되었다.**

고려 현종 때 거란이 강조의 정변을 구실로 2차 침입을 단행하였고, 개경이 함락되자 현종은 나주까지 피란을 갔다. 이후 현종은 거란의 침입을 불교의 힘으로 물리치고자 초조대장경을 제작하기 시작하였다.

---

16 조위총의 난   정답 ②

정답 분석

정답이 보이는 핵심 키워드

#조위총 #개경의 중방(重房) #서경으로 달려옴

길잡이 ┃ 무신 정권기에 일어난 조위총의 난의 배경을 알아봅니다.

② **고려 의종**이 무신들을 천대하고 향락에 빠져 실정을 일삼자 무신들의 불만이 쌓여갔다. 그러던 중 보현원에서 수박희를 하다가 대장군 이소응이 문신 한뢰에게 뺨을 맞는 사건이 발생하였고, 이를 계기로 분노가 폭발한 **무신들이 정변**을 일으켰다(1170). **정중부**와 **이의방**을 중심으로 조정을 장악한 **무신들은 의종을 폐위**하여 거제도로 추방한 뒤 **명종을 즉위**시켰다. 이에 **고려 서경유수 조위총**은 군사를 일으켜 정중부 등의 무신 집권자들을 제거하려 하였으나 실패하였다(1174).

한 번 더 체크하러 가기 ▶ 미니북 8쪽

선택지 풀이

① **노비 만적이 반란을 모의하였다.**

최씨 무신 정권기에 최충헌의 사노비인 만적이 개경(개성)에서 노비들을 규합하여 신분 차별에 항거하는 반란을 도모하였으나 사전에 발각되어 실패하였다(1198).

③ **신돈이 전민변정도감의 판사가 되었다.**

고려 말 공민왕은 신돈을 등용하고 전민변정도감을 설치하여 권문세족에 의해 점탈된 토지를 돌려주고 억울하게 노비가 된 자를 풀어주는 등 개혁을 단행하였다(1366).

④ **망이, 망소이 등이 명학소에서 봉기하였다.**

고려 무신 정권기에 공주 명학소에서 망이·망소이가 과도한 부역과 소 주민에 대한 차별 대우에 항의하여 농민 반란을 일으켰다(1176).

⑤ 최충헌이 교정도감을 설치하여 국정을 총괄하였다.

고려 무신 정권 시기에 최충헌은 국정을 총괄하는 중심 기구인 교정도 감을 설치하고(1209) 스스로 기구의 최고 관직인 교정별감이 되어 인사 및 재정 등을 장악하였다.

17 삼별초 　　　정답 ④

정답 분석

정답이 보이는 핵심 키워드
#최우 #야별초(夜別抄) #별초를 나누어 좌우로 삼음 #신의군(神義軍)

길잡이 | 최우가 만든 삼별초에 대해 살펴봅니다.

고려 무신 정권기에 최충헌의 뒤를 이어 집권한 **최우**는 치안 유지를 위해 **야별초**를 설치하였다. 이것이 확대되어 **좌별초**와 **우별초**로 나뉘고, 몽골의 포로가 되었다가 탈출한 **신의군**이 합쳐져 **삼별초로 구성**되었다.
④ **고려** 정부가 강화도에서 **개경으로 환도**하자 배중손, 김통정을 중심으로 한 **삼별초**가 이에 반대하여 강화도, 진도, 제주도로 이동하며 **대몽 항쟁을 전개**하였다.

한 번 더 체크하러 가기 ▶ 미니북 8, 23쪽

선택지 풀이

① 광군사의 통제를 받았다.

고려 정종 때 최광윤의 건의로 거란의 침입에 대비하여 지방 군사 조직인 광군을 조직하였다. 전국의 광군 조직은 개경에 설치된 광군사의 통제를 받았다.

② 정미 7조약에 의해 해산되었다.

일제는 한일 신협약(정미 7조약)을 체결한 후 대한 제국의 군대를 강제로 해산시켰다.

③ 4군 6진을 개척해 영토를 확장하였다.

조선 세종 때 여진을 몰아낸 뒤 최윤덕이 압록강 상류 지역에 4군을 설치하고, 김종서가 두만강 하류 지역에 6진을 설치하였다.

⑤ 유사시에 향토 방위를 담당하는 예비군이었다.

조선 초기의 잡색군은 각계각층의 장정들로 구성되어 있었으며, 평상시에는 본업에 종사하다가 일정 기간 군사 훈련을 받아 유사시에 향토 방위를 맡는 예비군이었다.

18 이색 　　　정답 ⑤

정답 분석

정답이 보이는 핵심 키워드
#고려 말 삼은(三隱) #목은(牧隱) #이곡(李穀)의 아들 #문하시중 역임 #고려 후기 성리학의 보급에 노력

길잡이 | 고려 후기 성리학의 보급에 기여한 이색에 대해 알아봅니다.

⑤ **목은(牧隱) 이색**은 정몽주, 정도전 등의 신진 사대부를 가르친 성리학자로, 포은(圃隱) 정몽주(鄭夢周), 야은(冶隱) 길재(吉再)와 함께 **고려 후기 절개를 지킨 세 학자를 가리키는 삼은(三隱)**으로 불렸다. 이색은 **공민왕 때** 성균관의 **대사성이 되어 정몽주 등을 학관으로 천거**하여 성균관의 중흥을 도모하였다.

선택지 풀이

① 역옹패설과 사략을 저술하였다.

고려 성리학자 이제현은 문학적 소양을 바탕으로 한 시화집 『역옹패설』, 유교 사관에 입각한 역사서인 『사략』 등을 저술하였다.

② 왕명에 의해 삼국사기를 편찬하였다.

김부식은 고려 인종의 명을 받아 현존하는 우리나라 최고(最古)의 역사서인 『삼국사기』를 편찬하였다.

③ 문헌공도를 설립하여 유학 교육에 힘썼다.

고려 문종 때 최충이 세운 9재 학당은 사학 12도 중 가장 번성하여 많은 후진을 양성하였으며, 최충의 사후 그의 시호를 바탕으로 문헌공도라 칭하였다.

④ 불교 개혁을 주장하며 수선사 결사를 제창하였다.

고려 승려 지눌은 불교의 타락을 비판하였고 순천 송광사를 중심으로 승려의 기본인 독경, 수행, 노동에 힘쓸 것을 주장하는 수선사 결사 운동을 전개하였다.

19 조선 태종의 업적 　　　정답 ④

정답 분석

정답이 보이는 핵심 키워드
#광통교 #청계천 복원 #두 차례 왕자의 난 #신덕 왕후의 능에 있던 병풍석과 난간석을 다리 제작에 사용

길잡이 | 조선 태종의 업적을 파악합니다.

조선 초 토교(土橋)였던 **광통교**가 큰 비에 떠내려가자 **태종**은 태조의 계비인 **신덕 왕후의 능**에 있던 **병풍석**과 **난간석**을 이용하여 **석교(石橋)**로 다시 만들었다. 이후 광통교는 도성 내 중심 통로로서 임금의 능행, 중국의 사신들의 왕래에 쓰이는 등 도성에서 가장 많이 이용되었다.

④ 조선 태종 때 김사형, 이무, 이회 등이 **우리나라 최초의 세계 지도**이자 현존하는 동양 최고(最古)의 지도인 **혼일강리역대국도지도**를 제작하였다(1402).

한 번 더 체크하러 가기 ▶ 미니북 9쪽

🗸 선택지 풀이

① 최무선의 건의로 화통도감이 설치되었다.

고려 우왕 때 최무선이 화통도감의 설치를 건의하여 화약과 화포를 제작하였고, 이를 활용하여 진포 대첩에서 왜구를 격퇴하였다.

② 조선의 기본 법전인 경국대전이 완성되었다.

조선 세조 때 편찬되기 시작한 『경국대전』은 조선의 기본 법전으로, 성종 때 완성되어 반포되었다.

③ 국방 문제를 논의하기 위한 비변사가 설치되었다.

조선 중종 때 삼포왜란이 일어나자 외적의 침입에 대비하기 위한 임시 기구로 비변사가 처음 설치되었다. 이후 명종 때 을묘왜변을 계기로 상설 기구화되었다.

⑤ 한양을 기준으로 한 역법서인 칠정산이 간행되었다.

조선 세종 때 중국의 수시력과 아라비아의 회회력을 참고로 한 역법서인 『칠정산』을 편찬하였다. 『칠정산』은 최초로 한양을 기준으로 천체 운동을 계산하였으며, 내편(內篇)과 외편(外篇)으로 이루어졌다.

---

20 | 승정원   정답 ①

🗸 정답 분석

정답이 보이는 핵심 키워드

#은대조례 #흥선 대원군 #업무 처리 규정 #승지

길잡이 | 조선 시대 승정원에 대해 학습합니다.

① **승정원**은 조선 시대 **왕명의 출납**을 관장하던 관청으로, **은대(銀臺)**, 후원(喉院), 정원(政院), 대언사(代言司) 등으로 불리기도 하였다. 1870년 **흥선 대원군**은 승정원에서 정부를 전달·집행하는 과정을 기록한 **은대조례**를 편찬하게 하여 승정원의 관리인 승지들의 사무에 참고하도록 하였다.

한 번 더 체크하러 가기 ▶ 미니북 35쪽

🗸 선택지 풀이

② 사간원, 사헌부와 함께 3사로 불렸다.

조선의 홍문관은 성종 때 집현전을 계승하여 설치되었으며, 대표적인 언론 기관인 사헌부, 사간원과 함께 3사를 구성하였다.

③ 천문 연구, 기상 관측 등의 일을 맡았다.

조선의 관상감은 천문, 지리, 기후 등에 관한 업무를 담당하였다.

---

④ 실록을 보관하고 관리하는 업무를 담당하였다.

조선의 춘추관은 역사서를 보관·관리하기 위해 설치된 관청으로, 이곳에 설치된 실록청에서 실록 편찬을 담당하였다.

⑤ 국왕 직속 사법 기구로 강상죄, 반역죄 등을 처결하였다.

조선의 의금부는 고려 충렬왕 때 설치한 순마소가 조선 태종 때 개편되면서 국왕 직속 사법 기구가 되었으며, 강상죄, 반역죄 등을 저지른 중죄인을 다루었다.

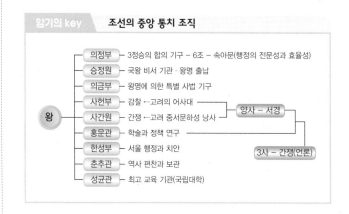

암기의 key   조선의 중앙 통치 조직

---

21 | 신숙주   정답 ⑤

🗸 정답 분석

정답이 보이는 핵심 키워드

#희현당(希賢堂) #보한재(保閑齋) #집현전 학사 #훈민정음 해례본 편찬에 참여 #계유정난 정난공신 #사대교린의 외교 정책 주도 #한명회 등과 국정 논의

길잡이 | 조선의 신숙주에 대해 알아봅니다.

⑤ **신숙주**는 조선 세종 때 **집현전 학자**로 재직하면서 **훈민정음 창제에 참여**하였으며, **통신사**로 일본에 다녀온 후 대일 **외교에 대한 전문가**로 대일본 국책 결정에 깊이 관여하였다. 성종 때는 일본의 지리와 국정, 외교 관계 등을 기록한 『**해동제국기**』를 편찬하였으며, 단종 때 발생한 **계유정난**에 공을 세워 세조 때 **정난공신**에 책봉되기도 하였다.

🗸 선택지 풀이

① 기해예송에서 기년설을 주장하였다.

조선 현종 때 효종의 국상 당시 효종의 왕위 계승에 대한 정통성과 관련하여 인조의 계비인 자의 대비의 복상 문제를 놓고 서인과 남인 사이에 예송 논쟁이 발생하였다. 서인은 효종이 둘째 아들이므로 자의 대비의 복상 기간을 1년으로 주장하였고(기년설), 남인은 효종을 장자로 대우하여 3년 복상을 주장하였으나 서인 세력이 승리하였다.

② 반정 공신의 위훈 삭제를 건의하였다.

조선 중종 때 등용된 조광조는 현량과 실시, 소격서 폐지, 반정 공신들의 위훈 삭제 건의 등의 급진적인 개혁을 실시하였다. 이에 반발한 훈구 세력들이 주초위왕 사건을 일으켜 기묘사화가 발생하면서 조광조를 비롯한 사림들이 피해를 입었다.

③ 향촌의 풍속 교화를 위해 예안 향약을 시행하였다.

조선 중기의 성리학자 퇴계 이황은 향촌 사회의 교화를 위해 향약의 4대 덕목 가운데 '과실상규'를 강조하는 예안 향약을 만들었다.

④ 최초로 100리 척을 사용한 동국지도를 제작하였다.

조선 영조 때 정상기가 최초로 100리 척을 사용하여 「동국지도」를 제작하였다.

22 조선 세종의 정책 정답 ⑤

✅ 정답 분석

정답이 보이는 핵심 키워드
#관현맹(管絃盲) #박연 #여민락(與民樂)

길잡이 ┃ 조선 세종의 정책을 살펴봅니다.

조선 시대 관현맹(管絃盲)은 시각장애인 가운데 음악적 재능이 뛰어난 사람을 뽑아 궁중 음악 기관인 장악원에서 **악기를 연주**하도록 한 이들을 말한다. **세종 때 박연**은 왕에게 건의하여 **관현맹의 처우가 개선**될 수 있도록 노력하였다.
⑤ **조선 세종 때** 군신·부자·부부 삼강에 모범이 될 만한 충신, 효자, 열녀의 행실을 모아 글과 그림으로 설명한 윤리서인 『**삼강행실도**』를 간행하였다.

한 번 더 체크하러 가기 ▶ 미니북 9쪽

✅ 선택지 풀이

① 창덕궁에 신문고를 처음 설치하였다.

조선 태종 때 창덕궁에 신문고를 처음 설치하여 백성이 억울하고 원통한 일을 호소할 수 있도록 하였다.

② 삼수병으로 구성된 훈련도감을 창설하였다.

임진왜란 중 유성룡이 선조에게 건의하여 포수, 사수, 살수의 삼수병으로 편제된 훈련도감을 설치하였다.

③ 붕당 정치의 폐단을 경계하고자 탕평비를 세웠다.

조선 영조는 붕당 정치의 폐해를 막고 능력에 따른 인재를 등용하기 위해 탕평책을 실시하였고, 이를 알리고자 성균관에 탕평비를 건립하였다.

④ 통치 체제를 정비하기 위해 대전통편을 간행하였다.

조선 정조는 통치 체제를 정비하기 위해 『경국대전』과 『속대전』 등 다른 여러 규정들을 하나로 통합하여 『대전통편』을 간행하였다.

23 대동법 정답 ④

✅ 정답 분석

정답이 보이는 핵심 키워드
#선혜청 #공가(貢價) #필요한 물품을 마련하여 궁궐과 관청에 납품

길잡이 ┃ 공인이 나타나게 된 배경인 대동법에 대해 학습합니다.

④ **조선 후기 광해군 때 공납의 폐단**을 해결하기 위해 공납을 전세화하여 쌀이나 베, 동전 등으로 납부하게 한 제도인 **대동법이 실시**되었다. 경기도에서 처음 시행되었는데 토지 결수를 기준으로 하였기 때문에 지주들의 반발이 심하여 바로 전국에서 실시되지는 못하였다. 이후 강원도에서 실시되었고 충청도, 전라도, 경상도 순으로 확대되어 평안도와 함경도를 제외한 전국에서 시행되었다. 공물 대신 토지 1결당 미곡 12두를 납부하도록 하면서 현실적인 세납의 기초를 마련하게 되었다. 대동법의 시행으로 국가에서 필요한 물품을 어용상인인 **공인**이 직접 조달하게 되었다. 공인은 각 지방의 객주와 거래함으로써 **상품 화폐 경제의 발달을 촉진**시켰다.

한 번 더 체크하러 가기 ▶ 미니북 43쪽

✅ 선택지 풀이

① 관수 관급제가 시행되었다.

조선 성종 때 관리들의 과도한 수취로 수조권이 남용되자 국가가 직접 수확량을 조사하여 조세를 징수한 후 관리에게 지급하는 관수 관급제를 실시하였다. 이로 인해 토지와 농민에 대한 국가의 지배력이 강화되었다.

② 금속 화폐인 건원중보가 주조되었다.

고려 성종 때 우리나라 최초의 금속 화폐인 건원중보가 주조되었다.

③ 근대적 상회사인 대동 상회가 설립되었다.

고종 때 평안도 상인들이 평양에 근대적 상회사인 대동 상회를 설립하였다.

⑤ 육의전을 제외한 시전 상인의 금난전권이 폐지되었다.

조선 정조 때 채제공의 건의에 따라 신해통공을 시행하여 육의전을 제외한 시전 상인들의 금난전권이 폐지되었다.

24 한양 도성 정답 ③

✅ 정답 분석

정답이 보이는 핵심 키워드
#한성부 도심의 경계 표시 #외부의 침입 방어 #4대문과 4소문 #암문, 수문, 여장, 옹성

길잡이 ┃ 조선 시대 한양 도성에 대해 알아봅니다.

한양 도성은 조선의 수도였던 한성의 주위를 둘러싼 **성곽과 4대문, 4소문, 암문, 수문, 여장, 옹성** 등을 아울러 이르는 말이다. 개국 초기 궁과 수도 방어를 위해 **정도전 등이 설계**하였으며, 도성조축도감이 축조를 관장하였다. 초축 이후에도 태종, 세종, 숙종 등 여러 시기에 걸쳐 유지 보수되어 **조선 시대 축성 기술의 변화 과정**을 살펴볼 수 있다. **일제 강점기**에는 일제 도시 개발 계획에 의해 **도성의 대부분이 크게 훼손**되기도 하였다.
③ 조선 인조 때 정묘호란이 발발하자 후금에 맞서 정봉수와 이립이 용골산성에서 의병을 이끌며 항전하였다(1627).

암기의 key · 왜란의 전개 과정

시기		전투 내용
1592	4.13.	임진왜란 발발(부산포)
	4.14.	부산진성 전투(첫 전투)
	4.28.	충주 탄금대 전투 패배(신립) → 선조 의주 피난
	5.2.	한양 함락
	5.7.	옥포 해전(이순신), 첫 승리
	5.29.	사천포 해전(거북선 사용)
	7.	한산도 대첩(학익진 전법)
	10.	진주 대첩(김시민 전사)
1593	1.	평양성 탈환(조·명 연합군)
	2.	행주 대첩(권율)
1597	1.	정유재란
	9.	명량해전
	11.	노량해전(이순신 전사)

---

25 행주대첩   정답 ③

✓ 정답 분석

> **정답이 보이는 핵심 키워드**
> #권율 #행주산 #책(柵)을 설치하여 방비 #『선조수정실록』

> 길잡이 ┃ 임진왜란 때 일어난 행주대첩 이후에 전개된 사실을 파악합니다.

임진왜란 때 조명 연합군의 공격으로 후퇴하던 왜군이 **행주산성**을 공격하였다. 이에 **권율**을 중심으로 한 조선 군대와 백성들이 항전하여 왜군에 승리를 거두었다(1593.2.).
③ **임진왜란** 때 명이 원군을 보내면서 전쟁이 장기화될 조짐이 보이자 **명과 일본은 강화 협상**을 진행하였다. 협상은 결국 결렬되었고, **일본이 다시 조선을 침략**하여 **정유재란**이 발발하였다(1957.1.).

한 번 더 체크하러 가기 ▶ 미니북 32쪽

✓ 선택지 풀이

① 최영이 홍산에서 대승을 거두었다.
고려 말 최영은 홍산에서 충남 내륙 지역까지 올라온 왜구를 전멸시키며 크게 승리하였다(1376).

② 이순신이 한산도 대첩에서 승리하였다.
조선 선조 임진왜란 때 이순신의 수군은 학익진 전법 등을 활용하여 한산도 대첩에서 왜군을 크게 물리쳤다(1592.7.).

④ 이종무가 왜구의 근거지인 쓰시마를 정벌하였다.
조선 세종은 왜구의 침입이 빈번하자 이종무를 보내 왜구의 근거지인 쓰시마를 정벌하였다(1419).

⑤ 신립이 탄금대에서 배수의 진을 치고 왜군에 항전하였다.
조선 선조 때 임진왜란이 발발하자 신립은 충주 탄금대에서 배수의 진을 치고 맞서 싸웠으나 왜군에 크게 패하여 강물에 몸을 던져 자결하였다(1592.4.).

---

26 양재역 벽서 사건   정답 ②

✓ 정답 분석

> **정답이 보이는 핵심 키워드**
> #대비마마 #벽서 #양재역 #여주(女主) #간신 이기(李芑)

> 길잡이 ┃ 양재역 벽서 사건이 일어난 조선 명종 시기를 알아봅니다.

양재역 벽서 사건은 **조선 명종** 때 소윤의 윤형원 일파가 **을사사화 이후** 남은 대윤 세력을 숙청하기 위해 양재역 벽에 익명의 벽서를 붙인 사건이다(1547). 양재역 벽서의 내용이 왕에게 보고되면서 당시 수렴청정 중이었던 **문정 황후**에 의해 윤임 일파의 잔당으로 지목된 이언적, 권벌 등 많은 사림 세력들이 유배되는 **정미사화**가 발생하였다.
② 조선 인종의 뒤를 이어 **명종**이 어린 나이로 즉위하자 명종의 어머니 **문정 왕후**가 **수렴청정**을 하였다. 인종의 외척인 윤임을 중심으로 한 대윤 세력과 명종의 외척인 윤원형을 중심으로 한 소윤 세력의 대립으로 **을사사화**가 발생하여 윤임을 비롯한 대윤 세력과 사림들이 큰 피해를 입었다(1545).

한 번 더 체크하러 가기 ▶ 미니북 42쪽

✓ 선택지 풀이

① 사림이 동인과 서인으로 나뉘었다.
조선 선조 때 사림 세력은 이조 전랑 임명권을 놓고 김효원을 중심으로 한 동인과 심의겸을 중심으로 한 서인으로 분화되었고, 이를 계기로 붕당 정치가 시작되었다(1575).

③ 서인이 반정을 일으켜 정권을 장악하였다.

서인 세력은 광해군의 중립 외교 정책과 영창대군 사사 사건, 인목 대비 유폐 문제를 빌미로 인조반정을 일으켰다(1623). 이에 광해군이 폐위되고 인조가 왕위에 올랐으며, 북인 세력인 이이첨, 정인홍 등은 처형되었다.

④ 김종직 등 사림이 중앙 정계에 진출하기 시작하였다.

조선 성종은 훈구파를 제어하려는 목적으로 김종직 등의 사림을 적극적으로 중용하였다.

⑤ 폐비 윤씨 사사 사건의 전말이 알려져 김굉필 등이 처형되었다.

조선 연산군이 생모인 폐비 윤씨 사건의 전말을 알게 되면서 갑자사화가 발생하였다(1504). 이로 인해 김굉필 등 당시 폐비 윤씨 사건에 관련된 인물들과 무오사화 때 피해를 면하였던 사림들까지 큰 화를 입었다.

암기의 key 조선의 사화

무오사화 (1498)	• 배경: 김일손이 스승 김종직의 조의제문을 사초에 기록한 사건 • 훈구파(유자광, 이극돈)와 사림파(김일손)의 대립
갑자사화 (1504)	• 배경: 폐비 윤씨 사사 사건 • 무오사화 때 피해를 면한 사림과 일부 훈구 세력까지 피해
기묘사화 (1519)	• 배경: 조광조의 개혁 정치 • 위훈 삭제로 인한 훈구 공신 세력의 반발 → 주초위왕 사건으로 조광조 축출
을사사화 (1545)	• 배경: 인종의 외척 윤임(대윤)과 명종의 외척 윤원형(소윤) 간 대립 심화 • 명종 즉위, 문정 왕후 수렴청정 → 집권한 소윤이 대윤 공격

27 수원 화성 정답 ④

정답 분석

정답이 보이는 **핵심 키워드**
#정조 #정치적 이상을 담아 축조 #행궁 #장용영 #서장대

길잡이 | 조선 정조가 건축한 수원 화성을 학습합니다.

ㄴ. ㄹ. **조선 후기 정조**는 **수원 화성**을 축조하여 사도 세자의 묘를 옮기고 국왕 친위 부대인 **장용영**의 외영을 설치하는 등 화성에 **정치적·군사적 기능을 부여**하였다. 또한, 성벽의 일부를 밖으로 돌출시키고 그 안에 화포 등을 감춘 **포루**, 적의 동향을 살핌과 동시에 공격도 가능한 **공심돈** 등의 방어 시설을 설치하였다. 화성 축조 시에는 정약용이 고안한 **거중기** 등이 이용되어 공사 기간과 비용을 줄이는 데 크게 기여하였다.

한 번 더 체크하러 가기 ▶ 미니북 10, 16쪽

선택지 풀이

ㄱ. 고종이 아관파천 이후 환궁한 곳이다.

고종은 아관파천 이후 경운궁(덕수궁)으로 환궁하여 대한 제국을 수립하고 환구단에서 황제 즉위식을 거행하였다.

ㄷ. 당백전을 발행하여 건설 비용에 충당하였다.

조선 고종 때 흥선 대원군은 경복궁 중건에 필요한 비용을 마련하기 위해 당백전을 발행하였다.

28 홍대용, 박지원 정답 ④

정답 분석

정답이 보이는 **핵심 키워드**
#실용 #땅덩이가 하루 동안에 한 바퀴를 돎 #허생 #배가 외국과 통하지 못함 #수레가 국내에 두루 다니지 못함

길잡이 | 조선 후기 실학자 홍대용과 박지원에 대해 살펴봅니다.

(가) 홍대용의 『의산문답』: 조선 후기 홍대용은 『의산문답』을 통해 **지전설**과 무한 우주론을 주장하며 중국 중심의 성리학적 세계관을 비판하였다.
(나) 박지원의 『허생전』: 조선 후기 박지원은 한문 단편소설인 『허생전』을 지어 당시 양반의 허례와 무능을 풍자하고 비판하였다.
④ 조선이 청에 보낸 사절단인 **연행사**는 기행 일기인 『연행록』을 남겼으며, 홍대용(『을병연행록』), 박지원(『열하일기』)이 저술한 것이 대표적이다.

한 번 더 체크하러 가기 ▶ 미니북 16쪽

선택지 풀이

① 갑술환국으로 정계에서 축출되었다.

조선 숙종 때 갑술환국으로 남인이 정계에서 축출되고 서인에서 분화된 노론과 소론이 정국을 주도하였다.

② 양명학을 연구하여 강화 학파를 형성하였다.

조선 후기 정제두는 지행합일을 중요시하는 양명학을 체계적으로 연구하였고, 강화도에서 후진 양성에 힘을 기울여 강화 학파를 형성하였다.

③ 서얼 출신으로 규장각 검서관에 기용되었다.

조선 정조는 탕평 정치와 고른 인재 등용을 위해 서얼 출신인 유득공, 이덕무, 박제가 등을 규장각 검서관으로 기용하였다.

⑤ 농민 생활의 안정을 위하여 화폐 사용을 반대하였다.

조선 후기 중농학파 실학자 이익은 고리대의 근원으로 농촌 경제를 위협할 수 있는 화폐의 사용을 반대하였다.

29 조선 후기 서민 문화   정답 ⑤

✓ 정답 분석

정답이 보이는 **핵심 키워드**

#책가도 #민화 #서민들에게 인기

길잡이 ┃ 조선 후기의 서민 문화를 알아봅니다.

조선 후기에는 **서민 문화**가 발달하여 **민화**와 **판소리**, **탈춤**이 유행하였고, 『홍길동전』과 『춘향전』 등 **한글 소설**이 널리 읽혔다. 이에 따라 소설이 대중화되어 소설책을 빌려주는 **세책가**와 직업적으로 소설을 낭독하는 이야기꾼인 **전기수**가 등장하였고, 책을 비롯한 도자기, 문방구, 향로, 청동기 등이 책가 안에 놓인 모습을 그린 그림인 **책가도**가 그려지기도 하였다. 또한, **상업의 발달**로 전국 각지에서 **장시가** 활성화되면서 **보부상**이 등장하여 장날에 따라 이동하며 각 장시들을 연계한 하나의 유통망을 형성하였다.

⑤ 고려 시대에는 예성강 하구에 위치한 벽란도가 국제 무역항으로 번성하였으며, 이곳을 통해 송·아라비아 상인들과 교역을 전개하였다.

한 번 더 체크하러 가기 ▶ 미니북 24쪽

---

30 신미양요   정답 ④

✓ 정답 분석

정답이 보이는 **핵심 키워드**

#강화도 광성보 #용두돈대 #미군 #어재연 장군

길잡이 ┃ 미군에 맞서 어재연 장군이 항전한 신미양요가 일어난 시기를 파악합니다.

- **오페르트 도굴 사건(1868):** 병인양요 이후 **독일 상인 오페르트**가 흥선 대원군의 아버지 **남연군의 묘를 도굴하려다 실패**하는 사건이 발생하였다. 이를 계기로 흥선 대원군은 쇄국 정책을 더욱 강화하였다.
- **척화비 건립(1871):** 병인양요와 신미양요를 극복한 **흥선 대원군**은 **외세의 침입을 경계**하고 **서양과의 통상 수교 반대** 의지를 알리기 위해 종로와 전국 각지에 **척화비를 건립**하였다.

④ 제너럴 셔먼호 사건을 구실로 **미국**의 로저스 제독이 함대를 이끌고 **강화도를 공격**하여 **신미양요**가 발생하였다(1871). 미군은 강화도 덕진진을 점거하고 **광성보**로 진격하였고, 조선군은 **어재연**을 중심으로 맞서 싸웠으나 수많은 사상자를 내며 패배하였다. 이후 미국은 조선에 개항을 요구하였으나 흥선 대원군의 강력한 통상 수교 거부 정책으로 인해 함대를 철수하였다.

한 번 더 체크하러 가기 ▶ 미니북 33쪽

---

31 광무개혁   정답 ③

✓ 정답 분석

정답이 보이는 **핵심 키워드**

#파리 만국 박람회장 #한국관 #황제로 즉위 #개혁을 추진 #서구의 산업과 기술을 받아들이고자 함

길잡이 ┃ 대한 제국 시기 고종이 실시한 광무개혁의 내용을 살펴봅니다.

③ **대한 제국** 선포 직후 **고종**은 '옛 법을 근본으로 삼고 새로운 것을 첨가한다'는 의미의 **구본신참**을 기본 정신으로 하여 **광무개혁**을 실시하였다(1897). 이에 따라 **관립 의학교**와 국립 병원인 **광제원**이 설립되었다.

한 번 더 체크하러 가기 ▶ 미니북 49쪽

✓ 선택지 풀이

① 건양이라는 연호를 사용하였다.
    을미사변 이후 을미개혁이 추진되어 건양이라는 독자적인 연호와 태양력을 사용하게 되었다(1895).

② 신식 군대인 별기군을 창설하였다.
    고종은 강화도 조약(1876) 이후 개화 정책을 추진하였으며 그 일환으로 기존 5군영을 무위영과 장어영의 2영으로 개편하고 신식 군대인 별기군을 창설하였다(1881).

④ 박문국을 설치하여 한성순보를 발간하였다.
    개항 이후 개화 정책의 일환으로 출판 기관인 박문국이 설치되었고 이곳에서 최초의 근대적 신문인 한성순보를 발간하였다(1883).

⑤ 한일 관계 사료집을 편찬하고 독립 공채를 발행하였다.
    대한민국 임시 정부는 임시 사료 편찬 위원회를 설치하고 국제 연맹에 우리 민족의 독립을 요청하기 위한 자료로 『한일 관계 사료집』을 간행하였다(1919). 또한, 국외 거주 동포들에게 독립 공채를 발행하여 독립 운동 자금을 마련하였다.

---

32 동학 농민 운동의 전개 과정   정답 ⑤

✓ 정답 분석

정답이 보이는 **핵심 키워드**

#고부 농민 봉기 #황토현 전투 #전주 화약 체결 #일본군의 경복궁 점령 #우금치 전투

길잡이 ┃ 동학 농민 운동의 전개 과정을 파악합니다.

제62회

⑤ 전라도 고부 군수 조병갑의 횡포에 견디다 못한 농민들은 **동학교도 전봉준**을 중심으로 **고부 봉기**를 일으켰다(1894.1.). 정부가 폐정 시정을 약속하자 농민군은 자진 해산하였고, 안핵사 이용태가 파견되었다. 이용태는 농민 봉기 주도자와 동학교도를 탄압하였고, 농민들은 4대 강령을 발표하며 동학 농민 운동을 일으켰다(1차 봉기, 1894.3.). 농민군은 **황토현 · 황룡촌 전투**에서 관군에 승리하고 전주성을 점령하여 전라도 일대를 장악하였다. 정부는 농민군을 진압하기 위해 청에 군대를 요청하였고, 톈진 조약으로 인해 일본도 군대를 파견하였다. 이에 농민군은 외국의 개입을 우려하여 정부와 **전주 화약**을 맺은 뒤 자치 개혁 기구인 집강소를 설치하였다. 이후 일본군이 **경복궁을 점령**하고 청일 전쟁을 일으키면서 일본의 내정 간섭이 심해지자 동학 농민군의 **남접과 북접이 연합**하여 다시 봉기하였다(2차 봉기, 1893.9.). 그러나 **우금치 전투**에서 농민군이 관군과 일본군에게 패하였고, 전봉준이 서울로 압송되면서 농민군은 해산되었다.

한 번 더 체크하러 가기 ▶ 미니북 41쪽

선택지 풀이

① 교정청 설치

동학 농민군과 전주 화약을 체결한 후 조선 정부에서는 교정청을 설치하여 자주적인 내정 개혁을 시도하였다(1894).

② 전봉준 체포

동학 농민 운동군은 우금치 전투에서 관군과 일본군에게 패배하였고, 전봉준이 체포되면서 해산되었다(1894).

③ 13도 창의군 결성

한일 신협약으로 대한 제국 군대가 해산되자 이에 반발하여 정미의병이 전국적으로 전개되었고, 해산 군인들이 의병 활동에 가담하며 의병 부대가 조직화되었다. 이후 이인영을 총대장으로 한 13도 창의군이 결성되어 서울 진공 작전을 전개하였다(1908).

④ 안핵사 이용태 파견

전라도 고부 군수 조병갑의 횡포에 견디다 못한 농민들이 동학교도 전봉준을 중심으로 고부에서 봉기를 일으켰고, 이를 수습하기 위해 안핵사 이용태가 파견되었다(1894).

33 조미 수호 통상 조약   정답 ③

정답 분석

정답이 보이는 핵심 키워드

#청의 알선으로 서양과 맺은 최초의 조약 #개항기 대외 관계

길잡이 ❘ 조미 수호 통상 조약이 조선에 미친 영향을 학습합니다.

조미 수호 통상 조약은 조선이 **서양 국가와 맺은 최초의 조약**으로, **청이 러시아와 일본을 견제**하고 조선에 대한 청의 종주권을 확인할 목적으로 체결을 알선하였다(1882). **관세 자주권을 확보**하였으나, **최혜국 대우**를 처음으로 규정하고 **치외 법권**, 국가 간의 분쟁을 제3국이 해결하는 **거중 조정** 조항 등이 포함된 **불평등 조약**이었다.

③ 조미 수호 통상 조약이 체결된 후 조선 주재 미국 공사가 파견되자 조선 정부는 답례로 **미국에 민영익을 대표로 한 보빙사를 파견**하였다(1883).

한 번 더 체크하러 가기 ▶ 미니북 11쪽

선택지 풀이

① 부산, 원산, 인천 항구가 개항되었다.
④ 일본 군함 운요호가 영종도를 공격하였다.

일본이 운요호 사건을 구실로 조선에 통상 조약 체결을 요구하여 우리나라 최초의 근대적 조약이자 불평등 조약인 강화도 조약이 체결되었다(1876). 일본의 요구에 따라 부산, 원산, 인천 3곳을 개항하였다.

② 김홍집이 국내에 조선책략을 소개하였다.

조선 고종 때 제2차 수신사로 일본에 파견되었던 김홍집은 당시 청국 주일 공사관 황쭌셴이 지은 『조선책략』을 국내에 소개하였다(1880). 『조선책략』은 러시아 남하 정책에 대비해 청 · 미 · 일과 친하게 지내야 한다는 내용으로, 조미 수호 통상 조약 체결의 배경이 되었다.

⑤ 개화 정책을 총괄하는 통리기무아문이 설치되었다.

고종은 강화도 조약 이후 실시한 개화 정책에 따라 국내외의 군국 기무와 개화 정책을 총괄하는 관청인 통리기무아문을 설치하였다(1880).

34 신민회   정답 ④

정답 분석

정답이 보이는 핵심 키워드

#대한매일신보 #태극 서관 #서적 할인 광고 #신지식 보급과 민족 의식 고취 #대성 학교 설립 #이승훈

길잡이 ❘ 신민회의 활동을 알아봅니다.

신민회 조직에 참여한 **이승훈**은 **평양**에서 계몽 서적이나 유인물을 출판 · 보급하고자 **태극 서관**을 설립하여 민족 기업을 육성하였다.
④ **안창호**와 **양기탁** 등은 민족의 실력 양성을 위해 **비밀 결사 단체**인 **신민회**를 결성하였다(1907). 평양 대성 학교와 정주 오산 학교를 세워 민족 교육을 실시하기도 하였으나 조선 총독부가 총독 암살 미수 사건을 조작하여 많은 민족 운동가들을 체포한 105인 사건으로 인해 단체가 와해되었다.

한 번 더 체크하러 가기 ▶ 미니북 15, 39쪽

선택지 풀이

① 민립 대학 설립 운동을 전개하였어요.

1920년대에 일제가 기만적 문화 통치를 표방하자 민족 운동가들은 한국인을 위한 고등 교육 기관인 민립 대학 설립 운동을 전개하였다. 이상재, 이승훈, 윤치호 등이 조선 민립 대학 기성회를 조직하고(1923) 대학 설립을 위한 모금 활동도 전개하였다.

② 러시아의 절영도 조차 요구를 저지하였어요.

독립 협회는 만민 공동회를 개최하고 이권 수호 운동을 전개하여 러시아의 절영도 조차 요구를 저지하였다(1898).

③ 파리 강화 회의에 독립 청원서를 제출하였어요.

대한민국 임시 정부는 파리 강화 회의에 김규식을 파견하여 독립 청원서를 제출하는 등 외교 활동을 전개하였다(1919).

⑤ 국문 연구소를 세워 한글의 문자 체계를 정리하였어요.

학부대신 이재곤의 건의로 학부 안에 설치된 국문 연구소는 지석영과 주시경을 중심으로 한글의 정리와 국어의 이해 체계 확립에 힘썼다(1907).

35 헐버트 | 정답 ②

✓ 정답 분석

정답이 보이는 핵심 키워드

#육영공원의 교사 #고종의 특사 #만국 평화 회의가 열린 헤이그 방문 #대한 제국 멸망사 출간

길잡이 | 대한 제국 시기 헐버트의 활동을 살펴봅니다.

호머 헐버트는 길모어 등과 함께 최초의 근대식 공립 학교인 **육영 공원의 외국인 교사**로 초빙되어 양반 자제들에게 영어 교육과 근대 교육을 실시하였다. 또한, 을사늑약 체결 이후 **고종의 특별 밀사**로 헤이그 특사의 활동을 지원하면서 국제 사회의 도움과 지지를 받기 위해 노력하였다.
② **헐버트**는 세계의 지리 지식과 문화를 소개하는 내용을 담은 교과서인 『**사민필지**』를 한글로 저술하였다.

✓ 선택지 풀이

① 화폐 정리 사업을 주도하였다.

제1차 한일 협약을 통해 스티븐스가 외교 고문, 메가타가 재정 고문으로 임명되었다. 이후 메가타는 대한 제국의 경제권을 장악하기 위해 탁지부를 중심으로 화폐 정리 사업을 실시하였다.

③ 여성 교육 기관인 이화 학당을 설립하였다.

미국의 선교사 스크랜턴 부인은 최초의 여성 교육 기관인 이화 학당을 설립하여 근대적 여성 교육에 기여하였다.

④ 친일 인사 스티븐스를 샌프란시스코에서 사살하였다.

장인환과 전명운은 미국 샌프란시스코에서 대한 제국의 외교 고문이었던 친일파 미국인 스티븐스를 사살하였다.

⑤ 논설 단연보국채를 써서 국채 보상 운동에 적극 참여하였다.

황성신문은 논설 단연보국채를 실어 국민들이 스스로 국채 보상 운동에 동참할 것을 호소하였다.

36 독립 협회 | 정답 ②

✓ 정답 분석

정답이 보이는 핵심 키워드

#제중원 #백정의 아들로 태어나 차별을 극복 #관민 공동회

길잡이 | 평등을 위해 노력한 독립 협회의 활동을 알아봅니다.

② 갑신정변 이후 미국에서 돌아온 **서재필**은 남궁억, 이상재, 윤치호 등과 함께 **독립 협회**를 창립하였다(1896). 중추원 개편을 통한 의회 설립과 근대적 입헌 군주제 실현을 목표로 활동하였으며, **만민 공동회와 관민 공동회를 개최**하여 민중에게 근대적 지식과 국권 · 민권 사상을 고취시켰다. 정부 대신 박정양, 윤치호가 참석한 이 자리에는 가장 천대받던 계층인 **백정 박성춘**이 연설을 하는 등 관민이 함께 국정에 대하여 논의하였다.

한 번 더 체크하러 가기 ▶ 미니북 49쪽

✓ 선택지 풀이

① 일제의 황무지 개간권 요구를 저지하였다.

보안회는 일본이 대한 제국에 황무지 개간권을 요구하자 반대 운동을 전개하여 이를 저지하였다.

③ 농촌 계몽을 위한 브나로드 운동을 전개하였다.

1930년대 초 언론사를 중심으로 농촌 계몽 운동이 전개되었으며, 동아일보는 문맹 퇴치 운동의 일환으로 브나로드 운동을 주도하였다.

④ 외교 활동을 펼치기 위해 구미 위원부를 설치하였다.

대한민국 임시 정부는 대미 외교 업무를 수행하기 위해 미국에 구미 위원부를 설치하였다.

⑤ 여성의 평등한 권리를 주장하는 여권통문을 발표하였다.

서울 북촌의 양반 여성들이 모여 한국 최초의 여성 인권 선언문인 여권통문을 발표하였다. 이를 통해 여성이 정치에 참여할 권리, 남성과 평등하게 직업을 가질 권리, 교육을 받을 권리 등을 주장하였다.

37 1920년대 민족 유일당 운동 | 정답 ①

✓ 정답 분석

정답이 보이는 핵심 키워드

#조선 사회 운동 단체 #정우회 #민족주의적 세력과 동맹자적 관계 구축 #신간회 #해소 문제 토의

길잡이 | 1920년대 민족유일당 운동의 과정을 학습합니다.

(가) **정우회 선언**(1926): 6 · 10 만세 운동의 준비 과정에서 조선 공산당을 중심으로 한 **사회주의 세력**과 천도교를 중심으로 한 **민족주의 세력**이 연대하여 **민족 유일당**을 결성할 수 있다는 공감대가 형성되었다. 이에 따라 국내의 민족 해방 운동 진영은 **정우회 선언**을 발표하고, 좌우 합작 조직인 **신간회를 결성**하였다(1927).

(나) **신간회 해소**(1931): **신간회**는 공산주의 세력의 통일 전선 전술이 달라지면서 **해소 대회**를 열고 해산을 결의하였다.

① 한국인 학생과 일본인 학생 간의 충돌로 **광주 학생 항일 운동**이 발생하자 **신간회** 중앙 본부가 **진상 조사단을 파견**하여 지원하였다(1929).

한 번 더 체크하러 가기 ▶ 미니북 27쪽

선택지 풀이

② 임병찬이 독립 의군부를 조직하였다.

임병찬은 고종의 밀명을 받아 독립 의군부를 조직하였다(1912). 이후 조선 총독부에 국권 반환 요구서를 보내고, 복벽주의를 내세워 의병 전쟁을 준비하였다.

③ 독립군이 봉오동에서 큰 승리를 거두었다.

의병장 출신 홍범도를 총사령관으로 한 대한 독립군은 대한 국민회군, 군무도독부 등의 독립군과 연합 작전을 전개하여 봉오동 전투에서 일본군을 상대로 큰 승리를 거두었다(1920).

④ 도쿄 유학생들이 2 · 8 독립 선언서를 발표하였다.

일본 도쿄 유학생들이 중심이 되어 결성한 조선 청년 독립단은 대표 11인을 중심으로 도쿄에서 2 · 8 독립 선언서를 발표하였다(1919).

⑤ 조선 민족 전선 연맹 산하에 조선 의용대가 창설되었다.

조선 의용대는 김원봉의 주도로 중국 국민당의 지원을 받아 중국 관내에서 결성된 최초의 한인 무장 부대로, 조선 민족 전선 연맹 산하에 있었다(1938).

---

38 박용만 정답 ④

정답 분석

> **정답이 보이는 핵심 키워드**
>
> #박용만 #한인 소년병 학교 #국민개병설 집필 #대조선 국민군단 조직

> **길잡이** | 박용만이 대조선 국민군단을 조직한 지역을 파악합니다.

④ **박용만**은 1909년 **네브라스카**에서 독립운동과 인재 양성을 목적으로 **한인 소년병 학교**를 설립하였다. 1911년에는 미주에서 설립된 대한인 국민회의 기관지인 『신한민보(新韓民報)』의 주필로 활동하였으며, 『국민개병설』, 『군인수지』 등의 책을 집필하기도 하였다. 1912년에는 **하와이**로 건너가 **대조선 국민 군단을 조직**(1914)하여 독립군 사관 양성을 바탕으로 한 무장 투쟁을 준비하였다.

한 번 더 체크하러 가기 ▶ 미니북 40쪽

---

39 양세봉, 지청천 정답 ③

정답 분석

> **정답이 보이는 핵심 키워드**
>
> #대한 통의부 의군 #조선 혁명군 총사령관 #신흥 무관 학교 교성대장 #한국 독립군 총사령관 #한국 광복군 총사령관

> **길잡이** | 양세봉의 조선 혁명군과 지청천의 한국 독립군을 중심으로 전개된 한중 연합 작전을 파악합니다.

(가) **양세봉**: 양세봉은 **남만주** 지역에서 **조선 혁명군**을 조직하였다(1929). 1931년 일본이 만주사변을 일으켜 만주를 점령하고 독립군 기지를 공격하자 조선 혁명군은 **중국 의용군과 연합**하여 **흥경성 전투**에서 일본군에 승리하였다(1933).

(나) **지청천**: 지청천은 **북만주**에서 **한국 독립군**을 결성하고 **총사령관으로 역임**하였다(1930). 한국 독립군은 **중국 호로군과 연합**하여 쌍성보 전투(1932), 사도하자 전투(1933), 대전자령 전투(1933)에서 일본군에 승리하였다. 이후 충칭에서 지청천을 **총사령관**으로 하는 **한국 광복군**이 대한민국 임시정부 직할 부대로 편성되었다(1940).

③ **지청천**의 **한국 독립군**과 **중국 호로군**의 연합군은 **대전자령**의 험준한 절벽과 울창한 산림지대를 이용하여 일본군과의 전투에서 크게 승리하였다(1933).

한 번 더 체크하러 가기 ▶ 미니북 28쪽

선택지 풀이

① 조선 혁명 간부 학교를 설립하였다.

김원봉은 난징에서 의열단 지도부와 함께 조선 혁명 간부 학교를 설립하여 무장 항일 투쟁을 위한 군사력을 강화하였다.

② 대한 광복회를 조직하여 친일파를 처단하였다.

박상진은 공화 정체의 근대 국민 국가의 수립을 지향하는 대한 광복회를 조직하고(1915) 초대 총사령관으로서 독립군 양성에 힘쓰는 한편, 친일파 처단 활동도 함께 전개하였다.

④ 중광단을 중심으로 북로 군정서를 조직하였다.

북간도에서 서일 등의 대종교 세력을 중심으로 결성된 중광단이 3 · 1 운동 직후 무장 독립운동을 수행하기 위해 정의단으로 확대 · 개편되면서 북로 군정서를 조직하였다. 이후 김좌진이 이끄는 북로 군정서군은 홍범도가 이끄는 대한 독립군과 연합하여 일본군과의 청산리 전투에서 큰 승리를 거두었다.

⑤ 황푸 군관 학교에 입학하여 군사 훈련을 받았다.

김원봉을 중심으로 조직된 의열단은 1926년에 황푸 군관 학교에서 군사 훈련을 받은 후 새로운 독립 투쟁 노선을 모색하였다.

1930년대 항일 무장 투쟁

	▨ 독립군과 중국군의 활동 지역
	☐ 1931년 이전의 일본군 점령지
	☐ 1932의 일본군 점령지

한국 독립군
(총사령 지청천)

③ 쌍성보 전투(1932)
④ 경박호 전투(1932)
⑤ 사도하자 전투(1933)
⑥ 동경성 전투(1933)
⑦ 대전자령 전투(1933)

조선 혁명군
(총사령 양세봉)

① 영릉가 전투(1932)
② 흥경성 전투(1933)

동북 항일 연군
(2군 6사)

⑧ 보천보 전투(1937)

---

40 민족 말살 통치기 정답 ④

✓ 정답 분석

#일제 무기 공장인 조병창 #강제 동원된 노동자 #중일 전쟁 #한국인을 탄광, 군수 공장 등으로 끌고 감

> 길잡이 | 일제가 민족 말살 정책을 시행한 시기를 알아봅니다.

④ **1930년대 일제**는 우리 민족의 정체성을 말살하기 위해 황국 신민화 정책을 시행하여 내선일체의 구호를 내세우고 황국 신민 서사 암송(1937)과 창씨개명(1939), 신사 참배 등을 강요하였다. 또한, **대륙 침략을 위해 한반도를 병참 기지화**하고 **중일 전쟁**을 일으켜 국가 총동원령을 시행하였다. 물적 수탈을 위해 양곡 배급제와 **미곡 공출제**(1939)를 실시하였으며, **국민 징용령**(1939)으로 한국인의 노동력을 착취하였다. 태평양 전쟁(1941)을 일으킨 후에는 학도 지원병 제도(1943), 징병 제도(1944) 등을 실시하여 젊은이들을 전쟁터로 강제 징집하였다.

한 번 더 체크하러 가기 ▶ 미니북 12쪽

✓ 선택지 풀이

① 치안 유지법을 공포하였다.

1920년대 사회주의가 확산되자 일제는 치안 유지법을 공포하여(1925) 식민지 지배에 저항하는 민족 해방 운동과 사회주의 및 독립운동을 탄압하였다.

② 토지 조사령을 제정하였다.

조선 총독부는 토지 조사국을 설치하고 토지 조사령을 발표하여 일정 기간 내 토지를 신고하도록 하는 토지 조사 사업을 실시하였다(1912).

---

③ 헌병 경찰 제도를 실시하였다.

1910년대 일제는 무단 통치를 실시하여 강압적 통치를 목적으로 교원이 제복과 칼을 착용하도록 하였으며, 헌병 경찰제, 조선 태형령 등을 실시하였다.

⑤ 보통학교의 수업 연한을 4년으로 정하였다.

일제는 식민지 교육 방침을 규정한 교육령을 발표하여(1911) 보통 · 실업 · 전문 기술 교육과 일본어 학습을 강요하고 보통 교육의 수업 연한을 4년으로 단축하였다.

일제 강점기 식민 통치 정책 변화

구분 시기	통치 내용	경제 침탈
무단 통치 (1910년대)	• 조선 총독부 설치 • 헌병 경찰제 • 조선 태형령	• 토지 조사 사업 • 회사령 실시(허가제)
기만적 문화 통치 (1920년대)	• 3 · 1 운동 이후 통치 체제 변화 • 보통 경찰제 • 치안 유지법: 독립운동가 탄압	• 산미 증식 계획: 일본 본토로 식량 반출 • 회사령 폐지: 신고제 전환 → 일본 자본 유입
민족 말살 통치 (1930년대 이후)	• 황국 신민화 정책(황국 신민 서사 암송, 신사참배 · 창씨 개명 강요) • 조선어 · 역사 과목 폐지	• 일제의 대륙 침략을 위한 한반도 병참 기지화 정책 • 국가 총동원령: 조선에서 인적 · 물적 자원 수탈

---

41 대한민국 임시 정부 정답 ⑤

✓ 정답 분석

#한국 혁명 여성 동맹 #충칭 #대일 선전 혁명서

> 길잡이 | 충칭에서 대일 선전 혁명서를 발표한 대한민국 임시 정부에 대해 파악합니다.

중국 충칭에서 여성의 항일운동 역량 강화를 목적으로 **여성 독립운동 단체인 한국 혁명 여성 동맹**이 결성되었다(1940). 이들은 **대한민국 임시 정부의 독립운동을 지원**하고, 여성의 힘을 모아 조국 독립을 위해 노력하였다. 대한민국 임시 정부는 일본군의 진주만 기습 공격으로 연합국과 **태평양 전쟁**이 발발하자(1941) 김구 주석과 조소앙 외교부장 명의로 **대일 선전 성명서**를 발표하여 일본에 대한 선전 포고를 명문화하였다.

⑤ **대한민국 임시 정부**는 **충칭**에서 **조소앙**의 **삼균주의**를 정치 이념으로 하여 독립운동의 방향과 독립 후의 건국 과정을 명시한 **건국 강령**을 발표하였다(1941).

한 번 더 체크하러 가기 ▶ 미니북 26쪽

선택지 풀이

① 좌우 합작 7원칙을 발표하였다.

해방 이후 좌우 대립이 격화되자 분단의 위기를 느낀 중도파 세력들은 여운형, 김규식을 중심으로 좌우 합작 위원회를 수립하였다. 이후 중도적 사상의 통일 정부를 수립하는 것을 목적으로 좌우 합작 7원칙을 합의하여 제정하였다.

② 한인 자치 기관인 경학사를 조직하였다.

신민회는 장기적인 독립 전쟁 수행을 위해 국외 독립운동 기지 건설을 추진하여 남만주 삼원보에 한인 자치 기관인 경학사를 조직하였다.

③ 조선 혁명 선언을 활동 지침으로 삼았다.

김원봉이 결성한 의열단은 신채호가 작성한 조선 혁명 선언(1923)을 기본 행동 강령으로 하여 독립운동을 전개하였다.

④ 한글 맞춤법 통일안과 표준어를 제정하였다.

조선어 학회는 한글 맞춤법 통일안과 표준어를 제정하고 『우리말 큰사전』 편찬을 시작하여 해방 이후 완성하였다.

42 제주 4·3 사건 정답 ③

정답 분석

정답이 보이는 핵심 키워드

#제주도 #남한만의 단독 선거 반대 #진압 과정에서 수많은 사람이 희생된 사건

길잡이 ┃ 제주 4·3 사건에 대해 학습합니다.

제주 4·3 사건은 **남한만의 단독 정부 수립에 반대**한 남로당 제주도당의 무장 봉기와 이에 대한 미군정 및 경찰 토벌대의 강경 진압이 원인이 되어 발생하였다. 진압 과정에서 법적 절차를 거치지 않고 총기 등을 사용하여 **민간인을 학살**하면서 제주도민들이 큰 피해를 입었다.

③ 2000년에 제주 4·3 사건 진상규명 및 희생자 명예회복에 관한 **특별법**이 제정되면서 제주 4·3 사건에 대한 정부 차원의 진상 조사가 착수되었다.

한 번 더 체크하러 가기 ▶ 미니북 29쪽

선택지 풀이

① 유신 헌법의 철폐를 요구하였다.
② 통일 주체 국민 회의가 설치되는 결과를 가져왔다.

박정희 정부는 유신 헌법을 발표하여 대통령 임기 6년과 중임 제한 조항 삭제 및 통일 주체 국민 회의를 통한 대통령 간접 선거, 긴급 조치권, 대통령의 국회 해산권 등의 내용을 담은 제7차 헌법 개정을 단행하였다. 이에 장준하는 각계 인사들과 함께 유신 헌법 철폐를 주장하는 개헌 청원 백만인 서명 운동을 전개하고 '박정희 대통령에게 보내는 공개서한'을 발표하기도 하였다.

④ 4·13 호헌 철폐와 독재 타도 등의 구호를 내세웠다.

전두환 정부 때 박종철 고문치사 사건과 4·13 호헌 조치에 반발하여 대통령 직선제 개헌과 민주 헌법 제정을 요구하는 6월 민주 항쟁이 전개되었다. 시위가 전국적으로 확산되면서 호헌 철폐와 독재 타도를 요구하는 6·10 국민 대회가 개최되었다.

⑤ 귀속 재산 처리를 위한 신한 공사 설립의 계기가 되었다.

광복 직후 미군정은 일제 강점기 때 동양 척식 주식회사와 일본인·일본 회사의 소유였던 토지 및 귀속 재산을 관할·처리하기 위하여 신한 공사를 설립하였다.

43 국민 보도 연맹 사건 정답 ⑤

정답 분석

정답이 보이는 핵심 키워드

#국민 보도 연맹 사건 #좌우 대립의 혼란 #영문도 모른 채 끌려가 죽임을 당함

길잡이 ┃ 6·25 전쟁 중 발생한 국민 보도 연맹 사건을 살펴봅니다.

국민 보도 연맹은 1949년 좌익운동을 하다가 전향한 사람들을 계몽 및 지도하기 위해 조직된 단체이다. 1950년 **6·25 전쟁** 중에 군과 경찰에 의해 수만 명의 **국민 보도 연맹원이 학살**당하면서 국민 보도 연맹 사건이 발생하였고, 1990년대 말에 전국 각지에서 피해자들의 유해가 발굴되면서 사건이 드러나게 되었다.

⑤ 1950년 북한의 남침으로 **6·25 전쟁이 시작**되어 서울이 점령당하였고, 이승만 정부는 전쟁에 제대로 대응하지 못한 채 후퇴하다가 부산을 임시 수도로 정하였다. **유엔군** 파병 이후 국군은 낙동강을 사이에 두고 공산군과 치열하게 공방전을 펼치다 **인천 상륙 작전**의 성공으로 전세가 역전되어 압록강까지 진격하였다(1950.9.).

한 번 더 체크하러 가기 ▶ 미니북 34쪽

선택지 풀이

① 6·3 시위가 발생하였다.

박정희 정부가 한일 회담 진행 과정에서 추진한 한일 국교 정상화에 대한 협정 내용이 공개되자 학생과 야당을 주축으로 굴욕적 대일 외교에 반대하는 6·3 시위가 발생하였다(1964).

② 애치슨 선언이 발표되었다.

미 국무 장관인 애치슨이 한국을 미국의 태평양 방위선에서 제외한다는 내용을 포함한 애치슨 선언을 발표하여 6·25 전쟁 발발의 원인을 제공하였다(1950.1.).

③ 브라운 각서가 체결되었다.

박정희 정부는 미국의 요청으로 베트남에 국군을 파병하였는데, 베트남 파병 증파에 대한 보상으로 한국군의 현대화, 장비 제공 및 차관 제공을 약속받는 브라운 각서를 체결하였다(1966).

④ 부마 민주 항쟁이 일어났다.

YH 무역 노동자들이 회사의 일방적인 폐업 공고에 항의하여 신민당사에서 농성을 일으키자 박정희 정부는 신민당 총재 김영삼을 국회의원직에서 제명하였다. 이로 인해 김영삼의 정치적 근거지인 부산, 마산에서 유신 정권에 반대하는 부마 민주 항쟁이 전개되었다(1979).

44 제3차 개헌   정답 ③

✓ 정답 분석

> **정답이 보이는 핵심 키워드**
> #내각 책임제 개헌안 통과 #허정 과도 정부

> 길잡이 | 제3차 개헌안이 발표된 이후의 상황을 파악합니다.

③ **4·19 혁명** 이후 **허정**을 중심으로 수립된 **과도 정부**는 **의원 내각제**를 기본으로 민의원과 참의원의 **양원제 국회**를 구성하는 **제3차 개헌**을 단행하였다(1960.6.). 이를 통해 내각 책임제와 양원제가 적용된 **장면 내각이 출범**하였다.

한 번 더 체크하러 가기 ▶ 미니북 13쪽

✓ 선택지 풀이

① 반민족 행위 처벌법이 제정되었다.

제헌 국회는 일제의 잔재를 청산하고 민족정기를 바로잡기 위해 반민족 행위 처벌법을 제정하고 반민족 행위 특별 조사 위원회를 설치하였다(1948).

② 제2차 미소 공동 위원회가 결렬되었다.

광복 직후 모스크바 3국 외상 회의의 결정에 따라 덕수궁 석조전에서 두 차례에 걸쳐 미소 공동 위원회가 개최되었으나(1946.3., 1947.5.) 미국과 소련의 입장 차이로 결렬되었다.

④ 평화 통일론을 주장한 진보당의 조봉암이 구속되었다.

이승만 정권 시기 조봉암은 제3대 대통령 선거에 출마하였으나 낙선하였다. 이후 진보당을 창당하고 평화 통일론을 주장하다가 국가 변란, 간첩죄 혐의로 체포되어 사형에 처해졌으며 진보당은 해체되었다(진보당 사건, 1958).

⑤ 유상 매수, 유상 분배 원칙의 농지 개혁법이 제정되었다.

이승만 정부의 제헌 국회에서 농지 개혁법을 제정하여(1949) 유상 매수, 유상 분배를 원칙으로 농지 개혁을 실시하였다.

45 박정희 정부   정답 ⑤

✓ 정답 분석

> **정답이 보이는 핵심 키워드**
> #포항 제철소 착공식 #제1차 석유 파동 #100억 불 수출 달성

> 길잡이 | 박정희 정부 시기의 경제 상황에 대해 알아봅니다.

박정희 정부는 경제 발전을 위해 **중화학 공업화**를 추진하였다. 이에 따라 1970년에는 **경부 고속도로**를, 1973년에는 **포항 제철소 1기 설비**를 준공하였다. 그 후 제1차 석유 파동의 발생으로 국내 경제가 위기에 처하여 정책 추진이 부진하였으나 1970년대 중반에 들어서 중화학 공업화 정책이 조금씩 성과를 보이기 시작하였다. 이러한 정책 추진의 성공으로 1977년에는 **수출액 100억 달러를 달성**하였다.

⑤ **박정희 정부**는 서울의 달동네 개발에 따른 철거민 대책 중 하나로 **이주 정책을 시행**하였다. 이에 **광주 대단지**(현재 경기도 성남시)를 지정하고 철거민을 이주시켰으나 기반 시설을 전혀 조성하지 않았고, 상하수도 시설조차 제대로 설치되지 않았다. 이러한 정부의 무계획적인 도시 정책과 졸속 행정에 반발한 주민들이 관공서를 파괴·방화하고 차량을 탈취하는 등 **대규모 시위를 전개**하였다(1971).

✓ 선택지 풀이

① 최저 임금법 제정으로 최저 임금을 심의하는 위원

전두환 정부 때 최저 임금법을 제정하고, 최저 임금 심의 위원회를 설치하였다. 2000년에 최저 임금법이 개정되면서 최저 임금 위원회로 명칭이 변경되었다.

② 금융 실명제에 따라 신분증 제시를 요구하는 은행원

김영삼 정부 때 부정부패와 탈세를 뿌리 뽑기 위해 대통령 긴급 명령으로 금융 실명제를 실시하여 경제 개혁을 추진하였다(1993).

③ 한·칠레 자유 무역 협정(FTA)의 비준을 보도하는 기자

노무현 정부 때 한·칠레 자유 무역 협정(FTA)을 체결하였다(2007).

④ 전국 민주 노동조합 총연맹 창립 대회에 참가하는 노동자

김영삼 정부 때 전국의 진보 계열 노동조합이 모여 전국 민주 노동조합 총연맹을 창립하였다(1995).

암기의 key	현대 정부별 경제 상황
이승만 정부	• 전후 복구: 국민과 정부의 노력, 미국의 원조(면직물, 밀가루, 설탕 등 소비재 산업의 원료) → 삼백 산업 발달 • 미국 경제 원조의 영향: 식량 문제 해결에 기여, 농업 기반 파괴
5·16 군정	제1차 경제 개발 5개년 계획 발표(1962)
박정희 정부	• 제1·2차 경제 개발 5개년 계획(경공업 중심, 수출 주도형) • 제3·4차 경제 개발 5개년 계획(중화학 공업 중심)
전두환 정부	3저 호황(저유가, 저달러, 저금리)

김영삼 정부	• 경제 협력 개발 기구(OECD) 가입 • 무역 적자, 금융 기관 부실 • 외환 위기
김대중 정부	신자유주의 정책을 바탕으로 구조 조정 → 외환 위기 극복

46 5 · 18 민주화 운동   정답 ④

✅ 정답 분석

정답이 보이는 핵심 키워드

#계엄군에 맞선 시민군 #윤상원 #광주 #박기순 #영혼 결혼식 #민주화

길잡이 | 5 · 18 광주 민주화 운동에 대해 학습합니다.

④ **전두환을 비롯한 신군부 세력**의 12 · 12 쿠데타에 저항하여 '서울의 봄'이라는 대규모 민주화 운동이 일어나자 신군부는 **비상계엄 조치를 전국적으로 확대**하였다. 비상계엄 해제와 신군부 퇴진, 김대중 석방 등을 요구하는 **광주 시민들의 항거**가 이어지자 신군부는 공수 부대를 동원한 **무력 진압**을 강행하였고, 학생과 시민들이 자발적으로 시민군을 조직하여 이에 대항하면서 **5 · 18 민주화 운동이 전개**되었다(1980).

한 번 더 체크하러 가기 ▶ 미니북 30쪽

✅ 선택지 풀이

① 시위 도중 대학생 이한열이 희생되었다.
③ 박종철 고문 치사 사건의 진상 규명을 요구하였다.
박종철 고문치사 사건과 4 · 13 호헌 조치에 반발하여 대통령 직선제 개헌과 민주 헌법 제정을 요구하는 시위가 전개되었다. 시위 도중 경찰의 최루탄에 맞아 연세대 재학생 이한열이 사망하자 시위는 더욱 격화되어 6월 민주 항쟁이 전국적으로 확산되었다(1987).

② 경무대로 향하던 시위대가 경찰의 총격을 받았다.
이승만의 장기 집권과 자유당 정권의 3 · 15 부정 선거에 저항하여 4 · 19 혁명이 발발하였다(1960). 대학 교수단이 대통령의 하야를 요구하는 행진을 전개하는 등 시위가 전국적으로 확산되었으며, 학생 시위대가 서울 경무대(청와대)로 진입하는 과정에서 경찰의 총격을 받아 수많은 사상자가 발생하기도 하였다.

⑤ 3 · 1 민주 구국 선언을 통해 긴급 조치 철폐 등을 주장하였다.
박정희 정부가 유신 헌법을 제정하자 김대중, 함석헌 등의 정치인과 기독교 목사, 대학 교수 등은 유신 독재 체제에 저항하여 긴급 조치 철폐 등을 요구하는 3 · 1 민주 구국 선언을 발표하였다(1976).

47 정부별 통일 노력   정답 ③

✅ 정답 분석

정답이 보이는 핵심 키워드

#남측의 연합제, 북측의 낮은 단계의 연방제 #6 · 15 남북 공동 선언 #정전 체제 종식 #항구적인 평화 체제 구축 #10 · 4 남북 정상 선언

길잡이 | 6 · 15 남북 공동 선언과 10 · 4 남북 정상 선언 사이에 일어난 사건을 파악합니다.

(가) **6 · 15 남북 공동 선언(2000)**: 김대중 정부는 북한과의 화해 협력 기조를 유지하며 적극적으로 북한과의 교류를 확대하였고, 평양에서 최초로 남북 정상 회담이 이루어져 **6 · 15 남북 공동 선언**을 발표하였다.

(나) **10 · 4 남북 정상 선언(2007)**: 노무현 정부는 제2차 남북 정상 회담을 진행하여 **10 · 4 남북 공동 선언**을 발표하였다(2007).

③ **김대중 정부** 시기인 2000년 남북 정상 회담을 통해 **개성 공단** 건설 운영에 관한 **합의서**를 체결하였고, **노무현 정부**에 이르러서 비로소 **개성 공단 착공식이 추진**되었다(2003).

한 번 더 체크하러 가기 ▶ 미니북 20쪽

✅ 선택지 풀이

① 남북 조절 위원회가 구성되었다.
② 7 · 4 남북 공동 성명이 발표되었다.
박정희 정부 시기 서울과 평양에서 7 · 4 남북 공동 성명을 발표하고, 남북 조절 위원회를 설치하였다(1972).

④ 남북한 비핵화 공동 선언이 채택되었다.
노태우 정부 때 핵전쟁 위협을 제거하고 평화 통일에 유리한 조건을 조성하기 위한 한반도 비핵화 공동 선언을 채택하였다(1991).

⑤ 남북 이산가족 고향 방문단의 교환 방문이 최초로 성사되었다.
전두환 정부 시기에 분단 이후 최초로 이산가족 고향 방문단 및 예술 공연단 등 총 151명이 서울과 평양을 동시에 방문하였다(1985).

암기의 key | 현대 정부의 통일 노력

박정희 정부	• 남북 적십자 회담(1971): 이산가족 문제 협의 • 7 · 4 남북 공동 성명(1972): 자주 · 평화 · 민족 대단결의 3대 통일 원칙 제시(서울과 평양에서 동시 발표) → 남북 조절 위원회 설치 • 6 · 23 평화 통일 선언(1973): 남북 동시 유엔 가입 제의, 공산권에 문호 개방 제시
전두환 정부	• 민족 화합 민주 통일 방안(1982): 민족 통일 협의회 구성 • 남북 적십자 회담 재개: 북한의 수해 물자 제공이 계기 → 최초의 이산가족 고향 방문(1985)
노태우 정부	• 북방 외교 추진: 국제 정세 변화 → 동유럽 사회주의 국가들과 수교, 소련(1990) · 중국(1992)과 외교 관계 수립 • 남북 관계 진전: 남북 고위급 회담 개최, 한민족 공동체 통일 방안 제안(1989), 남북한 유엔 동시 가입(1991) • 남북 기본 합의서 채택(1991): 남북한 정부 간 최초의 공식 합의서 • 한반도 비핵과 공동 선언(1991)

김영삼 정부	• 한민족 공동체 건설을 위한 3단계 통일 방안 제시(1994) • 북한 경수로 원자력 발전소 건설 사업 지원
김대중 정부	• 대북 화해 협력 정책(햇볕 정책) 추진 → 금강산 관광 사업 전개(1998) • 남북 정상 회담과 6 · 15 남북 공동 선언 발표(2000) → 경의선 복구 사업, 금강산 육로 관광 등 추진, 개성 공단 조성 합의
노무현 정부	• 대북 화해 협력 정책 계승 • 제2차 남북 정상 회담 개최(2007)
이명박 정부	• 남북 관계 경색: 금강산 관광 중단(2008), 천안함 피격 사건, 연평도 포격 사건 • 북한의 핵 개발, 미사일 발사 실험 등
박근혜 정부	• 남북 관계 악화 • 대북 강경 정책 지속: 개성 공단 폐쇄(2016)

48 조선왕조의궤
정답 ⑤

정답 분석

정답이 보이는 핵심 키워드
#영조와 정순 왕후의 혼례식 행렬 재현 #왕실이나 국가의 큰 행사의 관련 사실을 글과 그림으로 기록한 책

길잡이 | 조선 시대 문화유산인 의궤에 대해 학습합니다.

ㄷ·ㄹ **조선왕조의궤**는 **조선 시대에 왕실이나 국가의 큰 행사를 개최한 후 그 전 과정을 기록**한 종합 보고서이다. 이 안에는 후대 사람들이 행사를 진행할 때 참고할 수 있도록 **의례의 전말을 자세히 기록**하였다. 필요에 따라 이해를 돕기 위해 **그림을 함께 그려** 넣기도 하였으며, 왕의 열람을 위한 **어람용**과 여러 관청에 나누어 준 분상용이 나누어 제작되었다. 2007년에는 이러한 가치를 인정받아 유네스코 세계 기록유산으로 등재되었다. **병인양요** 때 **프랑스군**은 외규장각을 불태우고 일부 **의궤를 약탈**하기도 하였다.

한 번 더 체크하러 가기 ▶ 미니북 53쪽

선택지 풀이

ㄱ. 사초와 시정기를 바탕으로 편찬되었다.
ㄴ. 연대순으로 기록하는 편년체로 구성되었다.
『조선왕조실록』은 조선 태조 때부터 철종 때까지의 역사를 편년체 형식으로 기록한 것으로, 국보 제151호로 지정되어 있다. 이는 왕 사후에 다음 왕이 즉위하면 사초와 시정기를 근거로 편찬하였으며 춘추관 내에 설치된 실록청에서 담당하였다.

49 시대별 관리 등용 제도
정답 ③

정답 분석

정답이 보이는 핵심 키워드
#독서삼품을 정하여 관리 선발 #쌍기 #조광조 #현량방정과의 뜻을 이음 #판임관 #외국 유학생 졸업자 중에서 해당 주무 장관이 선발

길잡이 | 시대별 관리 등용 제도에 대해 학습합니다.

ㄴ. **고려 광종**은 다양한 개혁을 통해 공신과 호족의 세력을 약화시키고 왕권을 강화하고자 하였다. 이에 후주 출신 **쌍기**의 건의로 **과거 제도**를 시행하여 신진 세력을 등용하였다.

ㄷ. **조선 중종** 때 **조광조**는 한의 **현량방정과**를 참고하여 **천거제**의 일종인 **현량과** 실시를 건의하였다. 이에 사림이 대거 등용될 수 있는 발판이 마련되었다.

선택지 풀이

ㄱ. 최승로의 시무 28조를 받아들여 달라진 제도를 살펴본다.
고려 성종은 최승로의 시무 28조를 받아들여 통치 체제를 정비하였다. 전국 주요 지역에는 12목을 설치하고 지방관인 목사를 파견하였으며, 향리제를 마련하여 지방 세력을 견제하였다. (가)는 통일 신라 원성왕이 시행한 독서삼품과이다. 시무 28조와는 관련이 없다.

ㄹ. 임술 농민 봉기를 수습하기 위한 정부의 대책을 파악한다.
조선 철종 때 발생한 임술 농민 봉기의 수습을 위해 파견된 안핵사 박규수는 원인이 삼정의 문란에 있다고 보고 삼정이정청을 설치하여 이를 해결하고자 하였다. (라)는 1894년 갑오개혁 이후의 관리 등용 방법이다. 삼정이정청과는 관련이 없다.

50 고려 과거제, 조선 현량과
정답 ②

정답 분석

정답이 보이는 핵심 키워드
#쌍기 #시 · 부 · 송 및 시무책으로 시험하여 진사를 뽑음 #명경업 #천거한 사람들 #현량방정과

길잡이 | 고려의 과거제와 조선의 현량과를 알아봅니다.

② **고려 광종**은 후주 출신 **쌍기**의 건의를 받아들여 **과거제**를 시행하였다(958). 과거 시험은 **지공거**가 주관하였으며, 과거 시험의 합격생인 **문생**은 지공거를 **좌주**라 불렀다. 이후 좌주와 문생은 밀접한 관계를 맺고 **학벌을 형성**하였다.

한 번 더 체크하러 가기 ▶ 미니북 8쪽

선택지 풀이

① 역분전이 제정되는 결과를 가져왔다.

고려 태조는 후삼국 통일에 공을 세운 공신들에게 관등에 관계없이 공로, 인품 등을 기준으로 차등을 두어 역분전을 지급하였다.

③ 제술과, 명경과, 잡과, 승과로 구성되었다.

고려 시대 과거제는 제술과, 명경과, 잡과, 승과로 구성되었다.

④ 성균관에서 보는 관시, 한성부에서 보는 한성시, 각 지방에서 보는 향시로 나뉘었다.

조선 시대 과거제(문과)의 초시에는 성균관에서 보는 관시, 한성부에서 보는 한성시, 각 지방의 도에서 실시하는 향시가 있었다.

⑤ 홍범 14조 반포를 계기로 시행되었다.

홍범 14조는 제2차 갑오개혁 때 김홍집 내각이 개혁의 기본 방향을 제시하기 위해 반포하였다. 이는 고려의 과거제와 조선의 현량과와는 관계가 없다.

한능검의 PASSCODE는 기출문제!
역잘알 시대고시와 함께 출제 경향 완벽 분석, 단번에 합격!

STEP 1 정답 확인 문제 p.026

01	02	03	04	05	06	07	08	09	10	11	12	13	14	15	16	17	18	19	20	21	22	23	24	25
④	①	⑤	①	①	⑤	②	④	①	①	②	③	③	③	③	②	④	⑤	②	⑤	④	⑤	②	④	③

26	27	28	29	30	31	32	33	34	35	36	37	38	39	40	41	42	43	44	45	46	47	48	49	50
③	②	②	②	④	①	②	④	①	⑤	⑤	④	②	③	⑤	③	③	④	④	④	①	⑤	⑤	②	③

STEP 2 난이도 확인

제61회 합격률	**50.0%**	최근 1년 평균 합격률	**54.5%**

STEP 3 시대별 분석

시대	선사	고대	고려	조선 전기	조선 후기	근대	일제 강점기	현대	복합사
틀린 개수/ 문항 수	/ 2	/ 7	/ 9	/ 5	/ 4	/ 6	/ 7	/ 6	/ 4
출제비율	4%	14%	18%	10%	8%	12%	14%	12%	8%

STEP 4 문제별 주제 분석

01	선사	신석기 시대	26	조선 후기	조선 정조
02	선사	삼한	27	조선 후기	임술 농민 봉기
03	고대	백제의 통치 제도	28	조선 후기	김홍도
04	고대	고구려 광개토 대왕	29	복합사	시대별 역사서의 편찬
05	고대	원효	30	복합사	『삼국사기』, 『삼국유사』
06	고대	장수왕의 남진 정책	31	근대	신미양요
07	고대	삼국 통일의 과정	32	근대	통리기무아문
08	고대	김헌창의 난	33	근대	임오군란
09	고려	태조 왕건	34	근대	주시경
10	고대	발해 무왕의 업적	35	근대	국채 보상 운동
11	고려	궁예	36	근대	신민회
12	고려	서경 천도 운동	37	일제 강점기	1910년대 무단 통치기
13	고려	만적의 난	38	일제 강점기	대한 광복회
14	고려	고려 원 간섭기	39	일제 강점기	3 · 1 운동
15	복합사	시대별 승려	40	일제 강점기	대한민국 임시 정부
16	고려	고려의 경제	41	일제 강점기	민족 말살 통치기
17	고려	몽골의 침략과 고려의 대응	42	일제 강점기	일제 강점기 종교의 활동
18	고려	고려의 문화유산	43	일제 강점기	조선 의용대
19	고려	최무선	44	복합사	지역사 – 북간도
20	조선 전기	조선 성종	45	현대	광복 직후 미군정 시기
21	조선 전기	중종반정	46	현대	6 · 25 전쟁
22	조선 전기	사헌부	47	현대	3선 개헌 반대 시위
23	조선 전기	조선의 환국	48	현대	5 · 18 민주화 운동
24	조선 전기	병자호란	49	현대	김영삼 정부의 경제 정책
25	조선 후기	조선 후기의 경제	50	현대	김대중 정부의 통일 노력

01 신석기 시대 　　　　정답 ④

✓ 정답 분석

> **정답이 보이는 핵심 키워드**
> #강원도 양양군 오산리 #약 8천 년 전에 형성된 집터 #빗살무늬 토기 #덧무늬 토기 #이음낚시, 그물추

> **길잡이** | 신석기 시대의 생활 모습을 알아봅니다.

강원도 양양 오산리는 대표적인 **신석기 시대 유적지**로, **집터**와 **이음낚시**, 그물추 등이 출토되었다. 그릇의 표면에 점토 띠를 덧붙여 문양 효과를 낸 토기인 **덧무늬 토기**와 **빗살무늬 토기** 등도 함께 발견되었다. 이를 통해 강가나 바닷가에 움집을 짓고 살면서 채집 · 수렵 생활을 하였던 신석기 시대 사람들의 생활상을 살펴볼 수 있다.
④ **신석기 시대**에는 **농경 생활**의 시작으로 조 · 피 등을 재배하였고, 가축을 기르는 목축을 통해 식량을 생산하였다.

한 번 더 체크하러 가기 ▶ 미니북 4쪽

✓ 선택지 풀이

① 주로 동굴이나 막집에 거주하였다.
구석기 시대에는 동굴이나 강가에 막집을 짓고 거주하며 인근에서 사냥과 채집을 하였고, 계절에 따라 이동 생활을 하였다.

② 고인돌, 돌널무덤 등을 축조하였다.
청동기 시대에는 정치권력과 경제력을 가진 지배자인 군장이 등장하였다. 이들의 무덤인 고인돌, 돌널무덤 등의 규모를 통해 당시 지배층의 권력을 짐작할 수 있다.

③ 명도전을 이용하여 중국과 교역하였다.
철기 시대 때 중국과의 활발한 교류로 인해 중국 화폐인 명도전과 반량전이 사용되었다.

⑤ 비파형 동검과 거친무늬 거울 등을 제작하였다.
청동기 시대에는 거푸집으로 비파형 동검을 제작하고, 거친무늬 거울을 만드는 등 독자적인 청동기 문화를 형성하였다.

암기의 key	선사 시대의 생활상
구석기 시대	• 동굴이나 강가의 막집에서 생활 • 계절에 따라 이동 생활 • 주먹도끼, 찍개 등의 뗀석기 사용
신석기 시대	• 강가나 바닷가에 움집을 지어 정착 생활 • 뼈낚시, 그물, 돌창, 돌화살을 사용하여 채집 · 수렵 • 조 · 피 등을 재배하는 농경 시작, 목축 생활 • 빗살무늬 토기를 이용하여 음식을 조리하거나 저장 • 가락바퀴로 실을 뽑아 뼈바늘로 옷을 지어 입기도 함
청동기 및 초기 철기 시대	• 밭농사 중심, 벼농사 시작 • 움집의 지상 가옥화, 배산임수의 취락 형성 • 가축 사육 시작, 농업 생산력 향상 • 사유 재산과 계급 발생, 선민사상, 족장 출현 • 청동제 의기, 토우, 바위그림(풍요 기원의 주술적 의미)

02 삼한 　　　　정답 ①

✓ 정답 분석

> **정답이 보이는 핵심 키워드**
> #5월과 10월에 제천 행사 #신지, 읍차 #목지국, 사로국, 구야국

> **길잡이** | 삼한의 생활 모습에 대해 살펴봅니다.

삼한은 **마한, 진한, 변한**으로 구성된 연맹 왕국으로, 각 왕국은 **목지국, 사로국, 구야국** 등의 여러 소국으로 이루어졌다. **신지, 읍차**와 같은 정치적 지배자와 **천군**이라는 제사장을 두는 **제정 분리 사회**였으며, **5월**에는 **수릿날**, **10월**에는 **계절제**라 하는 **제천 행사**를 지냈다.
① **삼한의 천군**은 제사를 주관하는 **소도**라는 신성 지역을 다스렸다. 이곳에는 군장의 세력이 미치지 못하여 죄인이 도망쳐 와도 잡아가지 못하였다.

한 번 더 체크하러 가기 ▶ 미니북 21쪽

✓ 선택지 풀이

② 연의 장수 진개의 공격을 받았다.
고조선은 기원전 3세기경 요서 지방을 경계로 연과 대립하다가 연의 장수 진개의 공격을 받고 서쪽 땅을 상실하였다.

③ 혼인 풍습으로 민며느리제가 있었다.
옥저에는 혼인 풍습으로 여자가 어렸을 때 혼인할 남자의 집에서 생활하다가 성인이 된 후에 혼인하는 민며느리제가 있었다.

④ 여러 가(加)들이 별도로 사출도를 주관하였다.
부여에는 왕 아래 가축의 이름을 딴 마가, 우가, 저가, 구가의 가(加)들이 있었다. 이들은 행정 구역인 사출도를 다스렸으며, 왕이 통치하는 중앙과 합쳐 5부를 구성하였다.

⑤ 특산물로 단궁, 과하마, 반어피가 유명하였다.
동예에서 생산되는 특산물로는 단궁, 과하마, 반어피 등이 유명하였다.

03 백제의 통치 제도 　　　　정답 ⑤

✓ 정답 분석

> **정답이 보이는 핵심 키워드**
> #16품계 #좌평 #5방 #웅진성

> **길잡이** | 백제의 통치 구조에 대해 학습합니다.

백제 고이왕은 6좌평제와 16관등제를 정비하여 중앙 집권 국가의 기틀을 마련하였다. **성왕** 때 이를 대대적으로 정비하여 **통치 조직을 완비**하였으며, 방(方)이라는 최상위 행정 단위를 만들고 전국을 동, 서, 남, 북, 중의 **5방**으로 나누어 통치하였다.
⑤ **백제의 지배층은 왕족인 부여씨와 8성의 귀족**으로 이루어졌다.

선택지 풀이

① 골품에 따라 관등 승진에 제한을 두었다.

신라는 골품제라는 특수한 신분 제도를 운영하여 골품에 따라 관등 승진에 제한을 두었다.

② 제가 회의에서 국가 중대사를 결정하였다.

고구려는 귀족 회의인 제가 회의를 통해 국가의 중대사를 결정하였다.

③ 지방 장관으로 욕살, 처려근지 등이 있었다.

고구려는 지방을 대성, 중성, 소성 3단계로 나누어 통치하였으며, 대성에는 욕살을, 중성에는 처려근지를 장관으로 두었다.

④ 위화부, 영객부 등의 중앙 관서를 설치하였다.

통일 신라는 중앙 행정 기구인 집사부를 중심으로 그 아래 위화부, 영객부를 비롯한 13부를 설치하여 행정 업무를 분담하였다.

암기의 key	고대 국가의 지방 행정 제도	
국가	**행정 구역**	**특수 구역**
고구려	5부(욕살)	3경 (국내성, 평양성, 한성)
백제	5방	22담로
신라	5주	2(3)소경
통일 신라	9주	5소경
발해	15부 62주	5경

04 고구려 광개토 대왕 　정답 ①

정답 분석

정답이 보이는 **핵심 키워드**

#백제의 관미성을 빼앗음 #신라에 침입한 왜 격퇴 #후연 공격 #왕자 거련(巨連)을 태자로 삼음

길잡이 | 고구려 광개토 대왕이 펼친 정책에 대해 알아봅니다.

고구려 광개토 대왕은 391년 백제의 수도 한성을 지키는 전략적 요충지인 **관미성**을 공격하여 함락시켰으며, 400년에는 신라의 원군 요청을 받고 군대를 보내 **신라에 침입한 왜를 격퇴**하였다. 이 과정에서 전기 가야 연맹의 중심지였던 금관가야가 쇠퇴하였다. 또한, 북쪽으로는 **중국 후연을 공격**하여 옛 고조선의 영토였던 요동 땅을 차지하였다. 이후 광개토 대왕의 뒤를 이어 아들 거련이 장수왕으로 즉위하여 평양으로 천도하고, 남진 정책을 추진하였다. **① 고구려 광개토 대왕**은 영락이라는 **독자적 연호**를 사용하였다.

한 번 더 체크하러 가기 ▶ 미니북 6쪽

선택지 풀이

② 태학을 설립하여 인재를 양성하였다.

고구려 소수림왕은 국가 교육 기관인 태학을 설립하여 인재를 양성하였다.

③ 낙랑군을 축출하여 영토를 확장하였다.

고구려 미천왕은 낙랑군과 대방군 등 한 군현을 한반도 지역에서 몰아내고, 서안평을 공격하여 영토를 확장하였다.

④ 을파소를 등용하고 진대법을 시행하였다.

고구려 고국천왕은 국상 을파소의 건의에 따라 빈민을 구제하기 위해 먹을거리가 부족한 봄에 곡식을 빌려주고 겨울에 갚게 하는 진대법을 시행하였다.

⑤ 당의 침입에 대비하여 천리장성을 축조하였다.

고구려 영류왕 때 연개소문은 당의 공격에 대비하여 동북의 부여성에서 발해만의 비사성까지 천리장성을 축조하였다.

05 원효 　정답 ①

정답 분석

정답이 보이는 **핵심 키워드**

#『금강삼매경론』 #『대승기신론소』 #「무애가」 #정토 신앙 #불교 대중화

길잡이 | 신라의 대표적 승려인 원효에 대해 학습합니다.

① **신라의 승려 원효**는 불교 종파의 대립과 분열을 종식시키고 화합을 이루기 위한 **화쟁 사상**을 주장하였다. 또한, **불교의 대중화**를 위해 불교의 교리를 쉬운 노래로 표현한 「**무애가**」를 지었으며, 불교의 사상적 이해 기준을 확립한 『**금강삼매경론**』, 『**대승기신론소**』 등을 저술하였다.

한 번 더 체크하러 가기 ▶ 미니북 19쪽

선택지 풀이

② 구법 순례기인 왕오천축국전을 남겼다.

신라의 승려 혜초는 인도와 중앙아시아 지역을 답사한 뒤 『왕오천축국전』을 지었다.

③ 황룡사 구층 목탑의 건립을 건의하였다.

신라 선덕 여왕 때 승려 자장이 주변 9개 민족의 침략을 부처의 힘으로 막기 위한 목탑 건립을 건의하여 황룡사 구층 목탑이 세워졌다.

④ 왕명으로 수에 군사를 청하는 걸사표를 지었다.

신라 진평왕 때 승려 원광은 고구려의 잦은 침략을 물리치기 위해 수에 도움을 청하는 걸사표를 지었다.

⑤ 승려들의 전기를 정리한 해동고승전을 편찬하였다.

고려 승려 각훈은 왕명을 받아 『해동고승전』을 편찬하여 삼국 시대 이래 승려들의 전기를 기록하였는데, 현재는 일부만 남아있다.

06 장수왕의 남진 정책   정답 ⑤

✓ 정답 분석

정답이 보이는 핵심 키워드

#개로왕 #사신을 보내 표를 올림 #고구려가 침략하고 위협 #장수를 보내 구원을 청함 #『위서』

길잡이 ┃ 개로왕이 북위에 국서를 보내게 된 배경인 장수왕의 남진 정책에 대해 살펴봅니다.

⑤ **고구려 장수왕**은 평양으로 천도한 후 **남진 정책을 추진**하였다. 이에 **개로왕**은 북위에 **고구려를 공격해 달라**고 요청하는 **국서**를 보내기도 하였으나 북위는 이를 거절하였다. 결국 장수왕이 백제의 수도인 한성을 침략하면서 개로왕이 전사하였고, 고구려는 한강 유역을 차지하였다(475).

한 번 더 체크하러 가기 ▶ 미니북 6쪽

✓ 선택지 풀이

① **을지문덕이 살수에서 승리하였다.**
고구려 영양왕 때 수 양제가 우중문의 30만 별동대로 평양성을 공격하였으나 을지문덕이 살수에서 2,700여 명을 제외한 수군을 전멸시키며 크게 승리하였다(612).

② **동성왕이 나제 동맹을 강화하였다.**
백제 동성왕은 신라 소지왕과 결혼 동맹을 맺어 비유왕 때 고구려 장수왕의 남진 정책에 맞서기 위해 이루어진 기존의 나제 동맹을 더욱 강화하였다(493).

③ **성왕이 관산성 전투에서 전사하였다.**
백제 성왕은 신라 진흥왕이 나제 동맹을 깨고 백제가 차지한 지역을 점령하자 이에 분노하여 신라를 공격하였으나 관산성 전투에서 전사하였다(554).

④ **계백의 결사대가 황산벌에서 패배하였다.**
김유신이 이끄는 신라군은 화랑 관창 등이 참여한 황산벌 전투에서 백제 계백의 결사대를 물리치고 승리하여 백제를 멸망시켰다(660).

07 삼국 통일의 과정   정답 ②

✓ 정답 분석

정답이 보이는 핵심 키워드

#고구려의 대신 연정토가 신라에 항복 #이근행 #매소성

길잡이 ┃ 삼국 통일의 과정 중 고구려의 항복과 매소성 전투 사이에 일어난 사건을 알아봅니다.

(가) **고구려**는 연개소문 사후 중앙 집권 귀족들 간에 내분이 벌어지면서 세력이 약해지기 시작하였다. 이에 나당 연합군이 고구려를 공격하여 멸망에 직면하자 연개소문의 동생 **연정토**는 12성과 3,500여 명의 백성을 거느리고 **신라에 항복**하였다(666). 고구려는 668년 나당 연합군에게 평양성이 함락되면서 멸망하였다.

(나) **당**이 평양에 **안동 도호부를 설치**하고 신라까지 지배하려 하자 **나당 전쟁**이 발발하였다. 이근행에 맞서 싸운 **매소성 전투**(675)와 기벌포 전투(676)에서 신라가 승리하면서 당의 세력을 한반도에서 몰아내고 **삼국을 통일**하였다.

② **고구려 멸망 이후** 신라 문무왕은 당 세력을 몰아내기 위해 신라로 망명한 고구려의 왕족인 **안승**을 **보덕왕으로 임명**하고 금마저에 땅을 주어 **고구려 부흥 운동을 지원**하였다(674).

한 번 더 체크하러 가기 ▶ 미니북 25쪽

✓ 선택지 풀이

① **윤충이 대야성을 공격하여 함락하였다.**
백제 의자왕은 윤충에게 1만의 병력을 주어 신라의 대야성을 비롯한 40여 개의 성을 함락시켰다(642).

③ **김춘추가 당과의 군사 동맹을 성사시켰다.**
신라 김춘추는 고구려와의 동맹에 실패하자 당으로 건너가 당 태종으로부터 군사적 지원을 약속받는 데에 성공하여 나당 동맹을 성사시키고 나당 연합군을 결성하였다(648).

④ **연개소문이 정변을 일으켜 권력을 장악하였다.**
연개소문은 정변을 통해 영류왕을 몰아내고 보장왕을 왕위에 세운 뒤 스스로 대막리지가 되어 정권을 장악하였다(642).

⑤ **부여풍이 왜군과 함께 백강에서 당군에 맞서 싸웠다.**
백제가 멸망한 이후 복신과 도침 등이 왕자 풍을 왕으로 추대하고, 백제 부흥 운동을 주도하였다. 이들은 왜에 군사 지원을 요청하여 백제와 왜의 연합군이 나당 연합군에 맞서 백강에서 전투를 벌였지만 결국 패하였다(663).

08 김헌창의 난   정답 ④

✓ 정답 분석

정답이 보이는 핵심 키워드

#웅천주 도독 김헌창 #나라 이름 장안 #연호 경운 #아버지가 왕이 되지 못한 것에 불만을 품음

길잡이 ┃ 김헌창의 난 이후에 일어난 사실을 파악합니다.

통일 신라 헌덕왕 때 김주원이 왕위 쟁탈전에서 패배하자 아들인 **웅천주 도독 김헌창**이 이에 불만을 품고 **반란**을 일으켰다가 관군에 진압되어 실패하였다(822).

④ **통일 신라 말 진성 여왕** 때 **원종과 애노**가 사벌주에서 중앙 정권의 무분별한 조세 징수에 반발하여 **농민 봉기**를 일으켰다(889).

한 번 더 체크하러 가기 ▶ 미니북 22쪽

선택지 풀이

① 거칠부가 국사를 편찬하였다.

신라 진흥왕은 거칠부에게 역사서인 『국사』를 편찬하게 하였다(545).

② 이사부가 우산국을 정복하였다.

신라 지증왕 때 이사부는 왕의 명령으로 우산국(울릉도)과 우산도(독도)를 정복하고 실직주의 군주가 되었다(512).

③ 관료전이 지급되고 녹읍이 폐지되었다.

통일 신라 신문왕은 귀족 세력을 약화시키기 위해 관료전을 지급하고 (687) 녹읍을 폐지하였다(689).

⑤ 이차돈의 순교를 계기로 불교가 공인되었다.

신라 법흥왕은 이차돈의 순교를 계기로 불교를 국교로 공인하였다(527).

09 태조 왕건 정답 ①

정답 분석

정답이 보이는 핵심 키워드

#신숭겸 #대구 표충단 #공산 전투 #왕을 구하기 위해 싸우다 전사함

길잡이 | 공산 전투가 일어난 시기의 왕인 고려 태조 왕건의 정책을 학습합니다.

후백제의 견훤이 **경주를 기습 공격**하자 **고려 태조 왕건**은 신라를 돕기 위해 출전하였다. 그러나 대구 팔공산 근처에서 **후백제군의 기습 공격**을 받아 크게 패하였고, 후백제군에게 포위된 왕건을 대신하여 왕건의 옷을 입고 맞서던 **신숭겸**과 장수 김락 등이 전사하였다(927). ① **고려 태조**는 조세 제도를 합리적으로 조정하여 세율을 1/10로 경감하고, 빈민을 구제하고 민생을 안정시키기 위해 **흑창을 설치**하였다(918).

한 번 더 체크하러 가기 ▶ 미니북 22쪽

선택지 풀이

② 12목에 지방관을 처음으로 파견하였다.

고려 성종은 최승로의 시무 28조를 받아들여 12목을 설치하고 지방관을 파견하였다(983).

③ 외침에 대비하여 개경에 나성을 축조하였다.

거란의 3차 침입 때 강감찬이 10만 대군에 맞서 귀주에서 대승을 거두었다(1019). 이후 거란의 침입에 대비하기 위해 현종에게 건의하여 개경에 나성을 쌓아 도성 주변 수비를 강화하였다.

④ 관학 진흥을 목적으로 양현고를 운영하였다.

고려 중기 최충의 문헌공도를 대표로 하는 사학 12도의 발전으로 관학이 위축되자 예종이 국자감을 재정비하여 7재를 세우고 양현고를 설치하는 등 관학 진흥책을 추진하였다(1119).

⑤ 쌍기의 건의를 수용하여 과거제를 시행하였다.

고려 광종은 다양한 개혁을 통해 공신과 호족의 세력을 약화시키고 왕권을 강화하고자 하였다. 이에 후주 출신 쌍기의 건의로 과거 제도를 시행하여 신진 세력을 등용하였다(958).

10 발해 무왕의 업적 정답 ①

정답 분석

정답이 보이는 핵심 키워드

#대문예 #흑수 말갈 #당

길잡이 | 발해 무왕의 업적에 대해 알아봅니다.

① **발해** 제2대 국왕인 **무왕**은 동생인 **대문예**를 보내 **흑수 말갈**을 정벌하게 하였지만 대문예가 이를 거부하고 **당에 망명**하여 양국 관계가 악화되었다. 이에 무왕은 장문휴의 수군으로 당의 등주(산둥반도)를 공격하였다.

한 번 더 체크하러 가기 ▶ 미니북 7쪽

선택지 풀이

② 9서당 10정의 군사 조직을 갖추었다.

통일 신라 신문왕은 중앙군을 9서당, 지방군을 10정으로 편성하여 군사 조직을 정비하였다.

③ 사비로 천도하고 국호를 남부여로 고쳤다.

백제 성왕은 웅진(공주)에서 사비(부여)로 천도하고 국호를 남부여로 고쳐 새롭게 중흥을 도모하였다.

④ 지방관을 감찰하고자 외사정을 파견하였다.

통일 신라 문무왕은 삼국 통일 이후 왕권을 강화하고 지방관을 감찰하기 위해 외사정을 파견하였다.

⑤ 고구려 유민을 모아 동모산에서 나라를 세웠다.

고구려 출신 대조영이 유민들을 이끌고 지린성 동모산에서 발해를 건국하였다.

암기의 key	발해 주요 국왕의 업적
고왕 (대조영)	• 동모산 기슭에 발해 건국 • 고구려 계승 의식
무왕 (대무예)	• 독자적 연호 인안 사용 • 당의 산둥반도 공격(장문휴) • 돌궐, 일본과 연결하는 외교 관계 수립
문왕 (대흠무)	• 독자적 연호 대흥 사용 • 당과 친선, 신라와 교류(신라도) • 천도(중경 → 상경)
선왕 (대인수)	• 말갈족 복속, 요동 진출(고구려의 옛 땅 대부분 회복) • 발해의 전성기 → 해동성국

11 궁예
정답 ②

정답 분석

정답이 보이는 핵심 키워드

#태봉 #신라 왕족 출신 #도읍 철원

길잡이 │ 후고구려를 건국한 궁예에 대해 학습합니다.

신라 왕족 출신 궁예는 **후고구려**를 건국(901) 후 국호를 마진으로 바꾸고(904) 중앙 조직을 정비하였다. 이후 영토를 확장하여 **철원**으로 도읍을 옮겼으며(905), 국호를 태봉으로 변경하였다(911). 광평성을 중심으로 한 정치 기구를 마련하여 장관인 광치나와 서사, 외서 등의 관원을 두었다.
② 궁예는 **미륵 신앙**을 바탕으로 한 전제 정치로 인해 백성과 신하들의 원성을 사면서 왕건에 의해 축출되었다.

한 번 더 체크하러 가기 ▶ 미니북 22쪽

선택지 풀이

① 발해를 멸망시킨 거란을 적대시하였다.
고려 태조는 송과는 우호 관계를 유지하면서 거란은 발해를 멸망시킨 나라라 하여 적대시하였다.

③ 신라를 공격하여 경애왕을 죽게 하였다.
후백제 견훤은 신라의 수도 금성을 공격하여 경애왕을 죽이고 경순왕을 즉위시켰다.

④ 노비안검법을 시행하여 재정을 확충하였다.
고려 광종은 노비안검법을 실시하여 억울하게 노비가 된 사람들을 구제하고, 호족 세력을 견제하는 동시에 국가 재정을 확충하고자 하였다.

⑤ 청해진을 설치하여 해상 무역을 장악하였다.
통일 신라 장보고는 완도에 청해진을 설치하여 해적들을 소탕하고 해상 무역권을 장악하면서 당, 신라, 일본을 잇는 국제 무역을 주도하였다.

12 서경 천도 운동
정답 ③

정답 분석

정답이 보이는 핵심 키워드

#고려 시대 #정지상 #서경 #묘청 #수도를 옮길 것을 주장 #개경 세력과 정치적으로 대립 #김부식에 의해 죽임을 당함

길잡이 │ 묘청, 정지상 등의 서경 세력이 일으킨 서경 천도 운동이 일어난 시기를 파악합니다.

• **이자겸의 난**(1126): **고려** 인종 때 문벌 귀족 **이자겸**이 왕의 외척으로서 최고 권력을 누리며 왕의 자리까지 넘보자 인종이 이자겸을 제거하려 하였으나 실패하였다. 이에 이자겸은 척준경과 함께 난을 일으켰다.

• **고려의 개경 환도**(1270): 무신 정권이 해체되고 강화도에 있던 **고려 조정이 개경으로 환도**하면서 **몽골과의 강화가 성립**되었다.
③ 고려 인종은 이자겸의 난 이후 왕권 회복을 위해 정치 개혁을 추진하였다. 이 과정에서 **묘청, 정지상**을 중심으로 한 **서경 세력**과 **김부식**을 중심으로 한 **개경 세력 간의 대립**이 발생하였다. 서경 세력은 서경 천도와 칭제 건원, 금 정벌을 주장하였으나 받아들여지지 않았다. 이에 묘청이 **서경에서 반란**을 일으켰고(묘청의 난, 1135), **김부식의 관군에 의해** 진압되었다(1136).

한 번 더 체크하러 가기 ▶ 미니북 8쪽

13 만적의 난
정답 ③

정답 분석

정답이 보이는 핵심 키워드

#최충헌 #태자 왕숙 #유경 #최의 #정방

길잡이 │ 무신 정권기에 만적의 난이 일어난 시기를 알아봅니다.

(가) **고려 무신 정권기**에 **최충헌**은 동생 최충수와 함께 당시 집권자였던 이의민을 제거하고(1196) 정권을 장악하였으며, **명종**을 폐위시키고 **창락궁에 유폐**하였다(1197).
(나) **최의**는 최충헌, 최우, 최항에 이은 최씨 무신 정권기의 마지막 집권자로, 최항의 심복이었던 **유경**에게 제거당하였다(1258). 이로 인해 최씨 무신 정권이 몰락하였다.
③ **최씨 무신 정권기**에 최충헌의 사노비인 **만적**이 개경(개성)에서 노비들을 규합하여 **신분 차별에 항거하는 반란을 도모**하였으나 사전에 발각되어 실패하였다(1198).

한 번 더 체크하러 가기 ▶ 미니북 8쪽

선택지 풀이

① 강조가 정변을 일으켜 김치양을 제거하였다.
고려 무신 강조는 국가의 혼란을 바로잡고자 정변을 일으켜 목종의 외척인 김치양을 제거하였다(1009).

② 배중손이 이끄는 삼별초가 진도에서 항전하였다.
고려 정부가 강화도에서 개경으로 환도하자 배중손, 김통정을 중심으로 한 삼별초가 이에 반대하여 강화도, 진도, 제주도로 이동하며 대몽 항쟁을 전개하였다(1270~1273).

④ 조위총이 군사를 일으켜 정중부 등의 제거를 도모하였다.
고려 서경유수 조위총은 군사를 일으켜 정중부 등의 무신 집권자들을 제거하려 하였으나 실패하였다(1174).

⑤ 김보당이 의종 복위를 주장하며 동계에서 군사를 일으켰다.
동북면 병마사로 있던 고려의 문신 김보당은 정중부의 무신 정변 이후 정권을 잡은 정중부, 이의방 등을 토벌하고 폐위된 의종을 다시 세우고자 난을 일으켰으나 실패하였다(1173).

14 고려 원 간섭기

✅ 정답 분석

> **정답이 보이는 핵심 키워드**
> #수령 옹주 #왕온 #딸이 공녀로 끌려감

> 길잡이 ┃ 고려의 여자들이 공녀로 바쳐졌던 원 간섭기를 학습합니다.

고려 원 간섭기 때 **원**은 수탈의 일환으로 고려에 **공녀**를 요구하였다. 이에 고려는 **결혼도감**을 설치하고(1274) 약 80여 년간 50여 차례에 걸쳐 원에 공녀를 보냈다. 또한, 고려 세자가 왕위를 계승할 때까지 원에 머무는 것이 상례가 되었으며, 지배층을 중심으로 몽골의 풍습인 변발과 호복 등이 유행하였다.
③ **고려 충렬왕** 때 원은 고려를 일본 원정에 동원하기 위해 **정동행성을 설치**하고(1280) 여몽 연합군을 구성하였다.

한 번 더 체크하러 가기 ▶ 미니북 23쪽

✅ 선택지 풀이

① 농사직설을 편찬하는 학자
조선 세종은 정초, 변효문 등을 시켜 우리 풍토에 맞는 농서인 『농사직설』을 간행하였다(1429).

② 초조대장경을 조판하는 장인
고려 현종 때 거란이 강조의 정변을 구실로 2차 침입을 단행하였고, 개경이 함락되자 현종은 나주까지 피란을 갔다. 이후 현종은 거란의 침입을 불력으로 물리치고자 초조대장경을 제작하기 시작하였다(1011).

④ 삼강행실도를 읽고 있는 양반
조선 세종 때 군신 · 부자 · 부부 삼강에 모범이 될 만한 충신, 효자, 열녀의 행실을 모아 글과 그림으로 설명한 윤리서인 『삼강행실도』를 간행하였다(1434).

⑤ 백운동 서원에서 공부하는 유생
조선 중종 때 풍기 군수 주세붕이 성리학을 전래한 고려 말의 학자 안향을 기리기 위해 최초로 백운동 서원을 건립하였다(1543). 백운동 서원은 이황의 건의로 소수 서원이라는 중종의 사액을 받아 최초의 사액 서원이 되었다.

15 시대별 승려

정답 ③

✅ 정답 분석

> **정답이 보이는 핵심 키워드**
> #화엄 사상 #『화엄일승법계도』 #부석사 #관음 신앙 #귀법사의 주지 #『보현십원가』 #문종의 아들 #국청사 #천태종 창시 #교선 통합 #교관겸수 #법화 신앙 #강진 만덕사 #백련 결사

> 길잡이 ┃ 시대별 승려들의 활동에 대해 알아봅니다.

(가) **신라의 승려 의상**은 당에 가서 지엄으로부터 화엄에 대한 가르침을 받고 돌아와 신라에서 **화엄 사상**을 정립하였고, 영주 **부석사**를 창건하여 수많은 제자들을 양성하였다. 또한, 화엄 사상을 정리한 『**화엄일승법계도**』를 저술하고 화엄 교단을 세웠다.

(나) **고려의 승려 균여**는 **귀법사의 주지**로, 어려운 불교의 교리를 설파하기 위해 사람들이 따라 부르기 쉬운 노래인 『**보현십원가**』라는 향가를 만들었다.

(다) **고려의 승려 의천**은 **문종의 아들**로, 송에서 유학하고 돌아와 개경(개성) **흥왕사**에서 이론의 연마와 실천을 강조하는 **교관겸수**를 바탕으로 **교종과 선종의 불교 통합 운동**을 전개하였다. 또한, **국청사**를 중심으로 해동 **천태종을 개창**하였으며, 이후 숙종 때 대각국사로 책봉되었다.

(라) **고려의 승려 요세**는 강진 만덕사(백련사)에서 자신의 행동을 참회하는 **법화 신앙**에 중점을 두고 **백련 결사**를 주도하였다.

③ **고려의 승려 의천**은 중국 및 우리나라의 불교 경전에 대한 주석서를 모은 『**신편제종교장총록**』을 편찬하였다.

한 번 더 체크하러 가기 ▶ 미니북 19쪽

✅ 선택지 풀이

① 심성의 도야를 강조한 유불 일치설을 주장하였다.
고려의 승려 혜심은 유불 일치설을 주장하여 성리학을 수용할 수 있는 사상적 토대를 마련하였다.

② 정혜쌍수와 돈오점수를 수행 방법으로 제시하였다.
고려의 승려 지눌은 정혜쌍수를 사상적 바탕으로 하여 철저한 수행을 강조하였으며, 내가 곧 부처라는 깨달음을 위한 노력과 함께 꾸준한 수행으로 이를 확인하는 돈오점수를 강조하였다.

④ 9산 선문 중 하나인 가지산문을 개창하였다.
통일 신라 말 지방 호족 세력의 지원을 바탕으로 선종 불교가 성행하였다. 9세기 중반에는 특정 사찰을 중심으로 한 선종 집단인 9산 선문이 형성되었고, 그중 하나로 당에서 귀국한 승려 체징이 전남 가지산의 보림사에서 국사 도의를 종조로 삼아 가지산문을 개창하였다.

⑤ 승과에 합격하고 왕사에 임명되었다.
고려 시대에 승과 제도를 운영하여 승려를 선발하고 왕사 · 국사에 책봉하였다.

암기의 key 　　신라 · 고려의 주요 승려

신라	원효	• 불교의 사상적 이해 기준 확립: 「금강삼매경론」, 「대승기신론소」 • 종파 간 사상적 대립 극복 · 조화: 「십문화쟁론」 • 불교의 대중화: 나무아미타불, 「무애가」 • 정토종, 법성종 창시
	의상	• 화엄 사상 정립: 「화엄일승법계도」 • 관음 신앙: 현세의 고난 구제 • 부석사 건립, 불교 문화의 폭 확대
	혜초	인도, 중앙아시아 기행기 「왕오천축국전」 저술
고려	의천	• 교단 통합 운동: 해동 천태종 창시 • 교관겸수 · 내외겸전 주장: 이론 연마와 실천 강조
	지눌	• 수선사 결사 운동(송광사): 독경과 선 수행, 노동에 힘쓰자는 운동 • 돈오점수 · 정혜쌍수 제창: 참선(선종)과 지혜(교종)를 함께 수행
	요세	백련 결사 제창: 자신의 행동을 진정으로 참회하는 법화 신앙 강조
	혜심	유불 일치설 주장: 심성의 도야를 강조하여 장차 성리학 수용의 사상적 토대 마련
	균여	• 화엄종 · 화엄 사상 정비 • 향가 「보현십원가」 저술

16 고려의 경제 　　정답 ②

✓ 정답 분석

> **정답이 보이는 핵심 키워드**
>
> #이규보 #예성강 하구 #벽란도 #국제 무역항 #송과 아라비아 상인들이 왕래

> 길잡이 | 고려의 경제 상황에 대해 살펴봅니다.

고려 시대 예성강 하구에 위치한 **벽란도**는 **국제 무역항**으로 번성하였으며, 이곳을 통해 **송 · 아라비아 상인**들과 교역을 전개하였다. ② **고려 숙종** 때 해동통보, 삼한통보, 해동중보 등의 동전과 **활구(은병)**를 발행 · 유통하였다.

한 번 더 체크하러 가기 ▶ 미니북 24쪽

✓ 선택지 풀이

① 송상이 전국 각지에 송방을 두었다.
　조선 후기 상업의 발전으로 사상이 전국 각지에서 활발한 상업 활동을 전개하였다. 이중 개성의 송상은 전국에 송방이라는 지점을 설치하고 청과 일본 사이의 중계 무역으로 많은 부를 축적하였다.

③ 동시전을 설치하여 시장을 감독하였다.
　신라 지증왕은 경주에 시장을 설치하고 이를 감독하기 위한 기구인 동시전을 설치하였다.

④ 담배, 면화, 생강 등 상품 작물을 널리 재배하였다.
　조선 후기에 상업의 발달로 인삼, 담배, 면화 등 상품 작물의 재배가 활발해졌다.

⑤ 일본과 교역을 위해 부산포, 염포, 제포를 개항하였다.
　조선 전기인 세종 때 대마도주의 요구를 받아들여 부산포, 제포, 염포의 삼포를 개방하였고, 이후 제한된 범위 내에서 무역을 허락하는 계해약조를 체결하였다.

17 몽골의 침략과 고려의 대응 　　정답 ④

✓ 정답 분석

> **정답이 보이는 핵심 키워드**
>
> #김윤후 #충주성 #귀천을 가리지 않고 관작을 내림 #관노비의 문서를 불태움

> 길잡이 | 몽골의 침략과 그에 따른 고려의 대응을 파악합니다.

고려 고종 때 몽골 사신 저고여가 본국으로 돌아가던 중 암살당한 사건이 발생하자(1225) 몽골은 이를 구실로 고려와 국교를 단절하고 6차례에 걸쳐 고려를 침입하였다. 서북면 병마사 박서는 몽골군이 귀주성을 포위하여 30여 일 동안 공격하자 김중온, 김경손과 함께 항전하여 물리쳤다(1231). 또한, 몽골의 2차 침입 때는 승장 김윤후가 이끄는 민병과 승군이 처인성에서 몽골군에 대항하여 적장 살리타를 사살하고 승리를 거두었으며(1232), **5차 침입** 때는 **충주산성 방호별감**이었던 **김윤후**가 전투에서 승리하면 **신분의 고하를 막론하고 모두 관작을 주겠다고 독려**하여 관노들과 함께 몽골군에 항전한 끝에 승리하였다(1253).
④ **고려 최씨 무신 정권기 최우**는 몽골의 침입에 대항하기 위해 **강화도로 천도**하고 **장기 항쟁을 준비**하였다(1232).

한 번 더 체크하러 가기 ▶ 미니북 23쪽

✓ 선택지 풀이

① 윤관을 보내 동북 9성을 축조하였다.
　고려 예종 때 윤관의 별무반이 여진을 물리치고, 동북 9성을 설치하였다(1107). 이후 여진이 고려에 조공을 약속하며 동북 9성 반환을 요청하자 고려는 이를 수락하고 동북 9성을 되돌려주었다(1109).

② 박위로 하여금 쓰시마섬을 정벌하게 하였다.
　고려 말 창왕 때 박위를 파견하여 왜구의 본거지인 쓰시마섬을 정벌하였다(1389).

③ 서희가 외교 담판을 통해 강동 6주를 획득하였다.
　고려 성종 때 거란이 침략하여 고려가 차지하고 있는 옛 고구려 땅을 내놓고 송과 교류를 끊을 것을 요구하였으나 서희가 소손녕과의 외교 담판을 통해 이를 해결하고 강동 6주를 획득하였다(993).

⑤ 최영이 철령위 설치에 반발하여 요동 정벌을 추진하였다.
　고려 우왕 때 명이 원의 쌍성총관부가 있던 철령 이북의 땅에 철령위를 설치하겠다며 반환을 요구하자 이에 반발한 고려는 최영을 중심으로 요동 정벌을 추진하였다(1388).

18 고려의 문화유산 정답 ⑤

✅ 정답 분석

정답이 보이는 핵심 키워드

#나전 국화 넝쿨무늬 합 #고려 시대 #송의 사신 서긍 #나전 칠기

길잡이 | 고려의 문화유산을 사진과 함께 학습합니다.

고려 나전 국화 넝쿨무늬 합은 자개를 무늬대로 잘라 목심이나 칠면에 박아넣거나 붙이는 **나전 기법**으로 만들어진 유물이다. 화장용 상자의 일부로 추정되며, 당시 고려 나전 칠기 기법이 고스란히 반영된 유물로 평가된다. 일본에서 발견된 이 합은 문화재청의 노력으로 2020년 국내로 환수되었다.

⑤ 충북 보은군에 위치한 보은 법주사 팔상전은 우리나라 목조 건축 중 가장 높은 건축물이자 현존하는 유일한 조선 시대 목탑으로, 국보 제55호로 지정되어 있다. 석가모니의 일생을 여덟 폭의 그림으로 나누어 그린 팔상도가 있어 팔상전이라고 불린다.

한 번 더 체크하러 가기 ▶ 미니북 45쪽

✅ 선택지 풀이

① 청동 은입사 포류수금문 정병

고려 시대 대표적인 금속 공예품 중 하나로, 국보 제92호로 지정되었다. 문양 부분을 파낸 뒤 은을 박아 장식한 은입사 기법이 사용되었다.

② 부석사 소조여래 좌상

영주 부석사 무량수전에 모시고 있는 소조 불상으로, 국보 제45호로 지정되었다. 우리나라 소조 불상 가운데 가장 크고 오래된 작품이며, 고려 초기에 만들어진 것으로 추정된다.

③ 청자 상감운학문 매병

고려 청자 상감운학문 매병은 그릇 표면을 파낸 자리에 백토나 흑토 등을 메워 무늬를 내는 고려의 상감 기법이 잘 드러나며, 국보 제68호로 지정되어 있다.

④ 월정사 팔각 구층 석탑

고려 전기의 대표적인 석탑인 평창 월정사 팔각 구층 석탑은 강원도 오대산 월정사 경내에 위치해 있으며, 국보 제48-1호로 지정되어 있다.

19 최무선 정답 ②

✅ 정답 분석

정답이 보이는 핵심 키워드

#화약 무기 #중국인 이원에게 염초 제조법을 배움 #나세, 심덕부 #진포에서 왜구를 격퇴

길잡이 | 화포 기술을 도입하여 진포에서 왜구를 격퇴한 최무선에 대해 알아봅니다.

② **고려 우왕 때 최무선**은 중국인 이원에게 배운 **염초 제조 기술**을 바탕으로 **화통도감** 설치를 건의하여 **화약과 화포를 제작**하였다. 이후 **왜구**가 고려를 침입하자 최무선은 **나세, 심덕부** 등과 함께 병선과 화통·화포를 갖추고 **진포 대첩**에서 왜구를 격퇴하였다 (1380).

한 번 더 체크하러 가기 ▶ 미니북 23쪽

✅ 선택지 풀이

① 신기전과 화차를 개발하다

조선 세종 때 장영실은 고려 말 최무선이 제작한 주화를 개량하여 로켓형 화기인 신기전을 개발하였다.

③ 불랑기포를 활용하여 평양성을 탈환하다

임진왜란 때 조명 연합군은 서양식 청동제 화포인 불랑기포를 활용하여 평양성을 탈환하였다.

④ 조총 부대를 이끌고 나선 정벌에 참여하다

조선 효종 때 러시아가 만주 지역까지 침략해오자 청은 조선에 원병을 요청하였고, 조선에서는 두 차례에 걸쳐 조총 부대를 출병시켜 나선 정벌을 단행하였다.

⑤ 발화 장치를 활용한 비격진천뢰를 발명하다

조선 선조 때 이장손이 발명한 비격진천뢰는 전쟁 시 사람과 말 등을 죽이거나 치명적인 상처를 입히기 위해 만들어진 폭탄으로, 임진왜란 때 실제로 사용되었다.

20 조선 성종 정답 ⑤

✅ 정답 분석

정답이 보이는 핵심 키워드

#장악원 #『악학궤범』 #예조 판서 성현

길잡이 | 『악학궤범』이 편찬된 조선 성종 재위 시기에 있었던 사실을 파악합니다.

조선 성종 때 예악 정비 사업의 일환으로 오례(五禮)의 예법과 절차 등을 그림과 함께 정리하여 『국조오례의』를 편찬하고, **성현** 등이 왕명에 따라 의궤와 악보를 정리한 **『악학궤범』**을 저술하였다.

⑤ **조선 성종** 때 노사신, 양성지, 강희맹 등이 각 도의 지리, 풍속, 인물 등을 기록한 관찬 지리지인 **『동국여지승람』**을 편찬하였다.

한 번 더 체크하러 가기 ▶ 미니북 9쪽

✅ 선택지 풀이

① 주자소가 설치되어 계미자가 주조되었다.

조선 태종 때 주자소를 설치하고 계미자를 주조하여 조선의 금속 활자 인쇄술이 한층 더 발전하였다.

② 전통 한의학을 집대성한 동의보감이 완성되었다.

조선 선조의 명으로 허준이 집필하기 시작한 『동의보감』은 우리나라와 중국 의서의 각종 의학 지식과 치료법을 집대성한 의서로 광해군 때 완성되었다.

③ 통치 체제를 정비하기 위해 속대전이 간행되었다.

조선 영조는 국가 운영에 대한 법을 새로 규정하기 위해 『경국대전』을 바탕으로 새롭게 증보된 내용만 수록하여 『속대전』을 편찬하였다.

④ 한양을 기준으로 역법을 정리한 칠정산이 제작되었다.

조선 세종 때 중국의 수시력과 아라비아의 회회력을 참고로 내편(內篇)과 외편(外篇)으로 이루어진 역법서 『칠정산』을 편찬하였다. 이때 최초로 한양을 기준으로 천체 운동을 계산하였다.

② 외척 간의 대립으로 윤임이 제거되었다.

조선 인종의 뒤를 이어 명종이 어린 나이로 즉위하자 명종의 어머니 문정 왕후가 수렴청정을 하였다. 인종의 외척인 윤임을 중심으로 한 대윤 세력과 명종의 외척인 윤원형을 중심으로 한 소윤 세력의 대립으로 을사사화가 발생하여 윤임을 비롯한 대윤 세력과 사림들이 큰 피해를 입었다(1545).

③ 이괄이 난을 일으켜 한양을 점령하였다.

인조반정 때 큰 공을 세웠던 이괄은 공신 책봉 과정에서 2등 공신을 받은 것에 불만을 품었다. 이에 이괄이 반역을 일으킬지도 모른다는 구실로 아들인 이전을 잡아오라는 명까지 떨어지자 이괄은 반란을 일으켜 도성을 장악하였다(1624).

⑤ 조의제문이 발단이 되어 김일손 등이 화를 입었다.

연산군 때 김일손이 스승인 김종직의 조의제문을 실록에 기록한 것을 유자광, 이극돈 등의 훈구 세력이 사림 세력에 불만을 가지고 있던 연산군에게 알리면서 무오사화가 발생하였다(1498).

21 중종반정   정답 ④

✅ 정답 분석

정답이 보이는 핵심 키워드

#윤필상, 유순 #폐비(廢妃) 윤씨의 시호를 의논 #조광조 #천거

길잡이 | 조선 연산군 때 발생한 갑자사화와 중종의 기묘사화 사이에 일어난 중종반정을 학습합니다.

(가) **갑자사화**(1504): **조선 연산군**이 생모인 **폐비 윤씨 사건**의 전말을 알게 되면서 **갑자사화**가 발생하였다. 이로 인해 김굉필 등 당시 폐비 윤씨 사건에 관련된 인물들과 무오사화 때 피해를 면하였던 사람들까지 큰 화를 입었다.

(나) **기묘사화**(1519): **중종**은 반정으로 왕위에 오른 뒤 훈구파를 견제하기 위해 사림파를 중용하여 유교 정치를 발전시키고자 하였다. 이에 따라 등용된 **조광조**는 천거제의 일종인 **현량과** 실시를 건의하여 사림이 대거 등용될 수 있는 발판을 마련하였다. 또한, 반정 공신들의 위훈 삭제, 소격서 폐지, 향약 시행, 소학 보급 등을 주장하였으나 이에 반발한 훈구 세력들이 주초위왕 사건을 일으켜 **기묘사화**가 발생하면서 조광조를 비롯한 사림들이 피해를 입었다.

④ **조선 연산군의 폭정**을 계기로 성희안, 박원종, 유순정 등에 의해 **반정**이 일어나 연산군이 폐위되고 **진성 대군이 중종으로 즉위**하였다(1506).

한 번 더 체크하러 가기 ▶ 미니북 9, 42쪽

✅ 선택지 풀이

① 성삼문 등이 단종의 복위를 꾀하였다.

조선 세조는 수양 대군 시절 계유정난을 일으켜 권력을 장악하였으며, 단종을 몰아내고 왕으로 즉위하였다. 이후 성삼문, 박팽년 등 이른바 사육신(死六臣)들이 단종 복위를 계획하다가 발각되자 세조는 관련 신하들을 모두 사형에 처하였으며, 집현전을 폐지하고 경연을 정지시켰다(1456).

22 사헌부   정답 ⑤

✅ 정답 분석

정답이 보이는 핵심 키워드

#조선 시대 #언론 활동, 풍속 교정, 백관에 대한 규찰과 탄핵 #대사헌

길잡이 | 조선 시대 관청 사헌부에 대해 살펴봅니다.

⑤ **사헌부**는 조선 시대에 **언론 활동, 풍속 교정, 백관에 대한 규찰과 탄핵** 등을 관장하던 관청이다. 사간원과 함께 양사 또는 대간이라 불렸으며, **5품 이하 관리**의 임명과 관련된 **서경권**을 행사하였다.

한 번 더 체크하러 가기 ▶ 미니북 35쪽

✅ 선택지 풀이

① 업무 일지인 내각일력을 작성하였다.

조선 정조 때 1779년부터 1883년까지 창덕궁 후원에 설치된 왕실 도서관인 규장각에서 업무 일지인 『내각일력』을 작성하였다.

② 고려의 삼사와 같은 기능을 수행하였다.

조선 시대에 서경, 간쟁, 봉박 등의 권한을 가지고 있었던 삼사와 달리 고려 시대의 삼사는 화폐·곡식의 출납과 회계를 담당하였다.

③ 은대(銀臺), 후원(喉院)이라고도 불리었다.

승정원은 조선 시대 왕명의 출납을 관장하던 관청으로, 은대(銀臺), 후원(喉院), 정원(政院), 대언사(代言司) 등으로 불리기도 하였다.

④ 임진왜란을 거치면서 국정 전반을 총괄하였다.

비변사는 조선 중종 때 삼포왜란이 일어나자 외적의 침입에 대비하기 위한 임시 기구로 처음 설치되었고, 명종 때 을묘왜변을 계기로 상설 기구화되었다. 임진왜란을 거치면서 조직과 기능이 확대되어 국정 전반을 총괄하는 실질적인 최고의 관청으로 성장하였다.

23 조선의 환국   정답 ②

✓ 정답 분석

정답이 보이는 핵심 키워드

#기름 먹인 장막 #허적 #왕비가 복위 #희빈 #송시열 #원자(元子)의 명호를 정한 것

길잡이 ┃ 조선 숙종 때 일어난 세 번의 환국을 순서대로 파악합니다.

(가) **경신환국**(1680): **숙종** 때 남인의 영수인 **허적**이 궁중에서 쓰는 **천막**을 허락 없이 사용한 문제로 왕과 갈등을 겪었다. 이후 허적의 서자 허견의 역모 사건으로 첫 환국이 발생하여 허적, 윤휴 등의 남인이 대거 축출되고 **서인이 집권**하게 되었다.

(다) **기사환국**(1689): **숙종**은 인현 왕후가 아들을 낳지 못하자 총애하던 **희빈 장씨의 소생을 원자로 책봉**하였다(1688). 서인 송시열 등이 후궁의 소생을 원자로 정하는 것의 부당함을 주장하며 반대하자 숙종은 **송시열의 관작을 삭탈**하고 제주도로 유배시켜 사사(賜死)하였다. 이로 인해 서인 세력은 대거 축출되고 **남인이 집권**하게 되었다.

(나) **갑술환국**(1694): 서인 세력을 중심으로 인현 왕후 복위 운동이 전개되자 남인인 민암 등이 서인들을 국문하다 숙종의 불신을 받게 되어 몰락하고 다시 **서인이 집권**하게 되었다. 이후 **인현 왕후가 복위**되고 장씨는 다시 희빈으로 강등되었으며, 기사환국으로 사사된 송시열을 비롯하여 김수항 등에게 작위가 내려졌다.

한 번 더 체크하러 가기 ▶ 미니북 48쪽

암기의 key	조선 시대의 환국
경신환국 (1680)	남인의 영수 허적이 궁중에서 쓰는 천막을 허락 없이 사용한 문제로 숙종과 갈등 → 허적의 서자 허견의 역모 사건 → 허적을 비롯한 남인 몰락, 서인 집권
기사환국 (1689)	희빈 장씨 소생에 대한 원자 책봉 문제 → 서인 세력의 반대 → 서인이 물러나고 남인 집권
갑술환국 (1694)	서인의 인현 황후 복위 운동 → 남인 민암 등이 서인을 국문하다 숙종의 불신을 받아 몰락, 서인 집권 → 인현 왕후 복위, 장씨는 희빈으로 강등

24 병자호란   정답 ④

✓ 정답 분석

정답이 보이는 핵심 키워드

#『강도일기(江都日記)』 #봉림 대군과 인평 대군 #강화 #국왕과 세자는 남한산성으로 피란

길잡이 ┃ 병자호란이 발생한 시기에 일어난 사건을 알아봅니다.

후금이 국호를 **청**으로 고치고 **조선에 군신 관계를 강요**하자 조선에서는 척화론과 주화론이 첨예하게 대립하였고, 결국 조선이 사대 요청을 거부하여 **병자호란**이 일어났다(1636). 『**강도일기(江都日記)**』는 조선 문신 어한명이 작성한 일기로, 당시 전란을 피해 봉림 대군과 인평 대군 등이 강화로 피란하던 과정을 기록하여 **병자호란이 발발한 초기의 정황**을 이해하는 데 도움을 주는 자료이다. 이후 **남한산성으로 피란**하였던 **인조**는 강화도로 보낸 왕족과 신하들이 인질로 잡히자 **삼전도에서 굴욕적인 항복**을 하였다.

④ 임경업은 병자호란 당시 의주의 백마산성에서 대비를 철저히 하였으나, 청이 이를 피해 한양으로 바로 진격하여 결국 남한산성을 포위하였다. 이후 임경업은 압록강에서 철군하는 청의 배후를 공격하여 300여 명을 죽이고 포로로 끌려가던 백성을 구출하였다(1636).

한 번 더 체크하러 가기 ▶ 미니북 32쪽

✓ 선택지 풀이

① 정문부가 길주에서 의병을 이끌었다.

정문부는 임진왜란 당시 함경도 길주에서 의병을 조직하여 북관대첩을 승리로 이끌며 경성과 길주 일대를 회복하였다(1592.9.~1593.2.).

② 강홍립이 사르후 전투에 참전하였다.

광해군 때 명의 요청으로 후금과의 사르후 전투에 강홍립 부대를 파견하였으나 명과 후금 사이에서 실리를 추구하는 중립 외교 정책에 따라 광해군은 강홍립에게 후금에 투항하도록 명령하였다(1619).

③ 김시민이 진주성에서 적군을 크게 물리쳤다.

임진왜란 발발 이후 왜군은 전라도로 가는 길목인 진주를 공격하였으나 김시민을 중심으로 한 조선군이 진주 대첩에서 왜군 2만 명을 무찔렀다(1592.10.).

⑤ 최윤덕이 올라산성에서 이만주 부대를 정벌하였다.

조선 세종 때 최윤덕은 왕의 명을 받아 올라산성에서 여진의 무리인 이만주 부대를 정벌하고 압록강 상류 지역에 4군을 설치하였다(1443).

25 조선 후기의 경제   정답 ③

✓ 정답 분석

정답이 보이는 핵심 키워드

#거상(巨商) 임상옥 #연행사 #만상(灣商) #인삼 무역 #북경 상인

길잡이 ┃ 조선 후기 경제 상황에 대해 살펴봅니다.

조선 후기 상업의 발달로 인삼, 담배, 면화 등 **상품 작물**의 재배가 활발해지고, 의주의 **만상(灣商)**은 사무역인 책문 후시를 통해 청과의 무역 활동을 주도하면서 성장하였다. 특히 **임상옥**은 조선 후기 대표적인 **거상(巨商)**으로, 북경 상인들이 중국에서 인기가 많은 인삼을 헐값에 사기 위해 담합하여 불매 동맹을 맺자 인삼과 홍삼을 쌓아놓고 그 위에 불을 지르는 기지를 발휘해 높은 가격에 인삼을 매각하여 상인으로서 그 이름을 떨치기도 하였다.

③ **임진왜란 이후** 일본의 요청으로 선조 때 부산포를 개항하여 두모포 포구에 왜관을 설치하였고, 광해군 즉위 직후에는 기유약조를 체결하여 일본과의 국교를 재개하였다. 이후 무역 규모가 점차 확대되자 조선 숙종 때 **초량 왜관을 설치**하였다(1678).

한 번 더 체크하러 가기 ▶ 미니북 24쪽

선택지 풀이

① 삼한통보, 해동통보가 발행되었다.

고려 숙종 때 승려 의천의 건의에 따라 화폐 주조를 전담하는 주전도감을 설치하고, 해동통보와 삼한통보, 해동중보 등의 동전과 활구(은병)를 발행·유통하였다.

② 솔빈부의 말이 특산물로 수출되었다.

발해는 목축과 수렵이 발달하였는데 특히 지방 행정 구역 중 솔빈부의 말이 유명하여 주변 국가에 특산품으로 수출하였다.

④ 당항성, 영암이 국제 무역항으로 번성하였다.

통일 신라는 삼국 통일 이후 해상 무역이 발전하여 한강 하류의 당항성, 전남 영암 등이 국제 무역항으로 번성하였다.

⑤ 경시서의 관리들이 수도의 시전을 감독하였다.

고려 문종 때 경시서를 설치하여 수도 개경의 시전을 감독하였다.

---

26 조선 정조 정답 ③

정답 분석

정답이 보이는 핵심 키워드

#서호천 #축만제 #수원 화성 #장용영 #현륭원 #지지대비

길잡이 ┃ 조선 정조가 추진한 정책을 알아봅니다.

조선 정조는 국왕 중심의 통치 체제를 확립하고자 탕평책을 기반으로 여러 정책을 펼쳤다. 사도 세자의 묘를 수원으로 옮기고 **수원 화성을 건립**하여 정치적·군사적 기능을 부여하였으며, 백성들의 농업 생산성을 높이고 가뭄에 대비하기 위하여 수원 화성 옆에 **수리 관개 시설인 만석거를 축조**하였다. 또한, 왕권을 뒷받침하는 군사적 기반을 갖추기 위해 국왕 친위 부대인 **장용영을 설치**하고, 규장각에서 새롭게 관직에 오르거나 기존 관리들 중 능력 있는 문신들을 재교육하는 초계문신제를 실시하였다.
③ **조선 정조** 때 채제공의 건의에 따라 **신해통공**을 시행하여 육의전을 제외한 시전 상인들의 **금난전권이 폐지**되었다.

한 번 더 체크하러 가기 ▶ 미니북 10쪽

선택지 풀이

① 경기도에 한하여 대동법을 시행하였다.

조선 광해군 때 방납의 폐단을 해결하고자 공납을 전세화하여 쌀이나 베, 동전 등으로 납부하게 한 대동법을 경기도에 한해서 시행하였다.

② 군역 부담을 줄이기 위해 균역법을 제정하였다.

조선 후기 군역으로 인한 농민들의 부담이 가중되자 영조는 균역법을 제정하여 기존 1년에 2필이었던 군포를 1필만 부담하게 하였다. 이로 인해 감소된 재정은 지주에게 결작으로 부과하고, 어장세·선박세·염세 등의 잡세 수입으로 보충하였다.

④ 제한된 규모의 무역을 허용한 계해약조를 체결하였다.

조선 세종 때 왜의 요구를 받아들여 남해안의 부산포, 제포, 염포를 개방하였고, 제한적 무역을 허용하는 계해약조를 체결하였다.

⑤ 현직 관리에게만 수조권을 지급하는 직전법을 실시하였다.

세조는 과전 세습화가 초래하였던 토지 부족 등의 폐단을 바로잡기 위해 과전법을 혁파하고 현직 관리에게만 수조권을 지급하는 직전법을 실시하였다.

---

27 임술 농민 봉기 정답 ③

정답 분석

정답이 보이는 핵심 키워드

#진주 안핵사 박규수 #전에 없던 변괴 #포리(逋吏)를 처단할 방법

길잡이 ┃ 삼정이정청이 설치된 배경인 임술 농민 봉기에 대해 학습합니다.

③ **조선 철종** 때 삼정의 문란과 경상 우병사 백낙신의 가혹한 수탈에 견디다 못한 **진주 지역**의 농민들이 **임술 농민 봉기**를 일으켰다. 이에 안핵사로 파견된 **박규수**는 **삼정이정청**을 설치하여 삼정의 문란을 해결하고자 하였다.

한 번 더 체크하러 가기 ▶ 미니북 36쪽

선택지 풀이

① 홍경래, 우군칙 등이 주도하였다.

조선 순조 때 세도 정치로 인한 삼정의 문란과 서북 지역 차별 대우에 불만을 품은 평안도 지방 사람들이 몰락 양반 출신 홍경래를 중심으로 봉기를 일으켰다. 평안북도 가산에서 우군칙 등과 함께 정주성을 점령하고 청천강 이북 지역을 차지하기도 하였으나 관군에게 진압되었다.

② 남접과 북접이 연합하여 전개되었다.

동학 농민군은 백산에서 봉기하여 황토현·황룡촌 전투에서 관군에 승리하며 전주성을 점령하고 전라도 일대를 장악하였다. 이후 외국 군대의 개입을 우려하여 정부와 전주 화약을 체결하고 해산하였으나 청일 전쟁이 발발하고 일본의 내정 간섭이 심해지자 동학 농민군의 남접과 북접이 연합하여 다시 봉기하였다. 그러나 우금치 전투에서 관군과 일본군에게 패하여 전봉준이 서울로 압송되면서 농민군은 해산되었다.

④ 우정총국 개국 축하연을 이용하여 일어났다.

임오군란 이후 청의 내정 간섭이 심화되자 급진 개화파는 근대화 추진과 민씨 세력 제거를 위해 일본의 군사적 지원을 받아 우정총국 개국 축하연 자리에서 갑신정변을 일으켰다.

⑤ 윤원형 일파가 정국을 주도한 시기에 발생하였다.

조선 명종 때 외척 간의 갈등과 관리들의 수탈이 심화되어 민생이 어려워지자 양주의 백정 출신 임꺽정이 이끄는 도적 무리가 등장하였다. 이들은 경기도와 황해도 일대의 관아 창고를 털어 백성들에게 나누어 주는 등 의적 활동을 벌이다가 약 3년 만에 관군에게 잡혀 처형되었다.

28 김홍도 정답 ②

✅ 정답 분석

> **정답이 보이는 핵심 키워드**
>
> #단원 #「추성부도(秋聲賦圖)」 #도화서 화원 #풍속화, 산수화, 인물화

> 길잡이 │ 단원 김홍도의 활동을 사진과 함께 알아봅니다.

조선 후기의 화가 **단원 김홍도**는 도화서 출신으로 서민을 주인공으로 하여 밭갈이, 추수, 집짓기, 대장간 등 주로 농촌의 생활상을 그렸으며, 풍속화는 물론 산수화, 기록화, 초상화 등 다양한 분야에서 뛰어난 작품을 남겼다. 김홍도가 생애 마지막으로 그린 그림인 **「추성부도(秋聲賦圖)」**는 북송의 문인 구양수가 지은 「추성부(秋聲賦)」를 주제로 하였으며, 그림의 끝에 이 글의 전문을 직접 써 넣기도 하였다. ② 김홍도의 「**벼타작**」

한 번 더 체크하러 가기 ▶ 미니북 47쪽

✅ 선택지 풀이

① 정선의 「인왕제색도」
조선 후기

③ 신윤복의 「단오풍정」
조선 후기

④ 강세황의 「영통동구도」
조선 후기

⑤ 김정희의 「세한도」
조선 후기

• 조선 전기

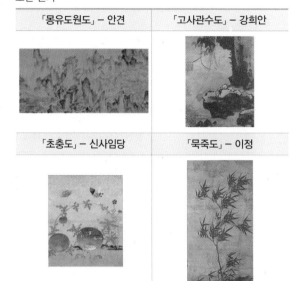

| 「몽유도원도」 – 안견 | 「고사관수도」 – 강희안 |
| 「초충도」 – 신사임당 | 「묵죽도」 – 이정 |

• 조선 후기

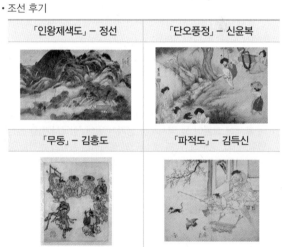

| 「인왕제색도」 – 정선 | 「단오풍정」 – 신윤복 |
| 「무동」 – 김홍도 | 「파적도」 – 김득신 |

29 시대별 역사서의 편찬 정답 ②

✅ 정답 분석

> **정답이 보이는 핵심 키워드**
>
> #해동의 삼국 역사서 #삼국 이후의 역사서를 모음 #삼국기, 신라기, 고려기, 외기 #삼국의 시조를 기록 #발해 #남북국사

> 길잡이 │ 시대별 역사서를 순서대로 파악합니다.

(가) **『삼국사기』(1145)**: **고려** 인종의 명을 받아 **김부식**이 편찬한 『삼국사기』는 현존하는 우리나라 최고(最古)의 역사서이다. 유교적 사관을 바탕으로 본기, 연표, 지, 열전 등으로 구성되었으며, **기전체 형식으로 서술**되었다.

(다)『삼국유사』(1281): **고려 원 간섭기** 때 **승려 일연**이 저술한 『삼국유사』에는 **불교사를 중심**으로 왕력과 함께 **기이(紀異)편**에 전래 기록을 담았다. 특히, 단군을 우리 민족의 시초로 여겨 고조선 건국 설화도 수록하였다.

(나)『동국통감』(1485): **조선 성종** 때 **서거정** 등이 편찬한 『동국통감』은 **고조선부터 고려 말까지의 역사**를 연대순으로 기록한 **편년체 역사서**이다.

(라)『발해고』(1784): **조선 정조** 때 서얼 출신 **유득공**이 저술한 『발해고』는 발해를 우리의 **역사로 인식**하고 최초로 '**남북국**'이라는 용어를 사용하였다.

한 번 더 체크하러 가기 ▶ 미니북 8, 9쪽

---

30 『삼국사기』,『삼국유사』   정답 ②

✓ 정답 분석

> **정답이 보이는 핵심 키워드**
>
> #중국 역사서의 삼국의 열전은 빠진 사실이 많음 #후세에 교훈을 줄 역사서 #괴력난신 #기이편

> 길잡이 | 『삼국사기』,『삼국유사』를 비롯한 시대별 역사서의 내용을 확인합니다.

ㄱ. **고려 시대 김부식**은 중국 문헌에 빠져있는 **삼국의 역사**를 기록하여 **후세에 교훈**이 될 역사서를 남기기 위해 『**삼국사기**』를 편찬하였다. 신라, 고구려, 백제 세 나라의 정치적인 흥망과 변천을 중심으로 다루고 있으며, 현존하는 우리나라 최초의 관찬 역사서이다.

ㄷ. **고려 원 간섭기** 때 **승려 일연**이 고조선에서부터 후삼국까지의 전래 기록을 모아 『**삼국유사**』를 저술하였다. 왕력(王歷)편, **기이(紀異)편** 등 총 9편목으로 구성되어 있으며, **불교 사료, 신화, 설화** 등을 수록하였다.

한 번 더 체크하러 가기 ▶ 미니북 8, 9쪽

✓ 선택지 풀이

ㄴ. 사초와 시정기를 바탕으로 실록청에서 편찬하였다.

조선 시대에는 국왕의 사후에 실록청을 설치하고 사관이 기록한 사초, 시정기를 정리하여 『조선왕조실록』을 편찬하였다.

ㄹ. 고조선부터 고려까지의 역사를 편년체로 정리하였다.

조선 성종 때 서거정 등이 편찬한 『동국통감』은 고조선부터 고려까지의 역사를 연대순으로 기록하였다. 고조선부터 삼한까지를 책머리에 외기로, 삼국의 건국부터 신라 문무왕의 삼국 통일 때까지는 삼국기로 분류하였다. 또한, 삼국 통일부터 고려 태조의 삼국 통일 전까지는 신라기, 이후 고려 말까지를 고려기로 구분하였다.

---

31 신미양요   정답 ①

✓ 정답 분석

> **정답이 보이는 핵심 키워드**
>
> #어재연 장군 #충장사 #광성보 #로저스 제독 #미군에 맞서 결사 항전함

> 길잡이 | 어재연 장군이 미군에 맞서 항전한 신미양요 이후에 일어난 사건에 대해 알아봅니다.

제너럴 셔먼호 사건을 구실로 **미국의 로저스 제독**이 함대를 이끌고 **강화도를 공격**하여 **신미양요가 발생**하였다(1871). 미군은 강화도 덕진진을 점거하고 **광성보**로 진격하였고, 조선군은 **어재연**을 중심으로 맞서 싸웠으나 수많은 사상자를 내며 패배하였다. 이후 미국은 조선에 개항을 요구하였으나 흥선 대원군의 강력한 통상 수교 거부 정책으로 인해 함대를 철수하였다.

① 병인양요와 신미양요를 극복한 **흥선 대원군**은 외세의 침입을 경계하고 서양과의 통상 수교 반대 의지를 알리기 위해 **종로와 전국 각지에 척화비**를 세웠다(1871).

한 번 더 체크하러 가기 ▶ 미니북 33쪽

✓ 선택지 풀이

② 평양 관민이 제너럴 셔먼호를 불태웠다.

흥선 대원군 때 미국의 상선 제너럴 셔먼호가 평양 대동강까지 들어와 교역을 요구하자 평양 관민들은 이를 거부하고 배를 불태워버렸다(1866.7.).

③ 한성근 부대가 문수산성에서 항전하였다.

프랑스 로즈 제독이 함대를 이끌고 강화도에 침입하면서 병인양요가 발생하였다(1866.9.). 이에 한성근 부대는 문수산성에 미리 매복하여 프랑스군에 맞서 항쟁하였으나 무기와 병력의 열세로 후퇴하였다.

④ 신유박해로 많은 천주교도가 처형되었다.

조선 후기에 어린 나이로 순조가 즉위하자 정순 왕후의 수렴청정이 시작되고 사교와 서교를 근절하라는 금압령이 내려졌다. 이에 천주교도에 대한 탄압이 심화되어 천주교 전파에 앞장섰던 실학자들과 많은 천주교 신자들이 피해를 입는 신유박해가 발생하였다(1801).

⑤ 오페르트가 남연군 묘 도굴을 시도하였다.

오페르트를 비롯한 서양인들이 덕산에 위치한 흥선 대원군의 아버지 남연군의 묘를 도굴하려다가 실패하였다(1868).

32 통리기무아문

정답 ②

✓ 정답 분석

정답이 보이는 핵심 키워드

#조선국은 자주 국가 #일본과 평등한 권리 보유 #일본국 관원이 심리하여 판결 #대미국 #입출항 하는 화물은 모두 세금을 바쳐야 함

길잡이 ┃ 강화도 조약과 조미 수호 통상 조약 사이에 일어난 사건을 알아봅니다.

(가) **강화도 조약**(1876): 일본이 운요호 사건을 계기로 조선 정부에 문호 개방을 요구하면서 체결한 조약이다. 이는 우리나라 **최초의 근대적 조약**이었으나 일본인에 대한 **치외 법권**과 해안 측량권을 포함한 불평등 조약이었으며, 일본의 요구에 따라 부산, 원산, 인천을 개항하였다.

(나) **조미 수호 통상 조약**(1882): 조선이 **서양 국가와 맺은 최초의 조약**으로, 청이 러시아와 일본을 견제하고 조선에 대한 청의 종주권을 확인할 목적으로 체결을 알선하였다. **관세 자주권을 확보**하였으나, **최혜국 대우**를 처음으로 규정하고 치외 법권, 국가 간의 분쟁을 제3국이 해결하는 거중 조정 조항 등이 포함된 불평등 조약이었다.

② **고종**은 국내외의 군국 기무와 개화 정책을 총괄하는 관청인 **통리기무아문**을 설치하였다(1880).

한 번 더 체크하러 가기 ▶ 미니북 11쪽

✓ 선택지 풀이

① 공사 노비법이 혁파되었다.

김홍집을 중심으로 한 군국기무처를 통해 제1차 갑오개혁이 실시되었다(1894). 이에 따라 공사 노비법이 혁파되어 신분제가 법적으로 폐지되었다.

③ 한성 전기 회사가 설립되었다.

대한 제국 시기 황실과 미국인의 합작으로 한성 전기 회사가 세워졌다(1898).

④ 건양이라는 독자적인 연호가 채택되었다.

을미사변 이후 을미개혁이 추진되어 건양이라는 독자적인 연호와 태양력을 사용하게 되었다(1895).

⑤ 지방 행정 구역이 8도에서 23부로 개편되었다.

군국기무처 폐지 이후 김홍집·박영효 연립 내각에 의해 제2차 갑오개혁이 추진되었다. 이에 따라 중앙 행정 기구인 의정부와 8아문을 각각 내각과 7부로, 지방 행정 구역을 8도에서 23부로 개편하였다(1895).

국가	조약	주요 내용
일본	강화도 조약 (조일 수호 조규, 1876)	• 청의 종주권 부인 • 치외 법권, 해안 측량권 • 부산, 원산, 인천 개항
미국	조미 수호 통상 조약 (1882)	• 서양과 맺은 최초의 조약 • 치외 법권, 최혜국 대우 • 거중 조정
청	조청 상민 수륙 무역 장정(1882)	• 치외 법권, 최혜국 대우 • 청 상인에 대한 통상 특권
러시아	조러 수호 통상 조약 (1884)	최혜국 대우
프랑스	조불 수호 통상 조약 (1886)	• 천주교 신앙의 자유 • 포교 허용

33 임오군란

정답 ④

✓ 정답 분석

정답이 보이는 핵심 키워드

#성난 군중 수백 명이 공사관을 습격 #왕궁 및 민태호와 민겸호의 집을 습격 #교관 호리모토

길잡이 ┃ 임오군란의 발생 배경과 전개 과정에 대해 학습합니다.

④ **조선 고종** 때 **신식 군대인 별기군과 차별 대우**를 받던 **구식 군대**가 선혜청과 **일본 공사관을 습격**하면서 **임오군란**이 발생하였다(1882). 반란군은 조선 조정의 요청으로 파병된 청군에 의해 진압되었으며, 이를 계기로 청은 조선 내에 군대를 주둔시키고 내정에 간섭하였다. 또한, 일본이 임오군란 직후 군란으로 인한 일본 공사관의 피해와 **일본인 교관 피살**에 대한 사과 사절단 파견, 주모자 처벌, 배상금 지불, 공사관 경비병 주둔 등을 요구하여 조선은 일본과 제물포 조약을 체결하였다.

한 번 더 체크하러 가기 ▶ 미니북 37쪽

✓ 선택지 풀이

① 전주 화약이 체결되는 계기가 되었다.

동학 농민 운동 당시 농민군은 황토현 전투에서 관군에 승리하고 전주성을 점령하여 전라도 일대를 장악하였다. 이후 청과 일본의 군대 개입을 우려한 농민군은 정부와 전주 화약을 맺어 자치 개혁 기구인 집강소를 설치하고 폐정 개혁을 실시하였다(1894).

② 입헌 군주제 수립을 목표로 전개되었다.
⑤ 3일 만에 실패로 끝나 주동자들이 해외로 망명하였다.

임오군란 이후 청의 내정 간섭이 심화되자 급진 개화파는 근대화 추진과 민씨 세력 제거를 위해 일본의 군사적 지원을 받아 우정총국 개국 축하연 자리에서 갑신정변을 일으켰다(1884). 이후 개화당 정부를 수립하고 14개조 개혁 정강을 발표한 후 입헌 군주제, 청과의 사대 관계 폐지, 능력에 따른 인재 등용 등의 개혁을 추진하였다. 그러나 청군의 개입과 일본의 군사 지원이 약속대로 이행되지 않아 3일 만에 실패하고, 김옥균, 박영효 등은 일본으로 망명하였다.

③ 김기수가 수신사로 파견되는 결과를 가져왔다.

조선은 강화도 조약 체결을 계기로 문호를 개방한 뒤 개화 정책을 추진하였다. 이에 따라 일본에 수신사로 파견된 김기수는 신식 기관과 각종 근대 시설을 시찰하고 돌아와 일본의 발전을 고종에게 보고하였다 (1876).

---

34 주시경   정답 ①

✅ 정답 분석

정답이 보이는 핵심 키워드

#국어 연구 #한힌샘 #독립신문사의 교보원으로 활동 #주보따리

길잡이 ┃ 한글 연구에 일생을 바친 주시경의 활동을 살펴봅니다.

① **한힌샘 주시경**은 우리의 말과 글로 나라를 지키고자 한 한글 학자이자 독립운동가로, 일생을 한글 연구에 바쳤다. 그는 책을 큰 보따리에 들고 다니며 바쁜 수업 일정을 소화한 탓에 **'주보따리'**라고 불리기도 하였다. 주시경과 지석영을 중심으로 **국문 연구소**가 설립(1907)된 이후 주시경은 **국문 연구소 위원**으로 한글의 정리와 국어의 이해 체계 확립에 힘쓰면서 국문법을 정리하였다.

✅ 선택지 풀이

② 조선어 학회 사건으로 구속되어 옥고를 치렀다.

1942년 일제가 조선어 학회를 독립운동 단체로 간주하고 관련 인사를 체포한 후 학회를 강제 해산시키는 조선어 학회 사건이 발생하여, 이극로, 최현배 등이 구속되어 옥고를 치렀다.

③ 국권 피탈 과정을 정리한 한국통사를 집필하였다.

박은식은 독립을 위해 국혼(國魂)을 강조하였으며, 고종 즉위 다음해부터 국권 피탈 직후까지의 역사를 기록한 『한국통사』를 저술하였다.

④ 세계지리 교과서인 사민필지를 한글로 저술하였다.

육영공원의 교사 헐버트는 세계의 지리 지식과 문화를 소개하는 내용을 담은 교과서인 『사민필지』를 한글로 저술하였다.

⑤ 여유당전서를 간행하고 조선학 운동을 전개하였다.

정인보는 안재홍 등과 함께 조선학 운동을 주도하여 정약용의 저술을 모은 『여유당전서』를 간행하였다.

---

35 국채 보상 운동   정답 ⑤

✅ 정답 분석

정답이 보이는 핵심 키워드

#우리나라가 채무를 짐 #외채 1,300만 원 #단체를 결성하여 의연금으로 채무를 상환

길잡이 ┃ 국채 보상 운동의 전개 과정을 파악합니다.

국채 보상 운동은 김광제, 서상돈 등의 제안으로 대구에서 시작되었다(1907). 이후 서울에서 조직된 국채 보상 기성회를 중심으로 전국적으로 확산되어 **일본에서 도입한 차관 1,300만 원을 갚아 주권을 회복**하고자 하였다.

⑤ **국채 보상 운동**은 각종 계몽 단체와 **대한매일신보 등 언론 기관의 지원**을 받아 전국 각지로 확산되었으나 통감부의 방해와 탄압으로 중단되었다.

한 번 더 체크하러 가기 ▶ 미니북 11, 38쪽

✅ 선택지 풀이

① 일제가 치안 유지법을 적용하여 탄압하였다.

1920년대 사회주의가 확산되자 일제는 치안 유지법을 시행하여 (1925) 식민지 지배에 저항하는 민족 해방 운동과 사회주의 및 독립운동을 탄압하였다.

② 백정에 대한 사회적 차별 철폐를 요구하였다.

갑오개혁 이후 공사 노비법이 혁파되어 법적으로는 신분제가 폐지되었으나 일제 강점기 때 백정에 대한 사회적 차별은 더욱 심해졌다. 백정들은 이러한 차별을 철폐하기 위해 진주에서 조선 형평사 창립 대회를 개최하고 형평 운동을 전개하였다(1923).

③ 독립문 건립을 위한 모금 활동을 전개하였다.

갑신정변 이후 미국에서 돌아온 서재필은 남궁억, 이상재, 윤치호 등과 함께 독립 협회를 창립하였다(1896). 중추원 개편을 통한 의회 설립과 근대적 입헌 군주제 실현을 목표로 활동하였으며, 모금 활동을 전개하여 청의 사신을 맞던 영은문을 헐고 그 자리 부근에 독립문을 건립하였다(1897).

④ 자작회, 토산 애용 부인회 등의 단체가 활동하였다.

1920년대에 조만식 등을 중심으로 평양에서 물산 장려 운동이 전개되었다. 민족 자본 육성을 통한 경제 자립을 위해 자급자족, 국산품 애용, 소비 절약 등을 내세웠으며 자작회, 토산 애용 부인회 등의 단체가 활동하였다.

36 신민회 정답 ⑤

✅ **정답 분석**

정답이 보이는 **핵심 키워드**
#비밀 결사 #안창호 #105인 사건 #양기탁, 이승훈 #대성 학교

길잡이 | 105인 사건으로 해체된 신민회에 대해 살펴봅니다.

안창호와 **양기탁** 등이 1907년 결성한 **비밀 결사 단체 신민회**는 민족의 실력 양성을 위해 평양 대성 학교와 정주 오산 학교를 세워 민족 교육을 실시하였다. 그러나 조선 총독부가 총독 암살 미수 사건을 조작하여 많은 민족 운동가들을 체포한 **105인 사건**으로 인해 단체가 와해되었다.
⑤ **신민회** 조직에 참여한 **이승훈**은 평양에서 계몽 서적이나 유인물을 출판 · 보급하고자 **태극 서관**을 설립하여 민족 기업을 육성하였다.

한 번 더 체크하러 가기 ▶ 미니북 39쪽

✅ **선택지 풀이**

① 정우회 선언의 영향으로 결성되었다.
1920년대 중반 사회주의 세력과 민족주의 세력이 연대하여 민족 유일당을 결성할 수 있다는 공감대가 형성되었다. 이에 따라 국내의 민족 해방 운동 진영은 1926년 발표된 정우회 선언을 계기로 좌우 합작 조직인 신간회를 결성하였다(1927).

② 조선 혁명 선언을 활동 지침으로 삼았다.
김원봉이 결성한 의열단은 신채호가 작성한 조선 혁명 선언(1923)을 기본 행동 강령으로 하여 독립운동을 전개하였다.

③ 일제의 황무지 개간권 요구를 저지하였다.
보안회는 일본이 대한 제국에 황무지 개간권을 요구하자 반대 운동을 전개하여 이를 저지하였다(1904).

④ 중추원 개편을 통해 의회 설립을 추진하였다.
서재필은 남궁억, 이상재 등과 독립 협회를 창립하고(1896) 중추원 개편을 통한 의회 설립과 근대식 입헌 군주제 실현을 목표로 활동하였다.

37 1910년대 무단 통치기 정답 ④

✅ **정답 분석**

정답이 보이는 **핵심 키워드**
#임시 토지 조사국 #토지 조사 사업 #지적 원도

길잡이 | 1910년대 무단 통치기 일제가 시행한 정책을 학습합니다.

조선 총독부는 **토지 조사국**을 설치하고 토지 조사령을 발표하여 일정 기간 내 토지를 신고하도록 하는 **토지 조사 사업**을 실시하였다(1912). 이에 따라 신고하지 않은 토지는 총독부에서 몰수하여 일본인에게 헐값으로 불하하였다.
④ **일제**는 1910년대 **무단 통치기**에 **조선 태형령**을 실시하여 헌병 경찰들을 곳곳에 배치하고 조선인들에게 태형을 통한 형벌을 가하도록 하였다(1912).

한 번 더 체크하러 가기 ▶ 미니북 12쪽

✅ **선택지 풀이**

① 경성 제국 대학에서 공부하는 학생
일제는 조선 민립 대학 설립 운동을 저지하고 여론을 무마하기 위해 경성 제국 대학을 설립하였다(1924).

② 근우회의 창립 기사를 작성하는 기자
신간회의 자매단체로 조직된 근우회는 강연회 개최 등 여성 계몽 활동과 여성 지위 향상 운동을 전개하며 여성의 권익을 옹호하였다(1927).

③ 보빙사 일행으로 미국에 파견되는 관리
조미 수호 통상 조약이 체결된 후 조선 주재 미국 공사가 파견되자 조선 정부는 답례로 미국에 보빙사를 파견하였다(1883).

④ 거문도를 불법 점령하고 있는 영국 해군
조선 고종 때 영국은 조선에 대한 러시아의 세력 확장을 저지하기 위해 거문도를 불법으로 점령하였다(1885).

38 대한 광복회 정답 ②

✅ **정답 분석**

정답이 보이는 **핵심 키워드**
#박상진 #군자금 모집 #친일파 처단 #상덕태상회

길잡이 | 박상진을 중심으로 한 대한 광복회에 대해 알아봅니다.

② **박상진**은 공화 정체의 근대 국민 국가의 수립을 지향하는 **대한 광복회**를 조직하고(1915) 초대 총사령으로서 **독립군 양성**에 힘쓰는 한편, **친일파 처단 활동**도 함께 전개하였다. 「박상진 의사 옥중 편지」는 대한 광복회가 친일 부호 처단 사건 등으로 체포되었을 때의 상황을 보여 주며, 「상덕태상회 청구서」는 대한 광복회의 비밀 **연락 거점지**로서 활동한 상덕태상회의 실체를 파악하는 데 도움을 주는 자료이다. 이는 2022년 국가등록문화재에 등록되었다.

한 번 더 체크하러 가기 ▶ 미니북 40쪽

✅ **선택지 풀이**

① 고종 강제 퇴위 반대 운동을 전개하였다.
대한 자강회는 교육과 산업 활동을 바탕으로 한 국권 회복을 목표로 활동하였고, 고종의 강제 퇴위 반대 운동을 전개하다가 일제의 탄압으로 해산되었다.

③ 파리 강화 회의에 독립 청원서를 제출하였다.
　대한민국 임시 정부는 파리 강화 회의에 김규식을 파견하여 독립 청원서를 제출하는 등 외교 활동을 전개하였다.

④ 미군과 연합하여 국내 진공 작전을 계획하였다.
　한국 광복군은 충칭에서 대한민국 임시 정부의 직할 부대로 창설되었다. 이후 영국군의 요청으로 인도·미얀마 전선에 파견되었으며, 미군과 협조하여 국내 진공 작전을 추진하였다.

⑤ 만민 공동회를 개최하여 민권 신장을 추구하였다.
　독립 협회는 만민 공동회와 관민 공동회를 개최하여 국권·민권 신장 운동을 전개하였다.

39 3·1 운동　정답 ③

정답 분석

정답이 보이는 핵심 키워드
#앨버트 테일러 #딜쿠샤 #독립 선언서 #제암리 학살 사건

길잡이 | 앨버트 테일러의 활동을 통해 3·1 운동을 파악합니다.

3·1 운동은 고종의 인산일을 계기로 일어난 **전국적인 민족 운동**으로, 민족 대표 33인이 독립 선언서를 발표하고 국내외에 독립을 선언하였다(1919). 이에 **일제**가 3·1운동이 일어났던 **수원(화성) 제암리**에서 주민들을 학살하고 교회당과 민가를 방화하는 만행을 저지르자 미국 연합통신(AP)의 특파원인 **앨버트 테일러**는 3·1 운동과 제암리 학살 사건을 취재해 전 세계에 전파하였다.
③ **일제**는 3·1 운동 이후 무단 통치의 한계를 인식하여 **1920년대**에 보통 경찰제, 관리·교원의 복제 폐지, 조선인과 내지인 동일 대우 등을 약속하며, **기만적 문화 통치**로 식민지 통치 방식을 전환하였다.

한 번 더 체크하러 가기 ▶ 미니북 26쪽

선택지 풀이

① 신간회에서 진상 조사단을 파견하여 지원하였다.
④ 한국인 학생과 일본인 학생 간의 충돌에서 비롯되었다.
　일제 강점기에 한국인 학생과 일본인 학생 간의 충돌 사건을 계기로 조선인 학생에 대한 차별과 식민지 교육에 저항한 광주 학생 항일 운동이 발생하였다(1929). 이에 당시 신간회 중앙 본부는 진상 조사단을 파견하여 지원하기도 하였다.

② 순종의 인산일을 기회로 만세 운동을 전개하였다.
⑤ 시위를 준비하는 과정에서 사회주의자들이 대거 검거되었다.
　1920년대에 사회주의가 유입되기 시작하여 사회주의자와 학생들이 함께 만세 시위를 계획하였다. 그러나 사회주의자들이 사전에 일본에 체포되면서 학생들을 중심으로 순종의 인산일에 맞추어 서울 종로 일대에서 6·10 만세 운동을 전개하였다(1926).

40 대한민국 임시 정부　정답 ⑤

정답 분석

정답이 보이는 핵심 키워드
#이동녕 #임시 의정원 초대 의장 #삼권 분립에 기초한 헌법 제정 #국무총리와 주석 역임 #상하이를 떠나 이동하는 과정을 함께 함

길잡이 | 이동녕의 생애를 통해 대한민국 임시 정부가 전개한 활동을 학습합니다.

이동녕은 안창호, 양기탁, 이동휘 등과 함께 신민회를 결성하고 대성학교와 오산 학교를 세웠다. 1910년 국권이 피탈된 이후에는 서간도 삼원보로 망명하여 이석영, 이회영 등과 함께 한국인 자치 기관인 경학사를 설립하여 독립 정신을 고취하였다. 또한, 3·1 운동 이후에는 **대한민국 임시 정부** 수립의 주역으로서 **임시 의정원의 초대 의장**으로 선임되었다.
ㄷ. **대한민국 임시 정부**는 대미 외교 업무를 수행하기 위해 미국에 **구미 위원부**를 두었다.
ㄹ. 중국 안동에 설립된 무역 선박 회사인 **이륭양행**은 비밀리에 **대한민국 임시 정부의 교통국** 역할을 수행하였다.

한 번 더 체크하러 가기 ▶ 미니북 26쪽

선택지 풀이

ㄱ. 만세보를 발행하여 민중 계몽에 힘썼다.
　손병희를 중심으로 한 천도교는 국한문 혼용체 기관지인 만세보를 발행하여 민중 계몽 운동을 전개하였다.

ㄴ. 신흥 강습소를 세워 독립군을 양성하였다.
　서간도 삼원보 지역에서 신민회 회원인 이상룡, 이회영 등은 독립군 양성 학교인 신흥 강습소를 설립하여 독립군을 양성하였다.

41 민족 말살 통치기　정답 ③

정답 분석

정답이 보이는 핵심 키워드
#일제가 연합국을 상대로 전쟁을 벌임 #쌀을 강제로 공출

길잡이 | 1930년대 이후 일제가 시행한 정책에 대해 알아봅니다.

1930년대 일제는 우리 민족의 정체성을 말살하기 위해 황국 신민화 정책을 시행하여 내선일체의 구호를 내세우고 황국 신민 서사 암송(1937)과 창씨개명(1939), 신사 참배 등을 강요하였다. 또한, 대륙 침략을 위해 **한반도를 병참 기지화**하고 **중일 전쟁**을 일으켜 국가 총동원령을 시행하였다. 물적 수탈을 위해 양곡 배급제와 미곡 공출제(1939)를 실시하였으며, 국민 징용령(1939)으로 한국인의 노동력을 착취하였다. **태평양 전쟁**(1941)을 일으킨 후에는 학도 지원병 제도(1943), 징병 제도(1944) 등을 실시하여 젊은이들을 전쟁터로 강제 징집하였다.

③ 일제는 **여자 정신 근로령**(1944)을 공포하여 젊은 여성들을 군수 공장 등에서 강제 노동시키거나 전선에 끌고 가 일본군 '위안부'로 삼는 만행을 저질렀다.

한 번 더 체크하러 가기 ▶ 미니북 12쪽

✅ 선택지 풀이

① 메가타의 주도로 화폐 정리 사업이 실시되었다.
제1차 한일 협약을 통해 스티븐스가 외교 고문, 메가타가 재정 고문으로 임명되었다(1904). 이후 메가타는 대한 제국의 경제권을 장악하기 위해 탁지부를 중심으로 화폐 정리 사업을 실시하였다(1905).

② 만주 군벌과 일제 사이에 미쓰야 협정이 체결되었다.
1920년대 만주 지역에서 항일 무장 투쟁이 활발하게 전개되자 조선 총독부 경무 국장 미쓰야와 만주 군벌 장쭤린은 독립군을 체포하여 넘기면 일본이 그 대가로 상금을 지불하는 내용의 미쓰야 협정을 체결하였다(1925).

④ 지주 문재철의 횡포에 맞서 암태도 소작 쟁의가 전개되었다.
전남 신안군 암태도에서는 한국인 지주 문재철의 횡포와 이를 비호하는 일본 경찰에 맞서 일제 강점기 최대 규모의 암태도 소작 쟁의가 발생하였다(1923).

⑤ 회사 설립 시 총독의 허가를 받도록 하는 회사령이 공포되었다.
일제는 민족 기업과 민족 자본의 성장을 억제하기 위해 회사 설립 시 총독의 허가를 받도록 하는 회사령을 제정하였다(1910).

④ 배재 학당을 세워 신학문 보급에 기여하다
미국인 개신교 선교사 아펜젤러가 세운 배재 학당은 근대적 사립 학교로 신학문 보급에 기여하였다.

⑤ 어린이날을 제정하고 소년 운동을 추진하다
방정환, 김기전 등이 주축이 된 천도교 소년회는 5월 1일을 어린이날로 제정하고 『어린이』라는 잡지를 발간하는 등 소년 운동을 주도하였다.

암기의 key | 일제 강점기 주요 종교의 활동

구분	활동
개신교	• 교육 · 의료 사업 • 신사 참배 거부 운동 → 일제의 탄압
천주교	• 사회 사업: 고아원, 양로원 사업 • 무장 투쟁: 의민단 조직
대종교	• 간도에서 적극적인 항일 무장 투쟁 전개 • 중광단 조직
원불교	• 박중빈이 창시 • 새생활 운동: 허례허식 폐지, 근검절약, 협동 단결 등
천도교	• 제2의 독립 선언 계획 • 청년 · 소년 · 여성 운동 • 잡지 간행: 『개벽』, 『어린이』, 『학생』, 『신여성』 등 • 민중 계몽과 근대 문물 보급에 기여
불교	• 불교 대중화 노력(한용운) • 조선 불교 유신회 조직: 일제의 불교 통제(사찰령)에 저항

---

42 일제 강점기 종교의 활동 　정답 ③

✅ 정답 분석

정답이 보이는 핵심 키워드
#일제 강점기 종교계의 활동 #개신교 #대종교 #원불교 #천도교 #천주교

길잡이 | 일제 강점기 각 종교계의 활동을 살펴봅니다.

③ **박중빈**이 창시한 **원불교**는 **새생활 운동**을 추진하여 허례허식 폐지, 근검절약, 금주 · 단연 등을 추구하고, **개간 및 간척 사업**과 저축 운동을 적극적으로 장려하였다.

✅ 선택지 풀이

① 단군 숭배 사상을 통해 민족의식을 높이다
나철이 창시한 대종교는 단군 숭배를 통해 민족의식을 고취하고, 간도에서 중광단, 북로 군정서군 등을 조직하여 적극적인 항일 투쟁을 전개하였다.

② 의민단을 조직하여 무장 투쟁을 전개하다
천주교는 만주에서 독립운동 단체인 의민단을 조직하여 활동하였다.

---

43 조선 의용대 　정답 ④

✅ 정답 분석

정답이 보이는 핵심 키워드
#조선 민족 혁명당 #난징 #5개 당을 통합하여 창립 #중국과 연합 항일 진영 건립 #1938년 조직 #장제스 #한국 광복군과 통합 편성

길잡이 | 조선 의용대의 활동에 대해 학습합니다.

④ **일제 강점기**에 **김원봉**은 만주에서 **윤세주** 등과 함께 의열단을 조직하였고, 난징에 설립한 조선 혁명 군사 정치 간부 학교를 통해 독립군을 양성하며 군사력을 강화하였다. 이후 중국 국민당의 지원을 받아 **중국 관내**에서 결성된 최초의 한인 무장 부대인 **조선 의용대**를 조직하였다. 조선 의용대 중 일부 대원은 충칭 지역의 **한국 광복군에 합류**하여 항일 전선에 참여하였고, 나머지 주력 부대는 화북 지역으로 이동하여 중국 팔로군과 함께 무장 투쟁을 전개하였다.

한 번 더 체크하러 가기 ▶ 미니북 28쪽

⊘ **선택지 풀이**

① 자유시 참변으로 큰 타격을 입었다.

대한 독립 군단은 간도 참변으로 인해 러시아 자유시로 근거지를 옮겼으나 군 지휘권을 둘러싼 분쟁에 휘말려 자유시 참변을 겪으면서 세력이 약화되었다.

② 대전자령 전투에서 일본군을 격퇴하였다.

지청천을 중심으로 북만주에서 결성된 한국 독립군은 중국 호로군과 연합하여 쌍성보 전투, 사도하자 전투, 대전자령 전투에서 일본군에 승리하였다.

③ 동북 항일 연군으로 개편되어 유격전을 펼쳤다.

중국 공산당은 1933년 항일 세력의 규합과 노동자의 주도권 강화를 강조하면서 만주에서 활동하고 있는 조선인과 중국인의 유격대를 통합하여 동북 인민 혁명군을 편성하였다. 이후 동북 항일 연군으로 개편하여 유격 활동을 계속하였다.

⑤ 홍범도 부대와 연합하여 청산리에서 일본군과 교전하였다.

김좌진을 중심으로 한 북로 군정서군은 홍범도가 이끄는 대한 독립군 등과 함께 독립군 연합 부대를 결성하여 청산리 전투에서 일본군을 크게 격파하였다.

---

44 **지역사 – 북간도** 정답 ④

⊘ **정답 분석**

정답이 보이는 핵심 키워드

#김약연 #명동 학교 #이상설 #서전서숙 #윤동주 #송몽규 #용정촌

길잡이 ┃ 북간도 지역에서 전개된 민족 운동을 파악합니다.

북간도 지역에는 19세기 후반 이후 조선인이 많이 이주하여 **한인 집단촌**이 형성되었다. 애국지사들은 **용정촌** 등 한인 집단촌을 중심으로 독립군을 양성하였으며 **이상설**은 **서전서숙, 김약연**은 **명동 학교**를 세워 민족 교육을 실시하였다. 이 지역에는 대종교의 삼종사(서일, 나철, 김교헌) 묘역과 봉오동 전투를 기념하는 봉오동 전투 전적비 등이 남아 있다.

④ **북간도**에서 대종교 세력을 중심으로 결성된 중광단이 3·1 운동 직후 무장 독립운동을 수행하기 위해 정의단으로 확대·개편되면서 **북로 군정서를 조직**하였다. 이후 김좌진이 이끄는 북로 군정서군은 일본군과의 청산리 전투에서 큰 승리를 거두었다.

⊘ **선택지 풀이**

① 권업회가 설립되어 권업신문을 발간하였다.

연해주 지역에서 이상설은 한인 자치 단체인 권업회를 조직하고 권업신문을 발행하였다. 이후 블라디보스토크에 대한 광복군 정부를 설립하고 독립운동을 전개하였다.

---

② 이봉창이 일왕의 행렬에 폭탄을 투척하였다.

한인 애국단원 이봉창은 도쿄에서 일본 국왕이 탄 마차의 행렬에 폭탄을 투척하였다.

③ 박용만의 주도로 대조선 국민 군단이 창설되었다.

박용만은 하와이에 대조선 국민 군단을 조직하여 독립군 사관 양성을 바탕으로 한 무장 투쟁을 준비하였다.

⑤ 유학생들이 중심이 되어 2·8 독립 선언서를 발표하였다.

일본 도쿄 유학생들이 중심이 되어 결성한 조선 청년 독립단은 대표 11인을 중심으로 도쿄에서 2·8 독립 선언서를 발표하였다.

---

45 **광복 직후 미군정 시기** 정답 ④

⊘ **정답 분석**

정답이 보이는 핵심 키워드

#서윤복 선수 #제51회 보스턴 세계 마라톤 대회 #하지 중장, 헬믹 준장 #군정청 #김규식, 여운형, 안재홍

길잡이 ┃ 광복 직후 미군정 시기에 있었던 사실을 알아봅니다.

④ **1945년 8월 15일** 일본이 항복하면서 북위 38도 이남 한반도에 미군이 진주하게 되었고, **1948년 8월 15일** 대한민국이 수립될 때까지 3년간 **미군정이 실시**되었다. 이 시기 미군정은 일제 강점기 때 동양 척식 주식회사의 소유였던 토지와 일본인 및 일본 회사의 소유였던 토지, 귀속 재산을 관할·처리하기 위하여 **신한 공사**를 설립하였다.

한 번 더 체크하러 가기 ▶ 미니북 29쪽

⊘ **선택지 풀이**

① 한미 상호 방위 조약이 체결되었다.

이승만 정부는 6·25 전쟁 휴전 이후 한미 상호 방위 조약을 체결하여 미국과 군사적 동맹을 맺었다(1953.10.).

② 제1차 경제 개발 5개년 계획이 추진되었다.

박정희 정부 때 제1차 경제 개발 5개년 계획이 추진되었다(1962).

③ 반민족 행위 특별 조사 위원회가 설치되었다.

제헌 국회는 일제의 잔재를 청산하고 민족정기를 바로잡기 위해 반민족 행위 처벌법을 제정하고 반민족 행위 특별 조사 위원회를 설치하였다(1948).

⑤ 국가 보안법 개정안을 통과시킨 보안법 파동이 일어났다.

이승만의 자유당 정권은 정부에 대한 비판 세력과 국민 여론을 통제하기 위해 국가 보안법 개정안을 마련하여 여당 단독으로 통과시키는 보안법 파동을 일으켰다(1958).

46 | 6·25 전쟁 정답 ①

정답 분석

정답이 보이는 핵심 키워드

#대성동 마을 #비무장 지대 #정전 협정 체결 #자유의 마을 #유엔군 사령부의 관할 지역

길잡이 | 대성동 마을을 통해 6·25 전쟁의 전개 과정을 학습합니다.

대성동 마을은 일명 자유의 마을로, 한반도 군사 분계선 남쪽 **비무장 지대**에 위치한 **민간인 거주 지역**이다. 1953년 **정전 협정 체결 직후** 남북한 양측이 비무장 지대에 마을을 하나씩만 남긴다는 **후속 합의**에 따라 조성되었다. 행정 구역상의 소재지는 경기도 파주시이지만, 유엔군 사령부의 관리를 받는 특수한 지역이다. 이 마을은 6·25 전쟁으로 인한 한반도의 분단과 대치 상황을 상징적으로 보여 준다.

① 미 국무 장관인 애치슨이 한국을 미국의 태평양 방위선에서 제외한다는 내용을 포함한 애치슨 선언을 발표하여 6·25 전쟁 발발의 원인을 제공하였다(1950.1.).

한 번 더 체크하러 가기 ▶ 미니북 34쪽

선택지 풀이

② 부산이 임시 수도로 정해졌다.
③ 흥남 철수 작전이 전개되었다.
④ 인천 상륙 작전 이후 서울을 수복하였다.
⑤ 국회에서 국민 방위군 사건이 폭로되었다.

1950년 북한의 남침으로 6·25 전쟁이 시작되어 서울이 점령당하였고, 이승만 정부는 전쟁에 제대로 대응하지 못한 채 후퇴하다가 부산을 임시 수도로 정하였다. 유엔군 파병 이후 국군은 낙동강을 사이에 두고 공산군과 치열한 공방전 끝에 인천 상륙 작전의 성공으로 전세가 역전되어 압록강까지 진격하였다. 그러나 중공군의 개입으로 전세가 불리해진 국군과 유엔군은 후퇴하는 과정에서 함경남도 흥남에 고립되었다. 이에 흥남 철수 작전을 전개하여 수많은 피란민을 구출하였으나 1·4 후퇴로 인해 서울이 재함락되었다. 한편, 1·4 후퇴 과정에서 국민 방위군 간부들의 방위군 예산 부정 착복으로 철수 도중 식량 및 보급품이 지급되지 못하여 많은 병력이 병사한 사건이 국회에서 폭로되기도 하였다(1951). 이후 전쟁이 교착 상태에 빠지자 유엔군과 공산군은 판문점에서 정전 협정을 체결하였다(1953).

암기의 key 6·25 전쟁의 전개 과정

북한의 남침 (1950.6.25.)	북한군이 서울 점령 → 유엔군의 참전 → 낙동강을 사이에 두고 공방전
↓	
국군과 유엔군의 반격	인천 상륙 작전으로 전세 역전(1950.9.15.) → 압록강까지 진격(1950.10.)
↓	
중공군 개입 (1950.10.)	흥남 철수 작전(1950.12.15.) → 서울 함락 (1951.1.4.) → 서울 재탈환 → 38선 일대 교착 상태
↓	
정전 회담 개최 (1951.7.)	소련이 유엔에 휴전 제의 → 이승만 정부의 휴전 반대, 범국민 휴전 반대 운동 → 반공 포로 석방(1953.6.18.)
↓	
휴전 협정 체결 (1953.7.27.)	한미 상호 방위 조약 체결(1953.10.)

---

47 | 3선 개헌 반대 시위 정답 ⑤

정답 분석

정답이 보이는 핵심 키워드

#민주 공화당 #3선 개헌 추진 #학생들의 반대 시위 #신민당 #3선 개헌 반대 범국민 투쟁 위원회

길잡이 | 3선 개헌 반대 시위와 그 후에 일어난 사건을 알아봅니다.

1967년 재집권한 박정희는 대통령 **3선 연임을 허용하는 헌법 개정을 추진**하였다. 이에 야당인 신민당 의원들은 재야 인사들과 함께 **3선 개헌 반대 범국민 투쟁 위원회**를 결성하고 반대 투쟁을 전개하였다. 그러나 여당 민주 공화당 소속 의원 122명이 국회 별관에 모여 변칙적으로 개헌안을 통과시켰다(1969).

⑤ **3선에 성공한 박정희**는 장기 집권을 위해 **유신 헌법을 선포**하여 대통령에게 국회의원 1/3 추천 임명권, 국회 해산권, 헌법 효력을 정지시킬 수 있는 긴급 조치권 등 강력한 권한을 부여하였다(1972).

한 번 더 체크하러 가기 ▶ 미니북 13쪽

선택지 풀이

① 내각 책임제 형태의 정부가 출범하였다.
이승만과 자유당 정권의 3·15 부정 선거에 대한 항거로 4·19 혁명이 발발하였다. 이 결과 이승만이 하야하고 제3차 개헌을 통해 내각 책임제와 양원제가 적용된 장면 내각이 출범하였다(1960).

② 정부에 비판적이던 경향신문이 폐간되었다.
이승만 정권은 여당에 비판적인 보도를 하였던 경향신문을 폐간시키며

언론 탄압을 자행하였다(1959).

③ 최고 통치 기구인 국가 재건 최고 회의가 구성되었다.

5 · 16 군사 정변으로 정권을 장악한 박정희와 군부 세력은 군사 혁명 위원회를 구성하고 입법 · 사법 · 행정의 3권을 장악하여 국회와 지방 의회를 해산하였다. 이후 명칭을 국가 재건 최고 회의로 바꾸고 혁명 내각을 발표하여 군사 정권을 수립하였다(1961).

④ 평화 통일론을 주장한 진보당의 조봉암과 간부들이 구속되었다.

이승만 정권 시기 조봉암은 제3대 대통령 선거에 출마하였으나 낙선하였다. 이후 진보당을 창당하고 평화 통일론을 주장하다가 국가 변란, 간첩죄 혐의로 체포되어 사형에 처해졌으며 진보당은 해체되었다(진보당 사건, 1958).

---

48 5 · 18 민주화 운동   정답 ⑤

✓ 정답 분석

> **정답이 보이는 핵심 키워드**
> #젊은 대학생들과 시민들이 피를 흘리며 싸움 #공수 부대 #발포 명령 #광주 시민의 의거

> 길잡이 | 5 · 18 민주화 운동에 대해 살펴봅니다.

전두환을 비롯한 신군부 세력의 12 · 12 쿠데타에 저항하여 '서울의 봄'이라는 대규모 민주화 운동이 일어나자 **신군부는 비상계엄 조치를 전국적으로 확대**하였다. 비상계엄 해제와 신군부 퇴진, 김대중 석방 등을 요구하는 **광주 시민들의 항거**가 이어지자 신군부는 **공수 부대**를 동원한 무력 진압을 강행하였고, 학생과 시민들이 자발적으로 시민군을 조직하여 이에 대항하면서 **5 · 18 민주화 운동**이 격화되었다(1980).

⑤ **2011년에 5 · 18 민주화 운동 관련 기록물이 유네스코 세계 기록 유산으로 등재**되었다.

한 번 더 체크하러 가기 ▶ 미니북 30쪽

✓ 선택지 풀이

① 허정 과도 정부가 출범하는 계기가 되었다.

4 · 19 혁명의 결과로 이승만이 대통령직에서 하야하고 내각 책임제를 기본으로 하는 허정 과도 정부가 성립되었다.

② 굴욕적인 한일 국교 정상화에 반대하였다.

박정희 정부가 한일 회담 진행 과정에서 추진한 한일 국교 정상화의 협정 내용이 공개되자 학생과 야당을 주축으로 굴욕적 대일 외교에 반대하는 6 · 3 시위가 전개되었다.

③ 호헌 철폐, 독재 타도 등의 구호를 외쳤다.

전두환 정부 때 박종철 고문치사 사건과 4 · 13 호헌 조치에 반발하여 대통령 직선제 개헌과 민주 헌법 제정을 요구하는 6월 민주 항쟁이 전개되었다. 시위가 전국적으로 확산되면서 호헌 철폐와 독재 타도를 요구하는 6 · 10 국민 대회가 개최되었다.

---

④ 3 · 15 부정 선거에 항의하며 시위가 시작되었다.

이승만 정부는 장기 집권을 위해 3 · 15 부정 선거를 자행하였다. 이로 인해 마산에서 부정 선거와 이승만의 장기 집권에 저항하는 대규모 시위가 일어나자 정부는 이를 강경 진압하였고, 시위 도중 경찰의 최루탄에 맞은 채로 마산 해변가에 버려진 학생 김주열의 시신이 발견되며 4 · 19 혁명이 전국적으로 확산되었다.

암기의 key	현대 정부의 민주화 운동
4 · 19 혁명 (1960)	• 배경: 이승만의 장기 독재(사사오입 개헌 등), 3 · 15 부정 선거 • 결과: 이승만 하야
유신 반대 운동 (1970년대)	• 배경: 박정희 정부의 유신 헌법 → 대통령에 초헌법적 권한 부여, 대통령 간선제 규정 등 • 유신 반대 백만인 서명 운동, 3 · 1 민주 구국 선언, 부마 민주 항쟁 등
5 · 18 민주화 운동 (1980)	• 배경: 전두환 신군부의 비상계엄 선포 • 결과: 광주 시민들의 저항, 1980년대 이후 민주화 운동에 영향
6월 민주 항쟁 (1987)	• 배경: 4 · 13 호헌 조치, 박종철 고문치사 사건 • 결과: 6 · 29 민주화 선언(5년 단임 대통령 직선제)

---

49 김영삼 정부의 경제 정책   정답 ②

✓ 정답 분석

> **정답이 보이는 핵심 키워드**
> #OECD 회원국 #세계 10위권의 경제 규모를 가진 나라로 성장

> 길잡이 | 김영삼 정부가 추진한 경제 정책을 확인합니다.

② **김영삼 정부** 때 부정부패와 탈세를 뿌리 뽑기 위해 대통령 긴급 명령으로 금융 실명제를 실시하여 경제 개혁을 추진하였다(1993). 또한, 국제 경제의 세계화와 개방 경제 체제 확산에 따른 대응을 위해 **경제 협력 개발 기구(OECD)에 가입**하였다(1996). 임기 말에는 외환 위기로 인해 국제 통화 기금(IMF)으로부터 구제 금융 지원을 받게 되었으며, 김대중 정부 때 이를 극복하기 위해 국민들이 자발적으로 금 모으기 운동을 전개하였다(1998).

한 번 더 체크하러 가기 ▶ 미니북 20쪽

✓ 선택지 풀이

① 처음으로 수출액 100억 달러가 달성되었다.

박정희 정부 때 수출이 증대되어 처음으로 수출액 100억 달러를 달성하였다(1977).

③ 개성 공단 건설을 통해 남북 간 경제 교류가 이루어졌다.

김대중 정부 시기인 2000년 남북 정상 회담을 통해 개성 공단 건설 운영에 관한 합의서를 체결하였으나, 노무현 정부에 이르러서 비로소 개성 공단 착공식이 추진되었다(2003).

④ 한국과 미국 사이에 자유 무역 협정(FTA)이 체결되었다.

노무현 정부는 미국과 자유 무역 협정(FTA)을 체결하였다(2007).

⑤ 경제적 취약 계층을 위한 국민 기초 생활 보장법이 시행되었다.

김대중 정부는 극심한 양극화의 해소를 위해 생활 유지 능력이 없거나 생활이 어려운 국민의 최저 생활을 국가가 보장하는 국민 기초 생활 보장법을 제정하였다(1999).

50 김대중 정부의 통일 노력 　정답 ③

✓ 정답 분석

정답이 보이는 핵심 키워드

#정주영의 소 떼 방북 #남북한의 교류와 협력 본격화 #금강산 관광 사업

길잡이 | 김대중 정부가 시행한 통일 정책을 학습합니다.

③ **김대중 정부**는 북한과의 화해 협력 기조를 유지하며 적극적으로 **북한과의 교류를 확대**하였고, **평양**에서 **최초로 남북 정상 회담**이 이루어져 **6·15 남북 공동 선언**을 발표하였다(2000). 이를 통해 **금강산 관광 사업** 활성화, 개성 공단 건설 합의서 체결, 경의선 복원 등이 실현되었다.

한 번 더 체크하러 가기 ▶ 미니북 20쪽

✓ 선택지 풀이

① 남북 조절 위원회를 구성하였다.

박정희 정부 시기 서울과 평양에서 7·4 남북 공동 성명을 발표하고, 남북 조절 위원회를 설치하였다(1972).

② 남북한이 유엔에 동시 가입하였다.
④ 한반도 비핵화 공동 선언을 발표하였다.

노태우 정부 때 적극적인 북방 외교 정책을 추진하여 남북한의 유엔 동시 가입이 이루어졌으며, 핵전쟁 위협을 제거하고 평화 통일에 유리한 조건을 조성하기 위한 한반도 비핵화 공동 선언을 채택하였다(1991).

⑤ 남북 이산가족의 교환 방문을 최초로 실현하였다.

전두환 정부 시기에 분단 이후 최초로 이산가족 고향 방문단 및 예술 공연단 등 총 151명이 서울과 평양을 동시에 방문하였다(1985).

한능검의 PASSCODE는 기출문제!
역잘알 시대고시와 함께 출제 경향 완벽 분석, 단번에 합격!

STEP 1 정답 확인 문제 p.038

01	02	03	04	05	06	07	08	09	10	11	12	13	14	15	16	17	18	19	20	21	22	23	24	25
③	③	①	②	①	①	⑤	⑤	②	②	②	③	⑤	③	①	④	③	②	①	①	④	①	①	④	④

26	27	28	29	30	31	32	33	34	35	36	37	38	39	40	41	42	43	44	45	46	47	48	49	50
④	②	③	④	⑤	④	⑤	②	⑤	⑤	②	②	②	③	④	③	④	③	④	①	③	⑤	①	④	②

STEP 2 난이도 확인

제60회 합격률	55.1%	최근 1년 평균 합격률	55.6%

STEP 3 시대별 분석

시대	선사	고대	고려	조선 전기	조선 후기	근대	일제 강점기	현대	복합사
틀린 개수/ 문항 수	/ 2	/ 6	/ 10	/ 4	/ 3	/ 6	/ 5	/ 7	/ 7
출제비율	4%	12%	20%	8%	6%	12%	10%	14%	14%

STEP 4 문제별 주제 분석

01	선사	청동기 시대	26	복합사	지역사 – 전주
02	선사	부여	27	복합사	시대별 교육 제도
03	고대	가야	28	조선 후기	조선 후기 경제 상황
04	고대	백제 부흥 운동	29	조선 후기	이인좌의 난
05	고대	고구려 장수왕	30	근대	갑신정변
06	고대	발해	31	근대	병인양요
07	고대	의상	32	근대	대한 제국
08	고대	신문왕	33	근대	화폐 정리 사업
09	고려	궁예	34	근대	한일 신협약(정미 7조약)
10	고려	하남 하사창동 철조 석가여래 좌상	35	일제 강점기	신채호
11	고려	고려의 대외 관계	36	근대	근대 문물의 수용
12	고려	고려의 정치 기구	37	일제 강점기	무단 통치기
13	고려	「농상집요」	38	일제 강점기	물산 장려 운동
14	고려	거란의 침입과 고려의 대응	39	일제 강점기	조선 의용대
15	고려	무신 정권기	40	일제 강점기	한인 애국단
16	고려	고려의 토지 제도	41	현대	대한민국 정부 수립 과정
17	고려	고려의 유학자	42	현대	발췌 개헌
18	고려	원 간섭기	43	현대	4 · 19 혁명
19	복합사	경복궁	44	현대	유신 헌법
20	조선 전기	조선 성종	45	현대	박정희 정부의 경제 상황
21	조선 전기	승정원	46	복합사	시대별 인쇄 문화
22	복합사	지역사 – 한강	47	현대	전두환 정부
23	조선 전기	이황	48	현대	노태우 정부의 통일 정책
24	조선 후기	정약용	49	복합사	우리 역사 속 여성 인물
25	조선 전기	임진왜란	50	복합사	세시 풍속 – 칠석

01 청동기 시대   정답 ③

✓ 정답 분석

정답이 보이는 핵심 키워드

#유네스코 세계유산 #화순 #고인돌 #계급이 발생 #덮개돌

길잡이 Ⅰ 고인돌을 통해 청동기 시대의 생활상을 살펴봅니다.

고창·화순·강화 고인돌 유적은 대표적인 청동기 시대 유적지로, **유네스코 세계유산**으로 등재되어 있다. **청동기 시대**에는 정치권력과 경제력을 가진 군장이 등장하였는데 **고인돌**은 당시 지배층인 **군장의 무덤이다.** 거대한 **덮개돌**의 크기를 통해 지배층의 권력을 확인할 수 있다.

③ **청동기 시대**에는 조, 보리, 콩 등의 밭농사와 함께 벼농사도 짓기 시작하였으며 **반달 돌칼**을 이용하여 **곡물을 수확**하였다.

한 번 더 체크하러 가기 ▶ 미니북 4쪽

✓ 선택지 풀이

① 소를 이용하여 깊이갈이를 하였다.

신라 지증왕 때 소를 이용한 우경이 시행되면서 깊이갈이가 가능해져 농업 생산량이 증대되었고, 고려 시대에 이르러 일반화되었다.

② 주로 동굴이나 바위 그늘에서 살았다.

구석기 시대에는 동굴이나 바위 그늘, 강가에 지은 막집에서 거주하였으며, 계절에 따라 이동생활을 하였다.

④ 빗살무늬 토기를 제작하여 식량을 저장하였다.

신석기 시대에는 빗살무늬 토기를 이용하여 음식을 조리하거나 저장하였다.

⑤ 주먹도끼, 찍개 등 뗀석기를 만들기 시작하였다.

구석기 시대에는 주먹도끼, 찍개, 긁개 등의 뗀석기를 제작하여 사용하였다.

02 부여   정답 ③

✓ 정답 분석

정답이 보이는 핵심 키워드

#쑹화강 #제천 행사 영고 #형사취수제 #금동 얼굴 모양 장식

길잡이 Ⅰ 부여의 풍습, 유물과 제도에 대해 학습합니다.

③ **부여**는 **쑹화강** 유역에 위치하였던 연맹 왕국으로, 왕 아래 가축의 이름을 딴 마가, 우가, 저가, 구가의 **가(加)들이** 있었다. 이들은 행정 구역인 **사출도를** 다스렸고, 왕이 통치하는 중앙과 합쳐 5부를 구성하였다. 풍습으로는 1책 12법, **형사취수제** 등이 있었으며 매년 12월에 **영고**라는 제천 행사를 열었다.

한 번 더 체크하러 가기 ▶ 미니북 21쪽

✓ 선택지 풀이

① 신성 구역인 소도를 두었다.

삼한은 제정 분리 사회였으며, 소도라는 신성 지역을 따로 두어 제사장인 천군이 이곳을 관리하도록 하였다.

② 읍락 간의 경계를 중시하는 책화가 있었다.

동예는 각 부족의 영역을 중요시하여 다른 부족의 영역을 침범하는 경우 노비와 소, 말로 변상하게 하는 책화 제도를 두었다.

④ 정사암 회의에서 국가의 중대사를 결정하였다.

백제의 귀족들은 정사암이라는 바위에서 회의를 통해 재상을 선출하고 국가의 중대사를 결정하였다.

⑤ 사회 질서를 유지하기 위해 범금 8조를 만들었다.

고조선은 사회 질서를 유지하기 위해 8개 조항으로 이루어진 범금 8조를 만들었으나 현재는 3개의 조항만 전해진다.

암기의 key	여러 연맹 왕국의 특징
부여	• 사출도(마가, 우가, 저가, 구가) • 풍습: 순장, 1책 12법, 우제점법, 형사취수제 • 제천 행사: 영고(매년 12월)
고구려	• 5부족 연맹체, 제가 회의, 약탈 경제(부경) • 풍습: 서옥제, 형사취수제 • 제천 행사: 동맹(매년 10월)
옥저	• 군장: 읍군, 삼로 • 소금, 해산물 풍부 → 고구려에 공물 바침 • 풍습: 민며느리제, 가족 공동묘
동예	• 군장: 읍군, 삼로 • 특산물: 명주, 삼베, 단궁, 과하마, 반어피 등 • 풍습: 족외혼, 책화 • 제천 행사: 무천(10월)
삼한	• 제정 분리 사회: 정치적 지배자 신지·읍차, 제사장 천군(소도 주관) • 벼농사(저수지 축조), 철 생산 풍부(낙랑·왜에 수출, 화폐로 이용) • 제천 행사: 수릿날(5월), 계절제(10월)

03 가야   정답 ①

✓ 정답 분석

정답이 보이는 핵심 키워드

#김해 양동리 고분군 #수로왕이 건국 #널무덤, 독무덤 #토기, 청동기, 철기

길잡이 Ⅰ 금관가야에 대해 알아봅니다.

김수로왕이 건국한 김해 지역의 **금관가야**는 전기 가야 연맹을 주도하였다. **철**이 풍부하고 해상 교통이 발전하여 낙랑과 왜의 규슈 지방을 연결하는 중계 무역이 번성하였고, 덩이쇠를 주조하여 화폐처럼 사용하였다. 후기에는 **고구려 광개토 대왕**의 진출로 **쇠퇴**하기 시작하였고, 5세기 이후 고령 지역의 대가야가 가야 연맹을 주도하게 되었다.
① **신라 법흥왕** 때 **금관가야를 정복**하여 구해왕과 그 자손들이 신라 진골에 편입되었다.

한 번 더 체크하러 가기 ▶ 미니북 6쪽

☑ 선택지 풀이

② 유학 교육 기관으로 주자감을 두었다.
발해는 중앙에 최고 교육 기관인 주자감을 설치하여 유학 교육을 실시하였다.

③ 지방에 22담로를 두어 왕족을 파견하였다.
백제 무령왕은 지방에 22담로를 설치하고 왕족을 파견하여 지방 통제를 강화하였다.

④ 화백 회의에서 국가의 중대사를 논의하였다.
신라는 귀족 합의체인 화백 회의를 만장일치제로 운영하여 국가의 중대사를 결정하였다.

⑤ 단궁, 과하마, 반어피 등의 특산물이 있었다.
동예에서 생산되는 특산물로는 단궁, 과하마, 반어피 등이 유명하였다.

04 백제 부흥 운동 정답 ②

☑ 정답 분석

> **정답이 보이는 핵심 키워드**
> #소정방 #백제를 평정 #흑치상지 #임존산을 거점으로 반란 #『삼국사기』

> **길잡이** │ 백제 부흥 운동의 전개 과정과 그 이후에 일어난 사건에 대해 학습합니다.

백제는 당의 장수 **소정방**이 이끄는 **나당 연합군**에 의해 수도 사비가 함락되고 의자왕과 태자 융이 당으로 송치되면서 멸망하였다. 이에 **흑치상지**는 복신, 도침 등과 함께 왕자 풍을 왕으로 추대하고 **임존성**, 주류성을 거점으로 **백제 부흥 운동**을 전개하였으며, 소정방이 이끄는 당군을 격퇴하였다. 백제 부흥 운동은 660년에 시작되어 백강 전투에서 나당 연합군에게 패하는 663년까지 전개되었다.
② 백제가 멸망한 뒤 **고구려**도 **나당 연합군**에 의해 평양성이 함락되며 멸망하였다. 이후 검모잠, 고연무 등이 보장왕의 서자 **안승**을 왕으로 추대하고(670) 한성(황해도 재령)과 오골성을 근거지로 **고구려 부흥 운동**을 전개하였다.

한 번 더 체크하러 가기 ▶ 미니북 25쪽

☑ 선택지 풀이

① 을지문덕이 살수에서 승리하였다.
고구려 영양왕 때 수 양제가 우중문의 30만 별동대로 평양성을 공격하였으나 을지문덕이 살수에서 2,700여 명을 제외한 수군을 전멸시켰다(살수 대첩, 612).

③ 관구검의 공격으로 환도성이 함락되었다.
고구려 동천왕은 요동 진출로를 놓고 위(魏)를 선제공격하였으나 유주 자사 관구검의 침입을 받아 환도성이 함락되었다(244).

④ 의자왕이 윤충을 보내 대야성을 함락시켰다.
백제 의자왕은 윤충에게 1만여 명의 병력을 주어 신라의 대야성을 비롯한 40여 개의 성을 함락시켰다(642).

⑤ 계백이 이끄는 결사대가 신라군에 맞서 싸웠다.
계백의 결사대는 황산벌(충남 논산)에서 김유신이 이끄는 신라군에 맞서 항전하였으나 패배하였다(660).

05 고구려 장수왕 정답 ①

☑ 정답 분석

> **정답이 보이는 핵심 키워드**
> #고구려본기 #신라의 실직주성을 빼앗음 #북위에 사신을 파견 #백제 도성을 함락

> **길잡이** │ 고구려 장수왕의 업적에 대해 알아봅니다.

① **고구려 장수왕**은 평양으로 **천도**하며 **남진 정책**을 추진하였다. 이에 신라와 백제가 군사 동맹을 맺자 **신라의 실직주성**을 빼앗았으며, **백제의 수도 한성을 함락**하고 백제 개로왕을 전사시킨 뒤 **한강 유역**을 **차지**하였다. 또한, 장수왕은 재위 기간 동안 중국의 분열을 이용해 외교를 적극적으로 진행하였다. 즉위하던 해에는 동진에 사신을 파견하였고, **북위**가 강자로 부상하자 **사신을 파견**하여 외교 관계를 수립하였다.

한 번 더 체크하러 가기 ▶ 미니북 6쪽

☑ 선택지 풀이

② 낙랑군을 몰아내고 영토를 확장하였다.
고구려 미천왕은 낙랑군과 대방군 등 한 군현을 한반도 지역에서 몰아냈으며 서안평을 공격하여 영토를 확장하였다.

③ 을파소의 건의로 진대법을 실시하였다.
고구려 고국천왕은 국상 을파소의 건의에 따라 빈민을 구제하기 위해 먹을거리가 부족한 봄에 곡식을 빌려주고 겨울에 갚게 하는 진대법을 실시하였다.

④ 영락이라는 독자적 연호를 사용하였다.
고구려 광개토 대왕은 영락이라는 독자적 연호를 사용하고, 정복 활동을 통해 영토를 크게 확장하였다.

⑤ 전진의 순도를 통해 불교를 수용하였다.

고구려 소수림왕은 중국 전진으로부터 불교를 수용하고 이를 통해 왕실의 권위를 높이고자 하였으며, 율령을 반포하여 국가 조직을 정비하였다.

암기의 key **고구려 주요 국왕의 업적**

고국천왕	• 왕위 부자 세습 • 진대법 실시(을파소 건의)
미천왕	낙랑군 · 대방군 축출, 서안평 공격 → 영토 확장
소수림왕	• 불교 수용 • 태학 설립 • 율령 반포
광개토 대왕	• 백제, 금관가야 공격 → 영토 확장 • 신라에 원군 파견(호우명 그릇)
장수왕	• 남진 정책: 평양 천도, 한강 유역 점령 • 광개토 대왕릉비, 충주 고구려비

06 발해 정답 ①

정답 분석

정답이 보이는 핵심 키워드

#해동성국 #영광탑 #정효 공주묘 #석등

길잡이 | 발해의 문화유산과 통치 제도를 살펴봅니다.

발해는 대조영이 고구려 유민을 이끌고 동모산 기슭에 건국한 국가로, **고구려의 문화**를 계승하고 **당의 문화**를 받아들여 발전을 이룩하였다. 대표적인 문화유산으로는 **영광탑, 정효 공주묘, 석등** 등이 있다. 이후 선왕 때는 지방 행정 체제를 5경 15부 62주로 정비하였고, 국력이 강성하여 주변국들로부터 **해동성국**이라 불렸다.

① 발해는 관리들의 비리를 감찰하는 관청으로 **중정대**를 두었으며, 이는 당의 어사대와 유사한 성격을 지녔다.

한 번 더 체크하러 가기 ▶ 미니북 7, 46쪽

선택지 풀이

② 군사 조직으로 9서당 10정을 편성하였다.

통일 신라 신문왕은 중앙군을 9서당, 지방군을 10정으로 편성하여 군사 조직을 정비하였다.

③ 내신 좌평 등 6좌평의 관제를 정비하였다.

백제 고이왕은 6좌평제와 16관등제를 정비하여 중앙 집권 국가의 기틀을 마련하였다.

④ 상수리 제도를 시행하여 지방 세력을 견제하였다.

통일 신라는 지방 세력을 견제하기 위해 지방 호족의 자제 1명을 뽑아 중앙에서 머물게 하는 상수리 제도를 실시하였다.

⑤ 왕족인 부여씨와 8성의 귀족이 지배층을 이루었다.

백제의 지배층은 왕족인 부여씨와 8성의 귀족으로 이루어졌다.

07 의상 정답 ⑤

정답 분석

정답이 보이는 핵심 키워드

#부석사 #당에서 유학하고 돌아온 승려 #선묘 설화 #무량수전 #배흘림기둥

길잡이 | 통일 신라의 승려 의상의 활동에 대해 알아봅니다.

통일 신라의 승려 의상은 당에 가서 지엄으로부터 화엄에 대한 가르침을 받고 돌아와 신라에서 **화엄 사상**을 정립하였고, **영주 부석사**를 창건하여 수많은 제자들을 양성하였다. 부석사 **무량수전**에는 배흘림기둥과 주심포 양식이 사용되었으며, 무량수전 서쪽에는 **선묘 설화**가 전해지는 부석이 위치해 있다.

⑤ **의상**은 화엄 사상을 정리한 『**화엄일승법계도**』를 저술하고 화엄 교단을 세웠다.

한 번 더 체크하러 가기 ▶ 미니북 19쪽

선택지 풀이

① 무애가를 지어 불교 대중화에 기여하였다.

원효는 불교의 대중화를 위해 불교의 교리를 쉬운 노래로 표현한 「무애가」를 지었다.

② 화랑도의 규범으로 세속 5계를 제시하였다.

신라 진평왕 때 승려 원광은 화랑도의 생활 규범으로 사군이충(事君以忠) · 사친이효(事親以孝) · 교우이신(交友以信) · 임전무퇴(臨戰無退) · 살생유택(殺生有擇)의 내용이 담긴 세속 5계를 제시하였다.

③ 구법 순례기인 왕오천축국전을 저술하였다.

신라의 승려 혜초는 인도와 중앙아시아 지역을 답사한 뒤 『왕오천축국전』을 지었다.

④ 승려들의 전기를 담은 해동고승전을 집필하였다.

고려 승려 각훈은 왕명을 받아 『해동고승전』을 편찬하여 삼국 시대 이래 승려들의 전기를 기록하였는데, 현재는 일부만 남아있다.

08 신문왕 정답 ④

◇ 정답 분석

> **정답이 보이는 핵심 키워드**
> #김흠돌의 난 진압 #왕권을 강화 #아버지 문무왕 #감은사 완공
> #완산주와 청주 설치 #9주를 갖춤

> 길잡이 ┃ 통일 신라 신문왕의 업적을 학습합니다.

④ **통일 신라 신문왕**은 삼국을 통일한 아버지 **문무왕**을 기리기 위해 동해에 **감은사**를 지었다. 장인이었던 **김흠돌**이 반란을 도모하다 발각되자 그를 처형하고, 이를 계기로 귀족 세력을 숙청하여 왕권을 강화하였다. 또한, **관료전을 지급**하고 **녹읍을 폐지**하였으며, 확대된 영토를 효율적으로 통치하기 위해 전국을 9개 구역으로 나누어 **9주를 설치**하였다.

한 번 더 체크하러 가기 ▶ 미니북 7쪽

◇ 선택지 풀이

① 거칠부에게 국사를 편찬하게 하였다.
신라 진흥왕은 거칠부에게 역사서인 『국사』를 편찬하게 하였다.

② 이사부를 보내 우산국을 복속하였다.
신라 지증왕 때 이사부를 시켜 우산국(울릉도)과 우산도(독도)를 복속하고 실직주의 군주로 삼았다.

③ 건원이라는 독자적 연호를 사용하였다.
신라 법흥왕은 건원이라는 독자적 연호를 사용하였다.

⑤ 관리 선발을 위해 독서삼품과를 실시하였다.
통일 신라 원성왕은 국학의 학생들을 대상으로 독서삼품과를 실시하여 유교 경전의 이해 수준에 따라 관리로 채용하였다.

09 궁예 정답 ⑤

◇ 정답 분석

> **정답이 보이는 핵심 키워드**
> #태봉 #철원 도성 터 #석등 #비무장지대 안에 있음

> 길잡이 ┃ 후고구려를 세운 궁예에 대해 알아봅니다.

신라 왕족의 후예인 **궁예**는 송악(개성)을 근거지로 **후고구려**를 건국하였다. 건국 초기에는 국호를 마진으로 하였다가 **철원으로 천도** 후 **태봉**으로 바꾸었다. 철원에는 궁예가 사용하였던 어수정과 **석등** 등 많은 유적이 있었으나 현재는 대부분 파괴되었으며 남아 있는 부분도 **휴전선 비무장 지대**에 위치하고 있어 확인하기 어렵다.
⑤ **궁예**는 **후고구려를 건국**하고 **광평성**을 중심으로 중앙 정치 조직을 정비하여 장관인 광치나와 서사, 외서 등의 관원을 두었다.

한 번 더 체크하러 가기 ▶ 미니북 22쪽

◇ 선택지 풀이

① 금마저에 미륵사를 창건하였다.
백제 무왕은 금마저(전북 익산)에 미륵사를 창건하였다.

② 후당과 오월에 사신을 파견하였다.
견훤은 완산주(현재 전주)에 도읍을 정하고 후백제를 건국한 뒤 중국의 후당과 오월에 사신을 파견하여 외교 관계를 맺었다.

③ 일리천 전투에서 신검의 군대를 격퇴하였다.
견훤의 고려 귀순 후 신검의 후백제군과 왕건의 고려군이 일리천 일대에서 전투를 벌여 고려군이 크게 승리하였다.

④ 폐정 개혁을 목표로 정치도감을 설치하였다.
원 간섭기 충목왕 때 고려의 개혁을 위해 정치도감을 설치하였으나 정동행성 이문소의 방해로 개혁이 제대로 이루어지지 못하였다.

10 하남 하사창동 철조 석가여래 좌상 정답 ②

◇ 정답 분석

> **정답이 보이는 핵심 키워드**
> #경기도 하남시 하사창동에서 발견 #철불 #고려 초기 호족의 후원을 받아 제작 #석굴암 본존불의 양식

> 길잡이 ┃ 하남 하사창동 철조 석가여래 좌상을 사진과 함께 살펴봅니다.

② **하남 하사창동 철조 석가여래 좌상**은 경기도 광주에서 발견된 **고려 시대의 철불 좌상**으로 보물 제332호로 지정되어 있다. 불상의 날카로운 인상과 간결한 옷주름의 표현 등은 전형적인 고려 초기 불상의 표현 기법을 보여 준다.

한 번 더 체크하러 가기 ▶ 미니북 44쪽

◇ 선택지 풀이

① 금동 연가 7년명 여래 입상
경남 의령에서 발견된 고구려의 불상으로 국보 제119호로 지정되어 있다. 광배 뒷면에 남아있는 글에 따르면 평양의 승려들이 세상에 널리 퍼뜨리고자 만든 불상 중 29번째 것으로, 6세기 후반 고구려의 대표적인 불상이다.

③ 경주 남산 장창곡 석조미륵여래 삼존상
신라 시대 불상으로 삼국 시대의 미륵신앙과 신앙행위를 보여 주는 상징적인 작품이다. 보물 제2071호로 지정되어 있으며, 우리나라 의좌상 불상 중 가장 오래된 작품이다.

④ 금동 관음보살 좌상
고려 시대의 보살상으로, 오른쪽 무릎은 세우고 왼손은 왼쪽 다리 뒤로 바닥을 짚고 있는 자세가 특징이다. 또한, 두꺼운 법의 등을 입은 대다수의 고려 후기나 조선 시대 보살상과는 달리 화려한 보관과 장신구를 걸치고, 얇은 천 옷을 입고 있다.

⑤ 금동 미륵보살 반가 사유상

삼국 시대의 대표적 불상으로 머리에 3면이 둥근 산 모양의 관을 쓰고 있어서 삼산 반가 사유상으로 불리기도 하며, 국보 제83호로 지정되어 있다.

11 고려의 대외 관계   정답 ②

📋 정답 분석

> **정답이 보이는 핵심 키워드**
>
> #금을 섬기는 문제 #이자겸, 척준경 #나세, 심덕부, 최무선 #왜구를 진포에서 공격 #김사혁 #몽골군 #충주성 #김윤후 #귀천을 가리지 않고 모두 관작을 제수

> **길잡이** | 고려의 대외 관계를 일어난 순서대로 알아봅니다.

(가) 12세기에 **여진**은 세력을 확장하여 만주 지역을 장악하고 **금**을 건국하여 **고려에 군신 관계**를 요구하였다. 고려 인종 때 실권자였던 문벌 귀족 **이자겸**은 금과의 무력 충돌을 피하고자 그 요구를 받아들였다(1126).

(다) **몽골과의 충주성 전투** 때 **김윤후**는 식량이 떨어지는 등 전세가 어려워지자, 전투에서 승리하면 신분의 고하를 막론하고 모두 관작을 주겠다고 병사들을 독려하였다(1253).

(나) **고려 우왕** 때 **왜구**가 침입하자 **나세, 심덕부** 등은 **최무선**이 설계한 병선과 **화통·화포**를 갖추고 **진포 대첩**에서 왜구를 격퇴하였다(1380).

한 번 더 체크하러 가기 ▶ 미니북 23쪽

12 고려의 정치 기구   정답 ③

📋 정답 분석

> **정답이 보이는 핵심 키워드**
>
> #윤관 #상서성 #추밀원(중추원) #어사대 #한림원 #중서문하성 #문하시중

> **길잡이** | 윤관의 생애를 통해 고려의 정치 기구를 학습합니다.

- **상서성**: 고려 시대 중앙 관제 중 하나로 이(吏)·호(戸)·예(禮)·병(兵)·형(刑)·공(工)의 6부를 관할하였다.
- **추밀원(중추원)**: 왕의 비서 기구로 군사 기밀과 왕명 출납을 담당하였다.
- **한림원**: 왕의 교서를 작성하였던 기관으로, 한림원의 관원들은 과거 급제자 가운데에서도 학식이 높고 문장력이 뛰어난 이들로 선발되었다.
- **중서문하성**: 고려 시대 중앙 관제 중 하나로 국정을 총괄하였으며, 중서문하성의 낭사와 어사대의 소속 관원은 대간으로 불리며 간쟁·봉박권과 함께 관리 임명에 대한 서경권을 행사할 수 있었다.

③ **고려의 어사대는 정치의 잘잘못을 논의하고 풍속을 교정하며, 관리의 비리를 규찰**하고 탄핵하였다.

한 번 더 체크하러 가기 ▶ 미니북 35쪽

📋 선택지 풀이

① 학술 기관으로 경연을 관장하였다.

조선 세종은 집현전을 설치하고 학문 연구와 경연, 서연을 담당하게 하였다. 이후 조선 성종 때 이를 계승한 홍문관을 설치하여 왕의 자문 역할과 경연, 사적 관리 등의 업무를 담당하도록 하였다.

② 실록을 보관하고 관리하는 업무를 맡았다.

조선 시대에 역사서를 보관하고 관리하는 관청으로 춘추관을 두었으며, 이곳에 설치된 실록청에서 실록 편찬을 담당하였다.

④ 수도의 치안과 행정을 주관하였다.

조선은 한성부를 두어 수도 한성의 치안과 행정을 담당하도록 하였다.

⑤ 화폐와 곡식의 출납에 대한 회계를 담당하였다.

조선 시대에 서경·간쟁·봉박 등의 권한을 가지고 있었던 삼사와 달리 고려 시대의 삼사는 화폐·곡식의 출납과 회계를 담당하였다.

13 『농상집요』   정답 ⑤

📋 정답 분석

> **정답이 보이는 핵심 키워드**
>
> #원의 간섭을 받던 시기 #이암 #우리나라에 농서를 소개 #원에서 편찬 #화북 지방의 농법 수록 #누에, 면화, 저마의 생산을 장려

> **길잡이** | 이암이 『농상집요』를 소개한 시기 고려의 경제 상황에 대해 살펴봅니다.

고려 후기 이암은 목화 재배와 양잠 등 중국 화북 지방의 농법을 정리한 『**농상집요**』를 국내에 소개하였다. 조선 초기까지는 이를 기반으로 농업이 전개되었으며, 『농상집요』는 조선 세종 때 우리나라 최초로 우리 풍토와 농업 실정에 맞게 정리된 『농사직설』의 편찬에 영향을 주었다.

⑤ **고려 문종** 때 **경시서**를 설치하여 수도 개경의 시전을 감독하고, 물가를 조절하도록 하였다. 또한, **충렬왕** 때에는 경시서에서 매년 그해의 풍흉에 따라 은병의 품질 저하와 가치 하락에 대응하기 위해서 미곡과의 교환 비율을 공표하여 그 **가치를 조절**하도록 하였다.

한 번 더 체크하러 가기 ▶ 미니북 24쪽

📋 선택지 풀이

① 모내기법이 전국적으로 확산되었다.

조선 후기에 모내기법이 확대되면서 벼와 보리의 이모작이 확산되어 농업 생산량이 증가하였다.

② 초량 왜관을 통해 일본과 무역하였다.

조선 숙종 때 일본과의 교류를 위해 부산 초량에 왜관을 설치하였고, 이는 조선 후기 대일 무역과 외교의 중심지가 되었다.

③ 감자, 고구마 등의 작물이 재배되었다.

조선 후기에 감자와 고구마가 전래되어 구황 작물로 재배되었다.

④ 광산을 전문적으로 경영하는 덕대가 활동하였다.

조선 후기 광산 개발이 활성화되면서 전문적으로 광산을 경영하는 덕대가 등장하였다.

암기의 key	고려의 경제 상황
농업	• 소를 이용한 깊이갈이 일반화 • 시비법 발달 • 문익점의 목화씨 전래 • 농서: 원의 농법을 소개한 『농상집요』(이암)
상업	• 개경에 시전·경시서 설치, 대도시에 관영 상점 운영 • 국제 무역 번성 → 벽란도 • 화폐: 건원중보, 삼한통보, 해동통보, 은병(활구) → 유통 부진

④ 노비안검법의 실시로 국가 재정이 확충되었다.

고려 광종은 노비안검법을 실시하여 억울하게 노비가 된 사람들을 해방시켜 국가 재정을 튼튼히 하는 동시에 호족의 세력을 약화시켰다(956).

⑤ 신기군, 신보군, 항마군 등으로 구성된 별무반이 조직되었다.

고려 숙종 때 부족을 통일한 여진이 고려의 국경을 자주 침입하자 윤관이 왕에게 건의하여 신기군, 신보군, 항마군으로 구성된 별무반을 조직하였다(1104).

암기의 key	거란의 고려 침입
원인	• 고구려 계승의식에 의한 친송·북진 정책 • 만부교 사건, 강조의 정변
전개	• 1차 침입(993): 서희의 외교 담판(vs 소손녕), 강동 6주 획득 • 2차 침입(1010): 양규의 활약 • 3차 침입(1018): 강감찬의 귀주 대첩(1019)
결과	• 고려·송·거란의 세력 균형 유지 • 개경에 나성 축조, 강감찬의 건의로 천리장성 축조(압록강~동해안 도련포)

14 거란의 침입과 고려의 대응   정답 ③

✓ 정답 분석

정답이 보이는 핵심 키워드

#이주정 #김치양 #서북면 도순검부사 #강조 #귀주 #강감찬

길잡이 ┃ 강조의 정변과 귀주 대첩 사이에 일어난 거란의 침입을 학습합니다.

• **고려 목종** 때 **강조**는 천추태후와 그의 정부 **김치양**으로 인한 국가의 혼란을 바로잡기 위해 **정변**을 일으켜 목종을 폐위시키고 현종을 즉위시켰다(1009).

• **거란**의 소배압이 이끄는 10만 대군이 **3차 침입**하자 **강감찬**이 이에 맞서 **귀주 대첩**에서 대승을 거두었다(1019).

③ **고려 현종** 때 거란이 강조의 정변을 구실로 **2차 침입**을 단행하였고, 개경이 함락되자 현종은 나주까지 피란하였다(1010).

한 번 더 체크하러 가기 ▶ 미니북 23쪽

✓ 선택지 풀이

① 화통도감이 설치되어 화포가 제작되었다.

고려 우왕 때 최무선이 화통도감의 설치를 건의하여 화약과 화포를 제작하였고, 이를 활용하여 진포 대첩에서 왜구를 격퇴하였다(1380).

② 신돈이 전민변정도감의 설치를 건의하였다.

고려 말 공민왕은 신돈을 등용하고 전민변정도감을 설치하여 권문세족에 의해 점탈된 토지를 돌려주고 억울하게 노비가 된 자를 풀어주는 등 개혁을 단행하였다(1366).

15 무신 정권기   정답 ①

✓ 정답 분석

정답이 보이는 핵심 키워드

#최우 #정년도목(政年都目) #정방을 자기 집에 두고 백관의 인사 행정 처리 #『고려사절요』

길잡이 ┃ 무신 정권기와 그 시기 몽골에게 끝까지 항전한 삼별초를 알아봅니다.

무신 정권 시기 최충헌의 뒤를 이어 집권한 **최우**는 자신의 집에 **정방**을 설치하고 **인사 행정을 담당하는 기관**으로 삼아 인사권을 완전히 장악하였다. 또한, 최우가 치안 유지를 위해 설치한 야별초가 확대되어 좌별초와 우별초로 나뉘고, 몽골의 포로가 되었다가 탈출한 신의군이 합쳐져 **삼별초**가 구성되었다.

① 최씨 무신 정권의 군사적 기반이었던 **삼별초**는 고려 조정의 개경 환도에 반발하여 **대몽 항쟁**을 전개하였다.

한 번 더 체크하러 가기 ▶ 미니북 8, 23쪽

✓ 선택지 풀이

② 정중부 등이 김보당의 반란을 진압하였다.

고려 동북면 병마사였던 문신 김보당은 무신 정변으로 정권을 잡은 정중부, 이의방 등을 토벌하고 폐위된 의종을 다시 세우고자 난을 일으켰으나 실패하였다.

③ 빈민 구제를 위한 흑창을 처음 설치하였다.

고려 태조 때 빈민 구휼을 위해 흑창을 설치하여 춘궁기에 곡식을 대여해 주고 추수 후에 회수하였다.

④ 공주 명학소에서 망이 · 망소이가 봉기하였다.

고려 무신 정권기에 공주 명학소에서 망이 · 망소이가 과도한 부역과 소 주민에 대한 차별 대우에 항의하여 농민 반란을 일으켰다.

⑤ 최충헌이 교정별감이 되어 국정을 총괄하였다.

고려 무신 정권기에 최충헌은 국정을 총괄하는 중심 기구인 교정도감을 설치하고 스스로 기구의 최고 관직인 교정별감이 되어 인사 및 재정 등을 장악하였다.

암기의 key　고려의 토지 제도

역분전 (태조 왕건)		후삼국 통일 공신에게 지급
전시과	시정 전시과 (경종)	• 전시과 처음 시행(전지, 시지 지급) • 관등과 인품에 따라 지급
	개정 전시과 (목종)	18과로 구분한 관등에 따라 지급
	경정 전시과 (문종)	• 현직 관리에게만 지급 • 토지 지급액 감소, 무신 차별 완화

16 고려의 토지 제도　　정답 ④

✓ 정답 분석

정답이 보이는 핵심 키워드

#문종 #전시과를 다시 개정 #공양왕 #과전의 지급에 관한 법 제정

길잡이┃전시과부터 과전법까지 시대별 고려의 토지 제도를 살펴봅니다.

(가) **고려 경종** 때 처음 시행된 **시정 전시과**는 관직 복무와 직역의 대가로 토지를 나눠 주는 제도였다. 관리부터 군인, 한인까지 **인품**과 총 18등급으로 나눈 **관등**에 따라 곡물을 수취할 수 있는 전지와 땔감을 얻을 수 있는 시지를 주었고, 수급자들은 지급된 토지에 대해 수조권만 가졌다. 이후 **목종** 때의 **개정 전시과** 제도는 **인품에 관계없이 관등을 기준**으로 지급하였고, **문종** 때의 **경정 전시과는 현직 관리에게만 지급**하는 등 지급 기준이 점차 정비되었다.

(나) **고려 말 공양왕** 때 신진 사대부의 건의로 토지 개혁법인 **과전법**이 시행되었다.

④ **고려 말** 시행된 **과전법**은 원칙적으로 **경기 지역에 한정**하여 토지를 지급하였다.

한 번 더 체크하러 가기 ▶ 미니북 43쪽

✓ 선택지 풀이

① 조준 등의 건의로 제정되었다.

고려 말 신진 사대부 조준 등의 건의로 제정된 토지 제도는 과전법이다.

② 관등과 인품을 기준으로 수조권을 주었다.

관등과 인품을 기준으로 수조권을 지급한 제도는 고려 경종 때 시행된 시정 전시과이다.

③ 개국 공신에게 역분전을 지급하였다.

고려 태조는 후삼국 통일에 공을 세운 공신들에게 관등에 관계없이 공로, 인품 등을 기준으로 차등을 두어 역분전을 지급하였다.

⑤ 수조권 외에 노동력을 징발할 수 있는 권한을 주었다.

신라는 귀족 관리에게 직무를 수행하는 대가로 수조권과 노동력을 징발할 수 있는 권한인 녹읍을 지급하였다.

17 고려의 유학자　　정답 ③

✓ 정답 분석

정답이 보이는 핵심 키워드

#고려 시대 유학자 #최승로 #최충 #9재 학당 #김부식 #『삼국사기』 편찬 #안향 #고려에 처음으로 성리학 도입 #이제현 #만권당에서 원의 학자들과 교류

길잡이┃고려의 유학자들과 그들의 활동을 학습합니다.

• **고려 문종** 때 **최충**이 세운 **9재 학당**은 사학 12도 중 가장 번성하여 많은 후진을 양성하였으며, 최충의 사후 그의 시호를 바탕으로 문헌공도라 칭하였다.

• **고려 인종**의 명을 받아 **김부식**이 편찬한 『**삼국사기**』는 현존하는 우리나라 최고(最古)의 역사서이다. 이는 유교적 사관을 바탕으로 본기, 연표, 지, 열전 등으로 구성된 기전체 형식으로 서술되었다.

• **고려 말 안향**은 처음으로 **성리학**을 국내에 전래하였다.

• **고려 충선왕**은 왕위를 물려준 뒤 원의 연경에 **만권당**을 세우고 고려에서 **이제현** 등의 성리학자들을 데려와 원의 학자들과 교류하게 하였다.

③ **고려 성종**은 **최승로**의 **시무 28조**를 받아들여 통치 체제를 정비하였다. 전국 주요 지역에는 12목을 설치하고 지방관인 목사를 파견하였으며, 향리제를 마련하여 지방 세력을 견제하였다.

한 번 더 체크하러 가기 ▶ 미니북 8쪽

✓ 선택지 풀이

① 불씨잡변을 지어 불교를 비판함

이성계와 함께 조선 건국을 주도한 정도전은 『불씨잡변』을 저술하여 성리학적 관점에서 불교의 교리를 비판하였고, 유교적 이념에 따라 통치할 것을 강조하였다.

② 인재 등용을 위해 현량과 실시를 제안함

조선 중종 때 조광조는 천거제의 일종인 현량과 실시를 건의하여 사림이 대거 등용될 수 있는 발판을 마련하였다.

④ 지부복궐척화의소를 올려 왜양일체론을 주장함

일본이 강화도 조약 체결을 요구하자 최익현은 왜양일체론에 입각하여 지부복궐척화의소를 올리며 반대하였다.

⑤ 해주 향약을 시행하여 향촌 교화를 위해 노력함

조선 성리학자 율곡 이이는 은퇴한 후 해주에서 우리나라의 지방 행정 조직 실정에 맞는 향약인 해주 향약을 만들었다.

18 원 간섭기 정답 ②

✓ 정답 분석

정답이 보이는 핵심 키워드

#용진현 출신 조휘 #정주 출신 탁청 #화주 이북 지방을 몽골에 넘겨줌 #쌍성총관부 #동북면 병마사 유인우 #쌍성을 함락 #화주, 등주, 정주 등이 수복

길잡이 | 쌍성총관부가 설치 · 수복된 과정을 통해 고려 원 간섭기를 학습합니다.

(가) **고려 고종** 때 **조휘**와 **탁청**은 동북면 병마사 등을 죽이고 반란을 일으킨 뒤 옛 화주 땅에 주둔하고 있던 몽골에 투항하였다. 이에 **몽골**은 화주 이북의 땅을 편입하여 **쌍성총관부를 설치**하고 조휘를 총관, 탁청을 천호로 삼았다(1258).

(나) **고려 공민왕**은 **반원 자주 정책**의 일환으로 **유인우**, 이자춘, 이인임 등으로 하여금 동계 지역의 **쌍성총관부를 공격**하게 하여 원에 빼앗긴 **철령 이북의 땅을 수복**하였다(1356).

② **고려 충렬왕** 때 원은 고려를 일본 원정에 동원하기 위해 **정동행성을 설치**(1280)하고 여몽 연합군을 구성하였다. 이후 정동행성은 **내정 간섭 기구로 이용**되었다.

한 번 더 체크하러 가기 ▶ 미니북 8쪽

✓ 선택지 풀이

① 최윤덕이 4군을 개척하였다.

조선 세종 때 여진을 몰아낸 뒤 최윤덕이 압록강 상류 지역에 4군을 설치하고(1443), 김종서가 두만강 하류 지역에 6진을 설치하였다(1449).

③ 몽골 사신 저고여가 귀국길에 피살되었다.

고려 고종 때 몽골 사신 저고여가 본국으로 돌아가던 중 암살당하는 사건이 발생하자(1225) 몽골은 이를 구실로 고려와 국교를 단절하고 6차례에 걸쳐 고려를 침입하였다.

④ 철령위 설치 문제로 요동 정벌이 추진되었다.

고려 우왕 때 명이 원의 쌍성총관부가 있던 철령 이북의 땅에 철령위를 설치하겠다며 반환을 요구하자 이에 반발한 고려는 최영을 중심으로 요동 정벌을 추진하였다(1388).

⑤ 서희가 외교 담판으로 강동 6주를 획득하였다.

고려 성종 때 거란이 침략하여 고려가 차지하고 있는 옛 고구려 땅을 내놓고 송과 교류를 끊을 것을 요구하였으나 서희가 소손녕과의 외교 담판을 통해 이를 해결하고 강동 6주를 획득하였다(993).

19 경복궁 정답 ①

✓ 정답 분석

정답이 보이는 핵심 키워드

#대왕대비 #수도를 세울 때 맨 처음 지은 정궁 #전란에 의해 불탐 #궁궐을 다시 지어 중흥의 큰 업적을 이룸

길잡이 | 조선의 대표 궁궐인 경복궁에 대해 알아봅니다.

조선 태조는 조선을 건국한 후 도읍을 개경에서 한양으로 옮기면서 심덕부 등에게 **경복궁을 창건**하게 하였다. 이후 경복궁은 임진왜란 때 불에 탄 뒤 방치되었다가 **흥선 대원군** 즉위 이후 왕실의 권위를 회복하기 위해 **중건**하였다.

① **조선 태조** 때 **정도전**은 왕의 즉위식, 조회(朝會) 등 국가의 중요한 의식을 다루는 **경복궁의 중심 건물**을 부지런히 나라를 다스린다는 의미로 **근정전**이라 이름 지었다.

한 번 더 체크하러 가기 ▶ 미니북 51쪽

✓ 선택지 풀이

② 일제에 의해 동물원 등이 설치되었다.

조선 성종 때 세 왕후(정희 왕후, 소혜 왕후, 안순 왕후)를 모시기 위해 수강궁을 확장하여 별궁인 창경궁을 조성하였다. 조선 시대 궁궐 중 유일하게 동쪽을 향해 지어졌으며, 일제 강점기 때 궐 안에 동물원, 식물원 등이 설치되었다.

③ 후원에 왕실 도서관인 규장각이 있었다.

조선 정조 때 창덕궁 후원에 지은 왕실 도서관인 규장각은 별도 서고에서 서적들을 보관하였으며, 새로운 정책을 개발하는 연구 기관의 기능도 담당하였다.

④ 도성 내 서쪽에 있어 서궐이라고 불렸다.

조선 후기에 유사시 왕이 머무는 이궁으로 경덕궁을 건립하였다. 인조반정 이후 인조가 이곳에서 정사를 보기도 하였으며, 도성의 서쪽에 위치하여 서궐로 불리었다. 이후 영조 때 경희궁으로 이름을 바꾸었다.

⑤ 인목 대비가 광해군에 의해 유폐된 장소이다.

조선 광해군은 왕위를 위협할 요소를 제거하기 위해 형 임해군과 동생 영창 대군을 살해하고, 선조의 아내인 인목 대비를 폐위시켜 경운궁(덕수궁) 석어당에 가두었다.

20 조선 성종 정답 ①

✓ 정답 분석

정답이 보이는 핵심 키워드

#세종 대왕 #집현전 유신(儒臣)들 #오례의를 상세히 정하게 함 #예종 대왕 #선왕의 뜻을 이음 #길례 · 흉례 · 군례 · 빈례 · 가례 다섯 가지

조선 성종 때 예악 정비 사업의 일환으로 유교 왕정에 필요한 의식들을 길례(吉禮) · 가례(嘉禮) · 빈례(賓禮) · 군례(軍禮) · 흉례(凶禮) 등의 **오례(五禮)**로 나누어 예법과 절차 등을 그림과 함께 기록한 『**국조오례의**』를 편찬하였다(1474).

① 『**경국대전**』은 세조 때 편찬되기 시작하여 **성종 때 완성**된 **조선의 기본 법전**이다. 국가 조직, 재정, 의례, 군사 제도 등 통치 전반에 걸친 법령을 담고 있으며, 국가 행정과 통치 규범을 체계화하고 유교 질서를 확립하기 위해 편찬되었다(1485).

한 번 더 체크하러 가기 ▶ 미니북 9쪽

🗸 선택지 풀이

② **성삼문 등이 상왕의 복위를 꾀하다가 처형되었다.**
성삼문, 박팽년 등 이른바 사육신(死六臣)들이 단종 복위를 계획하다가 발각되자 세조는 관련 신하들을 모두 사형에 처하였으며 집현전을 폐지하고 경연을 정지시켰다(1456).

③ **육의전을 제외한 시전 상인의 금난전권이 폐지되었다.**
조선 정조 때 채제공의 건의에 따라 신해통공을 시행하여 육의전을 제외한 시전 상인들의 금난전권이 폐지되었다(1791).

④ **반정 공신의 위훈 삭제를 주장한 조광조가 사사되었다.**
조선 중종 때 등용된 조광조는 현량과 실시, 소격서 폐지, 위훈 삭제 등의 급진적인 개혁을 실시하였다. 이에 반발한 훈구 세력들이 주초위왕 사건을 일으켜 기묘사화가 발생하면서 조광조를 비롯한 사림들이 피해를 입었다(1519).

⑤ **이조 전랑 임명을 둘러싸고 김효원과 심의겸이 대립하였다.**
조선 선조 때 사림 세력은 이조 전랑 임명권을 놓고 김효원을 중심으로 한 동인과 심의겸을 중심으로 한 서인으로 분화되었고, 이를 계기로 붕당 정치가 시작되었다(1575).

21 승정원 정답 ④

🗸 정답 분석

정답이 보이는 **핵심 키워드**
#『은대계회도』 #우부승지 이현보 #도승지 #은대 #정원

길잡이 ▌ 조선의 관청인 승정원에 대해 학습합니다.

④ **승정원**은 조선 시대 **왕명의 출납**을 관장하던 관청으로, 은대(銀臺), 후원(喉院), 정원(政院), 대언사(代言司) 등으로 불리었다. 이에 따라 소속 승지 6인을 은대 학사라고 부르기도 하였다.

한 번 더 체크하러 가기 ▶ 미니북 35쪽

🗸 선택지 풀이

① **사간원, 홍문관과 함께 삼사로 불렸다.**
조선의 사헌부는 사간원, 홍문관과 함께 삼사로 불리며 서경 · 간쟁 · 봉박 등의 권한을 가지고 있었다.

② **외국으로 가는 사신의 통역을 전담하였다.**
조선의 사역원은 외국과의 교류에 필요한 역관을 양성하고 관리하였으며, 통역 실무 등을 담당하였다.

③ **천문, 지리, 기후 등에 관한 사무를 맡았다.**
조선의 관상감은 천문, 지리, 기후 등에 관한 업무를 담당하였다.

⑤ **국왕 직속 사법 기구로 반역죄 등을 처결하였다.**
의금부는 고려 충렬왕 때 설치한 순마소가 조선 태종 때 개편되면서 국왕 직속 사법 기구가 되었다. 반역죄, 강상죄 등을 저지른 중죄인을 다루도록 하여 왕권 확립에 기여하였다.

22 지역사 – 한강 정답 ①

🗸 정답 분석

정답이 보이는 **핵심 키워드**
#한강 #행주산성 #절두산 순교 성지 #국립서울현충원 #풍납동 토성 #암사동 유적

길잡이 ▌ 한강 지역과 관련된 유적 및 역사적 사건에 대해 살펴봅니다.

(가) **행주산성**: **임진왜란** 때 조명 연합군의 공격으로 후퇴하던 왜군이 공격한 곳이다. 당시 **권율**을 중심으로 한 조선 군대와 백성들이 항전하여 왜군에 승리를 거두었다.

(나) **절두산 순교 성지**: 흥선 대원군은 천주교를 통한 프랑스와의 조약 체결이 이루어지지 않고, 국내외에서 천주교에 대한 반발이 생겨나자 프랑스인 선교사들을 처형하는 등 **병인박해**를 일으켰다. 당시 프랑스 신도들이 처형된 잠두봉은 이후 **절두산**이라 불렸다.

(다) **국립서울현충원**: 국가와 민족을 위해 순국한 **호국 영웅**들을 안치하는 **국립묘지**이다. 6 · 25 전쟁으로 전몰한 국군 장병들의 산재된 유해를 한 곳에 안장하기 위하여 설치한 국군 묘지에서 시작되었다.

(라) **풍납동 토성**: **백제 초기** 한강변에 흙으로 쌓은 평지성이다. 성벽 축조 시 판으로 틀을 만들고, 그 안에 흙 · 모래 등을 층층이 부어 막대기로 다져 단단하게 쌓아 올리는 **판축 기법**을 사용하였다.

(마) **암사동 유적**: 한강변에 위치한 **신석기 시대 유적**이다. 20여 기의 집터와 빗살무늬 토기, 갈돌과 갈판 등이 출토되었다.

① 정묘호란 때 후금이 압록강을 건너오자 정봉수와 이립은 각각 용골산성과 의주에서 의병을 조직하여 항전하며 크게 활약하였다.

23 이황 정답 ①

✓ 정답 분석

정답이 보이는 핵심 키워드

#성학십도 #경(敬) 사상 #성균관 대사성 #도산 서당 설립

길잡이 | 조선 시대 유학자 이황에 대해 알아봅니다.

① **조선 중기**의 대표적인 유학자 **이황**과 **기대승**은 유학의 수양론 중 **사단과 칠정**의 개념에 대해 논쟁을 벌였다. 이황은 '사단은 이가 발하고 기가 따르는 것, 칠정은 기가 발하고 이가 따르는 것'이라고 주장하였으나 기대승은 '칠정이 사단을 내포한 것'이라고 주장하였다.

한 번 더 체크하러 가기 ▶ 미니북 14쪽

✓ 선택지 풀이

② 일본에 다녀와서 해동제국기를 편찬하였다.
조선 세종 때 통신사로 일본에 다녀온 신숙주는 성종 때 일본의 지리와 국정, 외교 관계 등을 기록한 『해동제국기』를 편찬하였다.

③ 양명학을 연구하여 강화 학파를 형성하였다.
조선 후기 정제두는 지행합일을 중요시하는 양명학을 체계적으로 연구하였고, 강화도에서 후진 양성에 힘을 기울여 강화 학파를 형성하였다.

④ 기축봉사를 올려 명에 대한 의리를 내세웠다.
송시열은 노론의 영수로, 명에 대한 의리를 지키고 청에게 당한 수모를 갚자는 북벌론을 주장하며 효종에게 「기축봉사」를 올려 북벌 계획의 핵심 인물이 되었다.

⑤ 무오사화의 발단이 된 조의제문을 작성하였다.
연산군 때 사관이었던 김일손이 스승인 김종직의 조의제문을 실록에 기록한 것을 유자광, 이극돈 등의 훈구 세력이 사림 세력에 불만을 가지고 있던 연산군에게 알리면서 무오사화가 발생하였다.

24 정약용 정답 ④

✓ 정답 분석

정답이 보이는 핵심 키워드

#『마과회통』 #홍역과 천연두 치료법 #강진 유배 #『목민심서』

길잡이 | 조선 후기 실학자 정약용에 대해 학습합니다.

정약용은 조선 후기의 대표적인 실학자로 정치 · 경제 등 여러 분야에 걸쳐 학문적 업적을 남겼다. **수원 화성 축조 시**에는 『기기도설』을 참고한 **거중기**를 제작하여 공사 기간과 비용을 줄이는 데 기여하였다. 마을 단위의 토지 공동 소유 · 경작, 노동력에 따른 수확물의 분배 내용이 담긴 **여전론**을 주장하였으며, 홍역에 대해 연구한 의서인

『마과회통』을 편찬하였다. 또한, 지방 행정 개혁 방향을 제시한 『목민심서』, 형법 개혁에 대한 『흠흠신서』 등을 편찬하였다.

④ **정약용**은 신유박해로 인해 **강진에서 유배** 생활을 하던 중 중앙 행정 개혁에 대한 내용을 다룬 『**경세유표**』를 저술하였다.

한 번 더 체크하러 가기 ▶ 미니북 16쪽

✓ 선택지 풀이

① 지봉유설에서 천주실의를 조선에 소개하였다.
이수광은 백과사전식 서적인 『지봉유설』을 편찬하면서 이에 천주 교리서인 『천주실의』를 언급하여 조선에 소개하였다.

② 의산문답에서 중국 중심의 세계관을 비판하였다.
조선 후기 홍대용은 『의산문답』을 통해 지전설과 무한 우주론을 주장하며 중국 중심의 성리학적 세계관을 비판하였다.

③ 양반전을 지어 양반의 허례와 무능을 풍자하였다.
박지원은 「양반전」, 「허생전」, 「호질」 등을 통해 양반의 허례와 무능을 풍자하고 비판하였다.

⑤ 금석과안록에서 북한산비가 진흥왕 순수비임을 고증하였다.
조선 후기 김정희는 금석학 연구를 통해 『금석과안록』을 저술하여 북한산비가 진흥왕 순수비임을 밝혀냈다.

25 임진왜란 정답 ④

✓ 정답 분석

정답이 보이는 핵심 키워드

#적군은 곧장 한양으로 향함 #신립과 이일 #임금이 서쪽으로 몽진 #『쇄미록』

길잡이 | 임진왜란 당시 일어났던 사건에 대해 살펴봅니다.

조선 선조 때 왜군의 침입으로 **임진왜란**이 발발하였다. **이일**은 경상도 순변사가 되어 상주에서 왜적에 맞서 싸우다가 패하여 충주의 신립의 진영으로 후퇴하였다. 이에 **신립**의 군대와 함께 **충주 탄금대**에서 배수의 진을 치고 맞서 싸웠으나 왜군에 크게 패하여 신립은 자결하고 이일은 도주하였다. 결국 수도 한양까지 함락되자 조선은 명에 군사를 요청하였다.

④ **조선 선조** 때 임진왜란이 발발하자 **곽재우**는 영남 지방에서 수천여 명의 **의병**을 이끌고 항전하였다.

한 번 더 체크하러 가기 ▶ 미니북 32쪽

✓ 선택지 풀이

① 김상용이 강화도에서 순절하였다.
후금이 조선을 침략하여 의주를 함락시킨 뒤 평산까지 남진하자 조정에서는 김상용을 유도대장으로 임명하여 수도를 지키게 하고 인조는 강화도로 피난하였다. 이후 김상용은 청에 의해 성이 함락되자 순절하였다.

② 임경업이 백마산성에서 항전하였다.

후금이 국호를 청으로 고치고 조선에 군신 관계를 강요하였으나 조선이 사대 요청을 거부하자 병자호란이 일어났다. 이에 임경업은 최북방인 평안도 의주의 백마산성에서 청군에 항전하였다.

③ 최영이 홍산 전투에서 크게 승리하였다.

고려 말 최영은 홍산에서 충남 내륙 지역까지 올라온 왜구를 전멸시키며 크게 승리하였다.

⑤ 신류가 조총 부대를 이끌고 흑룡강에서 전투를 벌였다.

조선 효종 때 러시아가 만주 지역까지 침략해오자 청은 조선에 원병을 요청하였다. 이에 조선에서 1654년에는 변급의 인솔하에, 1658년에는 신류를 중심으로 두 차례에 걸쳐 나선 정벌을 위한 조총 부대를 출병시켰다.

암기의 key 임진왜란의 전개 과정

시기		전투 내용
1592	4.13.	임진왜란 발발(부산포)
	4.14.	부산진성 전투 → 첫 전투
	4.28.	충주 전투 패배(신립) → 선조 의주 피난
	5.2.	한양 함락
	5.7.	옥포 해전(이순신) → 첫 승리
	5.29.	사천포 해전(거북선 사용)
	7.	한산도 대첩(학익진 전법)
	10.	진주 대첩 승리 → 김시민 전사
1593	1.	조명 연합군의 평양성 탈환
	2.	행주 대첩 승리(권율)
1597	1.	정유재란
	9.	명량 해전(이순신)
1598	11.	노량 해전 → 이순신 전사

26 지역사 – 전주   정답 ④

정답 분석

정답이 보이는 **핵심 키워드**

#동고산성 #후백제 #전라 감영 #전동 성당

길잡이 | 전주 지역의 역사에 대해 학습합니다.

• **동고산성**: 전북 전주시에 있는 산성으로, 승암산에 위치하고 있어 승암산성이라고도 부른다. 조선 숙종 대의 기록에 의하면 견훤이 완산주(전주)에 도읍을 세우고 건국한 후백제의 궁성 터라고 전해진다.

• **전라 감영**: 조선 시대 전북과 전남, 제주 지역의 행정과 군사를 총괄하였던 관청으로, 일제 강점기에 대부분이 철거되고 일부 건물이 남아있었으나 6·25 전쟁 당시 폭발로 모두 붕괴되었다. 현재 전주시는 고증을 거쳐 전라 감영을 복원하였다.

• **전주 전동 성당**: 천주교 신자들을 처형하였던 풍남문 밖의 순교터에 지어진 성당이다.

④ **전북 전주시**에 있는 **경기전**은 조선 태조의 어진을 모신 사당으로 태종 때 어용전이라는 이름으로 창건되었으며, 세종 때 경기전으로 이름이 바뀌었다. 임진왜란 때 불탔다가 광해군 때 중건하였으며, 사적 제339호로 지정되어 있다. 경기전에는 전주 사고가 설치되어 실록을 보관하기도 하였다.

한 번 더 체크하러 가기 ▶ 미니북 52쪽

선택지 풀이

① 장용영의 외영이 설치된 위치를 파악한다.

조선 정조는 왕권을 뒷받침하는 군사적 기반을 갖추기 위해 국왕 친위 부대인 장용영을 설치하였으며, 서울 도성에는 내영, 수원 화성에는 외영을 두었다.

② 홍경래가 난을 일으켜 점령한 지역을 알아본다.

조선 순조 때 세도 정치로 인한 삼정의 문란과 서북 지역 차별 대우에 불만을 품은 평안도 지방 사람들이 몰락 양반 출신 홍경래를 중심으로 봉기를 일으켰다.

③ 인조가 피신하여 청군과 항전을 벌인 곳을 찾아본다.

인조는 병자호란 때 남한산성으로 피신하여 청군에 항전하였으나 강화도로 보낸 왕족과 신하들이 인질로 잡히자 삼전도에서 굴욕적인 항복을 하였다.

⑤ 유계춘이 백낙신의 수탈에 맞서 봉기한 지역을 검색한다.

조선 철종 때 삼정의 문란과 경상 우병사 백낙신의 가혹한 수탈에 견디다 못한 진주 지역의 농민들이 몰락 양반 유계춘을 중심으로 임술 농민 봉기를 일으켜 진주성을 점령하였다.

27 시대별 교육 제도   정답 ②

정답 분석

정답이 보이는 **핵심 키워드**

#재학 연한 9년 #대나마, 나마에 이르면 졸업 #7재 #강예재 #생원, 진사 #동재와 서재 #좌원과 우원 #외국인 교사 초빙 #공원(公院)

길잡이 | 각 시대별 교육 제도에 대해 알아봅니다.

(가) **통일 신라 신문왕**은 **국학**을 설치하여 인재를 교육하고 양성하였다. 국학의 재학 연한은 9년이었으며, 논어, 효경 등의 유교 경전을 주로 교육하였다.

(나) **고려 중기** 사학의 발전으로 관학이 위축되자 **예종**이 국자감을 재정비하여 **7재**를 세우고, 문무 양학의 주요 과목을 독립 강좌로 설치하였다.

(다) **조선**은 고려의 성균관을 계승하여 **유학 교육**을 위해 한양에 국립 고등 교육 기관으로서 **성균관**을 건립하였다. 생원시와 진사시를 통과한 자에게 우선적으로 입학 자격이 주어졌으며, 유생들은 관시(館試) 등의 특전이 있었다.

(라) **고종**은 헐버트, 길모어, 벙커 등의 미국인 교사를 초빙해 근대적 교육 기관인 **육영 공원**을 설립하였다. 좌원과 우원으로 나누어 좌원에는 젊은 현직 관리를, 우원에는 아직 관직에 나아가지 않은 명문가 자제들을 입학시켰다.

④ 왕조 교체를 예언한 정감록을 읽는 양반

조선 후기에는 사회의 변화로 유교적 명분론이 설득력을 잃으며 『정감록』과 같은 비기, 도참 등을 이용한 예언 사상이 유행하였고, 말세의 도래, 왕조 교체, 변란 예고 등의 낭설로 민심이 혼란스러웠다.

⑤ 한강을 무대로 상업에 종사하는 경강상인

조선 후기에는 상업의 발전으로 사상이 전국 각지에서 활발하게 활동하였다. 그중 경강상인은 한강 지역을 중심으로 선박을 통한 대동미 운수업 등 각종 상업 활동을 전개하였다.

⊘ 선택지 풀이

ㄴ. 전국의 부·목·군·현에 하나씩 설립되었다.

향교는 조선 시대 성균관의 하급 관학으로서 전국 부·목·군·현에 하나씩 설립된 지방 국립 교육 기관이다. 중앙에서는 향교의 규모나 지역에 따라 교관으로 교수나 훈도를 파견하였다.

ㄹ. 교육 입국 조서 반포를 계기로 세워졌다.

갑오개혁 이후 고종은 교육 입국 조서를 발표하고 교육의 중요성을 강조하면서 교사 양성을 위해 한성 사범 학교를 세웠다.

28 조선 후기 경제 상황 　　정답 ③

⊘ 정답 분석

정답이 보이는 핵심 키워드

#인삼 #재산을 만드는 방법 #담배 #목화 #『노상추일기』

길잡이 ▌상품 작물의 재배가 활발하였던 조선 후기의 경제 상황을 살펴봅니다.

조선 후기에는 대동법의 시행으로 국가에서 필요한 물품을 공인이 직접 조달하게 되었다. 공인은 각 지방의 객주와 거래함으로써 상품 화폐 경제의 발달을 촉진시켰다. 또한, **인삼, 담배, 면화** 등 **상품 작물**의 재배가 활발해지고, 전국 각지에서 발달한 사상은 풍부한 자본을 바탕으로 상권을 장악하였다.

③ 고려 시대에 상업 활동이 활발해지면서 국가 재정 관리의 효율성을 위해 화폐 발행의 필요성이 대두되었다. 이에 따라 숙종 때 화폐 주조를 전담하는 관서인 주전도감을 설치하고 삼한통보, 해동통보, 해동중보 등의 동전과 활구(은병)를 제작하였다.

한 번 더 체크하러 가기 ▶ 미니북 24쪽

⊘ 선택지 풀이

① 한글 소설을 읽어주는 전기수

조선 후기 소설의 대중화에 따라 직업적으로 소설을 낭독하는 이야기꾼인 전기수가 등장하였다.

② 시사를 조직하여 활동하는 역관

조선 후기에는 중인층과 서민층의 문학 창작 활동이 활발해지면서 시사(詩社)가 조직되었다.

29 이인좌의 난 　　정답 ④

⊘ 정답 분석

정답이 보이는 핵심 키워드

#목호룡 #노론 #세자의 지위 회복 #사도

길잡이 ▌신임사화와 사도세자 사건 사이에 일어난 이인좌의 난에 대해 알아봅니다.

· **신임사화**(1721~1722): 조선 경종 때 노론과 소론이 갈등하는 과정에서 김일경의 상소와 목호룡의 고변으로 노론이 축출된 사건이다. 신축년과 임인년 사이에 일어나 신임사화라 부른다.

· **사도세자 사건**(1762): 조선 영조가 아들인 사도세자를 뒤주에 가두어 죽게 한 사건으로, 임오년에 일어나 임오화변이라고도 부른다.

④ **조선 영조** 때 **이인좌**, 정희량 등 정권에서 소외된 소론 세력이 남인 일부와 연합하여 경종의 죽음과 영조의 정통성에 대해 의문을 제기하면서 반란을 일으켰으나 진압되었다(1728).

⊘ 선택지 풀이

① 이괄이 반란을 일으켜 도성을 장악하였다.

인조반정에서 공이 큰 이괄이 2등 공신이 된 것에 반발하여 반란을 일으켰다(1624). 이에 서울이 함락되고 인조와 대신들은 서울을 떠나 공산성(공주)으로 피란하였다.

② 자의 대비의 복상 문제로 예송이 전개되었다.

조선 현종 때 효종과 효종비의 국상 당시 자의 대비의 복상 문제로 기해예송(1659)과 갑인예송(1674)이 발생하였고, 서인과 남인 사이의 대립이 심화되었다.

③ 왕위 계승을 둘러싸고 왕자의 난이 발생하였다.

조선 초기 왕위 계승권을 둘러싸고 태조 이성계의 왕자들 사이에서 두 차례 왕자의 난이 발생하였다.

⑤ 희빈 장씨 소생의 원자 책봉 문제로 환국이 발생하였다.

조선 숙종 때 희빈 장씨의 소생에 대한 원자 책봉 문제로 기사환국이 발생하여 서인이 물러나고 남인이 집권하였다. 이때 서인 세력의 영수인 송시열이 사사되고 중전이었던 인현 왕후가 폐위되었다(1689).

30 갑신정변 정답 ⑤

✓ 정답 분석

> **정답이 보이는 핵심 키워드**
> #우정국 #총판 홍영식 #개국 축하연 #민영익 #『대한계년사』

> 길잡이 | 갑신정변과 그 이후의 상황을 학습합니다.

임오군란 이후 청의 내정 간섭이 심화되자 **급진 개화파**는 근대화 추진과 민씨 세력 제거를 위해 일본의 군사적 지원을 받아 **우정총국 개국 축하연** 자리에서 **갑신정변**을 일으켰다. 이후 개화당 정부를 수립하고 14개조 개혁 정강을 발표한 후 입헌 군주제, 청과의 사대 관계 폐지, 능력에 따른 인재 등용 등의 개혁을 추진하였다. 그러나 청군의 개입과 일본의 군사 지원이 약속대로 이행되지 않아 3일 만에 실패하였다(1884).
⑤ 갑신정변 이후 청과 일본은 **톈진 조약**을 체결하여 향후 조선에 군대를 파견할 때 상호 통보하고 한쪽이라도 조선에 군대를 파견하면 다른 쪽도 바로 군대를 파견할 수 있도록 규정하였다(1885).

한 번 더 체크하러 가기 ▶ 미니북 37쪽

✓ 선택지 풀이

① 김기수가 일본에 수신사로 파견되었다.
조선이 개화 정책을 추진함에 따라 일본에 수신사로 파견된 김기수는 신식 기관과 각종 근대 시설을 시찰하고 돌아와 일본의 발전을 고종에게 보고하였다(1876).

② 평양 관민이 제너럴 셔먼호를 불태웠다.
미국의 상선 제너럴 셔먼호가 교역을 요구하며 평양의 대동강까지 들어오자 평양 관민들이 이를 거부하면서 배를 불태워 버렸다(1866). 이 사건을 구실로 미국이 강화도를 공격하여 신미양요가 일어났다(1871).

③ 일본 군함 운요호가 영종도를 공격하였다.
일본 군함 운요호가 강화도 초지진에 침입해 공격한 후 영종도에 상륙해 조선인들을 죽이거나 약탈하는 등의 만행을 저질렀다(1875).

④ 박규수가 삼정이정청의 설치를 건의하였다.
조선 철종 때 발생한 임술 농민 봉기의 수습을 위해 파견된 안핵사 박규수는 원인이 삼정의 문란에 있다고 보고 삼정이정청을 설치하여 이를 해결하고자 하였다(1862).

31 병인양요 정답 ④

✓ 정답 분석

> **정답이 보이는 핵심 키워드**
> #강화도 #로즈 제독 #프랑스군 #외규장각 도서 등이 약탈

> 길잡이 | 프랑스가 일으킨 병인양요에 대해 알아봅니다.

병인박해를 빌미로 **로즈 제독**이 이끄는 **프랑스 군대**가 강화도 양화진을 침략하여 **병인양요**가 발생하였다. 이때 프랑스 군대는 **외규장각**을 불태우고 **의궤 등을 약탈**하였다.
④ **양헌수** 부대는 **병인양요** 때 강화도를 공격한 프랑스 군대를 **정족산성**에서 기습하여 물리치고 승리를 거두었다.

한 번 더 체크하러 가기 ▶ 미니북 33쪽

✓ 선택지 풀이

① 청군의 개입으로 종결되었다.
임오군란과 갑신정변은 청의 개입으로 의해 진압되었으며 이를 계기로 조선에 대한 청의 내정 간섭이 심화되었다.

② 제물포 조약의 체결로 이어졌다.
일본이 임오군란 직후 군란으로 인한 일본 공사관의 피해와 일본인 교관 피살에 대한 사과 사절단 파견, 주모자 처벌, 배상금 지불, 공사관 경비병 주둔 등을 요구하여 조선은 일본과 제물포 조약을 체결하였다.

③ 오페르트 도굴 사건이 계기가 되었다.
병인양요 이후 독일 상인 오페르트가 흥선 대원군의 아버지 남연군의 묘를 도굴하려다 실패하는 오페르트 도굴 사건이 발생하였다. 이를 계기로 흥선 대원군은 쇄국 정책을 더욱 강화하였다.

⑤ 영국 함대가 거문도를 점령하는 배경이 되었다.
조선 고종 때 영국은 조선에 대한 러시아의 세력 확장을 저지하기 위해 거문도를 불법으로 점령하였다.

32 대한 제국 정답 ⑤

✓ 정답 분석

> **정답이 보이는 핵심 키워드**
> #고종 #환구단 #황제 즉위식 #경운궁 #황궁우

> 길잡이 | 대한 제국 시기에 있었던 사실을 살펴봅니다.

⑤ 조선 정부는 외국어 통역관을 양성하기 위한 외국어 교육 기관인 동문학을 설립하여 영어 교육을 실시하였다(1883).

한 번 더 체크하러 가기 ▶ 미니북 49쪽

✓ 선택지 풀이

① 대한국 국제를 반포하였다.
② 황제 직속의 원수부를 설치하였다.
④ 지계아문을 설립하여 지계를 발급하였다.
대한 제국을 국호로 선포하고 황제로 즉위한 고종은 대한국 국제를 반포하였다. 이후 군 통수권 장악을 위해 원수부를 설치하고 대원수로서 모든 군대를 통솔하고자 하였다. 또한, 광무개혁의 일환으로 양전 사업을 실시하여 지계아문을 통해 토지 소유 문서인 지계를 발급하고 근대적 토지 소유권을 확립하고자 하였다.

③ 이범윤을 간도 관리사로 파견하였다.

의화단 운동으로 인해 청의 관심이 소홀해진 틈을 타 러시아가 간도를 점령하였고, 이에 대한 제국은 간도에 살고 있는 조선인을 보호하기 위해 이범윤을 간도 관리사로 파견하였다.

33 화폐 정리 사업 정답 ②

✓ 정답 분석

> **정답이 보이는 핵심 키워드**
> #백동화에 대한 처분안 #폐제(幣制) 개혁 #「한국 폐제 개혁에 관한 진정서」

> **길잡이** ▎일제가 시행한 화폐 정리 사업에 대해 학습합니다.

② 제1차 한일 협약을 통해 스티븐스가 외교 고문, 메가타가 재정 고문으로 임명되었다. 이후 **메가타**는 대한 제국의 경제권을 장악하기 위해 탁지부를 중심으로 **백동화를 제일 은행권**으로 교환하는 **화폐 정리 사업**을 시작하였다. 이에 국내 경제가 약화되고 많은 기업이 일제 소유가 되었다.

한 번 더 체크하러 가기 ▶ 미니북 11쪽

✓ 선택지 풀이

① 독립 협회가 반대 운동을 전개하였다.

러시아는 함대의 연료 보급을 위한 저탄소 저장소 설치를 위해 절영도(영도) 조차를 요구하였으나 독립 협회의 이권 수호 운동과 국내의 반대 여론으로 저지되었다.

③ 동양 척식 주식회사가 중심이 되어 실시하였다.

일제 통감부는 대한 제국의 식산흥업을 장려한다는 명목으로 한일합자회사인 동양 척식 주식회사를 설립하였다. 이를 통해 일본인의 조선 이민 사업, 산미 증식 계획 등 일제가 대한 제국의 토지와 자원을 침탈하기 위한 사업들을 실행하거나 그에 대한 자금을 지원하였다.

④ 은본위제가 본격적으로 실시되는 배경이 되었다.

김홍집과 박정양 등을 중심으로 한 군국기무처는 제1차 갑오개혁을 통해 탁지아문이 재정 사무를 관장하게 하고 은 본위 화폐 제도와 조세 금납제를 시행하였다.

⑤ 함경도 관찰사 조병식이 방곡령을 선포하는 계기가 되었다.

함경도 관찰사 조병식은 흉년으로 곡물이 부족해지자 조일 통상 장정의 조항에 따라 일본으로 곡물이 유출되는 것을 막기 위해 방곡령을 선포하였다. 그러나 일본은 시행 1개월 전에 일본 공사에 미리 알려야 한다는 조항 내용을 근거로 방곡령 철회를 요구하였고, 결국 조선은 방곡령을 철회하고 일본 상인에 배상금까지 지불하게 되었다.

34 한일 신협약(정미 7조약) 정답 ⑤

✓ 정답 분석

> **정답이 보이는 핵심 키워드**
> #군대 해산 #박승환 자결 #시위대 무장 봉기

> **길잡이** ▎한일 신협약(정미 7조약)이 체결된 시기와 그 내용에 대해 알아봅니다.

⑤ 일제는 을사늑약 체결 이후 고종의 헤이그 특사 파견 사건을 구실로 **한일 신협약(정미 7조약)**을 체결하여 대한 제국의 **군대를 강제 해산**시키고 내정을 완전히 장악하고자 하였다(1907). 이에 반발하여 **대대장 박승환이 자결**하고, 전국적으로 전개되기 시작한 정미의병에 해산 군인들이 가담하면서 의병 부대가 조직화되었다.

한 번 더 체크하러 가기 ▶ 미니북 11쪽

암기의 key ▎일제의 국권 침탈 과정

조약	주요 내용
한일 의정서 (1904.2.)	• 러일 전쟁 발발 직후 체결 • 대한 제국의 군사 요지 점령
제1차 한일 협약 (1904.8.)	고문 정치: 외교 고문 스티븐스, 재정 고문 메가타
을사늑약 (제2차 한일 협약, 1905.11.)	• 외교권 박탈 • 통감부 설치: 초대 통감 이토 히로부미
한일 신협약 (정미 7조약, 1907.7.)	• 차관 정치: 일본인 차관, 통감부의 내정 간섭 심화 • 대한 제국 군대 해산
기유각서 (1909)	사법권 박탈
한일 병합 조약 (1910.8.)	• 대한 제국 국권 상실 • 조선 총독부 설치: 초대 총독 데라우치, 총리 대신 이완용

35 신채호 정답 ⑤

✓ 정답 분석

> **정답이 보이는 핵심 키워드**
> #민족의식 고취 #국난을 극복한 영웅의 전기 #「이순신전」 #「을지문덕전」 #「조선상고사」 #아(我)와 비아(非我)의 투쟁

> **길잡이** ▎일제 강점기 신채호의 활동에 대해 살펴봅니다.

일제 강점기 때 **신채호**는 우리 고대 문화의 우수성과 독자성을 강조한 『**조선상고사**』를 저술하여 과거의 사대주의적 이념에 따라 한국사를 서술한 유학자들과 식민주의 사가들을 비판하였다. 또한, 『**을지문덕전**』, 『**이순신전**』 등 위인의 전기를 저술하여 **애국심을 고취**시키고 **민족의 독립 의지와 역사의식 함양**을 위해 힘썼다.
⑤ **신채호**는 김원봉의 요청을 받아 **의열단의 행동 강령**인 **조선 혁명 선언**을 작성하였다.

✅ **선택지 풀이**

① 여유당전서를 간행하고 조선학 운동을 주도하였다.

정인보는 안재홍과 함께 조선학 운동을 주도하여 정약용의 저술을 모은 『여유당전서』를 간행하였다.

② 유교의 개혁을 주장하는 유교 구신론을 제창하였다.

박은식은 서우학회를 조직하고 『유교 구신론』을 저술하여 실천적인 유교 정신의 회복을 강조하는 등 애국 계몽 운동을 적극 전개하였다.

③ 조선사 편수회에 들어가 조선사 편찬에 참여하였다.

일제는 식민 지배를 위해 한국사 왜곡을 목적으로 조선사 편수회를 설치하고 『조선사』를 편찬·보급하였으며 이 작업에 이병도, 신석호 등의 학자들도 참여하였다.

④ 조선사회경제사에서 식민 사학의 정체성론을 반박하였다.

백남운은 『조선사회경제사』와 『조선봉건사회경제사』를 통해 사적 유물론의 원리를 적용하여 주체적으로 역사를 해석하였다. 이를 통해 한국사가 세계사의 보편적인 발전 법칙에 맞게 발전하였음을 강조하면서 식민주의 사관의 정체성론을 반박하였다.

---

36 근대 문물의 수용   정답 ②

✅ **정답 분석**

> 정답이 보이는 핵심 키워드
>
> #전차 #종로 거리 #동대문에서 성대한 개통식

> 길잡이 ┃ 근대 문물이 수용된 시기에 있었던 사실을 살펴봅니다.

대한 제국 시기 황실과 미국인의 합작으로 **한성 전기 회사**가 세워졌다(1898). 이후 한성 전기 회사는 전등, 전화 등의 시설 운영권을 부여 받았으며, 발전소를 세우고 서울 서대문에서 청량리 구간을 운행하는 **전차를 개통**하였다(1899).
② **대한 제국** 때 **양기탁**은 영국인 베델과 함께 **대한매일신보**를 창간하여 항일 민족 운동을 적극적으로 지원하였다(1904).

한 번 더 체크하러 가기 ▶ 미니북 38쪽

✅ **선택지 풀이**

① 미국에 보빙사를 파견하였다.

조미 수호 통상 조약이 체결된 후 조선 주재 미국 공사가 파견되자 조선 정부는 답례로 미국에 보빙사를 파견하였다(1883).

---

③ 이만손 등이 영남 만인소를 올렸다.

김홍집이 『조선책략』을 들여온 이후 미국과 외교 관계를 맺어야 한다는 여론이 형성되자 이만손을 중심으로 한 영남 유생들이 만인소를 올려 이를 반대하였다(1881).

④ 신식 군대인 별기군(교련병대)이 창설되었다.

고종은 개화 정책의 일환으로 기존 5군영을 무위영과 장어영의 2영으로 개편하고 신식 군대인 별기군을 창설하였다(1881).

⑤ 통리기무아문을 설치하여 개혁을 추진하였다.

고종은 국내외의 군국 기무와 개화 정책을 총괄하는 업무를 맡은 관청인 통리기무아문을 설치하였다(1880).

---

37 무단 통치기   정답 ②

✅ **정답 분석**

> 정답이 보이는 핵심 키워드
>
> #『만세전』 #교원이 제복을 입고 칼을 차고 수업을 함 #3·1 운동 이전 식민지의 사회 현실

> 길잡이 ┃ 3·1 운동 이전 일제의 식민지 통치 방식을 알아봅니다.

일제는 **무단 통치기**에 강압적 통치를 목적으로 **교원이 제복·칼을 착용**하도록 하였으며, 헌병 경찰제, 조선 태형령 등을 실시하였다. 이후 전국적 민족 운동인 **3·1 운동**이 일어나자(1919) 일제는 무단 통치의 한계를 인식하여 1920년대에 기만적 문화 통치로 통치 방식을 전환하였다.
② **일제**는 **무단 통치기**에 민족 기업과 민족 자본의 성장을 억제하기 위해 회사 설립 시 총독의 허가를 받도록 하는 **회사령**을 제정하였다(1910).

한 번 더 체크하러 가기 ▶ 미니북 12쪽

✅ **선택지 풀이**

① 애국반을 조직하였다.
④ 미곡 공출제를 실시하였다.
⑤ 국가 총동원법을 공포하였다.

1930년대 이후 일제는 대륙 침략을 위해 한반도를 병참 기지화하고 중일 전쟁과 태평양 전쟁을 일으켰다. 이에 조선에 국가 총동원법을 공포하고 미곡 공출제를 실시하는 등 인적·물적 자원을 수탈하였다. 또한, 조선 총독부는 친일 단체인 국민 총력 조선 연맹을 조직하여 황국 신민화 정책을 선전하였으며, 애국반을 통한 공출, 징병·징용 등을 독려하였다.

③ 치안 유지법을 제정하였다.

1920년대 사회주의가 확산되자 일제는 치안 유지법을 시행하여 식민지 지배에 저항하는 민족 해방 운동과 사회주의 및 독립운동을 탄압하였다.

일제 강점기 식민 통치 정책 변화

구분\시기	통치 내용	경제 침탈
무단 통치 (1910년대)	• 조선 총독부 설치 • 헌병 경찰제 • 조선 태형령	• 토지 조사 사업 • 회사령 실시(허가제)
기만적 문화 통치 (1920년대)	• 3·1 운동 이후 통치 체제 변화 • 보통 경찰제 • 치안 유지법: 독립운동가 탄압	• 산미 증식 계획: 일본 본토로 식량 반출 • 회사령 폐지: 신고제 전환 → 일본 자본 유입
민족 말살 통치 (1930년대 이후)	• 황국 신민화 정책(황국 신민 서사 암송, 신사참배·창씨 개명 강요) • 조선어·역사 과목 폐지	• 일제의 대륙 침략을 위한 한반도 병참 기지화 정책 • 국가 총동원령: 조선에서 인적·물적 자원 수탈

38 물산 장려 운동 정답 ③

정답 분석

#경성 방직 주식회사 #우리가 만든 것 우리가 쓰자 #민족 기업을 육성해 경제적 자립을 이룸

길잡이 Ⅰ 1920년대 경제적 자립을 위해 전개된 물산 장려 운동에 대해 학습합니다.

1920년대 회사령 폐지 이후 민족 기업을 통해 경제 자립을 이루고자 **조만식**이 조직한 **평양 물산 장려회**(1920)를 중심으로 **'조선 사람 조선 것'**을 주장하며 국산품을 장려하는 **물산 장려 운동**이 전개되었다. 이는 서울에서 **조선 물산 장려회**가 조직되면서 전국적으로 확산되었다(1923).
③ **민족 자본 육성을 통한 경제 자립**을 위해 자급자족, 국산품 애용, 소비 절약 등을 내세웠으며 **자작회, 토산 애용 부인회** 등의 단체가 활동하였다.

한 번 더 체크하러 가기 ▶ 미니북 27쪽

선택지 풀이

① 통감부의 탄압으로 중단되었다.
② 국채 보상 기성회를 중심으로 전개되었다.
국채 보상 운동은 일본에서 도입한 차관 1,300만 원을 갚아 주권을 회복하고자 한 주권 수호 운동이며, 김광제, 서상돈 등의 제안으로 대구에서 시작되었다(1907). 이후 서울에서 조직된 국채 보상 기성회를 중심으로 전국적으로 확산되었으나 통감부의 방해와 탄압으로 중단되었다.
④ 한성 은행, 대한 천일 은행 등이 설립되는 계기가 되었다.
대한 제국 선포 직후 고종은 '옛 법을 근본으로 삼고 새로운 것을 첨가

한다'는 의미의 구본신참을 기본 정신으로 하여 광무개혁을 실시하였다(1897). 이에 따라 근대적 금융 기관인 한성 은행과 대한 천일 은행 등이 설립되었다.
⑤ 일본, 프랑스 등지의 노동 단체로부터 격려 전문을 받았다.
영국인이 경영하는 회사에서 일본인 감독이 조선인 노동자를 구타하는 사건이 발생하자 원산의 전 노동자가 파업을 단행하여 원산 총파업 사건이 발생하였다(1929). 이들은 일본, 프랑스 등지의 노동 단체로부터 격려 전문을 받기도 하였다.

39 조선 의용대 정답 ④

정답 분석

#호가장 전투 #중국 우한(武漢) #한인 무장 부대 #화북으로 이동 #손일봉, 최철호, 박철동, 이정순

길잡이 Ⅰ 조선 의용대의 활동에 대해 알아봅니다.

조선 의용대는 김원봉의 주도로 중국 국민당의 지원을 받아 중국 관내에서 결성된 최초의 한인 무장 부대이며, 조선 민족 전선 연맹 산하에 있었다. 이후 **조선 의용대 중 일부 세력**은 후방 지원보다는 일본군과의 직접적인 전투를 위해 중국 화북 지역으로 이동하여 **조선 의용대 화북 지대**를 조직하고, 중국 팔로군과 함께 **호가장 전투**에서 일본군을 상대로 승리하였다.
④ **조선 의용대 화북 지대**는 **조선 의용군**으로 개편되어 **조선 독립 동맹 소속 군대**로 활동하였다. 이후 중국 공산당 팔로군에 편제되어 항일 전선에 참여하였다.

한 번 더 체크하러 가기 ▶ 미니북 28쪽

선택지 풀이

① 봉오동 전투에서 일본군을 격파하였다.
홍범도는 의병장 출신으로 대한 독립군을 이끌면서 대한 국민회군, 군무도독부 등의 독립군과 연합하여 봉오동 전투에서 일본군을 상대로 큰 승리를 거두었다.

② 총사령 양세봉의 지휘 아래 활동하였다.
남만주 지역 조선 혁명당 산하의 군사 조직인 조선 혁명군은 양세봉의 주도로 중국 의용군과 연합하여 영릉가 전투에서 일본군에 승리하였다.

③ 미군과 연계하여 국내 진공 작전을 계획하였다.
한국 광복군은 충칭에서 대한민국 임시 정부의 직할 부대로 창설되었다. 이후 영국군의 요청으로 인도·미얀마 전선에 파견되었으며, 미군과 협조하여 국내 진공 작전을 추진하였다.

⑤ 간도 참변 이후 조직을 정비하고 자유시로 이동하였다.
대한 독립 군단은 간도 참변으로 인해 러시아 자유시로 근거지를 옮겼으나 군 지휘권을 둘러싼 분쟁에 휘말려 자유시 참변을 겪으면서 세력이 약화되었다.

40 한인 애국단   정답 ③

✓ 정답 분석

정답이 보이는 핵심 키워드

#최흥식 #관동군 사령관 등을 처단 #김구가 일제의 요인들을 제거하기 위해 만듦

길잡이 ┃ 김구가 결성한 한인 애국단의 활동을 살펴봅니다.

김구는 대한민국 임시 정부의 곤경을 타개하고 침체된 독립운동의 새로운 활로를 모색하기 위해 상하이에서 **한인 애국단**을 결성하여 적극적인 투쟁 활동을 전개하였다. 단원 **최흥식**과 유상근은 **만주 관동청 공격을 도모**하였으나 임시 정부에 보낸 전보가 일제에 발각되어 체포되었다.
③ 한인 애국단원 **윤봉길**은 **상하이 훙커우 공원**에서 열린 일본군 전승축하 기념식장에서 폭탄을 던졌고, **이봉창**은 **도쿄**에서 **일본 국왕**의 행렬에 폭탄을 투척하였다.

한 번 더 체크하러 가기 ▶ 미니북 28쪽

✓ 선택지 풀이

① 중일 전쟁 발발 이후에 조직되었다.
조선 의용대는 김원봉이 주도하여 중국 국민당의 지원을 받아 중국 관내에서 결성된 최초의 한인 무장 부대로, 중일 전쟁 발발 이후에 조직되었다.

② 조선 혁명 간부 학교를 설립하였다.
김원봉은 난징에서 의열단 지도부와 함께 조선 혁명 간부 학교를 설립하여 무장 항일 투쟁을 위한 군사력을 강화하였다.

④ 대전자령 전투에서 일본군을 상대로 승리하였다.
지청천을 중심으로 북만주에서 결성된 한국 독립군은 중국 호로군과 연합하여 쌍성보 전투, 사도하자 전투, 대전자령 전투에서 일본군에 승리하였다.

⑤ 일제가 조작한 105인 사건으로 조직이 해체되었다.
신민회는 조선 총독부가 데라우치 총독 암살 미수 사건을 조작하여 많은 민족 운동가들을 체포한 105인 사건으로 인해 와해되었다.

41 대한민국 정부 수립 과정   정답 ④

✓ 정답 분석

정답이 보이는 핵심 키워드

#하지 중장 #미·소 공동 위원회 무기 휴회 #제2차 미·소 공동 위원회 개막

길잡이 ┃ 대한민국 정부 수립 과정 중 제1·2차 미·소 공동 위원회 개최 사이에 일어난 사건을 알아봅니다.

광복 직후 모스크바 3국 외상 회의의 결정에 따라 덕수궁 석조전에서 두 차례에 걸쳐 **미·소 공동 위원회**가 개최되었으나(1946.3., 1947.5.) 미국과 소련의 입장 차이로 결렬되었다.
④ **해방 이후** 좌우 대립이 격화되자 분단의 위기를 느낀 **중도파 세력**들은 여운형, 김규식을 중심으로 **좌우 합작 위원회**를 수립하였다. 이후 중도적 사상의 통일 정부를 수립하는 것을 목적으로 **좌우 합작 7원칙**을 합의하여 제정하였다(1946.7.).

한 번 더 체크하러 가기 ▶ 미니북 29쪽

✓ 선택지 풀이

① 여수·순천 10·19 사건이 일어났다.
전남 여수에 주둔하던 국방 경비대 제14연대 소속의 일부 군인들이 남한 단독 정부 수립에 반대하여 일어난 제주 4·3 사건의 진압을 거부하며 여수와 순천 지역 일대를 장악하였다(1948).

② 모스크바 3국 외상 회의가 개최되었다.
세계 대전 전후 문제 처리를 위해 개최된 모스크바 3국 외상 회의에서 한반도 미·소 공동 위원회 설치와 최대 5년간의 신탁 통치 협정이 결정되었다(1945.12.27.).

③ 반민족 행위 특별 조사 위원회가 출범하였다.
제헌 국회는 일제의 잔재를 청산하고 민족정기를 바로잡기 위해 반민족 행위 처벌법을 제정하고 반민족 행위 특별 조사 위원회를 설치하였다(1948).

⑤ 유엔 총회에서 인구 비례에 의한 남북 총선거가 의결되었다.
제2차 미·소 공동 위원회가 결렬되자 미국은 유엔에 한반도 문제를 상정하였고 유엔 총회는 한반도에서 인구 비례에 따른 총선거 실시를 결의하였다(1947).

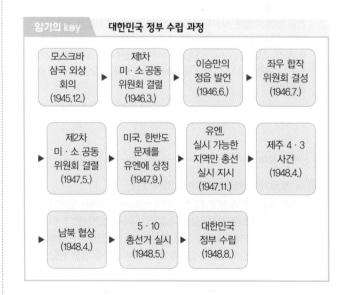

암기의 key   대한민국 정부 수립 과정

모스크바 삼국 외상 회의 (1945.12.)	→	제1차 미·소 공동 위원회 결렬 (1946.3.)	→	이승만의 정읍 발언 (1946.6.)	→	좌우 합작 위원회 결성 (1946.7.)
제2차 미·소 공동 위원회 결렬 (1947.5.)	→	미국, 한반도 문제를 유엔에 상정 (1947.9.)	→	유엔, 실시 가능한 지역만 총선 실시 지시 (1947.11.)	→	제주 4·3 사건 (1948.4.)
남북 협상 (1948.4.)	→	5·10 총선거 실시 (1948.5.)	→	대한민국 정부 수립 (1948.8.)		

42 발췌 개헌 정답 ①

✓ **정답 분석**

정답이 보이는 핵심 키워드

#발췌 조항 전원 합의 #기립 표결 #신익희 임시 의장

길잡이 | 발췌 개헌이 단행된 시기를 학습합니다.

① **6 · 25 전쟁 중 자유당**은 이승만의 대통령 재선을 위해 부산 지역에 비상계엄을 선포하고 대통령 직선제와 내각 책임제를 포함한 개헌안을 국회에 제출하여 **토론 없이 기립 표결**로 통과시키는 **발췌 개헌**을 단행하였다(1952).

한 번 더 체크하러 가기 ▶ 미니북 13쪽

43 4 · 19 혁명 정답 ①

✓ **정답 분석**

정답이 보이는 핵심 키워드

#경무대 #수송초등학교 #국회의사당 #서울대 문리대

길잡이 | 4 · 19 혁명의 전개 과정과 그 결과를 살펴봅니다.

① 이승만의 장기 집권과 자유당 정권의 3 · 15 부정 선거에 저항하여 **4 · 19 혁명**이 발발하였다. **대학 교수단**이 대통령의 하야를 요구하는 행진을 전개하는 등 시위가 전국적으로 확산 되었으며, **학생 시위대가** 서울 **경무대(청와대)**로 진입하는 과정에서 경찰의 총격을 받아 수많은 사상자가 발생하기도 하였다. 그 결과 이승만이 하야 성명을 발표함으로써 자유당 정권이 붕괴되었으며, 임시적으로 허정 과도 정부가 수립되었다. 이후 구성된 국회를 통해 제3차 개헌이 단행되어 내각 책임제와 양원제가 적용된 **장면 내각이 출범**하였다.

한 번 더 체크하러 가기 ▶ 미니북 30쪽

✓ **선택지 풀이**

② 유신 체제가 붕괴되는 결과를 가져왔다.

YH 무역 노동자들의 폐업 항의 농성이 신민당사 앞에서 일어나자 박정희 정부는 야당 총재 김영삼을 국회의원직에서 제명하였다. 이로 인해 김영삼의 정치적 근거지인 부산, 마산에서 유신 정권에 반대하는 부마 민주 항쟁이 전개되었다. 집권층 내에서 부마 민주 항쟁 진압 문제를 두고 대립하던 도중 박정희 대통령이 피살되는 10 · 26 사태가 일어나면서 유신 체제가 붕괴되었다.

③ 한일 국교 정상화에 반대하여 일어났다.

박정희 정부의 한일 회담 진행 과정에서 한일 국교 정상화 추진에 대한 협정 내용이 공개되자 학생과 야당을 주축으로 굴욕적 대일 외교에 반대하는 6 · 3 시위가 전개되었다.

④ 신군부의 비상계엄 확대가 원인이 되었다.

신군부의 비상계엄 확대와 무력 진압에 항거하여 광주에서 5 · 18 민주화 운동이 일어났다.

⑤ 호헌 철폐와 독재 타도 등의 구호를 내세웠다.

전두환은 국민들의 민주화 요구를 거부하고 일체의 개헌 논의를 중단시킨 4 · 13 호헌 조치를 발표하였다. 이와 더불어 박종철 고문치사 사건이 불거지면서 '호헌 철폐, 독재 타도'라는 구호와 함께 민주적인 헌법 개정을 요구하는 6월 민주 항쟁이 전국적으로 확대되었다.

44 유신 헌법 정답 ③

✓ **정답 분석**

정답이 보이는 핵심 키워드

#장준하 #개정의 발의권이 대통령에게만 속해 있음 #100만인 청원 운동

길잡이 | 유신 헌법의 제정과 그 결과에 대해 알아봅니다.

박정희 정부 시기 **유신 헌법을 제정**하면서 대통령의 명령으로 국민의 자유와 권리에 무제한의 제약을 가할 수 있는 초헌법적 권한인 대통령 긴급조치권을 규정하였다. 이에 **장준하**는 각계 인사들과 함께 유신 헌법 철폐를 주장하는 **개헌 청원 백만인 서명 운동**을 전개하고 '박정희 대통령에게 보내는 공개서한'을 발표하기도 하였다.

③ **박정희 정부**는 유신 헌법을 발표하여 대통령 임기 6년과 중임 제한 조항 삭제 및 통일 주체 국민 회의를 통한 대통령 간접 선거, 긴급 조치권, **대통령의 국회 해산권** 등의 내용을 담은 제7차 헌법 개정을 단행하였다.

한 번 더 체크하러 가기 ▶ 미니북 13쪽

✓ **선택지 풀이**

① 내각 책임제를 채택하였다.

4 · 19 혁명의 결과 이승만이 하야하고 임시적으로 허정 과도 정부가 수립되어 부정 선거를 단행한 자유당 간부들을 구속하였으며, 국회는 내각 책임제와 양원제를 골자로 한 개헌안을 통과시켰다.

② 대통령의 연임을 3회로 제한하였다.

박정희는 자신의 장기 집권을 위해 제6차 개헌을 단행하여 대통령의 3선 연임을 허용하는 내용의 3선 개헌안을 통과시켰다.

④ 대통령의 임기를 7년 단임제로 정하였다.

전두환 정권은 제8차 개헌을 단행하여 선거인단에서 7년 단임의 대통령을 선출하는 대통령 간선제를 실시하였다.

⑤ 국회를 참의원과 민의원의 양원제로 규정하였다.

발췌 개헌과 허정 과도 정부의 제3차 개헌에서는 국회를 참의원과 민의원으로 구성하는 양원제를 채택하였다.

대한민국 헌법 개정

개정 회차	시기	개정 내용
제1차 개헌 (발췌 개헌)	1952	• 대통령, 부통령 직선제 → 이승만 재선 목적(전쟁 중) • 민의원 · 참의원의 양원제 국회 • 국회의 국무위원 불신임 제도
제2차 개헌 (사사오입 개헌)	1954	초대 대통령에 한해 중임 제한 철폐 → 이승만 3선 목적
제3차 개헌	1960.6.	• 국회에서 대통령 선출 • 의원 내각제, 양원제(장면 내각) • 국회의 국무위원 불신임 제도
제4차 개헌	1960.11.	• 3 · 15 부정 선거 관련자 처벌 • 특별 재판소, 검찰부 설치
제5차 개헌	1962	• 대통령 직선제 • 단원제 국회 • 5 · 16 군사 정변 → 공화당 정권 수립
제6차 개헌 (3선 개헌)	1969	• 대통령 직선제, 대통령 3선 허용 • 국회의원의 국무위원 겸직 허용
제7차 개헌 (유신 헌법)	1972	• 대통령 간선제(통일 주체 국민 회의) • 대통령 임기 6년, 중임 및 연임 제한 철폐 • 대통령 권한 강화, 국회 권한 축소 • 대통령의 국회의원 1/3 추천권
제8차 개헌	1980	• 7년 단임의 대통령 간선제(선거인단) • 12 · 12 사태로 비상계엄 발령
제9차 개헌	1987	• 5년 단임의 대통령 직선제 • 국회 권한 강화 • 6월 민주 항쟁의 결과로 여야의 합의 개헌

45 박정희 정부의 경제 상황 정답 ⑤

✓ **정답 분석**

> **정답이 보이는 핵심 키워드**
> #포항 종합 제철 #경부 고속 도로 #100억 달러 수출 달성

> 길잡이 | 박정희 정부 시기 경제 상황을 살펴봅니다.

박정희 정부는 경제 개발 계획에 필요한 자본 확보를 위해 일본과의 국교 정상화를 추진하여 한일 기본 조약(한일 협정)을 체결하였다. 1970년에는 **경부 고속 도로**를, 1973년에는 **포항 제철소 1기 설비**를 준공하였으며, 1977년에는 **수출액 100달러**를 달성하였다.
⑤ 1970년대 **박정희 정부** 때 공업화로 인해 상대적으로 낙후된 농어촌의 근대화를 목표로 **새마을 운동**이 추진되었다.

한 번 더 체크하러 가기 ▶ 미니북 20쪽

✓ **선택지 풀이**

① 한미 자유 무역 협정(FTA)이 체결되었다.
　노무현 정부 때 한미 자유 무역 협정(FTA)이 체결되었다.

② 저유가 · 저금리 · 저달러의 3저 호황이 있었다.
　전두환 정부 때 저금리 · 저유가 · 저달러의 3저 호황으로 물가가 안정되고 수출이 증가하여 높은 경제 성장률을 기록하였다.

③ 원조 물자를 가공하는 삼백 산업이 발달하였다.
　이승만 정부 때 6 · 25 전쟁 이후 미국의 원조에 기반을 두고 면화, 설탕, 밀가루를 중심으로 한 삼백 산업이 활성화되어 소비재 공업이 성장하였다.

④ 대통령 긴급 명령으로 금융 실명제가 실시되었다.
　김영삼 정부 때 부정부패와 탈세를 뿌리 뽑기 위해 대통령 긴급 명령으로 금융 실명제를 실시하여 경제 개혁을 추진하였다.

46 시대별 인쇄 문화 정답 ①

✓ **정답 분석**

> **정답이 보이는 핵심 키워드**
> #무구정광대다라니경 #팔만대장경 #직지심체요절 #자치통감(갑인자본) #한성순보

> 길잡이 | 우리나라의 인쇄 문화를 시대별로 학습합니다.

(가) 경주 불국사 삼층 석탑에서 세계 최고(最古)의 **목판 인쇄물**인 **무구정광대다라니경**이 발견되었다.
(나) 고려 고종은 부처의 힘을 빌려 몽골군을 물리치기 위해 **대장도감**을 설치하고 **목판 인쇄물**인 **팔만대장경**을 간행하였다. 이는 세계에서 가장 우수한 대장경으로 꼽히며 2007년에 유네스코 세계 기록 유산으로 지정되었다.
(다) 고려 때 **청주 흥덕사**에서 간행한 『**직지심체요절**』은 현존하는 세계 최고(最古)의 **금속 활자본**으로 공인받고 있으며, 현재 프랑스 국립 도서관에 소장되어 있다.
(라) 조선 세종 때 이천, 장영실 등이 왕명에 의해 앞서 제작된 금속 활자의 단점을 보완하여 만든 **갑인자**로 『**자치통감**』이 인쇄되었다.
(마) 개항 이후 개화 정책의 일환으로 출판 기관인 **박문국**이 설치되었고, 이곳에서 **납으로 만든 활자**를 사용해 최초의 근대적 신문인 **한성순보**를 발행하였다.
① 조선 태종 때 왕명으로 주자소를 설치하여 금속 활자인 계미자를 주조하였고, 세종 때는 갑인자가 주조되었다.

47 전두환 정부 정답 ①

✅ 정답 분석

정답이 보이는 핵심 키워드
#천주교 정의 구현 전국 사제단 #민주 언론 운동 협의회 #보도 지침 자료 #남영동 치안본부 대공분실 #국가보안법

길잡이 | 전두환 정부 시기에 일어난 사건에 대해 알아봅니다.

민주화 운동을 진압하고 무력으로 정권을 잡은 **전두환 정부**는 언론을 규제하기 위해 **언론 통폐합**을 단행하였고(1980), 각 언론사에 기사 보도용 가이드라인인 **보도 지침**을 전달하여 언론을 통제하였다.

① 노태우 정부는 자본주의 국가와 공산주의 국가가 함께 참여한 서울 올림픽 대회를 성공적으로 개최하였으며(1988), 이를 기점으로 적극적인 북방 외교 정책을 추진하였다.

한 번 더 체크하러 가기 ▶ 미니북 13, 30쪽

✅ 선택지 풀이

② 야간 통행 금지가 해제되었다.
④ 프로 야구가 6개 구단으로 출범하였다.
전두환 정부는 국민 유화 정책으로 해외여행 자유화(1981), 야간 통행 금지 해제(1982), 프로 야구 출범(1982), 중고생 두발 및 교복 자율화(1983) 등을 실시하였다.

③ 박종철 고문 치사 사건이 발생하였다.
전두환 정부 때 서울대 학생 박종철이 남영동 치안본부 대공 분실에서 조사를 받던 중 경찰의 고문으로 사망하는 사건이 발생하자 시민들은 박종철 고문치사 사건의 진상 규명을 요구하며 시위를 전개하였다(1987). 이는 6월 민주 항쟁의 도화선이 되었다.

⑤ 남북 이산가족 고향 방문이 최초로 이루어졌다.
전두환 정부 때 서울과 평양에서 최초로 남북한의 이산가족 상봉이 이루어졌다(1985).

48 노태우 정부의 통일 정책 정답 ④

✅ 정답 분석

정답이 보이는 핵심 키워드
#남북 고위급 회담 #북한 대표단 접견 #화해와 불가침 및 교류 협력에 관한 합의서 채택

길잡이 | 노태우 정부가 추진한 통일 정책에 대해 학습합니다.

노태우 정부 때 남북한의 유엔 동시 가입이 이루어졌으며, 남북한 화해 및 불가침, 교류·협력 등에 관한 공동 합의서인 **남북 기본 합의서**를 채택하였다.

④ 노태우 정부 때 적극적인 **북방 외교 정책**을 통해 소련·중국 등의 **사회주의 국가들과 외교 관계를 수립**하였다.

한 번 더 체크하러 가기 ▶ 미니북 20쪽

✅ 선택지 풀이

① 제2차 남북 정상 회담이 개최되었다.
노무현 정부는 제2차 남북 정상 회담을 진행하여 10·4 남북 공동 선언을 발표하였다.

② 경제 협력 개발 기구(OECD)에 가입하였다.
김영삼 정부는 한국 경제의 세계화를 위해 경제 협력 개발 기구(OECD)에 가입하였다.

③ 남북 조절 위원회가 설치되어 통일 방안이 논의되었다.
박정희 정부 때 서울과 평양에서 7·4 남북 공동 성명을 발표하고, 남북 조절 위원회를 설치하였다.

⑤ 남북한의 교류 협력을 위한 개성 공업 지구 건설에 합의하였다.
김대중 정부 시기 평양에서 최초의 남북 정상 회담이 이루어져 개성 공단 건설 운영에 관한 합의서를 체결하였으나, 노무현 정부에 이르러서 비로소 개성 공단 착공식이 진행되었다.

49 우리 역사 속 여성 인물 정답 ④

✅ 정답 분석

정답이 보이는 핵심 키워드
#선덕 여왕 #이빙허각 #김만덕 #남자현 #강주룡

길잡이 | 우리 역사 속 여성 인물들의 업적을 살펴봅니다.

(가) 신라 **선덕 여왕**은 우리 역사상 최초의 여왕으로 천체의 움직임을 관찰하기 위해 **첨성대**를 설치하고, 승려 자장의 건의로 **황룡사 구층 목탑**을 건립하였다.
(나) 조선 시대 **이빙허각**은 가정 살림에 관한 내용을 담은 백과사전인 『규합총서』를 저술하였다.
(다) 조선 후기의 **상인 김만덕**은 상업을 통해 모은 재산을 모두 기부하여 흉년으로 고통 받는 **제주도민을 구제**하였다.
(라) 일제 강점기 **남자현**은 서로 군정서 등에서 활약한 **여성 독립운동가**로 각종 여성 단체를 설립하여 여성 계몽에 힘썼고 여권 신장에도 기여하였다.
(마) 일제 강점기 평양 평원 고무 공장의 노동자 **강주룡**은 을밀대 지붕에서 고공 농성을 벌이며 일제의 노동 착취를 규탄하고 **노동 조건 개선을 주장**하였다.
④ 일제 강점기 지청천 장군의 딸인 지복영은 한국 광복군 및 상해 임시정부에서 활동하였으며, 한국 광복군의 기관지인 광복을 발행하였다.

50 세시 풍속 – 칠석 정답 ②

제60회

✅ 정답 분석

> **정답이 보이는 핵심 키워드**
> #남원 광한루원의 오작교 #견우와 직녀 #음력 7월 7일 #여인들이
> 바느질 솜씨가 좋아지기를 비는 풍속

> 길잡이 ▌세시 풍속 칠석에 대해 알아봅니다.

② **칠석**은 **음력 7월 7일**로 견우와 직녀가 까치들이 놓은 오작교에서
일 년에 한 번 만난다는 전설이 전해 내려오는 날이다. 칠석날 별
을 보며 처녀들은 바느질 솜씨가 좋아지기를 빌었고, 서당의 학동
들은 시를 짓거나 글공부를 잘 할 수 있기를 빌었다.

한 번 더 체크하러 가기 ▶ 미니북 31쪽

✅ 선택지 풀이

① 단오

음력 5월 5일인 단오는 삼한에서 수릿날에 풍년을 기원하였던 행사가
세시 풍속으로 이어지면서 발전하였다. 이날에는 왕이 신하들에게 무
더위를 잘 견디라는 의미로 부채를 선물하였으며, 씨름, 그네뛰기, 창
포물에 머리 감기, 앵두로 화채 만들어 먹기 등을 하였다.

③ 백중

백중은 음력 7월 15일로 백종이라고도 한다. 이 무렵에 과실이 많이
나와 백 가지 곡식의 씨앗을 갖추어 놓았다 하여 유래된 명칭이다. 이
날에는 농가에서 머슴을 하루 쉬게 하고 돈을 주어 장에 가서 술과 음
식을 사먹거나 물건을 살 수 있게 하기도 하였다.

④ 동지

동지는 일 년 중 낮이 가장 짧고 밤이 가장 긴 날로 음기가 극성한 가
운데 양기가 새로 생겨나는 때라 여겨 한 해의 시작으로 간주하였다.
예부터 이날에는 각 가정에서 팥죽을 쑤어 먹었고, 관상감에서는 달력
을 만들어 벼슬아치들에게 나누어 주었다고 한다.

⑤ 한식

한식은 동지에서 105일째 되는 날로 양력 4월 5, 6일경이다. 이날에는
일정 기간 동안 불의 사용을 금하여 찬 음식을 먹거나 조상의 묘를 돌
보았다.

한능검의 PASSCODE는 기출문제!
역잘알 시대고시와 함께 출제 경향 완벽 분석, **단번에 합격!**

STEP 1 정답 확인 문제 p.050

01	02	03	04	05	06	07	08	09	10	11	12	13	14	15	16	17	18	19	20	21	22	23	24	25
②	⑤	②	①	③	③	②	①	④	④	③	④	③	④	③	④	②	⑤	②	③	④	③	①	①	②

26	27	28	29	30	31	32	33	34	35	36	37	38	39	40	41	42	43	44	45	46	47	48	49	50
④	①	①	④	①	⑤	⑤	⑤	①	⑤	②	④	⑤	①	⑤	⑤	④	②	④	②	④	②	④	⑤	④

STEP 2 난이도 확인

제59회 합격률	**46.1%**	최근 1년 평균 합격률	**55.7%**

STEP 3 시대별 분석

시대	선사	고대	고려	조선 전기	조선 후기	근대	일제 강점기	현대	복합사
틀린 개수/ 문항 수	/ 2	/ 7	/ 9	/ 3	/ 6	/ 6	/ 7	/ 5	/ 5
출제비율	4%	14%	18%	6%	12%	12%	14%	10%	10%

STEP 4 문제별 주제 분석

01	선사	구석기 시대	26	복합사	비변사
02	선사	고조선	27	조선 후기	유득공
03	고대	삼국 통일 과정	28	조선 후기	홍경래의 난
04	고대	연개소문	29	복합사	시대별 농민 봉기
05	고대	백제 성왕	30	근대	병인박해
06	고대	신라의 문화유산	31	근대	강화도 조약
07	고대	통일 신라 문무왕	32	근대	갑신정변
08	고대	통일 신라의 경제 상황	33	근대	제2차 갑오개혁
09	고대	발해	34	일제 강점기	나철
10	고려	고려의 제도	35	일제 강점기	독립 의군부
11	고려	고려 숙종	36	일제 강점기	간도 참변
12	고려	묘청의 서경 천도 운동	37	근대	광무개혁
13	고려	고려 공민왕	38	근대	을사늑약
14	고려	거란의 침입과 고려의 대응	39	일제 강점기	천도교
15	고려	고려 시대 문화유산	40	일제 강점기	안창호
16	고려	도병마사	41	일제 강점기	민족 말살 통치기
17	고려	원 간섭기 사회 모습	42	복합사	지역사 – 제주도
18	고려	『삼국유사』	43	일제 강점기	한국 광복군
19	조선 전기	조선 태종의 정책	44	현대	6 · 25 전쟁
20	조선 전기	계유정난	45	현대	진보당 사건
21	조선 전기	갑자사화	46	현대	박정희 정부
22	조선 후기	조선 후기 경제 상황	47	복합사	시대별 조선의 대외 관계
23	조선 후기	청에 대한 조선의 정책	48	복합사	지역사 – 충주
24	조선 후기	조선 정조의 정책	49	현대	노무현 정부
25	조선 후기	조선 후기의 문화	50	현대	김대중 정부의 통일 정책

01 구석기 시대 정답 ②

정답 분석

정답이 보이는 핵심 키워드

#충청북도 청주시 오송읍 #주먹도끼, 찍개 #뗀석기

길잡이 | 구석기 시대의 생활 모습을 알아봅니다.

② 2021년 충북 청주시 오송읍 일대에서 **주먹도끼, 찍개** 등 44점의 구석기 시대 유물이 출토되었다. **구석기 시대**에는 **동굴**이나 **강가**에 **막집**을 짓고 거주하였으며, 계절에 따라 **이동생활**을 하였다.

한 번 더 체크하러 가기 ▶ 미니북 4쪽

선택지 풀이

① 철제 무기로 정복 활동을 벌였다.

철기 시대에는 철제 무기의 발전으로 정복 전쟁이 활발해졌다. 철제 농기구도 함께 등장하여 농업 생산력이 증가하였다.

③ 명도전을 이용하여 중국과 교역하였다.

철기 시대 때 중국과의 활발한 교류로 인해 중국 화폐인 명도전과 반량전이 사용되었다.

④ 반달 돌칼을 사용하여 벼를 수확하였다.

청동기 시대에는 조, 보리, 콩 등의 밭농사와 함께 벼농사도 짓기 시작하였으며 반달 돌칼을 이용하여 곡식을 수확하였다.

⑤ 빗살무늬 토기를 제작하여 식량을 저장하였다.

신석기 시대에는 빗살무늬 토기를 이용하여 음식을 조리하거나 저장하였다.

02 고조선 정답 ⑤

정답 분석

정답이 보이는 핵심 키워드

#개천 #우리 역사상 최초의 국가 #단군왕검 #환웅 #신단수 #웅녀

길잡이 | 우리 역사상 최초의 국가인 고조선에 대해 학습합니다.

기원전 2333년 **단군왕검**은 우리 역사상 최초의 국가인 **고조선**을 건국하였다. 환인의 아들인 **환웅**이 하늘에서 인간 세계로 내려와 곰에서 사람이 된 **웅녀**와 혼인하여 낳은 아들이 단군왕검이라는 신화도 함께 전해진다. 고조선은 청동기 문화를 바탕으로 발전하였으며, 평양성을 도읍으로 삼고 만주와 한반도에 걸쳐 세력을 넓혔다.

⑤ 기원전 4세기 후반에서 3세기 전반의 **고조선**은 요서 지방을 경계로 **연**과 대립할 만큼 성장하였다.

한 번 더 체크하러 가기 ▶ 미니북 5쪽

선택지 풀이

① 무천이라는 제천 행사를 열었다.

읍군, 삼로 등의 군장이 부족을 다스리던 동예는 매년 10월에 무천이라는 제천 행사를 열었다.

② 신성 지역인 소도가 존재하였다.

삼한은 제정 분리 사회였으며, 소도라는 신성 지역을 따로 두어 제사장인 천군이 이곳을 관리하도록 하였다.

③ 남의 물건을 훔쳤을 때는 12배로 갚게 하였다.

부여에는 남의 물건을 훔치면 12배로 갚도록 하는 1책 12법이라는 엄격한 법률이 있었다.

④ 왕 아래 상가, 대로, 패자 등의 관직이 있었다.

고구려는 왕 아래 상가, 대로, 패자, 고추가 등의 관직을 두었다.

암기의 key — **고조선의 건국과 멸망**

단군왕검	• 건국: 선민사상, 농경 사회, 사유 재산과 계급 분화, 홍익인간, 제정일치 사회 • 관련 문헌: 「삼국유사」, 「제왕운기」, 「동국여지승람」, 「응제시주」 • 세력 범위: 비파형 동검, 미송리식 토기 출토 지역과 일치
위만 조선	• 위만 집권: 기원전 194년 • 성격: 유이민 집단(철기 문화)과 토착 세력의 연합 정권 • 성장: 본격적인 철기 문화 수용, 영토 확장, 중계 무역 • 멸망: 우거왕 때 한의 침입으로 멸망(기원전 108)

03 삼국 통일 과정 정답 ②

정답 분석

정답이 보이는 핵심 키워드

#대야성 #품석 #김춘추 #고구려에 사신으로 가서 군사를 청함 #백제에 원수를 갚고자 함 #복신 #승려 도침 #주류성에 근거하여 반란을 일으킴 #왜국 #부여풍

길잡이 | 대야성 전투부터 백제 부흥 운동까지의 사건을 통해 삼국 통일 과정을 파악합니다.

(가) **백제 의자왕**은 윤충에게 1만의 병력을 주어 신라의 대야성을 비롯한 40여 개의 성을 함락시켰다. 이 과정에서 신라 도독 **김품석**이 전사하자 신라 **김춘추**는 고구려에 동맹을 청하여 백제를 공격하려 하였다(642).

(나) **백제 멸망** 이후 **복신**은 **도침**과 함께 왕자 풍을 왕으로 추대하고 임존성, **주류성**을 거점으로 **백제 부흥 운동**을 전개하였다(660~663).

② **신라 김춘추**는 고구려와의 동맹에 실패하자 **당**으로 건너가 당 태종으로부터 군사적 지원을 약속받는 데에 성공하여 나당 동맹을 성사시키고 **나당 연합군**을 결성하였다(648).

한 번 더 체크하러 가기 ▶ 미니북 25쪽

선택지 풀이

① 당이 안동 도호부를 설치하였다.

③ 신라가 매소성 전투에서 승리하였다.

나당 연합군에 의해 평양성이 함락된 이후 당은 고구려의 옛 땅을 다스리기 위해 평양에 안동 도호부를 설치하였다(668). 그러나 신라와의 매소성 전투(675), 기벌포 전투(676)에서 패배한 후 안동 도호부를 요동으로 옮겼다.

④ 고구려가 신라에 침입한 왜를 격퇴하였다.

고구려 광개토 대왕은 신라의 원군 요청을 받고 군대를 보내 신라에 침입한 왜를 격퇴하였다(400).

⑤ 백제와 왜의 연합군이 백강 전투에서 패배하였다.

복신과 도침 등을 중심으로 한 백제 부흥군은 왜에 군사 지원을 요청하였다. 이에 백제와 왜의 연합군은 나당 연합군에 맞서 백강에서 전투를 벌였지만 결국 패하였다(663).

04 연개소문 정답 ①

정답 분석

정답이 보이는 핵심 키워드

#『막리지비도대전』 #당 태종 #영류왕을 시해 #대막리지 #당의 침략을 격퇴

길잡이 │ 고구려 말 정권을 장악하였던 연개소문에 대해 알아봅니다.

『막리지비도대전』은 『고사』에 실려 있는 그림으로, 고구려 연개소문이 사용하였던 비도술의 실상을 잘 보여 준다. 연개소문은 정변을 통해 영류왕을 몰아내고 보장왕을 왕위에 세운 뒤 스스로 대막리지에 올라 국정 및 군사권까지 장악하였다.
① 고구려 영류왕 때 연개소문은 당의 공격에 대비하여 동북의 부여성에서 발해만의 비사성까지 천리장성을 축조하였다.

선택지 풀이

② 살수에서 수의 군대를 막아냈다.

고구려 영양왕 때 수 양제가 우중문의 30만 별동대로 평양성을 공격하였으나 을지문덕이 살수에서 2,700여 명을 제외한 수군을 전멸시켰다.

③ 등주를 선제공격하여 당군을 격파하였다.

발해 무왕은 장문휴의 수군으로 당의 등주를 선제공격하여 당군을 격파하였다.

④ 황산벌에서 계백이 이끄는 군대를 물리쳤다.

김유신이 이끄는 신라군은 화랑 관창 등이 참여한 황산벌 전투에서 백제 계백의 결사대를 물리치고 승리하여 백제를 멸망시켰다.

⑤ 안승을 왕으로 추대하고 부흥 운동을 전개하였다.

검모잠, 고연무 등이 보장왕의 서자 안승을 왕으로 추대하고 한성(황해도 재령)과 오골성을 근거지로 고구려 부흥 운동을 전개하였다.

05 백제 성왕 정답 ③

정답 분석

정답이 보이는 핵심 키워드

#신라가 신주(新州)를 설치 #구천(狗川) #적의 병사들에게 살해됨 #『삼국사기』

길잡이 │ 관산성 전투에서 전사한 백제 성왕의 업적을 살펴봅니다.

무령왕의 뒤를 이어 즉위한 백제 성왕은 신라 진흥왕과 함께 고구려를 공격하여 한강 유역을 차지하면서 백제의 중흥을 도모하였다. 하지만 진흥왕이 나제 동맹을 깨고 백제가 차지한 지역을 점령하였고, 이에 분노한 성왕은 신라를 공격하였으나 관산성 전투에서 전사하였다.
③ 백제 성왕은 웅진(공주)에서 사비(부여)로 천도하고 국호를 남부여로 고쳐 새롭게 중흥을 도모하였다.

한 번 더 체크하러 가기 ▶ 미니북 6쪽

선택지 풀이

① 익산에 미륵사를 창건하였다.

백제 무왕은 금마저(전북 익산)에 미륵사를 창건하였다.

② 평양성 전투에서 고국원왕을 전사시켰다.

4세기 중반 백제의 최전성기를 이끌었던 근초고왕은 고구려의 평양성을 공격하여 고국원왕을 전사시켰다.

④ 북위에 사신을 보내 고구려 공격을 요청하였다.

백제 개로왕은 북위에 사신을 보내 함께 고구려를 공격할 것을 요청하는 국서를 전하였다.

⑤ 동진에서 온 마라난타를 통해 불교를 수용하였다.

백제 침류왕은 동진을 거쳐 백제로 건너 온 인도의 승려 마라난타로부터 불교를 수용하였다.

06 신라의 문화유산 정답 ③

정답 분석

정답이 보이는 핵심 키워드

#서라벌 #수도 경주 #첨성대 #포석정

길잡이 │ 신라의 문화유산을 사진과 함께 학습합니다.

삼국 시대부터 통일 신라에 이르기까지 신라는 많은 문화유산을 남겼다. 그중 신라 선덕 여왕 때 건립된 것으로 추정되는 경주 첨성대는 천체의 움직임을 관찰하던 천문 관측대이다. 하늘의 움직임(기후)과 농사 시기가 밀접하게 관련되어 있어 고대 국가에서 천문 현상에 대해 관심이 높았음을 알 수 있다. 포석정은 통일 신라의 의례 시설로 상류층의 연회 및 제사를 위한 공간으로 사용되었다.

③ **경주 석굴암**은 신라 경덕왕 때 김대성이 창건하여 혜공왕 때 완성하였으며, **본존불**은 그 내부에 자리하고 있다.

한 번 더 체크하러 가기 ▶ 미니북 44쪽

선택지 풀이

① 판갑옷과 투구

　가야 – 고령 지산동 고분군 32호에서 출토

② 이불 병좌상

　발해 – 중국 지린성에서 출토

④ 금동 대향로

　백제 – 부여 능산리 고분군 절터에서 출토

⑤ 평창 월정사 팔각 구층 석탑

　고려 – 신라 자장이 창건한 월정사 내부에 위치

---

07 통일 신라 문무왕 　정답 ②

정답 분석

> **정답이 보이는 핵심 키워드**
> #삼국 통일 달성 #월성(반월성) #동궁과 월지 #감은사지 #아들 신문왕 #대왕암 #왕의 수중릉

> 길잡이 ┃ 삼국 통일의 위업을 달성한 문무왕의 업적을 학습합니다.

통일 신라 문무왕은 **기벌포 전투**에서 설인귀가 이끄는 당군에 승리하고 당의 세력을 한반도에서 몰아내면서 **삼국을 통일**하였다. 문무왕은 사후 자연 바위를 이용하여 만든 수중릉에 묻혔으며, 아들인 신문왕은 아버지 문무왕을 기리기 위해 동해에 감은사를 지었다.

② **통일 신라 문무왕**은 삼국 통일 이후 왕권을 강화하고 지방관을 감찰하기 위해 **외사정**을 파견하였다.

선택지 풀이

① 국가적인 조직으로 화랑도를 개편하였다.

　신라 진흥왕은 화랑도를 국가적인 조직으로 개편하였다. 화랑들은 원광의 세속 5계를 생활 규범으로 삼아 마음에 새기며 수련하였다.

③ 이차돈의 순교를 계기로 불교를 공인하였다.

　신라 법흥왕은 이차돈의 순교를 계기로 불교를 신라의 국교로 공인하였다.

④ 인재 등용을 위해 독서삼품과를 실시하였다.

　통일 신라 원성왕은 국학의 학생들을 대상으로 독서삼품과를 실시하여 유교 경전의 이해 수준에 따라 관리로 채용하였다.

⑤ 자장의 건의로 황룡사 구층 목탑을 건립하였다.

　신라 선덕 여왕 때 승려 자장이 주변 9개 민족의 침략을 부처의 힘으로 막기 위한 목탑 건립을 건의하여 황룡사 구층 목탑이 세워졌다.

---

08 통일 신라의 경제 상황 　정답 ⑤

정답 분석

> **정답이 보이는 핵심 키워드**
> #장보고 #청해에 진을 설치 #해적

> 길잡이 ┃ 장보고가 활동하였던 통일 신라의 경제 상황을 파악합니다.

⑤ **통일 신라**는 삼국 통일 이후 한강 하류의 당항성을 중심으로 당의 산동반도와 이어지는 해상 무역이 발전하였다. 흥덕왕 때 **장보고**는 이를 바탕으로 완도에 **청해진**을 설치하고 해적을 소탕하여 당과 신라, 일본 간 해상 무역을 주도하였다. 또한, 경주의 관문인 **울산항**을 통해 **아라비아**의 상인들이 왕래하기도 하였다.

한 번 더 체크하러 가기 ▶ 미니북 22쪽

선택지 풀이

① 은병이 화폐로 제작되었다.

　고려 숙종 때 해동통보, 삼한통보, 해동중보 등의 동전과 활구(은병)를 발행·유통하였다.

② 낙랑과 왜에 철을 수출하였다.

　삼한 중 변한은 철이 풍부하게 생산되어 낙랑과 왜에 수출하였다.

③ 집집마다 부경이라는 창고가 있었다.

　고구려는 집집마다 부경이라는 작은 창고를 만들어 곡식, 찬거리, 소금 등을 저장하였다.

④ 덕대가 광산을 전문적으로 경영하였다.

　조선 후기에 광산 개발이 활성화되면서 물주로부터 자금을 지원받아 전문적으로 광산을 경영하는 덕대가 등장하였다.

---

09 발해 　정답 ③

정답 분석

> **정답이 보이는 핵심 키워드**
> #해동성국 #온돌 #함경남도 신포시 오매리 #열기가 지나가는 통로인 고래 #고구려의 온돌 양식 계승

> 길잡이 ┃ 고구려 문화를 계승한 발해에 대해 알아봅니다.

발해는 대조영이 고구려 유민을 이끌고 동모산 기슭에 건국한 국가로, **고구려의 문화를 계승**하고 당의 문화를 받아들여 발전을 이룩하였다. 그중 **온돌** 시설은 발해가 고구려의 문화를 이어받았음을 알 수 있는 대표적인 유적이다. 선왕 때는 국력이 강성하여 주변국들로부터 **해동성국**이라 불렸다.

③ **발해**는 중앙에 최고 교육 기관인 **주자감**을 두고 유학 교육을 실시하였다.

한 번 더 체크하러 가기 ▶ 미니북 7쪽

선택지 풀이

① 9서당과 10정을 설치하였다.

통일 신라 신문왕은 중앙군을 9서당, 지방군을 10정으로 편성하여 군사 조직을 정비하였다.

② 광평성 등의 정치 기구를 마련하였다.

궁예는 후고구려를 건국하고 광평성을 중심으로 한 정치 기구를 마련하여 장관인 광치나와 서사, 외서 등의 관원을 두었다.

④ 욕살, 처려근지 등의 지방관을 두었다.

고구려는 지방을 대성, 중성, 소성 3단계로 나누어 통치하였으며 대성에는 욕살을, 중성에는 처려근지를 장관으로 두었다.

⑤ 지방에 22담로를 두어 왕족을 파견하였다.

백제 무령왕은 지방에 22담로를 설치하고 왕족을 파견하여 지방 통제를 강화하였다.

10 고려의 제도 정답 ④

정답 분석

정답이 보이는 핵심 키워드

#직관(職官)과 산관(散官) #전시과 #역분전 #사람의 성품과 공로
#쌍기 #과거 시행 #지방 #12목 제도 시행

길잡이 ┃ 고려의 제도를 제정된 순서대로 학습합니다.

(나) **고려 태조**는 후삼국 통일에 공을 세운 공신들에게 관등에 관계없이 공로, 인품 등을 기준으로 차등을 두어 **역분전**을 지급하였다(940).

(다) **고려 광종**은 다양한 개혁을 통해 공신과 호족의 세력을 약화시키고 왕권을 강화하고자 하였다. 이에 후주 출신 **쌍기**의 건의로 **과거 제도**를 시행하여 신진 세력을 등용하였다(958).

(가) **고려 경종** 때 처음 시행된 **전시과**는 관직 복무와 직역의 대가로 관료에게 토지를 나눠 주는 제도이다. 관리부터 군인, 한인까지 총 18등급으로 나누어 곡물을 수취할 수 있는 전지와 땔감을 얻을 수 있는 시지를 주었고, 수급자들은 지급된 토지에 대해 수조권만 가졌다(976).

(라) **고려 성종**은 최승로의 시무 28조를 받아들여 통치 체제를 정비하였다. 전국 주요 지역에는 **12목**을 설치하고 지방관인 목사를 파견하였으며, 향리제를 마련하여 지방 세력을 견제하였다(983).

한 번 더 체크하러 가기 ▶ 미니북 8, 43쪽

11 고려 숙종 정답 ③

정답 분석

정답이 보이는 핵심 키워드

#기병 #보병 #새로운 부대의 창설 #별무반 #여진과 맞섬

길잡이 ┃ 별무반을 창설한 고려 숙종이 시행하였던 정책을 살펴봅니다.

고려 숙종 때 부족을 통일한 여진이 고려의 국경을 자주 침입하자 **윤관**이 왕에게 건의하여 신기군, 신보군, 항마군으로 구성된 **별무반**을 조직하였다. 또한, 최고 국립 교육 기관인 국자감에 **서적포**를 설치하여 모든 책판을 옮기고 인쇄와 출판을 담당하게 하였다.

③ **고려 숙종** 때 승려 의천의 건의에 따라 화폐 주조를 전담하는 **주전도감**을 설치하고, **해동통보**와 삼한통보, 해동중보 등의 동전과 활구(은병)를 발행·유통하였다.

한 번 더 체크하러 가기 ▶ 미니북 8쪽

선택지 풀이

① 천수라는 독자적 연호를 사용하였다.

태조 왕건은 고려를 세운 뒤 독자적 연호인 천수를 사용하였으며, 이후 중국 후당과 국교를 수립하여 후당의 연호인 장흥을 사용하게 되면서 폐지하였다.

② 관학을 진흥하고자 양현고를 설치하였다.

고려 중기 최충의 문헌공도를 대표로 하는 사학 12도의 발전으로 관학이 위축되자 예종이 국자감을 재정비하여 7재를 세우고 양현고를 설치하여 관학 진흥책을 추진하였다.

④ 호족 세력을 견제하기 위해 노비안검법을 실시하였다.

고려 광종은 노비안검법을 실시하여 억울하게 노비가 된 사람들을 구제하고, 호족 세력을 견제하는 동시에 국가 재정을 확충하고자 하였다.

⑤ 국자감을 성균관으로 개칭하고 유학 교육을 장려하였다.

고려 초 설치되었던 국자감이 충선왕과 공민왕을 거치며 성균관으로 개칭되었다. 공민왕은 반원 정책의 일환으로 성균관을 순수 유교 교육 기관으로 개편하고 유학 교육을 장려하였다.

12 묘청의 서경 천도 운동 정답 ①

정답 분석

정답이 보이는 핵심 키워드

#이자겸 #척준경 #이의방 #정중부 #문신들은 득의양양 #무신들은 굶주리고 고달픔

길잡이 ┃ 이자겸의 난과 무신 정변 사이에 일어난 묘청의 서경 천도 운동에 대해 알아봅니다.

(가) **이자겸의 난**(1126): **고려 인종** 때 문벌 귀족 **이자겸**이 왕의 외척으로서 최고 권력을 누리며 왕의 자리까지 넘보자 인종은 이자겸을 제거하려 하였으나 실패하였다. 이에 이자겸은 **척준경**과 함께 난을 일으켰다.

(나) **무신 정변**(1170): **고려 의종**이 무신들을 천대하고 향락에 빠져 실정을 일삼자 무신들의 불만이 쌓여갔다. 그러던 중 보현원에서 수박희를 하다가 대장군 이소응이 문신 한뢰에게 뺨을 맞는 사건이 발생하였고, 이를 계기로 분노가 폭발한 무신들이 정변을 일으켰다. **정중부**와 **이의방**을 중심으로 조정을 장악한 무신들은 의종을 폐위하여 거제도로 추방한 뒤 명종을 즉위시켰다.

① **고려 인종**은 이자겸의 난 이후 왕권 회복을 위해 정치 개혁을 추진하였다. 이 과정에서 **묘청, 정지상**을 중심으로 한 서경 세력과 **김부식**을 중심으로 한 개경 세력 간의 대립이 발생하였다. 서경 세력은 서경 천도와 칭제 건원, 금 정벌을 주장하였으나 받아들여지지 않았다. 이에 묘청이 **서경에서 반란**을 일으켰고(1135), 김부식의 관군에 의해 진압되었다(1136).

한 번 더 체크하러 가기 ▶ 미니북 8쪽

⊘ 선택지 풀이

② 강조가 정변을 일으켜 김치양을 제거하였다.
고려 무신 강조는 국가의 혼란을 바로잡고자 정변을 일으켜 목종의 외척인 김치양을 제거하였다(1009).

③ 망이 · 망소이가 공주 명학소에서 봉기하였다.
고려 무신 정권기에 공주 명학소에서 망이 · 망소이가 과도한 부역과 소 주민에 대한 차별 대우에 항의하여 농민 반란을 일으켰다(1176).

④ 서희가 외교 담판을 벌여 강동 6주를 확보하였다.
고려 성종 때 거란이 침략하여 고려가 차지하고 있는 옛 고구려 땅을 내놓고 송과 교류를 끊을 것을 요구하였으나 서희가 소손녕과의 외교 담판을 통해 이를 해결하고 강동 6주를 획득하였다(993).

⑤ 최충헌이 봉사 10조를 올려 시정 개혁을 건의하였다.
고려 무신 정권기 최충헌은 사회 개혁안인 봉사 10조를 명종에게 제시하였으나 국가의 발전이나 민생 안정보다는 권력 유지에 목적을 두고 있어 큰 성과를 거두지는 못하였다(1196).

13 고려 공민왕   정답 ④

⊘ 정답 분석

정답이 보이는 핵심 키워드
#기철 #반역죄로 숙청 #정동행성 이문소 철폐

길잡이 | 고려 공민왕이 시행한 정책에 대해 알아봅니다.

고려 말 다양한 개혁 정치를 펼친 **공민왕**은 대외적으로는 **반원 자주 정책**을, 대내적으로는 **왕권 강화**를 추진하였다. 이의 일환으로 원의 연호 폐지, **기철 등 친원 세력 숙청**을 실시하고 내정 간섭 기구로 유지되었던 **정동행성 이문소를 폐지**하였으며, 쌍성총관부를 공격하여 원에 빼앗긴 철령 이북의 땅을 수복하였다.

④ **고려 공민왕** 때 등용된 **신돈**은 **전민변정도감**의 책임자로서 권문세족이 빼앗은 토지를 돌려주고 노비가 된 자를 풀어주는 등 개혁을 단행하였다.

한 번 더 체크하러 가기 ▶ 미니북 8쪽

⊘ 선택지 풀이

① 경기에 한하여 과전법이 실시되었다.
고려 말 공양왕 때 신진 사대부 조준 등의 건의로 토지 개혁법인 과전법이 시행되었으며, 원칙적으로 경기 지역에 한정하여 토지를 지급하였다.

② 정지가 관음포에서 승리를 거두었다.
고려 우왕 때 정지가 관음포(남해)에서 화포를 이용하여 왜구를 격퇴하고 승리를 거두었다.

③ 국정 총괄 기구로 교정도감이 설치되었다.
고려 무신 정권기에 최충헌은 국정을 총괄하는 중심 기구인 교정도감을 설치하고 스스로 기구의 최고 관직인 교정별감이 되어 인사 및 재정 등을 장악하였다.

⑤ 만권당이 설립되어 원과 고려의 학자가 교유하였다.
고려 충선왕은 왕위를 물려준 뒤 원의 연경에 만권당을 세우고 고려에서 이제현 등의 성리학자들을 데려와 원의 학자들과 교류하게 하였다.

암기의 key   원의 내정 간섭과 공민왕의 반원 자주 정책

원의 내정 간섭	
• 일본 원정에 동원	• 관제 격하
• 인적 · 물적 수탈(공물, 공녀)	• 영토 상실
• 정동행성 이문소 설치	• 풍속 변화(몽골풍 유행)

↓

공민왕의 반원 자주 정책	
• 친원 세력 숙청(기철 등)	• 관제 복구
• 원의 연호 폐지	• 쌍성총관부 수복
• 정동행성 이문소 폐지	• 몽골풍 금지

14 거란의 침입과 고려의 대응   정답 ③

⊘ 정답 분석

정답이 보이는 핵심 키워드
#현종 2년 #왕이 남쪽으로 피란 #송악성 #대장경판을 새겨서 완성할 것을 맹세 #『동국이상국집』

길잡이 | 거란의 침입에 대한 고려의 대응을 학습합니다.

고려 **현종** 때 **거란**이 강조의 정변을 구실로 2차 침입을 단행하였고, 개경이 함락되자 현종은 나주까지 피란을 갔다. 거란의 2차 침입 이후 현종은 거란의 침입을 불력으로 물리치고자 **초조대장경**을 제작하기 시작하였다(1011).
③ 거란의 3차 침입 때 **강감찬**이 10만 대군에 맞서 **귀주**에서 대승을 거두었다(1019). 이후 거란의 침입에 대비하기 위해 현종에게 건의하여 개경에 **나성**을 쌓아 도성 주변 수비를 강화하였다.

한 번 더 체크하러 가기 ▶ 미니북 23쪽

✓ 선택지 풀이

① 처인성에서 살리타를 사살하였다.
몽골의 2차 침입 때 승장 김윤후가 이끄는 민병과 승군이 처인성에서 몽골군에 대항하여 적장 살리타를 사살하고 승리를 거두었다(1232).

② 박위를 파견하여 근거지를 토벌하였다.
고려 말 창왕 때 박위를 파견하여 왜구의 본거지인 쓰시마섬을 토벌하였다(1389).

④ 삼수병으로 구성된 훈련도감을 설치하였다.
임진왜란 중 유성룡이 선조에게 건의하여 포수, 사수, 살수의 삼수병으로 편제된 훈련도감을 설치하였다(1593).

⑤ 강화도로 도읍을 옮겨 장기 항전을 준비하였다.
고려 최씨 무신 정권 시기 최우는 몽골의 침입에 대항하기 위해 강화도로 천도하고 장기 항쟁을 준비하였다(1232).

암기의 key	고려의 대외 관계(이민족의 침입)
거란(요)	북진 정책: 거란 침입 → 서희의 강동 6주 획득, 강감찬의 귀주 대첩
여진(금)	윤관의 여진 정벌, 동북 9성 설치
몽골(원)	• 대몽 항쟁: 김윤후의 처인성 전투, 삼별초 항쟁 • 고려 개경 환도 → 원 간섭기
홍건적, 왜구	• 공민왕, 우왕 • 홍산 대첩(최영), 진포 대첩(최무선), 황산 대첩(이성계), 쓰시마 섬 정벌(박위)

15 고려 시대 문화유산
정답 ④

✓ 정답 분석

정답이 보이는 핵심 키워드
#문화유산 #청자 상감 운학문 매병 #수월관음도

길잡이 | 고려 시대 문화유산을 사진과 함께 학습합니다.

④ **고려 시대**의 목조 건축물인 **영주 부석사 무량수전**은 부석사의 중심 건물로 국보 제18호로 지정되어 있다. 기둥 중간이 굵은 배흘림기둥이 사용되었으며, 공포를 기둥 위에만 짜 올린 주심포 양식으로 축조되었다.

한 번 더 체크하러 가기 ▶ 미니북 45쪽

✓ 선택지 풀이

① 금동 연가 7년명 여래 입상
경남 의령에서 발견된 고구려의 불상으로 국보 제119호로 지정되어 있다. 광배 뒷면에 남아있는 글에 따르면 평양의 승려들이 세상에 널리 퍼뜨리고자 만든 불상 중 29번째 것으로, 6세기 후반 고구려의 대표적인 불상이다.

② 서산 용현리 마애여래 삼존상
서산 용현리 마애여래 삼존상은 충남 서산시 가야산 층암절벽에 조각된 거대한 백제의 화강석 불상이다. 마애불의 자비로운 인상으로 '백제의 미소'로도 알려져 있으며, 국보 제84호로 지정되어 있다.

③ 경주 분황사 모전 석탑
634년에 제작된 경주 분황사 모전 석탑은 국보 제30호로 지정되어 있다. 현존하는 신라 석탑 중 가장 오래된 석탑으로, 석재를 벽돌 모양으로 만들어 쌓았으며 현재는 3층까지만 남아 있다.

⑤ 보은 법주사 팔상전
충북 보은군에 위치한 보은 법주사 팔상전은 우리나라 목조 건축 중 가장 높은 건축물이자 현존하는 유일한 목탑으로, 국보 제55호로 지정되어 있다. 석가모니의 일생을 여덟 폭의 그림으로 나누어 그린 팔상도가 있어 팔상전이라고 불린다.

16 도병마사
정답 ②

✓ 정답 분석

정답이 보이는 핵심 키워드
#고려의 독자적 정치 기구 #중서문하성의 재신 #중추원의 추밀
#고려 후기 도평의사사로 개편

길잡이 | 고려의 정치 기구인 도병마사에 대해 알아봅니다.

② **고려의 도병마사**는 재신(중서문하성의 2품 이상)과 추밀(중추원의 2품 이상)이 **국방 및 군사 문제를 논의**하는 임시적인 회의 기구였다. 이후 **원 간섭기**인 충렬왕 때 **도평의사사**로 명칭이 바뀌었고 최고 정무 기구로서 국사 전반에 관여하게 되었다.

한 번 더 체크하러 가기 ▶ 미니북 35쪽

✓ 선택지 풀이

① 역사서 편찬과 보관을 주관하였다.
조선 시대에 역사서를 보관하고 관리하는 관청으로 춘추관을 두었으며, 이곳에 설치된 실록청에서 실록 편찬을 담당하였다.

③ 화폐, 곡식의 출납과 회계를 담당하였다.

　　조선 시대에 서경, 간쟁, 봉박 등의 권한을 가지고 있었던 삼사와 달리 고려 시대의 삼사는 화폐 · 곡식의 출납과 회계를 담당하였다.

④ 좌사정, 우사정의 이원적인 체제로 운영되었다.

　　발해는 중앙 관제를 3성 6부제로 구성하고, 정당성에 행정 업무를 담당하는 6부를 두었다. 이를 둘로 나누어 좌사정과 우사정의 이원적 체제로 운영하였다.

⑤ 최우에 의해 설치되어 인사 행정을 처리하였다.

　　무신 정권 시기 최충헌의 뒤를 이어 집권한 최우는 자신의 집에 정방을 설치하고 인사 행정을 담당하는 기관으로 삼아 인사권을 완전히 장악하였다.

제59회

암기의 key	고려의 중앙 정치 기구	
2성 6부	• 중서문하성(국정 총괄)과 상서성(6부 관리) → 수상은 문하시중 • 당의 제도를 모방하여 2성 6부로 이루어진 중앙 관제 구성	
중추원	• 왕의 비서 기구, 군사 기밀(추밀)과 왕명 출납(승선) 담당 • 송의 제도 모방	
도병마사	국방 문제 논의	귀족 합의체: 재신(중서문하성)과 추밀(중추원)의 합의
식목도감	법률 · 제도 제정	
어사대	감찰 기구, 풍속 교정	
삼사	화폐 · 곡식의 출납, 회계	
대간	어사대의 관원 + 중서문하성의 낭사 → 간쟁, 봉박, 서경권	

17 원 간섭기 사회 모습

정답 ⑤

정답 분석

정답이 보이는 핵심 키워드

#인후 #홀랄대 #제국공주 #겁령구 #중랑장 #인후 #사치스러움과 분수에 넘치는 것이 극에 달함

길잡이 | 고려 원 간섭기의 사회 모습을 알아봅니다.

⑤ **고려 원 간섭기**에는 **지배층**을 중심으로 몽골의 풍습인 **변발**과 **호복** 등이 유행하였다. 또한 고려 세자가 왕위를 계승할 때까지 원에 머무는 것이 상례였으며, 충렬왕은 제국공주와 혼인한 후 스스로 **변발**과 **호복**을 입고 고려로 귀국하였다. 제국공주는 고려에 온 뒤에도 **몽골 양식의 생활**을 하고, 사사로이 부리는 사람도 원에서 데려와 고려 왕실에 **몽골의 풍속과 언어** 등이 퍼지기도 하였다.

선택지 풀이

① 최충이 9재 학당을 설립하였다.

　　고려 문종 때 최충이 세운 9재 학당은 사학 12도 중 가장 번성하여 많은 후진을 양성하였으며, 최충의 사후 그의 시호를 바탕으로 문헌공도라 칭하였다.

② 빈민 구제를 위해 흑창이 설치되었다.

　　고려 태조 때 실시한 흑창은 춘궁기에 곡식을 대여해 주고 추수 후에 회수하던 빈민 구휼 제도이다. 이후 성종 때 쌀을 1만 석 보충하여 시행하면서 명칭을 의창으로 바꾸었다.

③ 대각국사 의천이 천태종을 개창하였다.

　　고려 승려 의천은 송에서 유학하고 돌아와 개경(개성) 흥왕사에서 교종과 선종의 불교 통합 운동을 전개하였다. 또한, 국청사를 중심으로 해동 천태종을 개창하였으며, 이후 숙종 때 대각국사로 책봉되었다.

④ 만적이 개경에서 신분 해방을 도모하였다.

　　고려 무신 정권 시기에 최충헌의 사노비인 만적이 신분 차별에 항거하여 개경(개성)에서 반란을 도모하였으나 사전에 발각되어 실패하였다.

18 『삼국유사』

정답 ②

정답 분석

정답이 보이는 핵심 키워드

#경상북도 군위군 #인각사 #승려 일연 #불교사 중심 #민간 설화 수록 #역사서 저술

길잡이 | 승려 일연이 저술한 『삼국유사』를 학습합니다.

② **고려 원 간섭기** 때 **승려 일연**이 저술한 『**삼국유사**』에는 **불교사를 중심**으로 왕력과 함께 기이(紀異)편을 두어 설화나 전래 기록 등을 수록하였으며, 특히 단군을 우리 민족의 시초로 여겨 **고조선 건국 설화**를 수록하였다.

선택지 풀이

① 편년체 형식으로 기술되었다.

　　편년체는 역사를 시대 순으로 기록하는 방식으로, 편년체 역사서로는 조선 성종 때 편찬된 『동국통감』, 조선 정종 때 창설된 승정원에서 기록한 『승정원일기』, 조선 태조 때부터 철종 때까지의 역사를 기록한 『조선왕조실록』 등이 있다.

③ 남북국이라는 용어가 처음 사용되었다.

　　조선 정조 때 서얼 출신 유득공이 저술한 『발해고』에서는 발해를 우리의 역사로 인식하고 최초로 '남북국'이라는 용어를 사용하였다.

④ 왕명에 의해 고승들의 전기가 기록되었다.

　　고려 승려 각훈은 왕명을 받아 『해동고승전』을 편찬하여, 삼국 시대 이래 승려들의 전기를 기록하였는데, 현재는 일부만 남아있다.

⑤ 고구려 시조의 일대기가 서사시로 표현되었다.

고려 무신 정권기 문인 이규보는 『동국이상국집』을 저술하였다. 그중 권3의 「동명왕편」은 한국 문학 최초의 서사시로, 고구려를 건국한 동명왕의 업적을 칭송하고 고려가 고구려를 계승하였다는 고려인의 자부심을 표현하였다.

19 조선 태종의 정책   정답 ③

✓ 정답 분석

정답이 보이는 핵심 키워드

#원통하고 억울한 일을 당한 백성들 #신문고 설치 #의정부 설치 #문하부 낭사를 사간원으로 독립

길잡이 | 조선 건국 초기 태종이 왕권 강화를 위해 시행한 정책에 대해 학습합니다.

③ **조선 초기** 두 차례의 왕자의 난을 겪고 왕위에 오른 **태종**은 왕권을 강화하여 **국왕 중심의 통치 체계**를 확립하고자 하였다. **문하부를 혁파**하여 의정부에 통합시키고, **6조 직계제를 실시**하여 6조에서 의정부를 거치지 않고 국왕이 바로 재가를 내리도록 하였다. 문하부 산하의 **낭사는 분리**하여 사간원으로 따로 독립시켜 신하들을 견제하는 기능을 하도록 하였다. 또한 **신문고를** 설치하여 백성이 억울하고 원통한 일을 호소할 수 있도록 하였다.

한 번 더 체크하러 가기 ▶ 미니북 9쪽

✓ 선택지 풀이

① 명의 신종을 제사하는 대보단이 설치되었다.

조선 숙종 때 임진왜란 당시 지원군을 보내준 명 신종을 기리기 위한 제단인 대보단을 설치하였다.

② 백과사전류 의서인 의방유취가 편찬되었다.

조선 세종 때 집현전 학자들은 당시까지 전해 오던 여러 의서의 의학 이론을 정리·수집한 『의방유취』를 편찬하였다.

④ 조선의 기본 법전인 경국대전이 반포되었다.

조선 세조 때 편찬되기 시작한 『경국대전』은 조선의 기본 법전으로, 성종 때 완성되어 반포되었다.

⑤ 역대 문물제도를 정리한 동국문헌비고가 간행되었다.

영조 때 각종 제도의 연혁과 내용을 정리한 『동국문헌비고』를 편찬하여 문물제도를 정비하였다.

20 계유정난   정답 ④

✓ 정답 분석

정답이 보이는 핵심 키워드

#여진을 정벌 #6진을 개척 #김종서 #수양 대군, 한명회 등이 주도

길잡이 | 조선 세조의 정권 장악 과정을 파악합니다.

조선 세종에게 신임을 받은 **김종서**, 황보인 등의 문신 세력이 문종 때 권력을 잡고 정사를 좌지우지하였다. 이에 불만을 가진 **수양 대군**이 **한명회** 등과 **계유정난**을 일으켜 단종을 몰아내고 왕위를 찬탈하여 세조로 즉위하였다(1453). 이후 **세조**는 왕권을 강화하기 위해 **6조 직계제를 부활**시켜 의정부를 거치지 않고 국왕이 바로 재가를 내리게 하였다.

④ **성삼문, 박팽년** 등 이른바 사육신(死六臣)들이 **단종 복위를 계획**하다가 발각되자 **세조**는 관련 신하들을 모두 사형에 처하였으며 집현전을 폐지하고 경연을 정지시켰다(1456).

✓ 선택지 풀이

① 최영에 의해 이인임 일파가 축출되었다.

고려 우왕 때 최영은 이성계와 연합하여 이인임 일파를 축출하고 왕권 강화와 민심 수습을 위해 노력하였다(1388).

② 최무선의 건의로 화통도감이 설치되었다.

고려 우왕 때 최무선은 화통도감 설치를 건의하여 화약과 화포를 제작하였고, 이를 활용하여 진포 대첩에서 왜구를 격퇴하였다(1380).

③ 정도전 등이 요동 정벌 계획을 추진하였다.

조선 초기 명에서 정도전이 지은 표전에 명을 모독하는 글귀가 있다는 것을 빌미로 조선 사신들을 억류하는 등 강압적인 태도를 지속하였다. 이에 정도전은 요동 정벌을 계획하였다(1396~1398).

⑤ 이종무가 왜구의 근거지인 쓰시마섬을 정벌하였다.

조선 세종은 왜구의 침입이 빈번하자 이종무를 보내 왜구의 근거지인 쓰시마를 정벌하였다(1419).

21 갑자사화   정답 ④

✓ 정답 분석

정답이 보이는 핵심 키워드

#유자광 #김종직의 조의제문 #부도한 말 #박원종 #대비(大妃) #임금이 도리를 잃어 정치가 혼란함 #진성대군

길잡이 | 무오사화와 중종반정 사이에 일어난 갑자사화에 대해 알아봅니다.

(가) **연산군** 때 김일손이 스승인 **김종직의 조의제문**을 실록에 기록한 것을 **유자광**, 이극돈 등의 훈구 세력이 사림 세력에 불만을 가지고 있던 연산군에게 알리면서 **무오사화**가 발생하였다(1498).

(나) **연산군**의 폭정을 계기로 **박원종**, 성희안, 유순정 등에 의해 반정이 일어나 연산군이 폐위되고 **진성대군**이 **중종**으로 즉위하였다(1506).

④ **연산군**이 생모인 **폐비 윤씨 사건**의 전말을 알게 되면서 **갑자사화**가 발생하였다. 이로 인해 김굉필 등 당시 폐비 윤씨 사건에 관련된 인물들과 무오사화 때 피해를 면하였던 사림들까지 큰 화를 입었다(1504).

한 번 더 체크하러 가기 ▶ 미니북 42쪽

✅ **선택지 풀이**

① 서인이 반정을 일으켜 정권을 장악하였다.

서인 세력은 광해군의 중립 외교 정책과 영창대군 사사 사건, 인목 대비 유폐 문제를 빌미로 인조반정을 일으켰다. 이에 광해군이 폐위되고 인조가 왕위에 올랐으며, 북인 세력인 이이첨, 정인홍 등은 처형되었다(1623).

② 위훈 삭제를 주장한 조광조 일파가 제거되었다.

조선 중종은 반정으로 왕위에 오른 후 훈구파를 견제하고 연산군의 폐정을 개혁하기 위해 사림파를 중용하였다. 이때 등용된 조광조는 반정 공신들의 위훈 삭제를 주장하였으나 훈구파들의 반발로 기묘사화가 발생하면서 많은 사림파들이 정계에서 축출되었다(1519).

③ 이인좌를 중심으로 한 일부 소론 세력이 난을 일으켰다.

조선 영조 때 이인좌, 정희량 등 정권에서 소외된 소론 세력이 남인 일부와 연합하여 경종의 죽음과 영조의 정통성에 대해 의문을 제기하면서 반란을 일으켰으나 진압되었다(1728).

⑤ 희빈 장씨 소생의 원자 책봉 문제로 환국이 발생하였다.

조선 숙종 때 희빈 장씨의 소생에 대한 원자 책봉 문제로 기사환국이 발생하여 서인이 물러나고 남인이 집권하였다. 이때 서인 세력의 영수인 송시열이 사사되고 중전이었던 인현 왕후가 폐위되었다(1689).

암기의 key	조선의 사화
무오사화 (1498)	• 배경: 김일손이 스승 김종직의 조의제문을 사초에 기록한 사건 • 훈구파(유자광, 이극돈)와 사림파(김일손)의 대립
갑자사화 (1504)	• 배경: 폐비 윤씨 사사 사건 • 무오사화 때 피해를 면한 사림과 일부 훈구 세력까지 피해
기묘사화 (1519)	• 배경: 조광조의 개혁 정치 • 위훈 삭제로 인한 훈구 공신 세력의 반발 → 주초위왕 사건으로 조광조 축출
을사사화 (1545)	• 배경: 인종의 외척 윤임(대윤)과 명종의 외척 윤원형(소윤) 간 대립 심화 • 명종 즉위, 문정 왕후 수렴청정 → 집권한 소윤이 대윤 공격

---

22 조선 후기 경제 상황 　정답 ③

✅ **정답 분석**

정답이 보이는 **핵심 키워드**

#초량 #두모포 #왜관 #일본과 국교가 재개 #기유약조 #제한된 교역

길잡이 | 초량 왜관이 설치된 시기 조선의 경제 상황을 알아봅니다.

임진왜란 이후 일본은 에도 막부가 새로운 정권을 잡으면서 조선 측에 통교를 요청하였다. 이에 **선조** 때 부산포를 개항하여 **두모포** 포구에 왜관을 설치하였고, **광해군** 즉위 직후에는 **기유약조**를 체결하여 **일본과의 국교**를 재개하였다. 이후 무역 규모가 점차 확대되자 **초량 왜관**을 설치하였다(1678).

③ **조선 후기**에 상업의 발달로 인삼, 담배, 면화 등 **상품 작물**의 재배가 활발해졌다.

한 번 더 체크하러 가기 ▶ 미니북 24쪽

✅ **선택지 풀이**

① 금속 화폐인 건원중보가 주조되었다.

고려 시대에는 상업 활동이 활발해지면서 화폐를 주조하였고, 성종 때 우리나라 최초의 주화인 건원중보가 발행되었다.

② 솔빈부의 말이 특산물로 수출되었다.

발해는 목축과 수렵이 발달하였는데 특히 지방 행정 구역 중 솔빈부의 말이 유명하여 주변 국가에 특산품으로 수출하였다.

④ 당항성, 영암이 국제 무역항으로 번성하였다.

통일 신라는 삼국 통일 이후 해상 무역이 발전하여 한강 하류의 당항성, 전남 영암 등이 국제 무역항으로 번성하였다.

⑤ 수도의 시전을 감독하기 위해 경시서가 설치되었다.

고려 문종 때 경시서를 설치하여 수도 개경의 시전을 감독하도록 하였다.

---

23 청에 대한 조선의 정책 　정답 ①

✅ **정답 분석**

정답이 보이는 **핵심 키워드**

#나선 정벌 #총병관 신유 #조총 부대 #흑룡강 일대 #러시아군과의 전투를 승리로 이끔

길잡이 | 나선 정벌을 통해 청에 대한 조선의 정책을 살펴봅니다.

조선 효종 때 **러시아**가 만주 지역까지 침략해오자 청은 조선에 원병을 요청하였고, 조선에서는 **나선 정벌**을 위해 두 차례에 걸쳐 **조총 부대**를 파견하였다.

① 조선 **인조** 때 후금과의 관계가 악화되자 **어영청**을 설치하여 국왕을 호위하게 하였고, 병자호란 이후 청에 볼모로 갔던 봉림 대군이 **효종**으로 즉위하면서 어영청을 중심으로 **북벌을 추진**하였다.

한 번 더 체크하러 가기 ▶ 미니북 32쪽

선택지 풀이

② 한성에 동평관을 두어 무역을 허용하였다.

조선 태종 때 한성의 남산 북쪽에 일본 사신이 머무는 숙소인 동평관을 두어 일본과 외교 및 무역을 실시하였다.

③ 조약 체결에 대한 답례로 보빙사를 보냈다.

조미 수호 통상 조약이 체결된 후 조선 주재 미국 공사가 파견되자 조선 정부는 답례로 미국에 보빙사를 파견하였다.

④ 공녀를 보내기 위해 결혼도감을 설치하였다.

고려 원 간섭기 때 원은 수탈의 일환으로 고려에 공녀를 요구하였다. 이에 고려는 결혼도감을 설치하고 약 80여 년간 50여 차례에 걸쳐 원에 공녀를 보냈다.

⑤ 포로 송환을 위해 회답 겸 쇄환사를 파견하였다.

선조는 임진왜란 이후 단절되었던 일본과의 관계를 회복하기 위해 승려 유정 등을 회답 겸 쇄환사로 파견하였고, 이들은 전쟁 중 잡혀간 포로 3,000여 명을 데리고 귀국하였다.

24 조선 정조의 정책   정답 ①

정답 분석

> **정답이 보이는 핵심 키워드**
>
> #만천명월주인옹 #창덕궁 후원 존덕정 #국왕 중심의 정국 운영 강조 #초계문신제 #자신의 정책을 뒷받침하는 인재 양성

> 길잡이 ┃ 왕권 강화를 위해 조선 정조가 시행한 정책을 학습합니다.

조선 정조는 국왕 중심의 통치 체제를 확립하고자 본인 스스로를 모든 하천에 비치는 달에 비유하여 **만천명월주인옹**이라 칭하고, **탕평책**을 기반으로 여러 정책을 펼쳤다. 또한, **규장각**을 설치하여 새롭게 관직에 오르거나 기존 관리들 중 능력 있는 문신들을 재교육하는 **초계문신제**를 실시하였다.

① **조선 정조**는 왕권을 뒷받침하는 군사적 기반을 갖추기 위해 국왕 친위 부대인 **장용영**을 설치하였으며, 서울 도성에는 내영, 수원 화성에는 외영을 두었다.

한 번 더 체크하러 가기 ▶ 미니북 10쪽

선택지 풀이

② 경기도에 한해서 대동법을 실시하였다.

조선 광해군 때 방납의 폐단을 해결하고자 공납을 전세화하여 쌀이나 베, 동전 등으로 납부하게 한 대동법을 경기도에 한해서 시행하였다.

③ 한양을 기준으로 한 역법서인 칠정산을 만들었다.

조선 세종 때 중국의 수시력과 아라비아의 회회력을 참고로 내편(內篇)과 외편(外篇)으로 이루어진 역법서 『칠정산』을 편찬하였다. 이때 최초로 한양을 기준으로 천체 운동을 계산하였다.

④ 통치 체제를 정비하기 위해 대전회통을 편찬하였다.

흥선 대원군은 정조 때 편찬된 『대전통편』을 보완하고 각종 조례를 정리한 법전인 『대전회통』을 편찬하여 통치 체제를 정비하였다.

⑤ 직전법을 제정하여 현직 관리에게만 수조권을 지급하였다.

세조는 과전 세습화가 초래하였던 토지 부족 등의 폐단을 바로잡기 위해 과전법을 혁파하고 현직 관리에게만 수조권을 지급하는 직전법을 실시하였다.

암기의 key	정조의 개혁 정책
탕평책	적극적인 탕평책(준론 탕평): 붕당과 신분을 가리지 않고 인재 등용
왕권 강화 정책	• 초계문신제 시행: 새로운 관리 및 하급 관리 중 유능한 인재들의 재교육 목적 • 규장각 설치 및 육성: 인재 양성, 정책 연구 기능, 왕실 도서관이자 왕을 보좌하는 업무 담당 • 장용영 설치: 왕의 친위 부대, 왕권의 군사적 기반 강화 • 수원 화성 건립: 정치적·군사적 기능 부여, 상업 활동 육성
문물제도 정비	• 서얼 차별 완화: 서얼 출신을 규장각 검서관에 등용 (유득공, 이덕무, 박제가 등) • 신해통공: 육의전을 제외한 시전 상인의 금난전권 폐지 • 편찬: 『대전통편』, 『동문휘고』, 『무예도보통지』 등

25 조선 후기의 문화   정답 ②

정답 분석

> **정답이 보이는 핵심 키워드**
>
> #춘향전 #한글 소설 #소설책을 빌려주는 세책가 #한글 소설을 읽어주는 전기수

> 길잡이 ┃ 조선 후기에 성행한 문화에 대해 알아봅니다.

조선 후기에는 **서민 문화**가 발달하여 **판소리**가 유행하였고, 『홍길동전』과 『춘향전』 등 **한글 소설**이 널리 읽혔다. 이에 따라 소설이 대중화되어 소설책을 빌려주는 **세책가**와 직업적으로 소설을 낭독하는 이야기꾼인 **전기수**가 등장하였다.

② **조선 후기 정선**이 개척한 화풍인 **진경산수화**는 옛 작품을 모방하던 전통적인 산수화와는 달리 우리나라의 빼어난 명승지를 보고 느낀 감정을 그림으로 표현하였다. 대표적인 작품으로는 「인왕제색도」가 있다.

한 번 더 체크하러 가기 ▶ 미니북 24쪽

⑤ 국왕 직속 사법 기구로 중죄인을 다스렸다.

의금부는 고려 충렬왕 때 설치한 순마소가 조선 태종 때 개편되면서 국왕 직속 사법 기구가 되었다. 반역죄, 강상죄 등을 저지른 중죄인을 다루도록 하여 왕권 확립에 기여하였다.

✅ 선택지 풀이

① 원각사지 십층 석탑이 건립되었다.

조선 세조 때 왕실의 지원을 받아 원각사지 십층 석탑이 건립되었다. 이 탑은 고려의 개성 경천사지 십층 석탑을 본떠 만든 것으로 국보 제2호로 지정되어 있으며, 대리석을 재료로 하여 백탑으로 불리기도 하였다.

③ 주자소가 설치되어 계미자가 주조되었다.

조선 태종 때 주자소를 설치하고 계미자를 주조하여 조선의 금속 활자 인쇄술이 한층 더 발전하였다.

④ 표면에 백토를 바른 분청사기가 유행하였다.

조선 전기 궁중이나 관청에서 백자나 분청사기를 널리 사용하였다. 분청사기는 고려 말에 등장한 기법으로, 청자에 백토의 분을 칠하는 방식으로 제작되었다.

⑤ 청주 흥덕사에서 직지심체요절이 간행되었다.

고려 때 청주 흥덕사에서 간행한 『직지심체요절』은 현존하는 세계 최고(最古)의 금속 활자본으로 공인받고 있으며, 현재 프랑스 국립 도서관에 소장되어 있다.

---

26 비변사   정답 ④

✅ 정답 분석

정답이 보이는 핵심 키워드

#중종 #삼포왜란을 계기로 설치 #을묘왜변 때 상설 기구화 #양 난 이후 국정 총괄 기구로 발전 #군국 기무를 모두 관장

길잡이 | 비변사의 권한이 강화되는 과정을 살펴봅니다.

조선 중종 때 **삼포왜란**이 일어나자 외적의 침입에 대비하기 위한 **임시 기구**로 비변사를 처음 설치하였고, **명종** 때 **을묘왜변**을 계기로 **상설 기구화**되었다. **임진왜란**을 거치면서 조직과 기능이 확대되어 **중앙 기구**로 자리 잡았고, 의정부를 대신하여 국정 전반을 총괄하는 **실질적인 최고의 관청**으로 성장하였다.
④ 고종 즉위 이후 정치적 실권을 잡은 **흥선 대원군**은 **비변사를 폐지**하고 의정부의 권한을 강화하였다.

✅ 선택지 풀이

① 업무 일지인 내각일력을 작성하였다.

『내각일력』은 조선 정조 때 1779년부터 1883년까지 창덕궁 후원에 설치한 왕실 도서관인 규장각의 업무를 기록한 일기이다.

② 사헌부, 사간원과 함께 3사로 불렸다.

홍문관은 조선 성종 때 집현전을 계승하여 설치되었으며, 대표적인 언론 기관인 사헌부, 사간원과 함께 3사를 구성하였다.

③ 소속 관원을 은대 학사라고도 칭하였다.

승정원은 조선 시대 왕의 비서 기관으로서 왕명의 출납을 관장하였다. 소속 승지 6인을 은대 학사라고 부르기도 하였다.

---

27 유득공   정답 ①

✅ 정답 분석

정답이 보이는 핵심 키워드

#시를 잘 짓고 전고(典故)에 밝음 #발해고 #왕씨가 고구려의 옛 강역을 회복하지 못하였음을 탄식 #계림과 낙랑의 옛터

길잡이 | 『발해고』를 저술한 유득공에 대해 알아봅니다.

① **조선** 서얼 출신인 **유득공**은 정조 때 **규장각 검서관**으로 등용되었다. 역사서인 『**발해고**』를 저술하여 발해를 우리의 역사로 인식하고 최초로 '**남북국**'이라는 용어를 사용하였다.

✅ 선택지 풀이

② 양명학을 연구해 강화 학파를 형성하였다.

조선 후기 정제두는 지행합일을 중요시하는 양명학을 체계적으로 연구하였고, 강화도에서 후진 양성에 힘을 기울여 강화 학파를 형성하였다.

③ 의산문답에서 중국 중심의 세계관을 비판하였다.

조선 후기 홍대용은 『의산문답』을 통해 지전설과 무한 우주론을 주장하며 중국 중심의 성리학적 세계관을 비판하였다.

④ 북한산비가 진흥왕 순수비임을 처음으로 밝혀냈다.

조선 후기 김정희는 금석학 연구를 통해 저술한 『금석과안록』에서 북한산비가 진흥왕 순수비임을 밝혀냈다.

⑤ 체질에 따라 치료를 달리하는 사상 의학을 확립하였다.

조선 고종 때 이제마는 『동의수세보원』을 저술하여 사상 의학을 확립하였다.

---

28 홍경래의 난   정답 ①

✅ 정답 분석

정답이 보이는 핵심 키워드

#19세기 초 #세도 정치기 #수탈과 횡포에 대한 저항 #서북 지방민에 대한 차별 #청천강 이북 지역 차지 #정주성 #관군에게 진압

길잡이 | 홍경래의 난이 일어나게 된 배경과 그 결과에 대해 학습합니다.

① 조선 순조 때 **세도 정치**로 인한 삼정의 문란과 **서북 지역 차별 대우**에 불만을 품은 **평안도 지방** 사람들이 몰락 양반 출신 **홍경래**를 중심으로 봉기를 일으켰다. 평안북도 가산에서 **우군칙** 등과 함께 **정주성**을 점령하고 **청천강 이북 지역**을 차지하기도 하였으나 **관군에 의해 진압**되었다.

한 번 더 체크하러 가기 ▶ 미니북 36쪽

선택지 풀이

② 청군이 파병되는 결과를 가져왔다.
③ 제물포 조약이 체결되는 배경이 되었다.

조선 고종 때 신식 군대인 별기군과 차별 대우를 받던 구식 군대가 선혜청과 일본 공사관을 습격하면서 임오군란이 발생하였다. 반란군은 조선 조정의 요청으로 파병된 청군에 의해 진압되었으며, 이를 계기로 청은 조선 내에 군대를 주둔시키고 내정에 간섭하였다. 또한, 일본이 임오군란 직후 군란으로 인한 일본 공사관의 피해와 일본인 교관 피살에 대한 사과 사절단 파견, 주모자 처벌, 배상금 지불, 공사관 경비병 주둔 등을 요구하여 조선은 일본과 제물포 조약을 체결하였다.

④ 보국안민, 제폭구민을 기치로 내걸었다.

동학 농민군은 '보국안민, 제폭구민'을 기치로 내걸고 백산에서 4대 강령을 발표하며 봉기하였다. 이후 황토현 전투와 황룡촌 전투에서 관군에 승리하며 전주성을 점령하고 전라도 일대를 장악하였다.

⑤ 박규수가 안핵사로 파견되는 계기가 되었다.

조선 철종 때 삼정의 문란과 경상 우병사 백낙신의 가혹한 수탈에 견디다 못한 진주 지역의 농민들이 임술 농민 봉기를 일으켰다. 이에 안핵사로 파견된 박규수는 삼정이정청을 설치하여 삼정의 문란을 해결하고자 하였다.

암기의 key	조선 후기 주요 농민 봉기	
구분	홍경래의 난 (순조, 1811)	임술 농민 봉기 (철종, 1862)
배경	• 세도 정치, 삼정의 문란 • 평안도 지역 사람에 대한 차별 대우	• 세도 정치, 삼정의 문란 (백성에 대한 수탈 심화) • 경상 우병사 백낙신의 부정부패
전개	• 몰락 양반 홍경래를 중심으로 농민, 중소 상인, 광산 노동자 합세 • 평북 가산에서 봉기 → 청천강 이북 지역 장악 (정주성)	진주 농민 봉기(유계춘 중심) → 삼정의 문란 시정 요구 → 정부가 안핵사 박규수 파견
결과	정주성에서 정부군에 의해 진압	삼정이정청 설치 → 삼정의 문란 시정 실패

29 시대별 농민 봉기   정답 ④

정답 분석

> **정답이 보이는 핵심 키워드**
> #원종, 애노 #사벌주 #적(賊)들이 봉기 #운문 #김사미 #초전 #효심 #임술년 #진주 백성 수만 명 #군수 조병갑 #만석보 #전봉준

> 길잡이 ┃ 시대별로 일어난 농민 봉기를 학습합니다.

(가) **통일 신라 말** 진성 여왕 때 왕권이 약화되고 귀족들의 반란이 빈번하였다. 이때 **원종**과 **애노**가 **사벌주**에서 중앙 정권의 무분별한 조세 징수에 반발하여 농민 봉기를 일으켰다(889).
(나) **고려 무신 정권 시기**인 명종 때 과도한 수탈과 차별에 항거하는 농민 반란이 빈번하였다. 이때 **운문**과 **초전**(지금의 울산)에서 **김사미**와 **효심**의 난이 발생하였다(1193).
(다) **조선 철종** 때 삼정의 문란과 경상 우병사 백낙신의 가혹한 수탈에 견디다 못한 **진주** 지역의 농민들이 몰락 양반 유계춘을 중심으로 **임술 농민 봉기**를 일으켜 진주성을 점령하였다(1862).
(라) 전라도 고부 군수 조병갑의 횡포에 견디다 못한 농민들은 동학 교도 **전봉준**을 중심으로 **동학 농민 운동**을 일으켰다(1894.1.). 농민군은 황토현 전투에서 관군에 승리하며 전주성을 점령하였다.

한 번 더 체크하러 가기 ▶ 미니북 22, 36, 41쪽

선택지 풀이

ㄱ. 삼정이정청이 설치되는 계기가 되었다.

조선 철종 때 발생한 임술 농민 봉기의 수습을 위해 파견된 안핵사 박규수는 원인이 삼정의 문란에 있다고 보고 삼정이정청을 설치하여 이를 해결하고자 하였다.

ㄷ. 윤원형 일파가 정국을 주도한 시기에 발생하였다.

조선 명종 때 외척 간의 갈등과 관리들의 수탈이 심화되어 민생이 어려워지자 양주의 백정 출신 임꺽정이 이끄는 도적 무리가 등장하였다. 이들은 경기도와 황해도 일대의 관아 창고를 털어 백성들에게 나누어 주는 등 의적 활동을 벌이다가 약 3년 만에 관군에게 잡혀 처형되었다.

30 병인박해   정답 ①

정답 분석

> **정답이 보이는 핵심 키워드**
> #프랑스 공사 #조선에서 프랑스 주교, 선교사, 많은 천주교 신자 처형

> 길잡이 ┃ 병인박해가 일어난 시기를 알아봅니다.

① **흥선 대원군**은 **천주교**를 통해 **프랑스**와 조약을 체결하고 **러시아의 남하 정책을 견제**하고자 하였으나 국내외에서 천주교에 대한 반발이 생겨나자 프랑스인 선교사들을 처형하는 등 **병인박해**를 일으켰다(1866.1.). 이후 프랑스 로즈 제독이 병인박해를 구실로 함대를 이끌고 강화도에 침입하면서 병인양요가 발생하였다(1866.9.).

한 번 더 체크하러 가기 ▶ 미니북 33쪽

---

31 강화도 조약 정답 ⑤

✓ 정답 분석

정답이 보이는 핵심 키워드

#조일 수호 조규 #1876년 #신헌 #조선은 자주국 #조선국 연해를 일본 항해자가 자유롭게 측량

길잡이 ┃ 조선이 외국과 맺은 최초의 조약인 강화도 조약에 대해 살펴봅니다.

⑤ **일본**이 **운요호 사건**을 구실로 조선에 통상 조약 체결을 요구하여 강화도 연무당에서 우리나라 최초의 근대적 조약이자 불평등 조약인 **강화도 조약**이 체결되었다. 일본의 요구에 따라 **부산, 원산, 인천** 3곳을 개항하였으며, 개항장에 조계를 설정하여 일본 상인의 자유로운 무역과 거주를 허용할 것을 규정하였다.

한 번 더 체크하러 가기 ▶ 미니북 11쪽

✓ 선택지 풀이

① 최혜국 대우를 최초로 규정하였다.
조미 수호 통상 조약은 조선이 서양 국가와 맺은 최초의 조약으로, 최혜국 대우를 처음으로 규정하였다. 또한, 치외 법권, 국가 간의 분쟁을 제3국이 해결하는 거중 조정 조항 등이 포함된 불평등 조약이었다.

② 통감부가 설치되는 계기가 되었다.
을사늑약이 체결되면서 대한 제국의 외교권이 박탈되고 서울에 통감부가 설치되었다. 이후 조약 체결의 원흉인 이토 히로부미가 초대 통감으로 부임하여 외교뿐만 아니라 내정에도 간섭하였다.

③ 천주교 포교 허용의 근거가 되었다.
조선과 프랑스가 조불 수호 통상 조약을 체결하면서 천주교 포교가 허용되었다.

④ 일본 경비병의 공사관 주둔을 명시하였다.
조선은 임오군란의 피해를 보상하라는 일본의 요구로 일본인 교관 피살에 대한 사과 사절단 파견, 주모자 처벌, 배상금 지불, 공사관 경비병 주둔 등을 명시한 제물포 조약을 체결하였다.

---

32 갑신정변 정답 ⑤

✓ 정답 분석

정답이 보이는 핵심 키워드

#홍 참판 #우정총국 개국 연회 #민 참판 #일본 공사를 호위하기 위해 온 일본 병사들

길잡이 ┃ 갑신정변의 발생과 그 이후 상황에 대해 학습합니다.

⑤ 임오군란 이후 청의 내정 간섭이 심화되자 **급진 개화파**는 근대화 추진과 민씨 세력 제거를 위해 일본의 군사적 지원을 받아 **우정총국** 개국 축하연 자리에서 **갑신정변**을 일으켰다. 이후 **개화당** 정부를 수립하고 **14개조 개혁 정강**을 발표한 후 입헌 군주제, 청과의 사대 관계 폐지, 능력에 따른 인재 등용 등의 개혁을 추진하였다. 그러나 청군의 개입과 일본의 군사 지원이 약속대로 이행되지 않아 3일 만에 실패하였다.

한 번 더 체크하러 가기 ▶ 미니북 37쪽

✓ 선택지 풀이

① 신식 군대인 별기군이 폐지되었다.
④ 왕비가 궁궐을 빠져 나와 장호원으로 피신하였다.
신식 군대인 별기군과의 차별 대우에 반발한 구식 군대가 임오군란을 일으켰다. 이에 명성황후는 궁을 탈출하여 민응식의 장호원으로 몸을 피하였다. 이를 계기로 다시 정권을 잡은 흥선 대원군은 별기군을 폐지하고 5군영제를 재설치하였다.

② 김기수를 수신사로 일본에 파견하였다.
조선은 강화도 조약 체결을 계기로 문호를 개방한 뒤 개화 정책을 추진하였다. 이에 따라 일본에 수신사로 파견된 김기수는 신식 기관과 각종 근대 시설을 시찰하고 돌아와 일본의 발전을 고종에게 보고하였다.

③ 이항로와 기정진이 척화주전론을 주장하였다.
1860년대 병인양요, 오페르트 도굴 사건 등의 외세 침략과 통상 요구에 반발하여 이항로와 기정진 등은 척화주전론을 중심으로 위정척사 운동을 전개하였다.

---

33 제2차 갑오개혁 정답 ⑤

✓ 정답 분석

정답이 보이는 핵심 키워드

#김홍집 #박영효 #수령의 권한 축소 #재판소 설치

길잡이 ┃ 김홍집과 박영효에 의해 추진된 제2차 갑오개혁의 내용을 알아봅니다.

군국기무처 폐지 이후 **김홍집 · 박영효** 연립 내각에 의해 **제2차 갑오개혁**이 추진되었다. 이에 따라 중앙 행정 기구인 의정부와 8아문을 각각 내각과 7부로, 지방 행정 구역을 8도에서 23부로 개편하였고, **재판소**를 설치하여 사법권을 행정권에서 분리하였다. ⑤ **제2차 갑오개혁** 때 **교육 입국 조서**를 반포하여 근대적 교육의 기본 방향을 제시하였고, 이에 따라 소학교, 중학교, **한성 사범 학교** 등을 세웠다.

한 번 더 체크하러 가기 ▶ 미니북 50쪽

◇ 선택지 풀이

① 원수부를 설치하였다.
대한 제국 선포 이후 고종은 광무개혁을 실시하고 황제 직속의 원수부를 설치하여 대원수로서 군대를 통솔하고자 하였다.

② 기기창을 설립하였다.
영선사는 톈진 기기국에서 서양의 근대식 무기 제조 기술과 군사 훈련법을 시찰하고 돌아와 국내에 근대식 무기 제조 공장인 기기창을 설립하였다.

③ 공사 노비법을 혁파하였다.
김홍집과 박정양 등을 중심으로 실시된 제1차 갑오개혁에서 공사 노비법이 혁파되어 신분제가 법적으로 폐지되었다.

④ 태양력을 공식 채택하였다.
을미사변 이후 을미개혁이 추진되어 건양 연호와 태양력을 사용하게 되었고 단발령이 시행되었다.

암기의 key	갑오개혁의 주요 내용
제1차 갑오개혁	**제2차 갑오개혁**
• 개국 기원 사용, 과거제 폐지, 6조를 8아문으로 개편 • 재정 일원화, 은 본위제, 도량형 통일, 조세 금납제 • 공사 노비법 혁파, 고문 · 연좌제 폐지, 조혼 금지, 과부 재가 허용	• 8도를 23부로 개편, 재판소 설치(사법권 독립) • 한성 사범 학교 설립, 관제 공포

34 나철　　정답 ①

◇ 정답 분석

정답이 보이는 **핵심 키워드**
#전라남도 보성군 #오기호 #대종교 창시 #독립운동 #홍암사

길잡이 ｜ 일제 강점기에 독립을 위해 활동한 나철에 대해 알아봅니다.

① **나철**은 을사늑약을 체결하는 데 협력한 친일파 을사오적(박제순, 이지용, 이근택, 이완용, 권중현)을 암살하기 위해 **자신회**를 조직하여 활동하였다. 그러나 계획이 사전에 드러나면서 유배를 가게 되었다. 1909년 이후 **대종교**를 창시하고 단군 숭배를 통해 민족 의식을 고취하며 교세를 확장하였다.

◇ 선택지 풀이

② 명동 성당 앞에서 이완용을 습격하였다.
이재명은 명동 성당 앞에서 을사오적 중 한 명인 이완용을 습격하여 중상을 입혔다.

③ 하얼빈에서 이토 히로부미를 사살하였다.
안중근은 을사늑약 체결을 주도하고 초대 통감을 지낸 이토 히로부미를 만주 하얼빈 역에서 사살하였다.

④ 타이완에서 일본 육군 대장을 저격하였다.
조명하는 타이완에서 일본 육군 대장 구니노미야 구니히코를 저격한 후 체포되어 사형되었지만 이로 인해 식민지 조선의 항일 의지를 아시아 전역에 알리게 되었다.

⑤ 동양 척식 주식회사에 폭탄을 투척하였다.
의열단원인 나석주는 동양 척식 주식회사와 식산 은행에 폭탄을 투척하였다.

35 독립 의군부　　정답 ⑤

◇ 정답 분석

정답이 보이는 **핵심 키워드**
#임병찬 #고종의 밀지 #복벽주의

길잡이 ｜ 임병찬이 조직한 독립 의군부에 대해 살펴봅니다.

⑤ **임병찬**은 **고종의 밀명**을 받아 **독립 의군부**를 조직하였다. 이후 조선 총독부에 **국권 반환 요구서**를 보내고, 복벽주의를 내세워 **의병 전쟁**을 준비하였다.

한 번 더 체크하러 가기 ▶ 미니북 40쪽

◇ 선택지 풀이

① 일본 도쿄에서 독립 선언서를 발표하였다.
일본 도쿄 유학생들이 중심이 되어 결성한 조선 청년 독립단은 대표 11인을 중심으로 도쿄에서 2 · 8 독립 선언서를 발표하였다.

② 일제가 제정한 치안 유지법으로 탄압받았다.
1920년대 사회주의가 확산되자 일제는 치안 유지법을 시행하여 식민지 지배에 저항하는 민족 해방 운동 및 사회주의 및 독립운동을 탄압하였다.

③ 서간도에 신흥 강습소를 세워 독립군을 양성하였다.

서간도 삼원보 지역에서 신민회 회원인 이상룡, 이회영 등은 독립군 양성 학교인 신흥 강습소를 설립하여 독립군을 양성하였다.

④ 독립운동 자금을 모으기 위해 독립 공채를 발행하였다.

대한민국 임시 정부는 국외 거주 동포들에게 독립 공채를 발행하여 독립운동 자금을 마련하였다.

36 간도 참변   정답 ②

✓ 정답 분석

> **정답이 보이는 핵심 키워드**
>
> #경신년 시월 #일본 토벌대 #만주 #애국지사와 농민들 학살 #독립군의 성과에 대한 보복 #경신참변 #서간도

> **길잡이** ▎간도 참변이 일어나게 된 배경에 대해 알아봅니다.

일제는 봉오동 전투와 청산리 전투의 패배에 대한 보복으로 독립군의 근거지를 소탕하기 위해 간도 지역의 수많은 한국인을 학살하는 **간도 참변**을 저질렀다.

② **대한 독립군**은 의병장 출신 홍범도를 총사령관으로 하여 대한 국민회군, 군무도독부 등의 독립군과 연합 작전을 전개하며 **봉오동 전투**에서 일본군을 상대로 큰 승리를 거두었다.

한 번 더 체크하러 가기 ▶ 미니북 28쪽

✓ 선택지 풀이

① 조선 의용대가 호가장 전투에서 활약하였다.

중국 화북 지역에서 활동하던 조선 의용대 화북지대는 중국 팔로군과 함께 호가장 전투에서 일본군을 상대로 승리하였다.

③ 조선 혁명군이 영릉가에서 일본군에 승리를 거두었다.

남만주 지역 조선 혁명당 산하의 군사 조직인 조선 혁명군은 양세봉의 주도로 중국 의용군과 연합하여 영릉가 전투에서 일본군에 승리하였다.

④ 한국 독립군이 대전자령 전투에서 일본군을 격퇴하였다.

지청천을 중심으로 북만주에서 결성된 한국 독립군은 중국 호로군과 연합하여 쌍성보 전투, 사도하자 전투, 대전자령 전투에서 일본군에 승리하였다.

⑤ 대한민국 임시 정부가 직할 부대로 참의부를 결성하였다.

만주 지역의 독립군 부대들은 대한민국 임시 정부 소속의 군정부로서 중국 지안을 중심으로 압록강 접경을 관할한 참의부, 하얼빈 이남의 남만주를 관할한 정의부, 북만주를 관할한 신민부 등 3부로 재편되었다.

37 광무개혁   정답 ④

✓ 정답 분석

> **정답이 보이는 핵심 키워드**
>
> #석조전 #황제로 즉위한 고종 #개혁 추진 #황궁의 정전

> **길잡이** ▎고종 황제가 광무개혁을 추진한 시기를 학습합니다.

고종은 아관 파천 이후 **경운궁(덕수궁)**으로 환궁하여 **대한 제국을 수립**하고 환구단에서 황제 즉위식을 거행하였다(1897). 이후 **석조전**, 정관헌 등의 서양식 건물을 세워 자주 국가로서의 모습을 표방하고자 하였다. 또한, '옛 법을 근본으로 삼고 새로운 것을 첨가한다'라는 의미의 **구본신참**을 기본 정신으로 하는 **광무개혁**을 실시하였다. 이에 따라 상공 학교와 같은 실업·교육 기관을 설립하여 상공업 진흥을 추진하였으며, 황제 직속의 원수부를 설치하여 대원수로서 모든 군대를 통솔하고자 하였다(1899).

④ **고종**은 광무개혁 때 **양전 사업**을 실시하여 지계아문을 통해 토지 소유 문서인 **지계**를 발급하고 근대적 토지 소유권을 확립하고자 하였다(1901).

한 번 더 체크하러 가기 ▶ 미니북 49쪽

✓ 선택지 풀이

① 영선사 일행으로 청에 가는 생도

조선 고종 때 김윤식을 중심으로 한 영선사는 근대 무기 제조 기술과 군사 훈련법을 배우기 위해 청의 톈진으로 파견되었다(1881).

② 육영 공원에서 영어를 공부하는 학생

최초의 근대식 공립 학교인 육영 공원은 헐버트, 길모어 등의 외국인 교사를 초빙하여 상류층 자제에게 근대 교육을 실시하였다(1886).

③ 거문도를 불법 점령하고 있는 영국 해군

조선 고종 때 영국은 조선에 대한 러시아의 세력 확장을 저지하기 위해 거문도를 불법으로 점령하였다(1885).

⑤ 보은 집회에서 교조 신원을 주장하는 동학교도

동학교도들은 억울하게 처형된 교주 최제우에 대한 교조 신원과 동학 탄압 금지 등을 요구하며 충청도 보은에서 집회를 개최하였다(1893).

38 을사늑약   정답 ⑤

✓ 정답 분석

> **정답이 보이는 핵심 키워드**
>
> #강화(講和) 조약 #러시아 #일본이 조선의 내정을 지도·보호 및 감리(監理) #『윤치호 일기』

> **길잡이** ▎을사늑약의 체결 과정을 파악하고, 이후 일어난 사건에 대해 알아봅니다.

러일 전쟁에서 승리한 **일본**이 사실상 열강들로부터 한국에 대한 지배를 인정받자 일본은 **을사늑약**을 체결하여 대한 제국의 외교권을 박탈하고 한국을 식민지로 만들려는 계획을 진행하였다(1905). 을사늑약 체결 이듬해 서울에 통감부가 설치되었고, 이토 히로부미가 초대 통감으로 부임하여 외교뿐만 아니라 내정에도 간섭하였다.

⑤ **을사늑약 체결 이후** 유생 출신의 민종식, 최익현과 평민 의병장 출신 신돌석 등이 **을사의병**을 주도하였다. 그중 **민종식**은 충청도 **홍주성**을 점령하고 일본군과 대혈전을 치렀다(1906).

한 번 더 체크하러 가기 ▶ 미니북 11, 39쪽

✅ 선택지 풀이

① 메가타가 재정 고문으로 부임하였다.

제1차 한일 협약을 통해 스티븐스가 외교 고문, 메가타가 재정 고문으로 임명되었다(1904). 이후 메가타는 대한 제국의 경제권을 장악하기 위해 탁지부를 중심으로 화폐 정리 사업을 시작하였다.

② 고종이 러시아 공사관으로 거처를 옮겼다.

삼국 간섭 이후 일본의 세력이 위축되면서 민씨 세력이 러시아를 통해 일본을 견제하려 하자, 일본은 자객을 보내 경복궁을 습격하여 을미사변을 일으켰다(1895). 이에 신변의 위협을 느낀 고종은 러시아 공사관으로 피신하였다(아관 파천, 1896).

③ 베델과 양기탁이 대한매일신보를 창간하였다.

대한 제국 때 양기탁은 영국인 베델과 함께 대한매일신보를 창간하여 항일 민족 운동을 적극적으로 지원하였다(1904).

④ 관민 공동회가 개최되어 헌의 6조를 결의하였다.

독립 협회가 관민 공동회를 개최하고 중추원 개편을 통한 의회 설립 방안이 담겨 있는 헌의 6조를 건의하여 고종이 이를 채택하였다(1898).

암기의 key	일제의 국권 침탈 과정

조약	주요 내용
한일 의정서 (1904.2.)	• 러일 전쟁 발발 직후 체결 • 대한 제국의 군사 요지 점령
제1차 한일 협약 (1904.8.)	고문 정치: 외교 고문 스티븐스, 재정 고문 메가타
을사늑약 (제2차 한일 협약, 1905.11.)	• 외교권 박탈 • 통감부 설치: 초대 통감 이토 히로부미
한일 신협약 (정미 7조약, 1907.7.)	• 차관 정치: 일본인 차관, 통감부의 내정 간섭 심화 • 대한 제국 군대 해산
기유각서 (1909)	사법권 박탈
한일 병합 조약 (1910.8.)	• 대한 제국 국권 상실 • 조선 총독부 설치: 초대 총독 데라우치, 총리 대신 이완용

39 천도교   정답 ①

✅ 정답 분석

정답이 보이는 핵심 키워드

#동학에서 시작된 종교 #방정환, 김기전 #인내천 사상을 바탕 #1922년 #어린이의 날 #거리 행진 #선전문 배포 #제정 축하 기념회

길잡이 | 어린이의 날을 선포한 천도교의 활동을 살펴봅니다.

동학의 제3대 교주 **손병희**는 동학을 **천도교**로 개칭하고, 3·1 운동에 적극적으로 참여하였다. 1920년대에는 일제의 식민지 통치 방식이 문화 통치로 변화한 것을 이용하여 출판·교육 등 문화 운동을 전개하였다. **방정환, 김기전** 등이 주축이 된 **천도교 소년회**는 1922년 **어린이날**을 제정하고, 1923년 『어린이』라는 잡지를 발간하는 등 소년 운동을 주도하였다.

① **천도교**는 국한문 혼용체 기관지인 **만세보**를 발행하여 민중 계몽 운동을 전개하였다.

한 번 더 체크하러 가기 ▶ 미니북 27쪽

✅ 선택지 풀이

② 중광단을 조직하여 무장 투쟁을 전개하였다.

북간도로 이주한 한인들이 대종교를 중심으로 중광단을 조직하여 항일 투쟁을 전개하였다.

③ 배재 학당을 세워 신학문 보급에 기여하였다.

미국인 개신교 선교사 아펜젤러가 세운 배재 학당은 근대적 사립 학교로 신학문 보급에 기여하였다.

④ 박중빈을 중심으로 새생활 운동을 추진하였다.

박중빈이 창시한 원불교는 새생활 운동을 추진하여 허례허식 폐지, 근검절약, 금주·단연 등을 추구하고, 개간 및 간척 사업과 저축 운동을 적극적으로 장려하였다.

⑤ 일제의 통제에 맞서 사찰령 폐지 운동을 주도하였다.

조선 불교 유신회는 일제가 시행한 사찰령에 저항하여 민족 불교의 자주성을 지키기 위해 사찰령 폐지 운동을 전개하였다.

40 안창호   정답 ⑤

✅ 정답 분석

정답이 보이는 핵심 키워드

#여행권(여권) #독립운동가 #미국, 중국, 멕시코 #공립 협회 #대한인 국민회 #흥사단 #1937년 동우회 사건

길잡이 | 독립운동가 안창호의 활동에 대해 학습합니다.

⑤ **안창호**는 1907년 양기탁 등과 함께 **신민회**를 결성하고 대성 학교와 오산 학교를 세워 민족 교육을 실시하였다. 1910년에는 국권 회복을 위해 **샌프란시스코**에 **대한인 국민회**를 조직하고, 실력을 갖춘 젊은이를 육성하기 위해 민족 운동 단체인 **흥사단**을 창립하였다(1913). 1919년 3·1 운동 이후 **대한민국 임시 정부**가 설립되자 **상하이**로 건너가 **내무총장 겸 국무총리 대리**로 취임하여 활동하였다.

한 번 더 체크하러 가기 ▶ 미니북 15쪽

✅ **선택지 풀이**

① 일본의 침략 과정을 담은 한국통사를 저술하였다.
   박은식은 독립운동의 수단으로 민족사 연구에 몰두하여 일본의 침략 과정을 다룬 『한국통사』를 저술하였다.

② 조선학 운동을 주도하여 여유당전서를 간행하였다.
   정인보는 안재홍과 함께 조선학 운동을 주도하여 정약용의 저술을 모은 『여유당전서』를 간행하였다.

③ 백산 상회를 설립하여 독립운동 자금을 마련하였다.
   일제 강점기의 독립운동가 안희제는 민족 자본으로 우리나라 최초의 주식회사인 백산 상회를 세우고 무역업을 통해 독립운동 자금을 마련하였다.

④ 친일 인사 스티븐스를 샌프란시스코에서 사살하였다.
   장인환과 전명운은 미국 샌프란시스코에서 대한 제국의 외교 고문이었던 친일파 미국인 스티븐스를 저격하였다.

---

41 민족 말살 통치기   정답 ⑤

✅ **정답 분석**

정답이 보이는 핵심 키워드
#중일 전쟁 #일제가 침략 전쟁을 확대 #황국 신민 체조의 날

길잡이 ┃ 민족 말살 통치기에 일제가 시행한 정책을 알아봅니다.

1930년대 이후 **일제**는 대륙 침략을 위해 한반도를 **병참 기지화**하고 **중일 전쟁**과 태평양 전쟁을 일으켰으며, 조선에 **국가 총동원법**을 시행하여 인적·물적 자원을 수탈하였다. 이 시기 **조선 총독부**는 친일 단체인 국민 총력 조선 연맹을 조직하여 **황국 신민화 정책**을 선전하였으며, 애국반을 통한 공출, 징병·징용 등을 독려하였다. 또한, **황국 신민 서사 암송**과 창씨개명, 신사 참배 등을 강요하며 우리 민족의 정체성을 말살하려 하였다.
⑤ **일제**는 **민족 말살 통치기**에 **조선 사상범 예방 구금령**을 공포하여 사상 및 행동을 관찰한다는 명목으로 조선인들의 독립운동을 탄압하였다(1941).

한 번 더 체크하러 가기 ▶ 미니북 12쪽

✅ **선택지 풀이**

① 회사령을 제정하였다.
   일제는 민족 기업과 민족 자본의 성장을 억제하기 위해 회사 설립 시 총독의 허가를 받도록 하는 회사령을 제정하였다(1910).

② 미쓰야 협정을 체결하였다.
   1920년대 만주 지역에서 항일 무장 투쟁이 활발하게 전개되자 조선 총독부 경무 국장 미쓰야와 만주 군벌 장쭤린은 독립군을 체포하여 넘기면 일본이 그 대가로 상금을 지불하는 내용의 미쓰야 협정을 체결하였다(1925).

③ 경성 제국 대학을 설립하였다.
   일제는 조선 민립 대학 설립 운동을 저지하고 여론을 무마하기 위해 경성 제국 대학을 설립하였다(1924).

④ 토지 조사 사업을 실시하였다.
   조선 총독부는 토지 조사국을 설치하고 토지 조사령을 발표하여 일정 기간 내 토지를 신고하도록 하는 토지 조사 사업을 실시하였다(1912).

---

42 지역사 – 제주도   정답 ④

✅ **정답 분석**

정답이 보이는 핵심 키워드
#항파두리 항몽 유적 #알뜨르 비행장 #셋알 오름 #일제 고사포 진지 #송악산 해안 동굴 진지 #관덕정

길잡이 ┃ 제주도에서 일어난 역사적 사실을 학습합니다.

• **항파두리성**은 제주시 애월읍에 위치한 성곽으로, **고려** 조정이 **몽골**과 강화를 맺고 개경으로 환도하자 이에 반대한 **삼별초**가 김통정의 지휘 아래 이곳으로 들어와 성을 쌓고 **대몽 항쟁**을 전개하였다.
• **알뜨르 비행장**은 서귀포시 송악산 근처에 있는 군사 시설로, **일제**가 1920년대 중반부터 1945년까지 2차에 걸쳐 군용으로 건설하였다. 1937년 중일 전쟁 발발 후 본격적으로 전초 기지로 쓰이기 시작하였다.
• **셋알 오름 고사포 진지**는 알뜨르 비행장 근처에 위치한 시설로, 태평양 전쟁 말기 일제가 알뜨르 비행장을 보호하고자 설치하였다.
• **송악산 해안 동굴 진지**는 서귀포시 해안가에 위치한 군사 시설로, **태평양 전쟁 말기** 일제가 패전에 직면하자 해상으로 들어오는 연합군 함대를 향해 자살 폭파 공격을 하기 위해 구축하였다.
④ **제주 4·3 사건**은 남한만의 단독 정부 수립에 반대한 남로당 제주도당의 무장 봉기와 이에 대한 미군정 및 경찰 토벌대의 강경 진압이 원인이 되어 발생하였다. 진압 과정에서 법적 절차를 거치지 않고 총기 등을 사용하여 **민간인을 학살**하면서 제주도민들이 큰 피해를 입었다.

✅ **선택지 풀이**

① 정약전이 자산어보를 저술한 곳을 알아본다.
   조선 순조 때 정약전은 흑산도에서 유배 중에 인근 바다의 수산생물 종류와 분포, 습성 등을 기록한 『자산어보』를 집필하였다.

② 프랑스군이 외규장각 도서를 약탈한 장소를 살펴본다.
병인박해를 빌미로 로즈 제독이 이끄는 프랑스 군대가 강화도 양화진을 침략하여 병인양요가 발생하였다. 이때 프랑스 군대는 외규장각을 불태우고 의궤 등을 약탈하였다.

③ 지주 문재철에 맞서 소작 쟁의가 일어난 곳을 찾아본다.
전남 신안군 암태도에서는 한국인 지주 문재철의 횡포와 이를 비호하는 일본 경찰에 맞서 일제 강점기 최대 규모의 암태도 소작 쟁의가 발생하였다.

⑤ 러시아가 저탄소 설치를 위해 조차를 요구한 곳을 검색한다.
러시아는 함대의 연료 보급을 위한 저탄소 저장소 설치를 위해 절영도(영도) 조차를 요구하였으나 독립 협회의 이권 수호 운동과 국내의 반대 여론으로 저지되었다.

---

43 한국 광복군 정답 ②

✓ 정답 분석

정답이 보이는 핵심 키워드

#인도 전선 #영국군의 작전에 협조 #육성 선전, 방송, 전단 살포, 포로 신문, 정찰, 포로 훈련 #충칭 #『독립신문』

길잡이 | 한국 광복군의 활동에 대해 알아봅니다.

② **한국 광복군**은 **충칭**에서 **대한민국 임시 정부의 직할 부대**로 창설되었다(1940). 이후 **영국군**의 요청으로 **인도·미얀마** 전선에 파견되었으며, **미군**과 협조하여 **국내 진공 작전**을 추진하였다(1945).

한 번 더 체크하러 가기 ▶ 미니북 28쪽

✓ 선택지 풀이

① 청산리에서 일본군에 맞서 대승을 거두었다.
김좌진이 이끄는 북로 군정서군과 홍범도가 이끄는 대한 독립군을 중심으로 한 독립군 연합 부대는 청산리 전투에서 일본군에 대승을 거두었다.

③ 쌍성보 전투에서 한중 연합 작전을 전개하였다.
지청천을 중심으로 북만주에서 결성된 한국 독립군은 쌍성보 전투에서 중국 호로군과 연합 작전을 전개하여 일본군에 승리하였다.

④ 중국 의용군과 연합하여 흥경성에서 승리하였다.
양세봉의 주도로 남만주 지역에서 조직된 조선 혁명군은 조선 혁명당 산하의 군사 조직으로, 중국 의용군과 연합하여 흥경성·영릉가 전투를 승리로 이끌었다.

⑤ 동북 항일 연군으로 개편되어 유격전을 펼쳤다.
중국 공산당은 1933년 항일 세력의 규합과 노동자의 주도권 강화를 강조하면서 만주에서 활동하고 있는 조선인과 중국인의 유격대를 통합하여 동북 인민 혁명군을 편성하였다. 이후 동북 항일 연군으로 개편하여 유격 활동을 계속하였다.

---

44 6·25 전쟁 정답 ④

✓ 정답 분석

정답이 보이는 핵심 키워드

#부산 정거장 #피난살이 #판잣집 #정전 협정 #서울로 떠나는 피란민

길잡이 | 6·25 전쟁 중 일어난 역사적 사건을 파악합니다.

1950년 북한의 남침으로 **6·25 전쟁**이 시작되었고 서울을 점령당한 뒤 국군은 낙동강 방어선까지 밀려나게 되었다. 유엔군 파병 이후 국군은 낙동강을 사이에 두고 공산군과 치열한 공방전을 펼쳤다. 이후 전쟁이 교착 상태에 빠지자 유엔군과 공산군은 판문점에서 **정전 협정**을 체결하였다(1953).

④ **6·25 전쟁** 중 **자유당**은 이승만의 대통령 재선을 위해 부산 지역에 비상계엄을 선포하고 대통령 직선제와 내각 책임제를 포함한 개헌안을 국회에 제출하여 토론 없이 기립 표결로 통과시키는 **발췌 개헌**을 단행하였다(1952).

한 번 더 체크하러 가기 ▶ 미니북 13, 34쪽

✓ 선택지 풀이

① 한미 상호 방위 조약이 체결되었다.
이승만 정부는 6·25 전쟁 휴전 이후 한미 상호 방위 조약을 체결하여 미국과 군사적 동맹을 맺었다(1953.10.).

② 반민족 행위 특별 조사 위원회가 해체되었다.
제헌 국회에서 일제의 잔재를 청산하고 민족정기를 바로 잡기 위해 구성된 반민족 행위 특별 조사 위원회는 이승만 정권과 친일 잔재 세력의 거센 반발 및 집요한 방해 공작으로 사실상 무력화되어 해체 수순을 밟게 되었다(1949).

③ 통일 주체 국민 회의에서 대통령이 선출되었다.
박정희 정부는 유신 헌법을 발표하여 대통령 임기 6년과 중임 제한 조항 삭제 및 통일 주체 국민 회의를 통한 대통령 간선제의 내용을 담은 제7차 헌법 개정을 단행하였다(1972).

⑤ 국가보안법 개정안을 통과시킨 이른바 보안법 파동이 일어났다.
이승만의 자유당 정권은 정부에 대한 비판 세력과 국민 여론을 통제하기 위해 국가 보안법 개정안을 마련하여 여당 단독으로 통과시키는 보안법 파동을 일으켰다(1958).

45 진보당 사건 　　　　　　　정답 ②

✓ 정답 분석

> **정답이 보이는 핵심 키워드**
> #조봉암 #진보당 #국가 변란 혐의 #야당 정치인 제거 의도 #정치 탄압 사건 #진실·화해를 위한 과거사 정리 위원회

> 길잡이 ┃ 진보당 사건이 일어난 시기를 파악합니다.

② 제3대 대통령 선거에서 야당인 민주당은 정권 교체를 이루려 하였으나 자유당의 이승만이 사사오입 개헌을 바탕으로 또다시 선거에 출마하여 대통령에 당선되었고, 장기 집권을 이어가게 되었다(1956). 이 당시 **조봉암**도 선거에 출마하였으나 낙선한 후 **진보당**을 창당하고 **평화 통일론**을 주장하였다. **이승만 정부**는 조봉암과 진보당의 간부들을 **국가 변란, 간첩죄 혐의**로 체포하였고, 조봉암의 사형을 집행하였다(1958).

46 박정희 정부 　　　　　　　정답 ③

✓ 정답 분석

> **정답이 보이는 핵심 키워드**
> #유신 헌법 #대한 학도 #자유와 평등과 정의 #시민의 준엄한 심판

> 길잡이 ┃ 박정희 정부 시기 일어난 역사적 사건을 학습합니다.

③ 전두환 정부 때 박종철 고문치사 사건과 4·13 호헌 조치에 반발하여 대통령 직선제 개헌과 민주 헌법 제정을 요구하는 시위가 전개되었다. 6월 민주 항쟁이 전국적으로 확산되면서 호헌 철폐와 독재 타도를 요구하는 6·10 국민 대회가 개최되었다(1987).

한 번 더 체크하러 가기 ▶ 미니북 13쪽

✓ 선택지 풀이

① 신민당사에서 YH 무역 노동자들이 농성을 하였다.
④ 야당 총재의 국회의원직 제명을 계기로 민주 항쟁이 일어났다.
YH 무역 노동자들이 회사의 일방적인 폐업 공고에 항의하여 신민당사에서 농성을 일으키자 박정희 정부는 신민당 총재 김영삼을 국회의원직에서 제명하였다. 이로 인해 김영삼의 정치적 근거지인 부산, 마산에서 유신 정권에 반대하는 부마 민주 항쟁이 전개되었다(1979).

② 민주 회복을 위한 개헌 청원 백만인 서명 운동이 전개되었다.
⑤ 긴급 조치 철폐를 요구하는 3·1 민주 구국 선언이 발표되었다.
박정희 정부가 유신 헌법을 제정하자 각계 인사들과 함께 유신 헌법 철폐를 주장하는 개헌 청원 백만인 서명 운동을 전개하였다(1973). 또한, 김대중, 함석헌 등의 정치인과 기독교 목사, 대학 교수 등은 유신 독재 체제에 저항하여 긴급 조치 철폐 등을 요구하는 3·1 민주 구국 선언을 발표하였다(1976).

47 시대별 조선의 대외 관계 　　　　　정답 ④

✓ 정답 분석

> **정답이 보이는 핵심 키워드**
> #조선 전기 #중국과 일본 중심 #조선 후기 #중국과 일본을 오가던 서양 선박이 난파 #선교사가 조선에 파견 #서양인이 조선의 해안 측량 #교역을 목적으로 서양의 상선 접근

> 길잡이 ┃ 시대별 조선의 대외 관계에 대해 알아봅니다.

④ 조선 전기 태종 때 김사형, 이무, 이회 등이 우리나라 최초의 세계 지도이자 현존하는 최고(最古)의 지도인 혼일강리역대국도지도를 제작하였다. 이 지도에는 동아시아 전통의 중국 중심 세계관이 반영되었으며, 서남아시아, 아라비아 반도, 아프리카, 유럽 등지까지 포함되어 있어 당시로는 동서양을 통틀어 가장 훌륭한 세계 지도로 평가받는다.

✓ 선택지 풀이

① 해동제국기의 작성 목적을 파악한다.
조선 세종 때 통신사로 일본에 다녀온 신숙주는 일본의 지리와 국정, 외교 관계 등을 기록한 『해동제국기』를 성종 때 편찬하였다.

② 하멜표류기의 내용을 분석한다.
조선 효종 때 네덜란드 상인인 헨드릭 하멜이 일본 나가사키로 가던 중 표류하다가 제주도에 도착하였다. 이후 조선에 억류되었다가 본국으로 돌아가 『하멜표류기』를 저술하여 조선을 유럽에 소개하였다.

③ 프랑스 파리 외방 선교회의 활동을 알아본다.
조선에서 선교 활동을 하였던 프랑스 파리 외방 선교회 선교사들은 조선에 관한 사정을 담은 서한과 보고서 등을 본국에 보내 조선의 존재를 유럽에 알리는 역할을 하였다.

⑤ 제너럴 셔먼호 사건 관련 자료를 찾아본다.
미국의 상선 제너럴 셔먼호가 교역을 요구하며 평양의 대동강까지 들어오자 평양 관민들이 이를 거부하면서 배를 불태워 버렸다. 이 사건을 구실로 미국이 강화도를 공격하여 신미양요가 일어났다.

48 지역사 - 충주 　　　　　　　정답 ③

✓ 정답 분석

> **정답이 보이는 핵심 키워드**
> #1872년 #임진왜란 때 신립 장군이 투신 #탄금대 #임경업 장군을 기리는 충렬사

> 길잡이 ┃ 충주 지역의 역사적 사실을 살펴봅니다.

- **임진왜란**이 발발하고 왜군이 부산을 함락시킨 이후 북상하자 조정에서는 **신립**을 삼도순변사로 임명하고 이를 막게 하였다. 신립은 **충주 탄금대**에서 배수의 진을 치고 맞서 싸웠으나 고니시 유키나가가 이끄는 왜군에 크게 패하자 종사관 김여물 등과 함께 강물에 몸을 던져 자결하였다.
- **임경업 장군**은 이괄의 난과 병자호란 때 큰 공을 세웠으나 명청 교체기에 임진왜란 때 도움을 준 명과의 의리를 지키려다 억울한 누명을 쓰고 죽게 되었다. 이후 **숙종**은 임경업에게 죄가 없는 것이 밝혀지자 충민공(忠民公)이라는 시호를 부여하고, 그의 고향인 **충주**에 **충렬사**를 지어 추모하였다.
- ③ 몽골의 **5차 침입** 당시 **충주산성** 방호별감이었던 **김윤후**가 **관노들**과 함께 몽골군에 항전하여 승리하였다.

한 번 더 체크하러 가기 ▶ 미니북 52쪽

선택지 풀이

① 인조가 이괄의 난으로 피란했어요.

인조반정에서 큰 공을 세운 이괄이 2등 공신이 된 것에 반발하여 반란을 일으켰다. 이에 서울이 함락되고 인조와 대신들은 서울을 떠나 공산성(공주)으로 피란하였다.

② 견훤이 후백제의 도읍으로 삼았어요.

통일 신라 말 상주의 군인 출신인 견훤은 세력을 키워 완산주(현재 전주)에 도읍을 정하고 후백제를 건국하였다.

④ 강주룡이 을밀대 지붕에서 고공농성을 벌였어요.

평양 평원 고무 공장의 노동자 강주룡은 을밀대 지붕에서 고공 농성을 벌이며 일제의 노동 착취를 규탄하고 노동 조건 개선을 주장하였다.

⑤ 박재혁이 경찰서에서 폭탄을 터뜨리는 의거를 일으켰어요.

의열단 단원 박재혁은 부산 경찰서 서장 하시모도에게 폭탄을 투척하는 의거를 일으켜 중상을 입었고, 대구 형무소에 수감되어 옥사하였다.

49 노무현 정부 정답 ⑤

정답 분석

정답이 보이는 핵심 키워드

#헌법 재판소 #헌정 사상 초유 #대통령 탄핵 소추 심판 청구 기각 #63일 만에 직무 복귀

길잡이 ┃ 헌정 사상 처음으로 탄핵 소추 심판을 받은 노무현 정부에 대해 알아봅니다.

노무현이 정치적 중립 의무를 위반하였다는 이유로 야당 연합의 주도하에 **대통령 탄핵 소추안**이 통과되었다. 이에 노무현의 직무가 임시 정지되고 국무총리 고건이 대통령의 권한을 대행하였다. **헌법 재판소**가 탄핵 소추안을 **기각**하여 노무현은 63일 만에 대통령 직무에 복귀하였다(2004).

⑤ **노무현 정부**는 친일 반민족 행위의 진상을 규명하고 역사의 진실과 민족의 정통성을 확인하기 위해 **친일 반민족 행위 진상 규명 위원회**를 출범하였다(2005).

선택지 풀이

① 서울 올림픽 대회가 개최되었다.

노태우 정부는 자본주의 국가와 공산주의 국가가 함께 참여한 서울 올림픽 대회를 성공적으로 개최하였으며(1988), 이를 기점으로 적극적인 북방 외교 정책을 추진하였다.

② 국가 인권 위원회가 설립되었다.

김대중 정부 시기 제정된 인권법에 따라 국가 공권력과 사회적 차별 행위에 의한 인권 침해를 구제하기 위하여 국가 인권 위원회가 출범하였다(2001).

③ 전국 민주 노동조합 총연맹이 창립되었다.

김영삼 정부 때 전국의 진보 계열 노동조합이 모여 전국 민주 노동조합 총연맹을 창립하였다(1995).

④ 중국과 자유 무역 협정(FTA)이 체결되었다.

박근혜 정부 때 한중 자유 무역 협정(FTA)을 체결하였다(2015).

50 김대중 정부의 통일 정책 정답 ④

정답 분석

정답이 보이는 핵심 키워드

#6월 13일 #평양 방문 #남북 간의 긴장 완화 #교류, 신뢰, 동족애 회복 #스웨덴 연설

길잡이 ┃ 김대중 정부의 통일 정책을 살펴봅니다.

④ **김대중 정부**는 북한과의 화해 협력 기조를 유지하며 적극적으로 북한과의 교류를 확대하였고, **평양**에서 **최초로 남북 정상 회담**이 이루어져 **6·15 남북 공동 선언**을 발표하였다(2000). 이를 통해 **금강산 관광 사업** 활성화, **개성 공단 건설** 합의서 체결, 경의선 복원 등이 실현되었다.

한 번 더 체크하러 가기 ▶ 미니북 20쪽

선택지 풀이

① 남북 조절 위원회를 구성하였다.

박정희 정부 시기 서울과 평양에서 7·4 남북 공동 성명을 발표하고, 남북 조절 위원회를 설치하였다(1972).

② 남북한이 유엔에 동시 가입하였다.

노태우 정부에서 적극적인 북방 외교 정책을 추진하여 남북한의 유엔 동시 가입이 이루어졌다(1991).

③ 판문점에서 남북 정상 회담을 개최하였다.

문재인 정부는 판문점에서 남북 정상 회담을 개최하고, 한반도의 평화와 번영, 통일을 위한 판문점 선언을 발표하였다(2018).

⑤ 남북 이산가족 고향 방문단의 교환 방문을 최초로 실현하였다.

전두환 정부 시기에 분단 이후 최초로 이산가족 고향 방문단 및 예술 공연단 등 총 151명이 서울과 평양을 동시에 방문하였다(1985).

한능검의 PASSCODE는 기출문제!
역잘알 시대고시와 함께 출제 경향 완벽 분석, 단번에 합격!

STEP 1 정답 확인 문제 p.062

01	02	03	04	05	06	07	08	09	10	11	12	13	14	15	16	17	18	19	20	21	22	23	24	25
①	⑤	②	⑤	④	③	②	④	⑤	④	④	⑤	④	①	①	③	②	④	④	①	④	①	②	②	④

26	27	28	29	30	31	32	33	34	35	36	37	38	39	40	41	42	43	44	45	46	47	48	49	50
⑤	⑤	④	④	④	①	③	⑤	①	⑤	①	①	①	③	⑤	③	①	③	⑤	③	⑤	⑤	⑤	③	②

STEP 2 난이도 확인

제58회 합격률	**49.4%**	최근 1년 평균 합격률	**57.5%**

STEP 3 시대별 분석

시대	선사	고대	고려	조선 전기	조선 후기	근대	일제 강점기	현대	복합사
틀린 개수/ 문항 수	/ 2	/ 7	/ 7	/ 7	/ 3	/ 6	/ 6	/ 7	/ 5
출제비율	4%	14%	14%	14%	6%	12%	12%	14%	10%

STEP 4 문제별 주제 분석

01	선사	신석기 시대		26	근대	천주교
02	선사	고조선		27	조선 후기	정약용
03	고대	나제 동맹		28	근대	흥선 대원군의 정책
04	고대	대가야		29	근대	동학 농민 운동
05	고대	안시성 전투		30	근대	근대 문물의 수용
06	고대	백제 부흥 운동		31	근대	한일 신협약(정미 7조약)
07	고대	통일 신라의 경제 상황		32	근대	을미개혁
08	고대	발해		33	일제 강점기	미주 지역의 민족 운동
09	고려	견훤		34	일제 강점기	기만적 문화 통치
10	고대	통일 신라 말 불교 사상		35	일제 강점기	대한민국 임시 정부
11	고려	고려 성종의 정책		36	일제 강점기	의열단
12	고려	고려의 사회 시책		37	일제 강점기	민족 말살 통치기
13	고려	귀주성 전투		38	일제 강점기	한국 광복군
14	고려	고려의 경제 상황		39	현대	남북 협상
15	고려	「동명왕편」		40	현대	6 · 25 전쟁
16	고려	고려의 자기		41	현대	진보당 사건
17	조선 전기	조선의 건국 과정		42	현대	남북 학생 회담 요구 시위
18	조선 전기	조선과 왜의 관계		43	현대	박정희 정부의 경제 정책
19	조선 전기	조선 세종의 정책		44	현대	6월 민주 항쟁
20	조선 전기	의금부		45	현대	김대중 정부의 통일 정책
21	조선 전기	훈련도감		46	복합사	묘호
22	조선 전기	정묘호란		47	복합사	노비
23	조선 후기	조선과 청의 대외 관계		48	복합사	세시 풍속 – 삼짇날
24	조선 후기	조선 영조의 정책		49	복합사	지역사 – 나주
25	조선 전기	조선의 향리		50	복합사	지역사 – 독도

01 신석기 시대 정답 ①

정답 분석

정답이 보이는 핵심 키워드

#부산 동삼동 #빗살무늬 토기 #농경과 정착 생활 #갈돌과 갈판

> 길잡이 | 신석기 시대의 유물을 통해 당시의 생활상을 파악합니다.

부산 동삼동 유적은 신석기 시대의 대표적인 유적지로 조개껍데기가 쌓여 만들어진 패총이 발견되었다. 이와 함께 독무덤, 주거지, 화덕 자리 등 각종 생활 시설물도 출토되었다. 신석기 시대 사람들은 **강가나 바닷가에 정착**하여 움집을 짓고 살면서 채집·수렵 생활을 하였다. 또한, 이 시기에는 조·피 등을 재배하는 **농경 생활**이 시작되어 **갈돌과 갈판**으로 곡식을 갈아서 음식을 만들어 먹었다.

① **신석기 시대**에는 **가락바퀴**로 실을 뽑아 뼈바늘로 옷을 지어 입기도 하였다.

한 번 더 체크하러 가기 ▶ 미니북 4쪽

선택지 풀이

② 주로 동굴이나 막집에서 거주하였다.
구석기 시대에는 주로 동굴이나 막집에 거주하였으며 계절에 따라 이동 생활을 하였다.

③ 명도전, 반량전 등의 화폐가 유통되었다.
철기 시대에는 중국과의 교류가 활발하여 중국 화폐인 명도전과 반량전이 사용되었다.

④ 거푸집을 이용하여 세형 동검을 만들었다.
후기 청동기 시대와 초기 철기 시대에는 거푸집을 이용하여 세형 동검을 제작하면서 독자적인 청동기 문화를 발달시켰다.

⑤ 쟁기, 쇠스랑 등의 철제 농기구를 사용하였다.
철기 시대 이후 쟁기, 쇠스랑, 호미 등의 철제 농기구가 널리 사용되면서 농업 생산량이 늘어났다.

02 고조선 정답 ⑤

정답 분석

정답이 보이는 핵심 키워드

#좌장군 #패수 #왕검성 #우거왕 #한 무제 #현도군과 낙랑군

> 길잡이 | 고조선과 관련된 역사적 사실을 알아봅니다.

우거왕 때 한이 좌장군과 누선장군을 통해 수개월 이상 왕검성을 포위하였지만 함락시키지 못하였다. 그러나 고조선 내부의 분열과 **한 무제**의 침공으로 **왕검성이 함락**되면서 **고조선은 멸망**하였다. 한은 점령한 지역에 **낙랑, 진번, 임둔, 현도의 4군을 설치**하였다.

⑤ **고조선**은 왕검성을 중심으로 독자적인 문화를 이룩하면서 발전하였다. 3세기경에는 왕위 세습이 이루어졌으며, 왕 아래 **상, 대부, 장군** 등의 관직을 두었다.

한 번 더 체크하러 가기 ▶ 미니북 5쪽

선택지 풀이

① 동맹이라는 제천 행사를 열었다.
고구려는 매년 10월에 추수감사제인 동맹이라는 제천 행사를 열었다.

② 신지, 읍차라 불린 지배자가 있었다.
삼한에는 신지, 읍차 등의 정치적 지배자가 있었다.

③ 도둑질한 자에게 12배로 배상하게 하였다.
부여는 남의 물건을 훔치면 12배로 갚도록 하는 1책 12법의 엄격한 법률을 두었다.

④ 읍락 간의 경계를 중시하는 책화가 있었다.
동예는 각 부족의 영역을 중요시하여 다른 부족의 영역을 침범하는 경우 노비와 소, 말로 변상하게 하는 책화 제도를 두었다.

03 나제 동맹 정답 ②

정답 분석

정답이 보이는 핵심 키워드

#백제의 동성왕 #혼인 #마립간 #이벌찬 비지의 딸

> 길잡이 | 백제와 신라 간에 맺어진 나제 동맹의 배경을 학습합니다.

② **고구려 장수왕**이 수도를 국내성에서 평양성으로 옮기고, **남진 정책**을 추진하여 신라와 백제를 공격하자 **백제의 비유왕**과 **신라의 눌지왕**이 나제 동맹을 맺어 이에 대항하였다(433). 이후, **백제 동성왕**은 **신라 소지왕**과 **결혼 동맹**을 맺어 비유왕 때 이루어진 기존의 **나제 동맹**을 더욱 **강화**하였다(493).

한 번 더 체크하러 가기 ▶ 미니북 6쪽

선택지 풀이

① 법흥왕이 금관가야를 병합하였다.
신라 법흥왕 때 금관가야를 정복하여 구해왕과 그 자손들이 신라 진골에 편입되었다(532).

③ 김유신이 비담과 염종의 반란을 진압하였다.
신라 선덕여왕 때 비담과 염종이 왕위를 노리고 반란을 일으키자 김유신이 이를 진압하였다(647).

④ 영양왕이 온달을 보내 아단성을 공격하였다.
고구려 영양왕이 신라에게 빼앗긴 한강을 수복하기 위해 온달을 보내 아단성을 공격하였다(590).

⑤ 김춘추가 당으로 건너가 군사 동맹을 성사시켰다.
  신라 김춘추는 당으로 건너가 당 태종으로부터 군사적 지원을 약속받아 나당 동맹을 성사시키고 나당 연합군을 결성하였다(648).

문화	• 철기 문화 발달(금동관, 철제 무기, 갑옷 등) • 토기: 수레 토기 → 일본 스에키 토기에 영향

04 대가야 정답 ⑤

⊘ 정답 분석

정답이 보이는 핵심 키워드

#진흥왕 #이사부 #사다함

길잡이 | 진흥왕에게 멸망한 대가야에 대해 알아봅니다.

신라 진흥왕은 활발한 정복 활동을 전개하여 고구려가 차지하고 있던 한강 유역을 빼앗았다. 또한, **이사부**와 **사다함**을 보내 **대가야를 병합**하여 영토를 확장하였다.
⑤ **경상북도 고령 지역의 대가야**는 전기 가야 연맹의 중심지였던 금관가야가 고구려 광개토 대왕의 진출로 쇠퇴하자 5세기 이후 **후기 가야 연맹의 중심지**가 되었다.

한 번 더 체크하러 가기 ▶ 미니북 6쪽

⊘ 선택지 풀이

① 안동 도호부가 설치된 경위를 찾아본다.
  나당 연합군으로 평양성을 함락시킨 이후 당은 고구려의 옛 땅을 다스리기 위해 평양에 안동 도호부를 설치하였다.

② 22담로에 왕족이 파견된 목적을 알아본다.
  무령왕은 지방 통제를 강화하고자 지방에 설치한 22담로에 왕족을 파견하였다.

③ 중앙 관제가 3성 6부로 정비된 계기를 파악한다.
  발해는 당의 영향을 받아 중앙 관제를 3성 6부제로 구성하였으나 관청의 명칭과 실제 운영에는 독자적인 방식을 적용하였다.

④ 최고 지배자의 호칭인 이사금의 의미를 검색한다.
  이사금은 신라 말 잇금에서 유래한 말로 신라 초기에 사용된 왕호이다. 신라 사람들은 치아가 많다는 것은 나이가 많은 것을 의미하고, 나이가 많은 사람은 현명하다 믿었기 때문에 치아 수가 많은 연장자가 왕위를 잇도록 하였다.

암기의 key	가야 연맹의 특징	
구분	**내용**	
정치	• 2~3세기경: 금관가야(김해) 주축 → 5세기경 고구려의 진출로 타격 • 5세기 이후: 대가야(고령)로 중심지 이동 • 6세기: 신라에 병합(금관가야-법흥왕, 대가야-진흥왕)	
경제	낙랑 · 왜 등에 철 수출, 중계 무역 장악	

05 안시성 전투 정답 ④

⊘ 정답 분석

정답이 보이는 핵심 키워드

#백암성 #당의 황제가 직접 대군을 이끌고 침입 #안시성

길잡이 | 안시성 전투가 전개된 시기를 살펴봅니다.

④ **7세기 중반 당**이 연개소문의 정변을 구실로 **고구려를 침략**하였다. 당은 요동성, 백암성 등을 함락시키고 **안시성을 공격**하였으나 고구려는 안시성 성주 **양만춘**을 중심으로 저항하여 당군을 몰아내었다(645).

한 번 더 체크하러 가기 ▶ 미니북 25쪽

06 백제 부흥 운동 정답 ③

⊘ 정답 분석

정답이 보이는 핵심 키워드

#사비성 #웅진도독 #신라왕 김법민 #부여융 #백강 #주류성 #왜국

길잡이 | 백제 부흥 운동의 전개 과정을 시기에 맞게 학습합니다.

(가) **백제 멸망(660)**: 백제는 당의 장수 소정방이 이끄는 **나당 연합군**에 의해 수도 사비가 함락되고 의자왕과 태자 융이 당으로 송치되면서 **멸망**하였다. 당은 백제 지역에 **웅진도독부**를 설치하여 관할 하에 두고자 하였다.
(나) **백강 전투(663)**: **백제 부흥군**이 요청한 **왜의 수군**이 **백강**에 도달하였지만, 나당 연합군에게 패하며 부흥 운동은 실패로 끝났다.
③ **흑치상지**는 백제 멸망 이후 **복신, 도침** 등과 함께 **왕자 풍을 왕으로 추대**하고 임존성, 주류성을 거점으로 **백제 부흥 운동을 전개**하였다(660~663).

한 번 더 체크하러 가기 ▶ 미니북 25쪽

⊘ 선택지 풀이

① 사찬 시득이 기벌포에서 당군을 격파하였다.
  신라 문무왕 때 사찬 시득이 기벌포 전투에서 설인귀가 이끄는 당군에 승리하고 당의 세력을 한반도에서 몰아내면서 삼국을 통일하였다(676).

② 의자왕이 윤충을 보내 대야성을 함락시켰다.
  백제 의자왕은 윤충에게 1만의 병력을 주어 신라의 대야성을 비롯한 40여 개의 성을 함락시켰다(642).

④ 계백이 이끄는 군대가 황산벌에서 항전하였다.

황산벌(충남 논산)에서 김유신이 이끄는 나당 연합군에 맞서 계백의 결사대가 항전하였다(660).

⑤ 안승이 신라에 의해 보덕국왕으로 책봉되었다.

신라 문무왕은 당 세력을 몰아내기 위해 안승을 보덕국왕으로 임명하고 금마저에 땅을 주어 '고구려 부흥 운동을 지원하였다(674).

암기의 key	백제 부흥 운동	
중심인물	왕족 복신 · 승려 도침(주류성), 흑치상지(임존성)	
지원 세력	왜의 지원 → 백강 전투에서 당에 패배(663)	
실패 요인	지원 세력인 왜의 패배, 지도층 사이의 내분	

07 통일 신라의 경제 상황   정답 ②

✓ 정답 분석

정답이 보이는 핵심 키워드

#「매신라물해(買新羅物解)」 #통일을 이룸 #9주 5소경 #일본과 교역

길잡이 | 일본과의 교역 방식을 통해 통일 신라 시대의 경제 상황을 알아봅니다.

「매신라물해(買新羅物解)」는 일본의 관료들이 신라 물품을 구입하기 위해 작성한 일종의 신청서로, 현재까지 총 30건이 확인되었다. 이를 통해 각종 직물류와 금속류, 향약류, 생활 용품 등 다양한 물품을 대상으로 **일본과 교류**하였음을 알 수 있다.

② 민정 문서라고도 불리는 **신라 촌락 문서**는 통일 신라 촌락에 대한 **기록 문서**이다. 이 문서에는 755년경 서원경 인근 4개 마을에 대한 인구, 토지, 마전, 가축 등을 조사한 내용이 담겨 있으며, 촌주는 3년마다 이를 작성하였다.

✓ 선택지 풀이

① 벽란도가 국제 무역항으로 번성하였다.

예성강 하구에 위치한 벽란도는 고려의 국제 무역항으로서 번성하였으며, 이곳을 통해 송 · 아라비아 상인들과도 교역을 전개하였다.

③ 철이 많이 생산되어 낙랑군 등에 수출하였다.

금관가야는 철이 풍부하고 해상 교통이 발전하여 낙랑과 왜의 규슈 지방을 연결하는 중계 무역이 번성하였고, 덩이쇠를 주조하여 화폐처럼 사용하였다.

④ 농업 생산력 증대를 위해 우경을 처음으로 시작하였다.

신라 지증왕 때 소를 이용한 우경이 시행되면서 깊이갈이가 가능해져 농업 생산량이 증대되었고 고려 시대에 이르러 일반화되었다.

⑤ 수도에 도시부(都市部)라는 관청을 설치하여 시장을 관리하였다.

백제는 중앙 관청에 도시부를 설치하여 상업과 교역, 시장을 관리하도록 하였다.

08 발해   정답 ④

✓ 정답 분석

정답이 보이는 핵심 키워드

#문왕 #정효 공주 #묘지(墓誌) #황상(皇上) #황제국 체제

길잡이 | 정효 공주의 묘지(墓誌)를 통해 발해의 특징을 알아봅니다.

중국 지린성에 위치한 **발해 문왕**의 넷째 딸 **정효 공주의 묘**에서 **묘지(墓誌)**가 함께 발견되었다. 이 묘지의 비문에 문왕을 **황상(皇上)**이라 표현한 부분을 통해 발해가 **황제국 체제**를 표방하였음을 알 수 있다. 또한, 유교 경전을 비롯한 중국의 많은 문학 작품을 사례로 인용한 것에서 발해의 유교 문화 수준도 상당하였음을 보여 준다.

④ **발해**는 중앙에 최고 교육 기관인 **주자감**을 두어 유학 교육을 실시하였다.

한 번 더 체크하러 가기 ▶ 미니북 7쪽

✓ 선택지 풀이

① 기인 제도를 실시하였다.

고려 태조는 지방 호족의 자제를 일정 기간 수도 개경에 머무르게 하는 기인 제도를 실시하여 호족 세력을 견제하였다.

② 정사암 회의를 개최하였다.

백제의 귀족들은 정사암이라는 바위에서 회의를 통해 재상을 선출하고 국가의 중대사를 결정하였다.

③ 최고 행정 관서로 집사부를 두었다.

통일 신라는 중앙 행정 기구인 집사부를 중심으로 그 아래 위화부를 비롯한 13부를 설치하여 행정 업무를 분담하였다.

⑤ 광덕, 준풍 등의 독자적인 연호를 사용하였다.

고려 광종은 공신과 호족의 세력을 약화시키고 왕권을 강화하고자 국왕을 황제라 칭하고 광덕, 준풍 등의 독자적 연호를 사용하였다.

09 견훤   정답 ⑤

✓ 정답 분석

정답이 보이는 핵심 키워드

#태조 #견훤 #왕경(王京)에 침입 #포석정에서 연회 #「삼국사기」

길잡이 | 견훤이 후백제를 건국한 이후 전개된 사실을 알아봅니다.

통일 신라 장군 출신인 **견훤**은 완산주(현재 전주)에 도읍을 정하고 **후백제를 건국**하였다(900). 이후 견훤은 군사를 이끌고 신라 금성을 기습 공격하였다. 이에 **고려 왕건**은 신라를 돕기 위해 군사를 보냈으나 **공산 전투**에서 후백제군에게 크게 패하였다. 견훤은 김부를 경순왕으로 즉위시키고 철군하였다(927).
⑤ **신라 경순왕 김부**가 스스로 **고려에 투항**하면서 **신라가 멸망**하였고(935), 경순왕은 **경주의 사심관으로 임명**되었다.

한 번 더 체크하러 가기 ▶ 미니북 22쪽

선택지 풀이

① 김흠돌이 반란을 도모하였다.
통일 신라 신문왕의 장인이었던 김흠돌이 반란을 도모하다 발각되어 처형당하였다. 이를 계기로 신문왕은 귀족 세력을 숙청하고 왕권을 강화하였다(681).

② 장문휴가 당의 등주를 공격하였다.
발해 무왕은 동북방의 여러 세력을 복속하여 영토를 확장하였고, 장문휴의 수군으로 당의 등주를 공격하였다(732).

③ 궁예가 국호를 태봉으로 바꾸었다.
신라 왕족 출신인 궁예는 후고구려를 건국하였다(901). 건국 초기에는 국호를 마진으로 하였다가(904) 영토를 확장하여 철원으로 천도 후 다시 태봉으로 바꾸었다(911).

④ 원종과 애노가 사벌주에서 반란을 일으켰다.
통일 신라 말 진성 여왕 때 원종과 애노가 사벌주에서 중앙 정권의 무분별한 조세 징수에 반발하여 농민 봉기를 일으켰다(889).

암기의 key 후백제와 후고구려

후백제	후고구려
· 견훤이 완산주(전주)에 도읍을 정함 · 충청도와 전라도 지역의 우세한 경제력을 토대로 군사적 우위 확보 · 신라에 적대적, 지나친 조세 수취, 호족 포섭 등으로 실패	· 신라 왕족의 후예인 궁예가 송악(개성)을 근거지로 건국 · 철원으로 천도(국호: 마진, 태봉), 관제 개혁 및 새로운 신분 제도 모색 · 지나친 조세 수취, 미륵 신앙을 이용한 전제 정치로 궁예 축출

10 통일 신라 말 불교 사상 정답 ④

정답 분석

정답이 보이는 핵심 키워드
#범일대사 #굴산사 #당간지주 #가지산문 #선종 불교가 유행

길잡이 ┃ 선종 불교가 유행한 통일 신라 말에 대해 알아봅니다.

통일 신라 말 선종 불교가 전래되면서 교종 불교에서 강조해 온 경전 수행과 달리 참선이라는 새로운 수행법이 등장하였다. 이에 따라 선종은 지방에서 권력을 장악한 **호족**과 **개혁 성향의 귀족들의 지지**를 받아 **새로운 정치 세력의 기반**으로 성장하여 9세기 중반에는 특정 사찰을 중심으로 한 선종 집단인 9산 선문이 형성되었다. 사굴산문 굴산사는 신라 문성왕 때 범일대사가 창건하였으며, 거대한 당간지주를 통해 당시 굴산사의 규모를 짐작할 수 있다.
④ **최치원**은 **통일 신라 말 6두품 출신 유학자**로, 당의 빈공과에 합격하여 관리 생활을 하였다. 이후 신라로 돌아와 신라 정부의 개혁을 위해 **진성 여왕**에게 **시무책 10여 조**를 올렸으나 받아들여지지 않았다.

한 번 더 체크하러 가기 ▶ 미니북 22쪽

선택지 풀이

① 원광이 세속 5계를 제시하였다.
신라 진평왕 때 승려 원광은 화랑도의 생활 규범으로 사군이충(事君以忠) · 사친이효(事親以孝) · 교우이신(交友以信) · 임전무퇴(臨戰無退) · 살생유택(殺生有擇)의 내용이 담긴 세속 5계를 제시하였다.

② 김대문이 화랑세기를 저술하였다.
김대문은 통일 신라 진골 귀족 출신으로, 화랑들의 전기인 『화랑세기』와 승려들의 전기인 『고승전』 등을 저술하였다.

③ 김대성이 불국사 조성을 주도하였다.
통일 신라 경덕왕 때 김대성이 불국사를 창건하였다. 대웅전 앞 서쪽에 세워져 있는 불국사 삼층 석탑도 이때 조성된 것으로 추정된다.

⑤ 자장의 건의로 황룡사 구층 목탑이 건립되었다.
신라 선덕 여왕 때 승려 자장이 주변 9개 민족의 침략을 부처의 힘으로 막기 위한 목탑 건립을 건의하여 황룡사 구층 목탑이 세워졌다.

암기의 key 교종과 선종

교종	선종
· 불경 · 교리 중시 → 5교 · 중앙 귀족 중심으로 성행 · 중앙 집권 강화 · 조형 미술 발달	· 참선 · 수행 중시 → 9산 · 지방 호족, 개혁 성향의 귀족 세력 중심으로 성행 · 조형 미술 쇠퇴, 승탑 · 탑비 발달

11 고려 성종의 정책 정답 ④

정답 분석

정답이 보이는 핵심 키워드
#교육 장려 #지방 #경학박사, 의학박사 #송승연, 전보인 #12목

길잡이 ┃ 고려 성종이 시행한 통치 정책을 학습합니다.

④ **고려 성종**은 **최승로의 시무 28조**를 받아들여 중앙의 통치 체제를 개편하고 다양한 제도를 시행하였다. 전국의 주요 지역에 **12목**을 설치하고 지방관을 파견하여 지방 세력을 견제하였다. 또한, **경학 박사**와 **의학박사**를 파견하여 유학 교육을 활성화하고자 하였다.

한 번 더 체크하러 가기 ▶ 미니북 8쪽

✅ 선택지 풀이

① 쌍기의 건의로 과거제를 실시하였다.
고려 광종은 후주 출신 쌍기의 건의에 따라 과거 제도를 시행하여 신진 세력을 등용하였다.

② 관학 진흥을 위해 양현고를 설치하였다.
고려 중기 최충의 문헌공도를 대표로 하는 사학 12도의 발전으로 관학이 위축되자 예종은 국자감을 재정비하여 7재를 세우고 양현고를 설치하는 등 관학 진흥책을 추진하였다.

③ 국자감을 성균관으로 개칭하고 유학 교육을 강화하였다.
공민왕은 국자감을 순수 유교 교육 기관인 성균관으로 개편하고 유교 교육을 강화하였다.

⑤ 정계와 계백료서를 지어 관리가 지켜야 할 규범을 제시하였다.
고려 태조는 고려를 건국한 뒤 『정계』와 『계백료서』를 통해 관리가 지켜야 할 규범을 제시하였다.

12 고려의 사회 시책　　정답 ⑤

✅ 정답 분석

> 정답이 보이는 **핵심 키워드**
>
> #역질 #구제도감 #중서성 #사창과 공해(公廨) #의창

> 길잡이 ｜ 고려 시대에 백성들을 구휼하기 위해 시행한 사회 시책에 대해 파악합니다.

- **구제도감**: 고려 시대에 **재해 발생 시 백성을 구제**하기 위해 임시 기관인 **구제도감**을 설치하였다. 질병 환자를 치료하고 병사자의 매장을 관장하며, 감염병 확산 등에 대처하는 기능을 담당하였다.
- **의창**: **고려 태조** 때 실시한 **흑창**은 춘궁기에 곡식을 대여해 주고 추수 후에 회수하던 **빈민 구휼 제도**이다. 이후 **성종** 때 쌀을 1만 석 보충하여 시행하면서 명칭을 **의창**으로 바꾸었다.
⑤ **고려 광종** 때 **제위보**를 운영하여 기금을 모았다가 백성에게 빌려 주고 그 이자로 빈민을 구제하도록 하였다.

한 번 더 체크하러 가기 ▶ 미니북 24쪽

✅ 선택지 풀이

① 유랑민을 구휼하는 활인서를 두었다.
고려 시대에 빈민 제도를 위해 설치한 동서대비원을 계승하여 조선 시대에 도성 내 병든 빈민들의 치료와 사망자의 매장을 위해 활인서를 설치하였다. 동활인서와 서활인서를 합쳐 동서활인서라 불렀다.

② 백성들에게 곡식을 빌려주는 진대법을 실시하였다.
고구려 고국천왕은 국상 을파소의 건의에 따라 빈민을 구제하기 위해 먹을거리가 부족한 봄에 곡식을 빌려주고 겨울에 갚게 하는 진대법을 실시하였다.

③ 국산 약재와 치료법을 소개한 향약집성방을 편찬하였다.
조선 세종 때 우리 풍토에 맞는 약재와 치료 방법을 개발하여 정리한 의학서인 『향약집성방』을 편찬하였다.

④ 기근에 대비하기 위해 구황촬요를 간행하여 보급하였다.
조선 명종 때 흉년으로 기근이 극심해지자 발생하는 각종 문제를 해결하기 위해 이에 대비하는 방법을 정리한 『구황촬요』를 간행하였다.

13 귀주성 전투　　정답 ④

✅ 정답 분석

> 정답이 보이는 **핵심 키워드**
>
> #병마사 박서 #김중온 #김경손 #우별초 #『고려사』

> 길잡이 ｜ 귀주성 전투와 몽골의 침입에 맞선 고려의 대응에 대해 알아봅니다.

몽골 사신 **저고여의 피살 사건**을 구실로 **몽골의 대군이 고려에 침입**하였다. 몽골군은 **귀주성**을 포위하여 30여 일 동안 공격하였으나 서북면병마사 **박서**는 김중온, 김경손과 함께 항전하여 물리쳤다.
④ **고려** 최씨 무신 정권 시기 **최우**는 몽골의 침입에 대항하기 위해 **강화도로 천도**하고 **장기 항쟁을 준비**하였다.

한 번 더 체크하러 가기 ▶ 미니북 23쪽

✅ 선택지 풀이

① 김종서를 보내 6진을 개척하였다.
조선 세종 때 여진을 몰아낸 뒤 최윤덕이 압록강 상류 지역에 4군을 설치하고, 김종서가 두만강 하류 지역에 6진을 설치하여 영토를 확장하였다.

② 서희를 보내 소손녕과 외교 담판을 벌였다.
고려 성종 때 거란이 고려가 차지하고 있는 옛 고구려 땅을 내놓고 송과 교류를 끊을 것을 요구하였으나 서희가 소손녕과의 외교 담판을 통해 이를 해결하고 강동 6주를 획득하였다.

③ 별무반을 조직하고 동북 9성을 축조하였다.
고려 예종 때 윤관의 별무반이 여진을 물리치고, 동북 9성을 설치하였다. 이후 여진이 고려에 조공을 약속하며 동북 9성 반환을 요청하자 고려는 이를 수락하고 동북 9성을 되돌려주었다.

⑤ 화통도감을 설치하여 화약과 화포를 제작하였다.
고려 우왕 때 최무선은 화통도감 설치를 건의하여 화약과 화포를 제작하였고, 이를 활용하여 진포 대첩에서 왜구를 격퇴하였다.

14 고려의 경제 상황 　　정답 ①

✓ 정답 분석

> **정답이 보이는 핵심 키워드**
> #주전도감 #화폐 #주식점(酒食店)

> 길잡이 ┃ 고려에서 화폐가 만들어진 시기의 경제 상황에 대해 알아
> 봅니다.

① **고려 시대**에 상업 활동이 활발해지면서 국가 재정 관리의 효율성을 위해 **화폐 발행**의 필요성이 대두되었다. 이에 따라 **숙종** 때 화폐 주조를 전담하는 관서인 **주전도감**을 설치하고 **삼한통보, 해동통보, 해동중보** 등의 동전과 **활구(은병)**를 제작하였다. 의도한 만큼 화폐의 유통이 활성화되지 못하자 숙종은 개경 및 각 지방에 **주식점(酒食店)**을 열어 화폐 통용을 추진하였다.

한 번 더 체크하러 가기 ▶ 미니북 24쪽

✓ 선택지 풀이

② 특산품으로 솔빈부의 말이 유명하였다.
　발해는 목축과 수렵이 발달하였는데 특히 지방 행정 구역 중 솔빈부의 말이 유명하여 주변 국가에 특산품으로 수출하였다.

③ 송상이 전국 각지에 송방을 설치하였다.
　조선 후기 상업의 발전으로 사상이 전국 각지에서 활발한 상업 활동을 전개하였다. 이중 개성의 송상은 전국에 송방이라는 지점을 설치하고 청과 일본 사이의 중계 무역으로 많은 부를 축적하였다.

④ 청해진을 설치하여 해상 무역을 전개하였다.
　통일 신라 장보고는 완도에 청해진을 설치하여 해적들을 소탕하고 해상 무역권을 장악하면서 당, 신라, 일본을 잇는 국제 무역을 주도하였다.

⑤ 시장을 감독하는 관청인 동시전이 설치되었다.
　신라 지증왕은 경주에 시장을 설치하고 이를 감독하기 위한 기구인 동시전을 설치하였다.

15 「동명왕편」 　　정답 ①

✓ 정답 분석

> **정답이 보이는 핵심 키워드**
> #고려 후기 #건국 영웅의 일대기 #장편 서사시 #「동국이상국집」
> #이규보

> 길잡이 ┃ 이규보의 「동명왕편」에 대해 학습합니다.

① 고려 무신 정권기의 문인 **이규보**는 「동국이상국집」을 저술하였다. 권3의 **「동명왕편」**은 한국 문학 최초의 서사시로, 고구려를 건국한 **동명왕의 업적을 칭송**하고 **고려가 고구려를 계승**하였다는 점을 수록하여 고려인의 자부심을 표현하였다.

✓ 선택지 풀이

② 남북국이라는 용어가 처음 사용되었다.
　조선 정조 때 서얼 출신 유득공이 저술한 「발해고」에서는 발해를 우리의 역사로 인식하고 최초로 '남북국'이라는 용어를 사용하였다.

③ 사초, 시정기 등을 바탕으로 편찬하였다.
　조선 시대에는 국왕의 사후에 실록청을 설치하고 사관이 기록한 사초, 시정기를 정리하여 「조선왕조실록」을 편찬하였다.

④ 단군의 고조선 건국 이야기를 수록하였다.
　고려 원 간섭기 때 승려 일연이 저술한 「삼국유사」에는 불교사를 중심으로 왕력과 함께 기이(紀異)편에 전래 기록을 담았다. 특히, 단군을 우리 민족의 시초로 여겨 고조선 건국 설화도 수록하였다.

⑤ 현존하는 우리나라 최고(最古)의 역사서이다.
　고려 인종의 명을 받아 김부식이 편찬한 「삼국사기」는 현존하는 우리나라 최고(最古)의 역사서이다. 유교적 사관을 바탕으로 본기, 연표, 지, 열전 등으로 구성되었으며, 기전체 형식으로 서술되었다.

16 고려의 자기 　　정답 ③

✓ 정답 분석

> **정답이 보이는 핵심 키워드**
> #고려 시대 귀족 문화 #비색의 순청자 #상감 청자

> 길잡이 ┃ 고려 시대 자기 공예 문화를 사진 자료와 함께 학습합니다.

③ **청자 상감운학문 매병**은 그릇 표면을 파낸 자리에 백토나 흑토 등을 메워 무늬를 내는 **고려의 상감 기법**이 잘 드러나며, 국보 제68호로 지정되어 있다.

한 번 더 체크하러 가기 ▶ 미니북 24쪽

✓ 선택지 풀이

① 도기 연유인화문 항아리 일괄
　통일 신라 때 제작된 것으로, 대호(大壺)와 소호(小壺) 총 2점으로 구성되어 있다. 입자가 미세한 점토를 활용하였고, 몸체 전반에 걸쳐 종류가 다른 인화문(印花文)을 찍어 시각적인 다양함을 추구하였다.

② 청동 은입사 포류수금문 정병
　고려 시대의 대표적인 금속 공예품 중 하나로, 국보 제92호로 지정되었다. 문양 부분을 파낸 뒤 은을 박아 장식한 은입사 기법이 사용되었다.

④ 백자 청화매죽문 항아리
　조선 전기 15세기경에 제작된 청화 백자 항아리로, 국보 제219호로 지정되었다. 문양과 소재를 통해 명의 영향을 받았음을 알 수 있다.

⑤ 분청사기 상감운룡문 항아리
　조선 전기에 제작된 분청사기 항아리이다. 인화 기법과 상감 기법을 이용해 목둘레를 국화 무늬로 새겼으며, 몸통 가운데에는 용과 구름을 표현하였다.

17 조선의 건국 과정 정답 ②

정답 분석

정답이 보이는 핵심 키워드

#요동을 공격 #네 가지 이유로 불가 #새 도읍 #심덕부 #궁궐을 조성

길잡이 | 고려 말부터 조선 건국까지의 과정을 순서대로 학습합니다.

- **요동 정벌(1388):** **고려 우왕** 때 명이 원의 쌍성총관부가 있던 철령 이북의 땅에 철령위를 설치하겠다며 반환을 요구하자 이에 반발한 고려는 최영을 중심으로 **요동 정벌을 추진**하였다. **이성계는 4불가 론**을 제시하며 반대하였으나 왕명에 의해 출정하였다.
- **경복궁 창건(1395):** **조선 태조 이성계**는 조선을 건국한 이후 도읍을 개경에서 한양으로 옮기면서 심덕부 등에게 **경복궁을 창건**하게 하였다.
- ② **고려 말 공양왕** 때 신진 사대부 조준 등의 건의로 토지 개혁법인 **과전법이 실시**되었다(1391).

한 번 더 체크하러 가기 ▶ 미니북 8, 9쪽

선택지 풀이

① 집현전을 계승한 홍문관이 설치되었다.
③ 국가의 기본 법전인 경국대전이 완성되었다.
⑤ 음악 이론 등을 집대성한 악학궤범이 간행되었다.

조선 성종 때 집현전을 계승한 홍문관을 설치하였다. 옥당, 옥서 등의 별칭으로 불리기도 하였으며, 왕의 자문 역할과 경연, 경서, 궁중 서적 및 문서 관리 등의 업무를 담당하였다. 또한, 세조 때부터 편찬되기 시작한 조선의 기본 법전인 『경국대전』이 완성·반포되었고, 성현 등이 왕명에 따라 의궤와 악보를 정리한 『악학궤범』을 저술하였다.

④ 연분9등법을 시행하여 수취 체제가 정비되었다.

조선 세종 때 풍흉의 정도에 따라 세금을 부과하는 연분9등법을 시행하여 등급에 따라 차등을 두어 조세를 부과하였다.

18 조선과 왜의 관계 정답 ④

정답 분석

정답이 보이는 핵심 키워드

#이예 #외교 문제 #세견선의 입항 규모 #계해약조

길잡이 | 왜에 대한 조선의 외교 정책을 학습합니다.

④ **조선 세종** 때 대마도주의 요구를 받아들여 **부산포, 제포, 염포의** 3포를 개방하였다. 이후 **이예**가 대마도주와 교섭하여 **세견선의** 숫자를 정하고, **제한된 범위 내에서 무역을 허락**하는 계해약조를 체결하였다.

한 번 더 체크하러 가기 ▶ 미니북 9쪽

선택지 풀이

① 하정사, 성절사 등을 파견하였다.

조선은 명에 정기적으로 하정사(정월), 성절사(황제·황후의 생일), 동지사(동지) 등의 사절을 파견하였다.

② 경성, 경원에 무역소를 설치하였다.

조선 태종 때 여진에 대한 회유책으로 경성과 경원에 무역소를 두어 국경 무역을 할 수 있도록 하였다.

③ 광군을 조직하여 침입에 대비하였다.

고려 정종 때 최광윤의 의견을 받아들여 거란의 침입에 대비하기 위한 군사 조직으로 광군을 조직하였다.

⑤ 사절 왕래를 위하여 북평관을 개설하였다.

조선 세종 때 한양에 여진의 사절단을 대접하는 북평관을 개설하고 조공 무역을 허락하였다.

19 조선 세종의 정책 정답 ④

정답 분석

정답이 보이는 핵심 키워드

#오방의 풍토가 같지 않음 #정초 #『농사직설』

길잡이 | 『농사직설』을 간행한 세종의 정책을 알아봅니다.

조선 세종은 정초, 변효문 등에게 명하여 **우리나라의 풍토에 알맞은 농법**을 모은 『**농사직설**』을 간행하였다. 기존의 농법 중에서 우리 땅에 적절한 방법만을 모으도록 하였으며, 곡식 종자의 선택과 저장, 논밭갈이, 각종 곡식의 재배 등으로 내용을 구성하였다.

④ **조선 세종** 때 군신·부자·부부 삼강에 모범이 될 만한 충신, 효자, 열녀의 행실을 모아 글과 그림으로 설명한 윤리서인 『**삼강행 실도**』를 간행하였다.

한 번 더 체크하러 가기 ▶ 미니북 9쪽

선택지 풀이

① 예학을 정리한 가례집람이 저술되었다.

조선 중기의 예학파 유학자 김장생은 『주자가례』의 본문을 기본으로 하여 조선의 현실에 맞는 예학을 정리한 『가례집람』을 저술하였다.

② 국가의 의례를 정비한 국조오례의가 완성되었다.

조선 성종 때 예악 정비 사업의 일환으로 오례(五禮)의 예법과 절차 등을 그림과 함께 정리하여 『국조오례의』를 편찬하였다.

③ 아동용 윤리·역사 교재인 동몽선습이 간행되었다.

조선 중종 때 박세무와 민제인이 어린 학생들의 학습을 위해 유교 윤리인 삼강오륜과 역사 등을 정리한 『동몽선습』을 간행하였다.

⑤ 군주가 수양해야 할 덕목을 제시한 성학집요가 집필되었다.

조선 중기의 성리학자 율곡 이이는 군주가 수양해야 할 덕목을 정리한 『성학집요』를 저술하여 선조에게 바쳤다.

20 의금부   정답 ①

✅ 정답 분석

> **정답이 보이는 핵심 키워드**
> #조선 시대 #왕명으로 중죄인을 추국 #조옥(詔獄) #강상죄·반역죄 등을 처결 #판사·도사 #『추안급국안』

> 길잡이 ┃ 조선 시대 특별 사법 기구인 의금부에 대해 학습합니다.

① 고려 충렬왕 때 설치한 순마소를 **조선 태종** 때 **의금부**로 개편하면서 **국왕 직속 사법 전담 기관**으로 독립시켰다. 강상죄, 반역죄 등을 저지른 중죄인을 다루도록 하여 왕조 창립과 왕권 확립에 기여하였다. 이와 같은 의금부의 활동은 조선 시대 중죄인의 조사·판결서를 모아 엮은 관찬서인 『추안급국안』에 기록되어 있다.

한 번 더 체크하러 가기 ▶ 미니북 35쪽

✅ 선택지 풀이

② 사림의 건의로 중종 때 폐지되었다.

소격서는 궁중에서 지내는 도교적 제사인 초제를 주관하는 기관으로, 중종 때 조광조를 비롯한 사림 세력이 도교를 이단으로 배척하여 혁파되었다.

③ 사헌부, 사간원과 함께 삼사로 불리었다.

홍문관은 조선 성종 때 집현전을 계승하여 설치된 기구로, 왕의 자문역할과 경연, 경서, 사적 관리 등의 업무를 담당하였으며 사헌부, 사간원과 함께 3사를 구성하였다.

④ 5품 이하의 관원에 대한 서경권을 행사하였다.

사헌부와 사간원은 양사 또는 대간이라 하며 5품 이하 관리의 임명과 관련된 서경권을 행사하였다.

⑤ 서얼 출신의 학자들이 검서관으로 기용되었다.

규장각은 어제(국왕의 글이나 글씨)를 보관하고 각종 서적을 수집·편찬하는 작업을 수행하였으며, 점차 학술 및 정책을 연구하는 기능도 담당하게 되었다. 정조는 탕평 정치와 고른 인재 등용을 위해 서얼 출신을 규장각 검서관으로 등용하기도 하였다.

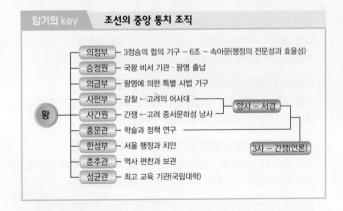

암기의 key   조선의 중앙 통치 조직

- 의정부 ─ 3정승의 합의 기구 − 6조 − 속아문(행정의 전문성과 효율성)
- 승정원 ─ 국왕 비서 기관·왕명 출납
- 의금부 ─ 왕명에 의한 특별 사법 기구
- 사헌부 ─ 감찰 ←고려의 어사대 ─┐ 양사 − 서경
- 사간원 ─ 간쟁 ←고려 중서문하성 낭사 ─┤
- 홍문관 ─ 학술과 정책 연구 ─┘ 3사 − 간쟁(언론)
- 한성부 ─ 서울 행정과 치안
- 춘추관 ─ 역사 편찬과 보관
- 성균관 ─ 최고 교육 기관(국립대학)

(왕)

21 훈련도감   정답 ④

✅ 정답 분석

> **정답이 보이는 핵심 키워드**
> #북일영과 활터 #김홍도 #「북일영도」 #임진왜란 #유성룡 #직업 군인의 성격을 띤 상비군

> 길잡이 ┃ 임진왜란 중 설치된 훈련도감에 대해 학습합니다.

④ **임진왜란 중 유성룡**이 선조에게 건의하여 포수, 사수, 살수의 삼수병으로 편제된 **훈련도감을 창설**하였다. 훈국이라고도 불렸으며, 조선 후기에 수도와 그 외곽을 방어하기 위한 5군영(훈련도감, 어영청, 금위영, 총융청, 수어청) 중 가장 먼저 설치된 중앙 군영이다. 이곳의 소속 군인들은 급료를 받는 상비군으로 의무병이 아닌 **직업 군인의 성격**을 가졌다. 김홍도의 「북일영도」에서 당시 훈련도감의 군영 중 하나인 북일영의 모습을 살펴볼 수 있다.

한 번 더 체크하러 가기 ▶ 미니북 32쪽

✅ 선택지 풀이

① 용호군과 함께 2군으로 불렸다.

고려 현종은 응양군과 용호군을 2군으로 구성하여 국왕 친위 부대로 배치하였다.

② 진도에서 용장성을 쌓고 항전하였다.

고려 무신 정권기에 임시 수도 강화도에 있던 고려 조정이 개경으로 환도하면서 몽골과의 강화가 성립되자, 이에 반발한 삼별초가 진도로 근거지를 옮겨 용장성을 쌓고 몽골에 항전하였다.

③ 국경 지역인 북계와 동계에 배치되었다.

고려는 북계와 동계의 양계로 설정한 국경 지역에 병마사를 파견하고 주진군을 설치하여 외적의 침입에 대비하였다.

⑤ 국왕의 친위 부대로 수원 화성에 외영을 두었다.

정조는 왕권을 뒷받침하는 군사적 기반을 갖추기 위해 친위 부대인 장용영을 설치하고 서울 도성에는 내영, 수원 화성에는 외영을 두었다.

22 정묘호란   정답 ①

✅ 정답 분석

> **정답이 보이는 핵심 키워드**
> #이괄 #이전 #난을 일으킴 #최명길 #오랑캐에게 강화를 청함 #남한산성

> 길잡이 ┃ 이괄의 난과 병자호란 사이에 일어난 정묘호란에 대해 알아봅니다.

(가) **이괄의 난**(1624): 인조반정 때 큰 공을 세웠던 **이괄**은 공신 책봉 과정에서 2등 공신을 받은 것에 불만을 품었다. 이에 이괄이 반역을 일으킬지도 모른다는 구실로 아들인 이전을 잡아오라는 명까지 떨어지자 이괄은 **반란**을 일으켜 도성을 장악하였다.

(나) **병자호란**(1637): 후금이 국호를 **청**으로 고치고 조선에 **군신 관계**를 강요하자 조선에서는 척화론과 주화론이 첨예하게 대립하였고, 결국 조선이 사대 요청을 거부하여 **병자호란**이 일어났다. **남한산성으로 피란**하였던 **인조**는 강화도로 보낸 왕족과 신하들이 인질로 잡히자 삼전도에서 굴욕적인 항복을 하였다.

① **조선 인조** 때 **정묘호란**이 발발하자 후금에 맞서 **정봉수**와 이립이 **용골산성**에서 의병을 이끌며 항전하였다(1627).

한 번 더 체크하러 가기 ▶ 미니북 32쪽

✓ 선택지 풀이

② **이순신이 명량에서 대승을 거두었다.**

이순신은 12척의 배로 울돌목(명량)의 좁은 수로를 활용하여 왜군 133척의 배에 맞서 싸워 큰 승리를 거두었다(1597).

③ **권율이 행주산성에서 적군을 격퇴하였다.**

조명 연합군이 평양성을 탈환하자 후퇴한 왜군은 행주산성을 공격하였다. 이에 권율을 중심으로 한 조선 군대와 백성들이 항전하여 왜군에 승리를 거두었다(1593).

④ **서인 세력이 폐모살제를 이유로 반정을 일으켰다.**

조선 광해군 때 북인이 집권하여 정계에서 밀려 있던 서인 세력이 광해군의 중립 외교 정책과 폐모살제 문제를 빌미로 인조반정을 일으켜 광해군이 폐위되었고 인조가 왕위에 올랐다(1623).

⑤ **정여립 모반 사건을 계기로 기축옥사가 발생하였다.**

조선 선조 때 정여립 모반 사건 당시 서인은 정권을 장악하기 위해 모반 사건을 확대하여 수많은 동인 인사들이 큰 타격을 입었다(1589).

---

23 조선과 청의 대외 관계 　정답 ②

✓ 정답 분석

정답이 보이는 핵심 키워드

#『입연정도도(入燕程途圖)』#의주에서 연경에 이르는 경로 #조선 사신 #만상 #국제 무역

길잡이 | 조선과 청 사이의 대외 관계에 대해 살펴봅니다.

정묘호란과 병자호란 직후에는 **북벌론**을 중심으로 청에 대한 부정적 인식이 팽배하였다. **18세기 이후** 청의 선진 문화를 받아들여야 한다는 **북학론**이 대두하면서 청과의 관계는 새로운 국면을 맞았다. 이에 따라 **조선 후기 상업의 발전**으로 등장한 **의주의 만상**은 사무역인 책문 후시를 통해 **청과의 무역 활동을 주도**하면서 성장하였다.

② **조선 숙종** 때 **간도 지역**을 두고 **청과 국경 분쟁**이 발생하자 조선과 청의 대표가 백두산 일대를 답사하고 국경을 확정하여 **백두산 정계비**를 세웠다.

✓ 선택지 풀이

① **박위를 파견하여 근거지를 토벌하였다.**

고려 말 박위를 파견하여 왜구의 본거지인 쓰시마섬을 토벌하였다.

③ **한성에 동평관을 두어 무역을 허용하였다.**

조선 태종 때 한성의 남산 북쪽에 일본 사신이 머무는 숙소인 동평관을 두어 일본과 외교 및 무역을 실시하였다.

④ **쌍성총관부를 공격하여 철령 이북의 영토를 되찾았다.**

고려 공민왕은 반원 자주 정책의 일환으로 쌍성총관부를 공격하여 원에 빼앗긴 철령 이북의 땅을 수복하였다.

⑤ **포로 송환을 위하여 유정을 회답 겸 쇄환사로 파견하였다.**

조선 선조는 임진왜란 이후 단절되었던 일본과의 관계를 회복하기 위해 승려 유정 등을 회답 겸 쇄환사로 파견하였다. 이들은 전쟁 중 잡혀간 포로 3,000여 명을 데리고 귀국하였다.

암기의 key	인조반정 이후 조선과 청의 관계
인조반정	• 배경: 광해군의 중립 외교(실리 외교), 폐모살제에 대한 서인들의 반발 • 전개: 광해군 폐위, 인조 즉위
인조의 친명배금 정책	• 서인 정권 중심 • 명에 대한 의리를 지킬 것을 주장, 금 배척
정묘호란	• 배경: 인조의 친명배금 정책, 이괄의 난 • 전개: 후금의 침입, 정봉수 · 이립의 활약 • 후금과 화의 체결(형제 관계)
병자호란	• 배경: 후금이 국호를 청으로 바꾼 뒤 조선에 사대 요구 → 조선 내부에서 주화파와 척화파로 나뉘어 대립 → 사대 요구 거부 • 전개: 청의 침입 → 인조의 남한산성 항전 → 조선 항복(삼전도의 굴욕) → 소현 세자, 봉림 대군 등이 청에 볼모로 압송
북벌론 대두	• 배경: 귀국한 봉림 대군이 효종으로 즉위하여 북벌 준비 → 성곽 보수, 무기 정비, 군대 양성 • 나선 정벌: 청의 요청으로 조총 부대 출병 • 효종의 죽음으로 좌절
북학론 대두	• 중상학파 실학자 중심 • 18세기 이후 청의 선진 문화를 받아들여야 한다는 주장 대두

24 조선 영조의 정책 정답 ②

✓ 정답 분석

> 정답이 보이는 **핵심 키워드**
>
> #정민교 #군정탄(軍丁歎) #황구첨정 #균역청 #양역 제도 개선

> 길잡이 | 균역법을 시행한 조선 영조의 정책에 대해 학습합니다.

조선 후기 군역으로 인한 농민들의 부담이 가중되자 **영조는 균역법을 제정**하여 기존 **1년에 2필이었던 군포를 1필만 부담**하게 하였다. 이로 인해 감소된 재정은 **지주에게 결작**으로 부과하고, 어장세 · 선박세 · 염세 등의 잡세 수입으로 보충하였다.
② **조선 영조**는 국가 운영에 대한 법을 새로 규정하기 위해 『**속대전**』을 편찬하였다. 『경국대전』을 기본으로 하고 새롭게 증보된 내용만 수록하여 편찬하였는데, 특히 호전과 형전에 새로운 내용이 다수 포함되었으며 극형을 폐지하는 등 이전보다 발전된 형태를 보였다.

한 번 더 체크하러 가기 ▶ 미니북 10, 43쪽

✓ 선택지 풀이

① 수도 방위를 위하여 금위영을 창설하였다.
조선 숙종은 금위영을 창설하여 5군영 체제를 확립하고 국왕 수비와 수도 방어를 강화하였다.

③ 삼군부를 부활시켜 군국 기무를 전담하게 하였다.
고종 즉위 이후 정치적 실권을 잡은 흥선 대원군은 비변사를 폐지하고 의정부의 권한을 강화하였으며, 삼군부를 부활시켜 군사 및 국방 문제를 전담하게 하였다.

④ 초계문신제를 실시하여 젊은 문신들을 재교육하였다.
조선 후기 정조는 새롭게 관직에 오른 자 또는 기존 관리들 중 능력 있는 관리들을 규장각에서 재교육시키는 초계문신제를 시행하였다.

⑤ 전세를 1결당 4~6두로 고정하는 영정법을 제정하였다.
조선 인조는 개간을 권장하여 경작지를 확충하고, 농민 부담을 줄이기 위해 영정법을 실시하여 풍흉에 관계없이 토지 1결당 쌀 4~6두로 전세를 고정하였다.

25 조선의 향리 정답 ④

✓ 정답 분석

> 정답이 보이는 **핵심 키워드**
>
> #조선 시대 직역(職役) #단안(壇案) #『연조귀감』 #지방 행정 실무 담당

> 길잡이 | 조선 시대 지방 행정 실무를 담당하였던 향리에 대해 알아봅니다.

④ **조선의 향리는 수령의 행정 실무를 보좌**하는 지방 말단직이었으며, 이방, 호방 등의 **6방으로 나뉘어 각기 업무**를 맡아 처리하였다. 향리는 세습직이었으며 국가로부터 녹봉을 받지 못하였고, 문과에 응시할 수 없었다. 또한, **단안(壇案)**이라는 자체 명부에 성명 및 상 · 중 · 하의 3등급이 함께 등재되었다. 『**연조귀감**』에는 이러한 향리의 기원과 전반적인 역사가 수록되어 있다.

✓ 선택지 풀이

① 상피제의 적용을 받았다.
상피제는 일정한 범위의 친족 간에는 같은 관서나 직속 관서의 관원이 되지 못하도록 한 규정이다. 조선 시대에는 인사권을 가지고 있는 관리, 비리를 감찰하는 관리, 지방의 수령 등이 상피제의 적용을 받았다.

② 잡과를 통해 선발되었다.
조선 시대 수령은 문 · 무과를 통해 선발되었으며 향리는 세습직이었다. 잡과를 통해서는 기술관이 등용되었다.

③ 감사 또는 방백이라 불렸다.
조선 시대에는 군현의 각 지방에 수령을 감독하고, 근무 성적을 평가하는 관찰사를 파견하였다. 이들을 감사, 방백, 도백이라고도 불렀다.

⑤ 공음전을 경제적 기반으로 삼았다.
고려 시대 문벌 귀족은 자손에게 수조권을 상속할 수 있는 토지인 공음전을 지급 받아 세력을 강화하였다.

26 천주교 정답 ⑤

✓ 정답 분석

> 정답이 보이는 **핵심 키워드**
>
> #해미순교성지 #병인박해 #남연군 묘

> 길잡이 | 조선 후기 전래된 천주교의 역사적 사건에 대해 알아봅니다.

⑤ 해미순교성지는 조선 후기 천주교 박해기에 처형된 해미의 순교자들을 기리기 위해 조성된 순례지이다. **조선 후기에 청에 다녀온 사신들**을 통해 **서학**으로 소개된 **천주교**는 조상에 대한 제사를 거부하여 조선 정부로부터 사교로 규정되고 탄압받았다. **흥선 대원군**은 천주교를 통해 프랑스와 조약을 체결하고 러시아의 남하 정책을 견제하고자 하였으나 국내외에서 천주교에 대한 반발이 생겨나자 프랑스인 선교사들을 처형하는 **병인박해**를 일으켰다.

한 번 더 체크하러 가기 ▶ 미니북 33쪽

✓ 선택지 풀이

① 미륵불이 세상을 구원한다고 예언하였다.
조선 후기 사회의 변동과 기존 질서의 붕괴 속에서 백성들 사이에 예언 사상과 미륵불이 세상을 구원한다는 미륵 사상이 유행하였다.

② 동경대전과 용담유사를 경전으로 삼았다.

동학은 창시자인 최제우가 교리를 정리한 『동경대전』과 『용담유사』를 경전으로 삼았다.

③ 박중빈을 중심으로 새생활 운동을 전개하였다.

박중빈이 창시한 원불교는 새생활 운동을 추진하여 허례허식 폐지, 근검절약, 금주 · 단연 등을 추구하고, 개간 및 간척 사업과 저축 운동을 적극적으로 장려하였다.

④ 단군 숭배 사상을 통해 민족의식을 고취하였다.

나철이 창시한 대종교는 단군 숭배를 통해 민족의식을 고취하고 간도에서 중광단, 북로 군정서군 등을 조직하여 적극적인 항일 투쟁을 전개하였다.

조선 후기 대표 실학자와 저서

중농학파	유형원	『반계수록』
	이익	『성호사설』, 『곽우록』
	정약용	『목민심서』, 『경세유표』, 『흠흠신서』
중상학파	유수원	『우서』
	홍대용	『의산문답』, 『임하경륜』
	박지원	『열하일기』, 『과농소초』, 『한민명전의』
	박제가	『북학의』

---

27 정약용   정답 ⑤

✓ 정답 분석

정답이 보이는 핵심 키워드

#『흠흠신서』 #『마과회통』 #여유당 #문도사

길잡이 ┃ 정약용의 학문적 업적에 대해 학습합니다.

정약용은 **조선 후기**의 대표적인 **실학자**로 정치 · 경제 등 여러 분야에 걸쳐 학문적 업적을 남겼다. **수원 화성 축조 시**에는 『**기기도설**』을 참고한 **거중기**를 제작하여 공사 기간과 비용을 줄이는 데 기여하였다. 마을 단위의 토지 공동 소유 · 경작, 노동력에 따른 수확물의 분배 내용이 담긴 **여전론**을 주장하였으며, 홍역에 대해 연구한 의서인 『**마과회통**』을 편찬하였다. 또한, 지방 행정 개혁 방향을 제시한 『**목민심서**』, 형법 개혁에 대한 『**흠흠신서**』 등을 편찬하였다.

⑤ **정약용**은 신유박해로 인해 강진에서 유배 생활을 하던 중 중앙 행정 개혁에 대한 내용을 다룬 『**경세유표**』를 저술하였다.

한 번 더 체크하러 가기 ▶ 미니북 16쪽

✓ 선택지 풀이

① 성호사설에서 한전론을 주장하였다.

중농학파 실학자 이익은 『성호사설』을 통해 한 가정의 생활을 유지하는 데 필요한 규모의 토지를 영업전으로 정하고, 영업전의 매매를 금지하는 한전론을 주장하였다.

② 양반전에서 양반의 허례와 무능을 지적하였다.

박지원은 『양반전』, 『허생전』, 『호질』 등을 통해 양반의 허례와 무능을 풍자하고 비판하였다.

③ 의산문답에서 중국 중심의 세계관을 비판하였다.

홍대용은 『의산문답』을 통해 지전설과 무한 우주론을 주장하며 중국 중심의 성리학적 세계관을 비판하였다.

④ 북학의에서 절약보다 적절한 소비를 권장하였다.

박제가는 『북학의』를 저술하여 절약보다는 적절한 소비를 통해 생산을 발전시켜야 한다고 주장하였다.

---

28 흥선 대원군의 정책   정답 ④

✓ 정답 분석

정답이 보이는 핵심 키워드

#관산 서원 터 #매주(埋主) #신주 #만동묘 철거 #서원 철폐

길잡이 ┃ 흥선 대원군 집권기에 왕권 강화를 위해 시행하였던 정책에 대해 학습합니다.

조선 숙종 때 명 황제인 신종과 의종의 제사를 지내기 위해 만들어진 **만동묘**가 유생들의 집합 장소가 되어 경제적 · 사회적 폐단을 일으키자 **흥선 대원군**은 이를 **철폐**하였다(1865). 또한, 지방의 서원이 면세 등의 혜택으로 국가 재정을 악화시키고 백성을 수탈하는 폐해를 저지르자 **47개를 제외한 전국의 서원**을 **철폐**시켰다(1871). 2009년 창녕 관산 서원 터에서 매주(埋主) 시설이 발견되어 흥선 대원군이 시행하였던 정책의 역사적 사실이 처음으로 확인되었다.

④ **제너럴 셔먼호 사건**을 구실로 **미국**이 함대를 이끌고 강화도를 공격하여 **신미양요**가 발생하였다(1871). 이후 미국은 조선에 개항을 요구하였으나 흥선 대원군의 강력한 통상 수교 거부 정책으로 인해 함대를 철수하였다.

한 번 더 체크하러 가기 ▶ 미니북 33쪽

✓ 선택지 풀이

① 나선 정벌에 조총 부대가 동원되었다.

효종 때 러시아가 만주 지역까지 침략해오자 청은 조선에 원병을 요청하였고, 조선에서는 나선 정벌을 위해 두 차례에 걸쳐 조총 부대를 파견하였다(1654, 1658).

② 박규수의 건의로 삼정이정청이 설치되었다.

임술 농민 봉기를 수습하기 위해 안핵사로 파견된 박규수는 민란의 원인이 삼정의 문란에 있다고 보고 삼정이정청을 설치하였으나 근본적인 문제를 해결하지는 못하였다(1862).

③ 지역 차별에 반발하여 홍경래가 봉기하였다.

조선 순조 때 세도 정치로 인한 삼정의 문란과 서북 지역 차별 대우에 불만을 품은 평안도 지방 사람들이 몰락 양반 출신 홍경래를 중심으로 봉기를 일으켰다(1811).

⑤ 시전 상인의 특권을 축소하는 신해통공이 단행되었다.

조선 정조 때 채제공의 건의에 따라 신해통공을 시행하여 육의전을 제외한 시전 상인들의 금난전권이 폐지되었다(1791).

29 동학 농민 운동　　정답 ①

✅ 정답 분석

정답이 보이는 핵심 키워드

#1894 #고부 민란 #전주성 점령 #우금치에서 패배

> **길잡이 ▎** 동학 농민 운동의 전개 과정 중 전주성 점령과 우금치 전투 사이에 발생한 사건을 알아봅니다.

① 청일 전쟁이 발발하고 일본의 내정 간섭이 심해지자 동학 농민군의 **남접과 북접이 연합**하여 다시 봉기하였다. 그러나 **우금치 전투**(1894.11.)에서 관군과 일본군에게 패하여 전봉준이 서울로 압송되면서 농민군은 해산되었다.

한 번 더 체크하러 가기 ▶ 미니북 41쪽

✅ 선택지 풀이

② 황토현 전투에서 승리하다

③ 백산에 모여 4대 강령을 선포하다

동학 농민군은 '보국안민, 제폭구민'을 기치로 내걸고 백산에서 4대 강령을 발표하며 봉기하였다(1894.3.). 이후 황토현 전투와 황룡촌 전투에서 관군에 승리하며 전주성을 점령하고 전라도 일대를 장악하였다(1894.4.). 조정에서 이들을 진압하기 위해 청에 원군을 요청하자 톈진 조약에 의거하여 일본도 군대를 파견하였다. 이에 외국 군대의 개입을 우려한 농민군은 정부와 전주 화약을 체결하고(1894.5.) 집강소를 설치하여 폐정 개혁안을 실시하였다.

④ 최시형이 동학의 2대 교주가 되다

⑤ 교조 신원을 요구하는 삼례 집회가 열리다

세도 정치기인 철종 때 최제우는 천주교의 확산에 대항하여 동학을 창시하고 마음속에 한울님을 모시는 시천주와 사람이 곧 하늘이라는 인내천 사상을 강조하였다. 이후 일반 백성들로부터 큰 지지를 받고 교세가 확장되자 이를 경계한 조정은 최제우를 체포하여 세상을 어지럽히고 백성을 속인다는 혹세무민의 죄목으로 처형하였다. 이후 동학의 2대 교주인 최시형을 중심으로 동학교도들은 삼례 집회에서 교조 신원 운동을 전개하였다(1892).

30 근대 문물의 수용　　정답 ④

✅ 정답 분석

정답이 보이는 핵심 키워드

#전화 설비 가설 및 운영권 #한성 전기 회사 #교환수 #광무 6년

> **길잡이 ▎** 대한 제국 시기 근대 문물의 수용으로 일어난 변화에 대해 학습합니다.

대한 제국 시기 황실과 미국인의 합작으로 **한성 전기 회사**가 세워졌다(1898). 이후 한성 전기 회사는 **전등, 전화 등의 시설 운영권을 부여** 받았으며, 발전소를 세우고 서울 서대문에서 청량리 구간을 운행하는 전차를 개통하였다(1899).

④ 일본인 회사가 부설권을 획득한 **경부선**은 서울과 부산을 연결하는 철도로, 우리나라 최초의 철도인 경인선에 이어 두 번째로 개통되었다(1905).

한 번 더 체크하러 가기 ▶ 미니북 38쪽

✅ 선택지 풀이

① 알렌의 건의로 광혜원이 세워졌다.

개항 이후 미국인 선교사이자 조선 왕실의 의사였던 알렌의 건의로 우리나라 최초의 근대식 병원인 광혜원이 설립되었고, 설립 직후 명칭이 제중원으로 바뀌었다(1885).

② 박문국에서 한성순보가 발행되었다.

개항 이후 개화 정책의 일환으로 출판 기관인 박문국이 설치되었고 이곳에서 최초의 근대적 신문인 한성순보를 발행하였다(1883).

③ 무기 제조 공장인 기기창이 설립되었다.

영선사는 톈진 기기국에서 서양의 근대식 무기 제조 기술과 군사 훈련법을 시찰하고 돌아왔고, 이를 계기로 국내에 근대식 무기 제조 공장인 기기창이 설립되었다(1883).

⑤ 우편 사무를 관장하는 우정총국이 처음 설치되었다.

우정총국은 우편 업무를 담당하기 위해 설치된 기관으로, 설치된 해에 갑신정변이 일어나 잠시 폐쇄되었다(1884).

31 한일 신협약(정미 7조약)　　정답 ①

✅ 정답 분석

정답이 보이는 핵심 키워드

#박승환 #병대(兵隊) 해산 #자결

> **길잡이 ▎** 한일 신협약(정미 7조약)의 내용과 그 결과에 대해 알아봅니다.

① 일제는 을사늑약 체결 이후 고종의 헤이그 특사 파견 사건을 구실로 한일 신협약(정미 7조약)을 체결하여 **대한 제국의 군대를 강제 해산**시키고 내정을 완전히 장악하고자 하였다(1907). 이에 반발하여 대대장 **박승환이 자결**하고, 전국적으로 전개되기 시작한 정미의병에 해산 군인들이 가담하면서 **의병 부대가 조직화**되었다.

한 번 더 체크하러 가기 ▶ 미니북 11, 39쪽

선택지 풀이

② 일제가 105인 사건을 조작하였다.

신민회는 조선 총독부가 데라우치 총독 암살 미수 사건을 조작하여 많은 민족 운동가들을 체포한 105인 사건으로 인해 와해되었다(1911).

③ 초대 총독으로 데라우치가 부임하였다.

일제는 한일 병합 조약을 맺고, 대한 제국을 조선으로 개칭하였다. 일체의 정무를 관할하는 조선 총독부를 설치하여 초대 총독으로 데라우치를 임명하였다(1910).

④ 기유각서가 일제의 강압에 의해 조인되었다.

기유각서는 1907년 체결한 한일 신협약의 세부 사항을 시행하기 위해 일제의 강압으로 조인된 협약으로, 우리나라의 사법권 및 감옥 사무를 일제에 위임하게 되었다(1909).

⑤ 일진회가 한일 합방을 촉구하는 성명을 발표하였다.

일제는 안중근에 의해 이토 히로부미가 살해된 사건을 빌미로 한일 병합을 실행하기 위해 일진회에게 '합병 성명'을 발표하도록 하였다(1909).

32 을미개혁 · 정답 ③

정답 분석

> **정답이 보이는 핵심 키워드**
> #고종 32년 #1895 #고종실록 #태양력 도입

> **길잡이** | 을미개혁 때 시행된 정책에 대해 살펴봅니다.

③ 을미사변 이후 **을미개혁**이 추진되어 **건양 연호**와 **태양력**을 사용하게 되었고 **단발령**이 시행되었다. 단발령은 을미사변으로 격해진 반일 감정의 기폭제가 되어 의병 운동으로 이어지게 되었다(1895).

한 번 더 체크하러 가기 ▶ 미니북 39쪽

선택지 풀이

① 지계아문을 설립하였다.

대한 제국은 광무개혁 때 양지아문을 설치하여 양전 사업을 실시하였고(1898), 지계아문을 통해 토지 소유 문서인 지계를 발급하여 근대적 토지 소유권을 확립하고자 하였다(1901).

② 대한국 국제를 반포하였다.

대한 제국을 선포하고 황제로 즉위한 고종은 대한국 국제를 반포하였다(1899). 이후 군 통수권 장악을 위해 원수부를 설치하고 대원수로서 모든 군대를 통솔하고자 하였다.

④ 개혁 추진 기구로 교정청을 설치하였다.

동학 농민군과 전주 화약을 체결한 후 조선 정부에서는 교정청을 설치하여 자주적인 내정 개혁을 시도하였다(1894).

⑤ 군제를 개편하여 5군영을 2영으로 통합하였다.

고종은 개화 정책의 일환으로 기존 5군영을 무위영과 장어영의 2영으로 개편하고 신식 군대인 별기군을 창설하였다(1881).

33 미주 지역의 민족 운동 · 정답 ⑤

정답 분석

> **정답이 보이는 핵심 키워드**
> #포와(布哇) #갤릭호 #사탕수수 농장 #호놀룰루

> **길잡이** | 미주 지역으로 이동하게 된 사람들과 이곳에서 전개된 민족 운동에 대해 알아봅니다.

한국인들은 1902년부터 수차례에 걸쳐 **갤릭호**를 타고 제물포에서 출항하여 **하와이 사탕수수 농장** 노동자로 이주하였다. 하와이 사탕수수 농장에서 계약 기간이 끝난 노동자들은 본토 샌프란시스코로 이동하여 정착하면서 자연스럽게 한인 집단을 형성하고 항일 운동을 전개하기도 하였다.

⑤ 박용만은 **하와이**에 **대조선 국민 군단**을 조직하여 독립군 사관 양성을 바탕으로 한 무장 투쟁을 준비하였다.

한 번 더 체크하러 가기 ▶ 미니북 40쪽

선택지 풀이

① 대종교 계열의 중광단이 결성되었다.

북간도로 이주한 한인들이 대종교를 중심으로 중광단을 조직하여 항일 투쟁을 전개하였다.

② 권업회가 조직되어 권업신문을 창간하였다.

연해주 지역에서 이상설은 한인 자치 단체인 권업회를 조직하고 권업신문을 발행하였다. 이후 이상설은 블라디보스토크에 대한 광복군 정부를 설립하고 독립운동을 전개하였다.

③ 사회주의 계열의 한인 사회당이 조직되었다.

이동휘는 일제의 위협을 받아 연해주로 이동한 뒤 러시아 볼셰비키 정권의 원조를 받기 위해 사회주의 정당인 한인 사회당을 창당하였다.

④ 독립군 양성을 위한 신흥 무관 학교가 설립되었다.

서간도 삼원보 지역에서 신민회 회원인 이상룡, 이회영 등이 중심이 되어 독립군 양성 학교인 신흥 강습소를 설립하였다. 이는 1919년에 본부를 옮기면서 신흥 무관 학교로 명칭이 바뀌었다.

34 기만적 문화 통치 　　　정답 ①

정답 분석

> 정답이 보이는 핵심 키워드
> #총독의 임용 범위 확장 #지방 자치 제도 실시 #관민이 서로 협력
> #문화적 정치 #조선인을 기만

> 길잡이 ┃ 1920년대 일제가 시행한 기만적 문화 통치 정책과 그 배경에 대해 알아봅니다.

일제는 3·1 운동 이후 무단 통치의 한계를 인식하여 1920년대에 보통 경찰제, 관리·교원의 복제 폐지, 조선인과 내지인 동일 대우 등을 약속하며 기만적 문화 통치로 식민지 통치 방식을 전환하였다.
① 3·1 운동은 고종의 인산일을 계기로 일어난 전국적인 민족 운동으로 민족 대표 33인이 독립 선언서를 발표하여 국내외에 독립을 선언하였다(1919).

한 번 더 체크하러 가기 ▶ 미니북 12, 26쪽

선택지 풀이

② 조선 사상범 예방 구금령이 시행되었다.
일제는 민족 말살 통치기에 조선 사상범 예방 구금령을 공포하여 사상 및 행동을 관찰한다는 명목으로 조선인들의 독립운동을 탄압하였다(1941).

③ 브나로드 운동이 동아일보를 중심으로 추진되었다.
1930년대 초 언론사를 중심으로 농촌 계몽 운동이 전개되었으며, 동아일보는 문맹 퇴치 운동의 일환으로 브나로드 운동을 주도하였다.

④ 조선 노동 총동맹과 조선 농민 총동맹이 설립되었다.
조선 노농 총동맹은 조선 노동 총동맹과 조선 농민 총동맹으로 분리되었다(1927).

⑤ 내선일체를 강조한 황국 신민 서사의 암송이 강요되었다.
1930년대에 일제는 우리 민족의 정체성을 말살하기 위해 황국 신민화 정책을 시행하였다. 이 정책의 일환으로 내선일체의 구호를 내세워 황국 신민 서사 암송을 강요하였다.

35 대한민국 임시 정부 　　　정답 ②

정답 분석

> 정답이 보이는 핵심 키워드
> #국무령 #이상룡 #대일 선전(宣戰) 성명서 #창사에서 광저우로 청사 이전

> 길잡이 ┃ 대한민국 임시 정부의 활동 과정을 순서대로 학습합니다.

(가) 국민 대표 회의 해산 이후 대한민국 임시 정부는 이승만을 탄핵하고 박은식을 대통령에 선출하였다. 이후 2차 개헌을 단행하여 국무령을 수반으로 하는 의원 내각제를 채택하고, 최초 국무령에 이상룡이 취임하였다(1925).
(다) 중일 전쟁이 발발하자 김구는 대한민국 임시 정부의 청사를 창사, 광저우 등으로 이동하였다(1937).
(나) 일본군의 진주만 기습 공격으로 연합국과 태평양 전쟁이 발발하자 대한민국 임시 정부는 김구 주석과 조소앙 외교부장 명의로 대일 선전 성명서를 발표하여 일본에 대한 선전 포고를 명문화하였다(1941).

한 번 더 체크하러 가기 ▶ 미니북 26쪽

36 의열단 　　　정답 ①

정답 분석

> 정답이 보이는 핵심 키워드
> #폭탄 #곽재기 #피로써 독립을 이루려 함 #이성우 #중국 지린성
> #김원봉 #밀양 폭탄 사건

> 길잡이 ┃ 의열단이 전개한 독립운동 활동에 대해 알아봅니다.

김원봉은 의열단을 조직하여 일제 요인 암살, 기관 파괴, 테러 등 직접적 투쟁 방식으로 독립운동을 전개하였다(1919). 단원 이성우, 곽재기는 상해에서 폭탄과 탄환을 구입하여 밀양 경찰서 폭파를 준비하던 중 일제에게 발각되어 서대문 형무소에 수감되었다(1921).
① 김원봉이 결성한 의열단은 신채호가 작성한 조선 혁명 선언(1923)을 기본 행동 강령으로 하여 독립운동을 전개하였다.

한 번 더 체크하러 가기 ▶ 미니북 28쪽

선택지 풀이

② 일제의 황무지 개간권 요구를 저지하였다.
보안회는 일본이 대한 제국에 황무지 개간권을 요구하자 반대 운동을 전개하여 이를 저지하였다(1904).

③ 복벽주의를 내세우며 의병 전쟁을 준비하였다.
임병찬은 고종의 밀명을 받아 독립 의군부를 조직하였다(1912). 이후 조선 총독부에 국권 반환 요구서를 보내고, 복벽주의를 내세워 의병 전쟁을 준비하였다.

④ 삼균주의를 기초로 하는 건국 강령을 발표하였다.
대한민국 임시 정부는 충칭에서 조소앙의 삼균주의를 정치 이념으로 하여 독립운동의 방향과 독립 후의 건국 과정을 명시한 건국 강령을 발표하였다(1941).

⑤ 단원인 이봉창이 일왕의 행렬에 폭탄을 투척하였다.
한인 애국단원 이봉창은 도쿄에서 일본 국왕이 탄 마차의 행렬에 폭탄을 투척하였다(1932).

37 민족 말살 통치기 정답 ①

정답이 보이는 핵심 키워드

#나가사키 #원폭 희생자 위령비 #국민 징용령 #강제 동원

길잡이 | 민족 말살 통치기에 일제가 시행한 정책을 학습합니다.

1930년대 일제는 우리 민족의 정체성을 말살하기 위해 **황국 신민화 정책**을 시행하여 내선 일체의 구호 하에 한글을 사용하지 못하게 하였고, **황국 신민 서사 암송**(1937)과 **창씨개명**(1939), **신사 참배** 등을 강요하였다. 중일 전쟁과 태평양 전쟁을 일으킨 후 대륙 침략을 위해 한반도를 병참 기지화하고 **국가 총동원령**을 시행하여 우리 민족을 전쟁에 강제 동원하였고, 물적 수탈을 위해 **양곡 배급제**와 **미곡 공출제**를 실시하였다(1939). **국민 징용령**(1939)으로 한국인 노동력을 착취하였고, **학도 지원병 제도**(1943), **징병 제도**(1944) 등을 실시하여 젊은이들을 전쟁터로 강제 징집하였으며, **여자 정신대 근무령**(1944)을 공포하여 여성들을 일본군 '위안부'로 삼는 만행을 저질렀다.

① **일제**는 중일전쟁 직후 실시한 국민 정신 총동원 운동을 이끌어갈 조선 내 중앙 조직으로 **국민 정신 총동원 조선 연맹**을 설립하였다 (1938). 각 연맹의 말단 기구로서 **애국반**을 두고, 모든 한국인의 생활을 감시하였다.

한 번 더 체크하러 가기 ▶ 미니북 12쪽

선택지 풀이

② 강압적 통치를 목적으로 헌병 경찰 제도를 실시하였다.
④ 회사 설립 시 총독의 허가를 받도록 하는 회사령을 공포하였다.
⑤ 근대적 토지 소유권 확립을 명분으로 토지 조사 사업을 시행하였다.

일제는 1910년대 무단 통치기에 민족 기업과 민족 자본의 성장을 억제하기 위해 회사 설립 시 총독의 허가를 받도록 하는 회사령을 제정하였다(1910). 또한, 조선 태형령을 실시하여 헌병 경찰들을 곳곳에 배치하고 조선인들에게 태형을 통한 형벌을 가하도록 하였다(1912). 조선 총독부는 토지 조사국을 설치하고 토지 조사령을 발표하여 일정 기간 내 토지를 신고하도록 하는 토지 조사 사업을 실시하였다(1912). 이에 따라 신고하지 않은 토지는 총독부에서 몰수하여 일본인에게 헐값으로 불하하였다.

③ 사회주의자를 탄압하기 위한 치안 유지법을 제정하였다.

1920년대 사회주의가 확산되자 일제는 치안 유지법을 시행하여 식민지 지배에 저항하는 민족 해방 운동과 사회주의 및 독립운동을 탄압하였다(1925).

38 한국 광복군 정답 ③

정답이 보이는 핵심 키워드

#지청천 #충칭에서 창립 #첩보 담당, 주석 비서 #오희영 #신송식

길잡이 | 충칭에서 창립된 한국 광복군의 활동에 대해 알아봅니다.

③ **한국 광복군**은 **충칭**에서 지청천을 총사령관으로 하여 **대한민국 임시 정부의 직할 부대**로 창설되었다. 영국군의 요청으로 인도·미얀마 전선에 파견되었으며, 미군과 협조하여 **국내 진공 작전**을 추진하였다.

한 번 더 체크하러 가기 ▶ 미니북 26, 28쪽

선택지 풀이

① 영릉가 전투에서 일본군에게 승리하였다.

조선 혁명당 산하의 군사 조직인 조선 혁명군은 양세봉의 주도로 중국 의용군과 연합하여 영릉가 전투에서 일본군에 승리하였다.

② 중국 팔로군에 편제되어 항일 전선에 참여하였다.

조선 의용대 중 일부 세력은 후방 지원보다는 일본군과의 직접적인 전투를 위해 중국 화북 지역으로 이동하여 조선 의용대 화북지대를 조직하였다. 이후 중국 팔로군과 함께 항일 전선에 참여하며 무장 투쟁을 전개하였다.

④ 중국 관내(關內)에서 결성된 최초의 한인 무장 부대이다.

조선 의용대는 김원봉의 주도로 중국 국민당의 지원을 받아 중국 관내에서 결성된 최초의 한인 무장 부대이며, 조선 민족 전선 연맹 산하에 있었다.

⑤ 간도 참변 이후 밀산에서 집결하여 자유시로 이동하였다.

대한 독립 군단은 간도 참변으로 인해 러시아 자유시로 근거지를 옮겼으나 군 지휘권을 둘러싼 분쟁에 휘말려 자유시 참변을 겪으면서 세력이 약화되었다.

39 남북 협상 정답 ③

정답이 보이는 핵심 키워드

#민족 자결 원칙 #남북통일 #민주 독립 #민족자주연맹 중앙집행위원회 #김구, 김규식 #남북 정치 협상

길잡이 | 김구와 김규식을 중심으로 전개된 남북 협상과 그 배경에 대해 학습합니다.

③ 유엔 총회에서 결의한 전체 한반도 내 선거가 무산되자 **유엔 소총회**에서 **가능한 지역에서만 선거를 실시**하라는 결정이 내려졌다. 이에 남북 분단을 우려한 **김구, 김규식**은 **남북 협상을 추진**하였다. 중도적 성격의 조직인 민족자주연맹도 이에 맞춰 단독정부 수립을 반대하고, 남북 협상을 지지하였다. 김구와 김규식은 북한에서 김일성을 만나 협상을 개최하였으나 큰 성과를 거두지는 못하였다.

한 번 더 체크하러 가기 ▶ 미니북 29쪽

✅ 선택지 풀이

① 허정 과도 정부에서 헌법이 개정되었다.
　4 · 19 혁명의 결과 이승만이 하야하고 임시적으로 허정 과도 정부가 수립되어 부정 선거를 단행한 자유당 간부들을 구속하였으며, 국회는 내각 책임제와 양원제를 골자로 한 개헌안을 통과시켰다.

② 통일 주체 국민 회의에서 대통령이 선출되었다.
　박정희 정부는 유신 헌법을 발표하여 대통령 임기 6년과 중임 제한 조항 삭제 및 통일 주체 국민 회의를 통한 대통령 간접 선거의 내용을 담은 제7차 헌법 개정을 단행하였다.

④ 유상 매수, 유상 분배 원칙의 농지 개혁법이 제정되었다.
　이승만 정부의 제헌 국회에서 농지 개혁법을 제정하여 유상 매수, 유상 분배를 원칙으로 농지 개혁을 실시하였다.

⑤ 국가 보안법 개정안을 통과시킨 보안법 파동이 일어났다.
　이승만의 자유당 정권은 정부에 대한 비판 세력과 국민 여론을 통제하기 위해 국가 보안법 개정안을 마련하여 여당 단독으로 법안을 통과시키는 보안법 파동을 일으켰다.

40　6 · 25 전쟁　　정답 ⑤

✅ 정답 분석

정답이 보이는 핵심 키워드
#군사적 안전 보장 #미국의 정책 #태평양 지역 방위선 #상호적 합의 #대한민국 영토 내에 배치

길잡이 ┃ 미국의 애치슨 라인 설정과 한미 상호 방위 조약 사이에 일어난 6 · 25 전쟁에 대해 알아봅니다.

(가) **애치슨 선언(1950.1.):** 미 국무 장관인 **애치슨**이 **한국을 미국의 태평양 방위선에서 제외**한다는 내용을 포함하여 발표한 것으로, 6 · 25 전쟁 발발의 원인을 제공하였다.
(나) **한미 상호 방위 조약(1953.10.):** **이승만 정부**는 6 · 25 전쟁 휴전 이후 **한미 상호 방위 조약을 체결**하여 미국과 군사적 동맹을 맺었다.
⑤ 이승만 정부는 6 · 25 전쟁 당시 유엔군의 휴전 협상 진행에 반대하여 **반공 포로를 석방**하였다(1953.6.).

한 번 더 체크하러 가기 ▶ 미니북 34쪽

✅ 선택지 풀이

① 좌우 합작 위원회가 출범하였다.
　광복 이후 좌우 대립이 격화되면서 분단의 위기를 느낀 중도파 세력들은 여운형, 김규식을 중심으로 좌우 합작 위원회를 수립하였다(1946).

② 여수 순천 10 · 19 사건이 일어났다.
　전남 여수에 주둔하던 국방 경비대 제14연대 소속의 일부 군인들이 남한 단독 정부 수립에 반대하여 일어난 제주 4 · 3 사건의 진압을 거부하며 여수와 순천 지역 일대를 장악하였다(1948).

③ 미국 의회에서 트루먼 독트린이 발표되었다.
　미국은 냉전 체제의 틀을 잡는 정책의 일환으로 공산주의의 봉쇄를 목표로 하는 트루먼 독트린을 발표하였다(1947).

④ 베트남 파병에 관한 브라운 각서가 체결되었다.
　박정희 정부는 미국의 요청으로 베트남에 국군을 파병하였는데, 베트남 파병 증파에 대한 보상으로 한국군의 현대화, 장비 제공 및 차관 제공을 약속받는 브라운 각서를 체결하였다(1966).

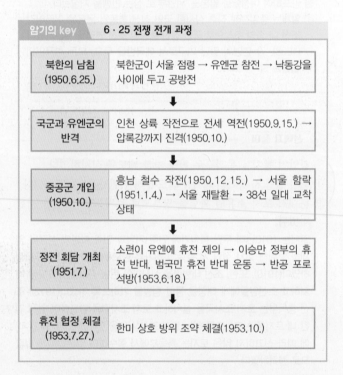

암기의 key	6 · 25 전쟁 전개 과정
북한의 남침 (1950.6.25.)	북한군이 서울 점령 → 유엔군 참전 → 낙동강을 사이에 두고 공방전
국군과 유엔군의 반격	인천 상륙 작전으로 전세 역전(1950.9.15.) → 압록강까지 진격(1950.10.)
중공군 개입 (1950.10.)	흥남 철수 작전(1950.12.15.) → 서울 함락(1951.1.4.) → 서울 재탈환 → 38선 일대 교착 상태
정전 회담 개최 (1951.7.)	소련이 유엔에 휴전 제의 → 이승만 정부의 휴전 반대, 범국민 휴전 반대 운동 → 반공 포로 석방(1953.6.18.)
휴전 협정 체결 (1953.7.27.)	한미 상호 방위 조약 체결(1953.10.)

41　진보당 사건　　정답 ②

✅ 정답 분석

정답이 보이는 핵심 키워드
#자유당, 민주당 #현 대통령의 3선 #정권 교체

길잡이 ┃ 제3대 대통령 선거 이후에 일어난 진보당 사건에 대해 알아봅니다.

② 제3대 대통령 선거에서 야당인 민주당은 정권 교체를 이루려 하였으나 자유당의 **이승만**이 사사오입 개헌을 바탕으로 또다시 선거에 출마하여 **대통령에 당선**되었고, 장기 집권을 이어가게 되었다(1956). 이 당시 **조봉암**도 선거에 출마하였으나 낙선한 후 **진보당**을 창당하고 평화 통일론을 주장하였다. 이승만 정부는 진보당의 간부들을 국가 변란, 간첩죄 혐의로 체포하였고, 조봉암의 사형을 집행하였다(진보당 사건, 1958).

한 번 더 체크하러 가기 ▶ 미니북 13쪽

선택지 풀이

① 국회에서 국민 방위군 사건이 폭로되었다.

6·25 전쟁 때 1·4 후퇴 과정에서 국민 방위군의 간부들이 방위군 예산을 부정 착복하여 철수 도중 식량 및 보급품이 지급되지 못하자 많은 병력이 병사한 사건이 국회에서 폭로되었다(1951).

③ 경찰이 반민족 행위 특별 조사 위원회를 습격하였다.

제헌 국회는 일제의 잔재를 청산하고 민족정기를 바로잡기 위해 반민족 행위 처벌법을 제정하여 반민족 행위 특별 조사 위원회를 조직하였다. 그러나 친일 경찰의 습격과 이승만 정부의 소극적 태도로 친일파 처벌이 제대로 이루어지지 못하였다(1948).

④ 조선 건국 준비 위원회 지부가 인민 위원회로 개편되었다.

광복 직후 조직된 조선 건국 준비 위원회의 좌익 세력은 미군의 진주에 대비하여 서둘러 국가 체제를 갖추기 위해 조선 인민 공화국을 수립하고 각 지방에 인민 위원회를 조직하였다(1945).

⑤ 초대 대통령에 한해 중임 제한을 폐지하는 개헌안이 통과되었다.

이승만은 자신의 대통령 3선을 위해 초대 대통령에 한해 중임 제한을 철폐한다는 내용의 헌법 개정안을 발표하였으나 국회에서 의결 정족수의 3분의 2를 채우지 못하여 부결되었다. 그러나 1인 이하의 소수점 자리는 계산하지 않는다는 사사오입 논리로 개헌안을 통과시켜 장기 집권을 시도하였다(1954).

42 남북 학생 회담 요구 시위 　정답 ③

정답 분석

정답이 보이는 **핵심 키워드**

#남북 학생 회담 #판문점 #협상을 통한 자주적 통일 주장 #남북 총선거 #평화 통일 정책

길잡이 ┃ 남북 학생 회담 요구 시위가 일어난 시기를 살펴봅니다.

· **4·19 혁명**(1960): **이승만 정부**는 장기 집권을 위해 **3·15 부정 선거**를 자행하였다. 이로 인해 마산에서 부정 선거와 이승만의 장기 집권에 저항하는 대규모 시위가 일어나자 정부는 이를 강경 진압하였고, 시위 도중 경찰의 최루탄에 맞은 채로 마산 해변가에 버려진 학생 **김주열**의 시신이 발견되며 **4·19 혁명**이 전국적으로 확산되었다.

· **6·3 시위**(1964): **박정희 정부**가 한일 회담 진행 과정에서 추진한 **한일 국교 정상화**의 협정 내용이 공개되자 학생과 야당을 주축으로 굴욕적 대일 외교에 반대하는 **6·3 시위**가 전개되었다.

③ **4·19 혁명** 이후 학생들과 혁신 정당을 중심으로 **평화 통일 논의**가 활발히 진행되었다. 이들은 '가자 북으로! 오라 남으로! 판문점으로!'라는 문구가 적힌 현수막을 들고 **남북 학생 회담을 요구**하는 시위를 전개하였다(1961).

한 번 더 체크하러 가기 ▶ 미니북 13, 30쪽

43 박정희 정부의 경제 정책 　정답 ①

정답 분석

정답이 보이는 **핵심 키워드**

#경제 관련 긴급 명령 #경부 고속 도로 개통 #사채 신고 독려, 상환 동결 #정경 유착

길잡이 ┃ 박정희 정부 시기 경제 정책에 대해 학습합니다.

박정희 정부는 열악한 금융 사정과 고리 사채로 수많은 기업들이 파산 직전의 상황에 몰리자 **긴급 명령권**을 사용하여 **사채를 전면 동결**하였다(8·3 조치).

① **박정희 정부**는 군정 시기 제1차 경제 개발 5개년 계획을 발표하고, **경공업 중심의 제1·2차 경제 개발 5개년 계획**과 **중화학 공업 중심의 제3·4차 경제 개발 5개년 계획**을 시행하였다.

한 번 더 체크하러 가기 ▶ 미니북 20쪽

선택지 풀이

② 미국과 자유 무역 협정(FTA)을 체결하였다.

노무현 정부 때 한미 자유 무역 협정(FTA)이 체결되었다.

③ 귀속 재산 처리를 위해 신한 공사를 설립하였다.

광복 직후 미군정은 일제 강점기 때 동양 척식 주식회사와 일본인·일본 회사의 소유였던 토지 및 귀속 재산을 관할·처리하기 위하여 신한 공사를 설립하였다.

④ 최저 임금 결정을 위한 최저 임금 위원회를 설치하였다.

전두환 정부 때 최저 임금법을 제정하고, 최저 임금 심의 위원회를 설치하였다. 2000년에 최저 임금법이 개정되면서 최저 임금 위원회로 명칭이 변경되었다.

⑤ 금융 거래의 투명성을 확보하고자 금융 실명제를 실시하였다.

김영삼 정부 때 부정부패와 탈세를 뿌리 뽑기 위해 대통령 긴급 명령으로 금융 실명제를 실시하여 경제 개혁을 추진하였다.

제58회

44 6월 민주 항쟁
정답 ⑤

✅ 정답 분석

정답이 보이는 핵심 키워드
#명동 성당 #박종철 #향린 교회 #민주 헌법 쟁취 국민운동 본부
#성공회 성당 #6·10 국민 대회

길잡이 | 6월 민주 항쟁의 전개 과정에 대해 학습합니다.

⑤ **전두환**은 국민들의 민주화 요구를 거부하고 일체의 개헌 논의를 중단 시킨 **4·13 호헌 조치**를 발표하였다. 이와 더불어 **박종철 고문치사 사건**이 불거지면서 '호헌 철폐, 독재 타도'라는 구호와 함께 민주적인 헌법 개정을 요구하는 **6월 민주 항쟁**이 전국적으로 확대되었다(1987).

한 번 더 체크하러 가기 ▶ 미니북 30쪽

✅ 선택지 풀이

① 신군부의 비상계엄 확대가 원인이 되어 일어났다.
② 관련 기록물이 유네스코 세계 기록 유산으로 등재되었다.
전두환을 비롯한 신군부 세력의 12·12 쿠데타에 저항하여 '서울의 봄'이라는 대규모 민주화 운동이 일어나자 신군부는 비상계엄 조치를 전국적으로 확대하였다. 비상계엄 해제와 신군부 퇴진, 김대중 석방 등을 요구하는 광주 시민들의 항거가 이어지자 신군부는 공수 부대를 동원한 무력 진압을 강행하였고, 학생과 시민들이 자발적으로 시민군을 조직하여 이에 대항하면서 5·18 민주화 운동이 격화되었다(1980). 2011년에는 관련 기록물이 유네스코 세계 기록 유산으로 등재되었다.

③ 3·15 부정 선거에 항의하며 시위대가 경무대로 행진하였다.
이승만의 장기 집권과 자유당 정권의 3·15 부정 선거에 저항하여 4·19 혁명이 발발하였다(1960). 이때 학생 시위대가 서울 경무대(청와대)로 진입하는 과정에서 경찰의 총격을 받아 수많은 사상자가 발생하였다.

④ 3·1 민주 구국 선언을 통해 긴급 조치 철폐 등을 요구하였다.
박정희 정부 시기 김대중, 함석헌 등의 정치인과 기독교 목사, 대학 교수 등이 유신 독재 체제에 저항하여 긴급 조치 철폐 등을 요구하는 3·1 민주 구국 선언을 발표하였다(1976).

45 김대중 정부의 통일 정책
정답 ③

✅ 정답 분석

정답이 보이는 핵심 키워드
#경의선 복원 사업 #도라산역 #미국 부시 대통령 #유라시아와 태평양 연결

길잡이 | 김대중 정부 시기 시행된 통일 정책을 알아봅니다.

김대중 정부 시기에 **최초로 열린 남북 정상 회담** 때 남북 간 인적·물적 교류와 협력을 통한 평화 정착을 위해 끊어진 **경의선 철도 복원에 합의**하였다(2000). 이후 남북 철도 연결이 착공되었고, 노무현 정부 때 남북 철도 연결 구간 열차 시험 운행을 통해 경의선은 남측 문산 역에서 북측 개성역까지, 동해선은 북측 금강산역에서 남측 제진역까지 시험 운행되었다(2007).

③ **김대중 정부**는 적극적으로 **북한과의 교류를 확대**하였다. 이에 따라 **평양**에서 **최초로 남북 정상 회담**을 개최하고 **6·15 남북 공동 선언**을 발표하였다(2000).

한 번 더 체크하러 가기 ▶ 미니북 20쪽

✅ 선택지 풀이

① 민족 자존과 통일 번영을 위한 7·7 선언을 발표하였다.
노태우 정부 때 6개 조항으로 구성된 민족 자존과 통일 번영을 위한 대통령 특별 선언을 발표하였다. 이는 남북한 동포 간의 상호 교류, 문호 개방, 사회주의 국가와의 수교 등의 내용을 담고 있다(1988).

② 최초의 이산가족 고향 방문과 예술 공연단 교환을 실현하였다.
전두환 정부 때 분단 이후 최초로 이산가족 고향 방문단 및 예술 공연단 등 총 151명이 서울과 평양을 동시에 방문하였다(1985).

④ 7·4 남북 공동 성명을 실천하기 위한 남북 조절 위원회를 구성하였다.
박정희 정부 때 서울과 평양에서 7·4 남북 공동 성명을 발표하고, 남북 조절 위원회를 설치하였다(1972).

⑤ 남북 사이의 화해와 불가침 및 교류·협력에 관한 합의서를 교환하였다.
노태우 정부 때 적극적인 북방 외교 정책을 통해 남북한의 유엔 동시 가입이 이루어졌으며, 남북한 화해 및 불가침, 교류·협력 등에 관한 공동 합의서인 남북 기본 합의서를 교환하였다(1991).

46 묘호
정답 ⑤

✅ 정답 분석

정답이 보이는 핵심 키워드
#왕의 이름을 높여 부르는 호칭 #묘호 #조(祖) #종(宗)

길잡이 | 묘호의 의미를 알아보고, 각 왕들의 정책을 학습합니다.

묘호는 **국왕이 죽은 뒤**에 종묘에 신위를 배향할 때 붙이는 **임금의 호**이다. **종(宗)**과 **조(祖)**라는 두 가지 호를 사용하였으며, '종'은 왕위를 정통으로 계승하여 국가를 잘 보존한 왕에게, '조'는 국가를 세우거나 중단되었던 국통(國統)을 다시 일으킨 왕에게 사용되었다.
⑤ 광해군은 중립 외교 정책과 영창 대군 사사 사건, 인목 대비 유폐 문제 등으로 인해 서인 세력이 일으킨 인조반정으로 폐위되었다.

✅ 정답 분석

정답이 보이는 **핵심 키워드**

#김윤후 #몽골군의 침입 #충주산성 #신분 문서를 불태움 #군국기무처 #김홍집 #신분 차별 폐지 요구 수용

> 길잡이 ┃ 고려와 조선의 노비 신분에 대해 학습합니다.

- **충주성 전투**(1253): 몽골과의 충주성 전투 때 **김윤후**는 식량이 떨어지는 등 전세가 어려워지자, 전투에서 승리하면 신분의 고하를 막론하고 모두 관작을 주겠다고 병사들을 독려하였다. 실제로 **관노의 노비 문서를 불태우고** 노획한 소와 말을 나누어 주어 병사뿐 아니라 백성들까지도 죽음을 무릅쓰고 싸워 몽골군을 물리쳤다.
- **제1차 갑오개혁**(1894): **김홍집**을 중심으로 한 군국기무처를 통해 개혁이 실시되었다. 이에 따라 재능을 기준으로 인재를 등용하기 위해 **문벌과 과거제를 폐지**하였고, **공사 노비법을 혁파**하여 **신분제가 법적으로 폐지**되었다.
- ⑤ 조선 순조 때 법적으로 각 궁방과 중앙 관서의 **공노비를 해방**시켜 양민으로 삼았다(1801).

한 번 더 체크하러 가기 ▶ 미니북 24, 50쪽

✅ 선택지 풀이

① 신라에서 승진에 제한을 받았으며, 득난이라고도 불렸다.

신라는 골품제라는 특수한 신분 제도를 운영하였다. 골품에 따라 관등 승진에 제한을 두었으며, 6두품은 능력이 뛰어나도 17관등 중 제6관등인 아찬까지만 오를 수 있었다.

② 고려 시대에 향, 부곡, 소에 거주하였으며, 과중한 세금을 부담하였다.

고려 시대에는 특수 행정 구역인 향, 부곡, 소가 존재하였다. 이곳의 백성들은 신분상 양인이었으나 일반 군현의 백성들에 비해 사회적으로 차별을 받았다.

③ 조선 시대에 봉수, 역졸의 업무를 주로 담당하였다.

조선 시대에 신분은 양인이지만 천한 직역에 종사하는 계층을 신량역천이라 불렀다. 이들은 과거에 응시하여 관료가 될 수 없었으며, 주로 봉수, 역졸의 업무를 담당하였다.

④ 조선 후기에 통청 운동으로 청요직 진출을 시도하였다.

조선 후기 서얼들은 신분 상승 운동인 통청 운동을 전개하면서 청요직으로 진출하는 것을 허용해 달라는 상소를 올렸다.

✅ 정답 분석

정답이 보이는 **핵심 키워드**

#답청절(踏靑節) #중삼일(重三日) #봄의 시작을 알리는 날 #신윤복 #「연소답청(年少踏靑)」

> 길잡이 ┃ 세시 풍속 삼짇날에 대해 알아봅니다.

③ **삼짇날**은 음력 3월 3일로 **답청절**(踏靑節)이라고도 한다. 찹쌀가루에 진달래꽃을 섞어 반죽한 것에 참기름을 발라가며 둥글게 지진 **화전**(花煎)을 먹었다.

한 번 더 체크하러 가기 ▶ 미니북 31쪽

✅ 선택지 풀이

① 칠석날의 전설을 검색한다.

칠석은 음력 7월 7일로 견우와 직녀가 까치들이 놓은 오작교에서 일 년에 한 번 만난다는 전설이 있는 날이다. 칠석날 별을 보며 처녀들은 바느질 솜씨가 좋아지기를 빌었고, 서당의 학동들은 시를 짓거나 글공부를 잘할 수 있기를 빌었다.

② 한식날의 의미를 파악한다.

한식은 동지에서 105일째 되는 날로 양력 4월 5, 6일경이다. 이날에는 일정 기간 동안 불의 사용을 금하여 찬 음식을 먹거나 조상의 묘를 돌보았다.

④ 동짓날에 먹는 음식을 조사한다.

동지는 일 년 중 낮이 가장 짧고 밤이 가장 긴 날로 음기가 극성한 가운데 양기가 새로 생겨나는 때라 여겨 한 해의 시작으로 간주하였다. 예부터 이날에는 각 가정에서 팥죽을 쑤어 먹었고, 관상감에서는 달력을 만들어 벼슬아치들에게 나누어 주었다고 한다.

⑤ 단오날에 즐기는 민속놀이를 찾아본다.

음력 5월 5일인 단오는 삼한에서 수릿날에 풍년을 기원하였던 행사가 세시 풍속으로 이어지면서 발전하였다. 이날에는 왕이 신하들에게 무더위를 잘 견디라는 의미로 부채를 선물하였으며, 씨름, 그네뛰기, 창포물에 머리 감기, 앵두로 화채 만들어 먹기 등을 하였다.

49 지역사 – 나주　　　　　정답 ⑤

✓ 정답 분석

정답이 보이는 핵심 키워드

#금성산 #영산강 #마한의 주요 지역 #후삼국 시대의 격전지 #임진
왜란 #일제 강점기 #항일의 의기 #전라도 #반남면 고분군 #목(牧)
#광주 학생 항일 운동

길잡이 ┃ 나주 지역의 역사에 대해 알아봅니다.

전라남도 중서부에 위치한 **나주**는 삼한 시대에 **마한의 주요 지역으**
로서 세력 성장에 기여한 지역 중 하나이다. **삼국 시대부터 농업이**
발달하여 전근대 사회 동안 중요를 누렸으며, **고려 시대부터 조선 시**
대까지 목(牧)으로서의 지위를 유지한 주요 지역이기도 하다. 현존하
는 관아와 향교 건물들이 그에 향응하는 가치를 보여 준다. **일제 강**
점기에는 **나주역**에서 **일본 학생과 한국 학생의 충돌**이 계기가 되어
광주 학생 항일 운동이 전개되기도 하였다.

⑤ **왕건**은 전라도의 전주를 기점으로 후백제를 건국한 견훤을 견제
하기 위해 **배후 지역인 나주를 점령**하여 후백제에 큰 타격을 주었다.

✓ 선택지 풀이

① 인조가 피신하여 청군과 항전하였다.

인조는 병자호란 때 남한산성으로 피신하여 청군에 항전하였으나 강화
도로 보낸 왕족과 신하들이 인질로 잡히자 삼전도에서 굴욕적인 항복
을 하였다.

② 유생 출신 유인석이 의병을 일으켰다.

을미사변에 반발하여 유인석을 중심으로 제천 일대의 유생들은 의병을
일으켰다. 유인석이 이끄는 의병은 충주성을 점령하기도 하였으나 관
군과 일본군의 반격으로 패배하였다.

③ 정문부가 왜군에 맞서 북관대첩을 이끌었다.

임진왜란 당시 정문부는 함경도 길주에서 의병을 조직하여 북관대첩을
승리로 이끌며 경성과 길주 일대를 회복하였다.

④ 김광제 등을 중심으로 국채 보상 운동이 시작되었다.

국채 보상 운동은 김광제, 서상돈 등의 제안으로 대구에서 시작되었다.
이후 서울에서 조직된 국채 보상 기성회를 중심으로 전국적으로 확산
되어 일본에서 도입한 차관을 갚아 주권을 회복하고자 하였다.

50 지역사 – 독도　　　　　정답 ②

✓ 정답 분석

정답이 보이는 핵심 키워드

#1946년 1월 #연합국 최고 사령부 문서 #우리나라 동쪽 끝에 있는
섬

길잡이 ┃ 우리나라 영토인 독도에 대해 학습합니다.

② 갑신정변 이후 청의 내정 간섭이 심화되자 조선은 이를 견제하기
위해 러시아를 끌어들였다. 이에 영국은 러시아의 남하를 막는다
는 구실로 세 척의 함대를 파견하여 거문도를 불법 점령하였다.

한 번 더 체크하러 가기 ▶ 미니북 52쪽

✓ 선택지 풀이

① 안용복이 일본에 건너가 우리 영토임을 주장하였다.

조선 숙종 때에 동래에 살던 안용복이 울릉도와 독도에 왕래하던 일본
어부들을 쫓아내고 일본에 건너가 독도가 우리나라의 영토임을 확인받
았다.

③ 러일 전쟁 때 일본이 불법으로 자국 영토로 편입하였다.

일본은 러일 전쟁 중 불법으로 독도를 일본 영토로 편입시키고, 현재는
다케시마(竹島)라는 이름으로 시마네현 행정구역에 포함시켰다.

④ 대한 제국이 칙령을 통해 울릉 군수가 관할하도록 하였다.

대한 제국은 울릉도, 독도의 행정 관리를 강화하기 위해 대한 제국 칙
령 제41호를 통해 울릉도를 군으로 승격시키고 독도를 관할하게 하여
우리의 영토임을 명시하였다.

⑤ 1877년 태정관 문서에 일본과는 무관한 지역임이 명시되었다.

1877년 당시 일본의 최고 국가 기관인 태정관이 외교 문서에 울릉
도와 독도가 일본의 영토가 아님을 명시하였다.

한능검의 PASSCODE는 기출문제!
역잘살 시대고시와 함께 출제 경향 완벽 분석, 단번에 합격!

○ STEP 1 정답 확인   문제 p.074

01	02	03	04	05	06	07	08	09	10	11	12	13	14	15	16	17	18	19	20	21	22	23	24	25
③	⑤	②	②	③	④	①	④	①	①	④	②	③	③	①	①	④	②	②	①	⑤	②	①	④	⑤

26	27	28	29	30	31	32	33	34	35	36	37	38	39	40	41	42	43	44	45	46	47	48	49	50
④	①	⑤	④	②	⑤	④	④	③	④	④	⑤	③	②	⑤	⑤	⑤	③	⑤	①	③	⑤	②	②	③

○ STEP 2 난이도 확인

제57회 합격률	**64.8%**	최근 1년 평균 합격률	**58.4%**

○ STEP 3 시대별 분석

시대	선사	고대	고려	조선 전기	조선 후기	근대	일제 강점기	현대	복합사
틀린 개수/ 문항 수	/ 3	/ 6	/ 7	/ 5	/ 6	/ 9	/ 6	/ 4	/ 4
출제비율	6%	12%	14%	10%	12%	18%	12%	8%	8%

○ STEP 4 문제별 주제 분석

01	선사	청동기 시대	26	조선 후기	조선 후기 문화
02	선사	고조선	27	근대	김홍집
03	선사	고구려와 동예	28	조선 후기	임술 농민 봉기
04	고대	금동 미륵보살 반가 사유상	29	근대	조미 수호 통상 조약
05	고대	백제 무령왕	30	근대	동학
06	고대	최치원	31	근대	독립 협회
07	고대	백제의 멸망 과정	32	복합사	지역사 – 부산
08	고대	통일 신라 신문왕의 정책	33	근대	최익현의 위정척사 운동
09	고대	발해의 중앙 통치 체제	34	근대	방곡령
10	고려	견훤	35	복합사	유학의 발전과 변화
11	고려	고려와 여진의 관계	36	복합사	고려, 조선, 근대의 유학자
12	고려	고려 광종	37	일제 강점기	대한민국 임시 정부
13	고려	고려의 경제 상황	38	근대	헤이그 특사 사건
14	고려	삼별초의 대몽 항쟁	39	근대	대한 제국
15	고려	안동 봉정사 극락전	40	근대	보안회
16	고려	고려의 관학 진흥 정책	41	일제 강점기	일제 강점기의 교육 제도
17	조선 전기	조선 태종	42	일제 강점기	민족 유일당 운동
18	조선 전기	무오사화	43	일제 강점기	조선 의용대
19	조선 전기	유향소	44	일제 강점기	윤동주
20	조선 전기	서울 원각사지 십층 석탑	45	일제 강점기	민족 말살 통치
21	조선 전기	병자호란	46	현대	광복 직후 국내외 정세
22	조선 후기	환국	47	복합사	지역사 – 개성
23	조선 후기	대동법	48	현대	4·19 혁명
24	조선 후기	영조와 정조	49	현대	박정희 정부
25	조선 후기	이익	50	현대	노무현 정부의 통일 정책

01 청동기 시대   정답 ③

✅ 정답 분석

> **정답이 보이는 핵심 키워드**
> #김해 구산동 #350톤 규모의 고인돌 #사유 재산과 계급 발생

> 길잡이 ┃ 청동기 시대 유물인 고인돌을 통해 당시 생활상을 파악합니다.

김해 구산동의 **고인돌 유적**은 **청동기 시대**의 유적지이다. 청동기 시대에는 정치권력과 경제력을 가진 군장이 등장하였는데 고인돌은 당시 **지배층인 군장의 무덤**이다. 이곳의 고인돌은 고임돌 없이 350톤이 넘는 덮개돌만 얹은 형태로 거대한 고인돌의 규모를 통해 당시 지배층의 권력을 확인할 수 있다.
③ **청동기 시대**에는 조, 보리, 콩 등의 밭농사와 함께 **벼농사**도 짓기 시작하였으며 **반달 돌칼**을 이용하여 곡식을 수확하였다.

한 번 더 체크하러 가기 ▶ 미니북 4쪽

✅ 선택지 풀이

① 소를 이용한 깊이갈이가 일반화되었다.
신라 지증왕 때 소를 이용한 우경이 시행되면서 깊이갈이가 가능해져 농업 생산량이 증대되었고 고려 시대에 이르러 일반화되었다.

② 주로 동굴이나 강가의 막집에서 살았다.
구석기 시대 사람들은 동굴이나 강가에 막집을 짓고 살았으며, 계절에 따라 이동 생활을 하였다.

④ 실을 뽑기 위해 가락바퀴를 처음 사용하였다.
신석기 시대에는 가락바퀴로 실을 뽑아 뼈바늘로 옷을 지어 입었다.

⑤ 주먹도끼, 찍개 등의 뗀석기를 만들기 시작하였다.
구석기 시대에는 주먹도끼, 찍개, 긁개 등의 뗀석기를 제작하여 사용하였다.

암기의 key   선사 시대의 생활상

구석기 시대	• 동굴이나 강가의 막집에서 생활 • 계절에 따라 이동 생활 • 주먹도끼, 찍개 등의 뗀석기 사용
신석기 시대	• 강가나 바닷가에 움집을 지어 정착 생활 • 뼈낚시, 그물, 돌창, 돌화살을 사용하여 채집 · 수렵 생활 • 조 · 피 등을 재배하는 농경 시작, 목축 생활 • 빗살무늬 토기를 이용하여 음식을 조리하거나 저장 • 가락바퀴로 실을 뽑아 뼈바늘로 옷을 지어 입기도 함
청동기 및 초기 철기 시대	• 밭농사 중심, 벼농사 시작 • 움집의 지상 가옥화, 배산임수의 취락 형성 • 가축 사육 시작, 농업 생산력 향상 • 사유 재산과 계급 발생, 선민사상, 족장 출현 • 청동제 의기, 토우, 바위그림(풍요를 기원하는 주술적 의미)

02 고조선   정답 ⑤

✅ 정답 분석

> **정답이 보이는 핵심 키워드**
> #개천절 #단군왕검 #우리 역사상 최초의 국가 #대종교에서 이름 지은 개천일에서 유래 #마니산 참성단

> 길잡이 ┃ 고조선과 관련된 역사적 사실을 확인합니다.

개천절은 **단군왕검**이 세운 **우리 역사상 최초의 국가 고조선**을 기념하기 위해 1909년 대종교가 만든 개천일에서 유래한 국경일이다. 고조선은 기원전 2333년 청동기 문화를 기반으로 세워졌으며 이후 철기 문화를 수용하면서 크게 발전하였다.
⑤ 고조선은 사회 질서를 유지하기 위해 8개 조항으로 이루어진 **범금 8조**를 만들었으나 현재는 3개의 조항만 전해진다.

한 번 더 체크하러 가기 ▶ 미니북 5쪽

✅ 선택지 풀이

① 백제와 연합하여 금성을 공격하였다.
백제와 가야, 왜가 연합하여 신라에 침입하고 금성을 공격하는 등 많은 피해를 입혔다. 그러자 신라 내물왕은 고구려 광개토 대왕에게 원군을 요청하였다.

② 마립간이라는 왕의 칭호를 사용하였다.
신라는 왕(王)이라는 한자식 칭호를 쓰기 전 임금을 '거서간 → 차차웅 → 이사금 → 마립간'의 순서로 칭하였다. 그중 '가장 높은 우두머리'라는 뜻을 지닌 마립간은 제17대 내물왕부터 제22대 지증왕까지 사용되었다.

③ 빈민을 구제하기 위해 진대법을 실시하였다.
고구려 고국천왕은 국상 을파소의 건의에 따라 빈민을 구제하기 위해 먹을거리가 부족한 봄에 곡식을 빌려주고 겨울에 갚게 하는 진대법을 실시하였다.

④ 목지국을 압도하고 지역의 맹주로 발돋움하였다.
백제 고이왕은 마한의 중심 세력인 목지국을 병합하고 한반도 중부 지역을 확보하는 동시에 국가 조직을 정비하여 중앙 집권 국가의 기틀을 마련하였다.

03 고구려와 동예   정답 ②

✅ 정답 분석

> **정답이 보이는 핵심 키워드**
> #왕 #상가 · 고추가 · 사자 · 조의 · 선인 #10월에 제천 행사 #동맹 #『삼국지』 동이전 #산천을 중요시하고 각기 구분이 있어 함부로 들어가지 않음 #10월이면 하늘에 제사 #무천 #호랑이를 신으로 여겨 제사

> 길잡이 ┃ 고구려와 동예의 특징을 알아봅니다.

(가) **고구려**는 5부족 **연맹체 국가**로 왕 아래 **상가**, **고추가** 등의 대가들이 **사자**, **조의**, **선인** 등의 관리를 거느렸고, 귀족 회의인 **제가회의**를 통해 국가의 중대사를 결정하였다. **매년 10월**에는 **동맹**이라는 제천 행사를 열었다.

(나) **동예**는 **읍군**이나 **삼로**라는 군장들이 부족을 다스렸다. 읍락 간의 영역을 중요시하여 다른 부족의 경계를 침범하는 경우 노비와 소, 말로 변상하게 하는 **책화** 제도가 있었으며, **매년 10월**에는 **무천**이라는 제천 행사를 열었다.

② **고구려**에는 혼인을 하면 신랑이 신부 집 뒤에 서옥이라는 집을 짓고 생활하다가 자식을 낳아 장성하면 신랑 집으로 돌아가는 **서옥제**라는 풍습이 있었다.

한 번 더 체크하러 가기 ▶ 미니북 21쪽

선택지 풀이

① 낙랑과 왜에 철을 수출하였다.

삼한 중 변한은 철이 풍부하게 생산되어 낙랑과 왜에 수출하였다.

③ 연의 장수 진개의 공격을 받았다.

고조선은 위만이 건너오기 이전인 기원전 3세기경 요서 지방을 경계로 연과 대립하다가 연의 장수 진개의 공격을 받고 서쪽 땅을 상실하였다.

④ 가(加)들이 별도로 사출도를 다스렸다.

부여에는 왕 아래 가축의 이름을 딴 마가, 우가, 저가, 구가의 가(加)들이 있었다. 이들은 행정 구역인 사출도를 다스렸고 왕이 통치하는 중앙과 합쳐 5부를 구성하였다.

⑤ 골품에 따라 관등 승진에 제한이 있었다.

신라에는 골품제라는 특수한 신분 제도가 있었으며 골품에 따라 관등 승진에 제한을 두었다.

04 금동 미륵보살 반가 사유상 정답 ②

정답 분석

정답이 보이는 핵심 키워드

#삼산관 #깊은 생각에 빠져 있는 모습 #일본 교토 고류사의 불상

길잡이 ┃ 삼국 시대의 불상을 사진 자료와 함께 학습합니다.

② **금동 미륵보살 반가 사유상**은 **삼국 시대**의 대표적 불상이다. 머리에 3면이 둥근 산 모양의 관을 쓰고 있어서 삼산 반가 사유상으로 불리기도 하며, 국보 제83호로 지정되어 있다. **일본 교토 고류사의 목조 반가 사유상**은 재료만 다를 뿐 그 **모습이 매우 흡사**하여 일본이 6~7세기의 한국 문화에 영향을 받았음을 보여 준다.

한 번 더 체크하러 가기 ▶ 미니북 44쪽

선택지 풀이

① 경주 구황동 금제여래 입상

경주 황복사지 삼층 석탑 해체 수리 공사 때 사리함에서 발견된 통일 신라의 불상이다. 신체 비례와 옷 주름 형태 등에서 삼국 시대보다 좀 더 발전한 통일 신라 초기 불상 양식이 나타나며, 국보 제80호로 지정되어 있다.

③ 이불 병좌상

중국 지린성에서 출토된 발해의 불상이다. 날카로운 광배나 연꽃의 표현 등에서 금동 연가 7년명 여래 입상 등과 같은 고구려 불상 조각의 양식을 계승하고 있음을 알 수 있다.

④ 금동 연가 7년명 여래 입상

경남 의령에서 발견된 고구려의 불상으로 국보 제119호로 지정되어 있다. 광배 뒷면에 남아있는 글에 따르면 평양의 승려들이 세상에 널리 퍼뜨리고자 만든 불상 중 29번째 것으로, 6세기 후반 고구려의 대표적인 불상이다.

⑤ 하남 하사창동 철조 석가여래 좌상

경기도 광주에서 발견된 고려 시대의 철불 좌상으로 보물 제332호로 지정되어 있다. 불상의 날카로운 인상과 간결한 옷주름의 표현 등은 전형적인 고려 초기 불상의 표현 기법을 보여 준다.

암기의 key 고대·고려의 주요 불상

금동 연가 7년명 여래 입상 (고구려)	서산 용현리 마애여래 삼존상 (백제)	경주 석굴암 본존불 (통일 신라)
철원 도피안사 철조 비로자나불 좌상 (통일 신라)	이불 병좌상 (발해)	하남 하사창동 철조 석가여래 좌상 (고려)
파주 용미리 마애이불 입상 (고려)	논산 관촉사 석조 미륵보살 입상 (고려)	영주 부석사 소조여래 좌상 (고려)

05 백제 무령왕   정답 ③

✅ 정답 분석

정답이 보이는 핵심 키워드
#여러 번 고구려 격파 #국서를 양나라에 보냄 #중국 남조의 영향
#벽돌로 축조한 무덤 #진묘수

길잡이 ┃ 백제 무령왕의 정책을 살펴봅니다.

백제 무령왕은 개로왕 전사 이후 위태로운 상황을 벗어나기 위해 제도를 정비하고 고구려에 여러 차례 공세를 펼쳐 점차 한강 유역으로 진출하였다. 중국 남조의 양에 보내는 국서에 이러한 상황을 담아 백제가 국력을 회복하였음을 대내외로 알리고자 하였다. 무령왕의 무덤은 벽돌무덤으로 양과의 교류를 통해 영향을 받았음을 알 수 있으며, 무덤을 수호하는 진묘수 역할로서 도교적 사상이 반영되어 있음을 보여주는 '무령왕릉 석수(국보 제162호)'가 함께 출토되었다.
③ 무령왕은 지방에 설치한 **22담로에 왕족을 파견**하여 지방 통제를 강화하였다.

한 번 더 체크하러 가기 ▶ 미니북 6쪽

✅ 선택지 풀이

① 익산에 미륵사를 창건하였다.
백제 무왕은 금마저(익산)에 미륵사를 창건하였다.

② 사비로 천도하고 국호를 남부여로 고쳤다.
백제 성왕은 웅진(공주)에서 사비(부여)로 천도하고 국호를 남부여로 고쳐 새롭게 중흥을 도모하였다.

④ 평양성을 공격하여 고국원왕을 전사시켰다.
4세기 중반 백제의 최전성기를 이끌었던 근초고왕은 고구려의 평양성을 공격하여 고국원왕을 전사시켰다.

⑤ 동진에서 온 마라난타를 통해 불교를 수용하였다.
백제 침류왕은 동진을 거쳐 백제로 건너 온 인도의 승려 마라난타로부터 불교를 수용하였다.

06 최치원   정답 ④

✅ 정답 분석

정답이 보이는 핵심 키워드
#함양 상림 #천령군 태수로 부임 #시무책 10여 조 #진성 여왕

길잡이 ┃ 통일 신라 말 유학자 최치원의 활동에 대해 알아봅니다.

최치원은 통일 신라 말 **6두품 출신 유학자**로, 당의 빈공과에 합격하여 관리 생활을 하였다. 이후 신라로 돌아와 함양 태수로 재직할 때 매년 일어나는 홍수 피해로부터 마을과 농경지를 보호하기 위해 **상림을 조성**하였다. 신라 정부의 개혁을 위해 **진성 여왕**에게 **시무 10여 조**를 올렸으나 받아들여지지 않았다.

④ 최치원은 진성 여왕 때 해인사 부근에서 일어난 전란에서 사망한 승군들의 명복을 빌기 위한 삼층 석탑을 세운다는 내용의 비문을 작성하였다. 해인사 부근의 석탑에서 발견되어 「**해인사 묘길상탑기(海印寺妙吉祥塔記)**」로 불린다.

한 번 더 체크하러 가기 ▶ 미니북 22쪽

✅ 선택지 풀이

① 유식의 교의를 담은 해심밀경소를 저술하였다.
통일 신라의 승려 원측은 유식 사상을 주장하였으며, 『해심밀경』을 풀이한 주석서인 『해심밀경소』를 저술하였다.

② 외교 문서 작성에 능하여 청방인문표를 작성하였다.
신라 무열왕 때의 유학자 강수는 고구려, 백제, 당에 보내는 외교 문서 작성을 전담하였으며, 특히 당에 억류되어 있던 무열왕의 아들 김인문을 석방해 줄 것을 청한 「청방인문표」를 작성하여 풀려나도록 하였다.

③ 한자의 음훈을 빌려 우리말을 표기한 이두를 정리하였다.
설총은 강수, 최치원과 함께 통일 신라의 3대 문장가로 꼽히는 인물로, 한자의 음과 훈으로 우리말을 표기하는 이두를 정리하였다.

⑤ 종파 간의 사상적 대립을 해소하기 위해 십문화쟁론을 지었다.
신라의 승려 원효는 불교 종파의 대립과 분열을 종식시키고 화합을 이루기 위한 화쟁 사상을 주장하였으며, 이러한 사상을 담은 『십문화쟁론』을 저술하였다.

07 백제의 멸망 과정   정답 ①

✅ 정답 분석

정답이 보이는 핵심 키워드
#윤충 #대야성 공격 #신라와 당의 군사들 #의자왕 #소부리 벌판
#소정방 #김유신 #흑치상지 #복신

길잡이 ┃ 백제의 멸망 과정을 사건이 일어난 순서대로 학습합니다.

(가) **백제 의자왕**은 즉위 초 윤충에게 1만의 병력을 주어 신라의 **대야성**을 비롯한 40여 개의 성을 함락시켰다. 신라 도독 김품석이 전사하자 **신라 김춘추는 당과 동맹**을 맺어 백제를 멸망시키고자 하였다(642).
(나) **백제**는 김유신과 당의 장수 소정방이 이끄는 **나당 연합군**에 의해 **수도 사비(소부리)**가 함락되고 의자왕과 태자 융이 당으로 송치되면서 멸망하였다(660).
(다) **흑치상지**는 백제 멸망 이후 **복신, 도침** 등과 함께 왕자 풍을 왕으로 추대하고 임존성, 주류성을 거점으로 **백제 부흥 운동**을 전개하였으며, 소정방이 이끄는 당군을 격퇴하였다. 백제 부흥 운동은 660년에 시작되어 백강 전투에서 나당 연합군에게 패하는 663년까지 전개되었다.

한 번 더 체크하러 가기 ▶ 미니북 6, 25쪽

08 통일 신라 신문왕의 정책 정답 ④

✓ 정답 분석

정답이 보이는 핵심 키워드

#완산주 #9주 #서원소경 #남원소경 #여러 주와 군의 주민들을 옮겨 그곳에 나누어 살게 함

길잡이 ▎ 9주 5소경의 지방 행정 구역을 정비한 통일 신라 신문왕의 정책에 대해 알아봅니다.

통일 신라 신문왕 때 확대된 영토를 효율적으로 통치하기 위해 전국을 9개 구역으로 나누어 **9주를 설치**하였다(685). 9주는 옛 신라 · 가야 영역에 3개(상주, 양주, 강주), 옛 고구려 영역에 3개(한주, 삭주, 명주), 옛 백제 영역에 3개(웅주, 전주, 무주)로 구성되어 신라가 삼국 통일 달성을 대내외로 드러내고자 하였음을 알 수 있다. 또한, 서원소경과 남원소경을 새로 설치하여 기존의 국원소경, 북원소경, 금관소경과 함께 **5소경**을 구성하고, 해당 지역에 주민들을 이주시켜 새로 편입한 영토의 민심을 안정시키려 하였다(685).
④ 신문왕은 귀족 세력을 약화시키기 위해 **관료전을 지급**하고(687) **녹읍을 폐지**하였다(689).

한 번 더 체크하러 가기 ▶ 미니북 7쪽

✓ 선택지 풀이

① 금관가야가 멸망하였다.
고구려 광개토 대왕의 군대가 가야 지역의 왜구를 격퇴하는 과정에서 전기 가야 연맹의 중심이었던 금관가야가 쇠퇴하기 시작하였고, 이후 신라 법흥왕에게 복속되었다(532).

② 이사부가 우산국을 복속하였다.
신라 지증왕 때 이사부는 왕의 명령으로 우산국(울릉도)과 우산도(독도)를 복속하고 실직주의 군주가 되었다(512).

③ 조세를 관장하는 품주가 설치되었다.
신라 진흥왕은 재정과 국가 기밀을 담당하는 품주를 설치하였고(565), 이후 진덕 여왕 때 집사부로 개편되었다(651).

⑤ 인재 등용을 위한 독서삼품과가 실시되었다.
통일 신라 원성왕은 국학의 학생들을 대상으로 독서삼품과를 실시하여 유교 경전의 이해 수준에 따라 관리로 채용하였다(788).

09 발해의 중앙 통치 체제 정답 ①

✓ 정답 분석

정답이 보이는 핵심 키워드

#선조성 #중대성 #정당성 #대내상 #『신당서』

길잡이 ▎ 발해의 중앙 통치 체제를 살펴봅니다.

발해는 당의 영향으로 중앙 관제를 **3성 6부제**로 구성하였으나 관청의 명칭과 실제 운영 방식은 독자적인 성격을 가지고 있었다. 당과 달리 정당성에 실제 권력이 집중되어 정당성의 장관인 대내상이 선조성과 중대성의 장관인 좌상과 우상보다 우위에서 국정을 총괄하였다. 정당성은 행정 업무를 담당하는 6부를 두었는데 이를 둘로 나누어 좌사정과 우사정이 각각 맡아 운영하였다.
① 발해는 당의 국자감 제도를 받아들여 중앙에 **최고 교육 기관**인 **주자감**을 설치하였다. 이곳에서 왕족과 귀족을 대상으로 유교 교육을 실시하여 인재를 양성하였다.

한 번 더 체크하러 가기 ▶ 미니북 7쪽

✓ 선택지 풀이

② 신라에 침입한 왜구를 격퇴하였다.
고구려 광개토 대왕은 신라의 원군 요청을 받고 군대를 보내 신라에 침입한 왜를 격퇴하였다.

③ 9서당 10정의 군사 조직을 갖추었다.
통일 신라 신문왕은 중앙군을 9서당, 지방군을 10정으로 편성하여 군사 조직을 정비하였다.

④ 개국, 태창이라는 연호를 사용하였다.
신라 진흥왕은 개국(開國), 태창(太昌) 등의 독자적인 연호를 사용하여 신라 발전의 발판으로 삼았다.

⑤ 왕족인 부여씨와 8성의 귀족이 지배층을 이루었다.
백제의 지배층은 왕족인 부여씨와 8성의 귀족으로 이루어졌다.

암기의 key	발해의 통치 체제
3성 6부제	• 당의 3성 6부제 수용, 명칭과 운영 방식은 독자적 • 정당성의 장관 대내상이 국정 총괄 • 6부의 명칭에 유교 이념 반영
주자감	최고 교육 기관, 유교 교육 실시
중정대	관리 감찰 담당
지방 체제	5경 15부 62주, 주현에 지방관 파견

10 견훤 정답 ①

✓ 정답 분석

정답이 보이는 핵심 키워드

#연호 정개(正開) #편운화상 승탑 #전북 남원 실상사 조계암터 #완산주에 나라를 세움

길잡이 ▎ 후백제를 세운 견훤의 활동에 대해 학습합니다.

통일 신라 말 상주의 군인 출신인 **견훤**은 세력을 키워 **완산주(현재 전주)**에 도읍을 정하고 **후백제를 건국**하면서 독자적인 연호인 **정개(正開)**를 사용하였다. 전북 남원 실상사에 있는 편운화상 승탑에는 '정개 10년 경오(正開十年庚午)'라는 건립 연도를 확인할 수 있는 문구가 새겨져 있다. 경오년은 910년으로 견훤이 완산주에 도읍을 정한 지 10년이 되는 해이므로 900년부터 사용된 연호임을 알 수 있다.

① **견훤의 후백제군**이 신라 금성을 급습하여 고려가 군사를 보냈으나 후백제군은 **공산 전투**에서 **고려군에 대승**을 거두었다.

한 번 더 체크하러 가기 ▶ 미니북 22쪽

선택지 풀이

② 귀순한 김순식에게 왕씨 성을 하사하였다.

고려 왕건은 즉위 직후 통일 신라 말 진골 출신으로 김주원의 직계 후손인 김순식에게 왕씨 성을 하사하였다.

③ 폐정 개혁을 목표로 정치도감을 설치하였다.

원 간섭기 충목왕 때 고려의 개혁을 위해 정치도감을 설치하였으나 정동행성 이문소의 방해로 개혁이 제대로 이루어지지 못하였다.

④ 청해진을 근거지로 해상 무역을 전개하였다.

통일 신라 장보고는 완도에 청해진을 설치하여 해적들을 소탕하고 해상 무역권을 장악하면서 당, 신라, 일본을 잇는 국제 무역을 주도하였다.

⑤ 광평성을 설치하고 광치나, 서사 등의 관원을 두었다.

궁예는 후고구려를 건국하고 광평성을 중심으로 한 정치 기구를 마련하여 장관인 광치나와 서사, 외서 등의 관원을 두었다.

---

11 고려와 여진의 관계 정답 ④

정답 분석

정답이 보이는 핵심 키워드

#행영병마별감 승선 최홍정 #병마사 이부상서 문관 #여진 추장 거위이 #9성의 반환을 요청 #함주 #길주 #9성의 전투 장비와 군량을 내지(內地)로 들여옴 #『고려사』

길잡이 ┃ 동북 9성의 반환을 통해 고려와 여진의 관계를 파악합니다.

- **별무반 편성**(1104): 고려 숙종 때 부족을 통일한 여진이 고려의 국경을 자주 침입하자 윤관이 왕에게 건의하여 신기군, 신보군, 항마군으로 구성된 별무반을 조직하였다.
- **이자겸의 난**(1126): 고려 인종 때 문벌 귀족 이자겸이 왕의 외척으로서 최고 권력을 누리며 왕의 자리까지 넘보자 인종이 이자겸을 제거하려 하였으나 실패하였다. 이에 이자겸은 척준경과 함께 난을 일으켰다.

④ **고려 예종** 때 윤관의 **별무반**이 여진을 물리치고, 함주, 길주 등에 **동북 9성**을 설치하였다(1107). 이후 여진이 고려에 조공을 약속하며 **동북 9성** 환을 요청하자 고려는 이를 수락하여 동북 9성을 되돌려 주었다(1109).

한 번 더 체크하러 가기 ▶ 미니북 23쪽

---

12 고려 광종 정답 ②

정답 분석

정답이 보이는 핵심 키워드

#안성 망이산성 #준풍 4년(峻뿧四年) #백관의 공복을 정함 #개경을 황도로 명명 #국왕 중심의 통치 체제 확립 도모

길잡이 ┃ 국왕 중심의 통치 체제 확립을 도모한 고려 광종의 정책을 학습합니다.

고려 광종은 공신 세력을 약화시키고 왕권을 강화하고자 국왕을 황제라 칭하고 **광덕, 준풍 등의 독자적 연호**를 사용하였는데, 안성 망이산성에서 발견된 기와에 새겨진 준풍 4년(峻뿧四年)이라는 글씨를 통해 이를 확인할 수 있다. 광종은 이 밖에도 백관의 공복을 제정하고, **노비안검법**을 실시하여 억울하게 노비가 된 사람들을 해방시키고 호족 세력을 약화시켰다.

② 고려 광종은 후주 출신인 **쌍기**의 건의에 따라 **과거 제도**를 시행하여 신진 세력을 등용하였다.

한 번 더 체크하러 가기 ▶ 미니북 8쪽

선택지 풀이

① 12목에 지방관이 파견되었다.

고려 성종은 최승로의 시무 28조를 받아들여 중앙의 통치 기구를 개편하고, 전국 12목에 지방관을 파견하여 지방 세력을 견제하였다.

③ 대장도감에서 팔만대장경이 간행되었다.

고려 고종 때 몽골이 침입하자 부처의 힘으로 몽골군을 물리치고자 대장도감을 설치하고 16년에 걸쳐 팔만대장경을 간행하였다.

④ 안우, 이방실 등이 홍건적을 격파하였다.

이방실은 고려 공민왕 대 무신으로 홍건적의 제1차 침입 때 이를 격퇴하여 공을 세웠고, 제2차 침입 때는 안우, 정세운 등과 함께 싸워 승리하여 개경을 수복하였다.

⑤ 신돈이 전민변정도감의 책임자가 되었다.

고려 공민왕 때 등용된 신돈은 전민변정도감의 책임자로서 권문세족이 빼앗은 토지를 돌려주고 노비가 된 자를 풀어주는 등 개혁을 단행하였다.

---

13 고려의 경제 상황 정답 ③

정답 분석

정답이 보이는 핵심 키워드

#양계 #5도 #진병법석(鎭兵法席) #중사(中使)를 파견 #은병

길잡이 ┃ 화폐 은병이 사용된 고려 시대의 경제 상황에 대해 알아봅니다.

고려 시대에는 상업 활동이 활발해지면서 성종 때 건원중보, 숙종 때 **해동통보**, 삼한통보, 해동중보 등의 동전과 **활구(은병)**가 발행되었다. 고종 때 몽골이 침입하자 양계와 5도에서 전쟁 피해를 막기 위해 행하는 불교 의식인 진병법석(鎭兵法席)을 시행하였는데, 이에 비용이 많이 들자 은병 300개를 경상도, 전라도, 충청도에 나누어 주기도 하였다.

③ 고려 문종 때 **경시서를** 설치하여 수도 **개경의 시전을 감독**하고, 매년 그해의 풍흉에 따라 가치를 조절하도록 하였다.

한 번 더 체크하러 가기 ▶ 미니북 24쪽

✅ 선택지 풀이

① 백동화를 주조하는 전환국의 기술자

조선은 개항 이후 전환국을 설치하고 상평통보 대신 새로운 화폐인 백동화를 주조하여 발행하였다.

② 신해통공 시행 소식에 기뻐하는 난전 상인

조선 후기 정조는 신해통공을 시행하여 육의전을 제외한 시전 상인들의 금난전권을 폐지하고 일반 상인들의 자유로운 상업 활동을 도모하였다.

④ 담배, 인삼 등의 상품 작물을 재배하는 농민

조선 후기에 상업의 발달로 인삼, 담배, 면화 등 상품 작물의 재배가 활발해졌다.

⑤ 물주로부터 자금을 조달받아 광산을 운영하는 덕대

조선 후기에 광산 개발이 활성화되면서 물주로부터 자금을 지원받아 전문적으로 광산을 경영하는 덕대가 등장하였다.

---

14 삼별초의 대몽 항쟁 정답 ③

✅ 정답 분석

> **정답이 보이는 핵심 키워드**
> #원종 #강화에서 송경(松京)으로 환도 #홍문계 #임유무 #신의군 #승화후(承化侯)

> **길잡이** ┃ 고려 정권의 개경 환도 이후 삼별초의 대몽 항쟁 과정을 파악합니다.

고려 무신 정권은 몽골의 개입으로 **원종이 복위**하고, 임유무가 살해되면서 해체되었다. 이에 원종이 **몽골과 강화**를 맺고 **개경으로 환도**를 단행하자 무신 정권의 군사적 기반이었던 **삼별초**는 배중손·김통정의 지휘하에 승화후를 왕으로 옹립하고 난을 일으켰다(1270).

③ 삼별초가 진도와 제주도로 이동하며 대몽 항쟁을 이어가자 **김방경**은 **여몽 연합군**을 이끌고 **제주도(탐라)에서 삼별초를 토벌**하였다(1273).

한 번 더 체크하러 가기 ▶ 미니북 23쪽

✅ 선택지 풀이

① 김윤후가 처인성에서 몽골군을 격퇴하였다.

몽골의 2차 침입 때 승장 김윤후가 이끄는 민병과 승군이 처인성에서 몽골군에 대항하여 적장 살리타를 사살하고 승리를 거두었다(1232).

② 묘청이 칭제 건원과 금국 정벌을 주장하였다.

고려 인종 때 묘청과 정지상을 중심으로 한 서경 세력은 서경 천도와 칭제 건원, 금 정벌을 주장하였는데 받아들여지지 않자 서경에서 반란을 일으켰다(1135).

④ 최충헌이 봉사 10조를 올려 시정 개혁을 건의하였다.

고려 무신 정권 시기 최충헌은 사회 개혁안인 봉사 10조를 명종에게 제시하였으나, 국가의 발전이나 민생 안정보다는 권력 유지에 목적을 두고 있어 큰 성과를 거두지는 못하였다(1196).

⑤ 경대승이 정중부 등을 제거하고 권력을 장악하였다.

경대승은 고려 중기의 무신으로 당시 실권자였던 정중부 일파를 제거하고 정권을 장악하였다(1179).

---

15 안동 봉정사 극락전 정답 ①

✅ 정답 분석

> **정답이 보이는 핵심 키워드**
> #우리나라에 현존하는 가장 오래된 목조 건축물 #공민왕 때 지붕 수리 #주심포 양식 #맞배지붕

> **길잡이** ┃ 고려 시대 대표 불교 건축물을 사진과 함께 학습합니다.

① **안동 봉정사 극락전**은 경북 안동시 봉정사에 위치한 **고려 시대 건축물**로 국보 제15호로 지정되어 있으며 우리나라 현존하는 가장 오래된 목조 건물이다. 건물이 세워지고 다시 지어진 내력 등을 써 두는 상량문에 고려 공민왕 때 지붕을 수리하였다는 기록이 남아있어 극락전의 건축 연대를 추정할 수 있다. 지붕 처마를 받치기 위한 구조인 공포를 기둥 위에만 배열하는 **주심포 양식**으로 지어졌으며, 지붕의 형태는 **맞배지붕**이다.

한 번 더 체크하러 가기 ▶ 미니북 45쪽

✅ 선택지 풀이

② 보은 법주사 팔상전

충북 보은군에 위치한 보은 법주사 팔상전은 우리나라 목조 건축 중 가장 높은 건축물이자 현존하는 유일한 목탑으로, 국보 제55호로 지정되어 있다. 석가모니의 일생을 여덟 폭의 그림으로 나누어 그린 팔상도가 있어 팔상전이라고 불린다.

③ 구례 화엄사 각황전

전남 구례군의 구례 화엄사 각황전은 국보 제67호로 지정되어 있다. 조선 숙종 때 창건되었고 정면 7칸, 측면 5칸의 다포계 중층 팔작지붕 건물로 내부 공간이 통층으로 구성되어 있다.

④ 예산 수덕사 대웅전

충남 덕숭산에 있는 예산 수덕사 대웅전은 고려 충렬왕 때 지은 건물이다. 맞배지붕과 건물 옆면의 장식 요소가 특징적이며, 국보 제49호로 지정되어 있다.

⑤ 영주 부석사 무량수전

고려 시대의 목조 건축물인 영주 부석사 무량수전은 부석사의 중심 건물로 국보 제18호로 지정되어 있다. 기둥 중간이 굵은 배흘림기둥이 사용되었으며, 공포를 기둥 위에만 짜 올린 주심포 양식으로 축조되었다.

암기의 key — 고려 시대의 주요 불교 건축물

안동 봉정사 극락전	영주 부석사 무량수전
예산 수덕사 대웅전	봉산 성불사 응진전

---

16 고려의 관학 진흥 정책   정답 ①

✓ 정답 분석

정답이 보이는 핵심 키워드

#관학 진흥 #최충 #문헌공도 #사학 12도 #국자감 #제술업, 명경업

길잡이 ┃ 고려 시대 관학 진흥을 위한 국가의 정책에 대해 알아봅니다.

① 고려 중기 **최충**의 **문헌공도**를 대표로 하는 **사학 12도**의 발전으로 과거 응시를 희망하는 사람들이 대부분 사학으로 모여들자 관학이 위축되었다. 이에 고려 **예종** 때 **관학 진흥책**으로 국자감을 재정비하여 전문 강좌인 **7재**를 설치하고, **양현고**와 청연각·보문각을 궁중에 설치하여 학문 연구를 장려하였다.

한 번 더 체크하러 가기 ▶ 미니북 24쪽

✓ 선택지 풀이

② 서원을 세워 후진 양성과 선현 제향에 힘썼다.

서원은 조선의 지방 사립 교육 기관으로, 선현에 대한 제사와 양반 자제의 교육을 담당하였다.

---

③ 초계문신제를 시행하여 문신들을 재교육하였다.

조선 후기 정조는 새롭게 관직에 오른 자 또는 기존 관리들 중 능력 있는 관리들을 규장각에서 재교육시키는 초계문신제를 시행하였다.

④ 만권당을 설립하여 원의 학자들과 교류하게 하였다.

고려 충선왕은 왕위에서 물러난 뒤 원의 연경에 만권당을 세우고, 고려에서 이제현 등의 성리학자들을 데려와 원의 학자들과 교류하게 하였다.

⑤ 경당을 설치하여 청소년에게 글과 활쏘기를 가르쳤다.

고구려 장수왕은 지방에 경당을 설립하여 평민 자제들에게 글과 활쏘기 등을 가르쳤다.

암기의 key — 고려의 교육 제도

사학	최충의 문헌공도(9재 학당) 등 사학 12도 융성

관학	• 중앙–국자감, 지방–향교
	• 관학 진흥책
	  – 숙종: 서적포(도서 출판)
	  – 예종: 국학(국자감)에 7재(전문 강좌) 설치, 양현고 (장학 재단)
	  – 인종: 6학(개경)
	  – 충렬왕: 섬학전, 국학에 대성전

---

17 조선 태종   정답 ④

✓ 정답 분석

정답이 보이는 핵심 키워드

#마천목 #좌명공신 #녹권 #제2차 왕자의 난 #이방간

길잡이 ┃ 제2차 왕자의 난을 통해 즉위한 태종 이방원의 정책을 알아봅니다.

조선 초기 왕위 계승권을 둘러싸고 태조 이성계의 왕자들 사이에서 두 차례 난이 일어났는데 그중 **제2차 왕자의 난**은 **이방원**과 이방간 사이에서 발생하였다. 분쟁 끝에 권력을 잡은 이방원은 **태종으로 즉위**하였고, 이 과정에서 공을 세운 마천목 등을 공신에 봉한다는 교서인 녹권을 내리기도 하였다.

④ **태종**은 6조에서 의정부를 거치지 않고 국왕이 바로 재가를 내리는 **6조 직계제**를 시행하여 의정부의 권한을 약화시키고 **왕권을 강화**하였다.

한 번 더 체크하러 가기 ▶ 미니북 9쪽

✓ 선택지 풀이

① 과전을 혁파하고 직전을 설치하였다.

세조는 과전 세습화가 초래하였던 토지 부족 등의 폐단을 바로잡기 위해 과전법을 혁파하고 현직 관리에게만 수조권을 지급하는 직전법을 실시하였다.

② 최무선의 건의로 화통도감을 두었다.

고려 우왕 때 최무선은 화통도감 설치를 건의하여 화약과 화포를 제작하였고, 이를 활용하여 진포 대첩에서 왜구를 격퇴하였다.

③ 어영청을 중심으로 북벌을 추진하였다.

인조 때 후금과의 관계가 악화되자 어영청을 설치하여 국왕을 호위하게 하였고, 병자호란 이후 청에 볼모로 갔던 봉림 대군이 효종으로 즉위하면서 어영청을 중심으로 북벌을 추진하였다.

⑤ 궁중 음악을 집대성한 악학궤범을 편찬하였다.

성종 때 성현 등이 왕명에 따라 의궤와 악보를 정리한 『악학궤범』을 저술하였다.

18 무오사화 정답 ②

✓ 정답 분석

정답이 보이는 핵심 키워드

#김종직 #김일손 #연산군 #유자광, 이극돈 #부관참시

길잡이 ┃ 무오사화의 발생 배경을 학습합니다.

② 조선 전기 영남 사림파의 영수 **김종직**은 문하에 정여창, 김굉필, 김일손 등 많은 제자들을 길러냈다. 그중 **김일손**은 스승 김종직이 작성한 **조의제문을 사초에 기록**하였는데, 사림 세력과 대립 관계였던 유자광, 이극돈 등의 **훈구 세력**과 **연산군**이 이를 문제 삼으면서 **무오사화**가 발생하였다.

한 번 더 체크하러 가기 ▶ 미니북 42쪽

✓ 선택지 풀이

① 계유정난의 배경이 되었다.

세종에게 신임을 받은 김종서, 황보인 등의 문신 세력이 문종 때 권력을 잡고 정사를 좌지우지하자 이에 불만을 가진 수양 대군이 계유정난을 일으켜 왕위를 찬탈하고 세조로 즉위하였다.

③ 반정 공신의 위훈 삭제를 주장하였다.

중종의 훈구파 견제 목적으로 중용된 사림파의 대표 인물 조광조가 반정 공신의 위훈 삭제를 주장하여 훈구 세력의 반발을 사게 되었다.

④ 윤임 일파가 제거되는 결과를 가져왔다.

인종의 뒤를 이어 명종이 어린 나이로 즉위하자 명종의 어머니 문정 왕후가 수렴청정을 하였다. 이후 인종의 외척인 윤임을 중심으로 한 대윤 세력과 명종의 외척인 윤원형을 중심으로 한 소윤 세력의 대립으로 을사사화가 발생하여 윤임을 비롯한 대윤 세력과 사림들이 큰 피해를 입었다.

⑤ 동인이 남인과 북인으로 나뉘는 계기가 되었다.

선조 때 발생한 정여립 모반 사건(기축옥사)으로 서인이 정국을 주도하게 되었고, 이때 피해를 입은 동인이 북인과 남인으로 분화되었다.

19 유향소 정답 ②

✓ 정답 분석

정답이 보이는 핵심 키워드

#경재소 #향리의 범법 행위 규찰 #풍속 유지 #향임 #수령

길잡이 ┃ 조선 시대 향촌 자치 기구인 유향소에 대해 알아봅니다.

- **경재소**: 조선 전기 중앙의 **지방 통치 체제 강화**를 위해 설치한 기구이다. 중앙의 고위 관리에게 출신 지역의 경재소를 관장하게 하고 그 지역의 유향소 품관을 임명·감독하게 하였다.
- **유향소**: 조선 초기 지방 **수령의 통치를 돕거나 향리를 감찰**하고 **풍속을 바로잡기 위해 지방 품관들이 자발적으로 설치**한 조직이다. 태종 때 혁파된 유향소는 세종 때 그 기능을 축소하여 재설치되었지만 수령과 결탁하여 부정을 일으키자 다시 폐지되었다. 이후 성종 때 다시 설치되어 **향사례, 향음주례** 등을 시행하는 역할을 하였다.
- ② **조선**은 전국을 **8도**로 나누어 **모든 군현에 수령을 파견**하였다. 이 때 지방에 **유향소**를 두었고, 내부에서 **좌수와 별감 등의 향임**이 선발되어 회의를 주도하였다.

✓ 선택지 풀이

① 주세붕이 처음 설립하였다.

⑤ 흥선 대원군에 의해 대부분 철폐되었다.

서원은 선현에 대한 제사와 양반 자제의 교육을 담당한 기관으로, 조선 중종 때 풍기 군수 주세붕이 성리학을 전래한 고려 말의 학자 안향을 기리기 위해 최초로 백운동 서원을 건립하였다. 그러나 지방의 서원이 면세 등의 혜택으로 국가 재정을 악화시키고 백성을 수탈하는 폐해를 저지르자 흥선 대원군 때 47개를 제외한 전국의 서원을 철폐시켰다.

③ 중앙에서 교수와 훈도를 파견하였다.

④ 대성전을 세워 성현에 제사를 지냈다.

향교는 조선 시대 성균관의 하급 관학으로서 전국 부·목·군·현에 하나씩 설립된 지방 국립 교육 기관이다. 중앙에서는 향교의 규모나 지역에 따라 교관으로 교수나 훈도를 파견하였다. 공자를 비롯한 옛 성현에 대해 제사를 지내는 대성전과 유학을 강의하는 명륜당, 기숙사인 동·서재 등으로 이루어져 있었다.

20 서울 원각사지 십층 석탑 정답 ①

✓ 정답 분석

정답이 보이는 핵심 키워드

#세조 #국보 #대리석 #탑의 각 면에 부처, 보살, 천인상 등이 새겨져 있음 #박지원, 이덕무 #백탑파

길잡이 ┃ 조선 전기의 원각사지 십층 석탑을 사진과 함께 학습합니다.

① **조선 전기** 불교는 숭유 억불 정책으로 억압받았으나 **세조** 때 왕실의 지원을 받아 **원각사지 십층 석탑**이 건립되었다. 이 탑은 고려의 개성 경천사지 십층 석탑을 본떠 만든 것으로 국보 제2호로 지정되어 있으며, **대리석**을 재료로 하여 백탑으로 불리기도 하였다. 탑 근처에 살던 박지원, 이덕무 등이 이곳에 모여 학문적으로 교류하여 백탑파로 불리었다.

한 번 더 체크하러 가기 ▶ 미니북 46쪽

✓ 선택지 풀이

② **익산 미륵사지 석탑**

백제 무왕 때 건립된 익산 미륵사지 석탑은 현존하는 삼국 시대의 석탑 중 가장 크며, 국보 제11호로 지정되어 있다. 석탑 해체 복원 과정 중 1층 첫 번째 심주석에서 금제 사리봉영(안)기가 발견되어 석탑의 건립 연도가 명확하게 밝혀졌다.

③ **경주 불국사 다보탑**

경주시 불국사에 있는 통일 신라의 화강석 석탑이다. 다보여래의 사리를 모신 탑이며 국보 제20호로 지정되어 있다.

④ **부여 정림사지 오층 석탑**

익산 미륵사지 석탑과 함께 백제의 대표적인 석탑이다. 목탑의 구조와 비슷하지만 돌의 특성을 잘 살린 석탑이며 국보 제9호로 지정되어 있다.

⑤ **발해 영광탑**

중국 지린성에 있는 발해의 오층 전탑으로, 당의 영향을 받았다.

---

21 병자호란 정답 ⑤

✓ 정답 분석

> **정답이 보이는 핵심 키워드**
> #홍명구 충렬비 #유림 대첩비 #남한산성에 피란해 있던 국왕 #김화에서 적을 물리침

> **길잡이** ▎병자호란의 전개 과정에 대해 알아봅니다.

정묘호란 이후 후금이 국호를 청으로 고치고 조선에 군신 관계를 강요하였으나 조선이 거절하자 **병자호란**이 일어났다(1636). 인조가 피란하여 있던 남한산성이 포위되자 문신 **홍명구**와 평안도병마절도사 **유림**이 근왕병 2천여 명을 이끌고 남하하던 중 김화(강원도 철원)에서 청군에 맞서 싸우다가 전사하였다. 이후 이곳에는 **김화 전투**의 승리를 기리기 위한 홍명구 충렬비와 유림 대첩비가 세워지게 되었다.

⑤ 조선 중기의 무신 **김준룡**은 병자호란이 발생하자 휘하의 군사들을 이끌고 적에게 포위당한 남한산성으로 진군하면서 군사를 모아 병력을 보강한 뒤 **용인 광교산**을 거점으로 청에 항전하였다.

한 번 더 체크하러 가기 ▶ 미니북 10, 32쪽

✓ 선택지 풀이

① 훈련도감이 설치되었다.

임진왜란 중 유성룡이 선조에게 건의하여 포수, 사수, 살수의 삼수병으로 편제된 훈련도감을 설치하였다(1593).

② 외규장각 도서가 약탈되었다.

병인박해를 빌미로 로즈 제독이 이끄는 프랑스 군대가 강화도 양화진을 침략하여 병인양요가 발생하였다(1866). 이때 프랑스 군대는 외규장각을 불태우고 의궤 등을 약탈하였다.

③ 곽재우가 의령에서 의병을 일으켰다.

선조 때 임진왜란이 발발하자(1592) 곽재우가 영남 지방에서 수천여 명의 의병을 이끌고 항전하였다.

④ 강홍립이 이끄는 부대가 참전하였다.

광해군 때 명의 요청으로 후금과의 사르후 전투에 강홍립 부대를 파견하였다. 그러나 명과 후금 사이에서 실리를 추구하는 중립 외교 정책에 따라 무모한 싸움을 계속하지 않고 후금에 투항하도록 명령하였다(1619).

---

22 환국 정답 ②

✓ 정답 분석

> **정답이 보이는 핵심 키워드**
> #허적 #허견의 모반 #중전 복위 #장씨 #희빈

> **길잡이** ▎조선 숙종 때 일어난 환국의 전개 과정을 알아보고 배경과 결과를 파악합니다.

(가) **경신환국**(1680): **숙종** 때 남인의 영수인 **허적**이 궁중에서 쓰는 천막을 허락 없이 사용한 문제로 왕과 갈등을 겪었다. 이후 허적의 서자 **허견의 역모 사건**으로 첫 환국이 발생하여 허적, 윤휴 등의 남인이 대거 축출되고 **서인이 집권**하게 되었다.

(나) **갑술환국**(1694): 서인 세력을 중심으로 **인현 왕후 복위 운동이 전개**되자 남인인 민암 등이 서인들을 국문하다 숙종의 불신을 받게 되어 몰락하고 다시 **서인이 집권**하게 되었다. 이후 **인현 왕후가 복위**되고 장씨는 다시 희빈으로 강등되었으며, 기사환국으로 사사된 송시열을 비롯하여 김수항 등에게 작위가 내려졌다.

② 숙종은 희빈 장씨 소생의 원자 책봉을 반대하는 **송시열의 관작을 삭탈**하고 제주도로 유배시켜 사사(賜死)하였다. 서인 세력이 대거 축출되고 남인이 집권하는 **기사환국**이 발생하였다(1689).

한 번 더 체크하러 가기 ▶ 미니북 48쪽

✓ 선택지 풀이

① 양재역 벽서 사건이 발생하였다.

명종 때 문정 왕후의 수렴청정을 비판한 양재역 벽서 사건으로 정미사화가 발생하였다(1547). 이때 이언적, 권벌 등이 유배되는 등 많은 사림 세력들이 화를 입었다.

③ 자의 대비 복상 문제로 예송이 전개되었다.

현종 때 효종과 효종비의 국상 당시 자의 대비의 복상 문제로 기해예송(1659)과 갑인예송(1674)이 발생하였고, 서인과 남인 사이의 대립이 심화되었다.

④ 정여립 모반 사건으로 기축옥사가 일어났다.

선조 때 정여립 모반 사건 당시 서인은 정권을 장악하기 위해 모반 사건을 확대하여(기축옥사) 수많은 동인 인사들이 큰 타격을 입었다 (1589).

⑤ 붕당의 폐해를 막기 위해 탕평비가 세워졌다.

영조는 붕당 정치의 폐해를 막고 능력에 따른 인재를 등용하기 위해 탕평책을 실시하였고, 성균관에 탕평비를 건립하였다(1742).

암기의 key	조선 시대의 환국
경신환국 (1680)	남인의 영수 허적이 궁중에서 쓰는 천막을 허락 없이 사용한 문제로 숙종과 갈등 → 허적의 서자 허견의 역모 사건 → 허적을 비롯한 남인 몰락, 서인 집권
기사환국 (1689)	희빈 장씨 소생에 대한 원자 책봉 문제 → 서인 세력의 반대 → 서인이 물러나고 남인 집권
갑술환국 (1694)	서인의 인현 황후 복위 운동 → 남인 민암 등이 서인을 국문하다 숙종의 불신을 받아 몰락, 서인 집권 → 인현 왕후 복위, 장씨는 희빈으로 강등

23 대동법   정답 ①

✓ 정답 분석

정답이 보이는 핵심 키워드

#공납의 개혁 #방납의 폐단 #현물 대신 쌀, 베 등으로 납부 #토지 결수 기준 #지주들의 부담이 늘어남

길잡이 | 조선 후기 공납의 폐단을 개선하고자 시행된 대동법의 영향에 대해 학습합니다.

대동법은 조선 후기 방납의 폐단을 해결하기 위해 **공납을 전세화**하여 쌀이나 베, 동전 등으로 납부하게 한 제도이다. **광해군** 때 경기도에서 처음 시행되었는데 **토지 결수를 기준**으로 하였기 때문에 지주들의 반발이 심하여 바로 전국에서 실시되지는 못하였다. 이후 강원도에서 실시되었고 충청도, 전라도, 경상도 순으로 확대되어 평안도와 함경도를 제외한 전국에서 시행되었다. 공물 대신 **토지 1결당 미곡 12두**를 납부하도록 하면서 현실적인 세납의 기초를 마련하게 되었다.

① **조선 후기** 대동법의 시행으로 국가에서 필요한 물품을 관청에 직접 조달하는 **공인**이 등장하게 되었다.

한 번 더 체크하러 가기 ▶ 미니북 43쪽

② 어염세, 선박세 등이 국가 재정으로 귀속되었다.
⑤ 재정을 보충하기 위해 지주에게 결작이 부과되었다.

영조 때 1년에 2필씩 납부하던 군포를 1필로 줄이는 균역법을 실시하면서 감소된 재정은 지주에게 결작으로 부과하고, 어장세·선박세·염세 등의 잡세 수입으로 보충하였다.

③ 전세를 풍흉에 따라 9등급으로 차등 과세하였다.

세종 때 풍흉의 정도에 따라 세금을 부과하는 연분 9등법을 시행하여 등급에 따라 차등을 두어 조세를 부과하였다.

④ 양반에게도 군포를 징수하는 호포제가 시행되었다.

흥선 대원군은 군정의 문란을 해결하기 위해 호포제를 실시하여 양반에게도 군포를 부과하였다.

24 영조와 정조   정답 ④

✓ 정답 분석

정답이 보이는 핵심 키워드

#『속대전』#『경국대전』을 개정 및 증보하여 편찬 #대전통편 #법령을 통합하여 편찬 #원(原) #속(續) #증(增)

길잡이 | 조선 후기에 법전을 편찬하였던 영조와 정조의 정책을 알아봅니다.

(가) **영조**: 국가 운영에 대한 법을 새로 규정하기 위해 **『속대전』**을 편찬하였다. 『경국대전』을 기본으로 하고 **새롭게 증보된 내용만 수록**하여 편찬하였는데, 특히 **호전과 형전**에 새로운 내용이 다수 포함되었으며 극형을 폐지하는 등 이전보다 발전된 형태를 보였다.

(나) **정조**: 『경국대전』과 『속대전』 등 다른 여러 규정들을 하나로 통합하여 **『대전통편』**을 편찬하였다. 『경국대전』의 내용에는 원(原), 『속대전』의 내용에는 속(續), 새롭게 추가된 내용에는 증(增)을 붙여 구분하였다.

④ **정조**는 왕권을 뒷받침하는 군사적 기반을 갖추기 위해 친위 부대인 **장용영**을 설치하고 서울 도성에는 내영, 수원 화성에는 외영을 두었다(1793).

한 번 더 체크하러 가기 ▶ 미니북 10쪽

✓ 선택지 풀이

① 청과의 국경을 정한 백두산정계비를 세웠다.

숙종 때 간도 지역을 두고 청과 국경 분쟁이 발생하자 두 나라 대표가 백두산 일대를 답사하고 국경을 확정하여 백두산정계비를 세웠다 (1712).

② 왕실의 위엄을 높이기 위해 경복궁을 중건하였다.

흥선 대원군은 즉위 이후 왕실의 권위를 회복하기 위해 임진왜란 때 불탔던 경복궁을 중건하였다(1865).

③ 이종무를 파견하여 대마도를 정벌하였다.

조선 전기 왜구의 약탈이 빈번하자 세종은 이종무를 쓰시마 섬으로 보내 왜구를 토벌하였다(1419).

⑤ 나선 정벌에 조총 부대를 파견하였다.

효종 때 러시아가 만주 지역까지 침략해오자 청은 조선에 원병을 요청하였고, 조선에서는 나선 정벌을 위해 두 차례에 걸쳐 조총 부대를 파견하였다(1654, 1658).

암기의 key	영조와 정조의 정책
영조	• 완론 탕평: 서원 대폭 정리, 삼사의 관리 추천제 폐지 (이조 전랑 권한 약화) • 균역법 실시: 백성의 군역 부담 경감 • 신문고 부활: 백성의 억울함 해소 • 『속대전』 편찬: 극형 폐지, 사형수에 대한 삼심제 시행 • 『동국문헌비고』 편찬
정조	• 준론 탕평: 붕당·신분을 가리지 않고 인재 등용 • 초계문신제 시행: 새로운 관리 및 하급 관리 중 유능한 인재들의 재교육 목적 • 규장각 설치: 인재 양성, 정책 연구 기능, 왕실 도서관이자 왕을 보좌하는 업무 담당 • 장용영 설치: 왕의 친위 부대, 왕권의 군사적 기반 강화 • 수원 화성 건립: 정치적·군사적 기능 부여, 상업 활동 육성 • 서얼 차별 완화: 서얼 출신을 규장각 검서관에 등용(유득공, 이덕무, 박제가 등) • 신해통공: 육의전을 제외한 시전 상인의 금난전권 폐지 • 『대전통편』, 『동문휘고』, 『무예도보통지』 등 편찬

25 이익 정답 ⑤

정답 분석

정답이 보이는 핵심 키워드

#『성호사설』 #노비 제도 개혁 #서얼 차별 폐지

길잡이 ▌ 조선 후기 실학자 이익의 활동에 대해 학습합니다.

조선 후기 중농학파 실학자 이익은 『성호사설』, 『곽우록』을 저술하여 여러 분야의 개혁론을 제시하였다. 고리대의 근원으로 농촌 경제를 위협할 수 있는 **화폐 제도 폐지**를 주장하였으며 **나라를 좀먹는 6가지의 폐단**(노비제, 과거제, 양반 문벌제, 사치와 미신, 승려, 게으름)을 6좀이라 칭하며 비판하였다.

⑤ 이익은 『곽우록』에서 한 가정의 생활을 유지하는 데 필요한 규모의 토지를 영업전으로 정하여 법으로 매매를 금지하고 나머지 토지만 매매가 가능하게 하는 **한전론**을 주장하였다.

한 번 더 체크하러 가기 ▶ 미니북 16쪽

선택지 풀이

① 이벽 등과 교류하며 천주교를 받아들였다.

정약용을 비롯한 남인 계열 학자들은 국내에 서학(천주교)을 확산시킨 대표적 인물인 이벽의 영향으로 천주교를 받아들였다. 이들은 순조 때 발생한 신유박해로 큰 피해를 입었다.

② 북한산비가 진흥왕 순수비임을 고증하였다.

김정희는 조선 후기 금석학 연구를 통해 저술한 『금석과안록』에서 북한산비가 진흥왕 순수비임을 밝혀냈다.

③ 동호문답에서 수취 제도의 개혁 등을 제안하였다.

이이는 『동호문답』에서 공납제의 문제점을 개혁하기 위한 방안으로 지방관이 토지 1결당 쌀 1말을 거둔 뒤 공물을 구매하여 상납하는 수미법(收米法)을 제시하였다.

④ 가례집람을 지어 예학을 조선의 현실에 맞게 정리하였다.

조선 중기의 대표적인 예학파 유학자 김장생은 『주자가례』의 본문을 기본으로 하여 조선의 현실에 맞는 예학을 정리한 『가례집람』을 저술하였다.

26 조선 후기 문화 정답 ④

정답 분석

정답이 보이는 핵심 키워드

#김득신 #대장간 #풍속화

길잡이 ▌ 풍속화가 유행하였던 조선 후기 문화에 대해 살펴봅니다.

조선 후기의 화가 **김득신**은 대표적인 **풍속화가** 김홍도의 작품을 그대로 본떠 그린 「**대장간**」을 통해 서민들의 생활 모습을 생동감 있게 표현하였다.

④ 고려 우왕 때 충북 청주 흥덕사에서 금속 활자로 『직지심체요절』을 인쇄하였다.

한 번 더 체크하러 가기 ▶ 미니북 24쪽

선택지 풀이

① 중인들이 시사(詩社)를 조직하였다.

조선 후기에는 중인층과 서민층의 문학 창작 활동이 활발해지면서 시사(詩社)가 조직되었다.

② 양반의 위선을 풍자한 탈춤이 공연되었다.

조선 후기에는 양반의 위선과 무능을 풍자하는 탈춤이 유행하여 지방의 정기 시장인 장시에서 공연되었다.

③ 춘향가, 흥보가 등의 판소리가 유행하였다.

⑤ 홍길동전, 박씨전 등의 한글 소설이 널리 읽혔다.

조선 후기에는 서민 문화가 발달하여 「춘향가」, 「흥보가」 등의 판소리가 유행하였고, 『홍길동전』과 『박씨전』 등 한글 소설이 널리 읽혔다.

27 김홍집 정답 ①

정답 분석

정답이 보이는 **핵심 키워드**

#근대 #제2차 수신사 #『조선책략』 #전권대신

길잡이 | 갑오개혁을 추진한 김홍집의 활동에 대해 알아봅니다.

조선 고종 때 **제2차 수신사**로 **일본에 파견**되었던 **김홍집**은 당시 청국 주일 공사관 황쭌셴이 지은 『**조선책략**』**을 국내에 소개**하였다 (1880). 이후 외교 통상 업무를 수행하는 통리기무아문을 전담하게 되었고, 갑신정변 때는 전권대신으로서 피해 보상을 요구하는 일본과 **한성 조약**을 체결하기도 하였다.

① 김홍집은 군국기무처의 총재관을 맡아 **갑오개혁을 주도**하였다 (1894).

한 번 더 체크하러 가기 ▶ 미니북 17쪽

선택지 풀이

② 베델과 함께 대한매일신보를 창간하였다.
대한 제국 때 양기탁은 영국인 베델과 함께 대한매일신보를 창간하여 항일 민족 운동을 적극적으로 지원하였다.

③ 서양의 과학 기술을 정리한 지구전요를 저술하였다.
조선 철종 때 실학자 최한기는 세계 지리와 서양의 각종 과학 기술 분야를 정리한 『지구전요』를 저술하였다.

④ 강화도 조약 체결의 전말을 기록한 심행일기를 남겼다.
조선 고종 때 전권대관 신헌은 조선측 대표로서 일본 전권대신 구로다 등과 함께 강화도 조약 체결을 주도하였다. 이후 조약 체결의 전말과 양측 대표들의 협상 과정 등을 기록한 『심행일기』를 남겼다.

⑤ 유학생과 기술자들을 이끄는 영선사로 청에 파견되었다.
조선 고종 때 김윤식을 중심으로 한 영선사는 근대 무기 제조 기술과 군사 훈련법을 배우기 위해 청의 톈진으로 파견되었다.

28 임술 농민 봉기 정답 ⑤

정답 분석

정답이 보이는 **핵심 키워드**

#경상 감사 #진주의 백성들이 변란 #경상 우병사 백낙신

길잡이 | 세도 정치기에 발생한 임술 농민 봉기에 대한 조선 정부의 대책을 살펴봅니다.

조선 철종 때 삼정의 문란과 **경상 우병사 백낙신**의 가혹한 수탈에 견디다 못한 **진주** 지역의 농민들이 몰락 양반 유계춘을 중심으로 **임술 농민 봉기**를 일으켜 진주성을 점령하였다(1862).

⑤ 봉기를 수습하기 위해 안핵사로 파견된 **박규수**는 민란의 원인이 삼정에 있다고 보고 **삼정이정청 설치**를 건의하여 시행하였으나 근본적인 문제를 해결하지는 못하였다.

한 번 더 체크하러 가기 ▶ 미니북 36쪽

선택지 풀이

① 군 통수권 장악을 위해 원수부를 두었다.
대한 제국 선포 이후 고종은 광무개혁을 실시하고 황제 직속의 원수부를 설치하여 대원수로서 군대를 통솔하고자 하였다(1899).

② 각 궁방과 중앙 관서의 공노비를 해방하였다.
조선 순조 때 법적으로 각 궁방과 중앙 관서의 공노비를 해방시켜 양민으로 삼았다(1801).

③ 개혁의 방향을 제시한 홍범 14조를 반포하였다.
제2차 갑오개혁 때 김홍집 내각이 홍범 14조를 반포하고 개혁의 기본 방향을 제시하였다(1895).

④ 재정 문제를 해결하기 위해 당백전을 발행하였다.
조선 고종 때 흥선 대원군은 경복궁 중건에 필요한 비용을 마련하기 위해 당백전을 발행하였다(1866).

29 조미 수호 통상 조약 정답 ④

정답 분석

정답이 보이는 **핵심 키워드**

#미국 #최혜국 대우 #조선이 서양 국가와 최초로 체결

길잡이 | 최혜국 대우를 규정한 조미 수호 통상 조약의 내용에 대해 학습합니다.

④ **조미 수호 통상 조약**은 **조선이 서양 국가와 맺은 최초**의 조약으로 (1882), 청이 러시아와 일본을 견제하고 조선에 대한 청의 종주권을 확인할 목적으로 체결을 알선하였다. **최혜국 대우**를 처음으로 규정하였으며, 치외 법권, 국가 간의 분쟁을 제3국이 해결하는 **거중 조정** 조항 등이 포함된 불평등 조약이었다.

한 번 더 체크하러 가기 ▶ 미니북 11쪽

선택지 풀이

① 병인양요 발생의 배경이 되었어요.
흥선 대원군 때 국내외에서 천주교에 대한 반발이 생겨나자 프랑스인 선교사들을 처형하며 병인박해가 발생하였다(1866). 이후 프랑스 로즈 제독이 병인박해를 구실로 함대를 이끌고 강화도에 침입하면서 병인양요가 발생하였다.

② 갑신정변의 영향으로 체결되었어요.
일본은 갑신정변 때 사망한 일본인에 대한 배상과 일본 공사관 신축 부지 및 비용을 요구하면서 한성 조약을 체결하였다(1884).

③ 통감부가 설치되는 결과를 가져왔어요.

을사늑약이 체결되면서 대한 제국의 외교권이 박탈되고 서울에 통감부가 설치되었다(1905). 이후 조약 체결의 원흉인 이토 히로부미가 초대 통감으로 부임하여 외교뿐만 아니라 내정에도 간섭하였다.

⑤ 메가타가 재정 고문으로 부임하는 계기가 되었어요.

제1차 한일 협약을 통해 스티븐스가 외교 고문, 메가타가 재정 고문으로 임명되었다(1904). 이후 메가타는 대한 제국의 경제권을 장악하기 위해 탁지부를 중심으로 화폐 정리 사업을 시작하였다.

암기의 key 열강과 체결한 조약 및 주요 내용

국가	조약	주요 내용
일본	강화도 조약 (조일 수호 조규, 1876)	• 청의 종주권 부인 • 치외 법권, 해안 측량권 • 부산, 원산, 인천 개항
미국	조미 수호 통상 조약 (1882)	• 서양과 맺은 최초의 조약 • 치외 법권, 최혜국 대우 • 거중 조정
청	조청 상민 수륙 무역 장정(1882)	• 치외 법권, 최혜국 대우 • 청 상인에 대한 통상 특권
러시아	조러 수호 통상 조약 (1884)	최혜국 대우
프랑스	조불 수호 통상 조약 (1886)	• 천주교 신앙의 자유 • 포교 허용

30 동학   정답 ②

✓ 정답 분석

정답이 보이는 핵심 키워드
#처형된 교조 최제우 복권 #조선 주재 프랑스 공사

길잡이 | 처형당한 교조 최제우의 신원 운동을 전개한 동학의 활동에 대해 학습합니다.

세도 정치기인 철종 때 **최제우**는 천주교의 확산에 대항하여 **동학**을 창시하고 마음속에 한울님을 모시는 시천주와 사람이 곧 하늘이라는 인내천 사상을 강조하였다. 이후 일반 백성들로부터 큰 지지를 받고 교세가 확장되자 이를 경계한 조정은 최제우를 체포하여 세상을 어지럽히고 백성을 속인다는 혹세무민의 죄목으로 처형하였다. 이후 동학교도들은 삼례 집회에서 **교조신원 운동**을 전개하였다.

② 동학은 교단을 정비하고 교세를 확장하기 위해 각 지역을 접으로 나누고 관리자인 접주를 임명하여 교도들을 관리하는 **포접제**를 시행하였다. 이는 **동학 농민 운동**이 광범위한 조직을 갖추는 데 큰 도움이 되었으며, 1차 동학 농민 운동 해산 이후 일본군이 경복궁을 점령하는 등 내정 간섭이 심해지자 외세를 물리치기 위해 **남접**의 전봉준과 **북접**의 손병희는 포접제를 기반으로 연합하여 2차 봉기를 일으켰다.

한 번 더 체크하러 가기 ▶ 미니북 41쪽

✓ 선택지 풀이

① 정혜쌍수와 돈오점수를 주장하였다.

고려 승려 지눌은 정혜쌍수를 사상적 바탕으로 하여 철저한 수행을 강조하였으며, 내가 곧 부처라는 깨달음을 위한 노력과 함께 꾸준한 수행으로 이를 확인하는 돈오점수를 강조하였다.

③ 박중빈을 중심으로 새생활 운동을 추진하였다.

박중빈이 창시한 원불교는 새생활 운동을 추진하여 허례허식 폐지, 근검절약, 금주·단연 등을 추구하고, 개간 및 간척 사업과 저축 운동을 적극적으로 장려하였다.

④ 중광단을 조직하여 항일 무장 투쟁을 전개하였다.

북간도로 이주한 한인들이 대종교를 중심으로 중광단을 조직하여 항일 투쟁을 전개하였다.

⑤ 제사와 신주를 모시는 문제로 정부의 탄압을 받았다.

조선 후기에 청에 다녀온 사신들을 통해 서학으로 소개된 천주교는 조상에 대한 제사를 거부하여 조선 정부로부터 사교로 규정되고 탄압받았다.

31 독립 협회   정답 ⑤

✓ 정답 분석

정답이 보이는 핵심 키워드
#서재필 등이 창립 #영은문 자리 부근에 있는 독립문

길잡이 | 독립문을 건립한 독립 협회의 활동에 대해 알아봅니다.

갑신정변 이후 미국에서 돌아온 **서재필**은 남궁억, 이상재, 윤치호 등과 함께 **독립 협회**를 창립하였다(1896). 중추원 개편을 통한 의회 설립과 서구식 입헌 군주제 실현을 목표로 활동하였으며, 청의 사신을 맞던 영은문을 헐고 그 자리 부근에 **독립문**을 건립하였다(1897).

⑤ 독립 협회는 만민 공동회를 개최하고 **이권 수호 운동**을 전개하여 **러시아의 절영도 조차 요구를 저지**하였다.

한 번 더 체크하러 가기 ▶ 미니북 49쪽

✓ 선택지 풀이

① 만세보를 발행하여 민중 계몽에 앞장섰다.

손병희를 중심으로 한 천도교는 국한문 혼용체 기관지인 만세보를 발행하여 민중 계몽 운동을 전개하였다.

② 고종의 강제 퇴위 반대 운동을 전개하였다.

대한 자강회는 교육과 산업 활동을 바탕으로 한 국권 회복을 목표로 활동하였고, 고종의 강제 퇴위 반대 운동을 전개하다가 일제의 탄압으로 해산되었다.

③ 여성의 권리 선언문인 여권통문을 공표하였다.

서울 북촌의 양반 여성들이 모여 한국 최초의 여성 인권 선언문인 여권통문을 발표하였다. 이를 통해 여성이 정치에 참여할 권리, 남성과 평등하게 직업을 가질 권리, 교육을 받을 권리 등을 주장하였다.

④ 독립운동 자금 마련을 위해 독립 공채를 발행하였다.

대한민국 임시 정부는 국외 거주 동포들에게 독립 공채를 발행하여 독립운동 자금을 마련하였다.

32 지역사 – 부산 정답 ④

✓ 정답 분석

> **정답이 보이는 핵심 키워드**
> #조선의 대외 관계 #대일 무역 #초량 왜관 #개항 이후 설정된 조계
> #두모포 수세 사건

> 길잡이 ┃ 부산 지역과 관련된 역사적 사실을 알아봅니다.

가. **초량 왜관**은 조선 숙종 때 일본과 교류하기 위하여 **부산** 초량에 설치한 상업적인 관청이다(1678). 이는 조선 후기 **대일 무역**과 외교의 중심지가 되었다.

나. **강화도 조약**은 우리나라 최초의 근대적 조약이자 불평등 조약으로, 일본의 요구에 따라 **부산**, 원산, 인천 3곳을 **개항**하였다(1876). 또한, 개항장에 **조계**를 설정하여 일본 상인의 자유로운 무역과 거주를 허용할 것을 규정하였다.

다. 강화도 조약 체결 이후 관세권의 중요성을 인식하게 된 조선 정부는 **부산 두모포**에 해관을 설치하여 수출입 품목에 관세를 부과하였다. 그러나 일본이 조일 수호 조규의 무관세 규정에 따라 이를 철폐해야 한다며 무력시위를 벌이자 관세를 철회하였다(**두모포 수세 사건**, 1878).

④ 조선의 대외 관계를 알 수 있는 사건들로, 모두 **부산** 지역과 관련이 있다.

한 번 더 체크하러 가기 ▶ 미니북 52쪽

33 최익현의 위정척사 운동 정답 ④

✓ 정답 분석

> **정답이 보이는 핵심 키워드**
> #이완용 등 역적 처단 #임병찬 등과 태인에서 의병 #도끼를 들고 대궐 앞에 엎드려 개항에 반대 #일본의 간섭하에 추진된 개혁에 반발 #박영효, 서광범 등 처벌

> 길잡이 ┃ 위정척사 운동을 전개한 최익현의 활동을 일어난 순서대로 학습합니다.

(나) **지부복궐척화의소**(1876): 일본이 강화도 조약 체결을 요구하자 **위정척사론**의 대표적 인물이었던 **최익현**은 '도끼를 가지고 궐 앞에 엎드려 화친에 반대하는 상소'라는 의미의 지부복궐척화의소를 올리며 반대하였다. 이는 일본과 화의를 맺는 것은 서양과 화친을 맺는 것과 다름없다는 **왜양일체론**에 입각한 논리를 담고 있다.

(다) **청토역복의제소**(1895): **박영효 · 서광범** 등 개화파 인사가 일본에서 귀국한 뒤 **김홍집 내각**을 중심으로 **제2차 갑오개혁과 을미개혁**이 추진되었다. 을미사변이 발생하고 단발령이 시행되자 최익현은 상소를 올려 이들을 처벌할 것을 주장하였다.

(가) **청토오적소, 을사의병**(1905): 최익현은 **을사늑약 무효**, 체결을 주도한 **오적**(이완용, 박제순 등) **처단을 요구**하는 청토오적소를 올렸다. 이후 유생 임병찬 등과 태인에서 **을사늑약에 반대하는 항일 의병**을 주도하다가 체포되었으며, 쓰시마섬에 유배되어 그곳에서 순국하였다.

한 번 더 체크하러 가기 ▶ 미니북 17쪽

34 방곡령 정답 ③

✓ 정답 분석

> **정답이 보이는 핵심 키워드**
> #함경도 관찰사 #곡식의 피해 #식량난 #곡물에 대해서 잠정적으로 유출 금지 #시행 1개월 전까지 일본 공사에게 알림

> 길잡이 ┃ 방곡령 시행의 배경이 된 조일 통상 장정의 내용과 영향에 대해 알아봅니다.

③ 조선이 일본과 체결한 **조일 통상 장정**의 조항 중에는 천재 · 변란 등에 의한 식량 부족의 우려가 있을 때 **방곡령**을 선포하는 조항이 포함되어 있었다(1883). 이후 **황해도** 관찰사 조병철과 **함경도** 관찰사 조병식은 흉년으로 곡물이 부족해지자 일본으로 곡물이 유출되는 것을 막기 위해 방곡령을 선포하였다(1889). 그러나 일본은 시행 1개월 전에 일본 공사에 미리 알려야 한다는 조항 내용을 근거로 방곡령 철회를 요구하였고, 결국 조선은 방곡령을 철회하고 일본 상인에 배상금까지 지불하게 되었다.

한 번 더 체크하러 가기 ▶ 미니북 11쪽

✓ 선택지 풀이

① 화폐 정리 사업의 결과를 분석한다.

제1차 한일 협약을 통해 재정 고문으로 임명된 메가타는 경제권을 장악하기 위해 화폐 정리 사업을 추진하여 백동화를 제일 은행권으로 교환하였다(1905). 이 결과 국내 경제가 악화되고 많은 기업이 일제 소유가 되었다.

② 산미 증식 계획의 실상을 조사한다.

1920년대 일본에서 쌀값이 폭등하며 식량 부족 문제가 발생하자 부족한 쌀을 조선에서 수탈하기 위해 산미 증식 계획을 실시하였다(1920). 이를 위해 품종 개량, 수리 시설 구축, 개간 등을 통해 쌀 생산을 대폭 늘리려 하였으나 증산량은 계획에 미치지 못하였다. 그럼에도 불구하고 증산량보다 많은 양의 쌀을 일본으로 보내면서 조선 농민들의 경제 상황이 매우 악화되었다.

④ 토지 조사 사업의 추진 과정을 파악한다.

조선 총독부는 토지 조사국을 설치하고 토지 조사령을 발표하여 일정 기간 내 토지를 신고하도록 하는 토지 조사 사업을 실시하였다(1912).

신고하지 않은 토지는 총독부에서 몰수하여 일본인에게 헐값으로 불하하였다.

⑤ 양지아문과 지계아문을 설치한 목적을 알아본다.

대한 제국은 광무개혁 때 양지아문을 설치하여 양전 사업을 실시하였고(1898), 지계아문을 통해 토지 소유 문서인 지계를 발급하여 근대적 토지 소유권을 확립하고자 하였다(1901).

35 유학의 발전과 변화 정답 ④

✅ 정답 분석

> **정답이 보이는 핵심 키워드**
>
> #이(理)와 기(氣) #사단(四端) #칠정(七情) #유교의 가르침을 행하는 것은 나라를 다스리는 근원 #불씨(佛氏) #유교계에 3대 문제 #구신(求新)

> 길잡이 ┃ 고려와 조선, 근대의 유교와 관련된 변화를 순서대로 학습합니다.

(나) **최승로의 시무 28조**(982): **고려의 유학자 최승로**는 성종에게 시무 28조를 올려 정치 운영 방안을 제시하였다. 특히 불교는 수양의 근본으로 삼아야 할 뿐이며, 국가를 다스리는 **정치 운영은 유교적 사상에 바탕을 두어야 함을 강조**하였다.

(다) **정도전의 「불씨잡변」**(1394): 이성계와 함께 **조선** 건국을 주도한 정도전은 **성리학적 관점에서 불교의 교리를 비판**하였고, 유교적 이념에 따라 통치할 것을 강조하였다.

(가) **이황의 「퇴계집」 중 「답기명언사단칠정분리기변」**(1598): 조선 중기의 대표적인 유학자 **이황과 기대승**은 유학의 수양론 중 **사단과 칠정의 개념에 대해 논쟁**을 벌였다. 이황은 '사단은 이가 발하고 기가 따르는 것, 칠정은 기가 발하고 이가 따르는 것'이라고 주장하였으나 기대승은 '칠정이 사단을 내포한 것'이라고 주장하였다. 이러한 논쟁은 「퇴계집」에 수록되었다.

(라) **박은식의 「유교구신론」**(1909): 대한 제국 시기 박은식은 서북학회월보에 논문을 게재하여 유교계의 세 가지 큰 문제점을 지적하고 **실천적인 유교 정신 회복을 강조**하였다.

36 고려, 조선, 근대의 유학자 정답 ④

✅ 정답 분석

> **정답이 보이는 핵심 키워드**
>
> #사서(四書)에 대한 주자의 해석 반박 #유교적 규범을 실천하는 군주로 변화시키고자 함 #기대승과의 논쟁 #성리학의 이해 심화 #일본 유학의 발전에 영향 #양명학을 통해서 기존의 유학 개선

> 길잡이 ┃ 고려, 조선, 근대 유학자들의 활동에 대해 알아봅니다.

(나) **고려 성종** 때의 유학자 **최승로**는 국가에 필요한 개혁을 제시한 **시무 28조**를 올렸다. 그중에서도 불교의 폐단을 지적하며 민생 안정을 위해 연등회·팔관회 등 민중들이 동원되는 **불교 행사의 규모를 축소**하고 **유교 정치 실현**을 강조하였다(ㄴ).

(라) **근대** 시기에 **박은식**은 유교 정신이 제왕의 권위를 높이는 데에만 이용되었으며, 불교의 석가와 달리 민중들에게 널리 퍼지지 못하고 유학자들이 주자의 경전만을 좇는 형태로 이어진 것을 비판하였다. 따라서 **실천적 학문인 양명학을 보급**하여 기존 유학의 계승이 끊어지지 않도록 개선할 것을 주장하였다(ㄹ).

한 번 더 체크하러 가기 ▶ 미니북 8, 15쪽

✅ 선택지 풀이

ㄱ. 자유롭고 독창적으로 경서를 해석해 사서(四書)에 대한 주자의 해석을 반박하고, 노장사상 등을 도입해 유학의 실리적 측면을 강화하려고 하였다.

조선 후기 문신 박세당에 대한 설명이다.

ㄷ. 기대승과의 논쟁을 통해 성리학의 이해를 심화하였으며, 그의 사상은 제자에 의해 일본으로 전해져 일본 유학의 발전에 영향을 주었다.

조선 중기 성리학자 퇴계 이황에 대한 설명이다.

37 대한민국 임시 정부 정답 ⑤

✅ 정답 분석

> **정답이 보이는 핵심 키워드**
>
> #국외 독립운동 #국권 피탈 이후 #3·1 운동의 영향으로 수립 #상하이 #임시 의정원

> 길잡이 ┃ 3·1 운동을 계기로 상하이에 수립된 대한민국 임시 정부의 활동에 대해 학습합니다.

국내외 독립운동가들은 3·1 운동을 계기로 민족의 주체성을 확인하고 조직적인 독립운동을 전개하기 위해 **중국 상하이**에 모여 **대한민국 임시 정부**를 수립하였다(1919). 이후 입법 기관으로서 임시 의정원을 두어 기본법인 대한민국 임시 헌장을 제정하였다.

ㄷ·ㄹ. 대한민국 임시 정부는 대미 외교 업무를 수행하기 위해 **미국에 구미 위원부**를 두었다. 또한, **임시 사료 편찬 위원회**를 설치하고 국제 연맹에 우리 민족의 독립을 요청하기 위한 자료로 「**한일 관계 사료집**」을 간행하였다.

한 번 더 체크하러 가기 ▶ 미니북 26쪽

✅ 선택지 풀이

ㄱ. 민족 교육을 위해 대성 학교를 설립하였다.

안창호와 양기탁 등이 1907년 결성한 신민회는 민족의 실력 양성을 위해 평양 대성 학교와 정주 오산 학교를 세워 민족 교육을 실시하였다.

ㄴ. 광주 학생 항일 운동에 진상 조사단을 파견하였다.
일제 강점기에 한국인 학생에 대한 차별과 식민지 교육에 저항하여 발생한 광주 학생 항일 운동 당시 신간회 중앙 본부는 진상 조사단을 파견하여 지원하기도 하였다(1929).

38 헤이그 특사 사건 　　　정답 ③

✓ 정답 분석

정답이 보이는 핵심 키워드

#이토 통감 #헤이그 #이상설 외 2명이 평화회의에 특사로 파견 #일본이 한국의 외교권 탈취

길잡이 ┃ 고종이 헤이그 특사를 파견하게 된 배경을 알아봅니다.

③ 1905년 **을사늑약** 체결로 대한 제국의 **외교권이 박탈**되었다. 이듬해 서울에 통감부가 설치되었고, 조약 체결의 원흉인 이토 히로부미가 초대 통감으로 부임하여 외교뿐만 아니라 내정에도 간섭하였다. **고종**은 네덜란드 **헤이그**에서 열린 **만국 평화 회의**에 **이상설, 이준, 이위종을 특사로 파견**하여 을사늑약의 **무효를 알리고자** 하였다(1907). 그러나 을사늑약으로 인해 외교권이 없던 대한 제국은 일본의 방해와 주최국의 거부로 큰 성과를 거두지 못하였다.

한 번 더 체크하러 가기 ▶ 미니북 11쪽

✓ 선택지 풀이

① 임오군란이 일어났다.
고종 때 신식 군대인 별기군과 차별 대우를 받던 구식 군대가 선혜청과 일본 공사관을 습격하면서 임오군란이 발생하였다(1882).

② 집강소가 설치되었다.
동학 농민 운동 당시 농민군은 황토현 전투에서 관군에 승리하고 전주성을 점령하여 전라도 일대를 장악하였다. 이후 정부와 전주 화약을 맺어 자치 개혁 기구인 집강소를 설치하고 폐정 개혁을 실시하였다(1894).

④ 조선 태형령이 제정되었다.
일제는 1910년대 무단 통치기에 조선 태형령을 제정하였고, 이에 따라 곳곳에 배치된 헌병 경찰들이 조선인들에게 태형을 통한 형벌을 가하였다(1912).

⑤ 대한 제국의 군대가 해산되었다.
일제는 을사늑약 체결 이후 고종의 헤이그 특사 파견 사건을 구실로 한일 신협약(정미 7조약)을 체결하여 대한 제국의 군대를 강제 해산시키고 내정을 완전히 장악하고자 하였다(1907).

39 대한 제국 　　　정답 ②

✓ 정답 분석

정답이 보이는 핵심 키워드

#우리나라 최초의 전차 개통 #한성 전기 회사

길잡이 ┃ 최초로 전차가 개통된 대한 제국 시기의 상황을 살펴봅니다.

대한 제국 시기 황실과 미국인의 합작으로 **한성 전기 회사**가 세워졌다. 이후 한성 전기 회사는 발전소를 세우고 서울 서대문에서 청량리 구간을 운행하는 **전차를 개통**하였다(1899).
② 대한 제국을 선포하고 **황제로 즉위한 고종은 대한국 국제를** 제정하였다(1899). 이후 군 통수권 장악을 위해 원수부를 설치하고 대원수로서 모든 군대를 통솔하고자 하였다.

한 번 더 체크하러 가기 ▶ 미니북 38, 49쪽

✓ 선택지 풀이

① 북학의를 저술하는 학자
조선 후기의 실학자 박제가는 『북학의』를 저술하여 절약보다는 적절한 소비를 통해 생산을 발전시켜야 한다고 주장하였다(1778).

③ 거문도를 불법 점령하는 영국군
조선 고종 때 영국은 조선에 대한 러시아의 세력 확장을 저지하기 위해 거문도를 불법으로 점령하였다(1885).

④ 집현전에서 학문을 연구하는 관리
조선 세종은 집현전을 설치하고 학문 연구와 경연, 서연을 담당하게 하여 유교 정치의 활성화를 꾀하였다(1420).

⑤ 제너럴 셔먼호를 불태우는 평양 관민
흥선 대원군 때 미국의 상선 제너럴 셔먼호가 평양 대동강까지 들어와 교역을 요구하자 평양 관민들은 이를 거부하고 배를 불태워버렸다(1866).

암기의 key	대한 제국 수립과 광무개혁
대한 제국 수립	• 자주 국가임을 국내외에 선포(1897) • 국호 '대한 제국', 연호 '광무' 사용
광무개혁	• 방향: 구본신참, 복고주의적 • 정치 개혁: 대한국 국제 반포(1899) → 전제 군주제, 황제 직속 원수부 설치 • 경제 개혁: 양전 사업 후 지계 발급(근대적 토지 소유권 확립), 상공업·교육 진흥책

40 보안회 정답 ⑤

✓ 정답 분석

> 정답이 보이는 핵심 키워드
>
> #송수만 #보안회 #종로 백목전 #경부와 순사

> 길잡이 | 보안회의 경제적 구국 운동 내용을 학습합니다.

⑤ **대한 제국** 때 **일본**은 **한일 의정서를 체결**하고 **황무지 개간권을 요구**하였다. 이에 **송수만**이 심상진 등과 함께 서울 종로 백목전에서 민중 회의를 열고 **보안회를 조직**하였다(1904). 이후 대판회장으로서 전국에 통문을 돌리며 **황무지 개간권 반대 운동**을 전개하여 저지에 성공하였다.

한 번 더 체크하러 가기 ▶ 미니북 39쪽

✓ 선택지 풀이

① **시전 상인의 상권 수호 운동**
조청 상민 수륙 무역 장정이 체결되어 외국 상인들로 인해 어려움에 처한 서울 도성의 시전 상인들은 황국 중앙 총상회를 조직하여 상권 수호 운동을 전개하였다(1898).

② **급진 개화파의 정치 개혁 운동**
임오군란 이후 급진 개화파는 근대화 추진과 민씨 세력 제거를 위해 갑신정변을 일으켜 정권을 장악한 뒤 입헌 군주제 등의 정치 개혁을 추진하였다(1884).

③ **백정들의 사회적 차별 철폐 운동**
갑오개혁 이후 공사 노비법이 혁파되어 법적으로는 신분제가 폐지되었으나 일제 강점기 때 백정에 대한 사회적 차별은 더욱 심해졌다. 백정들은 이러한 차별을 철폐하기 위해 진주에서 조선 형평사 창립 대회를 개최하고 형평 운동을 전개하였다(1923).

④ **농촌 계몽을 위한 브나로드 운동**
1930년대 초 언론사를 중심으로 농촌 계몽 운동이 전개되었으며, 동아일보는 문맹 퇴치 운동의 일환으로 브나로드 운동을 주도하였다.

암기의 key	근대의 경제적 구국 운동
방곡령 시행	• 함경도 · 황해도 지방관들이 곡물 유출을 막기 위해 시행 • 일본이 조일 통상 장정 조항을 근거로 철회 요구 → 철회, 일본 상인에 배상금 지불
서울 상인들의 상권 수호 운동	• 배경: 외국 상인의 상권 침탈 심화 • 황국 중앙 총상회 조직
독립 협회의 이권 수호 운동	• 러시아의 절영도 조차 요구를 좌절시킴 • 러시아의 한러은행 폐쇄
황무지 개간권 반대 운동	• 보안회: 일제의 개간권 요구를 저지시킴 • 농광 회사를 건립하여 직접 황무지 개간 노력
국채 보상 운동	• 1907년 대구에서 서상돈 등을 중심으로 일본에서 도입한 차관을 갚아 주권을 회복하고자 함 • 통감부의 탄압으로 실패

41 일제 강점기의 교육 제도 정답 ⑤

✓ 정답 분석

> 정답이 보이는 핵심 키워드
>
> #조선인 교육 #보통학교 수업 연한 4년 #조선 총독 #경성 제국 대학

> 길잡이 | 일제 강점기 교육 제도의 변화를 시기에 따라 알아봅니다.

(가) **제1차 조선 교육령**(1911): 일제는 식민지 교육 방침을 규정한 교육령을 발표하여 보통 · 실업 · 전문 기술 교육과 일본어 학습을 강요하고 **보통 교육의 수업 연한을 4년으로 단축**하였다.

(나) **경성 제국 대학령**(1924): 일제는 **조선 민립 대학 설립 운동을 저지**하고 여론을 무마하기 위해 **경성 제국 대학**을 설립하였다. 조선 총독부 정무총감이 총장으로 취임하였으며, 한국인에게 과학 · 고등 기술을 교육하지 않기 위하여 이공학부를 두지 않았다.

⑤ 1920년대에 일제가 기만적 문화 통치를 표방하자 민족 운동가들은 한국인을 위한 고등 교육 기관인 **민립 대학 설립 운동**을 전개하였다. **이상재**, 이승훈, 윤치호 등이 **조선 민립 대학 기성회**를 조직하고(1923) 대학 설립을 위한 모금 활동도 전개하였다.

한 번 더 체크하러 가기 ▶ 미니북 27쪽

✓ 선택지 풀이

① **육영 공원이 설립되었다.**
최초의 근대식 공립 학교인 육영 공원은 헐버트, 길모어 등의 외국인 교사를 초빙하여 상류층 자제에게 근대 교육을 실시하였다(1886).

② **국문 연구소가 설치되었다.**
학부대신 이재곤의 건의로 학부 안에 설치된 국문 연구소는 지석영과 주시경을 중심으로 한글의 정리와 국어의 이해 체계 확립에 힘썼다(1907).

③ **교육 입국 조서가 반포되었다.**
갑오개혁 이후 고종은 교육 입국 조서를 발표하고 교육의 중요성을 강조하면서 교사 양성을 위해 한성 사범 학교를 세웠다(1895).

④ **국민 교육 헌장이 발표되었다.**
박정희 정부는 국민 교육 헌장을 제정하여 우리나라 교육이 지향해야 할 이념과 근본 목표를 세우고자 하였다(1968).

42 민족 유일당 운동
정답 ⑤

✓ **정답 분석**

정답이 보이는 핵심 키워드

#이왕(李王) 전하 국장 의식 #경성부 #조선 독립운동 #조선 독립 만세

길잡이 ▎6·10 만세 운동의 전개 과정과 결과를 파악합니다.

1920년대 조선 공산당을 중심으로 한 **사회주의 세력**과 천도교를 중심으로 한 **민족주의 세력**이 연대하여 **순종의 인산일**을 기회로 삼아 **6·10 만세 운동**을 준비하였다. 그러나 권오설 등 사회주의자들이 사전에 일본에 체포되면서 학생들을 중심으로 순종의 국장 의식에 맞추어 서울(경성) 종로 일대에서 6·10 만세 운동이 전개되었다(1926).

⑤ 사회주의 세력과 민족주의 세력이 연대하여 6·10 만세 운동을 준비하는 과정에서 **민족 유일당**을 결성할 수 있다는 **공감대**가 형성되었고, 이를 계기로 **좌우 합작 조직인 신간회가 창립**되었다(1927).

한 번 더 체크하러 가기 ▶ 미니북 27쪽

✓ **선택지 풀이**

① 13도 창의군이 서울 진공 작전을 전개하였다.

한일 신협약으로 대한 제국 군대가 해산되자 이에 반발하여 정미의병이 전국적으로 전개되었고, 해산 군인들이 의병 활동에 가담하며 의병 부대가 조직화되었다. 이후 이인영을 총대장으로 한 13도 창의군이 결성되어 서울 진공 작전을 전개하였다(1908).

② 복벽주의를 내세운 독립 의군부가 조직되었다.

임병찬은 고종의 밀명을 받아 독립 의군부를 조직하였다(1912). 이후 조선 총독부에 국권 반환 요구서를 보내고, 복벽주의를 내세워 의병 전쟁을 준비하였다.

③ 김광제 등의 발의로 국채 보상 운동이 일어났다.

국채 보상 운동은 김광제, 서상돈 등의 제안으로 대구에서 시작되었다(1907). 이후 서울에서 조직된 국채 보상 기성회를 중심으로 전국적으로 확산되어 일본에서 도입한 차관 1,300만 원을 갚아 주권을 회복하고자 하였다.

④ 통상 수교 거부 의지를 담은 척화비가 건립되었다.

병인양요와 신미양요를 극복한 흥선 대원군은 외세의 침입을 경계하고 서양과의 통상 수교 반대 의지를 알리기 위해 종로와 전국 각지에 척화비를 세웠다(1871).

43 조선 의용대
정답 ③

✓ **정답 분석**

정답이 보이는 핵심 키워드

#윤세주 #김원봉 #중국 관내에서 결성된 최초의 한인 무장 조직

길잡이 ▎중국 관내 최초의 한인 무장 부대인 조선 의용대의 활동에 대해 알아봅니다.

일제 강점기에 김원봉은 만주에서 **윤세주** 등과 함께 의열단을 조직하였고, 난징에 설립한 조선 혁명 군사 정치 간부 학교를 통해 독립군을 양성하며 군사력을 강화하였다. 이후 중국 국민당의 지원을 받아 **중국 관내에서 결성된 최초의 한인 무장 부대인 조선 의용대**를 조직하였다(1938).

③ **조선 의용대 중 일부 대원**은 충칭 지역의 **한국 광복군에 합류**하여 항일 전선에 참여하였고(1942), 나머지 주력 부대는 화북 지역으로 이동하여 중국 팔로군과 함께 무장 투쟁을 전개하였다.

한 번 더 체크하러 가기 ▶ 미니북 28쪽

✓ **선택지 풀이**

① 홍범도가 총사령관으로 활약하였다.

대한 독립군은 의병장 출신 홍범도를 총사령관으로 하여 대한 국민회군, 군무도독부 등의 독립군과 연합 작전을 전개하며 봉오동 전투에서 일본군을 상대로 큰 승리를 거두었다.

② 영릉가 전투에서 일본군을 격퇴하였다.

남만주 지역 조선 혁명당 산하의 군사 조직인 조선 혁명군은 양세봉의 주도로 중국 의용군과 연합하여 영릉가 전투에서 일본군에 승리하였다.

④ 도쿄에서 2·8 독립 선언을 계획하였다.

일본 도쿄 유학생들이 중심이 되어 결성한 조선 청년 독립단은 대표 11인을 중심으로 도쿄에서 2·8 독립 선언서를 발표하였다.

⑤ 상하이에서 대동단결 선언을 발표하였다.

신규식, 신채호, 조소앙, 박은식 등 해외에 거주하던 독립운동가 14명은 국내외의 여러 독립운동 단체를 하나의 통합된 조직으로 결성하고 민족 대회를 개시하기 위해 상하이에서 대동단결 선언을 발표하였다.

암기의 key 대한민국 임시 정부의 항일 무장 투쟁 전선

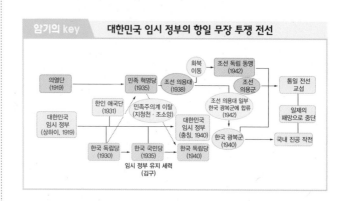

44 윤동주　　　　　　　정답 ⑤

✅ 정답 분석

정답이 보이는 핵심 키워드

#도시샤 대학 #민족 문학가 #죽는 날까지 하늘을 우러러 #「서시」
#일본 유학 #치안 유지법 위반 혐의로 체포

길잡이 ┃ 일제 강점기의 민족 문학가 윤동주의 활동에 대해 살펴봅니다.

일제 강점기의 민족 문학가 **윤동주**는 만주 북간도의 명동촌에서 태어났으며 서울에서 연희전문학교를 졸업하였다. **일본으로 유학**을 떠나 도시샤 대학에 다니던 중 항일 운동에 참여하였다는 혐의로 일본 경찰에 체포되어 후쿠오카 형무소에 투옥되었고, 복역 도중 건강이 악화되어 28세의 나이로 순국하였다(1945.2.).
⑤ 윤동주는 일제 강점기의 암울한 시대상을 담은 시를 주로 집필하였으며, 대표 작품으로 「서시」, 「별 헤는 밤」, 「참회록」, 「쉽게 쓰여진 시」 등을 남겼다. 그의 사후 자필 유작 3부를 비롯한 작품들을 모은 유고 시집 「하늘과 바람과 별과 시」가 발간되었다.

✅ 선택지 풀이

① 조선상고사를 저술하였다.
신채호는 일제 강점기에 우리 고대 문화의 우수성과 독자성을 강조한 「조선상고사」를 저술하여 과거의 사대주의적 이념에 따라 한국사를 서술한 유학자들과 식민주의 사가들을 비판하였다.

② 소설 상록수를 신문에 연재하였다.
일제 강점기의 저항 시인이자 소설가 심훈은 브나로드 운동을 소재로 하여 농촌 사업의 휴머니즘과 저항 의식을 고취시키는 장편 소설 「상록수」를 동아일보에 연재하였다.

③ 저항시 광야, 절정 등을 발표하였다.
일제 강점기의 저항 시인 이육사는 민족의식을 깨우치고 항일 정신을 북돋우기 위한 문학 활동을 전개하였으며, 저항시 「광야」, 「절정」 등의 작품을 발표하였다.

④ 영화 아리랑의 제작과 감독을 맡았다.
나운규는 일제 강점기 때 영화인으로 다양한 작품을 제작하였으며, 특히 제작과 감독·주연을 맡은 영화 「아리랑」은 단성사에서 개봉하여 한국 영화가 비약적으로 발전하는 데 기여하였다.

45 민족 말살 통치　　　　정답 ①

✅ 정답 분석

정답이 보이는 핵심 키워드

#국민 총력 조선 연맹 #국가 총동원법 #일제가 전쟁에 필요한 인력과 물자 수탈

길잡이 ┃ 국가 총동원법이 실시된 민족 말살 통치 시기 상황을 살펴봅니다.

1930년대 이후 대륙 침략을 위해 한반도를 병참 기지화하고 중일 전쟁과 태평양 전쟁을 일으킨 일제는 **국가 총동원법**을 시행하여 인적·물적 자원을 수탈하였다. 이 시기 조선 총독부는 친일 단체인 **국민 총력 조선 연맹**을 조직하여 황국 신민화 정책을 선전하였으며, 애국반을 통한 공출, 징병·징용 등을 독려하였다.
ㄱ. 일제는 한반도에서 **미곡 공출제**를 시행하여 전쟁에 필요한 군량미를 조달하였다.
ㄴ. 일제는 **황국 신민화 정책**을 시행하여 내선일체의 구호에 따라 한글을 사용하지 못하게 하였고, **황국 신민 서사 암송**과 창씨개명, 신사 참배 등을 강요하며 우리 민족의 정체성을 말살하려 하였다.

한 번 더 체크하러 가기 ▶ 미니북 12쪽

✅ 선택지 풀이

ㄷ. 회사 설립을 허가제로 하는 회사령이 실시되었다.
무단 통치 시기 일제는 민족 기업과 민족 자본의 성장을 억제하기 위해 회사 설립 시 총독의 허가를 받도록 하는 회사령을 제정하였다(1910).

ㄹ. 유상 매수, 유상 분배를 규정한 농지 개혁법이 제정되었다.
광복 이후 제헌 국회는 유상 매수, 유상 분배를 원칙으로 하는 농지 개혁법을 제정하였다(1949).

46 광복 직후 국내외 정세　　정답 ③

✅ 정답 분석

정답이 보이는 핵심 키워드

#태평양 미국 육군 최고 지휘관 #조선 북위 38도 이남 #군정 설립 #대한민국 임시 정부 #김구와 김규식 #신탁 통치 반대 국민 총동원 위원회

길잡이 ┃ 광복 직후 미군정 실시와 신탁 통치 반대 운동 전개 사이의 시기에 발생한 역사적 사건에 대해 알아봅니다.

(가) **미 육군 태평양 사령부 포고 제1호**(1945.9.7.): 1945년 8월 15일 일본이 연합군에 항복하였으나 **북위 38도 이남 한반도 지역을 미군이 점령**하게 되었다. 사령관 맥아더는 38도 이남 지역에 미군정 실시를 선포하면서 미군정청이 유일한 정부임을 선언하였다.

(나) **신탁 통치 반대 국민 총동원 위원회 결성**(1945.12.28.): 모스크바 삼국 외상 회의 직후 **김구, 김규식 등**이 중심이 되어 신탁 통치 반대를 위해 조직하였다. 9명의 대한민국 임시 정부 요인들이 장정위원으로 선정되었고, 연합국 4국 원수에게 **신탁 통치 반대 결의문을 발송**하기도 하였다.

③ 세계 대전 전후 문제 처리를 위해 개최된 **모스크바 삼국 외상 회의**에서 한반도 미·소 공동 위원회 설치와 최대 5년간의 신탁 통치 협정이 결정되었다(1945.12.27.).

한 번 더 체크하러 가기 ▶ 미니북 29쪽

✅ **선택지 풀이**

① 카이로 선언이 발표되었다.
대한민국 임시 정부 주석 김구와 외무부장 조소앙은 장제스를 찾아가 제2차 세계 대전 종전을 앞두고 개최될 카이로 회담에서 한국의 독립이 다루어지도록 요청하였다. 이후 열린 카이로 회담의 결과 한국 독립을 명기한 카이로 선언이 발표되었다(1943).

② 조선 건국 동맹이 결성되었다.
여운형은 일제의 패망에 대비하여 광복 이후 민주주의 국가 건설을 목표로 조선 건국 동맹을 결성하였다(1944).

④ 좌우 합작 위원회에서 좌우 합작 7원칙을 합의하였다.
해방 이후 좌우 대립이 격화되자 분단의 위기를 느낀 중도파 세력들은 여운형, 김규식을 중심으로 좌우 합작 위원회를 수립하였다. 이후 중도적 사상의 통일 정부를 수립하는 것을 목적으로 좌우 합작 7원칙을 합의하여 제정하였다(1946).

⑤ 유엔 총회에서 인구 비례에 따른 남북한 총선거를 결의하였다.
제2차 미·소 공동 위원회가 결렬되자 미국은 유엔에 한반도 문제를 상정하였고 유엔 총회는 한반도에서 인구 비례에 따른 총선거 실시를 결의하였다(1947).

---

47 | **지역사 – 개성** | 정답 ⑤

✅ **정답 분석**

정답이 보이는 핵심 키워드
#황성옛터 #만월대 #남북 공동 발굴

길잡이 ┃ 개성 지역과 관련된 역사적 사실을 알아봅니다.

· 일제 강점기의 대중가요 '**황성옛터**'는 동방예술극단 연주자 전수린이 순회공연에서 고향인 **개성**을 방문해 고려의 옛 궁터 만월대를 감상하며 작곡한 곡이다.

· **개성 만월대**는 북한 국보 제122호로 지정되어 있으며, 2007년부터 **남북 공동 발굴 조사**를 진행하여 건물터와 금속 활자, 도자기 등의 유물을 발견하였다. 이는 박근혜 정부 시기인 2016년 남북 관계 경색으로 중단되었다가 2018년 다시 재개·마무리되었다.

⑤ 1950년 북한의 남침으로 **6·25 전쟁**이 시작되었고 서울을 점령당한 뒤 국군은 낙동강 방어선까지 밀려나게 되었다. 유엔군 파병 이후 국군은 낙동강을 사이에 두고 치열한 공방전을 펼쳤다. 이후 전쟁이 교착 상태에 빠지자 유엔군과 공산군은 **개성에서 첫 정전 회담을 개최**하였다(1951).

한 번 더 체크하러 가기 ▶ 미니북 52쪽

✅ **선택지 풀이**

① 조선 형평사 창립총회가 개최된 곳이다.
일제 강점기에 백정들은 사회적 차별 철폐를 위해 진주에서 조선 형평사 창립총회를 개최하고 형평 운동을 전개하였다.

② 동학 농민군과 정부 사이에 화약이 체결된 곳이다.
동학 농민 운동 당시 농민군이 황토현 전투에서 관군에 승리하며 전주성을 점령하였고, 정부의 요청으로 청·일본이 군대를 파견하였다. 농민군은 외국 군대의 개입을 우려하여 전주에서 정부와 화약을 체결하였다.

③ 서희가 소손녕과의 외교 담판을 통해 확보한 곳이다.
고려 성종 때 거란이 고려가 차지하고 있는 옛 고구려 땅을 내놓고 송과 교류를 끊을 것을 요구하였으나 서희가 소손녕과의 외교 담판을 통해 현재 강동 6주(흥화진, 용주, 통주, 철주, 귀주, 곽주)를 획득하였다.

④ 장수왕 때 국내성에서 천도하여 도읍으로 삼은 곳이다.
고구려 장수왕은 도읍을 국내성에서 평양으로 옮기며 남진 정책을 추진하였다.

---

48 | **4·19 혁명** | 정답 ②

✅ **정답 분석**

정답이 보이는 핵심 키워드
#3·15 의거 #부정 선거 #시민과 학생들의 민주화 의지 #무학초등학교 총격 담장 #마산의료원 #김주열 열사

길잡이 ┃ 3·15 부정 선거를 계기로 발생한 4·19 혁명에 대해 학습합니다.

이승만은 정·부통령 선거에서 부통령에 자유당 이기붕을 당선시키고 장기 집권하기 위해 야당 인사 살해, 투표권 강탈, 부정 개표 등을 통한 **3·15 부정 선거**를 자행하였다(1960). 이로 인해 마산에서 부정 선거와 이승만의 장기 집권에 저항하는 대규모 시위가 일어나자 정부는 이를 강경 진압하였고, 시위 도중 경찰의 최루탄에 맞은 채로 마산 해변가에 버려진 학생 **김주열**의 시신이 발견되며 **4·19 혁명**이 전국적으로 확산되었다(1960). 현재 경남 창원시에는 4·19 혁명의 시발점이 된 **3·15 의거**를 기리기 위한 기념탑과 현 마산의료원 입구 표지석이 세워졌으며, 경찰이 시위대에 무차별 사격을 가하였던 **무학초등학교 총격 담장**이 복원되어 있다.

② 4·19 혁명의 결과로 **이승만이 대통령직에서 하야**하고 내각 책임제를 기본으로 하는 허정 과도 정부가 성립되었다.

한 번 더 체크하러 가기 ▶ 미니북 13, 30쪽

✔ 선택지 풀이

① 3선 개헌 반대 범국민 투쟁 위원회가 주도하였다.

1967년 재집권한 박정희는 대통령 3선 연임을 허용하는 헌법 개정을 추진하였다. 이에 야당인 신민당 의원들은 재야 인사들과 함께 3선 개헌 반대 범국민 투쟁 위원회를 결성하고 반대 투쟁을 전개하였다. 그러나 여당 민주 공화당 소속 의원 122명이 국회 별관에 모여 변칙적으로 개헌안을 통과시켰다(1969).

③ 신군부의 비상계엄 확대와 무력 진압에 저항하였다.
④ 관련 기록물이 유네스코 세계 기록 유산으로 등재되었다.

전두환을 비롯한 신군부 세력의 12·12 쿠데타에 저항하여 '서울의 봄'이라는 대규모 민주화 운동이 일어나자 신군부는 비상계엄 조치를 전국적으로 확대하였다. 비상계엄 해제와 신군부 퇴진, 김대중 석방 등을 요구하는 광주 시민들의 항거가 이어지자 신군부는 공수 부대를 동원한 무력 진압을 강행하였고, 학생과 시민들이 자발적으로 시민군을 조직하여 이에 대항하면서 5·18 민주화 운동이 격화되었다(1980). 2011년에는 관련 기록물이 유네스코 세계 기록 유산으로 등재되었다.

⑤ 4·13 호헌 조치에 반발하며 호헌 철폐 등의 구호를 내세웠다.

전두환은 국민들의 민주화 요구를 거부하고 일체의 개헌 논의를 중단시킨 4·13 호헌 조치를 발표하였다. 이와 더불어 박종철 고문치사 사건이 불거지면서 '호헌 철폐, 독재 타도'라는 구호와 함께 민주적인 헌법 개정을 요구하는 6월 민주 항쟁이 전국적으로 확대되었다(1987).

암기의 key	현대 정부의 민주화 운동
4·19 혁명 (1960)	• 배경: 이승만의 장기 독재(사사오입 개헌 등), 3·15 부정 선거 • 결과: 이승만 하야
유신 반대 운동 (1970년대)	• 배경: 박정희 정부의 유신 헌법 → 대통령에 초헌법적 권한 부여, 대통령 간선제 규정 등 • 유신 반대 백만인 서명 운동, 3·1 민주 구국 선언, 부마 민주 항쟁 등
5·18 민주화 운동(1980)	• 배경: 전두환 신군부의 비상계엄 선포 • 결과: 광주 시민들의 저항, 1980년대 이후 민주화 운동에 영향
6월 민주 항쟁 (1987)	• 배경: 4·13 호헌 조치, 박종철 고문치사 사건 • 결과: 6·29 민주화 선언(5년 단임 대통령 직선제)

49 | 박정희 정부
정답 ②

✔ 정답 분석

정답이 보이는 핵심 키워드

#중앙정보부 #유언비어 유포 #『사상계』 전 대표 장준하 #백기완, 함석헌, 계훈제 #개헌 청원 100만인 서명 운동 #긴급조치 비판

길잡이 | 박정희 정부 시기 역사적 상황에 대해 알아봅니다.

• **박정희 정부** 시기 **유신 헌법**을 제정하면서 대통령의 명령으로 국민의 자유와 권리에 무제한의 제약을 가할 수 있는 초헌법적 권한인 **대통령 긴급조치권**을 규정하였다. 1974년 1호를 시작으로 9호까지 선포된 긴급조치는 10·26 사태가 있기까지 4년 이상 지속되며 청원·선동 행위 등을 일절 금지하고 위반자를 유언비어 유포라는 죄목 등으로 영장 없이 체포·구속하였다.

• 일제 강점기의 독립운동가 출신으로 광복 이후 잡지 『사상계』를 발간하였던 **장준하**는 **박정희 정부** 시기 백기완, 함석헌, 계훈제 등 각계 인사들과 함께 유신 헌법 철폐를 주장하는 **개헌 청원 백만인 서명 운동**을 전개하고 '박정희 대통령에게 보내는 공개서한'을 발표하기도 하였다. 개헌 운동이 확산되자 박정희 정부는 헌법을 부정·반대하는 일체의 행위를 금지하는 **긴급조치 1호**를 선포하여 장준하와 백기완을 구속하였다.

② **박정희 정부** 시기인 **1970년대**에 공업화로 인해 상대적으로 낙후된 **농어촌을 근대화**시켜 균형 있는 발전을 표방하는 **새마을 운동**이 추진되었다.

한 번 더 체크하러 가기 ▶ 미니북 13쪽

✔ 선택지 풀이

① 한일 월드컵 축구 대회가 개최되었다.

김대중 정부 때 서울에서 한일 월드컵 축구 대회가 개최되었다(2002).

③ 외환 위기 극복을 위한 금 모으기 운동이 전개되었다.

김영삼 정부 말 외환 위기로 인해 국제 통화 기금(IMF)으로부터 구제 금융 지원을 받게 되었다. 김대중 정부 때 이를 극복하기 위해 국민들이 자발적으로 금 모으기 운동을 전개하였다(1998).

④ 금융 거래 투명성을 실현하고자 금융 실명제가 시행되었다.

김영삼 정부 때 부정부패와 탈세를 뿌리 뽑기 위해 대통령 긴급 명령으로 금융 실명제를 실시하여 경제 개혁을 추진하였다(1993).

⑤ 한미 자유 무역 협정(FTA) 체결에 반대하는 시위가 벌어졌다.

노무현 정부 때 미국과 자유 무역 협정(FTA) 체결에 반대하는 시위가 벌어졌다(2007).

50 노무현 정부의 통일 정책 정답 ③

✓ 정답 분석

정답이 보이는 핵심 키워드

#제2차 남북 정상 회담 #남북 간 교류와 협력 #경의선 철도 시험 운행

길잡이 | 제2차 남북 정상 회담을 개최한 노무현 정부의 통일 정책을 알아봅니다.

김대중 정부 시기에 최초로 열린 남북 정상 회담 때 남북간 인적 · 물적 교류와 협력을 통한 평화 정착을 위해 끊어진 경의선 철도 복원에 합의하였다(2000). 이후 **남북 철도 연결**이 착공되었고, **노무현 정부 때 남북 철도 연결 구간 열차 시험 운행**을 통해 경의선은 남측 문산역에서 북측 개성역까지, 동해선은 북측 금강산역에서 남측 제진역까지 시험 운행되었다(2007).

③ **노무현 정부 때 제2차 남북 정상 회담**을 개최하고 **10 · 4 남북 공동 선언**을 발표하였다(2007).

한 번 더 체크하러 가기 ▶ 미니북 20쪽

✓ 선택지 풀이

① 남북 기본 합의서를 채택하였다.

② 남북한이 유엔에 동시 가입하였다.

　　노태우 정부 때 북방 외교 정책에 따라 공산권 국가와 수교를 체결하였고, 남북 기본 합의서 채택, 남북한 유엔 동시 가입 등이 이루어졌다(1991).

④ 남북 조절 위원회를 운영하기로 합의하였다.

　　박정희 정부 시기 서울과 평양에서 7 · 4 남북 공동 성명을 발표하고, 남북 조절 위원회를 설치하였다(1972).

⑤ 남북 이산가족 고향 방문단의 교환 방문을 최초로 성사하였다.

　　전두환 정부 때 서울과 평양에서 최초로 남북한의 이산가족 상봉이 이루어졌다(1985).

암기의 key 현대 정부의 통일 노력

박정희 정부	• 남북 적십자 회담(1971): 이산가족 문제 협의 • 7 · 4 남북 공동 성명(1972): 자주 · 평화 · 민족 대단결의 3대 통일 원칙 제시(서울과 평양에서 동시 발표) → 남북 조절 위원회 설치 • 6 · 23 평화 통일 선언(1973): 남북 동시 유엔 가입 제의, 공산권에 문호 개방 제시
전두환 정부	• 민족 화합 민주 통일 방안(1982): 민족 통일 협의회 구성 • 남북 적십자 회담 재개: 북한의 수해 물자 제공이 계기 → 최초의 이산가족 고향 방문(1985)
노태우 정부	• 북방 외교 추진: 국제 정세 변화 → 동유럽 사회주의 국가들과 수교, 소련(1990) · 중국(1992)과 외교 관계 수립 • 남북 관계 진전: 남북 고위급 회담 개최, 한민족 공동체 통일 방안 제안(1989), 남북한 유엔 동시 가입(1991) • 남북 기본 합의서 채택(1991): 남북한 정부 간 최초의 공식 합의서 • 한반도 비핵화 공동 선언(1991)
김영삼 정부	• 한민족 공동체 건설을 위한 3단계 통일 방안 제시(1994) • 북한 경수로 원자력 발전소 건설 사업 지원
김대중 정부	• 대북 화해 협력 정책(햇볕 정책) 추진 → 금강산 관광 사업 전개(1998) • 남북 정상 회담과 6 · 15 남북 공동 선언 발표(2000) → 경의선 복구 사업, 금강산 육로 관광 등 추진, 개성 공단 조성 합의
노무현 정부	• 대북 화해 협력 정책 계승 • 제2차 남북 정상 회담 개최(2007)
이명박 정부	• 남북 관계 경색: 금강산 관광 중단(2008), 천안함 피격 사건, 연평도 포격 사건 • 북한의 핵 개발, 미사일 발사 실험 등
박근혜 정부	• 남북 관계 악화 • 대북 강경 정책 지속: 개성 공단 폐쇄(2016)

한능검의 PASSCODE는 기출문제!
역잘알 시대고시와 함께 출제 경향 완벽 분석, 단번에 합격!

STEP 1 정답 확인　문제 p.086

01	02	03	04	05	06	07	08	09	10	11	12	13	14	15	16	17	18	19	20	21	22	23	24	25
③	②	②	③	⑤	①	②	②	⑤	⑤	①	②	④	⑤	③	⑤	①	③	①	③	②	③	①	⑤	②

26	27	28	29	30	31	32	33	34	35	36	37	38	39	40	41	42	43	44	45	46	47	48	49	50
③	③	⑤	②	④	⑤	②	①	④	④	④	⑤	①	③	④	③	④	④	②	⑤	②	⑤	③	③	②

STEP 2 난이도 확인

제56회 합격률	**61.9%**	최근 1년 평균 합격률	**56.0%**

STEP 3 시대별 분석

시대	선사	고대	고려	조선 전기	조선 후기	근대	일제 강점기	현대	복합사
틀린 개수/ 문항 수	/ 2	/ 6	/ 8	/ 6	/ 5	/ 8	/ 7	/ 5	/ 3
출제비율	4%	12%	16%	12%	10%	16%	14%	10%	6%

STEP 4 문제별 주제 분석

01	선사	신석기 시대	26	조선 후기	조선 후기 실학자
02	선사	부여	27	조선 후기	조선의 대청 정책
03	고대	고구려 소수림왕	28	조선 후기	홍경래의 난
04	고대	부여의 문화유산	29	근대	을미개혁
05	고대	고구려 부흥 운동	30	근대	병인박해
06	복합사	천문 관련 문화유산	31	근대	갑신정변
07	고대	원효와 의상	32	근대	동학 농민 운동
08	고대	통일 신라의 지방 제도	33	조선 후기	김정희의 「세한도」
09	고대	발해	34	복합사	세시 풍속 – 단오
10	고려	고려의 경제 상황	35	근대	독립신문
11	복합사	지역사 – 강화도	36	근대	대한 제국 선포 이후 상황
12	고려	후고구려	37	근대	안중근
13	고려	거란의 침입과 고려의 대응	38	근대	신민회
14	고려	고려의 사회 모습	39	일제 강점기	3 · 1 운동
15	고려	고려 성종	40	일제 강점기	1920년대 만주 지역의 독립운동
16	고려	개성 경천사지 십층 석탑	41	일제 강점기	한용운
17	고려	이제현	42	일제 강점기	민족 말살 통치기
18	고려	이성계	43	일제 강점기	근우회
19	조선 전기	세조	44	일제 강점기	연해주 지역의 민족 운동
20	조선 전기	성종	45	일제 강점기	대한민국 임시 정부
21	조선 전기	기묘사화	46	현대	박정희 정부
22	조선 전기	사간원	47	현대	이승만 정부
23	조선 전기	임진왜란의 영향	48	현대	6월 민주 항쟁
24	조선 후기	정조의 경제 정책	49	현대	김영삼 정부 시기 경제 상황
25	조선 전기	서원	50	현대	노태우 정부의 통일 정책

01 신석기 시대   정답 ③

정답 분석

정답이 보이는 핵심 키워드

#제주 고산리 유적 #이른 민무늬 토기 #기원전 8000년경 #화살촉
#갈돌, 갈판

길잡이 ▎ 신석기 시대의 생활 모습을 알아봅니다.

제주 고산리 유적은 초기 **신석기 시대** 유적지로 **이른 민무늬 토기** 등
다량의 석기와 토기 파편 등이 출토되었다. 신석기 시대 사람들은 강
가나 바닷가에 움집을 짓고 살면서 **화살촉 · 돌화살 · 그물 · 돌창** 등
을 사용하여 채집 · 수렵 생활을 하였다. 또한, **갈돌과 갈판**으로 곡식
을 갈아서 음식을 만들어 먹었으며 **가락바퀴**로 실을 뽑아 뼈바늘로
옷을 지어 입기도 하였다.
③ 신석기 시대에는 조 · 피 등을 재배하는 **농경 생활이 시작**되었으
며 **가축**을 기르기도 하였다.

한 번 더 체크하러 가기 ▶ 미니북 4쪽

선택지 풀이

① 고인돌, 돌널무덤 등을 만들었다.
　청동기 시대에는 정치권력과 경제력을 가진 지배자인 군장이 등장하였
다. 이들의 무덤인 고인돌, 돌널무덤 등의 규모를 통해 당시 지배층의
권력을 짐작할 수 있다.

② 거푸집을 이용하여 청동검을 제작하였다.
　후기 청동기 시대와 초기 철기 시대에는 거푸집을 사용하여 세형 동검
등의 청동검과 무기를 제작하였다.

④ 주로 동굴에 살면서 사냥과 채집 생활을 하였다.
　구석기 시대에는 동굴이나 강가에 막집을 짓고 거주하며 인근에서 사
냥과 채집을 하였고 계절에 따라 이동 생활을 하였다.

⑤ 쟁기, 쇠스랑 등의 철제 농기구를 써서 농사를 지었다.
　철기 시대 이후 쟁기, 쇠스랑, 호미 등의 철제 농기구가 널리 사용되기
시작하면서 농업 생산량이 늘어났다.

02 부여   정답 ②

정답 분석

정답이 보이는 핵심 키워드

#해부루 #곤연 #금와 #『삼국사기』

길잡이 ▎ 부여의 특징을 알아봅니다.

『삼국사기』에 기록된 **부여**의 **금와왕** 신화에 의하면 부여 왕 해부루가
아들을 얻기 위해 제사를 지내자 곤연이라는 연못의 큰 돌에서 금빛
개구리 모습의 어린아이가 나타나 태자로 삼았다고 한다.
② **부여**는 매년 12월 수확에 대한 감사제의 성격을 지닌 **영고**라는
제천 행사를 열었다.

한 번 더 체크하러 가기 ▶ 미니북 21쪽

선택지 풀이

① 혼인 풍습으로 서옥제가 있었다.
　고구려에는 혼인을 하면 신랑이 신부 집 뒤에 서옥이라는 집을 짓고
생활하다가 자식을 낳아 장성하면 신랑 집으로 돌아가는 서옥제라는
풍습이 있었다.

③ 정사암에 모여 국가의 중대사를 논의하였다.
　백제의 귀족들은 정사암이라는 바위에서 회의를 통해 재상을 선출하고
국가의 중대사를 결정하였다.

④ 철이 많이 생산되어 낙랑과 왜에 수출하였다.
　삼한 중 변한은 철이 풍부하게 생산되어 낙랑과 왜에 수출하였다.

⑤ 특산물로 단궁, 과하마, 반어피가 유명하였다.
　동예에서 생산되는 특산물로는 단궁, 과하마, 반어피 등이 유명하였다.

암기의 key   **여러 연맹 왕국의 특징**

부여	• 사출도(마가, 우가, 저가, 구가) • 풍습: 순장, 1책 12법, 우제점법, 형사취수제 • 제천 행사: 영고(매년 12월)
고구려	• 5부족 연맹체, 제가 회의, 약탈 경제(부경) • 풍습: 서옥제, 형사취수제 • 제천 행사: 동맹(매년 10월)
옥저	• 군장 · 읍군 · 삼로 • 소금, 해산물 풍부 → 고구려에 공물 바침 • 풍습: 민며느리제, 가족 공동묘
동예	• 군장 · 읍군 · 삼로 • 특산물: 명주, 삼베, 단궁, 과하마, 반어피 등 • 풍습: 족외혼, 책화 • 제천 행사: 무천(10월)

삼한	• 제정 분리 사회: 정치적 지배자 신지 · 읍차, 제사장
	  천군(소도 주관)
	• 벼농사(저수지 축조), 철 생산 풍부(낙랑 · 왜에 수출,
	  화폐로 이용)
	• 제천 행사: 수릿날(5월), 계절제(10월)

03 고구려 소수림왕   정답 ②

✓ 정답 분석

> **정답이 보이는 핵심 키워드**
>
> #고구려 #체제 정비 #불교 수용 #전진에 사신 파견

> 길잡이 ▎ 고구려의 체제를 정비한 소수림왕의 업적에 대해 알아봅니다.

삼국 시대 각 국가에서는 통치 체제를 정비하고 왕권을 강화하였다. 그중 **고구려 소수림왕**은 중국 **전진으로부터 불교를 수용**하고 이를 통해 왕실의 권위를 높이고자 하였으며, 율령을 반포하여 국가 조직을 정비하였다.
② 소수림왕은 국가 교육 기관인 **태학**을 설립하여 인재를 양성하였다.

한 번 더 체크하러 가기 ▶ 미니북 6쪽

✓ 선택지 풀이

① 도읍을 국내성에서 평양으로 옮겼다.
④ 연가라는 독자적인 연호를 사용하였다.
　　고구려 장수왕은 도읍을 국내성에서 평양으로 옮기며 남진 정책을 추진하였다. 또한, 중국의 연호 대신 연가, 연수, 건흥 등 독자적인 연호를 사용하였다.

③ 서안평을 공격하여 영토를 확장하였다.
　　고구려 미천왕은 낙랑군과 대방군 등 한 군현을 한반도 지역에서 몰아냈으며 서안평을 공격하여 영토를 확장하였다.

⑤ 신라에 군대를 파견하여 왜를 격퇴하였다.
　　고구려 광개토 대왕은 신라의 원군 요청을 받고 군대를 보내 신라에 침입한 왜를 격퇴하였다.

암기의 key   고구려 주요 국왕의 업적

고국천왕	• 왕위 부자 세습 • 진대법 실시(을파소 건의)
미천왕	낙랑군 · 대방군 축출, 서안평 공격 → 영토 확장
소수림왕	• 불교 수용 • 태학 설립 • 율령 반포
광개토 대왕	• 백제, 금관가야 공격 → 영토 확장 • 신라에 원군 파견(호우명 그릇)
장수왕	• 남진 정책: 평양 천도, 한강 유역 점령 • 광개토 대왕릉비, 충주 고구려비

04 부여의 문화유산   정답 ③

✓ 정답 분석

> **정답이 보이는 핵심 키워드**
>
> #왕흥사지 사리기 #왕흥사 터 #위덕왕 #성왕이 도읍으로 정함

> 길잡이 ▎ 부여 지역의 문화유산에 대해 알아봅니다.

백제 성왕은 국호를 남부여로 고치고 웅진(공주)에서 **사비(부여)로 천도**하며 새롭게 백제의 중흥을 도모하였다. **부여 왕흥사지 출토 사리기**는 우리나라에서 가장 오래된 백제 시대의 사리기로, 보물 제1767호로 지정되어 있다. 금제사리병, 은제사리호, 청동사리합으로 구성되어 있으며, 청동제 사리합에는 **백제 위덕왕** 때인 577년에 죽은 왕자를 위해 왕흥사를 세우고 사리를 묻었다는 기록이 새겨져 있다.
③ 논산 관촉사 석조 미륵보살 입상은 대형 철불이 유행하였던 고려 시대의 불상으로, 충남 논산시에 위치하고 있다.

한 번 더 체크하러 가기 ▶ 미니북 46쪽

✓ 선택지 풀이

① 정림사지 오층 석탑
　　부여 정림사지 오층 석탑은 목탑의 구조와 비슷하지만 돌의 특성을 살린 백제의 대표적인 석탑으로, 국보 제9호로 지정되어 있다.

② 능산리 고분군
　　부여 왕릉원 안에 있는 능산리 고분군은 백제 후기인 사비 시대의 왕릉 7기가 모여 있는 유적지이다.

④ 관북리 유적
⑤ 부소산성
　　부여 관북리 유적은 백제의 마지막 도읍이었던 사비 도성의 도로와 배수시설 등의 흔적이 남아있으며, 부여 부소산성은 왕궁인 사비성을 수호하기 위해 쌓은 산성이다.

05 고구려 부흥 운동   정답 ⑤

✓ 정답 분석

> **정답이 보이는 핵심 키워드**
>
> #당과 신라 군사들 #백강 #계백 #결사대 #황산 #사찬 시득 #소부리주 기벌포 #설인귀

> 길잡이 ▎ 고구려 부흥 운동의 발생 시기와 전개 과정에 대해 학습합니다.

(가) **백제 멸망**(660): 신라는 당과 동맹을 맺고 **나당 연합군**을 결성하여 백제를 공격하였다. 이후 **황산벌**(충남 논산)에서 김유신이 이끄는 나당 연합군의 공격에 **계백의 결사대**가 패배하면서 백제가 멸망하게 되었다.

(나) **기벌포 전투**(676): **신라 문무왕**은 소부리주 기벌포 전투에서 **설인귀가 이끄는 당군에 승리**하고 당의 세력을 한반도에서 몰아내면서 삼국을 통일하였다.

⑤ 백제가 멸망한 뒤 고구려도 나당 연합군에 의해 평양성이 함락되며 멸망하였다. 이후 **검모잠**, 고연무 등이 보장왕의 서자 **안승을 왕으로 추대**하고(670) 한성(황해도 재령)과 오골성을 근거지로 **고구려 부흥 운동**을 전개하였다.

한 번 더 체크하러 가기 ▶ 미니북 25쪽

✓ 선택지 풀이

① **김흠돌이 반란을 꾀하다 처형되었다.**
통일 신라 신문왕의 장인이었던 김흠돌이 모반을 꾀하다 발각되어 처형당하였고, 이를 계기로 신문왕은 귀족 세력을 숙청하고 왕권을 강화하였다(681).

② **의자왕이 신라를 공격하여 대야성을 함락시켰다.**
백제 의자왕은 윤충에게 1만여 명의 병력을 주어 신라 대야성을 함락시켰다(642).

③ **을지문덕이 살수에서 수의 군대를 크게 물리쳤다.**
고구려 영양왕 때 수 양제가 우중문의 30만 별동대로 평양성을 공격하였으나 을지문덕이 살수에서 2,700여 명을 제외한 수군을 전멸시켰다(살수 대첩, 612).

④ **대조영이 고구려 유민을 이끌고 동모산에서 건국하였다.**
고구려 출신 대조영이 유민들을 이끌고 지린성 동모산에서 발해를 건국하였다(698).

암기의 key	고구려 부흥 운동
중심인물	검모잠(한성), 고연무(오골성)
신라의 지원	당 세력을 몰아내기 위해 왕자 안승을 고구려 왕으로 추대(670) → 보덕국왕으로 추대(674)
실패 요인	지도층의 내분, 당·신라의 회유 → 고구려 유민이 이주하여 발해 건국(698)

---

06 천문 관련 문화유산   정답 ①

✓ 정답 분석

정답이 보이는 핵심 키워드

#하늘의 움직임 #천문 현상 #덕흥리 고분 북두칠성 #오회분 #경주 첨성대

길잡이 ▎천문 현상과 관련된 문화유산에 대해 알아봅니다.

• **덕흥리 고분 북두칠성**: 덕흥리 고분은 평안남도 남포시에 위치한 고구려식 돌방무덤으로, 널방과 널길 안의 벽면에 벽화가 그려진 무덤이다. 고분 천장의 **벽화에 북두칠성의 별자리**가 그려져 있어 당시 천문 현상과 관련된 별자리 신앙 등이 존재하였음을 알 수 있다.

• **오회분**: 오회분은 중국 집안 지역에 위치한 고구려 돌방봉토무덤으로 1호분부터 5호분까지 5개로 구성되어 있다. 널방과 널길에 그려진 **벽화에 천왕과 북두칠성, 북극성 등의 별자리**가 새겨져 있다.

• **경주 첨성대**: 신라 시대에 천체의 움직임을 관찰하던 **천문 관측대**로, 하늘의 움직임(기후)과 농사 시기가 밀접하게 관련되어 있어 고대 국가에서 천문 현상에 대한 관심이 높았음을 알 수 있다. 신라 선덕 여왕 때 건립된 것으로 추정되며 동양에서 가장 오래된 천문대이다.

① 조선 정조 때 정약용은 『기기도설』을 참고하여 거중기를 제작하였고, 이는 수원 화성을 축조할 때 사용되면서 공사 기간과 비용을 줄이는 데 큰 역할을 하였다.

✓ 선택지 풀이

② **금동 천문도**
양산 통도사 금동 천문도는 조선 효종 때 만들어진 원판 모양의 휴대용 천문도이다. 북극부터 적도 부근까지의 별자리들이 표시되어 있으며, 3개의 구멍을 통해 하늘을 보면서 별자리를 찾는 용도로 사용되었다.

③ **혼천의**
조선 후기 실학자 홍대용은 기존의 혼천의를 개량하여 천체의 운행과 위치를 측정하는 등 천문 과학을 연구하였다.

④ **칠정산 내편**
조선 세종 때 중국의 수시력과 아라비아의 회회력을 참고로 한 역법서인 『칠정산』을 편찬하였다. 이때 최초로 한양을 기준으로 천체 운동을 계산하였으며, 내편(內篇)과 외편(外篇)으로 이루어졌다.

⑤ **천상열차분야지도**
조선 숙종 때 돌에 새겨 만든 천문도로, 둥글게 그린 하늘에 1467개의 별을 표시하고 아래에는 제작 경위와 참여자 명단, 권근의 설명문이 적혀 있다. 이는 태조 때 처음 제작한 것이 닳아서 잘 보이지 않게 되자 다시 새긴 것이다.

---

07 원효와 의상   정답 ②

✓ 정답 분석

정답이 보이는 핵심 키워드

#당에 유학 #영주 부석사 #『무애가』 #나무아미타불

길잡이 ▎신라의 대표적 승려인 의상과 원효의 활동에 대해 학습합니다.

(가) **의상**: 당에 가서 지엄으로부터 화엄에 대한 가르침을 받고 돌아와 신라에서 **화엄 사상**을 정립하였고 **영주 부석사**를 창건하여 수많은 제자들을 양성하였다.

(나) **원효**: **불교의 대중화**를 위해 불교의 교리를 쉬운 노래로 표현한 「**무애가**」를 지어 널리 퍼뜨렸고, 이에 불교를 믿는 사람들이 나무아미타불을 외우게 되었다.

② **의상**은 화엄 사상을 정리한 「**화엄일승법계도**」를 저술하고 화엄 교단을 세웠다.

한 번 더 체크하러 가기 ▶ 미니북 19쪽

⊘ **선택지 풀이**

① 법화 신앙을 바탕으로 백련 결사를 이끌었다.
고려의 승려 요세는 만덕사(백련사)에서 자신의 행동을 참회하는 법화 신앙에 중점을 두고 백련 결사를 주도하였다.

③ 불교 교단을 통합하기 위해 천태종을 개창하였다.
고려의 승려 의천은 교종과 선종의 불교 통합 운동을 전개하고 해동 천태종을 개창하였다.

④ 인도와 중앙아시아를 여행하고 왕오천축국전을 저술하였다.
신라의 승려 혜초는 인도와 중앙아시아 지역을 답사한 뒤 「왕오천축국전」을 지었다.

⑤ 심성 도야를 강조한 유불 일치설을 주장하였다.
고려의 승려 혜심은 유불 일치설을 주장하여 성리학을 수용할 수 있는 사상적 토대를 마련하였다.

---

08 통일 신라의 지방 제도   정답 ②

⊘ **정답 분석**

정답이 보이는 핵심 키워드
#5소경 #북원경 #중원경 #서원경 #남원경 #금관경 #금성(경주)

길잡이 | 9주 5소경으로 지방 행정 구역을 정비한 통일 신라의 지방 제도에 대해 알아봅니다.

통일 신라는 삼국 통일로 확장된 영토를 **9주**로 나누고 수도 경주의 편재성을 보완하기 위해 주요 도시에 **5소경**을 설치하여 지방 행정 체제를 정비하였다.
ㄱ. 통일 신라 신문왕은 **중앙군을 9서당**, **지방군을 10정**으로 편성하여 군사 조직을 정비하였다.
ㄷ. 통일 신라 때 **지방 세력을 견제**하기 위해 지방 호족의 자제 1명을 뽑아 중앙에서 머물게 하는 **상수리 제도**를 실시하였다.

한 번 더 체크하러 가기 ▶ 미니북 7쪽

⊘ **선택지 풀이**

ㄴ. 욕살, 처려근지 등을 지방관으로 파견하였다.
고구려는 지방을 대성, 중성, 소성 3단계로 나누어 통치하였으며 대성에는 욕살을, 중성에는 처려근지를 장관으로 두었다.

ㄹ. 북계에 병마사를 파견하여 적의 침입에 대비하였다.
고려는 국경 지역을 북계와 동계의 양계로 설정하고 병마사를 파견하여 외적의 침입에 대비하였다.

암기의 key   **고대 국가의 지방 행정 제도**

국가	행정 구역	특수 구역
고구려	5부(욕살)	3경 (국내성, 평양성, 한성)
백제	5방	22담로
신라	5주	2(3)소경
통일 신라	9주	5소경
발해	15부 62주	5경

---

09 발해   정답 ⑤

⊘ **정답 분석**

정답이 보이는 핵심 키워드
#당, 일본, 신라 등과 교역 #교통로 #거란도 #영주도 #조공도 #신라도 #일본도

길잡이 | 당, 일본, 신라 등과 교통로를 통해 교역하였던 발해의 특징에 대해 학습합니다.

발해는 **신라도, 거란도, 영주도, 일본도** 등 상인과 사신이 이동하는 **교통로들**을 통해 신라, 당, 일본 등 **주변 국가와 대외 무역**을 전개하였다.
⑤ 중국 지린성에 위치한 발해 문왕의 넷째 딸 정효 공주묘는 **당의 고분 양식**에 영향을 받은 벽돌 무덤이며, 동시에 **고구려 고분 양식**을 계승한 모줄임 천장 구조도 나타난다.

한 번 더 체크하러 가기 ▶ 미니북 7쪽

⊘ **선택지 풀이**

① 평양을 서경으로 삼아 중시하였다.
고려 태조는 평양의 군사적·정치적 역할을 중요시하여 서경으로 삼았다.

② 후연을 격파하고 백제를 공격하였다.
고구려 광개토 대왕은 중국 후연을 공격하여 북쪽으로는 옛 고조선의 영토였던 요동 땅을 차지하였고, 남쪽으로는 백제 수도 한성을 점령하며 한강 유역까지 영토를 넓혔다.

③ 지방에 22담로를 두어 왕족을 파견하였다.

백제 무령왕은 지방에 설치한 22담로에 왕족을 파견하여 지방 통제를 강화하였다.

④ 완도에 청해진을 설치해 해상 무역을 장악하였다.

통일 신라 때 장보고는 완도에 청해진을 설치하고 해상 무역을 장악하였다.

10 고려의 경제 상황   정답 ⑤

✓ 정답 분석

정답이 보이는 핵심 키워드

#13곳의 조창에 조세를 모음 #개경의 경창 등으로 조운

길잡이 ┃ 조운 제도를 운영하였던 고려 시대의 경제 상황에 대해 알아봅니다.

고려 시대에는 전국 **13곳의 조창**에 조세를 거두어 모아두었다가 조창이 위치한 포구에서 조운선에 싣고 개경의 경창 등으로 운반하는 **조운 제도**가 운영되었다. 건국 초기 60여 개의 포구에 분산되어 있던 조창의 기능이 점차 12조창으로 집중되며 정비되었고, 문종 때 13조창제로 확대되었다.

⑤ 고려의 **국제 무역항**인 **벽란도**는 **예성강 하구**에 위치하였고 이곳을 통해 송·아라비아 상인들과도 교역을 전개하였다.

한 번 더 체크하러 가기 ▶ 미니북 24쪽

✓ 선택지 풀이

① 관료전을 지급하고 녹읍을 폐지하였어요.

통일 신라 신문왕은 귀족 세력을 약화시키기 위해 관료전을 지급하고 녹읍을 폐지하였다.

② 덕대가 광산을 전문적으로 경영하였어요.

조선 후기에 광산 개발이 활성화되면서 물주로부터 자금을 지원받아 전문적으로 광산을 경영하는 덕대가 등장하였다.

③ 고구마, 감자 등의 구황 작물을 재배하였어요.

조선 후기에 감자와 고구마가 전래되어 구황 작물로 재배되었다.

④ 일본과의 무역을 허용하고 계해약조를 체결하였어요.

조선 세종 때 왜의 요구를 받아들여 남해안의 3포(부산포, 제포, 염포)를 개방하였고, 제한적 무역을 허용하는 계해약조를 체결하였다.

11 지역사 – 강화도   정답 ①

✓ 정답 분석

정답이 보이는 핵심 키워드

#고인돌 #참성단 #광성보

길잡이 ┃ 강화도 지역과 관련된 역사적 사실을 알아봅니다.

- **고인돌**: 강화도 부근리, 삼거리, 오상리 등의 지역에는 **청동기 시대 지배층 군장의 무덤**인 고인돌 160여 기가 분포되어 있다. 세계에서 고인돌이 가장 밀집되어 있는 동북아시아 중에서도 우리나라가 그 중심이며, 고창·화순·강화 고인돌 유적이 함께 유네스코 세계 유산으로도 등재되어 있다.
- **참성단**: 강화도 마니산에 위치한 참성단은 **단군이 하늘에 제사를 올리기 위해 쌓은 제단**이라고 전해진다. 고려와 조선 시대에도 이곳에서 국가의 안정과 평화를 기원하는 도교식 제사를 거행하였다.
- **광성보**: 고려가 몽골의 침략에 대항하기 위해 강화도로 도읍을 옮기면서 쌓았던 외성을 조선 광해군 때 다시 고쳐 쌓았고, 이후 효종 때 광성보를 설치하였다. 1871년에는 광성보에서 **신미양요 때 미군과 전투**를 벌였으며, 이때 문의 누각과 담이 파괴되었던 것을 다시 복원하였다.

① **강화 홍릉**은 강화도로 천도하였던 **고려 대몽 항쟁기** 당시 국왕이었던 **고종의 무덤**이다.

한 번 더 체크하러 가기 ▶ 미니북 52쪽

✓ 선택지 풀이

② 김만덕의 빈민 구제 활동에 대해 알아본다.

조선 후기의 상인 김만덕은 상업을 통해 모은 재산을 모두 기부하여 흉년으로 고통 받는 제주도민을 구제하였다.

③ 정약전이 자산어보를 저술한 곳을 검색한다.

조선 순조 때 정약전은 흑산도에서 유배 중에 인근 바다의 수산생물 종류와 분포, 습성 등을 기록한 『자산어보』를 집필하였다.

④ 지증왕이 이사부를 보내 복속한 지역과 부속 도서를 찾아본다.

신라 지증왕 때 이사부를 시켜 우산국(울릉도)과 우산도(독도)를 복속하고 실직주의 군주로 삼았다.

⑤ 러시아의 남하를 견제하기 위하여 영국군이 점령한 장소를 살펴본다.

조선 고종 때 영국은 조선에 대한 러시아의 세력 확장을 저지하기 위해 거문도를 불법으로 점령하였다.

12 후고구려
정답 ②

✓ 정답 분석

정답이 보이는 핵심 키워드

#강원도 철원 #궁예

길잡이 ┃ 궁예가 세운 후고구려에 대해 학습합니다.

신라 왕족 출신인 **궁예**는 세력을 키워 송악에 도읍을 정하고 **후고구려**를 세웠다(901). 건국 초기에는 국호를 마진으로 하였다가 **철원으로 천도** 후 태봉으로 바꾸었다. 현재 비무장지대(DMZ)에 당시 철원 도성 터가 남아있는데, 2018년 남북이 채택한 '한반도 평화와 번영, 통일을 위한 판문점 선언'에 따라 남북 교류 협력 사업의 일환으로 철원 도성 공동 발굴 조사를 위한 군사적 보장에 합의하였다.
② 궁예는 후고구려를 건국하고 **광평성**을 중심으로 한 정치 기구를 마련하기도 하였으나 미륵 신앙을 바탕으로 한 전제 정치로 인해 백성과 신하들의 원성을 사면서 왕건에 의해 축출되었다.

한 번 더 체크하러 가기 ▶ 미니북 22쪽

✓ 선택지 풀이

① 각간 대공이 반란을 일으켰다.
통일 신라 말 혜공왕이 어린 나이로 즉위하자 각간 대공이 동생 대렴과 함께 반란을 일으키는 등 수많은 진골 귀족들의 반란이 발생하였다.

③ 후당과 오월에 사신을 파견하였다.
견훤은 완산주(현재 전주)에 도읍을 정하고 후백제를 건국한 뒤 중국의 후당과 오월에 사신을 파견하며 외교 관계를 맺었다.

④ 고창 전투에서 후백제군과 싸워 승리하였다.
고려 왕건이 고창 전투에서 후백제군에 크게 승리하여 경상도 일대에서 견훤 세력을 몰아내고 후삼국 통일의 기반을 마련하였다.

⑤ 5경 15부 62주의 지방 행정 제도를 갖추었다.
발해는 선왕 때 영토를 크게 확장하여 지방 행정 체제를 5경 15부 62주로 정비하였다.

13 거란의 침입과 고려의 대응
정답 ④

✓ 정답 분석

정답이 보이는 핵심 키워드

#양규 #거란군 #광군사 #소손녕 #서희 #강감찬 #귀주

길잡이 ┃ 거란의 고려 침입 과정과 고려의 대응을 살펴봅니다.

(나) **광군사 설치**(947): **고려 정종** 때 최광윤의 의견을 받아들여 **거란의 침입에 대비**하기 위한 군사 조직으로 **광군**을 조직하였다. 전국의 광군 조직은 개경에 설치된 **광군사**의 통제를 받았다.

(다) **거란의 1차 침입**(993): 10세기 초 통일 국가를 세운 거란(요)이 고려를 여러 차례 침략하였다. 고려 성종 때 거란이 고려가 차지하고 있는 옛 고구려 땅을 내놓고 송과 교류를 끊을 것을 요구하였으나 **서희가 소손녕과의 외교 담판**을 통해 강동 6주를 획득하였다.

(가) **거란의 2차 침입**(1010): 거란은 강조의 정변을 구실로 고려를 침입하여 흥화진을 공격하였다. 이때 고려 장수 **양규**는 무로대에서 거란을 기습 공격하여 포로로 잡힌 백성을 되찾았다.

(라) **거란의 3차 침입**(1018): 거란의 **소배압**이 이끄는 10만 대군이 다시 고려를 침입하였으나 **강감찬**이 이에 맞서 귀주에서 대승을 거두었다(**귀주 대첩**, 1019).

한 번 더 체크하러 가기 ▶ 미니북 23쪽

14 고려의 사회 모습
정답 ⑤

✓ 정답 분석

정답이 보이는 핵심 키워드

#망이 · 망소이 #반란

길잡이 ┃ 망이 · 망소이의 난이 발생한 고려의 사회 모습에 대해 알아봅니다.

⑤ **고려**의 지방 행정 체제에는 특수 행정 구역인 **향 · 부곡 · 소**가 존재하였다. 향과 부곡은 신라 때부터 형성되어 이어진 군현 체제로, 촌락 중 크기가 일반 군현에 미치지 못하거나 왕조에 반항하던 집단의 거주지를 재편한 곳이었다. 소는 고려 시대에 형성된 것으로, 수공업이나 광업에 종사하며 지방 특산물을 생산하는 지역이었다. 향 · 부곡 · 소의 백성들은 신분상 양인이었으나 일반 군현의 백성들에 비해 **사회적으로 차별**을 받았다. 이에 고려 무신 정권 시기에 **공주 명학소**에서 **망이 · 망소이**가 과도한 부역과 소 주민에 대한 차별 대우에 항의하여 농민 **반란**을 일으켰다(1176).

한 번 더 체크하러 가기 ▶ 미니북 8쪽

✓ 선택지 풀이

① 서얼이 통청 운동을 전개하였다.
조선 후기 서얼들은 신분 상승 운동인 통청 운동을 전개하면서 청요직으로 진출하는 것을 허용해 달라는 상소를 올렸다.

② 원종과 애노가 사벌주에서 봉기하였다.
통일 신라 말 진성 여왕 때 왕권이 약화되고 귀족들의 반란이 빈번하였다. 이때 원종과 애노가 사벌주에서 중앙 정권의 무분별한 조세 징수에 반발하여 농민 봉기를 일으켰다.

③ 적장자 위주의 상속 제도가 확립되었다.
고려 시대에는 성별이나 출생 순에 관계없이 자녀에게 똑같이 재산을 상속하였다. 그러나 조선 시대에 들어서 유교적 종법(宗法)의 영향을 받아 적장자를 구분하게 되었고, 조선 중기 이후 적장자 위주의 상속법이 관습으로 확립되었다.

④ 읍락 간의 경계를 중시하는 책화가 있었다.

동예에는 읍락 간의 영역을 중요시하여 다른 부족의 경계를 침범하는 경우 노비와 소, 말로 변상하게 하는 책화 제도가 있었다.

---

15 고려 성종 정답 ③

✅ **정답 분석**

> **정답이 보이는 핵심 키워드**
> #가난한 백성에게 진대 #이름을 의창(義倉)으로 고침

> 길잡이 | 의창 제도를 실시한 고려 성종의 정책을 살펴봅니다.

고려 태조 때 실시한 흑창은 춘궁기에 곡식을 대여해 주고 추수 후에 회수하던 **빈민 구휼** 제도이다. 이후 **성종** 때 쌀을 1만 석 보충하여 시행하면서 명칭을 **의창**으로 바꾸었다.

③ 성종은 최승로의 시무 28조를 받아들여 중앙의 통치 기구를 개편하고, 전국 **12목에 지방관을 파견**하여 지방 세력을 견제하였다.

한 번 더 체크하러 가기 ▶ 미니북 8쪽

✅ **선택지 풀이**

① 한양을 남경으로 승격시켰다.

고려 문종은 풍수지리설의 영향을 받아 한양을 중요하게 여겨 남경으로 승격시키며 궁궐을 지었다.

② 국자감에 서적포를 설치하였다.

고려 숙종 때 최고 국립 교육 기관인 국자감에 서적포를 설치하여 모든 책판을 옮기고 인쇄와 출판을 담당하게 하였다.

④ 인사 행정을 담당하던 정방을 폐지하였다.

고려 공민왕은 왕권을 강화하기 위해 무신 정권 시기 인사 행정을 장악하였던 정방을 폐지하였다.

⑤ 개경에 귀법사를 세우고 균여를 주지로 삼았다.

고려 광종은 왕권을 강화하기 위해 개경에 화엄종 계열의 귀법사를 창건하고 균여를 주지로 삼은 뒤 제위보를 설치하여 민심을 수습하는 등 불교 정책을 펼쳤다.

---

16 개성 경천사지 십층 석탑 정답 ⑤

✅ **정답 분석**

> **정답이 보이는 핵심 키워드**
> #원의 영향 #대리석 #원각사지 십층 석탑에 영향을 줌 #기단부에 조각된 서유기 이야기

> 길잡이 | 고려의 개성 경천사지 십층 석탑에 대해 학습합니다.

⑤ **개성 경천사지 십층 석탑**은 **원의 석탑 양식의 영향**을 받아 대리석으로 만들어진 **고려** 원 간섭기의 석탑이다. 다각 다층 석탑이며 기단부에는 연꽃, 용, 소설 『서유기』의 장면 등이 새겨져 있다. 이는 조선 세조 때 대리석으로 제작된 **서울 원각사지 십층 석탑에 영향**을 주었으며, 국보 제86호로 지정되어 있다.

한 번 더 체크하러 가기 ▶ 미니북 46쪽

✅ **선택지 풀이**

① 경주 불국사 삼층 석탑

통일 신라 경덕왕 때 김대성이 불국사를 창건하면서 조성된 탑으로 추측된다(751). 8세기경 유행한 통일 신라 삼층 석탑의 전형적인 양식이 나타나 국보 제21호로 지정되어 있다.

② 구례 화엄사 사사자 삼층 석탑

신라 진흥왕 때 세워진 구례 화엄사에 위치한 석탑으로, 통일 신라 전성기인 8세기경 제작된 것으로 추정된다. 기단의 사자 조각이 탑 구성의 한 역할을 하는 우리나라의 대표적인 이형(異形) 석탑으로, 국보 제35호로 지정되어 있다.

③ 양양 진전사지 삼층 석탑

통일 신라 도의 국사가 창건한 절로 알려진 진전사 터에 세워진 통일 신라의 전형적인 석탑이다. 2층의 기단 위에 3층의 탑신을 올려놓았고 3층 지붕돌 꼭대기의 머리장식은 없어졌으며, 국보 제122호로 지정되어 있다.

④ 평창 월정사 팔각 구층 석탑

강원도 오대산 월정사 경내에 있는 석탑으로 국보 제48-1호로 지정되어 있으며, 고려 전기의 대표적인 석탑이다.

17 이제현 정답 ①

정답 분석

정답이 보이는 핵심 키워드

#연경 #충선왕 #만권당 #원의 학자들과 공부 #익재

길잡이 | 고려의 성리학자 이제현의 활동에 대해 알아봅니다.

고려 충선왕은 왕위에서 물러난 뒤 **원의 연경**에 **만권당**을 세우고, 고려에서 **이제현** 등의 성리학자들을 데려와 **원의 학자들과 교류**하게 하였다.
① 익재 이제현은 유교 사관에 입각한 역사서인 『**사략**』, 문학적 소양을 바탕으로 한 시화집 『역옹패설』 등을 저술하였다.

선택지 풀이

② 불씨잡변을 지어 불교를 비판하였다.
이성계와 함께 조선 건국을 주도한 정도전은 『불씨잡변』을 통해 유학의 입장에서 불교의 진리를 논파하고 불교를 비판하였다.

③ 9재 학당을 세워 유학 교육에 힘썼다.
고려의 문신 최충은 문종 때 지공거가 되어 과거를 주관하였고 문하시중을 역임하기도 하였다. 최충이 세운 9재 학당은 사학 12도 중 가장 번성하여 많은 후진을 양성하였다.

④ 봉사 10조를 올려 시정 개혁을 건의하였다.
고려 무신 정권 시기 최고 권력자 최충헌은 명종에게 봉사 10조라는 사회 개혁안을 제시하였으나 이는 민생 안정보다는 본인의 권력 유지에 목적을 둔 것이었다.

⑤ 예안 향약을 시행하여 향촌 교화를 위해 노력하였다.
조선 중기의 성리학자 퇴계 이황은 향촌 사회의 교화를 위해 향약의 4대 덕목 가운데 '과실상규'를 강조하는 예안 향약을 만들었다.

18 이성계 정답 ③

정답 분석

정답이 보이는 핵심 키워드

#1380년 황산에서 왜구 격퇴 #대첩비 #적장 아지발도를 죽임

길잡이 | 이성계의 고려 말 활동 내용에 대해 알아봅니다.

고려 말 도순찰사였던 **이성계**가 황산에서 왜구를 물리친 **황산 대첩**(1380)은 홍산 대첩, 진포 대첩과 함께 왜구와의 3대 대첩 중 하나로 꼽힌다. 조선 선조 때 황산 대첩의 승리를 후대에 널리 알리기 위하여 **대첩비**를 세웠다(1577). 이는 일제 강점기 때 파괴되었으나 탁본이 남아 있어 **적장 아지발도를 죽이**고 대승을 거둔 이성계의 활약상을 상세히 알 수 있으며, 1957년 남원에 다시 만들어 세웠다.

③ **고려 우왕** 때 최영을 중심으로 **요동 정벌**을 추진하였다. 이성계는 4불가론을 제시하며 반대하였으나 왕명에 의해 출병하게 되었고, 의주 부근의 **위화도에서** 개경으로 **회군**하여 최영을 제거하고 우왕을 폐위하며 정권을 장악하였다(1388).

한 번 더 체크하러 가기 ▶ 미니북 8쪽

선택지 풀이

① 북방에 4군과 6진을 설치하였다.
조선 세종 때 여진을 몰아낸 뒤 최윤덕이 압록강 상류 지역에 4군을 설치하고, 김종서가 두만강 하류 지역에 6진을 설치하여 영토를 확장하였다.

② 의종 복위를 도모하여 군사를 일으켰다.
고려 시대에 동북면 병마사였던 문신 김보당은 무신 정변으로 정권을 잡은 정중부, 이의방 등을 토벌하고 폐위된 의종을 다시 세우고자 난을 일으켰으나 실패하였다.

④ 여진을 정벌한 후 동북 9성을 축조하였다.
고려 숙종 때 부족을 통일한 여진이 고려의 국경을 자주 침입하자 윤관이 왕에게 건의하여 별무반을 조직하였다. 신기군, 신보군, 항마군으로 구성된 별무반은 이후 여진을 정벌하고 예종 때 동북 9성을 설치하였다.

⑤ 좌 · 우별초와 신의군으로 삼별초를 조직하였다.
고려 무신 정권 시기 최우가 치안 유지를 위해 설치한 야별초가 확대되어 좌별초와 우별초로 나뉘고, 몽골의 포로가 되었다가 탈출한 신의군과 함께 삼별초가 구성되었다.

19 세조 정답 ①

정답 분석

정답이 보이는 핵심 키워드

#과전 혁파 #직전 설치 #현직 관원들만 수조권 지급

길잡이 | 직전법을 실시한 조선 세조 시기에 대해 학습합니다.

조선 시대의 과전법은 전 · 현직 관리에게 토지를 지급하고, 수신전과 휼양전의 명목으로 세습까지 가능하였다. 이로 인해 지급할 토지가 부족해지자 **세조** 때 수신전과 휼양전을 없애 **과전법을 폐지**하고 **직전법을 실시**하여 **현직 관리에게만 토지의 수조권을 지급**하였다.
① 계유정난을 통해 즉위한 세조는 왕권을 강화하기 위해 **육조 직계제**를 부활시켜 의정부를 거치지 않고 국왕이 바로 재가를 내리게 하였다.

한 번 더 체크하러 가기 ▶ 미니북 9쪽

⑤ 초계문신제가 시행되었다.

정조는 새롭게 관직에 오른 자 또는 기존 관리들 중 능력 있는 관리들을 규장각에서 재교육시키는 초계문신제를 시행하였다.

◉ 선택지 풀이

② 임꺽정 무리를 토벌하는 관군

명종 때 외척 간의 갈등과 관리들의 수탈이 심화되어 민생이 어려워지자 양주의 백정 출신 임꺽정이 이끄는 도적 무리가 등장하였다. 이들은 경기도와 황해도 일대의 관아 창고를 털어 백성들에게 나누어 주는 등 의적 활동을 벌이다가 약 3년 만에 관군에게 잡혀 처형되었다.

③ 동몽선습을 공부하는 서당 학생

조선 시대의 초등 사립 교육 기관인 서당에서는 중종 때의 유학자 박세무·민제인이 삼강오륜과 역사 등에 대해 저술한 『동몽선습』을 학습 교재로 사용하였다.

④ 동의보감을 요청하는 중국 사신

선조의 명으로 허준이 집필하기 시작한 『동의보감』은 우리나라와 중국 의서의 각종 의학 지식과 치료법을 집대성한 의서로 광해군 때 완성되었다.

⑤ 시장에 팔기 위해 담배를 재배하는 농민

조선 후기에 상업이 발달하여 인삼, 담배, 면화 등 상품 작물 재배가 활발해졌다.

---

20 성종   정답 ③

◉ 정답 분석

> 정답이 보이는 핵심 키워드
> #창경궁 #홍화문 #정희 왕후 #수강궁 수리 #『경국대전』 완성

> 길잡이 | 조선 성종 재위 시기에 발생한 사건에 대해 알아봅니다.

조선 성종 때 세 왕후(정희 왕후, 소혜 왕후, 안순 왕후)를 모시기 위해 수강궁을 확장하여 별궁인 **창경궁을 조성**하였다. 조선 시대 궁궐 중 유일하게 동쪽을 향해 지어졌으며, 현재 사적 제123호로 지정되어 있다. 또한, 성종 때에는 세조 때부터 편찬되기 시작한 조선의 기본 법전인 **『경국대전』이 완성·반포**되었다.
③ 성종 때 성현 등이 왕명에 따라 의궤와 악보를 정리한 **『악학궤범』**을 저술하였다.

한 번 더 체크하러 가기 ▶ 미니북 9쪽

◉ 선택지 풀이

① 탕평비가 건립되었다.

영조는 붕당 정치의 폐해를 막고 능력에 따른 인재 등용을 위해 탕평책을 실시하였고, 성균관에 탕평비를 건립하였다.

② 상평통보가 주조되었다.

숙종 때 상평통보를 주조하여 법화로 유통시켰다.

④ 훈련도감이 설치되었다.

임진왜란 중 유성룡이 선조에게 건의하여 포수, 사수, 살수의 삼수병으로 편제된 훈련도감을 설치하였다.

---

21 기묘사화   정답 ②

◉ 정답 분석

> 정답이 보이는 핵심 키워드
> #천거 #현량과 #정국공신은 허위가 많음 #유자광

> 길잡이 | 조광조의 현량과 실시와 위훈 삭제 주장으로 인해 기묘사화가 발생한 시기를 학습합니다.

· 갑자사화(1504): **연산군**이 생모인 **폐비 윤씨 사건**의 전말을 알게 되면서 갑자사화가 발생하였다. 이로 인해 당시 사건에 관련된 김굉필 등의 사림 세력이 큰 화를 입었다.
· 을사사화(1545): 인종의 뒤를 이어 **명종**이 어린 나이로 즉위하자 명종의 어머니 문정 왕후가 수렴청정을 하였다. 인종의 외척인 윤임을 중심으로 한 **대윤 세력**과 명종의 외척인 윤원형을 중심으로 한 **소윤 세력의 대립**으로 을사사화가 발생하여 윤임을 비롯한 대윤 세력과 사림들이 큰 피해를 입었다.
② **중종**은 반정으로 왕위에 오른 뒤 훈구파를 견제하기 위해 사림파를 중용하여 유교 정치를 발전시키고자 하였다. 이에 따라 등용된 **조광조**는 천거제의 일종인 **현량과 실시**를 건의하여 사림이 대거 등용될 수 있는 발판을 마련하였다. 또한, **반정 공신들의 위훈 삭제**, 소격서 폐지, 향약 시행, 소학 보급 등을 주장하였으나 이에 반발한 훈구 세력이 주초위왕 사건을 일으켜 **기묘사화**가 발생하면서 조광조를 비롯한 사림들이 피해를 입었다(1519).

한 번 더 체크하러 가기 ▶ 미니북 42쪽

---

22 사간원   정답 ③

◉ 정답 분석

> 정답이 보이는 핵심 키워드
> #중종 #『미원계회도』 #간쟁과 논박

> 길잡이 | 조선 시대에 간쟁과 논박을 담당한 사간원의 역할에 대해 학습합니다.

③ 「성세창 제시 미원계회도」는 사간원 관료들이 풍류를 즐기고 친목을 도모하는 모임(계회)을 그린 **조선 중종** 때의 그림이다. '미원'이란 조선의 정치 기구 중 하나인 **사간원**을 일컫는데, 사간원은 **홍문관, 사헌부와 함께 3사를 구성**하였고, 정책에 대한 간쟁과 논박을 담당하는 관청이었다.

한 번 더 체크하러 가기 ▶ 미니북 35쪽

선택지 풀이

① 왕명의 출납을 관장하였다.
승정원은 조선 시대 왕의 비서 기관으로서 왕명의 출납을 관장하였다.

② 수도의 행정과 치안을 담당하였다.
한성부는 수도 한양의 치안과 행정을 담당하였다.

④ 실록을 보관하고 관리하는 업무를 맡았다.
춘추관은 조선 시대에 역사서를 보관하고 관리하는 관청이었으며, 이곳에 설치된 실록청에서 실록 편찬을 담당하였다.

⑤ 반역죄, 강상죄 등을 범한 중죄인을 다스렸다.
의금부는 조선 시대 국왕 직속 사법 기구로 반역죄, 강상죄 등을 저지른 중죄인을 다루었다.

23 임진왜란의 영향 　　정답 ①

정답 분석

> **정답이 보이는 핵심 키워드**
> #조헌 #곽재우 #왜적 #전란

> **길잡이** ┃ 임진왜란 이후의 영향에 대해 알아봅니다.

선조 때 왜군이 침입하여 **임진왜란이 발발**하였고(1592), 곧바로 부산진성을 함락시킨 왜군이 북상하였다. 이때 **곽재우**가 영남 지방에서 수천여 명의 의병을 이끌고 항전하였으며, 충청 지방에서는 **조헌**이 **의병**을 모아 청주성을 수복하고 금산 전투에서 활약하였다.
① 선조는 **임진왜란 이후** 단절되었던 **일본과의 관계를 회복**하기 위해 승려 **유정 등을 회답 겸 쇄환사로 파견**하였고(1607), 이들은 전쟁 중 잡혀간 포로 3,000여 명을 데리고 귀국하였다.

한 번 더 체크하러 가기 ▶ 미니북 32쪽

선택지 풀이

② 나세, 심덕부 등이 진포에서 왜구를 격퇴하였다.
고려 우왕 때 왜구가 침입하자 나세, 심덕부 등은 최무선이 설계한 병선과 화통·화포를 갖추고 진포 대첩에서 왜구를 격퇴하였다(1380).

③ 신숙주가 일본에 다녀와 해동제국기를 저술하였다.
조선 세종 때 통신사로 일본에 다녀온 신숙주는 일본의 지리와 국정, 외교 관계 등을 기록한 『해동제국기』를 성종 때 편찬하였다(1471).

④ 조선 정부의 통제에 반발하여 삼포왜란이 일어났다.
⑤ 외침에 대비하기 위해 임시 기구로 비변사가 설치되었다.
조선 세종 때 부산포, 제포, 염포의 삼포를 개방하고 제한된 범위 내에서 무역을 허락하는 계해약조를 체결하였으나 왜구가 조선 정부의 통제에 반발하며 중종 때 삼포왜란을 일으켰다(1510). 이를 계기로 외적의 침입에 대비하기 위한 임시 기구로 비변사를 처음 설치하였다.

24 정조의 경제 정책 　　정답 ⑤

정답 분석

> **정답이 보이는 핵심 키워드**
> #수원 화성 #축만제 #장용영 #백성 진휼을 위한 재원 마련

> **길잡이** ┃ 수원 화성 인근에 축만제를 축조한 정조의 경제 정책에 대해 알아봅니다.

조선 후기 **정조**는 **수원 화성**을 축조하여 사도 세자의 묘를 옮기고 국왕 친위 부대인 **장용영의 외영**을 설치하는 등 화성에 정치적·군사적 기능을 부여하였다. 또한, 수원성의 동서남북에 네 개의 호수와 **축만제 등의 저수지를 축조**하고 농업 용수를 공급할 수 있도록 하였다.
⑤ 조선 후기 시전 상인들은 난전을 단속할 수 있는 권리인 금난전권을 행사할 수 있었다. 정조는 채제공의 건의에 따라 **신해통공**을 시행하여 육의전을 제외한 **시전 상인들의 금난전권을 폐지**하고 일반 상인들의 자유로운 상업 활동을 도모하였다.

한 번 더 체크하러 가기 ▶ 미니북 10쪽

선택지 풀이

① 금속 화폐인 건원중보가 주조되었다.
고려 시대에는 상업 활동이 활발해지면서 화폐를 주조하였고, 성종 때 우리나라 최초의 주화인 건원중보가 발행되었다.

② 시장을 감독하는 동시전이 설치되었다.
신라 지증왕은 경주에 시장을 설치하고 이를 감독·관리하기 위한 기구인 동시전을 설치하였다.

③ 울산항, 당항성이 무역항으로 번성하였다.
통일 신라는 삼국 통일 이후 한강 하류의 당항성을 중심으로 당의 산둥반도와 이어지는 해상 무역이 발전하였고, 울산항을 통해 국제 무역을 전개하였다.

④ 군역의 부담을 줄이기 위해 균역법이 제정되었다.
조선 후기 군역으로 인한 농민들의 부담이 가중되자 영조는 균역법을 제정하여 기존 1년에 2필이었던 군포를 1필만 부담하게 하였다.

25 서원 　　정답 ②

정답 분석

> **정답이 보이는 핵심 키워드**
> #조선의 교육 기관 #풍기 군수 주세붕이 처음 건립 #국왕으로부터 현판과 토지, 노비 등을 받음 #흥선 대원군에 의해 정리되어 47곳이 남음 #유네스코 세계 유산 #사당 #강당 #서재 #동재

> **길잡이** ┃ 조선 시대의 지방 사립 교육 기관인 서원에 대해 학습합니다.

서원은 **조선의 지방 사립 교육 기관**으로, 사림 세력이 주로 설립하면서 이들의 세력 기반이 되었다. 조선 중종 때 **풍기 군수 주세붕**이 성리학을 전래한 고려 말의 학자 안향을 기리기 위해 최초로 백운동 서원을 건립하였고, 이황의 건의로 최초의 사액 서원인 소수 서원으로 사액되었다. 국가의 공식 승인을 받은 사액 서원은 국가로부터 토지와 노비, 서적을 받고 면세·면역의 특권을 부여받았다. 그러나 지방의 서원이 면세 등의 혜택으로 국가 재정을 악화시키고 백성을 수탈하는 폐해를 저지르자 **흥선 대원군 때 47개를 제외한 전국의 서원을 철폐**시켰다. 2019년에는 조선의 성리학 교육 기관을 대표하는 서원 9곳(소수 서원, 남계 서원, 옥산 서원, 도산 서원, 필암 서원, 도동 서원, 병산 서원, 무성 서원, 돈암 서원)이 함께 연속 유산으로 **유네스코 세계 유산**에 등재되었다.

② 서원은 **선현에 대한 제사와 양반 자제의 교육**을 담당하였다.

한 번 더 체크하러 가기 ▶ 미니북 53쪽

✅ 선택지 풀이

① 전국의 모든 군현에 하나씩 설치되었다.
④ 중앙에서 교수나 훈도를 교관으로 파견하였다.
  향교는 조선 시대 성균관의 하급 관학으로서 전국 부·목·군·현에 하나씩 설립된 지방 국립 교육 기관이다. 중앙에서는 향교의 규모나 지역에 따라 교관으로 교수나 훈도를 파견하였다.

③ 전문 강좌인 7재가 설치되어 운영되었다.
  고려 중기에 최충헌의 문헌공도를 대표로 하는 사학 12도의 발전으로 관학이 위축되자 예종 때 국자감을 재정비하여 전문 강좌인 7재를 설치하였다.

⑤ 소과에 합격한 생원, 진사에게 입학 자격이 부여되었다.
  성균관은 조선 시대 최고의 국립 교육 기관으로, 초시인 생원시와 진사시에 합격한 유생들이 우선적으로 입학할 수 있었다.

암기의 key ｜ 조선의 교육 기관

교육 기관	역할
성균관	생원, 진사시 합격자에게 입학 자격 부여
향교	중등 교육 기관 → 모든 군현에 설립
4부 학당	수도 한양에 설치한 중등 교육 기관
서원	지방 사림이 세운 사립 교육 기관
서당	초등 사립 교육 기관

26 조선 후기 실학자   정답 ③

✅ 정답 분석

> **정답이 보이는 핵심 키워드**
> #조선 후기 사회 개혁론 #이익 #홍대용 #박지원 #박제가 #정약용

> 길잡이 ｜ 조선 후기 실학자들의 개혁론에 대해 살펴봅니다.

③ 조선 후기의 **실학자 박지원**은 청에 다녀온 뒤 『**열하일기**』를 저술하여 상공업의 발달과 화폐 유통을 주장하였다. 또한, 교역의 중요성을 인식하여 **수레와 선박의 필요성을 강조**하였다.

한 번 더 체크하러 가기 ▶ 미니북 16쪽

✅ 선택지 풀이

① 의산문답에서 중국 중심의 세계관을 비판하다
  홍대용은 『의산문답』을 통해 지전설과 무한 우주론을 주장하며 중국 중심의 성리학적 세계관을 비판하였다.

② 목민심서에서 지방 행정의 개혁안을 제시하다
  정약용은 유배 생활 중에 『목민심서』를 저술하여 지방 행정 개혁 방향을 제시하였다.

④ 성호사설에서 사회 폐단을 여섯 가지 좀으로 규정하다
  이익은 『성호사설』을 통해 사회 폐단을 6가지 좀(노비 제도, 과거 제도, 양반 문벌, 기교, 승려, 게으름)으로 규정하였다.

⑤ 북학의에서 절약보다 적절한 소비를 권장하다
  박제가는 『북학의』를 저술하여 절약보다는 적절한 소비를 통해 생산을 발전시켜야 한다고 주장하였다.

27 조선의 대청 정책   정답 ③

✅ 정답 분석

> **정답이 보이는 핵심 키워드**
> #모화관 #김만균 #병자호란

> 길잡이 ｜ 청에 대한 조선의 대외 정책을 알아봅니다.

조선 현종 때 홍문관 수찬 **김만균**은 **모화관**에서 청 사신을 접대하라는 명을 받자 조모가 병자호란 때 사망하였다는 것을 이유로 거절하였다. 이에 서필원은 국가에 대한 충성이 우선이라는 원칙론을 내세워 김만균의 처벌을 주장하였고, 현종은 김만균을 파직하였다.

③ 조선 후기에는 청에 정기적으로 **연행사**라는 사신을 파견하였으며, 18세기부터 본격적으로 사신 파견을 통해 교류하며 다양한 천문서, 지도, 과학 기술 등이 조선으로 들어왔다.

제56회

④ 사건 수습을 위해 박규수가 안핵사로 파견되었다.

철종 때 발생한 임술 농민 봉기에 안핵사로 파견된 박규수는 삼정이정청을 설치하여 삼정의 문란을 해결하고자 하였다(1862).

✅ 선택지 풀이

① 정동행성 이문소를 폐지하였다.

고려 공민왕은 반원 정책을 실시하여 원 간섭기에 일본 원정을 위해 설치되어 내정 간섭 기구로 남아있던 정동행성 이문소를 폐지하였다.

② 별무반을 편성하여 침입에 대비하였다.

고려 숙종 때 부족을 통일한 여진이 고려의 국경을 자주 침입하자 윤관이 왕에게 건의하여 신기군, 신보군, 항마군으로 편성된 별무반을 조직하였다.

④ 한성에 동평관을 설치하여 무역을 허용하였다.

조선 태종 때 한성의 남산 북쪽에 일본 사신이 머무는 숙소인 동평관을 두어 일본과 외교 및 무역을 실시하였다.

⑤ 통신사를 파견하여 조선의 문물을 전파하였다.

임진왜란 이후 일본 에도 막부는 꾸준히 조선에 국교 재개와 사절 파견을 요청하였다. 이에 조선은 1607년부터 1811년까지 12회에 걸쳐 일본에 통신사를 파견하여 조선의 선진 문물을 전파하였다.

---

29 을미개혁 정답 ②

✅ 정답 분석

정답이 보이는 **핵심 키워드**
#일본군 #건청궁 #죽은 왕후

길잡이 | 을미사변 이후 시행된 을미개혁에 대해 알아봅니다.

개항 이후 민씨 세력은 러시아를 통해 일본을 견제하려 하였다. 그러자 일본이 자객을 보내 경복궁 내 건청궁을 습격하여 **명성 황후를 시해하는 을미사변**이 발생하였다.

② 을미사변 이후 친일 내각이 구성되었고, **을미개혁**을 추진하여 건양 연호와 **태양력**을 사용하였다(1895).

한 번 더 체크하러 가기 ▶ 미니북 50쪽

✅ 선택지 풀이

① 과거제를 폐지하였다.

④ 공사 노비법을 혁파하였다.

김홍집과 박정양 등을 중심으로 한 군국기무처를 통해 제1차 갑오개혁이 실시되었다(1894). 이때 문벌을 폐지하고 재능에 따라 인재를 등용하기 위해 과거제를 폐지하였고, 공사 노비법을 혁파하여 신분제가 법적으로 폐지되었다.

③ 육영 공원을 설립하였다.

최초의 근대식 공립 학교인 육영 공원은 헐버트, 길모어 등의 외국인 교사를 초빙하여 상류층 자제에게 근대 교육을 실시하였다(1886).

⑤ 통리기무아문을 설치하였다.

고종은 국내외의 군국 기무와 개화 정책을 총괄하는 업무를 맡은 관청인 통리기무아문을 설치하였다(1880).

---

28 홍경래의 난 정답 ⑤

✅ 정답 분석

정답이 보이는 **핵심 키워드**
#1811년 #평안도 #농민 봉기 #정주성 점령 #『순조실록』

길잡이 | 세도 정치기에 발생한 농민 봉기인 홍경래의 난에 대해 학습합니다.

⑤ 조선 순조 때 **세도 정치로 인한 삼정의 문란과 서북 지역 차별 대우에 불만**을 품은 **평안도** 지방 사람들이 몰락 양반 출신 **홍경래**를 중심으로 봉기를 일으켰다(1811). 평안북도 가산에서 우군칙, 이희저 등과 함께 **정주성을 점령**하고 청천강 이북 지역을 점령하기도 하였으나 관군에 의해 진압되었다.

한 번 더 체크하러 가기 ▶ 미니북 36쪽

✅ 선택지 풀이

① 청의 군대에 의해 진압되었다.

임오군란(1882)과 갑신정변(1884)은 청의 군대에 의해 진압되었으며 이를 계기로 조선에 대한 청의 내정 간섭이 심화되었다.

② 척왜양창의를 기치로 내걸었다.

동학 농민 운동 당시 농민군은 척왜양창의(斥倭洋倡義)를 기치로 내걸었는데, 이는 일본과 서양 세력을 배척하여 의병을 일으킨다는 뜻으로 동학교도들이 보은 집회에서 처음으로 주장하였다(1893).

③ 선혜청과 일본 공사관을 공격하였다.

고종 때 신식 군대인 별기군과 차별 대우를 받던 구식 군대가 선혜청과 일본 공사관을 습격하면서 임오군란이 발생하였다(1882).

암기의 key	갑오개혁과 을미개혁의 주요 내용
제1차 갑오개혁	• 개국 기원 사용, 과거제 폐지, 6조를 8아문으로 개편 • 재정 일원화, 은 본위제, 도량형 통일, 조세 금납제 • 공사 노비법 혁파, 고문·연좌제 폐지, 조혼 금지, 과부 재가 허용
제2차 갑오개혁	• 8도를 23부로 개편, 재판소 설치(사법권 독립) • 한성 사범 학교 설립, 관제 공포
을미개혁	• 건양 연호 사용, 친위대·진위대 설치 • 단발령 실시, 태양력 사용, 종두법 실시, 소학교 설치, 우편 사무 실시

30 병인박해 · 정답 ④

정답이 보이는 핵심 키워드

#양헌수 #정족산 #서양인

길잡이 ▌ 병인양요의 발생 배경인 병인박해에 대해 알아봅니다.

④ **흥선 대원군**은 천주교를 통해 프랑스와 조약을 체결하고 러시아의 남하 정책을 견제하고자 하였으나 국내외에서 천주교에 대한 반발이 생겨나자 **프랑스인 선교사들을 처형**하는 등 **병인박해**가 발생하였다(1866.1.). 이후 프랑스 로즈 제독이 병인박해를 구실로 함대를 이끌고 강화도에 침입하면서 **병인양요**가 발생하였다(1866.9.). **양헌수**는 **정족산성**에서 매복하였다가 기습하여 프랑스군을 물리쳤다.

한 번 더 체크하러 가기 ▶ 미니북 33쪽

선택지 풀이

① 종로와 전국 각지에 척화비가 세워졌다.

병인양요와 신미양요 등 외세의 침략을 극복한 흥선 대원군은 서양과의 통상 수교 반대 의지를 알리기 위해 종로와 전국 각지에 척화비를 세웠다(1871).

② 오페르트가 남연군 묘 도굴을 시도하였다.

오페르트를 비롯한 서양인들이 덕산에 위치한 흥선 대원군의 아버지 남연군의 묘를 도굴하려다가 실패하였다(1868).

③ 위안스카이가 이끄는 군대가 조선에 상륙하였다.

청의 위안스카이는 조선 조정의 요청으로 출병하여 임오군란을 진압하였다(1882). 이후 군대를 주둔시키면서 내정에 간섭하였고 갑신정변 진압도 주도하였다.

⑤ 김홍집이 가지고 온 조선책략이 국내에 유포되었다.

2차 수신사로 일본에 파견되었던 김홍집은 당시 청국 주일 공사관 황쭌셴이 지은 『조선책략』을 국내에 소개하였다(1880).

암기의 key	조선 후기 천주교 박해
신해박해 (1791)	진산 사건: 천주교 의식으로 모친상을 치름, 신주 소각 → 윤지충, 권상연 처형
신유박해 (1801)	• 본격적인 천주교 탄압: 노론 벽파가 남인 시파 제거 • 주문모(중국인 신부), 이승훈, 정약종 처형 • 정약용, 정약전 유배 • 황사영 백서 사건: 천주교 탄압
기해박해 (1839)	• 벽파인 풍양 조씨가 시파인 안동 김씨 공격 • 프랑스 선교사 3명 처형
병오박해 (1846)	최초의 한국인 신부 김대건 순교

병인박해 (1866)	• 배경: 흥선 대원군이 러시아 견제를 위해 프랑스와 접촉 → 실패, 천주교 반대 여론 확산 → 천주교 신자, 프랑스 신부 처형 • 결과: 로즈 제독이 이끄는 프랑스 군함이 강화도 침공(병인양요, 1866)

31 갑신정변 · 정답 ⑤

정답 분석

정답이 보이는 핵심 키워드

#김옥균 #일본 공사 다케조에 #박영효 #청군

길잡이 ▌ 갑신정변의 전개 과정에 대해 살펴봅니다.

임오군란 이후 청의 내정 간섭이 심화되자 **급진 개화파**는 근대화 추진과 민씨 세력 제거를 위한 정변을 단행하기로 결심하였다. 이에 일본 공사 다케조에에게 고종의 호위와 청군을 견제하기 위한 지원을 요청하였고, 일본은 공사관 병력 150명과 일화 3백만 엔을 빌려주겠다고 약속하면서 정변을 지원하기로 하였다.

⑤ 김옥균을 중심으로 한 급진 개화파는 일본의 군사적 지원을 받아 **우정총국 개국 축하연 자리**에서 **갑신정변**을 일으켰다(1884).

한 번 더 체크하러 가기 ▶ 미니북 37쪽

선택지 풀이

① 신식 군대인 별기군이 창설되었다.

고종은 개화 정책의 일환으로 기존 5군영을 무위영과 장어영의 2영으로 개편하고 신식 군대인 별기군을 창설하였다(1881).

② 김기수가 수신사로 일본에 파견되었다.

조선은 강화도 조약 체결을 계기로 문호를 개방한 뒤 개화 정책을 추진하였다. 이에 따라 일본에 수신사로 파견된 김기수는 신식 기관과 각종 근대 시설을 시찰하고 돌아와 일본의 발전을 고종에게 보고하였다(1876).

③ 일본 군함 운요호가 영종도를 공격하였다.

일본 군함 운요호가 강화도 초지진에 침입해 공격한 후 영종도에 상륙해 조선인들을 죽이거나 약탈하는 등의 만행을 저질렀다(운요호 사건, 1875).

④ 이만손이 주도하여 영남 만인소를 올렸다.

김홍집이 『조선책략』을 들여온 이후 미국과 외교 관계를 맺어야 한다는 여론이 형성되자 이만손을 중심으로 한 영남 유생들이 만인소를 올려 이를 비판하였다(1881).

32 동학 농민 운동 　　　정답 ①

정답 분석

정답이 보이는 핵심 키워드

#백산 봉기 #전주성 점령

길잡이 | 동학 농민 운동 당시 백산 봉기와 전주성 점령 사이에 발생한 사건에 대해 알아봅니다.

① **동학 농민군**은 '보국안민, 제폭구민'을 기치로 내걸고 **백산**에서 4대 강령을 발표하며 봉기하였다(1894.3.). 이후 **황토현 전투**와 황룡촌 전투에서 관군에 승리하며 **전주성을 점령**하고 전라도 일대를 장악하였다(1894.4.).

한 번 더 체크하러 가기 ▶ 미니북 41쪽

선택지 풀이

② 남접과 북접이 논산에서 연합하였다.
③ 우금치에서 일본군과 관군에 맞서 싸웠다.
④ 집강소를 중심으로 폐정 개혁안을 실천하였다.
⑤ 조병갑의 탐학에 저항하여 고부 관아를 습격하였다.

전라도 고부 군수 조병갑의 횡포에 견디다 못한 농민들은 동학교도 전봉준을 중심으로 동학 농민 운동을 일으켰다(1894.1.). 농민군은 황토현 전투에서 관군에 승리하며 전주성을 점령하였다. 조정에서 이들을 진압하기 위해 청에 원군을 요청하자 텐진 조약에 의거하여 일본도 군대를 파견하였다. 이에 외국 군대의 개입을 우려한 농민군은 정부와 전주 화약을 체결하고(1894.5.) 집강소를 설치하여 폐정 개혁안을 실천하였다. 그러나 청일 전쟁이 발발하고 일본의 내정 간섭이 심해지자 동학 농민군의 남접과 북접이 연합하여 다시 봉기하였고, 우금치 전투(1894.11.)에서 관군과 일본군에게 패하여 전봉준이 서울로 압송되면서 해산되었다.

암기의 key　　**동학 농민 운동의 전개 과정**

삼례 집회(교조 신원 운동) → 전봉준 중심으로 고부 관아 점령 → 황토현 전투 승리 → 황룡촌 전투 승리 → 전주성 점령 → 청군·일본군 조선 상륙 → 전주 화약 체결 → 집강소 설치 → 청일 전쟁 발생 → 전봉준·김개남 2차 봉기 → 우금치 전투 패배 → 전봉준 체포

33 김정희의 「세한도」　　　정답 ④

정답 분석

정답이 보이는 핵심 키워드

#조선 후기 #추사 김정희 #제주도 유배 #시서화(詩書畵)

길잡이 | 추사 김정희의 작품 「세한도」에 대해 알아봅니다.

④ **조선 후기**의 문신이자 실학자 **추사 김정희**는 문인화의 대가이기도 하였다. 1844년 제주도에서 유배 생활을 하던 중 제자 이상적이 사제 간의 의리를 잊지 않고 북경에서 귀한 책들을 구해다 주자 그의 인품을 소나무와 잣나무에 비유하며 답례로 「세한도」를 그려주었다. 이는 대표적인 조선 후기 문인화의 특징인 시서화로, 그림에 시적 요소를 넣은 작품이다. 현재 손창근에 의해 국립 중앙 박물관에 기증되었고 국보 제180호로 지정되었다.

선택지 풀이

① 정선의 「인왕제색도」
　조선 후기

② 강세황의 「영통동구도」
　조선 후기

③ 안견의 「몽유도원도」
　조선 전기

⑤ 신윤복의 「월하정인」
　조선 후기

34 세시 풍속 - 단오　　　정답 ④

정답 분석

정답이 보이는 핵심 키워드

#음력 5월 5일 #수릿날 #1년 중 양기가 가장 왕성한 날 #왕이 신하들에게 부채 선물 #씨름, 그네뛰기 #수리취떡 만들어 먹기 #창포물에 머리 감기

길잡이 | 단오의 세시 풍속에 대해 알아봅니다.

④ **음력 5월 5일**인 단오는 삼한에서 **수릿날**에 풍년을 기원하였던 행사가 세시 풍속으로 이어지면서 발전하였다. 이날에는 왕이 신하들에게 무더위를 잘 견디라는 의미로 부채를 선물하였으며, 씨름, 그네뛰기, 창포물에 머리 감기, 앵두로 화채 만들어 먹기 등을 하였다.

한 번 더 체크하러 가기 ▶ 미니북 31쪽

선택지 풀이

① 한식
한식은 동지에서 105일째 되는 날로 양력 4월 5, 6일경이다. 이날에는 일정 기간 동안 불의 사용을 금하여 찬 음식을 먹거나 조상의 묘를 돌보았다.

② 백중
백중은 음력 7월 15일로 백종이라고도 한다. 이 무렵에 과실이 많이 나와 백 가지 곡식의 씨앗을 갖추어 놓았다 하여 유래된 명칭이다. 이날에는 농가에서 머슴을 하루 쉬게 하고 돈을 주어 장에 가서 술과 음

식을 사먹거나 물건을 살 수 있게 하기도 하였다.

③ 추석

추석은 음력 8월 15일로 한가위라 불리며 일 년 동안 기른 곡식을 거두어들인다. 이날에는 송편과 각종 음식을 만들어 조상들에게 차례를 지내고 성묘를 하였다.

⑤ 정월 대보름

정월 대보름은 한 해의 첫 보름으로 음력 1월 15일이다. 이날에는 생솔가지나 나뭇더미를 쌓아 달집을 짓고 달이 떠오르면 불을 놓아 복을 기원하는 달집태우기를 하였다.

암기의 key	세시 풍속
설날	차례, 세배, 설빔, 덕담, 복조리 걸기, 윷놀이, 널뛰기, 연날리기, 머리카락 태우기
정월 대보름	줄다리기, 지신밟기, 놋다리밟기, 차전놀이, 쥐불놀이, 석전, 부럼 깨기, 달집태우기, 연날리기, 달맞이
삼짇날	• 봄을 알리는 명절로 답청절이라고도 함 • 화전놀이, 각시놀음, 화전(花煎), 쑥떡 먹기
한식	일정 기간 동안 불의 사용을 금하며 찬 음식을 먹음, 성묘를 하고 조상의 묘가 헐었으면 떼를 다시 입힘(개사초), 산신제, 제기차기, 그네뛰기
단오 (수릿날)	창포물에 머리 감기, 그네뛰기, 씨름, 봉산 탈춤, 송파 산대놀이, 수박희(택견) 등
칠석	걸교(부녀자들이 마당에 음식을 차려놓고 직녀에게 바느질과 길쌈 재주가 좋아지기를 비는 일), 햇볕에 옷과 책을 말림
추석 (한가위)	차례, 벌초, 성묘, 강강술래, 소싸움, 줄다리기, 씨름, 고사리 꺾기
동지	팥죽 먹기
섣달그믐	집안 곳곳에 불을 밝히고 잠을 자지 않는 풍속, 묵은세배
유두	동쪽으로 흐르는 물에 머리 감기, 몸 씻기, 탁족 놀이를 통해 더위 쫓기, 밀가루로 만든 구슬 모양의 오색면을 색실에 꿰어 액운 막기, 경단, 수단, 밀전병 만들어 먹기

35 독립신문   정답 ④

✅ 정답 분석

> **정답이 보이는 핵심 키워드**
>
> #국가등록문화재 제506호 #1896년 서재필이 창간 #근대적 민간 신문 #한글판 #영어판 #띄어쓰기 시행

> 길잡이 | 서재필이 창간한 근대적 민간 신문인 독립신문에 대해 학습합니다.

④ 갑신정변 이후 미국에서 돌아온 **서재필**은 1896년 정부의 지원을 받아 **우리나라 최초의 민간 신문**인 **독립신문**을 창간하였다. 이는 최초의 한글 신문이기도 하며 외국인을 위한 영문판도 제작되었다. 또한, 미국인 선교사 헐버트의 주장으로 독립신문에 최초로 한글 띄어쓰기가 사용되기도 하였다. 현재 독립신문은 국가등록 문화재 제506호로 지정되어 연세대학교에 소장되어 있다.

한 번 더 체크하러 가기 ▶ 미니북 38쪽

✅ 선택지 풀이

① 해조신문

연해주로 이주한 동포들은 순 한글 신문인 해조신문을 발간하여 독립 의식을 고취하고 국권 회복을 위해 힘썼다.

② 제국신문

제국신문은 민중 계몽과 자주독립 의식을 고취하기 위해 이종일이 한글로 간행한 신문이다. 주로 서민층과 부녀자들을 대상으로 하였다.

③ 한성순보

최초의 근대 신문인 한성순보는 순 한문을 사용하였고, 10일마다 발간되었으며 국내외 정세를 소개하였다.

⑤ 황성신문

을사늑약이 체결되자 황성신문은 장지연의 논설「시일야방성대곡」을 게재하여 조약의 부당성을 비판하였다.

36 대한 제국 선포 이후 상황   정답 ⑤

✅ 정답 분석

> **정답이 보이는 핵심 키워드**
>
> #환구단 #황제로 즉위 #국호 대한

> 길잡이 | 고종이 황제로 즉위하고 대한 제국을 선포한 이후 상황에 대해 알아봅니다.

아관 파천 이후 경운궁으로 환궁한 **고종**은 **환구단**에서 황제로 즉위하고 연호를 '광무'로 하여 **대한 제국**을 선포하였다(1897).
⑤ 대한 제국은 **광무개혁** 때 양지아문을 설치하여 **양전 사업**을 실시하였고, 지계아문을 통해 토지 소유 문서인 **지계**를 발급하여 근대적 토지 소유권을 확립하고자 하였다(1901).

한 번 더 체크하러 가기 ▶ 미니북 49쪽

✅ 선택지 풀이

① 전환국이 설치되었다.

고종은 개화 정책의 일환으로 근대 화폐를 주조하는 상설 기관인 전환국을 설치하였다(1883).

② 혜상공국이 설립되었다.

조선 후기 상업의 발달로 전국 각지에서 장시가 활성화되면서 보부상들은 장날에 따라 이동하며 각 장시들을 연계한 하나의 유통망을 형성하였다. 개항 이후 청·일 상인에 밀려 생업에 위협을 받게 되자 보부

상을 보호하기 위한 혜상공국이 설립되었다(1883).

③ 보빙사가 미국에 파견되었다.

조미 수호 통상 조약이 체결된 후 조선 주재 미국 공사가 파견되자 조선 정부는 답례로 미국에 보빙사를 파견하였다(1883). 민영익, 홍영식, 서광범을 중심으로 한 보빙사는 서양 국가에 파견된 최초의 사절단으로 40여 일간 미국 대통령을 만나고 다양한 기관들을 시찰하였다.

④ 조청 상민 수륙 무역 장정이 체결되었다.

임오군란 이후 청은 조청 상민 수륙 무역 장정을 체결하여 치외 법권과 함께 양화진에 점포 개설권, 내륙 통상권, 연안 무역권을 인정받았다(1882).

---

37 안중근   정답 ①

✅ 정답 분석

정답이 보이는 핵심 키워드

#하얼빈 #이토 히로부미 저격

> 길잡이 | 이토 히로부미를 저격한 안중근의 활동에 대해 알아봅니다.

1909년 **안중근**은 을사늑약 체결을 주도하고 초대 통감을 지낸 **이토 히로부미를** 만주 **하얼빈 역에서 사살**하였다. 현장에서 체포된 안중근은 재판을 받고 뤼순 감옥에 수감되었다.

① 안중근은 뤼순 감옥에서 한국, 일본, 청의 동양 삼국이 협력하여 서양 세력의 침략을 방어하고 동양 평화를 실현해야 한다는 사상을 담은 「**동양 평화론**」을 집필하였으나 일제가 사형을 앞당겨 집행하면서 미완성으로 남게 되었다.

한 번 더 체크하러 가기 ▶ 미니북 15쪽

✅ 선택지 풀이

② 친일 인사인 스티븐스를 사살하였다.

장인환과 전명운은 미국 샌프란시스코에서 대한 제국의 외교 고문이었던 친일파 미국인 스티븐스를 저격하였다.

③ 5적 처단을 위해 자신회를 조직하였다.

나철은 을사늑약을 체결하는 데 협력한 친일파 을사오적(박제순, 이지용, 이근택, 이완용, 권중현)을 암살하기 위해 자신회를 조직하여 활동하였다.

④ 명동 성당 앞에서 이완용을 습격하였다.

이재명은 명동 성당 앞에서 을사오적 중 한 명인 이완용을 습격하여 중상을 입혔다.

⑤ 동양 척식 주식회사에 폭탄을 투척하였다.

의열단원인 나석주는 조선 식산 은행과 동양 척식 주식회사에 폭탄을 투척하였다.

---

38 신민회   정답 ①

✅ 정답 분석

정답이 보이는 핵심 키워드

#평양 #대성 학교 #안창호 #양기탁

> 길잡이 | 안창호, 양기탁 등이 조직한 신민회에 대해 학습합니다.

안창호와 **양기탁** 등이 1907년 결성한 **신민회**는 민족의 실력 양성을 위해 평양 **대성 학교**와 정주 **오산 학교**를 세워 민족 교육을 실시하였다.

ㄱ. 신민회 조직에 참여한 이승훈은 평양에서 계몽 서적이나 유인물을 출판·보급하고자 **태극 서관**을 설립하여 민족 기업을 육성하였다.

ㄴ. 조선 총독부가 데라우치 총독 암살 미수 사건을 조작하여 많은 민족 운동가들을 체포한 **105인 사건**으로 인해 신민회가 와해되었다.

한 번 더 체크하러 가기 ▶ 미니북 39쪽

✅ 선택지 풀이

ㄷ. 이륭양행에 교통국을 설치하였다.

중국 안동에 설립된 무역 선박 회사인 이륭양행은 비밀리에 대한민국 임시 정부의 교통국 역할을 수행하였다.

ㄹ. 입헌 군주제 수립을 목표로 하였다.

독립 협회는 중추원을 의회로 개편하여 근대적 입헌 군주제 수립을 목표로 하였다.

---

39 3·1 운동   정답 ③

✅ 정답 분석

정답이 보이는 핵심 키워드

#고종의 인산일 #독립 만세 운동 #보성사 터 #태화관 터 #탑골 공원

> 길잡이 | 3·1 운동의 전개 과정에 대해 알아봅니다.

- **보성사**: 보성사는 천도교계 인쇄소로 21,000장의 독립 선언서를 비밀리에 인쇄하여 전국에 배포하였다.
- **태화관**: 민족 대표 33인은 식당인 태화관에 모여 독립 선언서를 낭독하고 대한 독립 만세를 외치며 일본 경찰에 체포되었다.
- **탑골 공원**: 탑골 공원에서 수많은 학생과 인파가 모여 독립 선언서를 낭독하고 만세를 부른 후 시위를 전개하였고 시위 행렬은 서울 시내 곳곳으로 퍼져나갔다.

③ 3·1 운동은 **고종의 인산일**을 계기로 일어난 전국적인 민족 운동으로 **민족 대표 33인**이 **독립 선언서**를 발표하여 국내외에 독립을 선언하였다(1919).

한 번 더 체크하러 가기 ▶ 미니북 26쪽

① 통감부의 방해와 탄압으로 중단되었다.

④ 대한매일신보의 후원을 받아 전국으로 확산되었다.

김광제, 서상돈 등은 대구에서 국채 보상 운동을 주도하여 일본에서 도입한 차관 1,300만 원을 갚아 주권을 회복하고자 하였다(1907). 각종 계몽 단체와 대한매일신보 등 언론 기관의 지원을 받아 전국 각지로 확산되었으나 통감부의 방해와 탄압으로 중단되었다.

② 러시아의 절영도 조차 요구를 저지하였다.

독립 협회는 이권 수호 운동을 전개하여 러시아의 절영도 조차 요구를 저지하였다(1898).

⑤ 한국인 학생과 일본인 학생 간의 충돌에서 비롯되었다.

한국인 학생과 일본인 학생 간의 충돌 사건을 계기로 조선인 학생에 대한 차별과 식민지 교육에 저항한 광주 학생 항일 운동이 발생하였다(1929).

---

40 1920년대 만주 지역의 독립운동 정답 ④

✔ 정답 분석

정답이 보이는 핵심 키워드

#참의부, 정의부, 신민부 등 3부 #대한 독립군 #봉오동 #북로 군정서 #청산리

길잡이 ┃ 1920년대 만주 지역의 독립운동을 일어난 순서대로 학습합니다.

(나) **봉오동 전투**(1920.6.): **홍범도**는 의병장 출신으로 **대한 독립군**을 이끌면서 대한 국민회군, 군무도독부 등의 독립군과 연합하여 봉오동 전투에서 일본군을 상대로 큰 승리를 거두었다.

(다) **청산리 전투**(1920.10.): **김좌진**이 이끄는 **북로 군정서군**과 홍범도가 이끄는 대한 독립군이 주축이 된 독립군 연합 부대는 청산리 전투에서 일본군에 대승을 거두었다.

(가) **3부 성립**(1925): 만주 지역의 독립군 부대는 대한민국 임시 정부 소속의 군정부로서 중국 지안을 중심으로 압록강 접경을 관할한 **참의부**, 하얼빈 이남의 남만주를 관할한 **정의부**, 북만주를 관할한 **신민부** 등 **3부로 재편**되었다.

한 번 더 체크하러 가기 ▶ 미니북 28쪽

---

41 한용운 정답 ③

✔ 정답 분석

정답이 보이는 핵심 키워드

#심우장 #『님의 침묵』

길잡이 ┃ 『님의 침묵』을 저술한 일제 강점기의 독립운동가이자 승려 한용운의 활동에 대해 알아봅니다.

심우장은 **일제 강점기** 때 **한용운**이 지은 집으로, 조선 총독부가 위치하던 남쪽을 등지고 북향에 지어졌다. 한용운은 『**님의 침묵**』을 출간하여 저항 문학에 앞장섰다.

③ 한용운은 독립운동가이자 승려로, 불교의 현실 참여를 주장하였다. 서울 종로구에 유심사를 짓고 권두언, 필자들의 글, 수상총화, 현상문예 공고 등으로 구성된 월간지 『**유심**』을 발간하여 **불교 개혁 운동**에 힘썼다.

한 번 더 체크하러 가기 ▶ 미니북 15쪽

---

① 우리말 큰사전 편찬 사업을 추진하였다.

조선어 학회는 한글 맞춤법 통일안과 표준어를 제정하고 『우리말 큰사전』 편찬을 시작하여 해방 이후 완성하였다.

② 유교 개혁을 주장하는 유교 구신론을 제창하였다.

박은식은 서우학회를 조직하고 『유교 구신론』을 저술하여 실천적인 유교 정신의 회복을 강조하는 등 애국 계몽 운동을 적극 전개하였다.

④ 진단 학회를 설립하여 실증주의 사학을 발전시켰다.

이병도, 손진태는 한국 및 지역 문화를 연구하기 위해 진단 학회를 창립하여 실증주의 사학을 발전시켰다.

⑤ 독사신론을 저술하여 민족주의 사학의 기반을 마련하였다.

신채호는 『독사신론』을 발표하여 민족을 역사 서술의 중심에 두었으며, 민족주의 사학의 기반을 마련하였다.

---

42 민족 말살 통치기 정답 ④

✔ 정답 분석

정답이 보이는 핵심 키워드

#중일 전쟁 #일본군 '위안부' #연합군 #고(故) 박영심 할머니

길잡이 ┃ 일제가 일본군 '위안부'를 강제 동원한 민족 말살 통치기의 모습을 살펴봅니다.

일제는 **1930년대 이후 민족 말살 통치기**에 대륙 침략을 위해 한반도를 병참 기지화하고 중일 전쟁과 태평양 전쟁을 일으켰다. 이후 여자 정신대 근무령(1944)을 공포하여 젊은 여성들을 군수 물자 생산에 동원하였고, 이중 일부 여성들을 **일본군 '위안부'**로 삼아 성 착취를 하는 만행을 저질렀다. 사진 속 벽에 기댄 채 서있는 만삭의 임산부인 고(故) 박영심 할머니는 일제에 의해 중국으로 끌려가 일본군 '위안부'로 참혹한 생활을 하다가 1944년에 연합군에 의해 구출되었다.

④ 일제는 민족의 정체성을 말살하기 위한 **황국 신민화 정책**을 시행하고 내선일체의 구호를 내세워 황국 신민 서사 암송(1937)과 창씨개명(1939), **신사 참배** 등을 강요하였다.

한 번 더 체크하러 가기 ▶ 미니북 12쪽

선택지 풀이

① 태형을 집행하는 헌병 경찰

일제는 1910년대 무단 통치기에 조선 태형령을 실시하여 헌병 경찰들을 곳곳에 배치하고 조선인들에게 태형을 통한 형벌을 가하도록 하였다(1912).

② 원산 총파업에 동참하는 노동자

영국인이 경영하는 회사에서 일본인 감독이 조선인 노동자를 구타하자 파업이 시작되었다. 파업 후 노동자의 요구를 들어주기로 한 회사에서 약속을 이행하지 않자 노동자들은 원산 노동 연합회를 중심으로 총파업에 들어갔다(1929).

③ 회사령을 공포하는 총독부 관리

일제는 민족 기업과 민족 자본의 성장을 억제하기 위해 회사 설립 시 총독의 허가를 받도록 하는 회사령을 제정하였다(1910).

⑤ 암태도 소작 쟁의에 참여하는 농민

전남 신안군 암태도에서는 한국인 지주 문재철의 횡포와 이를 비호하는 일본 경찰에 맞서 일제 강점기 최대 규모의 암태도 소작 쟁의가 발생하였다(1923).

암기의 key	일제 강점기 식민 통치 정책 변화	
구분 시기	통치 내용	경제 침탈
무단 통치 (1910년대)	• 조선 총독부 설치 • 헌병 경찰제 • 조선 태형령	• 토지 조사 사업 • 회사령 실시(허가제)
기만적 문화 통치 (1920년대)	• 3·1 운동 이후 통치 체제 변화 • 보통 경찰제 • 치안 유지법: 독립운동가 탄압	• 산미 증식 계획: 일본 본토로 식량 반출 • 회사령 폐지: 신고제 전환 → 일본 자본 유입
민족 말살 통치 (1930년대 이후)	• 황국 신민화 정책(황국 신민 서사 암송, 신사 참배·창씨 개명 강요) • 조선어·역사 과목 폐지	• 일제의 대륙 침략을 위한 한반도 병참 기지화 정책 • 국가 총동원령: 조선에서 인적·물적 자원 수탈

---

43 근우회
정답 ④

정답 분석

정답이 보이는 핵심 키워드

#박차정 #신간회의 자매단체

> 길잡이 ┃ 박차정이 중앙 집행 위원으로 활동한 근우회의 활동에 대해 알아봅니다.

박차정은 일제 강점기 때 신간회에서 활동한 오빠 박문희의 영향을 받아 근우회 동래지회 결성에 참여하고 **근우회** 중앙 집행 위원으로 활동하였다. 이후 광주 학생 항일 운동 관련자로 일본 경찰에 체포된 후 3개월 만에 풀려나 중국으로 망명하였다. 박차정은 난징에서 조선 혁명 군사 정치 간부 학교 교관, 조선 의용대 부녀복무단장 등을 역임하면서 독립운동을 전개하였다. 1939년에는 남편 김원봉과 **쿤룬산 전투**에도 참여하였다.

④ **신간회의 자매단체**로 조직된 **근우회**는 강연회 개최 등 **여성 계몽 활동과 여성 지위 향상 운동**을 전개하며 여성의 권익을 옹호하였다(1927).

한 번 더 체크하러 가기 ▶ 미니북 27쪽

선택지 풀이

① 상하이에서 대동 단결 선언을 발표하였다.

신규식 등 해외에 거주하던 독립운동가 14명은 국내외 여러 독립운동 단체를 하나의 통합된 조직으로 결성하고 민족 대회를 개시하기 위해 상하이에서 대동 단결 선언을 발표하였다(1917).

② 일제의 황무지 개간권 요구를 저지하였다.

보안회는 일본이 대한 제국에 황무지 개간권을 요구하자 반대 운동을 전개하여 이를 저지하였다(1904).

③ 여성 교육을 위해 배화 학당을 설립하였다.

기독교 선교사 캠벨은 여성 교육과 기독교 전파를 목적으로 서울에 초·중등 과정의 사립 학교인 배화 학당을 설립하였다.

⑤ 어린이 등의 잡지를 발간하여 소년 운동을 주도하였다.

방정환, 김기전 등이 주축이 된 천도교 소년회는 1922년 5월 1일에 어린이날을 제정하고, 1923년에 『어린이』라는 잡지를 발간하는 등 소년 운동을 주도하였다.

---

44 연해주 지역의 민족 운동
정답 ②

정답 분석

정답이 보이는 핵심 키워드

#전로 한족회 중앙 총회 #대한 국민 의회 #대한 광복군 정부

> 길잡이 ┃ 일제 강점기 연해주 지역의 민족 운동에 대해 살펴봅니다.

1917년 러시아에서 2월 혁명이 발발하자 러시아에 거주하던 한인들은 한인 사회의 자치 대표 기관 창설을 위해 한인 대표들을 소집하였다. 그 결과 연해주 우수리스크에 본부를 둔 **전로 한족 중앙 총회**를 조직하였다. 이후 3 · 1 운동 직후에는 임시 정부 형태의 대한 국민 의회로 조직이 개편되었다.

② **연해주 지역**에서 이상설은 한인 자치 단체인 **권업회**를 조직하고 **권업신문**을 발행하였다. 이후 이상설은 블라디보스토크에 대한 광복군 정부를 설립하고 독립운동을 전개하였다.

한 번 더 체크하러 가기 ▶ 미니북 40쪽

✓ 선택지 풀이

① 독립군 양성을 위해 신흥 강습소를 세웠어요.

　서간도 삼원보 지역에서 신민회 회원인 이상룡, 이회영 등이 중심이 되어 독립군 양성 학교인 신흥 강습소를 설립하였다.

③ 숭무 학교를 설립하여 무장 투쟁을 준비하였어요.

　이근영 등이 중심이 되어 멕시코 메리다 지역에 독립군 양성 학교인 숭무 학교를 설립하여 무장 투쟁을 준비하였다.

④ 한인 비행 학교를 세워 독립군 비행사를 육성하였어요.

　독립운동가 김종림과 노백린은 독립 전쟁에서 공군의 중요성을 강조하며 독립군 비행사 양성을 목적으로 한인 비행 학교를 세웠다.

⑤ 대일 항전을 준비하기 위해 조선 독립 동맹을 결성하였어요.

　김두봉은 중국 옌안에서 조선인 사회주의자들이 조직한 화북 조선 청년 연합회를 개편하여 사회주의 단체인 조선 독립 동맹을 결성하고 대일 항전을 준비하였다.

45 대한민국 임시 정부　　정답 ⑤

✓ 정답 분석

정답이 보이는 핵심 키워드

#주석 김구 #외무부장 조소앙 #장제스 #한국의 완전한 독립

길잡이 ┃ 김구와 조소앙이 참여한 대한민국 임시 정부의 활동에 대해 알아봅니다.

연합국은 2차 세계 대전 종전을 앞두고 카이로 회담을 준비하였다. 1943년 7월 대한민국 임시 정부 주석 김구와 외무부장 조소앙은 장제스를 찾아가 카이로 회담에서 한국의 독립이 다루어지도록 부탁하였다. 이 결과 11월에 열린 카이로 회담에서 한국 독립을 명기한 카이로 선언이 발표되었다.

⑤ **대한민국 임시 정부**는 **충칭**에서 독립운동의 방향과 독립 후의 건국 과정을 명시한 **건국 강령**을 발표하였다(1941). 이는 **조소앙의 삼균주의에** 입각한 것으로 정치적 민주주의 확립과 사회 계급 타파, 경제적 균등주의 실현을 주창하였다.

한 번 더 체크하러 가기 ▶ 미니북 26쪽

✓ 선택지 풀이

① 좌우 합작 7원칙을 발표하였다.

　해방 이후 좌우 대립이 격화되면서 분단의 위기를 느낀 중도파 세력들은 여운형, 김규식을 중심으로 좌우 합작 위원회를 수립하였다. 이후 중도적 사상의 통일 정부를 수립하는 것을 목적으로 좌우 합작 7원칙을 합의하여 제정하였다(1946).

② 개벽, 신여성 등의 잡지를 간행하였다.

　천도교는 제2의 3 · 1 운동을 계획하여 자주 독립 선언문을 발표하였고, 『개벽』, 『신여성』 등의 잡지를 간행하여 민족의식을 높였다.

③ 조선 혁명 선언을 활동 지침으로 삼았다.

　김원봉이 결성한 의열단(1919)은 신채호가 작성한 조선 혁명 선언(1923)을 기본 행동 강령으로 하여 직접적인 투쟁 방법인 암살, 파괴, 테러 등을 통해 독립운동을 전개하였다.

④ 한글 맞춤법 통일안과 표준어를 제정하였다.

　조선어 연구회가 조선어 학회로 확대 · 개편되어 한글 맞춤법 통일안과 표준어를 제정하였다(1931).

46 박정희 정부　　정답 ②

✓ 정답 분석

정답이 보이는 핵심 키워드

#향토 예비군 창설식 #북한 무장 공비의 청와대 습격 시도 사건

길잡이 ┃ 향토 예비군 창설식이 이루어진 박정희 정부 시기의 정책을 살펴봅니다.

박정희 정부 시기 **북한이 무장 공비를 남파하여 청와대 습격을 시도**하였고(1 · 21 사태) 미 해군의 정찰함을 납치하는 등 무력 행위가 지속되었다. 이후 북한의 도발에 효과적으로 대비하고자 1968년 4월 대전 공설 운동장에서 **향토 예비군 창설식**을 열고 예비군 전력을 강화하였다.

② 박정희 정부는 국민의 윤리와 정신적인 기반을 확고히 한다는 명분으로 교육의 지표를 제시한 **국민 교육 헌장**을 선포하였다(1968).

✓ 선택지 풀이

① 양성 평등의 실현을 위해 호주제를 폐지하였다.

　노무현 정부 때 양성평등을 실현하고자 호주제 폐지를 결정하였다(2005).

③ 사회 통합을 위한 다문화 가족 지원법을 시행하였다.

　이명박 정부 시기 다문화 가족의 비율이 높아짐에 따라 이들의 안정적인 정착과 사회 통합을 위해 다문화 가족 지원법을 시행하였다(2008).

④ 공직자 윤리법을 개정하여 재산 등록을 의무화하였다.

　김영삼 정부는 공직자 윤리법을 개정하여 고위 공무원의 재산 등록을 의무화하였다(1993).

⑤ 언론의 통폐합이 단행되고 언론 기본법을 제정하였다.

전두환 정부는 언론을 규제하기 위해 전국의 64개 언론사를 23개로 통폐합하고 언론의 자유를 제한하는 언론 기본법을 제정하였다(1980).

47 이승만 정부
정답 ⑤

정답 분석

정답이 보이는 핵심 키워드

#제헌 헌법으로 출범 #농지 개혁법 제정 #정전 협정 체결

길잡이 ▎ 제헌 헌법으로 출범한 이승만 정부의 활동에 대해 알아봅니다.

⑤ 5·10 총선거를 통해 구성된 제헌 국회는 제헌 헌법을 제정하였으며, 이를 바탕으로 **이승만**이 국회에서 대통령으로 선출되어 제1공화국이 출범하였다(1948). 제헌 국회는 일제의 잔재를 청산하고 민족정기를 바로 잡기 위해 **반민족 행위 처벌법**을 제정하였고, 이에 따라 반민족 행위 특별 조사 위원회가 구성되어 활동하였다. 또한, **농지 개혁법**을 제정하여 유상 매수, 유상 분배를 원칙으로 농지 개혁을 실시하였다. 이후 6·25 전쟁이 발발하고 전황이 교착 상태에 빠지자 판문점에서 **정전 협정이 체결**되었다(1953).

한 번 더 체크하러 가기 ▶ 미니북 20쪽

선택지 풀이

① 삼청 교육대의 설치

전두환 신군부는 국가보위비상대책위원회를 조직하고 전국 각지의 군부대 내에 삼청 교육대를 설치하여 사회 정화라는 명분하에 가혹 행위와 인권 유린을 자행하였다(1980).

② 새마을 운동의 추진

박정희 정부 시기인 1970년대에 공업화로 인해 상대적으로 낙후된 농어촌을 근대화시켜 균형 있는 발전을 이루기 위해 새마을 운동이 추진되었다.

③ 한일 기본 조약의 비준

박정희 정부는 경제 개발 계획에 필요한 자본 확보를 위해 일본과의 국교 정상화를 추진하여 한일 기본 조약(한일 협정)을 체결하였다(1965).

④ 지방 자치제의 전면 실시

김영삼 정부는 지방 자치 단체장까지 선거로 직접 뽑으면서 지방 자치제를 전면 실시하였다(1995).

48 6월 민주 항쟁
정답 ⑤

정답 분석

정답이 보이는 핵심 키워드

#대통령 선거인단 #대통령 임기 7년 #대통령 임기 5년

길잡이 ▎ 8차 개헌과 9차 개헌 사이의 시기에 발생한 역사적 사실에 대해 살펴봅니다.

(가) **8차 개헌**(1980): 전두환 정부는 개헌을 단행하여 **선거인단**에서 **7년 단임**의 대통령을 선출하는 **대통령 간선제**를 실시하였다.

(나) **9차 개헌**(1987): 6월 민주 항쟁의 결과 정부는 6·29 민주화 선언을 발표하여 **5년 단임의 대통령 직선제**를 골자로 하는 개헌을 단행하였다.

⑤ 박종철 고문치사 사건과 4·13 호헌 조치에 반발하여 대통령 직선제 개헌과 민주 헌법 제정을 요구하는 시위가 전개되었다. **6월 민주 항쟁**이 전국적으로 확산되면서 **호헌 철폐**와 **독재 타도**를 요구하는 **6·10 국민 대회**가 개최되었다(1987).

한 번 더 체크하러 가기 ▶ 미니북 13, 30쪽

선택지 풀이

① 국가 재건 최고 회의를 기반으로 군정이 실시되었다.

5·16 군사 정변으로 정권을 장악한 박정희와 군부 세력은 군사 혁명 위원회를 구성하고 입법·사법·행정의 3권을 장악하여 국회와 지방 의회를 해산하였다. 이후 명칭을 국가 재건 최고 회의로 바꾸고 혁명 내각을 발표하여 군사 정권을 수립하였다(1961).

② 조봉암이 혁신 세력을 규합하여 진보당을 창당하였다.

이승만 정부 당시 조봉암은 제3대 대통령 선거에 출마하였으나 낙선하였다가 이후 진보당을 창당하고 평화 통일론을 주장하였다(1956). 그러나 국가 변란, 간첩죄 혐의로 체포되어 사형에 처해졌으며 진보당은 해체되었다(진보당 사건, 1958).

③ 3·15 부정 선거에 항의하는 시위가 전국으로 확산되었다.

이승만의 장기 집권과 자유당 정권의 3·15 부정 선거에 저항하여 4·19 혁명이 전국적으로 전개되었다(1960). 그 결과 이승만 대통령이 하야하고 내각 책임제를 기본으로 하는 허정 과도 정부가 성립되었다.

④ 유신 체제에 저항하여 부산, 마산 등지에서 시위가 일어났다.

YH 무역 노동자들의 폐업 항의 농성이 신민당사 앞에서 일어나자 박정희 정부는 야당 총재 김영삼을 국회의원직에서 제명하였다. 이로 인해 김영삼의 정치적 근거지인 부산, 마산에서 유신 정권에 반대하는 부마 민주 항쟁이 전개되었다(1979).

| 김대중 정부 | 신자유주의 정책을 토대로 구조 조정 → 외환 위기 극복 |
| 노무현 정부 | 한국–칠레 자유 무역 협정(FTA) 체결(2004), 한미 자유 무역 협정(FTA) 타결(2007) |

49 김영삼 정부 시기 경제 상황 정답 ③

✓ 정답 분석

정답이 보이는 핵심 키워드

#금융실명거래 #대통령 긴급재정경제명령 #금융 실명제

길잡이 ▌금융 실명제를 실시한 김영삼 정부 시기 경제 상황에 대해 알아봅니다.

김영삼 정부는 부정부패와 탈세를 뿌리 뽑기 위해 대통령 긴급 명령으로 **금융 실명제**를 실시하여 경제 개혁을 추진하였다(1993).
③ 김영삼 정부 시기 국제 경제의 세계화와 개방 경제 체제 확산에 따른 대응을 위해 **경제 협력 개발 기구(OECD)에 가입**하였다(1996).

한 번 더 체크하러 가기 ▶ 미니북 20쪽

✓ 선택지 풀이

① 경부 고속 도로를 준공하였다.
박정희 정부 시기인 1968년 2월 1일에 착공된 경부 고속 도로는 단군 이래 최대의 토목 공사로 불리면서 1970년 7월 7일에 준공되었다.

② 제1차 경제 개발 5개년 계획이 추진되었다.
박정희 정부의 주도로 제1차 경제 개발 5개년 계획이 추진되었다(1962).

④ 미국과 자유 무역 협정(FTA)을 체결하였다.
노무현 정부 때 한미 자유 무역 협정(FTA)이 체결되었다(2007).

⑤ 귀속 재산 처리를 위해 신한 공사가 설립되었다.
광복 직후 미군정은 일제 강점기 때 동양 척식 주식회사와 일본인·일본 회사의 소유였던 토지 및 귀속 재산을 관할·처리하기 위하여 신한 공사를 설립하였다(1946).

암기의 key	현대 정부의 경제 정책
이승만 정부	• 전후 복구 사업: 국민과 정부의 노력, 미국의 원조(면화, 설탕, 밀가루 등 소비재 산업 원료)로 삼백 산업 발달 • 미국 경제 원조: 식량 문제 해결에 기여, 농업 기반 파괴
5·16 군정	제1차 경제 개발 5개년 계획 발표(1962)
박정희 정부	• 제1·2차 경제 개발 5개년 계획: 경공업 중심, 수출 주도형 • 제3·4차 경제 개발 5개년 계획: 중화학 공업 중심
전두환 정부	3저 호황: 저유가, 저금리, 저달러
김영삼 정부	• 경제 협력 개발 기구(OECD) 가입 • 금융 실명제 도입 • 외환 위기: 무역 적자, 금융 기관 부실

50 노태우 정부의 통일 정책 정답 ②

✓ 정답 분석

정답이 보이는 핵심 키워드

#서울 올림픽 #남북한이 유엔에 가입

길잡이 ▌남북한이 동시에 유엔에 가입한 노태우 정부 시기의 통일 정책을 알아봅니다.

② **노태우 정부**는 자본주의 국가와 공산주의 국가가 함께 참여한 **서울 올림픽 대회**를 성공적으로 개최하며 적극적인 북방 외교 정책을 추진하였다. 이에 공산권 국가와 수교를 체결하였으며, **남북한의 유엔 동시 가입**과 남북 기본 합의서 채택, **한반도 비핵화에 관한 공동 선언** 등이 이루어졌다(1991).

한 번 더 체크하러 가기 ▶ 미니북 20쪽

✓ 선택지 풀이

① 남북 정상 회담을 처음으로 개최하였다.
김대중 정부는 적극적으로 북한과의 교류를 확대하였다. 이에 따라 평양에서 최초로 남북 정상 회담을 개최하고 6·15 남북 공동 선언을 발표하였다(2000).

③ 개성 공단 조성 사업을 추진하기로 하였다.
김대중 정부 시기인 2000년 남북 정상 회담을 통해 개성 공단 건설 운영에 관한 합의서를 체결하였으나, 노무현 정부에 이르러서 비로소 개성 공단 착공식이 추진되었다(2003).

④ 남북 조절 위원회를 운영하기로 합의하였다.
박정희 정부 시기 서울과 평양에서 7·4 남북 공동 성명을 발표하고 남북 조절 위원회를 설치하였다(1972).

⑤ 남북 간 이산가족 상봉을 최초로 실현하였다.
전두환 정부 때 서울과 평양에서 최초로 남북한의 이산가족 상봉이 이루어졌다(1985).

MEMO

좋은 책을 만드는 길, 독자님과 함께 하겠습니다.

2023 PASSCODE 한국사능력검정시험 기출문제집 400제 8회분 심화(1·2·3급)

개정10판1쇄 발행	2023년 03월 15일 (인쇄 2023년 02월 27일)
초 판 발 행	2016년 04월 15일 (인쇄 2016년 02월 18일)
발 행 인	박영일
책 임 편 집	이해욱
편 저	한국사수험연구소
편 집 진 행	이미림 · 이여진 · 피수민
표지디자인	김도연
편집디자인	홍영란 · 최혜윤 · 채현주
발 행 처	(주)시대고시기획
출 판 등 록	제10-1521호
주 소	서울시 마포구 큰우물로 75 [도화동 538 성지 B/D] 9F
전 화	1600-3600
팩 스	02-701-8823
홈 페 이 지	www.sdedu.co.kr

I S B N	979-11-383-4589-7 (13910)
정 가	17,000원

시대고시기획 한국사능력검정시험 대비서 시리즈

나에게 딱 맞는 한능검 교재를
선택하고 합격하자!!

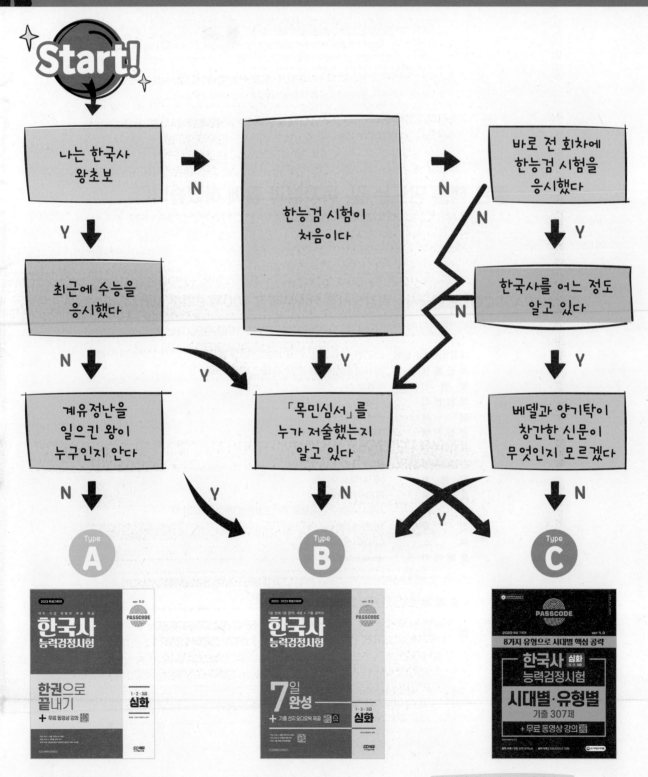

Start!

나는 한국사
왕초보

한능검 시험이
처음이다

바로 전 회차에
한능검 시험을
응시했다

최근에 수능을
응시했다

한국사를 어느 정도
알고 있다

계유정난을
일으킨 왕이
누구인지 안다

「목민심서」를
누가 저술했는지
알고 있다

베델과 양기탁이
창간한 신문이
무엇인지 모르겠다

Type A

Type B

Type C

※ 도서의 구성과 이미지는 변경될 수 있습니다.

옆 페이지로 결과 보러가기